Eva Holling

# Übertragung im Theater

Theorie und Praxis theatraler Wirkung

**Eva Holling** ist Wissenschaftliche Mitarbeiterin am Institut für Angewandte Theaterwissenschaft der Justus-Liebig-Universität Gießen und freie Autorin. Sie gründete die Künstlergruppe manche(r)art mit und ist Mitglied der Gruppen Mühlenkampfund Raumfaltung. Holling studierte Theater-, Film- und Medienwissenschaft, Kunstgeschichte und Französisch in Frankfurt am Main und Paris.

Eva Holling

# Übertragung im Theater

## Theorie und Praxis theatraler Wirkung

Neofelis Verlag

**Bibliografische Information der Deutschen Nationalbibliothek**
Die Deutsche Nationalbibliothek verzeichnet diese Publikation in der Deutschen Nationalbibliografie; detaillierte bibliografische Daten sind im Internet über
http://dnb.d-nb.de abrufbar.



Umschlaggestaltung: Marija Skara
Lektorat & Satz: Neofelis Verlag (mn/ae)
Druck: PRESSEL Digitaler Produktionsdruck, Remshalden
Gedruckt auf FSC-zertifiziertem Papier.
ISBN (Print): 978-3-95808-043-0
ISBN (PDF): 978-3-95808-106-2

## Inhalt

*In Liebe: Auf die eigenen Gegenstände fällt man ja nicht ohne Grund.*

Ich danke ...
... Gerald Siegmund und Hans-Thies Lehmann nicht nur dafür, dass sie sich als meine sujets supposés savoir zur Verfügung stellen und für die Prägung meines Denkens in den letzten 20 Jahren; ... dem Gießener Kollegium, wie ich es erleben durfte und darf, namentlich Anna Artysiewicz, Lorenz Aggermann, Georg Döcker, Jörn Etzold, Helga Finter, Heiner Goebbels, Sylvie Guillou, Stefan Hölscher, Bojana Kunst, Frank Max Müller, Julie Pownall, Philipp Schulte, Bernhard Siebert, Katharina Stephan, Friederike Thielmann nicht nur für euren Scharfsinn, die inspirierenden Gespräche und die sagenhafte Unterstützung, euch verdanke ich mit die beste Zeit, die ich je hatte, und versuche, das hier auch offensiv klar zu stellen; ... den Gießener Studierenden, ihr seid klasse; ... Mai Wegener, ohne die ich wohl nie dazu gekommen wäre, Lacan lesen zu lernen; ... Nikolaus Müller-Schöll nicht nur für seine Lieblingsfrage auf Tagungen (die nach dem Mehrwert nämlich); ... Burkhardt Lindner, in viel zu früher Abwesenheit; ... Leon Gabriel, Jan Deck, Evelina Rajca, Hartmut Wilms, Eliane Beaufils nicht nur für wichtige Impulse, Hinweise und Antworten; ... Robert Meyer, der Lächeln vektorisieren kann; ... meinen zum Glück ver-rückten Eltern und den Menschen, die ich Familie nenne, auch wenn und gerade weil das nicht unbedingt etwas mit Verwandtschaft zu tun haben muss; ... Matthias, nicht nur für dein Lektorat (sonnig heute); ... nicht zuletzt der DFG und dem Kölner Gymnasial- und Stiftungsfonds für finanzielle Förderung meiner Arbeit; ... und natürlich Artur, immer Artur.

Dieses Buch sei, wie versprochen,
Charlotte Arens, Katharina Berger, Abdullah Erdogan, Angela Harter, Katja Kel, Jan-Tage Kühling, Elisabeth Lindig, Anke Mager, Fabian Passarelli, Arne Schirmel und Matthias Schönijahn gewidmet.

# Einleitung

*Vor* dem Museum of Modern Art (MoMA) in New York sitzt 2010 ein junger Mann mit dunklem Haar und in einen hellgrauen Anzug gekleidet an einem Holztisch, der an die Fensterscheibe des Museums herangerückt ist. Auf seinem Holzstuhl sitzt er zunächst still und starrt durch die Scheibe ins Innere des Museums, dabei schaut er auch auf seine eigene Reflektion. Dann wiegt er sich erst langsam, dann immer schneller vor und zurück, beschreibt mit Kopf und Oberkörper eine kreisförmige Bewegung und stimmt einen wiederkehrenden, gebetsartigen Gesang an. Menschen drängen an ihm vorbei, ins Innere des Gebäudes, machen eventuell Fotos von ihm mit ihren Mobiltelefonen oder mit digitalen Spiegelreflexkameras. Manche bleiben stehen. *Im* Museum sitzt zur gleichen Zeit Marina Abramović: An einem großen Holztisch stehen sich im Atrium der Kunst-Institution zwei Stühle gegenüber, von denen der eine von ihr besetzt ist und der andere von Besucherinnen und Besuchern der Ausstellung *Marina Abramović: The Artist is Present* eingenommen werden kann. Was bringt nun Amir Baradaran[1] dazu, eine Performancereihe mit dem Namen *The Other Artist is Present* zu kreieren, die sich als Hommage an Marina Abramović versteht und sich auch deutlich auf diese bezieht? Zuvor saß der Künstler noch am Tisch im Atrium und nutzte Marina Abramovićs Blick, sowie den der Umstehenden, als Bühne für verschiedene ‚Akte' seiner Performance, Handlungen, die er sich für sein Gegenüber ausgedacht hatte: einen Heiratsantrag, beschriftete Tücher, die er sich vor das Gesicht hängt, den besagten gebetsartigen Gesang. Nun performt er seine Handlungen nurmehr von außen, wendet sich durch die Glaswand an das wertvolle Innere und sieht dabei immer auch seinen eigenen Blick in der spiegelnden Scheibe.

Möglicherweise erscheint es anachronistisch, Anfang des 21. Jahrhunderts, zu einem Zeitpunkt zu dem ‚post-subjectivity', ‚post-humanism', spekulativer Realismus oder wenigstens ‚Agent-Network-Theory' populäre Theoreme sind, wieder auf Fragen der Subjektivierung zurückzukommen und dies ausgerechnet auch noch ausgehend von einem psychoanalytisch geprägten Begriff. Möglicherweise wird auch die Diskussion

1 Siehe http://www.amirbaradaran.com (Zugriff am 01.02.2014).

um Handlungsfähigkeiten von Subjekten als erledigt erachtet, seitdem sie als gespaltene kategorisiert sind und ihr Unbewusstes von der Forschung im Gehirn gescannt und verortet wurde. Dennoch setzt sich ein Einzelner vor das New Yorker MoMA und agiert uneingeladen und unaufgefordert etwas aus, von dem er meint, dass es hier an seinem Platz wäre; wie könnte dies anders nachvollzogen werden als mit subjekttheoretischen Ansätzen? Hier scheint doch ein, wie zu behaupten ist, intersubjektiver Vorgang vorzuliegen, der sich wahrnehmbar macht und sogar fotografier- und filmbar ist, ja bei dem diese Dokumentarpraxen sogar maßgeblich konstitutiv sind, indem Baradaran diese Bilder erzeugt, bewahrt und veröffentlicht als Beweis, dass es geschah, und mit ihnen gegen die wesentliche Flüchtigkeit von Performance und Theater arbeiten will. Etwas ist also so wichtig, dass es ihm nicht nur um ein einmaliges Ausagieren geht, sondern auch noch um ein Überdauern davon.

Für dieses Phänomen vor dem MoMA stellt nun der zunächst eventuell unattraktiv erscheinende, da im allgemeinen Sprachgebrauch hinreichend vage Themenkomplex von *Übertragung* ein Vokabular zur Verfügung, das inter-subjektiv Gesehenes beschreibbar macht, Wirkungen auf das Subjekt bzw. Wirkungen der Subjektivierung erfassen und Handlungen erklären und kontextualisieren kann: Baradaran bekommt vor dem Hintergrund der psychoanalytischen Konstellation eine Hinwendung an Marina Abramović als sein *sujet supposé savoir* diagnostiziert. Er entwickelt Handlungen, die sich um ein wertvolles Subjekt herum bilden, während die Reflektion in der Scheibe ihn als übertragendes Subjekt symbolisiert, das letztlich mit dem eigenen Blick konfrontiert ist, und ‚genau hinschauen' soll, wie Sokrates Alkibiades in Platons Text *Symposion* rät,[2] um herauszufinden, wie viel Eigenanteil am Gesehenen vorliegt und inwiefern seine Handlungen strukturell *in Übertragung* verortet sind. Doch schließt das Übertragungsvokabular gerade nicht einfach nur Vorgänge verstehend ab, einer Diagnose gemäß, sondern ermöglicht es, Wirkungen und Effekte sprachlich freizulegen und sie dabei in ihrer Offenheit im Hinblick auf ‚Konsequenzen' zu erhalten, also ohne Verhaltensrezepte auf Phänomene zu reagieren, die als überraschend gelten können. Übertragung ist primär also als eine (inter-)subjektiv kreierte Struktur formulierbar, die Andere einschließt, und auf die auch (manipulativ) eingewirkt werden kann: die Menschenschlangen, die lieber zu Abramović an den Tisch wollen anstatt zu Baradaran (der den Platz seines Gegenübers ja auch folgerichtig schon besetzt hat, dort residiert Marina Abramović, so wie er sie erblickt), sind auch Ausdruck einer ‚Lenkung' von Übertragung, wie sie Gabriele Schwab etwa in ihrer Psychoästhetik für Samuel Becketts *Endgame* postuliert.[3] Um solche Vorgänge geht es in der vorliegenden Arbeit maßgeblich und damit auch um die psychoanalytische, ästhetische und letztlich auch immer implizit politische Relevanz von Übertragung und ihren

2 „Schau also, mein Bester, genauer hin, damit dir nicht entgeht, dass ich womöglich gar nichts bin. Die Sehkraft des Verstandes beginnt ja erst dann scharf zu blicken, wenn die der Augen sich anschickt nachzulassen, aber davon bist du ja noch weit entfernt." (Platon: *Das Gastmahl* [Originaltitel: ΣΥΜΠΟΣΙΟΝ], aus d. Griech. u. hrsg. v. Thomas Paulsen. Stuttgart: Reclam 2008, S. 71.)

3 Vgl. Gabriele Schwab: *Samuel Becketts Endspiel mit der Subjektivität: Entwurf einer Psychoästhetik des modernen Theaters*. Stuttgart: Metzler 1981.

Wirkungen. Ein übertragungstheoretisch geschärfter Blick überprüft intersubjektive Konstellationen auf ein ihnen inhärentes Machtgefälle hin, indem er Plätze und Funktionen fokussiert, auf und in die beteiligte Subjekte sich versetzt sehen und auf denen sie intersubjektive Einflussnahme erfahren und ausüben. So wird Übertragung abseits der vielfältigen, alltagssprachlichen Nutzung in der vorliegenden Studie als Phänomen betrachtet, das sich von der Psychoanalyse her kommend und speziell durch die Lesart Jacques Lacans geprägt als intersubjektive Struktur des Begehrens auch außerhalb der Psychoanalyse manifestiert. Diese Struktur lässt sich besonders für Diskurse der künstlerischen Praxis fruchtbar machen, indem sie eben gerade als in der und durch Kunst verhandelte Struktur der ästhetischen Produktion und Rezeption behauptet werden kann. Zudem sensibilisiert sie für performative Bereiche auch außerhalb der Kunst, in „Erfolgsmedien" nach Niklas Luhmann, nämlich „Macht, Geld, Wahrheit, Liebe"[4], die allesamt Systeme sind, deren Wirksamkeit auf Übertragung beruht.

Hierfür ist es jedoch erforderlich, den Übertragungsbegriff auch im Hinblick auf den häufig unspezifischen Umgang mit ihm einzugrenzen und zu definieren; schon in der Psychoanalyse selbst sind die Meinungen über das doch für ihre Praxis grundlegende Phänomen der Übertragung nicht einhellig. Ihre Genealogie wird daher zur Förderung eines Grundverständnisses partiell nachvollzogen und ihre Ausprägung durch Jacques Lacan ausführlich vorgestellt. Lacan selbst ist es, der die transdisziplinäre Lektüre des Begriffs erlaubt und auch herausfordert, indem er zwischen einem „natürlichen Modell" der Übertragung und ihrer „experimentellen" Verhandlung im Rahmen der Psychoanalyse unterscheidet.[5] Daraus ergibt sich die Annahme, dass auch andere Kontexte sich mit dem natürlichen Modell von Übertragung befassen und unter Umständen auch experimentelle Modelle für sie und mit ihr entwickeln.

Es ist daher durchaus verwunderlich, dass sich keine umfassende und einschlägige Studie zu so etwas wie einer allgemeineren Phänomenologie der Übertragung findet – der Begriff wird nur in einzelnen Disziplinen jeweilig untersucht und geprägt. Besonders verlockend für eine Suche nach solchen Ansätzen ist Lacans Prämisse, dass „es auch da, wo kein Analytiker am Horizont auftaucht, zu Übertragungsphänomenen kommen kann"[6]. So formuliert auch Heinz Weiß: „es handelt sich bei der ‚Übertragung' um ein Phänomen, das schlechthin allen menschlichen Beziehungen zugrunde liegt"[7], weshalb es ihm also auch wenig sinnvoll erscheint, „den Begriff der ‚Übertragung' allein für den Bereich der psychoanalytischen Behandlungssituation zu reservieren."[8] Es liegt dann aber die Notwendigkeit auf der Hand, solche Phänomene zu erfassen, um sie vor anderen Horizonten, ‚ohne Analytiker', überhaupt ausfindig machen zu können, wie eben Horizonten ästhetischer Erfahrung und Horizonten theatraler Subjektivierung. Ein

4 Niklas Luhmann: *Die Gesellschaft der Gesellschaft*. Frankfurt am Main: Suhrkamp 1997, S. 228.

5 Siehe das Kapitel „modèle naturel / modèle expérimental", S. 55–59 dieser Arbeit.

6 Jacques Lacan: *Das Seminar XI: Die vier Grundbegriffe der Psychoanalyse*, aus d. Frz. v. Norbert Haas, hrsg. v. dems. / Hans-Joachim Metzger. Weinheim / Berlin: Quadriga 1987, S. 131.

7 Heinz Weiß: *Der Andere in der Übertragung. Untersuchungen über die analytische Situation und die Intersubjektivität in der Psychoanalyse*. Stuttgart: Frommann-Holzboog 1988, S. 143–144.

8 Ebd.

primäres Interesse des Buchs liegt also darin, vor der ‚Anwendung' der Übertragungstheorie auf weitere Felder diese zu fundieren und die Strukturen und Denkweisen, zu denen sie einlädt, genau herzuleiten und zu erfassen. Von Lacan ausgehend erweist sich eine Sammlung relevanter Lektüren zur Struktur der Übertragung als hilfreich, die gleichzeitig Lektüren der Eingrenzung sein sollen, nämlich mehr oder weniger *close readings* von Quellen verschiedener Provenienz, die dabei helfen, die Übertragungsstruktur zu klären, denn nur so kann sie letztlich im Hinblick auf Theater und Kunst gewinnbringend sein. Die Arbeit gibt sich also bewusst auch Raum für Exkurse bzw. die ausführliche Verfolgung von Hinweisen, die von Lacans Formulierungen ausgehen. Das Interesse an Horizonten, an denen kein Psychoanalytiker auftaucht, soll ja gerade solche Horizonte erst eröffnen und prüfend in den Blick nehmen.
Der bereits angedeutete, breite Umgang mit dem Übertragungsbegriff verlangt Blicke in verschiedenste Disziplinen, um die Übertragungsstruktur zu erfassen und zu erkennen, dass sie eben diverse Bereiche strukturiert. In dem Maße, wie sich dabei der Übertragungsbegriff kontextualisiert, konturiert sich dann erst auch die übertragungstheoretische Fragestellung für den Blick aufs Theater. Wobei sich umgekehrt durch Blicke, die sich immer wieder aufs Theater und Phänomene der Performance Art richten und auch von dort kommen, die Relevanz von Übertragung als intersubjektive Struktur aufzeigen lässt. Topoi, die im Übertragungsdiskurs auftauchen, erhalten durch die Betrachtung beispielhafter Literatur- und Kunst-Konstellationen ihrerseits neue Konkretion; so weitet sich der Horizont ohne Analytiker kontinuierlich. Die Struktur der Kapitel dieser Arbeit bildet also ihrerseits eine Konstellierung ab, die zunächst und grundlegend theoretisch vom Übertragungsbegriff ausgeht, um dann aber immer wieder von der Seite der künstlerischen Praxis aus ‚querzuschießen', da die übertragungstheoretische Diskussion durch diese Perspektivwechsel eben ihre Horizonterweiterung erfährt – und letztlich auch umgekehrt die künstlerische Praxis von der Übertragungsdiskussion wichtige Impulse erhalten kann. Dieser Dialog führt dann schließlich strukturelle Verwandtschaften zwischen darstellender Kunst und Übertragung zu einer gemeinsamen Theoriebildung zusammen und ins Theater als Übertragungsraum. Die jeweiligen Beispiele sind also aufgrund ihrer expliziten Fokussierung auf intersubjektive Rapporte ausgewählt, da sie so auf die Theoretisierung zurückwirken und jene vorantreiben, klären oder Öffnungsmöglichkeiten aufzeigen.
Die Grundannahme der Arbeit bildet dabei, dass beide Bereiche, Übertragung und Theater, intersubjektive Prozesse (Rapporte) sind, die von einer gemeinsamen Grundstruktur begehrender Subjekte – also von Übertragung – geprägt werden. Dabei gerät die Übertragungsstruktur aus der psychoanalytischen Dichotomie Analytiker-Analysand in eine das Theater betreffende, die hier als die von *Publikum* und *Bühne* bezeichnet werden soll. Verbreitet wird Theater primär als von zwei Positionen bzw. Funktionen komponiert begriffen, wie Akteure und Betrachter, Handeln und Zuschauen[9] etc. *Publikum* und *Bühne* als Begriffe der Theaterstruktur sollen hier in erster Linie ein funktionales Verständnis der Positionen beschreiben, das weniger

9 Vgl. etwa Uri Rapp: *Handeln und Zuschauen*. Darmstadt / Neuwied: Luchterhand 1973.

qualitativ darüber urteilt, wie aktiv oder passiv diese jeweiligen Aufgaben sind. Stattdessen soll *Publikum* daran erinnern, dass seine Handlungen in ihrer Funktion keine Privatangelegenheit verfolgen, und *Bühne* daran, dass sie ein Raum ist, der funktionalisiert, indem er rahmt, ohne dass dabei nur an Architekturen als Raumbehälter gedacht würde. Vielmehr kann die Bühne auch eine verkörperte sein, z. B. in Handlungen derer, die zum Theaterereignis geladen haben: diese kann sich an allen erdenklichen Orten – auf der Straße, im Theater, im Museum etc. – materialisieren. Handlungen jedoch finden in dieser Dichotomie des Theaters auf beiden ‚Seiten' statt und können auch ‚vertauscht' werden: Regieführende oder Performer_innen können zuschauen, wie Publikum Handlungen ausführt, agiert. Vor dem Hintergrund der Übertragungstheorie zeigt sich jedoch, dass dabei in letzter Konsequenz nicht die Funktionen ausgetauscht werden, in welchen die Beteiligten des Theaters subjektiviert werden. Wie zu sehen sein wird, sind der intersubjektive Rapport und seine Signifikanten Publikum und Bühne sowohl von gegenseitiger Fiktionalisierung als auch Funktionalisierung geprägt, welche ins Verhältnis gesetzt und ausagiert werden, um Theater zu erzeugen und damit zu spielen.

*

Um die Struktur der Übertragung zu bestimmen, zeichnet der erste Teil der Arbeit zunächst ausführlich wichtige Prämissen zum Übertragungsbegriff gemäß seiner Prägung durch Sigmund Freud und in seiner Weiterführung durch Lacan nach. Besonders die Distanzierung von Begriffen des Affektes und den freudschen, wiederholenden „Neuauflagen"[10] (Wiederholungszwang) in der Lacanschen Situierung erlauben und fordern einen offenen Umgang, der die Übertragung aus ihrer Definition als Phänomen und auch Methode der Psychoanalyse hinausführt und als eine Art subjektiv-aneignenden Mechanismus des Wahrgenommenen, als Weltsicht setzt. Übertragung erscheint als eine Form der Reaktion auf intersubjektive Konstellationen bzw. vielmehr als Pre-Aktion und Struktur ihrer Kreation. Dies macht sie zu einer transdisziplinär interessanten Struktur, weshalb sie auch nicht nur theaterwissenschaftlich behandelt werden kann. Eine Annäherung an Lacans Vokabular und seine Verwendung über die freudschen Grundlagen hinaus durch den Nachvollzug dessen, wie der Begriff in verschiedene Schriften Lacans eingebettet ist, grenzt also einerseits die inflationäre Gebrauchsweise des Übertragungsbegriffs ein, gleichzeitig erlaubt die Schärfung des Begriffs wiederum die Prüfung der Übertragungsstruktur in anderen Praxen als der der Psychoanalyse. Bedeutsame zentrale Punkte, die die Argumentation vorbereiten, sind bei Lacan das Ungerade (*l'impair*) der Übertragung, ihre Differenzierung zum Affekt, die Unterscheidung zwischen natürlichem und experimentellem Modell der Übertragung und eben auch der ‚intersubjektive Rapport' – in seiner Gegenseitigkeit.

10 Sigmund Freud: Bruchstück einer Hysterie-Analyse (1905). In: Ders.: *Studienausgabe*, Bd. VI: Hysterie und Angst, hrsg. v. Alexander Mitscherlich / Angela Richards / James Strachey. Frankfurt am Main: Fischer 1997, S. 83–186, hier S. 180.

Ein ausreichendes Nachvollziehen der Verwurzelungen und Motivierung ist also notwendig für die Freiheit der Entgrenzung in andere Disziplinen – bevor die zentralen Topoi Lacanscher Übertragungstheorie, *agalma* und *sujet supposé savoir*, im zweiten und dritten Hauptteil der Arbeit untersucht werden. *Agalma* erweist sich als vom Begehren beeinflusste Unterstellung, während sich im *sujet supposé savoir* diese Unterstellung schließlich auf Wissen bezieht, das sich im ‚mutmaßlich wissenden Subjekt', wie es hier genannt werden soll, verkörpert. Mit Lacan treten diese beiden Begriffe besonders in den Vordergrund, da sie jeweils einen Hauptaspekt der Übertragungs-Theorie bilden und daher auch in einzelnen Teilen vorgestellt werden. Die Arbeit widmet sich zentral diesen bislang wenig geläufigen Begriffen, bietet eine ausführliche Kontextualisierung und eröffnet so Perspektiven, die sich mit ihnen als Aussichtspunkte auf Horizonte ergeben, an denen kein Analytiker auftaucht.

Zunächst wird also im zweiten Teil zu *agalma* und Liebe, der Lacanschen Chronologie folgend, mit Platons *Symposion* der *agalma*-Begriff untersucht, welcher bei Lacan als Zentrum der Liebes- / Begehrensstruktur (als ein Objekt *a* -galma) aufscheint und maßgeblich vor dem Horizont des Sehens gepaart mit der Topologie von Innen und Außen diskutiert wird – das Motiv des *Etwas-in-jemand-Sehen* erweist sich als grundlegend und auch als fruchtbar für weitere Lesarten. Besonders im Zentrum steht dies in der Theaterinstallation *A Game of You* von Ontroerend Goed. Sie bindet den Diskurs um das Sehen, der aufgrund von Lacans Plato-Lektüre auch antike Sehvokabeln der *opsis*, *skepsis* und des *blepein* heranzieht, an zeitgenössische, mediale Bedingungen rück und kann so die Übertragungsperspektive als Blickwinkel für die Analyse von Intersubjektivitätskonstellationen der künstlerischen Praxis verdeutlichen. Die Analyse verlangt dann nämlich eine Re-Lektüre des Lacanschen Spiegelstadiums als übertragendes, d. h. wertbehaftendes Etwas-in-*sich*-Sehen. Kritisch diskutiert wird dabei die Schwerpunktsetzung des Beispiels auf Medialisierung, da die Theaterinstallation vereinzelte Zuschauer_innen mit Videobildern konfrontiert und so die vielbeschworene theatrale Ko-Präsenz minimiert bzw. nur noch in einer regieführenden Funktion einsetzt (Performer_innen leiten die einzelnen Personen durch einen streng vorgegebenen Spielablauf), was maßgeblichen Einfluss auf die Ethik intersubjektiver Rapporte hat, für die eine „leibliche Ko-Präsenz"[11] notwendig zu sein scheint. Über diese Reflektionen der wertunterstellenden Blicke kann in Lacans Parallelführung von Übertragung mit Liebe und Begehren schließlich vom ‚Sich Vergucken' die Rede sein und damit die grundlegende Bestimmung von Übertragung erfolgen. Es zeigt sich darin eine Unterstellungsstruktur, die sich als Wertunterstellung vollzieht, nämlich etwas Begehrenswertes im Anderen zu sehen. Der Fortgang der Theorie erfolgt also direkt aus der übertragungstheoretischen Betrachtung eines Beispiels aus der Kunst.

Das Begehrenswerte im Anderen zu sehen, ist wiederum eine Struktur, die besonders Forced Entertainment in ihrer künstlerischen Praxis nutzen. Der Gorilla aus ihrer Produktion *Bloody Mess*, der die Akteurin Claire enthält, erweist sich als zeitgenössische Figur, die die antike Figur des Silens, der *agalma* enthält, *aktu*-alisiert und tatsächlich

11 Vgl. Erika Fischer-Lichte: *Ästhetik des Performativen*. Frankfurt am Main: Suhrkamp 2004.

beispielhaft für die Diskussion um das Sehen im Theater ist. Der Gorilla macht vor allem auch aufmerksam auf die Wirksamkeit der Übertragung *in actu*, d. h. sie materialisiert sich, wie mit Louis Althusser gesagt werden kann, in den Handlungen der Subjekte.[12] So spielt der Gorilla mit dem übertragenden Sehen und so den Ball in die Theoretisierung zurück. Das übertragende Sehen, *blepein*, das ebenso ein Hören ist, schreibt so nun also eine Unäquivalenz in das intersubjektive Verhältnis ein, wie Lacan nachweist; ein begehrendes Subjekt des Mangels sieht sich Anderen gegenüber, die es mit einem hohen Pegel des Wertvollen angefüllt sieht. In die Diskussion kommen mit *agalma* damit also letztlich ganz aktuelle und brisante Fragestellungen der Regie bzw. Bestimmung über Andere, des Verhältnisses zwischen Subjekt und Objekt, ja auch des Mehrwerts auf, die die wesentlich soziale und politische Dimension dieser intersubjektiven Struktur verdeutlichen. Denn intersubjektive Wertbesetzung ist die Grundstruktur von Autorität und Machtverhältnissen, für den „Fall in den Geltungsbereich der Gebote"[13] von Anderen, in verschiedensten gesellschaftlichen Bereichen.

Lacan erweitert dann in seiner Übertragungstheorie diese von *agalma* geprägte Struktur um den Begriff des *sujet supposé savoir*, dem sich daher der dritte Teil des Buchs widmet. Der unterstellte Wert wird nun als Wissen ausgezeichnet, was Konstellationen von Autorität im Sinne von Expertentum ermöglicht und auch nach *Glauben* und *Illusion* fragt, auf denen diese wirksame Konstellierung beruht. ‚In Übertragung' werden symbolische Vermögen unterstellend zugeschrieben, die besonders auch in der künstlerischen Praxis genutzt und / oder bewusst gemacht werden können. Aus dem *agalma*-Diskurs wird zudem der wichtige Begriff der *Fiktion* hinzugezogen, um die Funktion des *sujet supposé savoir* genauer unter die Lupe zu nehmen. Die intersubjektive Konstellation der Übertragung wird so zentral zur Verkörperung von Funktionen, die erst einmal im Grunde nur im Raum dieser Übertragung Wirklichkeit schafft, sich aber als tragfähig für den gesamten Rapport erweist.

Im Diskurs um den Topos des *sujet supposé savoir* treffen sich also verschiedene, vom begehrenden Subjekt ausgehende Vorgänge. Zunächst sei das Spannungsfeld von Leere und Verkörperung untersucht: die von *agalma* ausgehende Topologie von Innen und Außen erlaubt eine Widersprüchlichkeit der beiden Räume, weist aber auch auf das *Innen* als Möglichkeitsraum hin, in den das *blepein* fallen kann. Dieser muss erst einmal angenommen werden, damit das agalmatische Sehen ‚etwas' darin erschaffen kann. Übertragung erweist sich für Lacan als gleichermaßen kreativer und aktiver, also als *krea(k)tiver* Vorgang: als erschaffend, setzend und *in actu* wirksam. Des Weiteren zeigt sich das *sujet supposé savoir* als mit Macht ausgestattet, wie es der Agalmadiskurs schon vorbereitet hat. Mit der Kategorie des Wissens werden also auch Kategorien wie Institutionalisierung, Expertise, Repräsentation, symbolischer Reichtum aufgerufen – deutlich zeigt sich, in welche bedeutenden sozio-politischen Bereiche der

12 Vgl. Louis Althusser: Ideologie und ideologische Staatsapparate. In: Ders.: *Ideologie und ideologische Staatsapparate. Aufsätze zur marxistischen Theorie.* Hamburg / Berlin: VSA 1977, S. 108–153.

13 Jacques Lacan: *Seminar VIII: Die Übertragung*, aus d. Frz. v. Hans-Dieter Gondek, hrsg. v. Peter Engelmann. Wien: Passagen 2008, S. 179.

Übertragungsdiskurs als strukturelle Untersuchung führt. Für genauere Hinweise auf diese Kontexte eignen sich zum einen Pierre Bourdieus *pouvoir symbolique* (symbolische Macht) und zum anderen Jacques Rancières *maître ignorant* (unwissender Lehrmeister), die hier beide als Übertragungstheorien gelten.

Marina Abramović erweist sich dann als beispielhaft für einen Umgang mit ihr als *sujet supposé savoir*; in *The Artist is Present* (als Konglomerat von Performance, Ausstellung und Film) verschränken sich institutionelle Rahmung und Kunstaktion, um gemeinsam zu wirken, wobei die Rezeption hauptsächlich durch Übertragung geprägt zu sein scheint: Subjekte brechen Abramović gegenüber in Tränen aus, als Zeichen einer gelungenen Übertragung, die sich nach Lacan als Affekt ‚verrät'[14]. Und an diesem Beispiel wird besonders die Lenkung von Übertragung durch institutionelle Rahmungen sinnfällig; es zeigt auf, wie der Status eines *sujet supposé savoir* erzeugt und erhalten werden kann, auch wenn im Kunstkontext eine wesentliche Freiheit zur Entscheidung angelegt ist. Die Entscheidung zur Huldigung eines mutmaßlich wissenden Subjekts wird zu einer kollektiven. Dem steht das *Amt für Umbruchsbewältigung* gegenüber, das ebenso mit der Postulierung von mutmaßlich wissenden Subjekten agiert und die institutionalisierende Rahmung einsetzt, diese aber dabei experimentell und kritisierbar erscheinen lässt, anstatt Subjekte in ihrer Übertragung zu bestätigen.

Die Arbeit befindet sich am Ende des dritten Kapitels dann an einem Punkt, wo die grundlegende Vorarbeit für Lesarten der Übertragung dezidiert fürs Theater geleistet wurde: Wenn es um Theater als Wirkungsphänomen geht und theatrale Phänomene mit einer Sensibilisierung für Übertragungsvorgänge betrachtet werden, entwickeln sich letztlich auch Perspektiven auf einen möglichen neuen Schwerpunkt für Aufführungsanalysen, die sich primär ausagierten intersubjektiven Konstellationen widmen. Dafür ist es wichtig, bereits existierende Theorien mit zu berücksichtigen, es bleibt aber festzustellen, dass die explizite Theoretisierung von Übertragungsstrukturen für Theater bislang noch nicht verbreitet ist und hier dafür auch nur ein Anfang gemacht werden kann. Zwar gibt es in der Theaterwissenschaft vielerlei Diskussionen um das Verhältnis von Bühne und Publikum, jedoch wird Übertragung bisher nicht als maßgebliche Struktur dieses Verhältnisses diskutiert. So finden sich Hinweise dazu meist eher als ‚Nebenthesen' in Studien, die sich primär anderen Fragestellungen widmen. Weiterführende Gedanken zur Übertragung lassen sich also aus Theorien herauslesen, die Psychoanalyse und Theater zusammendenken, aber nicht immer explizit Übertragung als solche erwähnen. Robert Pfaller führt sie an, wenn er die Bedeutung von Illusion für den Theaterbegriff verhandelt.[15] Marianne Streisands Entwurf eines theatralen Dispositivs (*Theater der Intimität* als Struktur zwischen Bühne und Publikum) hingegen, dessen Wirksamkeit auf Übertragung beruht, indem die Wirksamkeit des Sprechens als Verwandtschaft zwischen Psychoanalyse und Theater angenommen wird, erwähnt

14 Jacques Lacan: Intervention sur le transfert. 14ème conférence des psychanalystes de langue française/romane (1951). Zuerst in: *Revue française de psychanalyse* 1/2 (1952), S. 154–163; hier in: Ders.: *Écrits I.* Paris: Seuil 1966, S. 215–226, hier S. 225.

15 Robert Pfaller: Die Komödie der Psychoanalyse. In: *Maske und Kothurn* 1,52 (2006), S. 37–52.

sie nicht als solche.[16] Demgegenüber diskutiert Gabriele Schwab wiederum explizit die psychoanalytischen Ansätze zu Übertragung bzw. Projektion und ihre Lenkung für wirksame Zwecke,[17] während Gerald Siegmund auf das unverrechenbare *Mehr* des Imaginären im Einsatz von künstlerischen Praxen verweist.[18]
Es zeigt sich in diesen Ansätzen besonders die Tendenz theatraler Wirksamkeit als Einflussnahme auf (theatrale) Subjekte, und wenn von diesen Hinweisen ausgehend im letzten Teil des Buches Theater als Übertragungsraum in der Konstruktion wirksamer intersubjektiver Rapporte behauptet wird, erweisen sich Rancières für das Verhältnis Bühne-Publikum vielrezipierter *spectateur émanicpé* (emanzipierter Zuschauer) sowie Louis Althussers Begriffe der *Ideologie* und der *Interpellation* als wertvolle implizite Übertragungstheorien.[19] Übertragung kann durch die erfolgte Herleitung also zur Grundstruktur erklärt werden, die aufgrund von Wertunterstellung und die Anlage zum ‚Gehörsam' Interpellation überhaupt erst ermöglicht. Sie erlaubt die Subjektivierung sowohl von theatralen als auch von Subjekten außerhalb künstlerischer Kontexte. Patrice Pavis / Enzo Cormann, Helga Finter und Gerald Siegmund zeigen schließlich dezidiert theaterwissenschaftliche Ansätze auf, in denen diese Struktur und Funktion von Übertragung als solche fürs Theater benannt wird, auf die sich die Sensibilisierung für solche Vorgänge stützt und weiter nach ihnen fragt, und stärken so die hier entwickelte Argumentation des Theaters als Übertragungsraum.
Die dann folgenden beispielhaften Analysen, die ‚Anwendungen' des Erarbeiteten vornehmen, veranschaulichen, was die Übertragungsperspektive aufführungsanalytisch leisten kann. Sie legen das Augenmerk auf intersubjektive Konstellierungen und prüfen, wo Übertragung als konstitutive Wirkstruktur vorherrscht. Als besonders relevant erweisen sich dabei die übertragungstheoretisch hergeleiteten Begriffe der *Fiktionalisierung* und *Funktionalisierung* im intersubjektiven Rapport von Bühne und Publikum; die Verquickung der Lektüren von Übertragungstheorie und Aufführungsanalysen widmet sich daher Beispielen für diese beiden zentralen Techniken. Sie stößt dabei auf für Theatertheorie und künstlerische Praxis bedeutsame Begriffe, die eine lange Tradition der Diskussion erfahren haben, die diese Arbeit als zentrale Fragestellungen wieder aufnimmt, aber schließlich nur anreißen kann: Mit Forced Entertainments *Bloody Mess* stellen sich Fragen nach der Relation von Identifikation, Einfühlung und Übertragung, während Rimini Protokolls ‚Experten des Alltags' wohl die derzeit prominenteste Gattung von mutmaßlich wissenden Subjekten im Theater darstellt. Mit ihnen und Nikolaus Müller-Schöll kann nach der Einflussnahme von

16 Marianne Streisand: *Intimität. Begriffsgeschichte und Entdeckung der „Intimität" auf dem Theater um 1900.* München: Fink 2001.

17 Schwab: *Samuel Becketts Endspiel mit der Subjektivität.*

18 Gerald Siegmund: *Theater als Gedächtnis. Semiotische und psychoanalytische Untersuchungen zur Funktion des Dramas.* Tübingen: Narr 1996.

19 Jacques Rancière: *Le spectateur émancipé.* Paris: La fabrique 2008 (*Der emanzipierte Zuschauer.* Wien: Passagen 2008); Louis Althusser: *Idéologie et appareils idéologiques d'Etat.* Paris: Editions Sociales 1976 (Ideologie und ideologische Staatsapparate. In: Ders.: *Ideologie und ideologische Staatsapparate. Aufsätze zur marxistischen Theorie.* Hamburg / Berlin: VSA 1977, S. 108–153).

Übertragung auf die Kategorien Illusion und Wirklichkeit gefragt werden, die sich letztlich beide als voneinander abhängig und gesetzt erweisen.

*

Analog zu ‚natürlichen' von Übertragung geprägten Rapporten finden sich in denen des Theaters also primär Fiktionalisierungen von Subjekten, gleichermaßen von Theatermachenden und Theaterschauenden, die immer auch mit einer Versetzung auf bestimmte Plätze der Funktion einhergehen – und dies erweist sich als das Wesentliche und Fruchtbare des Übertragungskonzepts. Fürs Lesen auf Theater hin ist Übertragung jedoch besonders interessant, da sie als intersubjektives Phänomen anerkannt ist, das von Lacan immer mit einer Funktionalität von *Verkörperung* zusammenformuliert wird; Unterstellung, Verkörperung, Wissen sind somit alles Bereiche, die primär auch für performative Situationen gelten bzw. intersubjektiv wirklichkeitserzeugend agieren, eben auf der Grundlage von Übertragung. Letztlich geht es also um krea(k)tive Vorgänge der theatralen Wirksamkeit als subjektivierend für den Moment des Theaters und damit also auch wieder um den Begriff des Performativen im Theater und um die Übertragung als grundlegende Struktur eben dafür, indem sie Glauben erschafft. Übertragung erweist sich so nicht zuletzt als Möglichkeit, gerade auch bekannte Theorien der Performativität und Subjektkonstruktion (im Theater) wieder zu lesen und durch das krea(k)tive Vermögen der Übertragung strukturell zu explizieren.
Zunächst sei jedoch auf die verwickelten Entstehungsprozesse Lacanscher Texte hingewiesen und ein kritischer Blick darauf geworfen, was als Lacans Theorie gilt – ganz in der Tradition seiner Vorgehensweise, die häufig damit beginnt, die herrschende, theoretische Meinung in Erinnerung zu rufen, um sich gleichzeitig davon abzugrenzen. So muss zudem auch die Verortung der Übertragungstheorie in der *Erfahrung* vorausgesetzt werden, und zwar: Im Voraus.

# 0
# Im Voraus

## Editionsnotiz, Methoden

Bevor sich der Fokus dieser Arbeit auf Übertragung und Theater richtet, soll die Besonderheit der Überlieferung Lacanscher Theorie kurz Erwähnung finden, um die Selbstverständlichkeiten im Umgang mit Text zu hinterfragen, die im wissenschaftlich-routinierten Verwenden möglicherweise nebensächlich zu werden drohen. Lacan-Diskurse stützen sich zu einem guten Teil auf die *Écrits*, die vom Autor explizit als Schrifttexte verfasst sind, und zu denen Jacques Lacan bemerkt: „Meine *Écrits*, ich habe sie nicht geschrieben, damit man sie versteht, ich habe sie geschrieben, damit man sie liest. Das ist ganz und gar nicht dasselbe."[1] Auf diesen Unterschied zwischen Lesen und Verstehen und die bemerkenswerte Unterbrechung der Linearität Lesen-Verstehen kann hier nicht ausführlich eingegangen werden, jedoch lohnt es sich, schon einmal Aufmerksamkeit darauf zu lenken, dass ‚Verstehen' durchaus diskutabel ist und also auch nicht automatisch als basales Ziel einer Lektüre gesetzt werden muss, nicht einmal bei einer Praxis, die Theoriebildung genannt werden kann. Zudem ist der Hinweis darauf augenfällig, dass Lesen an sich schon ein Ziel ist, das erreicht sein will, und nicht selbstverständlich. Nicht umsonst wird also zu Anfang bereits dem Ver*stehen* das Er*fahren* zur Seite gestellt.[2]

Lacansche Theorie wird zudem maßgeblich aus den transkribierten, von Jacques Alain Miller initiierten *Séminaires* gelesen, die nach und nach als Einzelbände in französischer Sprache und auch auf Deutsch erschienen und erscheinen. Das Seminar wäre also eigentlich zunächst als Ausgesprochenes zu hören:

> Prinzipiell auf Mündlichkeit abgestellt, stattfindend im *hic et nunc* der jeweiligen Sitzung, folgte Lacans Sprechen nicht den Kriterien der Textualität – etwa Gegliedertheit, Geschlossenheit, konsequente Entwicklung des Arguments usw. –, sondern überließ sich, ausgehend von der Grundfigur

1 Jacques Lacan: Der Triumph der Religion. In: Ders.: *Der Triumph der Religion welchem vorausgeht Der Diskurs an die Katholiken*. Wien: Turia + Kant 2006, S. 61–90, hier S. 75.

2 Vgl. Hans-Thies Lehmann: Ästhetik. Eine Kolumne: Über die Wünschbarkeit einer Kunst des Nichtverstehens. In: *Merkur* 542 (1994), S. 426–431. Siehe auch S. 257 dieser Arbeit.

des Kreisens um einen thematischen Kern, den Gesetzmäßigkeiten der Improvisation: Assoziative Sprünge, unerwartete Exkurse, Redundanzen und hypotaktische Verschachtelungen, über denen der Schluß des Hauptsatzes zuweilen verlorenging, sind Legion. Jedoch stellen diese Merkmale keine bedauerlichen – und von daher etwa zu ‚bereinigenden' Defizienzen wissenschaftlicher Rede dar; vielmehr sind sie Elemente eines Sprechens, dessen Unwiederholbarkeit konstitutiv für einen Diskurs war, der nichts anderes als ein ‚thinking in process' sein wollte. Aus all dem leuchtet ein, daß es Lacans Absicht nicht war, Texte zu produzieren.[3]

Einmal abgesehen, von der eher ‚ordentlichen' Vorstellung von Textualität, die diesen Zeilen zugrunde liegt, wird Lacans Praxis einer Lehre als solche vorgestellt, die keine des optimierten Verstehens sein will, sondern eine Praxis des Sprechens im *hic et nunc* in all seinen Widersprüchen und Entwicklungen in der Zeit, d. h. auch im Sprechen über Jahre hinweg. Dies vielbeschworene *hic et nunc*, mit Attributen der Unwiederholbarkeit und Prozessualität, verweist dabei jedoch ebenso auf seine Relevanz in Definitionen der Psychoanalyse insgesamt[4] und kann darüber hinaus als konstitutiv für Charakteristika der Darstellenden Kunst gelten. Hier treffen sich Praxen, die sich ernsthaft und hingebungsvoll dem Transitorischen und dem Flüchtigen widmen und die daher Erfahrung mit einem wissenschaftsgeschichtlichen Kampf um Anerkennung gemacht haben. Jedoch reicht Gegenwärtigkeit nirgends als Definition aus – sie darf nicht als starrer, statischer und selbstgenügsamer Zustand gesetzt werden.

Für Lacansche Theorie wurde also zurecht entschieden, trotz des Primats der Flüchtigkeit nicht auf Texte zu verzichten – für die realisierten Publikationen liegen so jedoch neben Lacanschen Notizen vornehmlich auch Mitschriften der von Lacan gehaltenen Seminare vor, die einerseits von fachfremden Stenotypistinnen, andererseits von Teilnehmenden der Sitzungen („zum Teil langjährigen Hörern bzw. Schülern Lacans"[5]) angefertigt wurden, erstere von Lacan selbst kaum korrigiert. Zudem dienen von ihm legitimierte Tonbandmitschnitte seit 1958 als Hilfsmittel, jedoch offenbar von zu schlechter Qualität, als dass sie dazu beitragen könnten, „die Grundlage einer Verschriftung zu bilden, die den Wortlaut integral überliefern konnte."[6] Diese Materialien bilden, in Buchform überführt, das Konvolut der *Séminaires*, an dem immer wieder starke Kritik geübt wird:

Mit den im Handel erhältlichen Buchausgaben des ‚Seminars von Jacques Lacan' hat dieser [der deutschsprachige, E. H.] Leser fehlerbehaftete Übersetzungen von Texten vor sich, die ihrerseits massive Bearbeitungen von fehlerbehafteten Transkriptionen unvollständiger und fehlerbehafteter Stenotypien sind.[7]

3 Gerhard Schmitz: Das Seminar von Jacques Lacan. Aspekte seiner Geschichte. In: Hans-Dieter Gondek / Roger Hofmann / Hans-Martin Lohmann (Hrsg.): *Jacques Lacan – Wege zu seinem Werk*. Stuttgart: Klett-Cotta 2001, S. 236–258, hier S. 245.

4 Für *hic et nunc* als Konstitutiv der Psychoanalyse vgl. z. B. Jacques Lacan: Funktion und Feld des Sprechens und der Sprache in der Psychoanalyse. In: Ders.: *Schriften I*, aus d. Frz. v. Rodolphe Gasché / Norbert Haas / Klaus Laermann / Peter Stehlin unter Mitwirk. v. Chantal Creusot, ausgew. u. hrsg. v. Norbert Haas. Weinheim / Berlin: Quadriga 1987, S. 71–169, bes. S. 88–105.

5 Schmitz: Das Seminar von J. Lacan, S. 245.

6 Ebd.

7 Ebd., S. 247.

Konsequent drückt sich die Überlieferung einer sich dem Text entziehen wollenden Bewegung durch einen Mangel an Text-Archivierungspraxis aus, welche wiederum durchaus an der Konstitution eines Autor-Subjekts beteiligt ist:

> Die Manuskripte, die Aufzeichnungen und die Korrespondenz sind weder klassifiziert noch in Verzeichnisse aufgenommen, noch ‚hinterlegt' worden. Sie existieren nicht, und dieses Fehlen eines Archivs ist das Symptom einer ausgelöschten Geschichte, einer Auslöschung einer Spur, die es der lacanianischen Gemeinschaft erlaubt, an jede beliebige Legende zu glauben. Da keine Spur zugänglich ist, stellt es sich so dar, als ob das Lacansche Werk keine Quellen, keine Geschichte und keinen Ursprung habe, als ob das Subjekt Lacan nur durch Hörensagen, durch unzuverlässige und von Phantasmen durchsetzte Zeugnisse, die man darüber aufsammeln kann, existieren würde: durch Bonmots, fromme Geschichten, Gerüchte und Anekdoten.[8]

Auch Miller arbeitet im Bewusstsein um die Frage nach dem Ursprung bzw. Original des Lacan'schen Werkes: „Man wollte hier nicht zählen, und die Transkription des gesprochenen Werks von Jacques Lacan besorgen, die Beglaubigung sein und künftig für das Original gelten wird, das nicht existiert."[9] Dieses besondere Medienvorkommen, bzw. diese Texte, die einen Medienmangel kompensieren, die aus Nicht-Texten und im Grunde aus Nicht-Vorhandenem – Flüchtigem; nicht, zu gut oder falsch Verstandenem; Un-erhörtem – entstehen, enthalten diverse Verschachtelungen. Dazu zählt der mehrschichtige Übersetzungsprozess von gesprochenen Worten in mitgeschriebene, in ver-textete d. h. für eine Edition brauchbare, schließlich in anderssprachige wie Englisch und eben auch Deutsch – und damit wieder zurück in die Originalsprache Freuds –, aus der die entnommenen, mit * versehenen Original-Worte stammen. Weiterhin werden die Texte von der Übersetzung / Transkribierung mit neu erfundenen Zeichen wie dem *ʃ*, der „Verschleifung"[10], dekoriert. Vor dem Hintergrund von Lacans ganz elementarem Fokus auf Sprache sind diese Phänomene mehr als bemerkenswert. Schließlich tragen diese Sprachbewegungen und Begriffsprägungen deutlich zur Gestaltung Lacanscher Theorie insgesamt bei und weisen darüber hinaus auf den Raum der Sprachpotentialität und der Wissenschaftsgeschichtsschreibung in Sprache und Text.

Wenige Theorien verursachen bei aller jeweiligen Begriffsbildung in ihrer Rezeption Wörterbücher und Zeichen- / Vokabellisten, so wie es für Lacan der Fall ist. Seine algebraischen Modelle und die sich transformierenden, teils immer spezifizierteren Begriffe und Zeichen entwickeln schließlich im Grunde eine ganz eigene Sprache, die, ähnlich einer Fremdsprache, solche begleitend-erklärenden Sekundärliteraturen und Tabellen der Übersetzung legitimieren, um beim Lesen und Nachvollziehen zu

8 Elisabeth Roudinesco: Jacques Lacan oder die ausgelöschte Geschichte. In: Gondek / Hofmann / Lohmann (Hrsg.): *Jacques Lacan – Wege zu seinem Werk*, S. 259–272, hier S. 261–262.

9 Lacan: *Vier Grundbegriffe*, S. 291. Frz.: „On a voulu ici ne compter pour rien, et procurer, de l'œuvre parlé de Jacques Lacan, la transcription qui fera foi, et vaudra, à l'avenir, pour l'original, qui n'existe pas." (Jacques-Alain Miller: Notice. In: Jacques Lacan: *Le Séminaire XI: Les quatre concepts fondamentaux de la psychanalyse*, texte établi par Jacques-Alain Miller. Paris: Seuil 1973, S. 307.)

10 „Ein langer Strich verzeichnet das Aussetzen der Rede, er unterdrückt füglich jedes Satzzeichen. Das Zeichen *ʃ*, das die Übersetzung einführt, heißt Verschleifung, das Zeichen * deutsch im Original." (Notiz v. Nobert Haas. In: Lacan: *Vier Grundbegriffe*, S. 291.)

helfen. Die Erwartung an ‚Textualität' muss sich diesen Texten anmessen. Gleichermaßen rücken ganz praktische Probleme der Edition in den Blick, wie textpolitische Bewegungen z. B. durch Millers Primat der „Lisibilité"[11] beim Transkribieren und Verbreiten des Materials, und auch bei der Inanspruchnahme und Kontrolle seiner Rechte am Text. Dies sollte stets in Erinnerung bleiben, wenn das gewohnheitsmäßige Zitieren von Texten gerade bei Lacan vergessen lässt, was der vorliegende ‚Text' hier im Speziellen ist und eben nicht ist. Daraus folgt das Interesse und auch eine Notwendigkeit, ‚seine' französischen und deutschen Formulierungen häufig zusammen anzuführen,[12] obgleich in Frankreich bisweilen verschiedene Versionen der Formulierungen kursieren[13] und sich die vorliegende Arbeit nicht detailliert mit diesen Differenzen beschäftigen kann. Da jedoch im Übersetzungsprozess erhebliche Verschiebungen in der Sprache sicht- und nachvollziehbar werden, soll zumindest ein minimaler Anteil davon wahrnehmbar bleiben und bei der Einordnung der Begriffe helfen, indem die komplette Einordnung, ganz lacanesk, problematisch bleibt.

Die Psychoanalyse als Praxis, die mit Widerständen, mit Verfehlungen und dem Sich-Entziehen gerade in der Sprache umgeht, lässt Gerhard Schmitz pointiert feststellen: „Implizit spiegelt diese Überlieferungslage Lacans Grundhaltung gegenüber seinem Diskurs wider."[14] Damit ist nicht nur die Überlieferungslage gemeint, sondern der Diskurs selbst als das Material, mit dem Lacan es als Psychoanalytiker zu tun bekommt, das er untersucht, um es wiederum in Sprache zu erfassen, es beschreib- / formulier- / überliefer- / diskursiv verhandelbar zu machen.

Zugespitzt lässt sich also fragen: „Liest, wer ‚Das Seminar von Jacques Lacan' liest, wirklich Lacan?"[15] Für die inhärenten Thesen des Materials scheint es jedoch letztlich

11 Norbert Haas in seiner Funktion als Übersetzer: „Zum Beispiel im Punkt leichte Lesbarkeit, die etwas ‚Gewinnendes' haben soll, sagt man mir. Das ist in der späteren Etappe der Edition ganz klar ausgesprochen worden von Miller. Die Seminare, die sind zugänglicher, aber sie sind nicht nur zugänglicher, sie sollen auch zugänglicher gemacht werden. Schon die Transkription arbeitet in diese Richtung, indem sie beispielsweise thetischer, setzender ist, als Lacan gesprochen hat. Jetzt hieß es dann noch einmal: Macht das lesbarer!"; oder auch Vreni Haas: „Lisibilité und visibilité: gut für das Auge lesbar und sichtbar." (Vgl. Norbert Haas / Vreni Haas / Hans-Joachim Metzger / Hans Naumann: Restorfer Gespräch über die Lacan-Edition, Herbst 1992. In: *Der Wunderblock. Zeitschrift für Psychoanalyse* 20/21 (1994), S. 73–144, hier S. 86–87 bzw. S. 92.)

12 Auch dieser Text verfolgt jedoch ein Interesse der Lesbarkeit, daher verzichtet er darauf, sämtliche fremdsprachigen Zitate aller Autor_innen in beiden Ausführungen nebeneinander anzugeben. Für französische Texte bedeutet dies, dass im Fließtext die deutschen Übersetzungen vorgezogen werden.

13 „Das Seminar *Transfert*, dessen Transkription eine massive Kritik erfahren hat, ist vor einiger Zeit vom Markt zurückgezogen worden [...]. Jetzt also sind ausgelieferte Bücher gestoppt worden, eine neue revidierte Transkription von *Transfert* ist angekündigt und man wird sehen, in welcher Weise Miller Korrekturen übernimmt. [...] Spannend finde ich aber auch die Frage, ob nun die Käufer der ersten Edition das Buch zurückgeben können und ihr Geld wiederbekommen. Oder rechnet man damit, daß nun alle das zweite Buch einfach noch dazu kaufen?" (Norbert Haas in: Restorfer Gespräch über die Lacan-Edition, S. 114.)

14 Schmitz: Das Seminar von J. Lacan, S. 245.

15 Ebd., S. 243. Vgl. dazu: „Wir wissen alle, daß es Rechte von Autoren an ihren Werken noch nicht sehr lange gibt. Im Grunde genommen handelt es sich bei der Autorschaft um eine romantische Konstruktion, hinter der allerdings eine theologische Vorstellung steht: der Autor wie Gott, nämlich als Schöpfer. Wenn man Lacan – aber natürlich nicht nur Lacan – liest, kann man aus, sagen wir einmal: signifikantentheoretischen Gründen, durchaus bestreiten, daß es so etwas wie Autorschaft überhaupt geben kann. – Lacan hat es bestritten." (Hans-Joachim Metzger und Norbert Haas in: Restorfer Gespräch über die Lacan-Edition, S. 113.)

nicht primär auf die Identität ihres Urhebers anzukommen – es wurde sich geeinigt, ihn Lacan zu nennen, um ihn in der Iterierbarkeit be-handelbar zu machen. Auch wird die Notwendigkeit der steten Selbstbewusstmachung im wissenschaftlichen Diskurs wachgehalten, deren Konsequenz die bewusst-kritische Behandlung solcher Texte als Quellen ist, jedoch nicht die Abkehr von Quellen an sich, denn sonst bliebe nur das Aufhören. Zudem kann die Erkenntnis entstehen, dass Autorschaft eine Frage des Textes und der Lesenden gleichermaßen ist – die Einstellung der Rezeption zur Autorschaft eines Textes spielt eine ebenso große Rolle wie das Schreiben, was strukturell wiederum als eine Frage der Übertragung diskutiert werden kann.

Im Lacanschen Sinne führen diese editorischen und im Grunde eben textpolitischen Fragen und Probleme also schon auf den in den folgenden Untersuchungen im Zentrum stehenden Begriff der Übertragung, wenn Übersetzende im Sprechen über ihre Arbeit an Lacan-Vorlagen fragen:

> [...] möchte der Leser der Übersetzungen Lacanscher Schriften möglichst rasch und leicht belehrt werden, oder will er sich trotz auftretender Widerstände mit der Lacanschen Psychoanalyse auseinandersetzen? Führt diese Frage nicht direkt zu der nach der Übertragung: Werden die Herausgeber, die eigentlich nur für die Übersetzung, den Stil, die Terminologie und die Edition Lacanscher Schriften und Seminare verantwortlich sind, nicht zu ‚Superanalytikern und Superlehrern' gemacht, die in einzigartiger Weise zu belehren vermögen?[16]

Das Lacansche Verständnis der Übertragung als geprägt vom *sujet supposé savoir* (*s.s.s.*) findet sich also auch in übersetzerischen Formfragen, scheint unausweichlich und benennt Problematiken von Verantwortung bis hin zum aus ihr resultierenden Politischen, die durch die von Lacan geprägte Stellung eines solchen wissen-sollenden Subjekts aufgerufen werden.[17] Gleichermaßen wie in der Frage nach dem *s.s.s.* als Verantwortliches für die Autorschaft liegt die Übertragungsbewegung auch in den Erwartungen, den Unterstellungen, die den Texten selbst entgegengebracht werden, und fragt so nach der Position der Lesenden, die sich an diese Texte wenden – und umgekehrt, nach der Wendung der Texte an ihre Lesenden. Die jeweiligen Plätze, auf die sich Texte und Lesende also gegenseitig setzen, können als Plätze der Übertragung verstanden werden.

Diese Plätze und auch die Möglichkeit ihres Leerbleibens sind wichtige Formeln des Lacanschen Sprechens – des Sprechens überhaupt – und erweisen sich auch für die Übertragung als konstitutiv. Leerstellen und ein Wechsel von An- und Abwesenheit

16 Hans Naumann in ebd., S. 86.

17 „Wenn ich mit der Vorstellung, jetzt an die Öffentlichkeit zu gehen, irgendetwas verbinde, so einerseits die Hoffnung, daß in Deutschland eine andere Form des Arbeitens mit Lacan entstehen möge, besser gesagt eine andere Form des Arbeitens an den Lacanschen Texten durch eine andere Form des Edierens. Andererseits kann ich nicht mehr damit verbinden, als jenen Zusammenhang von Übertragung zu unterstreichen, das heißt den Zusammenhang der Unterstellung eines wissen sollenden Subjektes dem Problem, der an diese Stelle rückt. Allgemeiner und als Frage formuliert: Kann man solche Texte wie die von Lacan oder auch von Freud edierend in die Hand nehmen, ohne Politik machen zu müssen? Ich will nicht so weit gehen zu behaupten, es sei keine Politik gewesen, keine Politik zu machen oder keine machen zu wollen. Das ist in gewisser Weise auch Politik, jedoch eine Politik, die etwas offen läßt. Auf alle Fälle eignet sich diese Politik nicht den Platz des wissenden Subjekts an, den einzunehmen freilich von anderer Seite angemutet wird. Dieser Platz ist in dieser Politik leer geblieben." (Hans-Joachim Metzger in ebd., S. 88.)

zeigen sich als eine Eigenart Lacanscher Ausdrucksweise, so dass alle pragmatischen Fragen des Edierens, Übersetzens und schließlich der Transmission stets darauf zurückkommen. Ein fokussierendes, eingrenzendes Bearbeiten auf Verständnis hin wird daher dem Material nicht gerecht, eher interessiert zunächst überhaupt die Ermöglichung eines Lesens, sei es eine Lektüre der *Écrits* oder Écriture der *Séminaires*, das die sich eröffnenden Horizonte aufzeigt. Das von Freud beobachtete und vielzitierte Fort-Da-Spiel[18] bietet sich hier als Erkenntnisbeschreibung an:

> Für mich ist das Lesen bei Lacan immer ein Fort / Da-Spiel gewesen, also Freude beim Erscheinen von etwas Schrieb und wegschmeißen, wenn es wieder verschwunden ist. Die ‚Einführungen', die auf dem Markt sind, haben meist das Dumme an sich, daß in ihnen nur erscheint, und das ist dann auch noch oft eher gestemmt als gehoben, und daß sie das Schwinden nicht vermitteln.[19]

Gerade weil die von Übertragung geschärfte Perspektive sich im Laufe dieser Studie immer mehr und immer wieder auch intersubjektiver An-Sprache zuwendet, sei diese erste Bewusstmachung des unsicheren Status eines so häufig zitierten Autor-Subjekts wie Lacan erlaubt.

### Das „Herz der Erfahrung"

Neben einer vorausgesetzten Sprachskepsis, was Lacan betrifft, ist ein zweiter Punkt relevant, der ebenfalls mit Flüchtigkeit zu tun hat. Lacan beschreibt Übertragung immer auch als Zentrum seiner persönlichen, praktischen Arbeit als Psychoanalytiker und sogar als *Kern* einer Erfahrung, wenn er sie zu Beginn seines Seminars zu *Le transfert* „cœur de notre expérience" („ Herz unserer Erfahrung") nennt.[20] Andernorts gerät dieses vitale Herz in Flammen und die Übertragung ist dort „le plus vif, le plus brûlant de notre expérience" („das Lebendigste, de[r] Brennpunkt unserer Erfahrung").[21] Die Wortwahl wird hier extra erwähnt, da sie eine Vitalität zeigt, die aus Heterogenität und Diversifikation entsteht, und die Lacan bei aller Theoretisierung an der Übertragung

18 Vgl. Sigmund Freud: Jenseits des Lustprinzips. In: Ders.: *Studienausgabe*, Bd. III: Psychologie des Unbewussten, hrsg. v. Alexander Mitscherlich / Angela Richards / James Strachey. Frankfurt am Main: Fischer 1975, S. 213–272. Die beschriebene Szene findet sich auf S. 225, inklusive der Buchstabenfolge „o-o-o-o", die von Freud als „fort" übersetzt wird.

19 Norbert Haas in: Restorfer Gespräch über die Lacan-Edition, S. 91.

20 „J'ai mis longtemps à en venir à ce cœur de notre expérience. Selon la date où l'on fait commencer ce séminaire, qui est celui dans lequel je guide un certain nombre d'entre vous depuis quelques années, c'est dans sa huitième ou dans sa dixième année que j'aborde le transfert." (Jacques Lacan: *Le Séminaire VIII: Le transfert*, texte établi par Jacques-Alain Miller. Paris: Seuil 2001, S. 12. Es handelt sich dabei um die seconde édition corrigée.) / „Ich habe lange Zeit gebraucht, um in dieses Herz unserer Erfahrung zu gelangen. Je nachdem, zu welchem Zeitpunkt man dieses Seminar beginnen läßt, welches das ist, worin ich eine gewisse Anzahl unter Ihnen seit einigen Jahren anleite, geschieht es in seinem achten oder in seinem zehnten Jahr, daß ich die Übertragung in Angriff nehme." (Lacan: *Seminar VIII: Die Übertragung*, S. 14.)

21 „Je vous le montrerai en son temps, quand il s'agira de ce qui est le plus vif, le plus brûlant de notre expérience, à savoir le transfert, sur lequel nous voyons coexister les témoignages les plus fragmentaires et les plus éclairants, dans une confusion totale." (Lacan: *Quatre concepts*, S. 41.) / „Ich werde Ihnen dies beweisen, wenn wir auf das Lebendigste, den Brennpunkt unserer Erfahrung kommen: die Übertragung. Hier herrscht totale Konfusion, ein Nebeneinander äußerst fragmentarischer und gleichzeitig sehr erhellender Zeugnisse." (Lacan: *Vier Grundbegriffe*, S. 39.)

wichtig erscheint. Sein Interesse fußt auf einer eigenen, für ihn nach wie vor aktuellen und grundlegenden, konsequent auftretenden *Erfahrung*. Das verwendete Vokabular zeigt an, dass die Übertragung Lacans Aufmerksamkeit konstant fesselt und aufgrund von nicht festzuschreibenden, chaotischen Zügen unabschließbar wirkt – und so auch die Theoretisierung nicht zu einer einengenden Definition kommen lässt. Mit der Übertragung geht also immer auch etwas Unkalkulierbares einher, auf das es sich einzustellen gilt.

Das theoretische Konzept und die verschiedenen Lesarten, die sich auf Freuds Modell aufbauend konstituieren, dürfen also nicht vergessen lassen, dass sie einem Phänomen übergebaut sind, das in der Praxis[22] – der psychoanalytischen – verwurzelt ist, die den Rahmen für diese Erfahrungen und ihre Formulierung bildet. Bisweilen fällt dies unter den Tisch, wenn z. B. Deutsch und Französisch so nebeneinandergeraten:

> Quoi qu'il en soit, un tel mode d'interroger le *champ de l'expérience* va, dans notre prochaine rencontre, être guidé par la référence suivante […].[23]

> Nun, es mag sein wie immer, eine derartige Befragung des *Felds des Unbewußten* wird sich bei unserer nächsten Zusammenkunft daran zu halten haben […].[24]

Aus dem „champ de l'expérience" wird nicht etwa ein Feld der Erfahrung, sondern ein Feld des Unbewussten. Die Übersetzung setzt den vorangegangenen Rückschluss ein, in dem Lacan das Unbewusste mit Freud als Feld der Erfahrungen formuliert.[25] Da sich die psychoanalytische Praxis nach Lacan besonders mit dem Auftauchen, dem Sich-Öffnen und Schließen des Unbewussten befasst und daher auch mit sprachlichen Fehlleistungen, die als Manifestation des Unbewussten gelten können, entsprechen sich offenbar die Erfahrungsfelder Unbewusstes und psychoanalytische Praxis. Gegenstand und Untersuchungsmethode sind jedoch beide nicht von einer Art des Aus-Übens zu trennen, gehen nicht in reiner Theoretisierung auf.[26] Die „notion, théorique," und der vielschichtige Folgediskurs zur Übertragung, der sich freilich auch über Lacan

22 Der Begriff der Praxis soll hier ganz bewusst in seiner Zweideutigkeit verstanden werden, als Ort der klinischen Behandlung und als handelnde Ausübung.

23 Lacan: *Quatre concepts*, S. 21, Herv. E. H.

24 Lacan: *Vier Grundbegriffe*, S. 19, Herv. E. H.

25 „Ce que j'avais à dire sur les Noms-du-père ne visait à rien d'autre, en effet, qu'à mettre en question l'origine, à savoir, par quel privilège le désir de Freud avait pu trouver, dans le champ de l'expérience qu'il désigne comme l'inconscient, la porte d'entrée". (Lacan: *Quatre concepts*, S. 21.) / „Was ich nämlich über die Namen-des-Vaters zu sagen hatte, zielte tatsächlich auf nichts anderes als auf die Frage nach dem Ursprung, das heißt auf die Frage, was dem Begehren Freuds das Privileg verschafft hatte, die Eingangstür zu finden zu jenem Feld von Erfahrung, das er als das Unbewußte bezeichnete." (Lacan: *Vier Grundbegriffe*, S. 19.)

26 „Pour tout dire, une juste topologie est ici requise, et, partant, une rectification de ce qui est impliqué communément dans l'usage que nous faisons tous les jours de la notion, théorique, de transfert. Il s'agit de la référer à une expérience. Elle, nous la connaissons fort bien pourtant, tout au moins pour autant que, à quelque titre que ce soit, nous ayons pratiqué l'expérience analytique." (Lacan: *Transfert*, S. 11–12.) / „Letztlich ist hier eine richtige Topologie erforderlich und zu Beginn eine Berichtigung dessen, was gemeinhin in dem Gebrauch impliziert ist, den wir alle Tage von der theoretischen Annahme einer Übertragung machen. Es geht darum, sie auf eine Erfahrung zurückzuführen. Diese Erfahrung kennen wir freilich sehr gut, zumindest sofern wir, gleichgültig, unter welchem Titel, die analytische Erfahrung praktiziert haben." (Lacan: *Übertragung*, S. 14.)

hinaus entwickelt, soll hiermit also als erstes unter Lacans Hinweis gefasst werden, der die Theorie an die Praxis rückbindet, und dabei gleichermaßen an alle Beteiligten. Das Ineinandergehen von Theorie und Praxis wird der Psychoanalyse allgemein zugesprochen und macht sie so zu einer beweglichen Disziplin – woraus wohl auch die schon früh ausgeprägte Haltung des Geltenmüssens und der Kampf um Anerkennung als Wissenschaft resultiert, und bekanntlich auch ein Ringen um Verortung im universitären Rahmen.[27] Mittlerweile gibt es jedoch genügend anerkannte Universitätsdisziplinen, die sich mit wissenschaftlich anerkanntem Status der Praxis und Theorie widmen; die Theaterwissenschaft sei hier nun nicht zufällig genannt.

Die „titres“, die in einer Analyse einzunehmen möglich sind, können zwei sein: Analytiker_in und Analysand_in, mehr Positionen enthält die Konstruktion in ihrem Grundsatz nicht, beide kennen jedoch die Übertragung aus der analytischen *Erfahrung*.[28] Da das Verhältnis zwischen Analytiker_in und Analysand_in, und schließlich besonders das Verhalten des Analytikers, Teil von Lacans persönlichem Erfahrungsbereich sind, liegt sein Interesse an einer „rectification“ vordergründig auf der Hand – die Übertragung ist Teil seiner ganz unvermittelten Lebens- bzw. Arbeitsrealität. Das ‚Feld der Erfahrung‘ ist so erwähnenswert, da der Übertragungsdiskurs ein Phänomen untersucht, das als aus einer Zusammenkunft zwischen zwei Subjekten hervorgehend beschrieben wird bzw. als die Zusammenkunft schon im Vorhinein bestimmend. Die psychoanalytische Situation ist grundsätzlich als intersubjektive, gemeinsame Handlung unter bestimmten Regeln zu verstehen, und die Problematisierung der Übertragung zeigt sich vor diesem Hintergrund insbesondere im Verständnis einer Bewegung in intersubjektiver Konstellation verwurzelt und gewinnbringend.

Eigentlich kämen mit dem *Herz der Erfahrung* auch Fragestellungen über den Erfahrungsbegriff hinzu, die jedoch offenbar bei der Lacanschen Verwendung des Begriffs nebensächlich bleiben – wie etwa die Unterscheidung zwischen *Erfahrung* und *Erlebnis* z.B. nach Walter Benjamin und seinen psychoanalytischen, Freud-Baudelaire-Flaneur-inspirierten Gedanken.[29] Nun liegt diese Unterscheidung im Französischen

27 „Es ist da etwas eröffnet worden, was wir nicht den gegebenen Universitätsdisziplinen zuschlagen können, etwas, das einfach in seinem Status als Praxis und Theorie – was man bei der Psychoanalyse überhaupt nicht auseinanderdividieren kann – nicht recht qualifizierbar ist.“ (Hans-Joachim Metzger in: Restorfer Gespräch über die Lacan-Edition, S. 106.) „Es“ bezieht sich auf das Ringen um die Einordnung der Psychoanalyse in bestehende Kategorien: „Es ist keine Religion, es ist keine Wissenschaft, es ist keine Philosophie, es ist keine Medizin, es ist keine Psychologie. Es liegt quer zu vielem von dem, was ich genannt habe. Es ist keines davon. […] Die Frage ist, ob diese Praxis und Theorie, die eben quer zu dem Diskursuniversum, zu den Diskursarten stehen, die wir kennen, nicht notwendig mit all den Problemen behaftet sein müssen, die wir jetzt haben zusammenfassen können. […] Für mich ist das alles in seinem Status nach wie vor viel zu unklar […]. Das ist etwas von anderer Art, und ich kann eigentlich nach wie vor nicht wirklich qualifizieren, was es denn ist.“ (Hans-Joachim Metzger, ebd.) Eine schöne Anmerkung auch im Hinblick auf das Vorhaben der vorliegenden Arbeit, die sich in einem ähnlichen *struggle* befindet.

28 Dies hat auch zu tun mit der *passe*. Ein Analytiker nach Lacan muss die Analyse als Analysand durchlebt haben – also eben auch Momente der Übertragung.

29 „Je größer der Anteil des Chockmoments an den einzelnen Eindrücken ist, je unablässiger das Bewußtsein im Interesse des Reizschutzes auf dem Plan sein muß, je größer der Erfolg ist, mit dem es operiert, desto weniger gehen sie in die Erfahrung ein; desto eher erfüllen sie den Begriff des Erlebnisses.“ Und weiter: „Vielleicht kann man die eigentümliche Leistung der Chockabwehr zuletzt darin sehen: dem Vorfall auf

offenbar weniger auf der Hand (beides *expérience*), jedoch stellen Erfahrung und Erlebnis die Frage nach dem (Un-)Bewussten. Erfahrungen ordnet Benjamin mit Theodor Reik der Seite des Unbewussten zu, die ungefiltert durch das Bewusstsein, das als Reizschutz fungiert, ins psychische System des Subjekts eingehen. Davon unterscheidet er das Erlebnis als bewusst wahrgenommenes und nach der obigen Logik auch weniger chockhaftes. Einher geht damit auch eine Unterscheidung zwischen Erinnerung und Gedächtnis (nach Reik)[30]; im Sinne Marcel Prousts *mémoire involontaire* soll auch eine ‚mémoire volontaire' gebildet werden. Bei Freud gibt es keine dezidierte Unterscheidung der Begriffe und auch keine eindeutige Definition, zumindest für das Gedächtnis, wie auch Gerald Siegmund feststellt.[31] Aber die Psychoanalyse wird als „erinnern, wiederholen, durcharbeiten"[32] begriffen, d.h. es wird von einer unbewussten und einer bewussten Art im Umgang mit Erlebtem und Erfahrenem ausgegangen. Wenn „Psychoanalyse als Methode demzufolge hauptsächlich Erinnerungsarbeit [ist]"[33], steht das Erinnern jedenfalls auf Seiten des Bewusstgemachten bzw. Bewusstmachenden und somit dem ‚Acting Out' (unbewusste Wiederholung) entgegen. Ein Ort als Speicher dieser bewusstmachbaren Daten wird also vorausgesetzt:

> Auch aus [!] Freuds theoretischem Denken, seinen Modellen des psychischen Apparates und seinen metapsychologischen Schriften, sind die Begriffe Erinnerung und Gedächtnis, als der Nicht-Ort, an dem jene ungelösten Konflikte aufbewahrt und erinnert werden, ohne erinnert werden zu können, von zentraler Bedeutung.[34]

Lacans ‚Erfahrung' scheint sich zwischen diesen Begriffen zu bewegen. Einerseits analysiert er sie auf der Grundlage erlebter und benennbarer Übertragung, scheint also eher eine bewusst gewordene Begebenheit zugrunde zu legen. Insofern also müsste eher vom ‚Herzen des Erlebnisses' der Psychoanalyse die Rede sein, wenn es um die Position

Kosten der Integrität seines Inhalts eine exakte Zeitstelle im Bewußtsein anzuweisen. Das wäre eine Spitzenleistung der Reflexion. Sie würde den Vorfall zu einem Erlebnis machen. Fällt sie aus, so würde sich grundsätzlich der freudige oder (meist) unlustbetonte Schreck einstellen, der nach Freud den Ausfall der Chockabwehr sanktioniert." (Walter Benjamin: Über einige Motive bei Baudelaire. In: Ders.: *Gesammelte Schriften*, Bd. I.2, hrsg. v. Rolf Tiedemann / Hermann Schweppenhäuser. Frankfurt am Main: Suhrkamp 1991, S. 605–653, hier S. 615.) Nebenbei: das Chockerlebnis in *A une Passante* von Charles Baudelaire erscheint ebenfalls als blitzlichthafter, intersubjektiver Rapport, geprägt von einbrechendem, instantanem Begehren... Die Unterstellung von *agalma* geschieht blitzartig, war vielleicht schon immer da und schließt sich hier mit dem Körper der Passantin kurz.

30 Gedächtnis und Erinnerung unterscheidet Benjamin mit Theodor Reik und Marcel Proust, und zwar „zwischen dem unwillkürlichen und dem willkürlichen Eingedenken. ‚Die Funktion des Gedächtnisses', heißt es bei Reik, ‚ist der Schutz der Eindrücke; die Erinnerung zielt auf ihre Zersetzung. Das Gedächtnis ist im Wesentlichen konservativ, die Erinnerung ist destruktiv.'" (Benjamin: Über einige Motive bei Baudelaire, S. 612, mit Bezug auf Theodor Reik: *Der überraschte Psychologe. Über Erraten und Verstehen unbewußter Vorgänge*. Leiden: Sijthoff 1935, S. 132.)

31 Vgl. Siegmund: *Theater als Gedächtnis*, S. 138.

32 Sigmund Freud: Erinnern Wiederholen Durcharbeiten. In: Ders.: *Studienausgabe*, Ergänzungsband: Schriften zur Behandlungstechnik, hrsg. v. Alexander Mitscherlich / Angela Richards / James Strachey, Mitherausgeberin des Ergänzungsbandes: Ilse Grubrich-Simitis. Frankfurt am Main: Fischer 1997, S. 205–216.

33 Siegmund: *Theater als Gedächtnis*, S. 137.

34 Ebd.

des Analytikers geht, der seine *expérience* untersucht. Andererseits geht es ihm immer zentral auch gerade um das Nicht-Wissen, das Unbewusste, auf Seiten aller Beteiligten. Eine Deutbarkeit wird jedoch in dieser psychoanalytischen Erfahrung stets gesucht, nicht zuletzt durch das Erkennen und Benennen von Übertragung, die oft erst im Nachhinein beschrieben wird, nicht in jedem Moment sofort bewusst ist, ja sogar vorläufig zu sein scheint, den sich erst herstellenden Rapport und die affektiven Aspekte schon im Voraus bestimmend und in Gang setzend. Sie stellt also auch die Frage nach bewussten und unbewussten Vorgängen; und dies soll hier als Vorschau auf ‚experimentelle Modelle'[35] dienen, die mit bewussten und unbewussten Anteilen der Übertragung umgehen.

Psychoanalyse ist ein solches Modell, aber auch Theater kann so gedacht werden, wie auch Gerald Siegmund nach seiner Lektüre von Gabriele Schwab resümiert:

> Was bei modernen [Theater-, E. H.] Texten also in den Vordergrund tritt, sind die im Repräsentationstheater wie im Alltagsleben unbewußt ablaufenden Übertragungs- und Projektionsphänomene. Mit ihnen erhält das Subjekt eine Chance, ausgegrenzte Teile seines Selbst als Erfahrung zu integrieren.[36]

Jedoch ist Übertragung nach Lacan noch etwas anders – struktureller und gegenwartsbezogener – gelagert als eher freudianische übertragene Erinnerungen bzw. der Wiederholungszwang. Lacan öffnet also die Tür zu gewinnbringenden, ausgeweiteten Diskursen, wenn er die Übertragung von der psychoanalytischen Sitzung löst:

> Cela n'exclut nullement, là où il n'y a pas d'analyste à l'horizon, qu'il puisse y avoir, proprement, des effets de transfert [...].[37]

> Keineswegs aber ist auszuschließen, daß es auch da, wo kein Analytiker am Horizont auftaucht, zu Übertragungsphänomenen kommen kann [...].[38]

Dies soll hier als Ausgangspunkt begriffen werden zur letztlichen Öffnung dieses Horizonts ohne Analytiker.

## Theatrale Wirksamkeit

Wie für die Übertragung bedarf es nun auch für die hier sogenannte ‚theatrale Wirksamkeit' einiger Prämissen, die sich auf intersubjektive Rapporte als Basis für Psychoanalyse und Theater beziehen, die ‚theatrale Wirksamkeit' und Subjektkonstitution reflektieren und einen Ausblick auf Übertragung als Grundlage von Subjektivierungsprozessen geben. Hierfür ist zunächst ebenfalls von einem ‚Herz der Erfahrung' auszugehen, das das Theater mit der Psychoanalyse nach Lacan offenbar teilt, nämlich die Wesensart der Praxis, der Intersubjektivität bzw. intersubjektiver Rapporte.

35 Vgl. das Kapitel „modèle naturel / modèle expérimental", S. 55–59 dieser Arbeit.

36 Siegmund: *Theater als Gedächtnis*, S. 53.

37 Lacan: *Quatre concepts*, S. 141.

38 Lacan: *Vier Grundbegriffe*, S. 131.

Anschließend an etablierte und paradigmatische Konzepte wie das der Ko-Präsenz (Erika Fischer-Lichte)[39], der Theatron-Achse (Hans-Thies Lehmann)[40], der „Situation als Kraftzentrum des Theaters" (noch einmal Lehmann)[41] oder auch der *Liveness* (Philip Auslander)[42] sollen intersubjektive Rapporte *in actu* für die vorliegende Studie als basale Struktur des Theaters nach wie vor gelten, inklusive der ihnen wesentlichen Flüchtigkeit und jeweiligen prozessualen Konstruktion. Dies führt, vor dem oben erwähnten Hintergrund Lacanscher Horizonte ohne Analytiker, dazu, Fragen diese Rapporte betreffend auch für das Theater zu stellen: Wie können sie beschrieben werden, wodurch sind sie geprägt, wie wären ‚theatrale Subjekte'[43], ihre Funktionen und Fiktionalisierungen zu definieren? Denn der intersubjektive Rapport geht ja explizit von beteiligten *Subjekten* aus, d.h. mit Louis Althusser von Individuen, die durch „Kategorisierung" und „Funktionsweise" erst zum Subjekt ‚werden'.[44] Entsprechend ist nach diesen Kategorisierungen und Funktionsweisen des Theaters zu fragen, und inwiefern diese durch Übertragung bestimmt sind.

Für ‚Theater' soll dabei in erster Linie die Struktur intersubjektiver Rapporte im Vordergrund stehen, die darstellende Künste gemein haben, und nicht formale Unterschiede, die etwa zwischen Theater und Performance gemacht werden. Vor diesen Unterscheidungen interessiert jedoch die basale, subjektfunktionalisierende Struktur von Präsentieren und Zuschauen, Bühne und Publikum: also funktionalisierende Plätze, auf denen sich Subjekte wiederfinden bzw. auf denen sie sich konstituieren, woraus wiederum ein Spiel, eine ästhetische Erfahrung, Kategorisierungen, Qualifizierungen, Dekonstruktionen dieser Plätze oder auch vieles anderes mehr entstehen können. Von einer Theater-Definition aus wie der einschlägigen von Peter Brook – „I can take any empty space and call it a bare stage. A man is walking across this empty space whilst someone else is watching him, and this is all that is needed for an act of theatre to be engaged"[45] –, werden die Funktionen ‚walking' und ‚watching' als Akte des Theaters aufgerufen, und zwar innerhalb eines leeren Raumes, der dieses ‚engagement' ermöglicht. Bei diesen Sätzen Brooks spielt der Begriff des Subjekts zwar vorerst keine Rolle, er soll hier dennoch gerade nicht aufgegeben, sondern in seinem Zusammenhang mit Funktionalisierungen befragt werden – als die bei Brook *walker* und *watcher* gelten

39 Vgl. Fischer-Lichte: *Ästhetik des Performativen.*

40 Hans-Thies Lehmann: Shakespeare's Grin. In: Judith Helmer / Florian Malzacher (Hrsg.): *Not even a game anymore. Das Theater von Forced Entertainment.* Berlin: Alexander 2004, S. 103–117, hier S. 106.

41 Hans-Thies Lehmann: Die Inszenierung: Probleme ihrer Analyse. In: *Zeitschrift für Semiotik* 11,1 (1989), S. 29–49, hier S. 42.

42 Vgl. Philip Auslander: *Liveness. Performance in a Mediatized Culture.* London / New York: Routledge 1999.

43 Vgl. das Unterkapitel „Das theatrale Subjekt als Konfrontation heterogener Materialisationen" in Gerald Siegmund: Cédric Andrieux von Jérôme Bel. Choreographische Strategien der Subjektwerdung. In: Michael Bachmann / Friedemann Kreuder / Julia Pfahl / Dorothea Volz (Hrsg.): *Theater und Subjektkonstitution. Theatrale Praktiken zwischen Affirmation und Subversion.* Bielefeld: Transcript 2012, S. 41–54, hier S. 50.

44 Althusser: Ideologie und ideologische Staatsapparate, S. 138.

45 Peter Brook: *The Empty Space.* New York: Touchstone 1996, S. 9.

könnten. So argumentieren auch Friedemann Kreuder, Michael Bachmann, Julia Pfahl und Dorothea Volz zu Beginn ihres Tagungsbandes *Theater und Subjektkonstitution* die Relevanz der Subjektkonstitution für theatrale Praktiken:

> Das Problem der Subjektkonstitution erscheint als zentrale Schnittstelle bei der Betrachtung theatraler Praktiken aus einer kunst- und kulturwissenschaftlichen Perspektive. Das Spiel mit verschiedenen Formen von Subjektivität – sei es in ihrer Fragmentierung oder als Behauptung eines autonomen, mit sich selbst identischen Subjekts – verweist im theatralen Rahmen auf das Prekäre der Subjektkonstitution, insofern letztere von der spielerischen Qualität des Vorgangs destabilisiert wird.[46]

Der theatrale Rahmen wird also als Möglichkeit gesetzt, Subjektkonstitution als Problem und als Prozess aufzufassen.[47] Wenn Gerald Siegmund schreibt, „[d]as Subjekt des Theaters entsteht wie das gesellschaftliche Subjekt durch sprachliche Anrufung und Unterwerfung"[48], wird nicht nur eine Wirkung des Theaters *auf* Subjekte anvisiert, sondern eine Subjektivierung selbst *als* Wirkung des Theaters postuliert. Eine Verwandtschaft zwischen ‚theatralem' und ‚gesellschaftlichem' Subjekt versteht sich dabei eigentlich von selbst, denn was wäre das Theater anderes als eine Gesellschaft auf Zeit, die sich in ihren jeweiligen intersubjektiven Rapporten konstituiert? Gleichzeitig verweist diese Verwandtschaft auf eine grundsätzliche Relation zwischen Theater und anderen Bereichen intersubjektiver Rapporte insofern, als dass die auftretenden Praxen und ‚Zeichen' sich ähneln bzw. gleichen, wie Fischer-Lichte formuliert: Theater „greift auf Zeichen zurück, die in der Kultur sowieso schon vorhanden sind."[49] Das gilt also gerade auch für Zeichen und Praxen der Intersubjektivität, d.h. für Praxen der Ansprache bzw. *Zu*sprache,[50] der sozialen Interaktion und Kommunikation etc. Ähnlich definiert Siegmund die Praxis des Theaters, nämlich als Wieder-Holung nicht nur von Zeichen:

> Weil das Theater immer auf Wiederholungen aufbaut, der Wiederholung von schon einmal Gedachtem, Gemachtem, Erfahrenem, Gefühltem und Erprobtem, kann das Wiedergeholte in jeder lebendigen Aufführungssituation erneut auf die Probe gestellt, unterbrochen und ausgesetzt werden.[51]

Dies ist insofern interessant, da solche Wieder-Holungen auch im Rahmen der Übertragung diskutiert werden, für die Lacan gerade den kreativen Anteil hervorhebt. Vor dem Hintergrund von Judith Butlers Reflektion der Unterwerfung und des Widerstands in der Subjektivierung schreibt Siegmund dem Theater aufgrund seines Verhältnisses zur Wiederholung ein Potential der Verschiebung zu, welches reproduzierende Wiederholung aussetzen und somit zur Opposition werden kann – womit gerade in der

46 Michael Bachmann / Friedemann Kreuder / Julia Pfahl / Dorothea Volz: Vorwort. In: Dies. (Hrsg.): *Theater und Subjektkonstitution*, S. 11–18, hier S. 11.

47 Vgl. ebd., S. 12.

48 Siegmund: Cédric Andrieux, S. 52.

49 Erika Fischer-Lichte: *Semiotik des Theaters*, Bd. 1: Das System der theatralischen Zeichen. Tübingen: Narr 1983, S. 20.

50 Vgl. die Unterscheidung Helga Finters in: Nach dem Diskurs. Zur Ansprache im aktuellen Theater. In: Dies.: *Die soufflierte Stimme: Text, Theater, Medien. Aufsätze 1979–2012*. Frankfurt am Main: Lang 2014, S. 559–573; siehe S. 284–291 dieser Arbeit.

51 Siegmund: Cédric Andrieux, S. 44.

Wieder-Holung auch das Neue (wie etwa Heiner Müllers vielzitierte „Lücke im Ablauf, das Andere in der Wiederkehr des Gleichen"[52]) zu suchen wäre.
Die Frage nach theatraler Subjektivierung als Anrufung und Unterwerfung ruft nun maßgeblich Theorien zur Übertragung auf den Plan, die das begehrende Subjekt und seine Übertragung(en) als Voraussetzung für Subjektivierungsprozesse erkennen lassen. Mit ihr treten Diskurse in den Vordergrund, die die *walker* des Theaters ebenso wie die *watcher* subjektivieren. So stellt Siegmund dar, wie Theater als „Dispositiv der Möglichkeiten zu hören und zu sehen"[53] gelten kann, das durch die Verteilung von Plätzen subjektiviert:

> In ihm gibt es vorgeschriebene Plätze für Darsteller und Zuschauer sowie für das Darstellen und Zuschauen, für Hören und Sehen. Jenes Dispositiv hat die Aufgabe, die Konfrontation von Körpern, Stimmen und Sprachen zu inszenieren, sie also wechselseitig aufeinander zu beziehen, um sie und die Subjekte dadurch hervorzubringen.[54]

Mit dem Begriff des Theaters als Dispositiv und seiner Inszenierung einer Konfrontation seiner Elemente ist aber sogleich auch die Frage nach der Subjektivierung derer aufgerufen, die als Lebewesen ins Dispositiv eintreten, wie Giorgio Agamben zusammenfasst:

> Kurz, wir haben also zwei große Klassen, die Lebewesen (oder die Substanzen) und die Dispositive. Und zwischen den beiden, als Drittes, die Subjekte. Subjekt nenne ich das, was aus der Beziehung, sozusagen dem Nahkampf zwischen den Lebewesen und den Dispositiven hervorgeht.[55]

Auch Siegmund setzt für diese Konfrontation, dieses ‚engagement' (nach Brook), den leeren Raum voraus, namentlich „das leere Theater, das sie [alle daran Teilhabenden, E. H.] subjektiviert und zur Erscheinung bringt."[56] Theater kann also neben einer Praxis, die auf Subjektivierung hinweist, immer auch als genuin leerer aber gerade dadurch funktionalisierender (und, wie sich zeigen wird, fiktionalisierender) Möglichkeitsraum gelten. Gerade aber in dieser ‚subjektiv wirksamen' Hervorbringung kann Theater sich und seine Funktionalisierungen, also die Konditionen von intersubjektiven Rapporten, auch ausstellen, oder, wie Siegmund mit Samuel Weber formuliert, „ein Ins-Spiel-Bringen der rollen- und regelbildenden Konventionen selbst"[57] initiieren – was es letztlich zu einem ‚Dispositiv der Dispositivität' macht und damit die Möglichkeit der Unterbrechung einer reinen, ‚reibungslosen', da unbewussten Funktionalisierung seiner Subjekte anzeigt. Denn „ein individuelles Urteil kann ab dem

52 „[G]esucht: die Lücke im Ablauf, das Andere in der Wiederkehr des Gleichen." (Heiner Müller: Bildbeschreibung. In: Ders: *Material. Texte und Kommentare*, hrsg. v. Frank Hörnigk. Göttingen: Steidl 1989, S. 8–14, hier S. 13.)

53 Siegmund: Cédric Andrieux, S. 51.

54 Ebd.

55 Giorgio Agamben: *Was ist ein Dispositiv?*, aus d. Ital. v. Andreas Hiepko. Zürich / Berlin: Diaphanes 2008, S. 27.

56 Siegmund: Cédric Andrieux, S. 50.

57 Ebd., S. 51, mit Bezug auf Samuel Weber: Das abgeschirmte Bild: Kritische Nachbemerkungen zum Thema Psychoanalyse und Individuum. In: Manfred Frank / Anselm Haverkamp (Hrsg.): *Individualität. Poetik und Hermeneutik XIII.* München: Fink 1988, S. 228–233, hier S. 231–232.

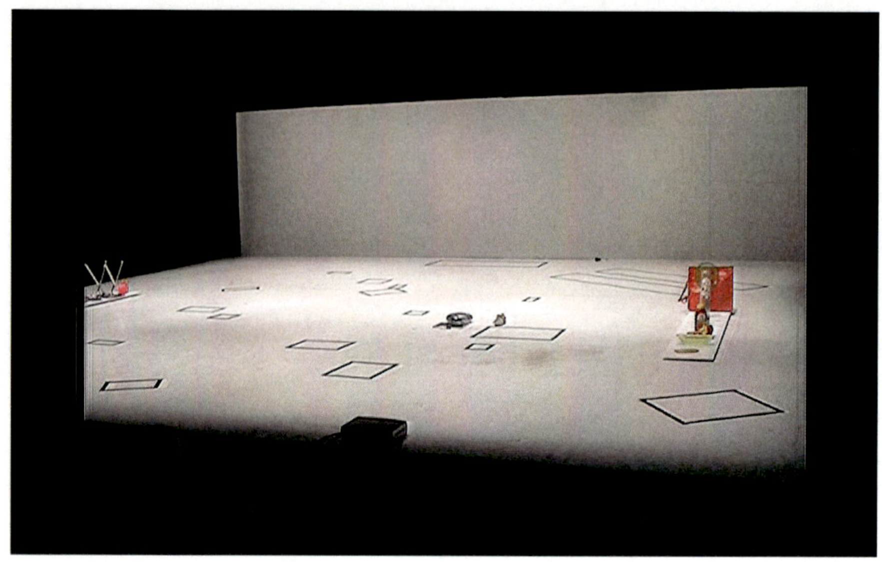

Abb. 1: Cuqui Jerez: *The Real Fiction*, Screenshot.

Moment kritisch werden, in dem es sich der normativen Vorurteile und der Diskurse bewusst ist, die es begründen."[58] Freilich sind solche Fragen nicht verallgemeinernd zu beantworten, sondern für jeweilige Fälle konstituierter und distribuierter Intersubjektivität immer neu.

Ein interessanter dieser zahlreichen, Konventionen ins Spiel bringenden Fälle ist die Produktion *The Real Fiction* von Cuqui Jerez, die gerade auch das Thema der Unterbrechung umspielt.[59] Die leere Bühne als Zeichen eines funktionalisierenden Masterplans bildet den Anfang des Stücks, indem Stellmarkierungen vorgegebene Perspektiven, abzuarbeitende Anforderungen und die Absicht, eine visuelle Szenographie der Handlungen als Spuren auf der Bühne zu hinterlassen, verdeutlichen. Eine Serie zahlloser inszenierter Störungen, Überraschungen und ‚Fehler' im Ablauf zeigt dann jedoch, wie die nur anscheinend vorgegebenen Anforderungen des Stücks in allen erdenklichen Arten *nicht* erfüllt werden.[60] Dabei wird die Lücke im Ablauf als Tür in die Fiktion genutzt: Das Stück affirmiert wesentlich ein vorausgesetztes ‚Wissen', dass Fehler vermieden und ausgebügelt werden müssen, sie also ein Dispositiv

58 „[U]n jugement individuel peut devenir critique à partir du moment où il est conscient des présupposés normatifs et des discours qui le fondent." (Eliane Beaufils: Quel être-ensemble au théâtre? Konzept zur gleichnamigen Journée d'étude, 23.01.2015, Université Paris 08 (St. Denis), Übers. E. H.)

59 Cuqui Jerez: *The Real Fiction*, UA: Künstlerhaus Mousonturm Frankfurt am Main / Plateaux Festival, 03.11.2005.

60 Vgl. zu diesen Überlegungen: Lorenz Aggermann / Georg Döcker / Eva Holling / Gerald Siegmund: Theater als Dispositiv. Erscheint im Tagungsband des 12. Kongresses der Gesellschaft für Theaterwissenschaft: *Episteme des Theaters*, vorauss. 2017.

des Gelingens und Scheiterns anzeigen. Anstatt also Fehler als Unterbrechung der Inszenierung einzuladen, fingiert Cuqui Jerez sie, und diese Fiktionalisierung betrifft etwas, das gewohnheitsmäßig nicht mit Fiktion zusammengebracht wird. Vielmehr wird gezeigt, wie Dispositive agieren, sowohl das der Fehler als auch das des Theaters. Indem sie den Fehler als wahrnehmbare Übertreibung der Fiktion inszeniert, benutzt Jerez die Pannen, um gerade das Fiktive und Illusionäre im Theater zu thematisieren, was den Fehlern sonst gerne entgegengesetzt wird, wenn sie als Einbruch des Realen gelten:

> Das Reale im Theater wurde immer ästhetisch und konzeptionell ausgeschlossen, haftet ihm aber unumgänglich an. Manifest wird es gewöhnlich nur in den Pannen. Über dieses Angst- und Wunschbild des Theaters, den Einbruch des Realen in das Spiel, handelt man gewöhnlich nur in Gestalt der peinlichen Fehler, von denen die Theateranekdoten und -witze erzählen.[61]

Fehler gelten so als Unterscheidungsmerkmal zwischen Ästhetischem und Realem. Jerez hingegen entlässt sie aus ihrer Definition als „Nichterfüllung einer Anforderung"[62] und macht Anforderungen in der Fingierung als symbolische Konstrukte erkennbar. Ihr endloses Potential und gleichzeitig ihre Angriffsfläche werden wahrnehmbar – denn sie sind immer auch anders denk-, sprech-, fingierbar. Und das zeichnet das Theater nach John Austin als parasitär aus:[63] Es nutzt das Dispositiv nicht ‚richtig', sondern um. *The Real Fiction* zeigt damit einen Einsatz von Fehlern auf, der sie als Indizien für das Fingieren der Systeme, die am Werk sind, nutzt. So weist die Produktion auf jeweilige performative ‚Anforderungen', oder auch „Netz[e] von Vorannahmen"[64] hin, die Jacques Rancière unter der Prämisse der Verteilung von Wissen und Fähigkeiten untersucht – also gerade als apriorische, dispositivische Konstellation von Macht, Subjektivität und Wissen.

Fehler sind also eine Art Anrufung für Subjekte ins Dispositiv von Gelingen und Scheitern. Daher spielt *The Real Fiction* gleichermaßen auch mit theatraler Anrufung: Anrufungen von Subjekten der Funktionen im Theater in offensichtlicher inszenierter Dysfunktion. Damit verweist *The Real Fiction* besonders auf die Qualität des Fiktiven an der Subjektivierung und ihrer dispositivierenden Wirkung und auf die Möglichkeit zum Scheitern der Interpellation, die gerade im Nicht-Aufgehen der Subjekte in den an sie gestellten Anforderungen zu finden ist. Denn im Empfang der Anforderung schwingt immer ein fragendes *Che vuoi!?*[65] mit, das die Konformität gefährdet: Lebewesen unter dispositivem Zugriff bilden mannigfaltige Subjektivierungsprozesse aus, die nicht zur Deckung gebracht werden können, weder mit der Anrufung der Anforderung noch innerhalb der Subjekte selbst.

61 Hans-Thies Lehmann: *Postdramatisches Theater*. Frankfurt am Main: Verlag der Autoren 1999, S. 173.

62 Ebd.

63 Vgl. John Austin: *Zur Theorie der Sprechakte [How to do things with Words]*. Stuttgart: Reclam 2002, S. 43–44.

64 Jacques Rancière: *Der emanzipierte Zuschauer*. Wien: Passagen 2008, S. 11–34, hier S. 17.

65 Vgl. Jacques Lacan: Subversion des Subjekts und Dialektik des Begehrens im Freudschen Unbewußten. In: Ders.: *Schriften II*, ausg. u. hrsg. v. Norbert Haas. Freiburg / Olten: Quadriga 1986, S. 165–204, hier S. 191. In den verschiedenen Graphen des Begehrens, die Lacan entwirft, taucht die Frage *Che vuoi?* in Graph 3 auf.

Wenn sich Theater also zwischen theatralen Subjekten entspinnt, muss auch von interpellierten Individuen die Rede gehen, die in Funktion geraten sind – und es ist zu vermuten, dass die Definition des Theaters letztlich nicht an den ihr inhärenten Funktionen Theatermachen und Zuschauen, Bühne und Publikum vorbeikommt, dass diese aber in mannigfaltiger Weise umspielt werden können. Die funktionale Setzung eröffnet dabei eben diesen Spielraum für theatrale Wirksamkeit und erweist sich selbst jeweils als ausagierte *Vorannahme*. Was genau diese Funktionen leisten sollen können, ist eben nämlich jeweilig theatral zu erzeugen und eben auch jeweilig zu untersuchen. So lässt sich dann z. B. zwischen ideologisierender oder experimenteller Interpellation im Theater unterscheiden.

Gerade im Hinblick auf den Begriff der ‚Wirkung' ist die Psychoanalyse noch einmal zu betonen, besonders im Zusammenhang mit der Wirksamkeit von Sprache, wie etwa Gabriele Schwab formuliert:

> Die Psychoanalyse als Diagnose und Movens einer Veränderung der Grundbestände neuzeitlicher Subjektverfassung hat etwa zur gleichen Zeit nicht nur eine eigene Sprachtheorie entwickelt, sondern auch eine Form, über Sprache verändernd auf das Subjekt einzuwirken.[66]

Wobei eben zu fragen wäre, ob ein zu veränderndes Subjekt jeweils schon vorauszusetzen ist oder erst generiert wird. Letztlich geht es Schwab in ihrer Parallelführung von Theater und Psychoanalyse zunächst um eine gemeinsame Prämisse der Krisenhaftigkeit:

> Die Wahl eines psychoanalytischen Ansatzes für eine Wirkungsästhetik des modernen Theaters hat jedoch noch einen tieferen Grund. Wie die anderen Kunstformen, so nimmt auch das moderne Theater einen bewußtseinsgeschichtlichen Problembestand auf, der sich am vehementesten als Bewußtsein einer Sprachkrise äußert. Dahinter verbirgt sich jedoch eine umfassende Krise der Repräsentationsfunktion allgemein und eine Veränderung im Bewußtsein von Subjektivität.[67]

Während also einerseits die Wirksamkeit über Sprache erzeugt werden soll, bestehen andererseits gleichzeitig Zweifel an ihr (gerade in der Psychoanalyse werden daher die unbewussten Anteile am Sprechen und Handeln der Subjekte untersucht und in den Fokus gerückt). Theater und Psychoanalyse können sich also in der Voraussetzung eines ‚modernen' Subjektbegriffs treffen. Schwabs Ansatz zufolge eint sie das angenommene Ende der „integrierten Subjektivität" und der „Illusion von der Selbstverfügbarkeit des Subjekts".[68] Gerade vor dem Hintergrund der fragwürdigen Selbstverfügbarkeit des Subjekts treffen sich aber auch theatrale Wirksamkeit und Übertragung, indem Übertragung im Folgenden als Grundlage für Subjektivierung, für Hinwendung an den Anderen in der subjektivierenden Interpellation gezeigt wird, und damit auch als Grundlage für eine (sprachliche) intersubjektive Einflussnahme bzw. Wirkung.

66 Schwab: *Samuel Becketts Endspiel mit der Subjektivität*, S. 2.

67 Ebd.

68 „Während sich in der Literatur unseres Jahrhunderts das Ende der integrierten Subjektivität ankündigt, entwirft die Psychoanalyse eine Theorie zur Veränderung von Subjektivität, in der es auch um ein Ende geht: das Ende der Illusion von der Selbstverfügbarkeit des Subjekts. Inzwischen hat das Theater diese Desillusionierung auf seine Weise absorbiert." (Ebd., S. 1.)

Dafür muss der Subjektbegriff maßgeblich vom Begehren aus untersucht werden, welches Sehen und Hören, Interpellierbarkeit und Subjektivierbarkeit wirkungsvoll beeinflusst.

Wenn Zuschauen nach Heiner Goebbels etwa über künstlerische Intensität entscheiden kann, muss also in den Blick genommen werden, wie Zuschauende (*watcher*) und ‚Zugeschaute' (*walker*) im theatralen Prozess überhaupt erst generiert werden. Die Übertragungsstruktur liegt diesem Prozess zugrunde, indem das begehrende Subjekt eine Bereitschaft zur Subjektkonstitution (z. B. als *watcher*) gleichermaßen mitbringt und ihr unterliegt: das Zuschauen generiert gesehene und dabei gleichzeitig sehende Subjekte. Zwar wird mit Lacan Übertragung tatsächlich primär als Blickphänomen diskutiert, was jedoch nicht davon ablenken soll, dass sie maßgeblich auch ein Phänomen des Hörens und der Sprache ist, das sich vor allem immer auch verkörpert. Ihre Materialität ist, ähnlich wie im Verständnis Althussers die Ideologie, im Handeln des Subjekts manifestiert. Übertragung wäre somit eine Struktur der Setzung, die im ‚empty space' zuallererst keine vorgegebenen Positionen außer der Möglichkeit zur (wertbehafteten) Positionierung selbst enthält. Gleichzeitig bietet Übertragung als Struktur der Setzung ein Feld zum Beginn der ‚Arbeit' an ihr (wie des „Durcharbeitens"[69] nach Freud z. B.), der Forschung, des Experiments, indem dann solche Arbeit die Setzungen wiederum gerade auch als skeptische Ent-Setzung verhandeln kann, als Um-Setzung, Aus-Setzung etc. Und noch einmal drängt sich hier eine bedeutsame Lesart der ‚expérience' auf, wenn Samuel Weber daran erinnert, dass das Herz der psychoanalytischen Erfahrung auch als Experiment verstanden wird:

> Auf französisch heißt ‚expérience psychanalytique' übrigens nicht nur psychoanalytische Erfahrung, sondern auch, und vielleicht vor allem: psychoanalytisches Experiment. Man sollte aber bedenken, daß es sich dabei um ein Experiment handelt, das nie ganz kontrolliert werden kann.[70]

Über eine anvisierte Wirkung, ob in der Psychoanalyse oder in der Kunst, ist also nie im Voraus zu entscheiden, sondern sie zeigt sich im Prozess. Theater und Psychoanalyse werden daher hier mit Lacan als experimentelle Modelle untersucht, deren Ausgang ungewiss ist. Bei beiden sorgt die Übertragungsstruktur für eine Tragfähigkeit, indem der intersubjektive Rapport von einer gegenseitigen Funktionszuschreibung getragen wird. Intersubjektive Rapporte beruhen auf einer Aneignungsstruktur des Subjekts, die von Begehren geprägt ist, und Übertragung arbeitet insofern mit, als dass sie Wahrnehmung abgibt, sich zeigt, und zwar innerhalb einer Konstellation, die auf Verkörperung im Raum basiert. Diese *incorporation* wiederum prägt intersubjektive Ansprachen und bietet gleichzeitig sowohl Funktionalität für als auch das größte „Feld für Widersprüche"[71] gegen Ideologien und dispositivische Zugriffe auf Individuen.

69 Vgl. Freud: Erinnern Wiederholen Durcharbeiten. Ein Aufsatz übrigens, der maßgeblich über die anvisierte *Wirkung* der Psychoanalyse handelt.

70 Samuel Weber: *Rückkehr zu Freud. Jacques Lacans Ent-stellung der Psychoanalyse.* Wien: Passagen 2000, S. 13.

71 Althusser: Ideologie und ideologische Staatsapparate, S. 125.

Schließlich wird bei Lacan ‚das Herz der Erfahrung' auch gegen „szientifische Formalisierung" und „esoterische Verwässerung" des „Rapport[s] zwischen zwei Subjekten" ins Feld geführt.[72] Damit spricht er allgemeine Probleme von Untersuchungen in wirkungsästhetischer Hinsicht an, nämlich die Instrumentalisierung der Beteiligten und die Kluft, die sich zwischen Analyse als Theoretisierung im Nachhinein und dem Vollzug einer (psychoanalytischen, ästhetischen...) Erfahrung auftut. Leicht geschieht so eine Engführung der Beispiele, die plötzlich anscheinend präfigurierte Ziele und Intentionen zugeschrieben bekommen und darauf reduziert werden. Die (immer nachträgliche) Analyse von Produktionen der künstlerischen Praxis aus der Perspektive der Übertragung setzt daher immer einen irreduziblen Überschuss dieser Gegenstände voraus, der besonders für Erfahrungen gültig bleibt. Die Analyse soll also nicht auf die von ihr anvisierten Punkte verengen, nichts auflösen oder ‚aufgehen' lassen. Gleichzeitig wird versucht, den Begriff Übertragung im Nachdenken über das Theater eben nicht zu verwässern, sondern vielmehr die durch ihn beschriebene Struktur genauer herzuleiten und diese dann an Horizonten ohne Analytiker zu erkennen.

72 Manfred Riepe / Gerhard Schmitz / Georg Christoph Tholen: Vorwort. In: Dies. (Hrsg.): *Übertragung – Übersetzung – Überlieferung. Episteme und Sprache in der Psychoanalyse Lacans.* Bielefeld: Transcript 2001, S. 9–11, hier S. 9.

# I
# Über Übertragung

Der Begriff der Übertragung ist in vielerlei Hinsicht gebräuchlich; er erscheint breit, undifferenziert und auch vage. Wollte eine Studie all die Nutzungen des Begriffs untersuchen – sie könnte nur versammeln, aber wohl kaum strukturell präzise Aussagen machen. Daher ist eine Einordnung der Begrifflichkeiten zunächst unabdingbar, gerade weil der Fokus hier ganz gezielt auf der psychoanalytischen Prägung des Übertragungsbegriffs liegen soll, die im Alltagsgebrauch zu den unbekannteren zählt.
Die Gebräuchlichkeit des Übertragungstopos zeigt sich also zunächst einmal in diversen Disziplinen – neben Psychologie und Psychoanalyse als therapeutische Praxis / Methode prägt ihn der literaturwissenschaftliche Diskurs primär als (fremd-)sprachliche Übersetzungsproblematik von Texten; die Weitergabe und Verhandlung von Epistemen als *Transmission*[1] werden unter dem Stichwort der Übertragungstheorien verhandelt; als Medienterminus wird er zumeist im Bereich zwischen ‚Senden und Empfangen'[2] eines klassischen Übertragungsmodells von Informationsvermittlung eingeordnet. Sybille Krämer etwa versammelt verschiedene Facetten des Begriffs, wenn sie aus medienwissenschaftlicher Perspektive Übertragung als Botengang versteht und mit ihr kreative Akte von Kommunikation untersucht.[3]
Übertragung hat also

> [...] eine weitere Bedeutung als ih[r] in der Psychoanalyse zugestanden wird. Andererseits ist das Phänomen, welches die Psychoanalyse mit ‚Übertragung' umschreibt, gewiß älter als die Psychoanalyse selbst. Allein innerhalb der Medizin kann ‚Übertragung' so Verschiedenes bedeuten wie: Ansteckung, Austausch, Transport, Übertragung von ‚Erregung', von Information etc. Im Bereich

1 Vgl. Michael Schmid: Einführung. In: Ders. (Hrsg.): *Zur Frage der Transmission (in) der Psychoanalyse.* Zürich: Riss 1995, S. 9–13. Als erste Eckpunkte in der Entwicklung der Transmission in der Psychoanalyse werden Freud und Lacan genannt.

2 Vgl. z. B. Katrin Lange: *Theater im Fernsehen: Probleme der medialen Übertragung von Theateraufführungen.* Dissertation, Humboldt-Universität Berlin, 1983; Christine Gawlas: *Nachrichten – heißer Draht zwischen Lebenswelten: Kulturtransfer im internationalen Pressewesen.* Frankfurt am Main: Lang 2004.

3 Sybille Krämer: *Medium, Bote, Übertragung. Kleine Metaphysik der Medialität.* Frankfurt am Main: Suhrkamp 2008. Darin finden sich die Topoi Engel, Viren, Geld, Übersetzung, Psychoanalyse, Zeugenschaft.

der Geisteswissenschaften kommen weitere Bedeutungen hinzu, etwa: Übermittlung, Übersetzung, Herstellung eines ‚übertragenen', nicht wörtlich gemeinten Sinnes.[4]

Auch in semiotischen Theorien siedelt der Übertragungsbegriff sich an:

> Nicht erst als psychoanalytischer Begriff hat die *Übertragung* Karriere gemacht. Neben seiner technischen Relevanz erfuhr die Frage der *Bezugnahme semiotischer Elemente* eine Aufwertung im Rahmen einer zeichentheoretischen Reformulierung klassischer wissenschaftlicher und philosophischer Bestände. Hierbei handelt es sich nicht nur um Fragen der *Relationierung und Strukturierung von signifikanten Prozessen*, sondern ebenso um das Problem der *Konstitution von Elementen, Zusammenhängen, Prozessen und Bedeutungen*.[5]

Als Relations-, Konstitutions- und Strukturierungsprozess ist Übertragung also nicht nur für die Psychoanalyse relevant. Viele dieser Bedeutungshöfe, wie der des Übertrags / Überrests, der Ansteckung oder auch der Frage nach Zeichenhaftigkeit, Signifikation und deren Konstitution, finden sich auch dann wieder, wenn Übertragung aus der Psychoanalyse heraus (und über sie hinaus) als mögliche Grundstruktur auch für ästhetische Wahrnehmung und ästhetische Erfahrung gilt. Die Funktion der Übertragung der Psychoanalyse bringt die Lesart Jacques Lacans in den Vordergrund, da dieser inhaltliche Schwerpunkte Sigmund Freuds zu diesem Phänomen verschiebt und damit die Übertragung als Begehrensstruktur präzisiert.

## Übertragung in der Psychoanalyse

Wenn also im Folgenden die Lesart Jacques Lacans für den Übertragungsbegriff zentral ist, soll zur Orientierung kurz vorausgeschickt werden, auf welchem Diskurs er aufbaut. *Übertragung* bezeichnet im Standardwerk psychoanalytischer Begriffe von Jean Laplanche und Jean-Bertrand Pontalis

> [...] den Vorgang, wodurch die unbewussten Wünsche an bestimmten Objekten im Rahmen eines bestimmten Beziehungstypus, der sich mit diesen Objekten ergeben hat, aktualisiert werden. Dies ist in höchstem Maße im Rahmen der analytischen Beziehung der Fall. Es handelt sich dabei um die Wiederholung infantiler Vorbilder, die mit einem besonderen Gefühl von Aktualität erlebt werden.[6]

Die offenen Formulierungen über „bestimmte Objekte im Rahmen eines bestimmten Beziehungstypus" eben gerade ohne nähere Bestimmung verweisen auf die Schwierigkeiten der Verallgemeinerung in theoretischen Diskursen über die Übertragung. Daher lautet die lexikalische Definition weiter: „Was die Psychoanalytiker ‚Übertragung' nennen, ist meistens die Übertragung in der Behandlung, ohne nähere Bestimmung."[7]

4 Heinz Weiß: *Der Andere in der Übertragung. Untersuchungen über die analytische Situation und die Intersubjektivität in der Psychoanalyse*. Stuttgart: Frommann-Holzboog 1988, S. 143.

5 Erik Porath: Über Trug und Übertrag. Die Übertragung der Psychoanalyse und die Übertragung überhaupt. In: Hans-Peter Jäck / Hannelore Pfeil (Hrsg.): *Politiken des Anderen*, Bd. 1: Eingriffe im Zeitalter der Medien. Rostock / Bornheim-Roisdorf: Hanseatischer Fachverlag für Wirtschaft 1995, S. 55–90, hier S. 55–56.

6 Jean Laplanche / Jean-Bertrand Pontalis: *Das Vokabular der Psychoanalyse*. Frankfurt am Main: Suhrkamp 1973, S. 550.

7 Ebd.

Diese Ablösung näherer Bestimmungen im Diskurs ist wie bei jedem Begriff, der in große Offenheit gerät, förder- und hinderlich. Einerseits bietet eine solche Offenheit Ansatzpunkte für viele und für die Entwicklung neuer Lesarten, ist daher wünschenswert, andererseits wird immer wieder die kontextualisierende Rückbindung an ein Ausgangsverständnis nötig und damit etwa die Berücksichtigung jeweils einzelner Theorieschaffender und ihrer Prägung des Begriffs. Darüber hinaus erfordert diese Offenheit auf klinisch-praktischer Seite die Einzelfalldarstellung, wie sie in der psychoanalytischen Literatur zur Übertragung vorwiegend praktiziert wird. Damit bleibt der Übertragungsdiskurs dem Kontext seiner Entdeckung treu, die im Rahmen des berühmten Fallbeispiels ‚Dora'[8] von Sigmund Freud verortet wird. Dieser prägt daher erwartungsgemäß auch den psychoanalytischen Übertragungsbegriff, doch bei ihm ist ebenso eine Entwicklung abzulesen, bevor Übertragung zur Beschreibung einer intersubjektiven Struktur wird, wie Dylan Evans zusammenfasst:

> Zu Anfang verwendete Freud den Terminus ‚Übertragung' ganz einfach zur Bezeichnung der Affektverschiebung von einer Vorstellung auf eine andere [...]. Später bezeichnete er damit die in der Kur entstehende Beziehung des Patienten zum Analytiker. Dies wurde die eigentliche Bedeutung des Terminus und wird in diesem Sinne auch heute in der psychoanalytischen Theorie verstanden.[9]

## Mit Freud über Freud hinaus

Freud prägt den Begriff publikatorisch im Jahr 1905 im Nachwort zu seinem *Bruchstück einer Hysterie-Analyse* und also seinem Fall, dem er den Namen Dora gibt. Freuds Entdeckung und früheste Definition dessen, was er als Übertragung einführt, steht zumeist noch immer, auch im psychoanalytischen Theoriediskurs um die Übertragung, am Anfang:

> Was sind Übertragungen? Es sind Neuauflagen, Nachbildungen von den Regungen und Phantasien, die während des Vordringens der Analyse erweckt und bewusst gemacht werden sollen, mit einer für die Gattung charakteristischen Ersetzung einer früheren Person durch die Person des Arztes. Um es anders zu sagen: Eine ganze Reihe früherer psychischer Erlebnisse wird nicht als vergangen, sondern als aktuelle Beziehung zur Person des Arztes wieder lebendig.[10]

Grundlegend seien mit dieser vielzitierten Setzung zunächst also zwei Punkte betont: Zum Einen fällt die von Freud eingeführte Nachträglichkeit des Vorgangs ins Gewicht; Neu-Auflagen und Nach-Bildungen beziehen sich auf etwas Vorangegangenes und so

8 Dora = Ida Bauer; Freuds Verantwortungsgefühl den Patienten und der Wissenschaft gegenüber erklärt neben der Vergabe eines Decknamens u. a. auch den zeitlichen Abstand, der zwischen der Niederschrift des Falls und der Publikation vier Jahre später liegt: „Allein ich meine, der Arzt hat nicht nur Pflichten gegen den einzelnen Kranken, sondern auch gegen die Wissenschaft auf sich genommen. Gegen die Wissenschaft, das heißt im Grunde nichts anderes als gegen die vielen anderen Kranken, die an dem Gleichen leiden oder noch leiden werden. Die öffentliche Mitteilung dessen, was man über die Verursachung und das Gefüge der Hysterie zu wissen glaubt, wird zur Pflicht, die Unterlassung zur schimpflichen Feigheit, wenn man nur die direkte persönliche Schädigung des einen Kranken vermeiden kann. Ich glaube, ich habe alles getan, um eine solche Schädigung für meine Patientin auszuschließen. [...] ich habe nach Abschluß der Behandlung noch vier Jahre lang mit der Publikation gewartet [...]." (Freud: Bruchstück einer Hysterie-Analyse, S. 88.)

9 Dylan Evans: *Wörterbuch der Lacanschen Psychoanalyse.* Wien: Turia + Kant 2002, S. 316.

10 Freud: Bruchstück einer Hysterie-Analyse, S. 180.

scheint es, als ob die Übertragung zwar in ihrem Vorgang etwas kreiert, das jedoch stets in einer Verweisfunktion auf Vorgängiges (ein Verweis, der schließlich analysiert, sprich interpretiert werden soll und so das Vorgängige ‚entlarvt') verharrt. Zum anderen ist der Bedeutung der „Person des Arztes" Aufmerksamkeit zu schenken. Sie fungiert in Freuds Ablauf als Katalysator, indem sie eine Figur im Verweis-Spiel der Übertragenden ersetzt bzw. hinzufügt. Darüber hinaus hat sie jedoch gleichzeitig die Deutungsinstanz inne, die für die Bewusstmachung und somit für die Unterbrechung eines unbewussten Automatismus sorgen soll. So wird schließlich dem Übertragung genannten Phänomen gar die dominierende Bestimmung der psychoanalytischen Kur zugeschrieben, die Verantwortung für und Begründung dessen, was im Ablauf geschieht. Es wird „klassisch als das Feld angesehen, auf dem sich die Problematik einer psychoanalytischen Behandlung abspielt, deren Beginn, deren Modalitäten, die gegebenen Deutungen und die sich daraus ableitenden Folgerungen."[11]

Bis zu diesem Punkt hat die Übertragung jedoch auch bei Freud schon eine Entwicklung vollzogen. Vor der oben angeführten Stelle aus dem *Bruchstück einer Hysterie-Analyse* verwendet Freud den Begriff an verschiedenen Stellen und noch nicht auf einen einzigen Sinn festgelegt.[12] In der Traumdeutung etwa taucht der Begriff im Diagnosevokabular auf und dient dort als erklärende Beschreibung psychischer Verschiebungs- bzw. Ersetzungsvorgänge: „[… I]ch hatte ihr [der Patientin, E.H.] einige Tage vorher erklärt, ‚daß die ältesten Kindererlebnisse *nicht mehr* als solche *zu haben sind*, sondern durch ‚Übertragungen' und Träume in der Analyse ersetzt werden'."[13] Oder auch: „Der erste Teil dieses Trauminhalts ist eine Anknüpfung an die Kur und Übertragung auf mich."[14] Freud nähert sich dem Begriff schon hier in seiner Funktion als Neuauflage / Nachdruck von etwas Vergangenem, das verschoben wieder auftaucht, und sich an seiner Person festsetzt. An anderer Stelle ist noch nicht so klar ersichtlich, wohin das Verständnis der Übertragung führt, wenn er sie als ‚Vermittlerin' zwischen verschiedenen Bewusstseinsstufen einsetzt bzw. als Vorgang, der Unbewusstes mit einem Bereich des Bewussten verknüpft,

> […] wenn man an der Rolle des unbewussten Wunsches festhält und dann die Neurosenpsychologie um Auskunft befragt. Aus dieser erfährt man, dass die unbewusste Vorstellung als solche überhaupt unfähig ist, ins Vorbewusste einzutreten, und dass sie dort nur eine Wirkung zu äußern vermag, indem sie sich mit einer harmlosen, dem Vorbewussten bereits angehörigen Vorstellung in Verbindung setzt, auf sie ihre Intensität überträgt und sich durch sie decken lässt. Es ist dies die Tatsache der Übertragung, welche für so viele auffällige Vorfälle im Seelenleben der Neurotiker die Aufklärung

11 Laplanche / Pontalis: *Das Vokabular der Psychoanalyse*, S. 550.

12 Vgl. auch Hans-Dieter Gondek, der den „Anfang der Geschichte oder Genealogie von Sache, Wort und Begriff *Übertragung*" (Gondek: Übertragung – Gegenübertragung – „Begehren des Analytikers". In: Erika Fischer-Lichte / Mirjam Schaub / Nicola Suthor (Hrsg.): *Ansteckung. Zur Körperlichkeit eines ästhetischen Prinzips*. München: Fink 2005, S. 201–210, hier S. 202) auf 1895 datiert, in den *Studien über Hysterie* von Josef Breuer und Sigmund Freud – wobei auch er darauf hinweist, dass Übertragung nicht einfach zu einem bestimmten Zeitpunkt auftritt oder als solche heraufbeschworen wird, sondern dass auch frühere Texte und Verfahren sich verstreut mit dieser Struktur beschäftigen, wenn auch nicht in dieser Zuspitzung.

13 Sigmund Freud: *Die Traumdeutung (1900). Studienausgabe*, Bd. II, hrsg. v. Alexander Mitscherlich / Angela Richards / James Strachey. Frankfurt am Main: Fischer 1996, S. 196.

14 Ebd., S. 210.

> enthält. Die Übertragung kann die Vorstellung aus dem Vorbewussten, welche somit zu einer unverdient großen Intensität gelangt, unverändert lassen oder ihr selbst eine Modifikation durch den Inhalt der übertragenden Vorstellung aufdrängen.[15]

Um 1900 herum war Freuds Definition der Übertragung also noch nicht eindeutig und daher auch nicht ganz so einfach genealogisch zu präzisieren, wie es Dylan Evans versucht, da beide von Evans angeführten Verwendungen schon in der *Traumdeutung* auftauchen. Hans-Dieter Gondek verfolgt ebenfalls an Freud diese zwei Auftritte der Übertragung in der Literatur, bei deren einem, in den *Studien über Hysterie*, sie „noch ganz dem *Widerstand* untergeordnet"[16] und als der Psychoanalyse hinderlich eingestuft wird, während der besagte andere, in der *Traumdeutung*, für Gondek die „Grundlage für die Beweglichkeit und die Bewegungsform der Übertragung" liefert.[17] In Gondek'scher Übertragungsgeschichtsschreibung wird sie in den ersten beiden Jahrzehnten des 20. Jahrhunderts „massiv zum Problem"[18], ohne dass die Mittel zu ihrer Theoretisierung schon ausgearbeitet vorlägen, da sich ihr Status als Phänomen der Psychoanalyse parallel zum Status der Psychoanalyse „als Praxis und Lehre, aber auch ihres Aufbaus als einer sich zumal internationalisierenden Organisation"[19] entwickeln muss. Ist sie zunächst noch ein primärer Widerstand gegen die Analyse, wird sie dann als ihr stärkstes Mittel („bestes Werkzeug"[20] nach Freud) erkannt. Gondeks Diagnose paraphrasiert die von Freud so, dass besonders die Präzisierung des Wiederholungszwangs bzw. der analytische Umgang mit dem „Gegensatz von Erinnern und Wiederholen" über ihren Status als hilfreiches Werkzeug entscheide, denn mit ihrer Hilfe und Erkennung soll „gute Wiederholung", also Erinnerung erarbeitet werden.[21] In seinem kurzen Abriss weist Gondek alsbald auch auf eine „Auflösung"[22] des Übertragungsbegriffs hin und auf die Tendenz, „daß die Sache Übertragung durchgehend davon bedroht ist, mit dem zu verschmelzen, was sie eigentlich tragen oder leisten soll."[23] So erwähnt er die naheliegenden Termini der Suggestion und der Introjektion, die teilweise mit Übertragung

15 Ebd., S. 536. Die Herausgeber merken hier eben diese noch unsichere Bedeutungslage des Begriffs an: „In späteren Werken benutzt Freud den Ausdruck ‚Übertragung' in der Regel zur Beschreibung eines etwas anderen, wenn auch verwandten psychischen Vorganges, den er zunächst in der psychoanalytischen Behandlungspraxis entdeckt hatte – nämlich den Prozeß der ‚Übertragung' von ursprünglich einem infantilen Objekt zugewandten (und unbewusst auch noch immer diesem geltenden) Gefühlen auf ein gegenwärtiges Objekt." (Ebd.)

16 Gondek: Übertragung, S. 203.

17 Ebd.

18 Ebd., S. 205.

19 Ebd.

20 „[W]ir überwinden die Übertragung, indem wir dem Kranken nachweisen, daß seine Gefühle nicht aus der gegenwärtigen Situation stammen und nicht der Person des Arztes gelten, sondern daß sie wiederholen, was bei ihm bereits früher einmal vorgefallen ist. Auf solche Weise nötigen wir ihn, seine Wiederholung in Erinnerung zu verwandeln. Dann wird die Übertragung, die, ob zärtlich oder feindselig, in jedem Falle die stärkste Bedrohung der Kur zu bedeuten schien, zum besten Werkzeug derselben, mit dessen Hilfe sich die verschlossensten Fächer des Seelenlebens eröffnen lassen." (Sigmund Freud: Vorlesung zur Einführung in die Psychoanalyse: Die Übertragung. In: Ders.: *Studienausgabe*, Bd. 1: Vorlesungen, hrsg. v. Alexander Mitscherlich / Angela Richards / James Strachey. Frankfurt am Main: Fischer 1997, S. 426.)

21 Gondek: Übertragung, S. 206.

22 Es findet sich bei Gondek die Kapitelüberschrift „Übertragung: Auflösung", vgl. Gondek: Übertragung, S. 207.

23 Ebd.

gleichgesetzt werden.[24] Gerade Lacan ist für Gondek jedoch in der Lage, für die Übertragung „begriffliche Ordnung (wieder-)herzustellen."[25]
Ein großer Unterschied der Lacanschen Übertragungstheorie zur Freud'schen betrifft den Bereich des Affektiven. Freud setzt „Regungen und Phantasien" bzw. „psychische Erlebnisse" häufig mit Affekten oder Gefühlen gleich. So beschreibt er etwa in seinen ersten Gedanken diese „Regungen", die die Übertragung verursacht und die von Analysierten empfunden werden, als „zärtliche und freundschaftliche Übertragungen"[26], die auch in „Anstalten zustande kommen, wo psychoanalytische Behandlung ausgeschlossen ist."[27] Oder er charakterisiert die Gesamtheit dieser Regungen, wie sie in der psychoanalytischen Kur auftreten, als affektiv („alle Regungen, auch die feindseligen"[28]). Schließlich führt dies in der weiteren Theoriebildung zu anerkannten Begriffen wie besonders der *Übertragungsliebe*, die den Vorgang der Übertragung und Affektivität als zusammengehörig formulieren. Dabei wird oft die vorangehende, sachte Formulierung Freuds unterschlagen, die Übertragung als „Schöpfung einer besonderen Art von meist unbewussten Gedankenbildungen, welchen man den Namen ‚Übertragungen' verleihen kann"[29], einführt, ohne eine bereits inhärente Bewertung auf affektiver Ebene. Die Konzentration auf den Affekt ist eine spätere Festlegung, die mit dem Fortschreiten der psychoanalytischen Wissenschaft – und eben auch durch Freud selbst – geschieht.
Maßgeblich wird in diesem Zusammenhang die Funktion und Bedeutung der analysierenden Position diskutiert. Freud betont die „Person des Arztes"[30], was auf die Verantwortung hinweist, die dieser zugeschrieben wird, und auch auf seinen eigenen Ausgangspunkt von sich als Arzt (wie auch Lacan) – in einem Universum zudem, in welchem noch primär Männern diese Position zugeschrieben wird, während Frauen als Patientinnen und berühmte Fallbeispiele kolportiert werden.[31] Ohne die Position

24 Vgl.: „Die in der 27. der *Vorlesungen zur Einführung in die Psychoanalyse* versprochene Abgrenzung von der Suggestion wird zu einer Grenzziehung, die innerhalb der Suggestion stattfindet und eine ‚direkte Suggestion' – nämlich die hypnotische Suggestion – von einer psychoanalytischen Suggestion unterscheidet, die aufklärerisch und erzieherisch zugleich wirken will. Doch damit wird es möglich, ‚Übertragung' und ‚Suggestion' gleichzusetzen, wie Freud dies auch tut." (Gondek: Übertragung, S. 207.) „Sandor Ferenczi setzt sie [die Übertragung] über das Zwischenglied einer ‚psychischen Infektion' gleichsam der Introjektion gleich, macht die sogenannten ‚Urübertragungen' zu ‚Wurzeln jeder künftigen Introjektion'." (Gondek: Übertragung, S. 205, mit Bezug auf Sandor Ferenczi: Introjektion und Übertragung. In: Ders.: *Bausteine zur Psychoanalyse*, Bd. I. Leipzig: Internationaler Psychoanalytischer Verlag 1927, S. 11, 20.) Zu bedenken wäre im Hinblick auf Gabriele Schwabs Thesen zur Lenkung der Übertragung auch der Begriff der Projektion. Vgl. Übertragung, Introjektion und Idealich im Kapitel „A Game of Me" (S. 93–121) und Schwabs Lenkung der Übertragung im entsprechenden Kapitel (ab S. 243).

25 Gondek: Übertragung, S. 208.

26 Freud: Bruchstück einer Hysterie-Analyse, S. 182.

27 Ebd., S. 181.

28 Ebd., S. 182.

29 Ebd., S. 180.

30 Ebd.

31 Für ein frühes Gegenbeispiel: Sabina Spielrein (1885–1942), die als Patientin und Geliebte Carl Gustav Jungs zunächst dieses Klischee bestätigen mag, jedoch 1911 angeblich als erste Frau mit einem psychoanalytischen Thema promovierte. Sie wurde 1942 von deutschen Nationalsozialisten ermordet. Aber natürlich existieren auch eine Reihe anderer Beispiele, darunter Freuds Tochter Anna. Häufig ist die

des Arztes werden die „Neuauflagen" nicht bezeugt und als solche diagnostiziert, sie müssen durch die und trotz der ärztliche(n) Anwesenheit evoziert werden, damit die psychoanalytische ‚talking cure'[32] sie benennen, thematisieren, ins Bewusstsein rücken, im Aussprechen umjustieren kann.[33] Die psychoanalytische Methode legt also viel Verantwortung auf die Person des Arztes oder der Ärztin: „Übertragung allein muß man fast selbständig erraten, auf geringfügige Anhaltspunkte hin und ohne sich der Willkür schuldig zu machen."[34] André Michels geht sogar darüber hinaus, wenn er seine Aufgabe als Therapeut beschreibt und dabei der Deutung einen maßgeblich produktiven Status für das Unbewusste zuschreibt: „Das Unbewusste selbst ist ebenso das Produkt einer Deutung, die wir zuerst als solche anzuerkennen haben. Darin besteht ein wesentlicher Teil unserer Arbeit."[35]

Wie oft in den Beschreibungen der psychoanalytischen Übertragung ist hier der Bereich des Vagen und fast Unnachvollziehbaren stark vertreten. Die Übertragungsanalyse stellt so offenbar einen interessanten Kommunikationsansatz dar: Jemand errät, was für eine Nachricht ausgesendet worden sein könnte. Eine elementare Rolle spielen also Zeichen, die übermittelt, gelesen, gedeutet werden, wobei mitunter Übertragung selbst als Art der Deutung dargestellt wird:

> Soweit es das therapeutische Gespräch betrifft, müssen wir uns sodann mit dem scheinbar paradoxen Sachverhalt auseinandersetzen, daß die Übertragung – obwohl erst durch Interpretation entstanden – auch ihrerseits schon eine Art Deutung darstellt, und zwar eine Deutung, die durch den Austausch von ‚Zeichen' zustande kommt.[36]

Es wundert also nicht, dass sich Sybille Krämer gerade mit der Übertragung auf die Suche nach kreativen Anteilen von Kommunikation macht. Pointiert stellt sie dabei die Entwicklung in der psychoanalytischen Übertragung vom „klassischen" (Freud'schen) Modell hin zu einem „nachklassischen" Konzept dar,[37] wobei sie eben

eigene (also quasi die Lehr-)Analyse Ausgangspunkt für eigene Forschungen und Praxen: „Emma Eckstein, Sabina Spielrein, Lou Andreas-Salomé, Helene Deutsch, Joan Riviere, Jeanne Lampl de Groot, Ruth Mack Brunswick, Prinzessin Marie Bonaparte, Eva Rosenfeld und Anna Freud. Wenn man bedenkt daß diese nicht einmal vollständige Liste aus einer Zeit stammt, da Frauen nur sehr beschränkt Zugang zur Berufswelt hatten, ist es keineswegs abwegig, die Psychoanalyse als Frauenberuf zu bezeichnen" (Lisa Appignanesi / John Forrester: *Die Frauen Sigmund Freuds.* München / Leipzig: List 1994, S. 17). Vgl. auch Inge Stephan: *Die Gründerinnen der Psychoanalyse. Eine Entmythologisierung Freuds in zwölf Frauenporträts.* Stuttgart: Kreuz 1992; Dagmar Luhe: Wem nützt die Redekur? Freuds Weiblichkeitsbild am Fall ‚Katharina'. In: *Rundbrief: Frauen in der Literaturwissenschaft* 38/39 (1993): Psychoanalyse, S. 7–11.

32 Ein Begriff, der durch Anna O. (Berta Pappenheim und damit übrigens durch eine Frau) geprägt wurde …

33 Eine Aussage von Heinz Weiß zu dieser intersubjektiven Dialogizität wendet sich interessanterweise wieder gegen eine Gleichsetzung mit Affektivität: „Indem man die Übertragung mit den Gefühlen des Patienten gleichsetzt, indem man sie zu einem affektiven ‚Instrument der Teilhabe' (Barthes) macht, wird jene intersubjektive Dialektik entscheidend verkürzt, die schon im Begriff des Unbewussten selbst angelegt ist (insofern ich ihm immer nur im Anderen begegnen kann) und die im dialogischen Vollzug zu ihrer vollen Entfaltung gelangt." (Weiß: *Der Andere in der Übertragung*, S. 22.)

34 Freud: Bruchstück einer Hysterie-Analyse, S. 181.

35 André Michels: Übersetzen – Übertragen – Überliefern. In: Michael Schmid (Hrsg.): *Zur Frage der Transmission (in) der Psychoanalyse.* Zürich: Riss 1995, S. 99–111, hier S. 100.

36 Weiß: *Der Andere in der Übertragung*, S. 21.

37 Krämer: *Medium, Bote, Übertragung*, S. 215.

besonders die Stellung des ‚Arztes' und ihren „mediale[n] Status"[38] untersucht. Damit geht sie von zwei Konzepten aus, die Lacan als die „beiden Tendenzen der modernen Psychoanalyse"[39] anführt und sie dezidiert zwei theoretischen Schulen zuordnet. Zum einen liegt nach Melanie Klein die Betonung auf der „Objektfunktion des Analytikers in der Übertragungsbeziehung"[40], d. h. konstitutiv ist die Unterstellung seitens der Analysierten für die Position der Analysierenden,[41] während die Arztperson sich neutral und verfügbar macht. Zum anderen fokussiert Anna Freud die Arztperson in ihrem subjektiven Mitwirken am Übertragungsgeschehen, insofern als „der Analytiker an der Übertragung als Subjekt beteiligt ist."[42] Sybille Krämer extrahiert aus diesen scheinbar unvereinbaren Ansätzen eine Verbindung. Ihre Suche, die „Funktionen des Analytikers als einerseits Medium und andererseits Akteur zu verbinden"[43], führt sie zu dem Vorschlag, die analysierende Position als „affektiven Resonanzboden"[44] zu begreifen. Die Art, „wie der Analytiker zum Medium wird"[45], klassifiziert Krämer für die psychoanalytische Übertragung als eine vom akustischen Verständnis abgeleitete:

> Die Schwingungen, die vom Patienten ausgehen, werden durch die Eigenschwingung des Analytikers eben nicht nur aufgenommen, sondern zugleich verändert. Diese ‚Eigenschwingung' besteht allerdings nicht nur im eigenen Affekt, sondern auch in der Kontrolliertheit, der Beobachtungsfähigkeit und Interpretationsfähigkeit des Arztes.[46]

Das Ziel und die Aufgabe für die analysierende Position ist dabei, so nennt es Krämer, „ein *emotionales Echo des Ich im Nicht-Ich zu bilden*"[47], das Akustik und Emotionalität zusammendenkt. Damit holt sie also die „nachklassische" Haltung herein, dass sich aktive Gegenüber in der Übertragung begegnen, verzichtet jedoch nicht auf die klassische, mediale Funktion der Analysierenden, die die gegensätzlichen Haltungen in sich vereint und genau daher produktiv sein kann:

> Das ‚Echo des Ich im Nicht-Ich' ist gerade deshalb nicht nur Widerhall, sondern auch Umwandlung, weil der Analytiker die Differenz von Beteiligtsein und Unbeteiligtsein verkörpert, nämlich einfühlend und beobachtend, dem Patienten ähnlich und zugleich unähnlich ist. Zum (unbeteiligten) Medium der psychischen Übertragung kann der Analytiker genau dadurch werden, dass er in ein (beteiligtes) affektives Verhältnis zum Patienten tritt.[48]

38 Krämer: *Medium, Bote, Übertragung*, S. 216.

39 Lacan: *Übertragung*, S. 387.

40 Ebd.

41 Ebd., S. 388.

42 Ebd.

43 Krämer: *Medium, Bote, Übertragung*, S. 221.

44 Ebd. Dies zeigt sich auch schon daran, dass ihr Kapitel zur psychoanalytischen Übertragung „Heilung durch affektive Resonanz" heißt.

45 Ebd.

46 Ebd. Diese Überlegungen leitet Krämer von René Arpad Spitz und Heinz Weiß ab, die Analogien zwischen der Situation des therapeutischen Sprechens und den frühkindlichen Beziehungen zu primären Bezugspersonen aufmachen (vgl. Weiß: *Der Andere in der Übertragung*, S. 65–66) und diese als dialogische Resonanzphänomene klassifizieren, „ein Prozess, der nicht im Medium von Zeichen organisiert ist, vielmehr den Ursprung ebendieser Zeichenfunktion markiert." (Krämer: *Medium, Bote, Übertragung*, S. 219.)

47 Ebd., S. 220.

48 Ebd., S. 222.

In einer Verkörperung der Differenz liegt eben auch die Relevanz des Körperlichen, die bei Hans-Dieter Gondek in der Präsenz als Funktion nicht als solches vorausgesetzt wird. Resonanz schwingt jedoch zwischen Körpern und damit eben gerade zwischen Ko-Präsenten und im Gegenwärtigsein. Die „Präsenz des Analytikers"[49], die auch bei Lacan diskutiert wird, ist also ein Streitpunkt. Lorenz Aggermann schlägt vor, das „Reizwort der Präsenz"[50] zu vermeiden, indem die Begriffe Resonanz und Evidenz gebraucht werden, da diese auf ein elementares und materielles Vorhandensein und die potentielle Verweisstruktur darin hindeuteten:

> Dort, wo etwas evident wird, ergeht ein Verweis, der wiederum auf ein Subjekt / Objekt zurückgeworfen wird. Wo ein Verweis gesetzt wird, muß folglich auch etwas in einem Objekt oder einem Körper resonieren. Zugleich wird qua Verweis das Außen in das Innen des Subjektes eingefaltet, solchermaßen ermöglicht er die Wahrnehmung der Evidenz. Denn in der Resonanz wird jegliche Distanz und Schwelle des menschlichen Körpers überwunden, dringt das Außen in das Innen vor – unter der Voraussetzung daß dieses nicht als hermetische Grenze, sondern als sensible Oberfläche verstanden wird.[51]

Prioritär erscheint für die vorliegende Arbeit im Moment zwar nicht, den Präsenzbegriff zu verabschieden. Was Aggermann jedoch konsequent über Sybille Krämer hinausdenkt, nicht zuletzt da es ihm gerade auch um eine umfassende Subjekt-Theorie der Sonifikation geht, ist eben ein anderer, resonierender Subjektbegriff, der dem (besonders auch in der Psychoanalyse) so dominant sprachverhafteten entgegentritt:

> Den Menschen über seine akustische und affektive Sphäre als Resonanzraum aufzufassen, ermöglicht es, zu einem gänzlich anderen Verständnis von Subjekt vorzudringen, als dem eingangs angesprochenen: nicht eines, das spricht und vor allem sprachlich erfaßt wird, sondern eines, das erklingt, das aufgrund des kinetischen Prinzips des Akustischen ‚resoniert' und hierdurch gestimmt ist; eines, das vor allem spürt, sich-spüren-spürt.[52]

Bei einem solchen Subjektbegriff wie bei Krämer und Aggermann werden also eigentlich zwei Resonanzen vorausgesetzt: „Resonanz tritt weitestgehend als akustische Schwingung hervor, es sollte allerdings nicht übersehen werden, daß es sich hierbei auch stets um eine affektive Schwingung handelt."[53] Das Konzept der (affektiven) Resonanz als Übertragungsmodell bekommt dann jedoch ebenso mit seinem eigenen Widerstandsbegriff zu tun. Es gilt

> darauf zu beharren, daß Resonanz immer mit einem Widerstand, einer Verschiebung einhergeht. Vor allem dieser Widerstand wird häufig übersehen. Resonanz meint nicht nur die simple physikalische Fähigkeit, mitzuschwingen, denn sonst würde sie sich nicht von der Eindringlichkeit des Akustischen abheben.[54]

49 Lacan: *Vier Grundbegriffe*, S. 115, 131.

50 Lorenz Aggermann: *Der offene Mund. Über ein zentrales Phänomen des Pathischen*. Berlin: Theater der Zeit 2013, S. 192.

51 Ebd. Die Relevanz von Außen und Innen in der Übertragung wird im Zusammenhang mit *agalma* noch zentral zu verhandeln sein.

52 Ebd., S. 194.

53 Ebd., S. 193.

54 Ebd., S. 198–199.

Dieser physisch greifbar gedachte Widerstand des Körpers, der eindringende Schallwellen transformiert, ist ein ‚eindringliches' Bild für Krämers kreative Botengänger der Kommunikation – jede Übertragung kann als Transformation gedacht werden, „auch das chaotische Geräusch und der mütterliche Klang sind für das Subjekt folglich nur in gebrochener, transformierter Form vernehmbar."[55] So wird das resonierende Subjekt zu einem konstitutiven Widerstand der Übertragung, der verändernd wirkt, aber nicht unterbrechend. Also kein solcher unproduktiver Widerstand, als welchen die Psychoanalyse die Übertragung zuallererst beschreibt, sondern eher eine „schöpferische Dimension im Übertragungsgeschehen"[56]. Wiederholung ist als Umbildung zu verstehen, der Körper wiederholt den Ton nicht, sondern ändert ihn ab, so wie die Übertragung abändert und schließlich selbst abgeändert werden kann. Mit dieser schöpferischen Dimension wird ein elementares Charakteristikum betont, das ebenso Lacan der Übertragung zuspricht, auch wenn er es weniger vom Akustischen als vom Optischen her denkt.

Eine breiter angelegte Übertragungstheorie ermöglicht also ein Denken, das sich nicht für eine dieser Subjektseiten entscheiden muss, sondern beide Register, des Sprachlichen und Akustischen, berücksichtigt. Dass aber Übertragung schon in vorsprachlichen Vorgängen gedacht werden kann, erscheint dabei wert in Erinnerung zu behalten. Sprechen / Symbolisches ist eben nicht als getrennt und abgeschieden vom Sonoren zu behandeln, sondern als aufeinander Bezug nehmend. Stets wird vom konstitutiven Eintritt des Subjekts in die Sprache gehandelt, der aber immer später erfolgt als der Kontakt zum Akustischen und Sonoren, Schwingenden und Lautlichen (das Subjekt „‚resoniert', ehe es räsoniert"[57]). Möglicherweise bilden solche direkt körperlichen, resonierenden Prinzipien den Nährboden für spätere, symbolische Morde und potentielle Räume, indem sie dem Körper des Subjekts eine grundlegende Position im Raum als Ausgangslage für alles weitere geben. Gerade auch Lacan macht in seinen subjektkonstituierenden Modellen immer auch auf die Relevanz des Raumes aufmerksam, nicht zuletzt, indem er nach dem *Wo* fragt, von dem aus subjektive Hinwendungen geschehen, also nach einer subjektiven Verortung.[58] In einer die Relevanz des Körperlichen erhaltenden Weise lässt sich auch René Arpad Spitz lesen, wenn er davon schreibt, dass sich etwas manifestieren muss – Mitauslöser im Prozess der Übertragung ist bei ihm der *„manifeste Schlüsselreiz*, dieser ruft eine *latente, strukturierte Gefühlsregung* hervor. Die Kombination beider Auslöser provoziert dann das

55 Aggermann: *Der offene Mund*, S. 199. „Der materialeigene, subjektive Widerstand, so der hier unterbreitete Vorschlag, äußert sich darin, daß jeder Klang, der auf das Subjekt trifft, in ebendiese drei Register [Affekt, Klang, Sprache] aufgefächert wird und in ihrer Bandbreite oszilliert. Demnach hätte auch das reine Geräusch, sobald es im Subjekt resoniert, Anteile des Sprachlichen oder Affektiven in sich, genauso wie die Sprache, die ja aus dem Subjekt kommt, immer auch in ein Rauschen ausarten kann." (Ebd.)

56 Krämer: *Medium, Bote, Übertragung*, S. 223.

57 Aggermann: *Der offene Mund*, S. 202.

58 Vgl. etwa: „Zunächst ist für jedes Subjekt die Frage, von welchem Ort aus es sich an das Subjekt wendet, das wissen soll." (Lacan: *Vier Grundbegriffe*, S. 244–245.) Vgl. auch die Lektüren zu Lacans Spiegelstadium, S. 100–105 dieser Arbeit.

dritte Element, das eigentliche Übertragungsverhalten.“[59] Mit der akustisch inspirierten Denkweise lässt sich auch die oben mit Gondek bereits angesprochene Grundlage für die Beweglichkeit und die Bewegungsform der Übertragung unterstützen, „denn das Akustische ist immer auch kinetisch: In ihm geht Wahrnehmung unmittelbar mit Bewegung einher.“[60]

Das Nachdenken über übertragende Subjekte gerät also immer auch in Fragestellungen über die Konstitution von Subjekten und ihren Funktionen und zeigt ihren Zusammenhang an. Lacan schärft die Übertragungstheorie nun genau in diese Richtung, indem er zuvorderst die inter-subjekt-ive Struktur in Übertragung herausarbeitet und sich in einigen Punkten von den Definitionen Freuds unterscheidet.

## Mit Lacan

Jacques Lacans Ausdifferenzierung der Übertragungstheorie Sigmund Freuds bildet häufig die Grundlage der Übertragungsdefinition, wie z. B. das Vorwort zum Band *Übertragung – Übersetzung – Überlieferung* sie vorauswirft:

> So kann die Entdeckung der *Übertragung* mit Recht als die eigentliche Geburt der Psychoanalyse bezeichnet werden. Die Übertragung ist einerseits ein nicht szientifisch formalisierbarer, andererseits auch nicht esoterisch verwässerbarer Rapport zwischen zwei Subjekten; Übertragung funktioniert aufgrund der Unterstellung eines Wissens, das erst auf nachträgliche Weise seine Wirkungen entfaltet.[61]

Bevor es zu solchen Setzungen kommt, entwickelt sich Lacans Struktur der Übertragung jedoch sukzessive, wie die meisten seiner Begriffe, Theorien und Register, wobei er neben historischer Literatur auch immer aktuelle psychoanalytische Theorie rezipiert. Lacans frühen Beitrag zur Übertragung bildet ein Vortrag mit dem Titel „Intervention sur le transfert“ zur *14. conférence des psychanalystes de langue romane* im Jahr 1951 in Paris.[62] Schon hier formiert sich die Lacansche Übertragung in Abgrenzung zu Freud und im Gespräch mit der gängigen klinischen Praxis, indem Übertragung vom Begriff des Affekts dezidiert unterschieden wird. Später wird Lacan in seinen Seminaren die Übertragung immer wieder und immer genauer verorten; 1953 / 54 situiert er in seinem ersten Seminar[63], *Les Écrits techniques de Freud*, Übertragung symbolisch im

59 René Arpad Spitz: Übertragung und Gegenübertragung. Die psychoanalytische Behandlungssituation – eine genetische Untersuchung ihres Kräftespiels. In: *Psyche* 10 (1956/57), S. 63–81, hier S. 71.

60 Aggermann: *Der offene Mund*, S. 193.

61 Riepe / Schmitz / Tholen (Hrsg.): Vorwort. In: Dies.: *Übertragung – Übersetzung – Überlieferung*, S. 9.

62 Lacan: Intervention sur le transfert.

63 Die Nummerierung der Seminare folgt der der Publikationsreihe. In den Jahren 1951–53 hielt Lacan zwei Seminare über Freuds berühmte Fallbeispiele Wolfs- und Rattenmann (*L'homme aux loups*, *L'homme aux rats*) in der Wohnung Sylvia Batailles, rue de Lille 3, (nach Dylan Evans) oder bei sich zuhause (nach Gerhard Schmitz), von denen bisher ausschließlich handschriftliche Aufzeichnungen Lacans sowie Aufzeichnungen der Hörerinnen und Hörer existieren. (Quelle: Lacan-Archiv, psychoanalytische Bibliothek Bregenz. http://www.bregenznet.at/Lacan-Archiv/Werkverzeichnis%20Lacan.pdf (Zugriff am 07.10.2008)). Dazu Gerhard Schmitz: „Anders als es die offizielle französische Textausgabe darstellt, die ihre Bandzählung mit dem Unterrichtsjahr 1953/54 beginnt, hatte Lacan, offenbar unzufrieden mit den Ausbildungsbedingungen in der vor diesem Zeitpunkt einzigen psychoanalytischen Vereinigung

sprachlichen Tausch nach Marcel Mauss und Claude Lévi-Strauss, während er ein Jahr später in seinem Seminar II (1954/55), *Le moi dans la théorie de Freud et dans la technique de la psychanalyse*, die symbolische Natur der Übertragung als Wiederholungszwang dem imaginären Aspekt der Übertragung (Affektive Reaktionen wie Liebe, Aggressivität) gegenüberstellt. Im Seminar VIII (1960/61), *Le transfert*, also dem Seminar explizit zur Übertragung, stellt Lacan dann anhand von Platons *Symposion*[64] Funktionen des Begehrens / der Liebe in den Mittelpunkt. Damit führt er die Zusammenhänge mit dem Affektiven aus, die sich durch die Übertragungsbewegung konstituieren: Im Kernpunkt des *agalma* (Schatzkästchen), das dem Anderen ‚liebevoll' unterstellt wird, formuliert sich die strukturelle Verwandtschaft zwischen Übertragung und Liebe / Begehren. 1964, im Seminar XI, *Les quatre concepts fondamentaux de la psychanalyse*, spezifiziert er schließlich diese Verbindung der Übertragung mit der Bewegung der Unterstellung. Das unterstellte *agalma* findet sich nun als *Wissen* im Anderen wieder, und aus dem *eromenos*[65], der im Seminar VIII als *Silen* fungiert, wird das *sujet supposé savoir.* Damit nimmt Lacan eine individuelle Zuspitzung seines Konzepts zur Übertragung vor, die sich vom Affektiven wieder mehr ablöst und den Höhepunkt seiner Definition bildet.

Häufig formuliert Lacan abgrenzende Sätze, Berichtigungen („rectification") zu anderen Vertreterinnen und Vertretern der Psychoanalyse. Die scheinbare Eingrenzung des Begriffs der Übertragung durch die Konzentration auf seine Gebräuchlichkeit innerhalb der psychoanalytischen Disziplin hilft also nur auf den ersten Blick beim Verständnis weiter, denn seine Anwendung auf einer Vielzahl von Ebenen zeigt sich selbst innerhalb dieses Fachgebiets und ruft die Verschiedenheit der einzelnen, internen Strömungen auf den Plan:

> Wenn es eine besondere Schwierigkeit darstellt, eine Definition der Übertragung zu geben, so deshalb, weil zahlreiche Autoren den Begriff so weit ausdehnen, daß er alle Phänomene, die die Beziehung des Patienten zum Analytiker konstituieren, bezeichnet und in diesem Maße, viel mehr als jeder andere Begriff, die Gesamtheit der Konzeptionen jedes Analytikers über die Behandlung, ihr Objekt, ihre Dynamik, ihre Taktik, ihre Ziele etc. umfaßt.[66]

Der hier dennoch im Nebensatz formulierte Konsens der verschiedenen Ansätze ist die Konstellation, d. h. die „Beziehung des Patienten zum Analytiker", bzw. Strukturen, die diese Konstellation konstituieren.

Für die Lacansche Lesart wären hier zu nennen: Disparität, Absage an den Affekt, experimentelles Modell, und intersubjektiver Rapport, welche im Folgenden vorgestellt werden und als übertragungstheoretische Voraussetzungen und Startpunkte

Frankreichs, der Société Psychanalytique de Paris, bereits zwei Jahre früher einen außerplanmäßigen Unterricht eingerichtet, der in seiner Privatwohnung stattfand. Belegt sind zwei kasuistische Seminare: 1951/52 zum Fall des ‚Rattenmanns', 1952/53 zu dem des ‚Wolfsmanns'. Man kann also das Jahr 1951 als den tatsächlichen Beginn dessen ansehen, was heute als ‚Das Seminar von Jacques Lacan' bezeichnet wird." (Schmitz: Das Seminar von J. Lacan, S. 237.)

64 Vgl. z. B. Platon: *Gastmahl.*

65 Lacan nutzt für die Konstellation von Liebendem und Geliebtem die griechischen Begriffe *erastes* und *eromenos.*

66 Laplanche / Pontalis: *Das Vokabular der Psychoanalyse*, S. 550.

gelten. Die wichtige Grundannahme dabei ist zunächst die Unterscheidung zwischen der Übertragung als Struktur ‚ungerader', intersubjektiver Konstellationen selbst und der in ihr entstehenden Emotionen und Affekte. Die Setzung der Übertragung als intersubjektive Struktur, die einen „rapport" zwischen den Beteiligten herstellt, gründet zudem auf einer gleichzeitigen Anwesenheit, in der sie sich auf das Sprechen auswirkt und sich im Sprechen zeigen kann.

### *Rectifications de l'impair*

Lacan hat „lange gebraucht, um in dieses Herz unserer Erfahrung zu gelangen"[67]; *Le transfert*[68], sein Seminar zur Übertragung, hält er in den Jahren 1960/61, also zehn Jahre nach seiner *Intervention sur le transfert* in Paris. Die Einleitung zu *Le transfert* kündigt dabei die Haltung seines Herangehens an die Übertragung per Seminar an, wobei er besonders seinen Untertitel hervorhebt, den er sowohl als inhaltliche als auch als methodische Formulierung dieser Herangehensweise versteht, nämlich die Übertragung „in ihrer subjektiven Disparität, ihrer angeblichen Situation, ihren technischen Umtrieben"[69] zu untersuchen: „J'ai annoncé pour cette année que je traiterai du transfert dans sa disparité subjective, sa prétendue situation, ses excursions techniques."[70]
Häufig nimmt Lacan eine abgrenzende Haltung zu anderen zeitgenössischen, psychoanalytischen Diskursen ein und unterfüttert diese mit persönlicher Involviertheit, wenn er auf die Übertragung zu sprechen kommt. Übertragung erscheint Lacan im sorglosen, alltäglichen Gebrauch als Theorie, Methode, Prinzip, Topos geradezu verwässert, woraus sein Drang zur *rectification* – Berichtigung – resultiert. Die Differenzierung wendet sich gegen das *tous les jours*, gegen alltägliche Stimmen, die Lacan auch zu Beginn des elften Seminars kritisiert, etwa solche, die das Phänomen Übertragung als Mittel zur Deutung nutzen, ohne es sich in gegenwärtiger Erfahrung bewusst zu machen. Dazu nutzt Lacan einleitend häufig rhetorische Haltungen der Rechtfertigung, Zurückhaltung, Erklärung – um also nicht weitere solcher objektivierenden Theoretisierungen hervorzurufen, die Definitionsgewohnheiten und einschleifende Alltagsverwendungen mit sich bringen, proklamiert er Misstrauen gegenüber der Übertragung und besonders gegenüber ihrer alltäglichen Klassifizierung als positiv oder negativ, aufgrund der wertenden Gebräuchlichkeit:

67 Lacan: *Übertragung*, S. 14. Frz.: „J'ai mis longtemps à en venir à ce cœur de notre expérience. Selon la date où l'on fait commencer ce séminaire, qui est celui dans lequel je guide un certain nombre d'entre vous depuis quelques années, c'est dans sa huitième ou dans sa dixième année que j'aborde le transfert." (Lacan: *Transfert*, S. 12.)

68 Lacans in den Jahren 1960/61 explizit zur Übertragung gehaltenes Seminar ist erst 2008 auf Deutsch erschienen, was erneut den schwierigen und langwierigen Editionsprozess Lacan'scher Seminare, aber vielleicht so auch den Begriff der Übertragung selbst wieder neu in Erinnerung ruft.

69 Lacan: *Übertragung*, S. 13.

70 Lacan: *Transfert*, S. 11.

> Jusqu'à présent j'ai toujours réservé ce que j'ai avancé sur ce thème, en vous disant qu'il fallait terriblement se méfier de ce qui en est l'apparence, à savoir le phénomène connoté le plus habituellement sous les termes de transfert positif ou négatif. Ces termes sont de l'ordre de la collection, et du niveau de ce discours quotidien dans lequel, non seulement un public plus ou moins informé, mais nous-mêmes, évoquons le transfert.[71]

> Bis dahin hielt ich stets zurück mit dem, was ich zu diesem Thema vorgebracht habe, indem ich Ihnen sagte, daß man dem furchtbar mißtrauen müsse, was es mit der Erscheinung auf sich hat, nämlich dem Phänomen, das höchst gewöhnlich unter den Termini positive oder negative Übertragung konnotiert wird. Diese Termini sind quasi aufgesammelt, und zwar auf der Ebene dieses alltäglichen Diskurses, in welchem nicht nur ein mehr oder weniger informiertes Publikum, sondern auch wir selbst die Übertragung ansprechen.[72]

Mit diesen Mahnungen an den Gebrauch theoretisierender Begrifflichkeiten legt Lacan auch sogleich Augenmerk auf die Strukturen von Intersubjektivität. Er differenziert seine Bemerkungen von 1951, indem er auf die Unzulänglichkeiten einer vereinfachten Vorstellung von äquivalenter Intersubjektivität als Rahmen der Übertragung verweist und damit die Analyse auf eine ‚ungerade' Grundkonstellation stützt. Die Worte zur *disparité subjective* schreiben der psychoanalytischen Grundkonstellation also als erstes ein basales Ungleichgewicht zu, das ‚über Dissymetrie hinausgeht' – etwas, das für Lacan durch den Begriff *odd* eingefangen wird, für den er keinen adäquaten Ausdruck in anderen Sprachen findet:

> Disparité n'est pas un terme que j'ai choisi facilement. Il souligne essentiellement que ce dont il s'agit va plus loin que la simple notion d'une dissymétrie entre les sujets. Il s'insurge, si je puis dire, dès le principe, contre l'idée que l'intersubjectivité puisse à elle seule fournir le cadre dans lequel s'inscrit le phénomène. Il y a pour le dire des mots plus ou moins commodes selon les langues. C'est du terme odd que je cherche quelque équivalent pour qualifier ce que le transfert contient d'essentiellement impair.[73]

> Disparität ist kein Terminus, den ich leichthin gewählt habe. Er unterstreicht im wesentlichen, daß das, worum es geht, über das schlichte Verständnis einer Dissymmetrie zwischen den Subjekten hinausgeht. Er erhebt sich, wenn ich das sagen kann, von Beginn an gegen die Vorstellung, die Intersubjektivität könne für sich allein den Rahmen liefern, in den sich das Phänomen einschreibt. Um das zu sagen, gibt es je nach Sprache mehr oder weniger gut passende Wörter. Ich suche ein Äquivalent für den Ausdruck odd, um zu bezeichnen, was die Übertragung an wesentlich Ungradem (impair) enthält.[74]

So wecken besonders die Begriffe „subjektive Disparität" und „angebliche Situation" besonderes Interesse an der Struktur der Übertragung. Diese Ungleichmäßigkeit, dieses Ungerade, das schiefe Verhältnis, was am *rapport de sujet à sujet* ‚odd' vorkommt, scheint ein zentrales Charakteristikum der Übertragung zu sein, dem nachgegangen werden muss: eine Struktur der Nicht-Äquivalenz in der psychoanalytischen Sitzung – oder z.B. auch in einer Seminar-Sitzung; und auch im Theater?

71 Lacan: *Transfert*, S. 208.

72 Lacan: *Übertragung*, S. 216.

73 Lacan: *Transfert*, S. 11.

74 Lacan: *Übertragung*, S. 13.

Disparität ist daher der Begriff, der bei Intersubjektivität im Hinterkopf behalten werden soll. Und die *prétendue situation* geht ihrerseits aus diesem Verständnis einer ungeraden intersubjektiven Konstellation hervor, findet einen bewertend-verortenden Maßstab für die ‚Dialektik der Psychoanalyse', die aufgrund des Unäquivalenten eigentlich keine Situation sei und also auch so nicht genannt werden solle:

> J'entends par là [dans ce que j'ai appelé sa disparité subjective, E.H.] que la position des deux sujets en présence n'est aucunement équivalente. Et c'est pourquoi on ne peut parler de situation analytique, mais seulement de pseudo-situation.[75]

> Ich verstehe darunter [in dem, was ich ihre subjektive Disparität genannt habe, E.H.], daß die Position der beiden einander gegenübergestellten Subjekte auf keinen Fall äquivalent ist. Und deshalb kann man nicht von einer analytischen Situation, sondern bloß von einer Pseudo-Situation sprechen.[76]

Damit stellt Lacan schon in den ersten Sätzen des Seminar VIII einen Wert-Diskurs in Aussicht, der Konstellationen und Strukturen behandelt, die „odd" und „essentiellement impair" sind. Sie veranlassen Lacan, den in der Psychoanalyse anerkannten und etablierten Begriff der psychoanalytischen Situation für die Zeit von *Le transfert* zu verabschieden. Übertragung wird also von *agalma* ausgehend als Struktur zu verstehen sein, die innerhalb einer intersubjektiven Konstellation für die Positionsbestimmung verantwortlich ist, und diesbezüglich als Ungleichgewicht, das die beteiligten Positionen zu unäquivalenten, ungeraden Parteien macht. Diese Unäquivalenz bringt Lacan von dem von ihm zufolge in *Le transfert* beschrittenen ‚Umweg' zur Übertragung mit, wo er den agalmatischen Prozess als eine kreative, fiktive, inter-subjektive Be- und Umwertung darstellt. Darin erweist sich eine strukturelle Ähnlichkeit zwischen Liebe / Begehren und Übertragung, die die Beteiligten einander niemals ‚auf Augenhöhe' begegnen lässt – allerdings erteilt Lacan dem Affekt dabei eine Absage zugunsten der Beschreibung einer basalen, intersubjektiven Struktur.

### *Aucune propriété mystérieuse de l'affectivité*

Im Seminar XI, *Les quatre concepts fondamentaux de la psychanalyse*, äußert sich Lacan zu den von ihm als *concepts fondamentaux* angeführten, auf Freud zurückgehenden Begriffe *l'inconscient, la répétition, le transfert, et la pulsion* (*Unbewusstes, Wiederholung, Übertragung* und *Trieb*), die Übertragung also als eines der Grundkonzepte einordnend. Etwa drei Jahre nach seinem Seminar zur Übertragung leitet Lacan seine Übertragungs-Kapitel[77] wiederum durch Bezüge auf den allgemeinen Umgang mit dem Konzept der Übertragung ein. In der Nachfolge Freuds und mit Bezug auf den alltäglichen Gebrauch wird die Übertragung in einem Satz, der wie die affirmative Ruhe vor dem Sturm anmutet, mit einem Affekt zusammenformuliert: „Le transfert, dans

75 Lacan: *Transfert*, S. 237.

76 Lacan: *Übertragung*, S. 247.

77 Die Struktur dieses Seminars vereint zunächst jeweils zwei der vier Grundbegriffe. Es erfolgen Sitzungen zu „Unbewusstes und Wiederholung", worauf nach einem Einschub zum „Blick als Objekt *a*" der Teil „Übertragung und Trieb" folgt. Ein weiterer Teil steht unter der Zusammenfassung „Das Feld des Andern und zurück auf die Übertragung" vor dem Schlussteil „Was zum Schluss noch bleibt". Es zeigt sich, dass zur Übertragung offenbar in der gesamten zweiten Hälfte explizit gehandelt wird.

l'opinion commune, est représenté comme un affect."[78] / „Nach allgemeiner Auffassung ist die Übertragung ein Affekt."[79] Die „opinion commune" („allgemeine Auffassung") dient also schon als Distanzhalter zu dem, was Lacan seinerseits unter dem Begriff formulieren wird, und wirft also die Abgrenzung zu Annahmen Freuds als auch besonders zu dem, was aus ihnen gemacht wurde, voraus. Im französischen Text erscheint jedoch ein zwischengeschaltetes Verb zwischen Sein und Affekt: *être représenté comme*. Lacan legt also der „opinion commune" keine schlichte Gleichsetzung in den Mund, wie es die deutsche Übersetzung vornimmt, vielmehr wird auf die gängige Annahme verwiesen, Affekt und Übertragung träten miteinander in Erscheinung. In dieser Distanznahme kommt Lacans schon 1951 formulierte Setzung wieder zum Tragen: die Übertragung „*se trahit* sous un aspect d'émoi"[80]. Hier wird an der Übersetzung einerseits das Kernproblem der Gleichsetzung von Übertragung und Affekt ablesbar, indem der deutsche Text den Begriff der *représentation* unterschlägt. Mehr jedoch weist diese Abständigkeit in der Übersetzung auf die Frage nach der Erscheinungsform von Übertragung überhaupt hin, wenn Affektivität, die sonst Repräsentation eher entgegengesetzt wird, zu einem Repräsentationsmechanismus wird, bzw. zum Medium, das Übertragung zum Erscheinen verhilft.
Interessanterweise kann der Übertragung offenbar eine Qualifizierung zugeschrieben werden (positiv / negativ). Lacan situiert diese Qualifizierung zwischen *avoir à la bonne* und *avoir à l'œil*,[81] jedoch insistiert er auf der Unterscheidung zwischen Übertragung und Affekt:

> On le [le transfert, E.H.] qualifie, vaguement, de positif, ou de négatif. Il est généralement reçu, non sans quelque fondement, que le transfert positif, c'est l'amour – néanmoins il faut dire que ce terme, dans l'emploi qu'on en fait ici, est d'un usage tout à fait approximatif.[82]

> Man bezeichnet sie [die Übertragung, E.H.] vage als positiv oder negativ. Nicht ohne Grund nimmt man dann allgemein an, positive Übertragung sei Liebe – wobei man aber sagen muß, daß der Begriff so verwendet nur Annäherungswert hat.[83]

In zwei Sätzen fasst er die von Freud ausgehende Lehrmeinung zusammen, jedoch nicht ohne zu betonen, dass „man" es ist, der oder die die „vagen" Qualifizierungen praktiziert, dass die Nutzung des nur „annähernd" hilfreichen Begriffs der Liebe „nicht jeder Grundlage entbehrt" und dass es die „Allgemeinheit" ist, die die Übertragung mit Affekt gleichsetzt. Lacans Abstandnahme zur herrschenden Meinung wird zum süffisanten Sprachgestus. Sie erklärt sich u. a. durch die von ihm im Laufe der Vorjahre etablierte Differenzierung des Verhältnisses zwischen Übertragung und

78 Lacan: *Quatre concepts*, S. 139.

79 Lacan: *Vier Grundbegriffe*, S. 129.

80 Lacan: Intervention sur le transfert, S. 225.

81 „Nous dirons avec plus de justesse que le transfert positif, c'est quand celui dont il s'agit, l'analyste en l'occasion, eh bien ! on l'a à la bonne — négatif, on l'a à l'œil." (Lacan: *Quatre concepts*, S. 140.) / „Wir sagen richtiger: positive Übertragung ist, wenn derjenige, um den es geht, also der Analytiker, nun! wenn man ihm gut ist, negative, wenn man ihn nicht aus den Augen läßt." (Lacan: *Vier Grundbegriffe*, S. 130.) Interessant hierbei ist, dass ‚negative' Übertragung bei Lacan wieder mit einer Metapher des Sehens kontextualisiert wird.

82 Lacan: *Quatre concepts*, S. 139.

83 Lacan: *Vier Grundbegriffe*, S. 129.

Affekt. Besonders im Seminar *Le transfert* erarbeitet Lacan seine Antwort auf die Parallelisierung von Übertragung und Affekt und baut dabei auf seinem 1951 gelegten Fundament auf, dass sich die Übertragung durch einen „aspect d'émoi" *verrät.* Dass die Übertragung eine Unterstellungsbewegung ist, die einen Funktionsraum für das Sprechen bildet, dass daraus Affekte oder Emotionen entstehen können und all dies in einem intersubjektiven Zusammenspiel, setzt Lacan als Differenzierung den herrschenden Allgemeinplätzen entgegen.

In seinem zum Standardwerk gewordenen *Wörterbuch* beginnt Dylan Evans seine Herleitung der „verschiedenen Stadien"[84] des Übertragungsbegriffs mit Lacans *Intervention sur le transfert.* Evans führt sie als „Lacans erste[r] eingehende[n] Arbeit darüber"[85] an und formuliert als ihre doppelte Spitzenaussage zum einen die Differenzierung des Verhältnisses zwischen Affekt und Übertragung und gleichzeitig die Definition der Übertragung als grundlegende, intersubjektive Struktur: „Lacan meint, daß sich die Übertragung zwar oft unter dem Deckmantel eines besonders starken Affektes wie Liebe oder Haß zeigt, doch sie ist nicht diese Emotion, sondern die Struktur einer intersubjektiven Beziehung."[86] Auch für Gondek gehört dieser Punkt zu denen, die begriffliche Ordnung in der Übertragungstheorie Lacans herstellen: „[Z]u der Frage, ob die Übertragung ein Affekt oder eine Relation sei, nimmt Lacan eindeutig Stellung: Die Übertragung ist Struktur, Relation und Geschehen zugleich, aber eines ist sie nicht: ein Affekt oder ein Sentiment."[87]

Damit werden zwei elementare Voraussetzungen geschaffen; zum einen wird die Gleichsetzung der affektiven Effekte von Übertragung mit der Übertragung selbst verneint und von der Beschaffenheit einer (intersubjektiven) Struktur unterschieden. Zum anderen werden Affekte, Emotionen als wahrnehmbare Effekte des Übertragungsvorgangs erkannt, welcher selbst offenbar nicht in den Bereich des Wahrnehmbaren fällt. Evans bezieht sich dabei auf einen Satz der *Intervention sur le transfert*, der in Kürze und Dichte ein Fundament Lacanscher Gedanken zur Übertragung legt und der schlussfolgernd im Verlauf seines Vortrags fällt:

> Ainsi le transfert ne ressortit à aucune propriété mystérieuse de l'affectivité, et même quand il se trahit sous un aspect d'émoi, celui-ci ne prend son sens qu'en fonction du moment dialectique où il se produit.[88]

> Die Übertragung bezieht sich nicht auf eine mysteriöse Eigenschaft einer Affektivität, und auch wenn sie sich als Erscheinung eines Gefühls zeigt, dann gewinnt dieses seine Bedeutung nur durch die dialektische Situation in der es entsteht.[89]

84 Evans: *Wörterbuch*, S. 317.

85 Ebd.

86 Ebd., S. 318.

87 Gondek: Übertragung, S. 208.

88 Lacan: Intervention sur le transfert, S. 225.

89 Zit. n. Evans: *Wörterbuch*, S. 317. Das Zitat wurde von Dylan Evans übernommen, der ursprünglich den englischen Text zitiert, nach Jacques Lacan: Intervention on the transference, aus d. Frz. v. Jacqueline Rose. In: Juliet Mitchell / Jacqueline Rose (Hrsg.): *Feminine Sexuality: Jacques Lacan and the école freudienne.* London: Macmillan 1982, S. 61–73. Das deutsche Zitat liegt nur in der deutschen Ausgabe von Evans' Wörterbuch in der Übersetzung von Gabriella Burkhart vor.

Ein eigener, wertender Übersetzungsvorschlag für das Verb *se trahir* wäre:

> So gehört die Übertragung keiner mysteriösen Eigenart der Affektivität an, und selbst wenn sie sich durch eine Erscheinungsform der Emotion verrät, erhält diese ihren Sinn nur abhängig von dem dialektischen Moment, in dem sie eintritt.

In Differenzierung des Freud'schen Ansatzes[90] besteht Lacan zum einen auf einer Unterscheidung zwischen Übertragung und *affectivité* und betont, dass die Übertragung sich an einer wahrnehmbaren Affektäußerung zeigt, wenn nicht gar ‚verrät', die sich – zum anderen – nur aus dem jeweiligen Moment heraus erklärt, also viel weniger als bei Freud auf Vergangenes rückbezogen wird. Anscheinend ist die Übertragung selbst ein an sich kaum wahrnehmbarer Prozess, eben eine Struktur, die mit ihren *aspects d'émoi*, die sie hervorbringt und an denen sie sich schließlich sicht- bzw. wahrnehmbar macht, einhergeht. Beide wiederum gehen aus einem *moment dialectique* hervor: Affektivität ist nur jeweils bedeutsam im Hinblick auf ihren dialektischen Ursprungsmoment und erscheint so als ein durch etwas Erzeugtes, Produziertes, Hervorgerufenes – als nachträgliches Produkt, als Ergebnis, mehr E-ffekt als A-ffekt. Zum Zeitpunkt, an dem dieser Satz fällt, hat Lacan die psychoanalytische Sitzung als eine Abfolge dialektischer Momente bestimmt[91] – und die Intersubjektivität als ihre strukturelle Basis verortet. Alles hängt also von einer Grundkonstellation ab, die dialektische Momente hervorbringen kann, in denen Übertragung Affekte auslöst und sich wiederum durch diese bemerkbar macht. So wären die *aspects d'émoi* kaum verallgemeinerbar, d. h. immer wieder neu im Zusammenhang mit jeweiligen Produktionsmomenten zu betrachten.

Umso bemerkenswerter ist es, dass Lacan 1960/61 in seinem Seminar zur Übertragung von ‚Liebe' ausgeht. Er betont dies selbst immer wieder im Laufe des Seminars und wählt die Geste der Rechtfertigung dafür, dass er nun doch einen Weg übers Affektive wählt, obgleich er zehn Jahre zuvor die Übertragung vom Affektiven so resolut geschieden hatte – was er auch nicht zurücknimmt. Die bisher von Lacan verfolgte Spur war die durch Freud geprägte Verknüpfung mit Wiederholungszwang, von der Lacan nun ablassen will, um einer anderen zu folgen:

> Je vous ai toujours rappelé qu'il faut partir du fait que le transfert, au dernier terme, c'est l'automatisme de répétition. Or, si depuis le début de l'année je ne fais que vous faire poursuivre les détails du mouvement du Banquet de Platon, où il ne s'agit que de l'amour, c'est bien évidemment pour vous introduire dans le transfert par un autre bout.[92]

> Ich habe ihnen [sic!] stets in Erinnerung gerufen, dass man von der Tatsache auszugehen habe, dass die Übertragung letzten Endes der Wiederholungszwang (automatisme de répétition) ist. Wenn ich nun freilich seit Beginn des Jahres nichts anderes tue als Sie die Einzelheiten der Bewegung des Gastmahls von Platon verfolgen zu lassen, worin es nur um Liebe geht, so tue ich das ganz offensichtlich, um Sie von einem anderen Ende her in die Übertragung einzuführen.[93]

90 Ansatz von Übertragungsliebe / Übertragungshass.

91 Für die Psychoanalyse als Bewegung zwischen „renversements dialectiques" und „développements de la vérité" vgl. Lacan: Intervention, bes. S. 215–220. Vgl. auch das Kapitel „Rapport de sujet à sujet & discours", S. 59–66 dieser Arbeit.

92 Lacan: *Transfert*, S. 208.

93 Lacan: *Übertragung*, S. 216.

Die Liebe als „anderes Ende" der Herleitung erscheint eigentlich als ausgetretener Pfad (Freud: Übertragungs*liebe*), den Lacan zuvor ablehnte (vgl. *Intervention*), von dem er nun jedoch noch einmal zugunsten einer strukturellen Analyse anders und bewusster abgeht: Er zeigt die Verwandtschaft zwischen Übertragung und Liebe.
Doch bereits der *Intervention* können einige von Lacans grundlegenden Positionen zur Übertragung entnommen werden, auf die er sich später wieder beruft, um ausgeklügeltere Formulierungen zu finden. Lacans Trennung von Affekt und Übertragungsvorgang und sein Schwerpunkt auf der Struktur stehen auch vor diagnostizierenden Tendenzen, insofern sie engführende, dichotomische (psychoanalytische) Bewertungen von Affekten, wie ‚positive und negative Übertragung', krank oder gesund,[94] Übertragungsliebe oder ‚Übertragungshass' etc., vornehmen. Vor allem aber steht damit Lacans Ausgangspunkt zur Übertragung im Vordergrund, nämlich die Annahme, dass diese ein Phänomen ist, das sich nicht ausschließlich in der Psychoanalyse bildet, sondern eine Art Zugriffspraxis von Subjekten auf ihre Welt – also eine Weltsicht – darstellt. Dies zeigt ihren Bezug zu Bereichen außerhalb der Psychoanalyse deutlich an.

### *Modèle naturel – modèle expérimental*

In den *Quatre concepts* beschreibt Lacan Übertragung als Phänomen, das auch außerhalb einer psychoanalytischen Situation auftreten kann, auch wenn es als Produkt der Psychoanalyse behandelt wird und durch diese ‚Behandlung' in der und durch die Psychoanalyse in spezieller Weise eine Komposition erfährt:

> Si même nous devons considérer le transfert comme un produit de la situation analytique, nous pouvons dire que cette situation ne saurait créer de toutes pièces le phénomène, et que, pour le produire, il faut qu'il y ait, en dehors d'elle, des possibilités déjà présentes auxquelles elle donnera leur composition, peut-être unique.[95]

> Selbst wenn wir die Übertragung als ein Produkt der analytischen Situation anzusehen hätten, müssten wir doch sagen, daß diese Situation allein nie imstande wäre, das Phänomen zu kreieren, und daß es bereits vorhandener, außerhalb der Situation vorhandener, Möglichkeiten bedarf, das Phänomen hervorzurufen. Es kann dann durchaus sein, daß die analytische Situation eine einmalige Zusammenfassung dieser Möglichkeiten darstellt.[96]

Es handelt sich um einen Vorgang, zu dessen Anlage die Psychoanalyse zunächst nichts beiträgt, die also der Psychoanalyse vorgängig sind. Damit weitet Lacan den Begriff der Übertragung aus und ermöglicht einen Zugriff darauf aus anderen Disziplinen, obgleich er sich als Analytiker zuvorderst für seine eigene Disziplin interessiert und primär diese auch zugrunde legt, gerade weil sie Übertragung „leur composition unique" gibt und die Grundlage für den experimentellen, die Effekte freilegenden Umgang mit dem Begriff und dem Phänomen bildet.

94 Vgl.: „Was ist Gesundheit? Sie hätten Unrecht, wenn Sie glaubten, daß selbst für die moderne Medizin, die sich hinsichtlich aller anderen für wissenschaftlich hält, die Sache voll gesichert wäre." (Lacan: *Übertragung*, S. 95.)

95 Lacan: *Quatre concepts*, S. 141.

96 Lacan: *Vier Grundbegriffe*, S. 130–131.

Es wird also zuerst durchaus eine „natürliche" Veranlagung zur Übertragung angenommen. Dieses natürliche Modell der Übertragung scheint sich dadurch auszuzeichnen, dass Übertragung dort nicht unter der Freilegung ihrer Effekte operiert, unerkannt, unbewusst bleibt. Es bedarf folglich bestimmter *Situationen*, die besonderes Augen- oder anderes ‚Sinnenmerk' auf diese spezielle Struktur werfen, um im „experimentellen Modell" damit umzugehen, zu forschen, sie überhaupt zu definieren und ihren Grundmechanismus („fondements structuraux") zu benennen:

> Cela n'exclut nullement, là où il n'y a pas d'analyste à l'horizon, qu'il puisse y avoir, proprement, des effets de transfert exactement structurables comme le jeu du transfert dans l'analyse. Simplement, l'analyse, à les découvrir, permettra de leur donner un modèle expérimental, qui ne sera pas du tout forcément différent du modèle que nous appellerons naturel.[97]

> Keineswegs aber ist auszuschließen, daß es auch da, wo kein Analytiker am Horizont auftaucht, zu Übertragungsphänomenen kommen kann, die genau die gleiche Struktur haben wie das Spiel der Übertragung in der Analyse. Die Analyse schafft allerdings dadurch, daß sie diese Effekte freilegt, die Möglichkeit, ein experimentelles Modell derselben zu entwerfen, das sich wiederum nicht unbedingt von dem Modell unterscheiden muß, das wir das natürliche nennen können.[98]

Die Voraussetzung, dass es natürliche und experimentelle Modelle der Übertragung gibt, lässt erst recht Neugier aufkommen auf experimentelle Modelle, die nicht im Rahmen der Psychoanalyse konstituiert werden. Sind etwa psychoanalytisches und das Setting des Theaters beides Experimentalaufbauten, die mit Übertragung umgehen? Und wie kann der Begriff des Experimentellen hier nutzbar gemacht werden? John Cage liefert hierzu vielversprechende Lesarten. Er setzt das Experimentelle vom Experiment ab,[99] indem die experimentelle Aktion ihrem Wesen nach über ein offenes Resultat verfügt:

> What is the nature of an experimental action? It is simply an action the outcome of which is not foreseen. [... F]or nothing one does gives rise to anything that I preconceived.[100]
> Here the word ‚experimental' is apt, providing it is understood not as descriptive of an act to be later judged in terms of success and failure, but simply as of an act the outcome of which is unknown. [...] An experimental action, [...] does not move in terms of approximations and errors, [...] for no mental images of what would happen were set up beforehand.[101]

Auf die Psychoanalyse bezogen verweist die experimentelle Aktion auf Praxen der freien Rede und der freischwebenden Aufmerksamkeit, die genau dazu dienen, die

97 Lacan: *Quatre concepts*, S. 141.

98 Lacan: *Vier Grundbegriffe*, S. 130–131.

99 Vgl. John Cage: *Silence: Lectures and Writings*. Middletown: Wesleyan UP 1979. Zur Unterscheidung zwischen Experiment und Experimentellem bei Cage und anderswo vgl. Lydia Goehr: Explosive Experimente und die Fragilität des Experimentellen. Adorno, Bacon und Cage. In: Jan Lazardzig / Helmar Schramm / Ludger Schwarte (Hrsg.): *Spektakuläre Experimente. Praktiken der Evidenzproduktion im 17. Jahrhundert*. Berlin / New York: de Gruyter 2006, S. 477–506. Für diese Hinweise danke ich Philipp Schulte.

100 John Cage: History of Experimental Music in the United States. In: Ders.: *Silence: Lectures and Writings*. Middletown: Wesleyan UP 1961, S. 67–75, hier S. 72–73. http://academic.evergreen.edu/a/arunc/compmusic/cage3/cage3.pdf (Zugriff am 01.08.2014).

101 John Cage: Experimental Music: Doctrine. In: Ders.: *Silence*, S. 13–17, hier S. 13–14. http://www.zakros.com/mica/soundart/s04/cage_text.html (Zugriff am 01.08.2014).

Analyse nicht von vorn herein in Bahnen der Erwartung o. Ä. zu lenken, also „Störfaktoren" zu vermeiden.[102] Eine ‚Freilegung der Effekte' von Übertragung wäre so nicht gleichzusetzen mit einer medizinischen Diagnose oder einer einfachen Engführung des Vorgangs, sondern erst einmal mit einer Bestandsaufnahme von etwas möglicherweise Unerwartetem. Ein solch offener Ansatz des Experimentellen entspricht wohl nicht unbedingt ganz dem, was ‚experimental' in der Psychoanalyse bedeuten kann, da der Begriff dort zunächst eher technisch anzusiedeln ist und Instrumente und Apparate assoziiert, die bei der Freilegung von Effekten helfen. Da Lacan jedoch die Übertragung selbst als experimentelles Modell beschreibt und nicht die Instrumente, die dazu verhelfen, denn das wäre die Analyse, soll dieser Ansatz hier bestehen bleiben.

Wenn nun Philipp Schulte die Performancebühne als experimentellen Raum und Labor verstanden wissen will, eröffnet sie für ihn vor allem einer Vielzahl von möglichen Tests einen Raum, Praktiken, die von der Norm abweichen und so außerhalb des experimentellen Rahmens „abwegig"[103] erscheinen, jedoch innerhalb desselben einem Publikum zur Verhandlung zugemutet werden können. Gleichzeitig betont Schulte auch die Funktion des „Schutzraums"[104] einer solchen Rahmung, der eigene Bewertungspraxen etablieren kann, die sich von den ihm äußerlichen unterscheiden. Es macht sich also eine Verwandtschaft zwischen experimentellen Modellen einer künstlerischen Rahmung und der Psychoanalyse bemerkbar – beide beruhen auf mehr oder weniger vorher genau festgelegten, eigenen Bewertungssystemen und Spielregeln („Grundregeln"), die etwas in Gang bringen sollen, von dem der Ausgang zunächst offen bleibt. Ob dabei ein ‚natürlicher' anzunehmender Raum als Abgrenzung vorstellbar sein muss, wäre eher im Hinblick auf die genutzten Zeichen (wieder-holende Zeichen) interessant – zunächst wäre zu unterscheiden zwischen Modellen, die auf der Basis von gewissen Einverständnissen einen experimentellen Umgang praktizieren, und solchen, die dies nicht tun. Also hieße Psychoanalyse und Theater als experimentelle Modelle zu begreifen, ihnen eine Offenheit bezüglich der Ergebnisse zuzuschreiben.

Die Intention, Phänomene hervorzurufen und / oder zu kreieren, wäre also erst einmal die möglichst offene Motivation des experimentellen Modells; und für die Übertragung stünde die von Lacan als „objektive Unterstellung der analytischen Situation"[105] bezeichnete Funktion, in der unterstelltes *agalma* den Antrieb bildet, im Vordergrund des Versuchsaufbaus. Für Klaus Theweleit ist dieses Setting ebenfalls das, was Psychoanalyse und Theater verbindet:

102 Diese „Störfaktoren werden ihrerseits auch als (Gegen-)Übertragung bezeichnet: sich ‚in Übertragung' bildende Unterstellungen, die das freie Aufmerken verunmöglichen, wie Selektion, Erwartung, Aufmerksamkeit, Abstraktion, Interpretation, Integration." (Eginhard Koch: Verstehen. In: Franz Resch / Renate Sannwald / Michael Schulte-Markwort (Hrsg.): *Psychotherapeutische Fertigkeiten*. Göttingen: Vandenhoeck & Ruprecht 2013, S. 23–36, hier S. 29–30.)

103 Philipp Schulte: *Identität als Experiment. Ich-Performanzen auf der Gegenwartsbühne*. Frankfurt am Main: Lang 2011, S. 415.

104 Ebd., S. 416.

105 Lacan: *Übertragung*, S. 242.

Eintritt des Theaters in die Struktur. Man muss sich (er)spielen. [... D]as Behandlungszimmer wird zur Bühne von Inszenierungen; in diesen stellt der Patient sich vor, sich aus, probiert sich wie auf einer Probe, darf alles sagen und probieren, weil es Theater-, Proben-Freiraum ist.[106]

Wobei dieser Theaterbegriff, der Probe und Aufführung gleichsetzt, freilich undifferenziert ist.

Auch das gegenseitige, durchaus bewusste Einverständnis über die grundlegende Experimentalität des Modells (im Gegensatz zu einem natürlichen Modell) scheint eine mögliche gemeinsame Voraussetzung der beiden Formen zu sein. Was Schulte als „symbolischen Pakt der Performance"[107] bezeichnet, der von Helga Finter übernommene „Kontrakt zwischen Performer und Publikum, die jeweilige Performance als Performance wahrzunehmen"[108], bezieht sich auf die vorherige Absprache über den Referenzrahmen der sich abspielenden Intersubjektivität, seien es ‚Kunst' oder ‚Therapie' oder andere Rahmen. Diese Absprache, die dem Sprechakt gleich wirkt, wie Schulte mit Finter argumentiert, stellt sich symbolisch wirksam offenbar sogar dann ein, wenn gar nicht explizit darüber oder davon gesprochen wird – bzw. sie stellt sich auch über andere Zeichen her (Ort, Schild an der Tür, Vergütungspraxen etc.). Wesentlich an diesen symbolischen Pakten ist, dass sie den Beteiligten Funktionen zuweisen – Publikum, Performende, Analysierende, Patientin oder Patient, Ärztin oder Arzt etwa –, die die Begegnung strukturieren und mit Handlungskompetenzen belegt sind bzw. auch über zugewiesene Praxen entscheiden, wie freischwebende Aufmerksamkeit, freie Rede, Sprechen, Zuhören, Sitzen oder Nicht-Sitzen etc.[109] Ein jeweils spezifischer symbolischer Pakt ermöglicht dann eben auch den Bezug auf sich selbst und zu anderen Referenzrahmen, anderen Pakten, und auch Entscheidungspotential für oder gegen seine eigene Affirmation oder die anderer – eine weitere Grundlage für experimentelle Modelle. Damit eröffnen solche Kontrakte die Möglichkeit, auch an bewussten und unbewussten Anteilen des gerade Vollzogenen zu arbeiten – Analysen vorzunehmen:

[T]he closure of Performance is that of a structure regulated by a contract it tries to establish at the same time as its doing, which is still tributary to the sign-systems of a given society. But, at the same time, this tribute is outside of the conscious: the performer doesn't know what he does, nor does he want to know. In showing his doing as something susceptible to being interpreted as an utterance, he is also someone who offers his doing to be read like a text, like a language in competition with the dominant languages and thus provoking, even demanding, analysis.[110]

So ist hier von Übertragung als Begriff für solch eine Grundstrukturierung auszugehen, einen insofern wesentlich symbolischen Pakt, als dass er den Beteiligten Plätze zuweist

106 Klaus Theweleit: *absolute(ly) Sigmund Freud. Songbook*. Freiburg: Orange 2006, S. 58.

107 Schulte: *Identität als Experiment*, S. 175.

108 Ebd., S. 177.

109 So etwa für Performance: „A minimal structure which separates the performer from the audience by determining who is the performer, what he has to do in what time-frame and sequence and in what space, distinguished from identity, time and place of the audience. Such a contract is the prerequisite for Performance." (Helga Finter: Disclosure(s) of Re-Presentation: Performance hic et nunc. In: *REAL – Yearbook of Research in English and American Literature* 10 (1994): Aesthetics and Contemporary Discourse, S. 153–167, hier S. 161.)

110 Ebd.

und dadurch eine Setzung vornimmt, die Relationen, Ungleichgewichte, Spannungen in Gang bringt und gleichzeitig den Grundpakt verhandelbar macht, sei er zunächst unbewusst oder nicht. Letztlich stellt sich vor diesem Hintergrund die Frage nach der Art und den Bedingungen intersubjektiver Begegnungen, wie sie auch Lacan grundlegend voraussetzt.

### *Rapport de sujet à sujet & discours*

Auf welchen Voraussetzungen beruht der Übertragungsbegriff noch, wenn es etwa heißt, „die Übertragung ist einerseits ein nicht szientifisch formalisierbarer, andererseits auch nicht esoterisch verwässerbarer Rapport zwischen zwei Subjekten“[111]? Es geht um alle Beteiligten und um ihr Verhältnis, so dass die Übertragung nicht selten selbst als dieses Verhältnis definiert wird, wie schon angedeutet. Was konstituiert jedoch einen „intersubjektiven Rapport“? Schon bei Freud ist über dessen Tragfähigkeit sowie über Liebe als katalytische Struktur zu lesen:

> Wann sollen wir mit den Mitteilungen an den Analysierten beginnen? Wann ist es Zeit, ihm die geheime Bedeutung seiner Einfälle zu enthüllen, ihn in die Voraussetzungen und technischen Prozeduren der Analyse einzuweihen? Die Antwort hierauf kann nur lauten: Nicht eher, als bis sich eine leistungsfähige Übertragung, ein ordentlicher Rapport, bei dem Patienten hergestellt hat. Das erste Ziel der Behandlung bleibt, ihn an die Kur und an die Person des Arztes zu attachieren. Man braucht nichts anderes dazu zu tun, als ihm Zeit zu lassen. Wenn man ihm ernstes Interesse bezeugt, die anfangs auftauchenden Widerstände sorgfältig beseitigt und gewisse Missgriffe vermeidet, stellt der Patient ein solches Attachement von selbst her und reiht den Arzt an eine der Imagines jener Personen an, von denen er Liebe zu empfangen gewohnt war.[112]

Auch hier werden ordentlicher Rapport und leistungsfähige Übertragung in eins gesetzt. Lacans Charakterisierung der Übertragung als ‚Herz unserer Erfahrung‘ verortet sie ähnlich, als vitales Zentrum in einem Bereich zwischenmenschlicher Interaktion; für die Psychoanalyse ist es also Konsens, dass Rapport und Übertragung im Setting zwischen Analytiker_in und Analysand_in passieren, aber mehr noch: ein Vorgang wird beschrieben, der aus diesem Bereich intersubjektiver Konstellation in gleichem Maße hervorgeht, wie er ihn vor- und nachhaltig strukturiert. Den ‚Rapport‘ benennt Lacan in der *Intervention sur le transfert* grundlegend so:

> Pour l'expérience psychanalytique on doit comprendre qu'elle se déroule tout entière dans ce rapport de sujet à sujet, en signifiant par là qu'elle garde une dimension irréductible à toute psychologie considérée comme une objectivation de certaines propriétés de l'individu.
>
> Was die psychoanalytische Erfahrung betrifft, muss man verstehen, dass sie sich gänzlich in diesem Rapport von Subjekt zu Subjekt abwickelt, und daher bedeutet, dass sie eine Dimension behält, welche gänzlich irreduzibel ist für jede als Objektivierung gewisser Eigenheiten des Individuums geltende Psychologie.[113]

111 Riepe / Schmitz / Tholen: Vorwort. In: Dies. (Hrsg.): *Übertragung – Übersetzung – Überlieferung*, S. 9.

112 Freud: Zur Einleitung der Behandlung. Weitere Ratschläge zur Technik der Psychoanalyse I. In: Ders.: *Studienausgabe*, Ergänzungsband: Schriften zur Behandlungstechnik, S. 181–203, hier S. 199.

113 Lacan: Intervention sur le transfert, S. 216. Übers. E. H.

Lacan verortet also die psychoanalytische Erfahrung gänzlich – *tout entière* – im intersubjektiven Spannungsfeld. Dies begründet auch seine Kritik an einer Psychologie als Objektivierung des Subjekts[114] und schreibt, wie bereits erwähnt, mit *rapport* und *expérience* wesentlich flüchtige Elemente in die Übertragungstheorie ein. Lacans *Intervention* folgend gelangt zunächst (An-)Sprache, also Kommunikation zwischen Subjekten in den Vordergrund, und zwar als Konstituens:

> Dans une psychanalyse en effet, le sujet, [...], se constitue par un discours où la seule présence du psychanalyste apporte, avant toute intervention, la dimension du dialogue.
>
> In einer Psychoanalyse konstituiert sich das Subjekt nämlich durch eine Rede, zu der die alleinige Präsenz des Psychoanalytikers vor jedem Eingreifen die Dimension des Dialogs beiträgt.[115]

Diese komprimierten ersten Sätze der *Intervention* betonen die Grundlagen der psychoanalytischen Sitzung im Hinblick darauf, dass der *rapport de sujet à sujet* – und das *sujet* als solches – in seiner sprachlichen Konstitution maßgeblich ist. Eine Formulierung des Prozesshaften wird gewählt: Gegenstand und Subjekt (beides: *sujet*) konstituieren sich durch die Rede – und sind damit, wie der *aspect d'émoi*, immer wieder neu abhängig von ihrem konstituierenden Moment / Prozess und als solche zu berücksichtigen. Zugleich erhält die „seule présence du psychanalyste" eine zentrale Stellung, eine explizite Funktionsbeschreibung, zu der die Person, die diese Position besetzt, zunächst offenbar nichts weiter beitragen muss oder gar kann als ihre Anwesenheit. Zum konstitutiven Diskurs gehört also gleichermaßen eine Präsenz – welcherart? Die eines Subjekts? Wie bedeutsam ist die leibliche Komponente dabei? Kein Subjekt ist ohne Körper zu haben, zentral sind Wärme, Atem, Austauschkanäle, lebendiges Gegenüber, Alterität, aber auch räumliche Ausdehnung; kein Subjekt kann sprechen ohne Körper in diesem intersubjektiven Rapport und besetzt doch maßgeblich eine symbolische Funktion. So steht die Präsenz als Funktion im Vordergrund. Es ist nämlich zuallererst die *présence du psychanalyste*:

> Sie [die Übertragung] ist das Ins-Werk-Setzen des Unbewußten, und zu dieser Bestimmung kommt Lacan, indem er das Unbewußte von jeher als relational, als in Relation, als in Übertragung begreift. Zugespitzt formuliert: Es gibt kein Unbewußtes, ohne daß es sich äußert, in wie auch immer verstellten Effekten, ergo: ohne daß es empfangen wird, und das setzt etwas voraus, was Lacan ‚Präsenz des Analytikers' nennt. Man hat diesen Terminus als eine Bezugsgröße und als eine Funktion zu verstehen und nicht als eine Aussage über die spezifische Qualität, das Präsent-, Gewärtig- oder Gegenwärtig-sein des Analytikers.[116]

Dieses Präsentsein in Funktion, an das sich auch Affekte binden können, betont auch Freud im Hinblick auf die Übertragungsliebe, die sich eben nicht auf den Arzt als Person, sondern als Arzt richtet:

114 Das delikate Verhältnis zwischen Psychoanalyse und Psychologie stellt sich anhand der von Lacan kritisierten Praxis dar. Er greift nicht jegliche Theorie an, sondern nennt namentlich eine objektivierende Psychologie. Dies im Einzelnen nachzuvollziehen, bleibt Aufgabe der ‚Szene'.

115 Lacan: Intervention sur le transfert, S. 216. Übers. E. H.

116 Gondek: Übertragung, S. 208.

> Er [der Arzt, E.H.] muß erkennen, daß das Verlieben der Patientin durch die analytische Situation erzwungen wird und nicht etwa den Vorzügen seiner Person zugeschrieben werden kann, daß er also gar keinen Grund hat, auf eine solche ‚Eroberung', wie man sie außerhalb der Analyse heißen würde, stolz zu sein.[117]

Sicher sind diese Formulierungen Gondeks und Freuds vornehmlich im Hinblick auf die symbolische Machtposition des Analytikers einzuordnen. Diese Setzung bleibt aber noch zu befragen, denn wo leibliche Kopräsenz herrscht, kommen gerade spezifische Qualitäten von Präsenz und Ge(gen)wärtigsein der Beteiligten zum Tragen. Auch wenn Freuds Couch im Rücken der zu Analysierenden steht und somit den Blickkontakt ausschaltet und die Konstellation maßgeblich unter das Primat von Sprechen und Hören stellt, bleibt doch der gemeinsame Pakt Beförderer dieser Konstellation und des Sprechens. Gerade bei der Wahl von Therapeut oder Therapeutin macht sich dies z.B. ganz pragmatisch bemerkbar, wenn sich eben nicht bei allen eine produktive Übertragung einstellt. Zudem finden sich im Platon'schen *Symposion* zentrale Hinweise auf die katalytische Funktion von Gegenübern leiblicher Qualität. Hier kann erneut zwischen Übertragung im natürlichen oder im experimentellen Modell unterschieden werden: Sie kann natürlich als konstante Schwingung in der subjektiven Wahrnehmung vorkommen, also auch in Abwesenheit des ‚psychanalyste'. Soll mit ihr aber experimentell, d.h. unter bestimmten intentionalen Ausgangspunkten umgegangen werden, bringt das leibliche Gegenüber eine irreduzible Komponente mit ein.

Die Verknüpfung des durch funktionale Präsenzen geprägten *rapport* und des *discours* ist, wie gesagt, entscheidend. Die *présence* lässt, wie Lacan oben formuliert, einen Dialog entstehen, macht aus Rede ein Zwiegespräch, aus *discours* wird *dialogue*. Das ist, noch einmal auch im Hinblick auf die Position der Analysierenden im Rücken der Analysierten, bemerkenswert, könnte man doch eher von einem monologischen Sprechen ausgehen; auch für Sybille Krämer wäre das Sprechen in der Psychoanalyse nicht als dialogisch zu bezeichnen.[118] Bei Lacan geht es wohl also gerade darum, dass die Anwesenheit einer funktionalisierten Position das Sprechen so beeinflusst, als hätte sie bereits gesprochen. Auch Freuds Frage, ab wann ‚der Analytiker' mitteilen kann und soll (s.o.),[119] ist zu verstehen als gerade dieser Umschlag in einen Dialog: ab wann ist *der Analytiker* in Funktion und kann überhaupt als solcher gehört werden!? Rein formal gesehen ist der Umschlag in den Dialog nur logisch, denn ein Dia-log braucht mehr als eine Position. Darin formuliert sich aber auch die wichtige Voraussetzung einer basalen Relationalität, wie sie Lacan für Sprache, das Medium der Psychoanalyse, formuliert:

117 Freud: Bemerkungen über die Übertragungsliebe. Weitere Ratschläge zur Technik der Psychoanalyse III. In: Ders.: *Studienausgabe*. Ergänzungsband: Schriften zur Behandlungstechnik, S.217–230, hier S.220. Für Freud wäre ein solcher ‚Stolz' dann mit unangebrachter Gegenübertragung verbunden.

118 Die „Funktion der Sprache im psychoanalytischen Gespräch [hat] eine gerade nicht am dialogischen Sprechakt zu messende Bedeutung" (Krämer: *Medium, Bote, Übertragung*, S.223).

119 Zur Erinnerung: „Wann sollen wir mit den Mitteilungen an den Analysierten beginnen? Wann ist es Zeit, ihm die geheime Bedeutung seiner Einfälle zu enthüllen, ihn in die Voraussetzungen und technischen Prozeduren der Analyse einzuweihen? Die Antwort hierauf kann nur lauten: Nicht eher, als bis sich eine leistungsfähige Übertragung, ein ordentlicher Rapport, bei dem Patienten hergestellt hat." (Freud: Zur Einleitung der Behandlung, S.199.)

Qu'elle se veuille agent de guérisson, de formation ou de sondage, la psychanalyse n'a qu'un médium: la parole du patient. L'évidence du fait n'excuse pas qu'on le néglige. Or toute parole appelle réponse.[120]

Ob sie sich als Instrument der Heilung, der Berufsausbildung oder der Tiefeninterpretation versteht, die Psychoanalyse hat nur ein Medium: das Sprechen des Patienten. Die Offensichtlichkeit dieser Tatsache entschuldigt nicht, daß man sie übergeht. Denn jedes Sprechen appelliert an eine Antwort.[121]

Sprechen appelliert an eine Antwort, ist also als An-Spruch zu verstehen, als hinwendende Geste; und Sprechen im Übertragungskontext muss umso mehr als funktionalisiertes Sprechen vorausgesetzt werden, das im Kontext des Rapports und des Moments gehört werden muss. Der Rapport als grundsätzliche Wendung an Andere und insofern als Grundsatz der Übertragung bleibt zentral:

Tout ce que nous savons de l'inconscient dès le départ, à partir du rêve, nous indique qu'il y a des phénomènes psychiques qui se produisent, se développent, se construisent, pour être entendus, donc justement pour cet Autre qui est là même si on ne le sait pas. Même si on ne sait pas qu'ils sont là pour être entendus, ils sont là pour être entendus, et pour être entendus par un Autre. En d'autres termes, il me paraît impossible d'éliminer du phénomène du transfert le fait qu'il se manifeste dans le rapport à quelqu'un à qui l'on parle. Ce fait est constitutif. Il constitue une frontière, et nous indique du même coup de ne pas noyer le phénomène du transfert dans la possibilité générale de répétition que constitue l'existence même de l'inconscient.[122]

Alles, was wir von Beginn an, ausgehend vom Traum, vom Unbewußten wissen, zeigt uns, daß es psychische Phänomene gibt, die hervorgebracht werden, sich entwickeln, sich aufbauen, um verstanden zu werden. Und um durch einen Anderen verstanden zu werden. Mit anderen Worten, es erscheint mir unmöglich, aus dem Phänomen der Übertragung die Tatsache zu eliminieren, daß es sich im Verhältnis zu jemandem manifestiert, zu dem man spricht. Diese Tatsache ist konstitutiv. Sie konstituiert eine Grenze und weist uns zugleich an, das Phänomen der Übertragung nicht in der allgemeinen Möglichkeit einer Wiederholung zu ertränken, die die Existenz selbst des Unbewußten konstituiert.[123]

Doch wenn sich also Übertragung im Sprechen manifestiert, heißt dies im Umkehrschluss nicht, dass sie unausgesprochen nicht existierte. Etwa das Sich-Begeben hin zu einer Psychoanalyse, in ein Seminar oder in den Kunstkontext, deutet die potentielle Aktivität von Übertragung an.
Als experimentelles Modell richtet sich die Psychoanalyse dann freilich auf diese sprachprioritäre Vorgabe aus und setzt Rahmen für ein Vorgehen, wo ums Aussprechen gehandelt wird, d.h. im „geläufigen Sinne, dass man dort nichts außer Sprache verwendet"[124]. Die Bedingungen des Mediums, die Grundregeln der Psychoanalyse, sollen dabei als Regeln der Rede, die auch ein adäquates Zuhören benötigt, diese Rede fließend machen, so dass sie den Gesetzen ihrer eigenen Gravitation folgen kann und keinen äußerlich auferlegten Architekturen. Die Metapher des Wassers dient hier zur

120 Lacan: Fonction et champ de la parole et du langage en psychanalyse. In: Ders.: *Ecrits I*. Paris: Seuil 1999, S. 235–321, hier S. 245–246.

121 Lacan: Funktion und Feld des Sprechens und der Sprache in der Psychoanalyse, S. 84.

122 Lacan: *Transfert*, S. 212.

123 Lacan: *Übertragung*, S. 220.

124 „[...] sens commun qu'on n'y use que de paroles" (Lacan: Intervention, S. 216), Übers. E. H.

Veranschaulichung – die Rede als Wasserverlauf, der gleichermaßen selbstbestimmt fließend wie auch verfügbar gemacht werden soll:

> Quelque irresponsabilité, voire quelque incohérence que les conventions de la règle viennent à poser au principe de ce discours, il est clair que ce ne sont là qu'artifices d'hydraulicien (voir observation de Dora, p. 15) aux fins d'assurer le franchissement de certains barrages, et que le cours doit s'en poursuivre selon les lois d'une gravitation qui lui est propre et qui s'appelle la vérité. C'est là en effet le nom de ce mouvement idéal que le discours introduit dans la réalité. En bref, la psychanalyse est une expérience dialectique, et cette notion doit prévaloir quand on pose la question de la nature du transfert.

> Welche Verantwortungs-, sogar Zusammenhangslosigkeit, die die Konventionen der Regel an das Prinzip dieses Diskurses stellen, es ist klar, dass dies nur Kunstgriffe eines Wasserbauers sind, mit dem Ziel, die Durchbrechung bestimmter Sperren sicherzustellen, und dass der Kurs sich nach den Gesetzen einer Gravitation richten soll, die ihm eigen ist und die die Wahrheit heißt. Hier nämlich ist der Name dieser Idealbewegung, die die Rede in die Wirklichkeit einführt. Kurz gesagt, die Psychoanalyse ist eine dialektische Erfahrung, und dieser Begriff sei maßgeblich, wenn man die Frage nach der Natur der Übertragung stellt.[125]

Es fällt immer wieder auf, wie stark die Intervention des Wasserbauers vor dem Hintergrund bestimmter Intentionen und Zielvorstellungen, also Lenkung, gedacht wird. Einerseits geht es um eine eigene Gravitation des Flusses, die Wahrheit als Idealbewegung, darüber hinaus aber eigentlich auch um seine ‚Schiffbarkeit', also den Zugriff einer fremden Navigationsinstanz darauf, die sich dort quasi nicht in ihren Hoheitsgewässern bewegt, um Freuds Metapher auszuweiten. Es ist, neben allen experimentellen Verfahren, hier doch von einer Idealbewegung die Rede, die in die Wirklichkeit Eingang finde soll.

Interessanterweise verweisen die Fragen nach der Schiffbarkeit, welche über den Hindernis-Charakter von ‚Felsmassen und Sandbänken' entscheidet oder nicht, erneut auf den bereits erwähnten Begriff der Situation. Ist es doch gerade der Fels, über dessen Hindernischarakter nach Jean-Paul Sartre jeweils *in situ* entschieden werden muss:

> Ich stehe am Fuß dieses Felsens, der mir als ‚nicht besteigbar' erscheint. Das bedeutet, daß mir der Fels im Licht einer geplanten Besteigung erscheint – eines sekundären Entwurfs, der seinen Sinn von einem Initialentwurf aus erhält, der mein In-der-Welt-sein ist. So hebt sich der Fels durch die Wirkung der initialen Wahl meiner Freiheit vom Welthintergrund ab. Andererseits kann aber meine Freiheit nicht entscheiden, ob der ‚zu besteigende' Fels sich für die Besteigung eignet oder nicht. Das ist Teil des rohen Seins des Felsens. Jedenfalls kann der Fels seinen Widerstand gegen die Besteigung nur manifestieren, wenn er durch die Freiheit in eine ‚Situation' integriert ist, deren allgemeines Thema die Besteigung ist. Für den einfachen Spaziergänger, der auf der Straße vorbeigeht und dessen freier Entwurf eine bloße ästhetische Anordnung der Landschaft ist, enthüllt sich der Fels weder als besteigbar noch als unbesteigbar: er zeigt sich nur als schön oder häßlich.[126]

125 Ebd., Übers. E. H. Zum Begriff des Wasserbauers (*hydraulicien*) lässt sich Lacan von Freud inspirieren; sein Nachweis in dieser Passage belegt folgende Stelle bei Freud: „Ich beginne dann zwar die Behandlung mit der Aufforderung, mir die ganze Lebens- und Krankheitsgeschichte zu erzählen, aber was ich darauf zu hören bekomme, ist zur Orientierung noch immer nicht genügend. Diese erste Erzählung ist einem nicht schiffbaren Strom vergleichbar, dessen Bett bald durch Felsmassen verlegt, bald durch Sandbänke zerteilt und untief gemacht wird." (Freud: Bruchstück einer Hysterie-Analyse, S. 95.) Auffallend sind bei Freud die mit Vokabeln aus der Natur beschriebenen Hindernisse, die ja zu den Gesetzen der ‚Fluss-Gravitation' beitragen.

126 Jean-Paul Sartre: *Gesammelte Werke in Einzelausgaben. Philosophische Schriften*, Bd. 3: Das Sein und das Nichts. Versuch einer phänomenologischen Ontologie, hrsg. v. Traugott König. Reinbek: Rowohlt 2007, S. 843–844.

Ob Felsen oder Übertragung als Widerstand gelten bzw. welchen Weg das Wasser nimmt, gemäß welcher Gravitation, muss also je nach Situation entschieden werden. Die dialektische Erfahrung scheint sich insofern also immer auch justieren zu müssen in dem, was ihre Funktionen, Rapporte, Hindernisse etc., also wahrscheinlich ihre jeweiligen Formen ganz allgemein betrifft. Eine Erfahrung, eine Situation erweist sich demnach immer als eine maßgeblich perspektivierte.
Dazu gehören ebenfalls Problematiken des Verstanden-Werden-Wollens: Absprache oder Einverständnis über das, was im Prozess überhaupt verstehen heißt etc., gehören der grundsätzlichen strukturellen ‚Wendung' an die Anderen mit an und zu den entscheidenden Voraus-Setzungen der jeweiligen experimentellen Modelle. Daraus ergeben sich gerade die Möglichkeiten für katalytische Funktionstragende, ungerade Konstellationen usw. Und diese Rahmenbedingungen tragen wiederum zentral zur Unterscheidung der Modelle bei. Wofür, wogegen eventuelle Hindernisse oder Hilfsmittel in situ perspektiviert werden, ist letztlich eine Spartenentscheidung; die Welle einer Übertragungserfahrung in der Psychoanalyse kann anders geritten werden als die einer ästhetischen Erfahrung, wie Gerald Siegmund betont, der an Gabriele Schwabs Lesart der Wirkungsästhetik moderner Theatertexte gerade diese strukturgebende Unterscheidung der Situationen vermisst, nämlich die zwischen Theater und psychoanalytischer Kur, so dass er letztlich pointiert fragt: „Warum sich, um verdrängte Erfahrungen und latenten Sinn erfahrbar zu machen, nicht gleich der Analyse anheim stellen oder, umgekehrt, auf sie zugunsten der ästhetischen Erfahrung verzichten?"[127] Eine solche Frage nach vorausgesetzter Intention wird sich in dieser Arbeit noch mehrmals als zentral erweisen, denn vor dem Hintergrund von Lenkungsmöglichkeiten der Übertragung ist zu untersuchen, wer warum und wohin lenkt. Zusätzlich zu einem experimentellen Modell der Übertragung ist in diesem Zusammenhang also auch ein instrumentelles Modell denkbar, das sich übertragende Subjekte zunutze macht. Zunächst soll jedoch noch einmal auf Lacans Begriff der dialektischen Erfahrung eingegangen werden, denn in dieser Dialektik scheint sich die ‚Intention' der Psychoanalyse zu zeigen.
Anlass zur *Intervention* gibt Lacan die während des Kongresses von Maurice Pierre Bénassy initiierte Diskussion um den Kausalzusammenhang zwischen Zeigarnik-Effekt[128] und Übertragung, was Lacan dazu führt, den Begriff der „faits de résistance

127 Gerald Siegmund: *Theater als Gedächtnis*, S. 54–55, mit Bezug auf Gabriele Schwab: *Samuel Becketts Endspiel mit der Subjektivität*.

128 Zum Zeigarnik-Effekt: „En bref, il s'agit de l'effet psychologique qui se produit d'une tâche inachevée quand elle laisse une *Gestalt* en suspens: du besoin par exemple généralement ressenti de donner à une phrase musicale son accord résolutif." (Lacan: Intervention sur le transfert, S. 215.) / „Kurz gesagt handelt es sich dabei um den psychologischen Effekt, der sich aus einer unerledigten Aufgabe ergibt, wenn sie eine Gestalt offenlässt: z. B. das allgemein empfundene Bedürfnis, einer musikalischen Phrase ihren auflösenden Akkord zu geben." (Übers. E. H.) Nach Bljuma Wulfowna Seigarnik (1900–1988): „Unerledigte Handlungen bleiben besser im Gedächtnis haften als erledigte Handlungen!" Der Zeigarnik-Effekt spielt auch im psychotherapeutischen Geschehen wesentlich mit. Man geht davon aus, dass in der Psychotherapie aktivierte Erinnerungen in vielen Fällen mit „unerledigten Geschäften" aus der Vergangenheit zu tun haben, deren neuerliche Durcharbeitung und Schließung wesentlich zur seelischen Gesundung

dans l'expérience psychotechnique"[129] (Widerstandsleistung in der psychotechnischen Erfahrung, E.H.) einzuführen und somit die Übertragung in den Katalog der Funktionen des Widerstandes gegen das analytische Vordringen einzuordnen. Lacan beschäftigt sich hier daher hauptsächlich mit dem erstmaligen Aufzeigen von „renversements dialectiques"[130] (dialektische Umkehrungen, E.H.) in Freuds Darstellung des Falls ‚Dora', um die Psychoanalyse in seinem Verständnis als dialektischen Moment zu unterstreichen, eine Bewegung zwischen „renversements dialectiques" und „développements de la vérité"[131] (Wahrheitsentwicklungen, E.H.), die er nah an Freuds Text aufzeigt.[132] Folglich stellt er den Einfluss aus, den der Analytiker als Dialektiker („pur dialecticien"[133]) auf den Verlauf hat, indem er Aufmerksamkeit auf Dialektiken lenkt, die gegen die „vérité" arbeiten. Lacan hebt also hier die Bedeutung der Übertragung als Widerstand in der Psychoanalyse hervor. Dabei korrelieren aber eben verschiedene Wahrheiten: die der Übertragung (die letztlich nicht als Wahrheit gilt[134]) und die, die der Analytiker setzt. Der Wasserbauer erweist sich also als gesetzgebende Instanz, die über den Fluss der Rede bestimmen soll, darf, kann.

Im *rapport entre sujet à sujet* der Analyse gibt es also streng genommen kein anderes *sujet* als das der Rede – durchaus im Doppelsinn des *sujet* als Subjekt und als Untersuchungsgegenstand. Gleichzeitig ist eine der Dialektiken der Psychoanalyse,[135] dass es genau darum geht: „on n'y use que de paroles", sie sich dabei jedoch auf die „traits muets du comportement dans la manœuvre psychanalytique"[136] (stummen Verhaltensmerkmale im psychoanalytischen Manöver, E.H.) konzentriert. Die Manöver situieren sich im Rapport, je nachdem, ob ein Analytiker am Horizont auftaucht oder jemand anderes – ein Fels, ein Clown, ein Videobild …? Das Sprechen und die Ansprache müssen im Folgenden also weiter interessieren.

beitragen können. Daraus folgt das Prinzip des „Cliffhangers" bei Serien / Soaps etc. Unerledigte Geschichten erwecken das Bedürfnis nach Vollendung. Vgl. http://de.wikipedia.org/wiki/Zeigarnik-Effekt (Zugriff am 03.08.2008, mittlerweile verändert) und http://de.wikipedia.org/wiki/Bljuma_Wulfowna_Seigarnik (Zugriff am 28.12.2011).

129 Lacan: Intervention sur le transfert, S. 215.

130 Ebd., S. 218.

131 Vgl. ebd.

132 Im Laufe der Zeit spitzt die Rezeption diesen Artikel jedoch auch auf andere Lesarten im Hinblick auf Widerständiges zu, indem etwa *queer* und *lesbian studies* den Text für sich entdecken und die Diagnose Doras homosexueller Neigungen in den Vordergrund rücken bzw. ihre Symptome als Auflehnen weiblicher Körperlichkeit gegen männlich geprägte, gesellschaftliche Sexualstrukturen anführen. Diese Verortung des Textes verdeutlicht z.B. sein Erscheinen in englischer Übersetzung in Mitchell / Rose (Hrsg.): *Feminine Sexuality: Jacques Lacan and the école freudienne*, S. 61–73. Vgl. auch Heather Findlay: Queer Dora. Hysteria, Sexual Politics and Lacans „Intervention on Transference". In: *GLQ: A Journal of Lesbian and Gay Studies* 1,3 (1994), S. 323–347.

133 Lacan: Intervention sur le transfert, S. 226.

134 Vgl. Robert Pfallers Ruf der Psychoanalyse „Theater!", wenn sie Übertragung diagnostiziert, S. 229–235 dieser Arbeit.

135 Vgl. „psychanalyse comme dialectique" (Lacan: Intervention sur le transfert, S. 216).

136 Ebd.

Zum intersubjektiven Rapport ist allerdings noch eine Anmerkung dazu zu machen, dass alle beteiligten Subjekte übertragen. Bisher war hauptsächlich von der Übertragung von zu Analysierenden die Rede, doch es gibt einen lebhaften Diskurs auch darüber, wie die Übertragung der Analysierenden zu bewerten sei, dem kurz nachgegangen werden soll, da sich dort der Begriff der ‚Gegenübertragung' etabliert, den Lacan jedoch verwirft.

### *Rapport und Gegenseitigkeit: Gegenübertragung?*

Im alle beteiligten Subjekte betreffenden, intersubjektiven Rapport der Übertragung führt die Involvierung der Beteiligten zu fachspezifischen Diskussionen über eben diese gleichberechtigte Involviertheit, ihre Qualitäten etc. „Gewöhnlich betont man die Beziehung des Analysanden zum Analytiker," schreibt Peter Widmer als Antwort auf die Frage „[w]elche Übertragung?", „[d]abei bleibt der andere Aspekt, die Übertragung des Analytikers auf den Analysanden, oft unberücksichtigt."[137] Diese Aussage erstaunt zunächst, da gerade auch dieser andere Aspekt, die Bedeutung der Übertragung der Analytiker_in, heute zentral diskutiert wird, wobei diese unter Umständen auch noch etwas anderes als *Gegenübertragung* bedeutet. Auch Widmer selbst, der die o.g. Aussage 1990 in der ersten Ausgabe seines Buchs gemacht hatte, versieht sein Nachwort der Neuausgabe sieben Jahre später mit dem Hinweis, dass seit den Neunzigern in der deutschen Lacan-Forschung Vieles passiert sei, das einige seiner Aussagen unhaltbar mache.[138] Es ist also zu fragen, ob der Begriff der Gegenübertragung im Diskurs um Gegenseitigkeit oder Übertragung auf allen Positionen besondere Gewichtung verdient. Mustafa Safouan findet gerade hier einen Punkt, wo Übertragungstheorien flüssig und also nicht dingfest werden:

> Nichts ist fließender, als die Definition der Gegenübertragung. Für Freud bezeichnet sie die unbewußte, unangebrachte Einwirkung / Interference des Analytikers in der Kur. Bei seinen Nachfolgern wird sie ihre Existenz der Unmöglichkeit verdanken, als Analytiker dem Analysanden – aufgrund der eigenen Übertragung auf den Lehranalytiker – nichts als ein Spiegel zu sein. Schließlich macht man aus der Not eine Tugend, indem man in der Erkenntnis der Anwesenheit zweier Unbewußten einen Vorteil für die Kur sehen will: eine Neuauflage der Suche der Analytiker nach einer Orientierung an der Realität. Wiederum ein offenes Tor zur Reduktion der Analyse zu einer Begegnung zweier Iche (moi).[139]

Auch hier entwickeln sich also die Haltungen und Praxen, die immerhin jedoch die Gemeinsamkeit beinhalten, Übertragung als Bewegung hervorzuheben, die nie einseitig und vor der auch niemand gefeit ist. Daher verwirft Lacan seinerseits den Begriff der Gegenübertragung schnell und ohne viele Worte:

137 Peter Widmer: *Subversion des Begehrens. Eine Einführung in Jacques Lacans Werk.* Wien: Turia + Kant 1997, S. 167.

138 Ebd., S. 181. Über die Gegenübertragung steht dort allerdings nichts.

139 Moustafa Safouan: *Die Übertragung und das Begehren des Analytikers*, aus d. Frz. u. hrsg. v. Geerd Schnedermann. Würzburg: Königshausen & Neumann 1997, S. 76.

Le transfert est un phénomène où sont inclus ensemble le sujet et le psychanalyste. Le diviser dans les termes de transfert et de contre-transfert, [...] ce n'est jamais qu'une façon d'éluder ce dont il s'agit.[140]

Die Übertragung ist ein Phänomen, das Subjekt und Psychoanalytiker gleichermaßen einschließt. Eine Aufteilung in die Begriffe Übertragung und Gegenübertragung [...] ist immer nur eine Art und Weise, außer acht zu lassen, worum es geht.[141]

Übertragung braucht also, da sie eine Grundstruktur setzt, die für die Beteiligten dieselbe ist, keine eigene, spezielle Qualifizierung, wenn sie von Seiten des als analysierend funktionalisierten Subjekts aus betrachtet werden soll. Also gilt gerade für die Lacan'sche Ausarbeitung der Übertragungsstruktur, wenn es um die Position des *agalma* in der Übertragung geht, dass sie den Begriff der Gegenübertragung nicht braucht.
Eine andere Konzeption der Gegenübertragung soll jedoch nicht unterschlagen werden, und zwar ihre Diskussion im Zusammenhang mit ästhetischer Erfahrung. Zwar wäre auch bei diesen Ansätzen durchaus denkbar, auf das ‚Gegen-' zu verzichten, jedoch wird es dort als Zeichen einer vorauseilenden (oder auch nachträglichen) Zeitlichkeit eingesetzt, indem jede Aneignung, jeder theoretisch-formende Zugriff auf etwas als Gegenübertragung zu verstehen sei, wie Gondek mit Michel Neyraut formuliert:

Neyraut geht nämlich von der Gegenübertragung aus, von der aus das Phänomen der Übertragung zu bestimmen sei, und nicht umgekehrt. Der Gedanke ist letztlich höchst einfach: Der unvermeidliche Vorgriff jeder Theorie auf die Phänomene noch in der behutsamsten Hypothesenbildung – ist selbst eine Gestalt der Gegenübertragung.[142]

Von dieser Haltung der (Gegen-)Übertragung als vorauseilender, aneignender Zugriff aus ließe sich auch die Bewegung des hermeneutischen Zirkels denken, und es entstehen in diesem Zusammenhang Ansätze, sie als Interpretationsform von Kunstwerken zu betrachten, als den „Zugang über die so genannte Gegenübertragung auf das Kunstwerk"[143], wie Reimut Reiche diese Ansätze kategorisiert. Der deutende Zugriff auf Kunstwerke unter den Prämissen der Gegenübertragung wird etwa bei Alfred Lorenzer als „tiefenhermeneutische Kulturanalyse"[144] systematisiert. Reiche stellt diesbezüglich süffisant fest, dass „die Verwendung des Titels Tiefenhermeneutik zur Selbstbeschreibung des eigenen Tuns bei Autoren, die der Psychoanalyse verpflichtet sind, sehr beliebt [ist]", jedoch im Grunde nur als Deckmantel für eine „Verschluderung des Denkens" dient, nämlich die „Ausbreitung der Deutung, die schon vorher im Kopf des Interpreten bereitlag."[145] Gegenübertragung wäre so nur der Begriff und die

140 Lacan: *Quatre concepts*, S. 257–258.

141 Lacan: *Vier Grundbegriffe*, S. 243.

142 Gondek: Übertragung, S. 210, mit Bezug auf: Michel Neyraut: *Le transfert. Etude psychanalytique.* Paris: PUF 1974.

143 Reimut Reiche: Psychoanalytische Kunsttheorie nach Freud. In: Tilman Habermas / Rolf Haubl (Hrsg.): *Freud neu entdecken. Ausgewählte Lektüren.* Göttingen: Vandenhoeck & Ruprecht 2008, S. 65–89, hier S. 70.

144 Alfred Lorenzer: Tiefenhermeneutische Kulturanalyse. In: Ders. / Annelinde Eggert / Hans-Dieter König / Heinz Lüdde / Søren Nagbøl / Ulrike Prokop / Gunzelin Schmid Noerr (Hrsg.): *Kultur-Analysen.* Frankfurt am Main: Fischer 1986, S. 11–98.

145 Reiche: Psychoanalytische Kunsttheorie, S. 71–72.

Abb. 2
Übertragung und Gegenübertragung?

Rechtfertigung einer subjektiven Herangehensweise. Dem tritt Ulrich Oevermann entgegen,[146] indem er den Eigengehalt, also die eigene ‚Gravitationslogik' im Fluss des Kunstwerks, und dessen sprachliche Rekonstruktion fordert und kritisiert, dass solche Herangehensweisen das Analysierte immer dem Übertragenen anpassen.

Die Beziehung zwischen Kunstwerk und Betrachtenden, auch als Rapport nämlich, wird hier mit Übertragungsvokabular umsponnen. Ausgehend von Freuds Lektüre des *Moses des Michelangelo* von 1914[147] und dessen „eigene[r] anhaltende[r] affektive[r] Reaktion auf das Werk"[148], analysiert Reiche Freuds Ausgangspunkt des „Ergriffensein[s]"[149], also einen *aspect d'émoi*. Er unterscheidet jedoch ebenfalls zwischen affektiver Reaktion und Struktur.[150] Ähnlich wie für Übertragung bereits formuliert, wird eine (sich eben an *aspects d'émoi* verratende) Struktur der (Gegen-)Übertragung zwischen Kunstwerk und Betrachtenden vorausgesetzt:

146 Ulrich Oevermann: Die objektive Hermeneutik als unverzichtbare methodologische Grundlage für die Analyse von Subjektivität. Zugleich eine Kritik der Tiefenhermeneutik. In: Thomas Jung / Stefan Müller-Doohm (Hrsg.): *‚Wirklichkeit' im Deutungsprozess.* Frankfurt am Main: Suhrkamp 1993, S. 106–189.

147 Vgl. Sigmund Freud: Der Moses des Michelangelo. In. Ders.: *Studienausgabe*, Bd. X: Bildende Kunst und Literatur, hrsg. v. Alexander Mitscherlich / Angela Richards / James Strachey. Frankfurt am Main: Fischer 1975, S. 195–222.

148 Reiche: Psychoanalytische Kunsttheorie, S. 70.

149 Ebd.

150 „Freuds wirkliche oder nur als literarischer Kunstgriff gebrauchte affektive Reaktion und ihre Ausschmückung mit dem Wort ‚Gesindel' ist nicht selbst schon die Gegenübertragung." (Ebd.)

> Je nachdem wie der Begriff der Übertragung gehandhabt wird, sprechen unterschiedliche Autoren und Schulen entweder von der Übertragung des Betrachters / Lesers / Hörers auf das Werk oder aber – häufiger – von seiner Gegenübertragung. Diejenigen, die von Gegenübertragung sprechen, müssen die Werk-Betrachter-Beziehung stark intersubjektiv aufladen und supponieren, dass das Werk eine Beziehung zu uns aufnimmt, nämlich eine Übertragungsbeziehung, auf die wir mit einer Gegenübertragung reagieren.[151]

Hier ist die Gegenübertragung nicht mehr vor-läufig, die intersubjektive Beziehung ist jedoch interessanterweise ausgeweitet auf das ‚Subjekt' des Kunstwerks, das ‚Anspruch' auf die Betrachtenden erhebt – ein Modell, das bei Gabriele Schwab ebenfalls vorausgesetzt wird und auf den ‚übertragenden Zugriff' in der Kunstrezeption hinweist, um den es später noch gehen wird.
Wer zu wem wie in Übertragung spricht, scheint also erneut nicht ausschließlich auf tatsächlich Ausgesprochenem zu beruhen, sondern auch andere Arten der Artikulation erweisen sich als gültig. Die Möglichkeiten einer Kommunikationssituation und von Rapporten verweisen auf einen weiten Horizont, an dem kein Analytiker auftaucht; die Frage nach der zeitlichen Relation, ob nun zuerst übertragen oder gegenübertragen wird, entspricht hingegen wohl weniger Lacans Interesse.
Wenn es nun im Folgenden um die beiden zentralen Begriffe lacanscher Übertragungstheorie geht – *agalma* und *sujet supposé savoir* –, seien also bis hier die genannten Eckpunkte als Prämissen abgesteckt. Von Freud ausgehend wird Übertragung mit Lacan sehr schnell mehr strukturell als wiederholend, mehr gegenwärtig eine Konstellation bedingend als in Verbindung mit bewusst oder unbewusst Erinnertem verstanden. Für die ‚talking cure' und den intersubjektiven *rapport* als Grundlage für Übertragung bedeutet dies, das Augenmerk weniger auf konkrete Inhalte oder Symptome einzelner Übertragungserfahrungen zu legen, sondern eben mehr auf die Benennung struktureller, übertragungsspezifischer Vorgänge und gegenwärtiger Rahmenbedingungen.
Darunter fällt die häufig diskutierte „Präsenz des Analytikers", maßgeblich als *Präsenz einer Funktion* gehandelt, jedoch scheint körperliche Präsenz auch aus psychoanalytischer Argumentation heraus nicht einfach weggekürzt werden zu können. Mit dieser Präsenz stellt sich ein nach Lacan „ungerades" Verhältnis ein, dem nachgegangen werden muss, da es sich dabei um zentrale Machtverhältnisse in der intersubjektiven Konstellation handelt. So hat sich analog kein Begriff der ‚Präsenz des Analysanden' entwickelt, d. h. Übertragung wird wesentlich auch aus einer Perspektive heraus theoretisiert, die mit Sartre nach der Freiheit in der Übertragungs-*Situation* fragen lässt. Eine Unsicherheit, ob es sich daher dabei überhaupt um eine Situation handelt, kommt zwischen den Zeilen auf und soll im Blickpunkt des Interesses bleiben, wenn von „Modellen" die Rede ist, die das natürliche Phänomen Übertragung nutzen, um mit ihm *experimentell* umzugehen. Dabei bleibt grundlegend, dass Übertragung nicht mit auftretenden Gefühlen oder Affekten gleichgesetzt wird, sondern dass diese aus Übertragung als Struktur resultieren, Übertragung nicht selbst schon ein Gefühl ist. Aus diesem strukturalistischen Ansatz heraus erklärt sich auch der Verzicht auf

151 Ebd., S. 71.

den Begriff der Gegenübertragung, da Übertragung für alle Übertragenden als Topos gelten kann.

Inwiefern Begehren, Aneignung, Projektion und vor allem Unterstellung in diesem Topos wirken, soll nun ausführlich erörtert werden. In den *Quatre concepts* betont Lacan die Übertragungs-Struktur und ihre Herleitung aus dem *Symposion* von Platon und behauptet somit im Grunde, dass nicht erst mit Freud das Interesse an psychischen Strukturen seinen Anfang nimmt:

> Le transfert est un phénomène essentiel, lié au désir comme phénomène nodal de l'être humain, qui a été découvert avant Freud. Il a été parfaitement articulé — j'ai employé une grande partie d'une année consacrée au transfert à le démontrer — avec la plus extrême rigueur, dans un texte où il est débattu de l'amour, nommément Le Banquet de Platon.[152]

> Die Übertragung ist ein essentielles Phänomen, sie ist als mit einem Kernphänomen menschlichen Seins mit dem Begehren verbunden, das vor Freud schon entdeckt worden ist. Sie ist in vollendeter und strengster Form – ich habe einen Großteil jenes Jahres, das der Übertragung gewidmet war, dazu gebraucht, dies zu zeigen – in einem Text artikuliert, in dem über die Liebe gehandelt wird: in Platons Gastmahl.[153]

Die verschiedenen Ebenen, auf denen diese „Form" gedacht werden kann, finden ihre gemeinsame Basis im Begriff des *agalma* als Struktur des Begehrens.

152 Lacan: *Quatre concepts*, S. 257–258.
153 Lacan: *Vier Grundbegriffe*, S. 243.

# II
# *Agalmata*: Liebe und Wert

In der ersten Hälfte seines Seminars zur Übertragung[1] spricht Jacques Lacan zentral zu Platons *Gastmahl* (*Symposion*)[2]. Darin erschafft Platon einen über verschiedene Berichterstatter verschachtelten, „erzählten Dialog"[3] über das Zusammentreffen verschiedener griechischer Prominenter (Phaidros, Pausanias, Eryximachos, Aristophanes, Agathon und Sokrates), die sich eines Abends damit vergnügen, Lobreden auf den Eros zu halten. Gegen Ende wird von einem überraschenden weiteren Gast (Alkibiades) berichtet, der hereinplatzt und den Ablauf des Abends erschüttert, bevor zuletzt nur noch Sokrates zu Hörern spricht, welche längst eingeschlafen sind. Lacans Lektüre des antiken Textes folgt ausführlich den einzelnen Reden des *Symposion*, um dann auf die Diagnose eines Übertragungsvorgangs hinauszulaufen, die er Sokrates' Worten entnimmt, womit er diesen in einer Analytikerfunktion präsentiert.

So erhält das *Symposion* bei Lacan den merkwürdigen Nachweischarakter für einen zentralen Moment zur Übertragungstheorie, obgleich der Text so alt und das psychoanalytische Phänomen als solches vergleichsweise neu definiert und jung ist. In seinem Herangehen überführt Lacan damit (nicht zum ersten oder einzigen Mal) Figuren aus der historischen, literarischen in die psychoanalytische Praxis und folgt damit einer Methode, die auch Freud schon praktizierte, und die Slavoj Žižek zu einem Kommentar in seiner Lacan-Einführung anregt, der mitten in Fragen der Inter- und Transdiziplinarität hineinführt:

> Vor allem anderen war Lacan ein Kliniker, und klinische Belange durchziehen alles, was er schrieb und tat. Selbst wenn er Platon, Thomas von Aquin, Hegel oder Kierkegaard liest, versucht er immer ein präzises klinisches Problem zu erhellen. Diese Allgegenwart erlaubt uns aber auch, diesen Aspekt

1 Lacan: *Seminar VIII: Die Übertragung/Le transfert* (1960/61).

2 Ca. 380 v.u.Z.

3 Zum *Symposion* als „Technik des erzählten (narrativen oder diegematischen) Dialogs" vgl. Julia Wildberger: Die komplexe Anlage von Vorgespräch und Rahmenhandlung und andere literarisch-formale Aspekte des *Symposion*. In: Christoph Horn (Hrsg.): *Platon. Symposion*. Berlin: Akademie 2012, S. 17–34, hier S. 21.

auszuschließen: gerade weil das Klinische überall ist, kann man den Prozeß umgehen und sich statt dessen auf seine Effekte konzentrieren, auf die Art und Weise, wie es alles färbt, was nicht klinisch erscheint.[4]

Dieser Ansatz des ‚klinischen Horizonts' wäre im Hinblick auf Lacans ‚experimentelle Modelle' jedoch auch umgekehrt denkbar: das ‚Klinische', um bei diesem Begriff für das Psychoanalytische zu bleiben, wäre dabei nicht auf ‚überall' auszuweiten, sondern es stellte eben ein *modèle experimental* für Vorgänge des Außerklinischen dar, welche durch die Perspektive des Klinischen als solches erst als interessante und untersuchenswerte ‚Vorgänge' wahrnehmbar würden. Das Klinische hätte also einen Blick erschaffen, mit dem diese Vorgänge erkennbar sind, sie durch das psychoanalytische Interesse an ihnen überhaupt erst als bestimmte Vorgänge gerahmt. So kann sich eine Argumentation bilden, die psychoanalytisch Relevantes schon für vergangene historische Zeiten behauptet, und Platons Text dient Lacan als eine Art Dokumentation dafür – nicht der historischen Abläufe freilich, sondern des Vorhandenseins von solcherart Vorgängen und Strukturen, indem sie schon zu ihrer Zeit imaginier- und beschreibbar sind und waren, in Sprache nachzuweisen. So gesehen ist psychoanalytisch Relevantes bereits in ältesten Texten konserviert und durch aktualisierendes Lesen als Psychoanalytisches aktivierbar, gibt Wahrnehmungen davon ab, ‚wie es alles färbt'. Darüber hinaus lässt sich die Lektüre selbst als Übertragung diagnostizieren: das Hineinlesen psychoanalytischer Diagnosen in literarische Artefakte.[5]
Bezeichnenderweise untersucht Lacan nun aber nicht Wirkungsästhetiken der Übertragung in antiken, griechischen Texten, sondern behauptet in seiner Lektüre des *Symposion* eine aktuelle, ‚klinische' Analytikerfunktion, bestätigt somit ihr Auftauchen am antiken Horizont: Nach den verschiedenen Reden in Platons Text spricht Sokrates für Lacan als einer, der den Moment einer Übertragung im Sprechen seines Vorredners Alkibiades erkannt hat. So erscheint die Rede des Sokrates als ‚Aussage eines Kollegen', in welcher Lacan die Strukturen aus seinem eigenen ‚Herz der Erfahrung' als Analytiker wiedererkennt, die er also auch ins *Gastmahl* hineininterpretieren kann – es entsteht ein Lacrates oder Sokracan.
Wie Žižek für Lacan betont Gerald Siegmund für Freud diese Lektürehaltung des Analytikers, die das im Text als Gesprochenes Formulierte als Aussage eines Subjekts liest. Dabei warnt Siegmund vor der schließenden Wirkung solcher psychoanalytischer Lesarten, die wesentliche Aspekte des künstlerischen Textes zugunsten psychoanalytischer Theoriebildung übersehen:

Die ästhetischen Texte wurden wie Aussagen real existierender Personen behandelt, um über sie entweder den Autor, eine Figur oder den Rezipienten zu analysieren. [...] Freud hat die Dramen Shakespeares, vor allem *Hamlet*, und die Tragödien von Sophokles, vor allem *Ödipus Rex*, auf rein inhaltlicher Ebene

4 Slavoj Žižek: *Lacan. Eine Einführung*. Frankfurt am Main: Fischer 2008, S. 14.

5 Vgl. auch die psychoanalytischen Konzepte der Nachträglichkeit von Freud ausgehend, wo nicht nur Vergangenes Licht auf Gegenwärtiges werfen kann, sondern auch umgekehrt Vergangenes aus der Gegenwart heraus neue Bedeutung erhält, z. B. Christine Kirchhoff: *Das psychoanalytische Konzept der ‚Nachträglichkeit'. Zeit, Bedeutung und die Anfänge des Psychischen*. Gießen: Psychosozial 2009.

nur zur Bestätigung seiner Hypothesen über das Seelenleben der Menschen herangezogen. Damit verfehlt er gerade die strukturelle Parallele zwischen der Kunst und seiner Theorie [...].[6]

Es scheint sich in dieser Problematik eine Tendenz abzuzeichnen, die dazu rät, auf Subjekte wirksame Vorgänge (seien sie ästhetisch, psychoanalytisch oder auf anderer Ebene zu kategorisieren) vorzugsweise an tatsächlich lebendigen Subjekten zu untersuchen, anstatt künstlerische Praxen reduzierend zu betrachten. Auch Lacan geht vergleichsweise wenig auf formale oder gar künstlerische Kriterien des Textes ein, wie etwa die vielschichtigen Narrationsebenen oder die Funktion des *Symposion* im Ganzen, und neigt dazu, Aussagen im Text vorwiegend auf inhaltlicher Ebene als Aussagen von Personen[7] zu behandeln, inklusive ihrer bewussten und unbewussten Anteile. Dabei untersucht er die textinhärent Sprechenden und die einzelnen Kapitel jeweils primär in ihren Funktionen, die Lacan gleichermaßen in den Text hinein- und herauslesen kann – was letztlich eigentlich einer Analyse seiner eigenen Übertragungen auf den Text gleichkommt. Hier zeigt sich, wie Lacan den geschriebenen Text als „sprachliches Gebilde"[8] behandelt, jedoch ohne die wichtige strukturelle Verwandtschaft zwischen Literatur und Psychoanalyse zu betonen, wie es Siegmund tut:

> Die Verbindung zwischen Psychoanalyse und Literatur ist zunächst darin zu sehen, daß beide Phänomene es mit sprachlichen Gebilden zu tun haben, die mehr sagen, als es ihre bewußte Absicht ist. Die Therapie ist eine sprachliche, in der Erzählungen des Analysanden über sich im Mittelpunkt stehen, die mehr meinen, als sie sagen. Dieses ‚Mehr', das die Sprache verdoppelt, ohne selbst zur Sprache kommen zu können, bestimmt die dramatischen Konflikte des Ichs, die ihm selbst nicht einsichtig sind. Psychoanalyse, Drama und Theater gehen vor diesem Hintergrund eine strukturelle Verbindung ein. Die Dramatik des Ichs liegt in der Vielheit der Positionen, in die es sich innerhalb seines Syntagmas aufspaltet.[9]

Dass ‚Literatur' sofort auf Drama und Theater zugespitzt wird (und dass die Konflikte des Ichs dramatisch genannt werden), ist besonders die Folge des Umgangs solcher Literaturen mit den sprachlichen Gebilden als an Sprechende gebundene Aussagen, um schon im und am Text eine irreduzible Vielstimmigkeit aufzuzeigen. Das ‚Mehr' lässt

6 Siegmund: *Theater als Gedächtnis*, S. 49.

7 Zum Begriff der Person, der hier nicht näher beleuchtet wird, aber dies: „Rappeler ici que la *persona* est un masque, n'est pas un simple jeu de l'étymologie ; c'est évoquer l'ambiguïté du procès par où la notion en est venue à prendre la valeur d'incarner une unité qui s'affirmerait dans l'être. Or c'est la première donnée de notre expérience que de nous montrer que la figure du masque [...] n'est pas symétrique, – pour le dire en image, qu'elle conjoint deux profils dont l'unité ne se soutient que de ce que le masque reste fermé, sa discordance pourtant indiquant de l'ouvrir. Mais quoi de l'être, si derrière il n'y a rien ? Et s'il y a seulement un visage, quoi de la persona ?" (Jacques Lacan: Remarque sur le rapport de Daniel Lagache: Psychanalyse et structure de la personnalité. In: Ders.: *Ecrits II*. Paris: Seuil 1999, S. 124–162, hier S. 148.) / „Hier daran zu erinnern, dass die *persona* eine Maske ist, ist kein simples Spiel der Etymologie; es ist das Hervorrufen der Ambiguität des Prozesses, wo der Begriff herkommt und seinen Wert nimmt, eine Einheit zu verkörpern, die sich im Lebewesen behauptet. Nun ist dies die erste Grundlage unserer Erfahrung uns zu zeigen, dass die Figur der Maske [...] nicht symmetrisch ist – um es bildlich zu sagen, dass sie zwei Profile verbindet, deren Einheit sich nur auf das stützt, was die Maske verschlossen hält, ihre Diskordanz dabei dennoch darauf hindeutend, sie zu öffnen. Doch was wird aus dem Lebewesen, wenn es dahinter nichts gibt? Und wenn es nur ein Gesicht gibt, was wird aus der persona?" (Übers. E. H.)

8 Siegmund: *Theater als Gedächtnis*, S. 48.

9 Ebd., S. 48–49.

etwa den Unterschied zwischen der Heranziehung einzelner Aussagen als solcher (in ihrer Potentialität des Mehr-Meinens) und der Heranziehung der Textstruktur in ihrer Funktion zentral werden. Es verweist auf das zusätzliche Mehr, das durch die Rezeption stets hereinbricht, und auf das Mehr, das die „Iterabilität"[10] bei Jacques Derrida meint. Der Text, das sprachliche Gebilde, ist prinzipiell in der Lage, mehr zu sagen, als es eventuell die bewusste Absicht einer schreibenden Instanz war –, bzw. ermöglicht er stets mehr zu lesen, nicht zuletzt aufgrund seiner „Kraft zum Bruch mit seinem Kontext"[11], um es mit Derrida auf den Punkt zu bringen.

Das Mehr-Sagen spielt für Lacan im *Symposion* jedoch eher textintern eine Rolle, indem er besonders darauf rekurriert, wie Sokrates im Text auf das Mehr-Sagen des Alkibiades verweist; das Gespräch zwischen den beiden kann für Lacan zur Allegorie auf die Übertragung werden, ohne dass er diesen Vorgang der Allegorisierung als eventuelle Absicht (des Textes? des Autors?) selbst ausführlich thematisiert. Wie ein – im Vokabular seiner *Intervention* gefasst – ‚pur dialecticien' wird Sokrates von Lacan angeführt, der einen Moment von ‚développement de la vérité' herstellt: „Ce que tout le monde perçoit comme une interprétation de Socrate, l'est en effet."[12] / „Was alle Welt als eine Deutung von Sokrates wahrnimmt, ist tatsächlich eine."[13] – und die Interpretation / Deutung kann hier durchaus als eine psychoanalytische verstanden werden[14] –, so bewertet Lacan die nämliche Stelle. Hier sei einer in der Lage, eine Analyse aus dem Sprechen eines anderen zu formen (und wohl eben nicht zufällig Sokrates, der für Sokratische Dialoge in Texten in Funktion gebracht und so zum Genre gemacht wird). Aus der ‚Situation' zwischen Sokrates und Alkibiades leitet Lacan schließlich die zentrale Unäquivalenz einer intersubjektiven Konstellation ab, die sich aus einer Bewegung der Unterstellung heraus bildet, und führt zudem die Bedeutung eines Dritten in das Sprechen von scheinbar nur zweien ein.

Damit arbeitet Lacan an einander nahe gelegenen Stellen des *Symposion* Grundsätze der Übertragung heraus, die das Sprechen konstituieren und sich ganz in der Gegenwart manifestieren. Wichtig werden hier Strukturen der Unäquivalenz und der Wertzuschreibung, der Unterstellung und der Adressierung, die wesentlich mehr mit der gegenwärtigen Konstellation zu tun haben als mit einem Rückgriff auf Vergangenes. Mehr-Gesagtes, das erst einmal nicht zur Sprache zu kommen scheint, Mehr-Hören, das auf Nicht-Gesagtes reagiert, sowie Mehr-Gesehenes, auf das nur unter experimentellen Bedingungen geschaut werden kann, bestimmen die intersubjektiven Strukturen

10 Jacques Derrida: Signatur Ereignis Kontext. In: Ders.: *Die différance. Ausgewählte Texte*, aus d. Frz. v. Werner Rappl unter Mitarb. v. Dagmar Travner. Stuttgart: Reclam 2004, S. 68–109, hier S. 80.

11 Ebd., S. 83.

12 Lacan: *Transfert*, S. 215.

13 Lacan: *Übertragung*, S. 223.

14 Nach Lacan „kann man sagen, dass struktural, auf den ersten Blick die Intervention des Sokrates sämtliche Merkmale einer Deutung aufweist." (Lacan: *Übertragung*, S. 191.) / „[O]n peut dire que structuralement, au premier aspect, l'intervention de Socrate a tous les caractères d'une interprétation." (Lacan: *Transfert*, S. 183.)

und verleiten den Analytiker zum Deuten – was seinerseits eine Unterstellung sein kann.

Lacan fokussiert im *Symposion* den Begriff des *agalma*, um diese Strukturen zu benennen. Dieser Begriff bringt eine Reihe interessanter Charakteristika mit sich, die sich alle auf die und in der Übertragungstheorie auswirken und die zentral auf ‚Mehr' verweisen. Um *agalma* herum lagern sich also sämtliche zentrale Gedanken zur Übertragung ab, wie zur Begehrensstruktur, zum aneignenden Blicken auf die Welt, das schöpferisch (fiktiv), aber gleichzeitig realitätsstiftend ist. Ein wesentlich unbewusster Vorgang wird umrissen, der nicht auf Psychoanalyse beschränkt ist, jedoch im experimentellen Modell fruchtbar gemacht werden kann, ein Vorgang des Etwas-in-jemandem-Sehen, der zu Diskursen der Wertunterstellung und der Wertzuschreibung überhaupt führt, nämlich zum Wertvollen als Ziel und Ursache des Begehrens und zur Möglichkeit, Übertragung als ökonomisch geprägten Grundmechanismus zu sehen, wie auch Freud den psychischen Apparat häufig unter energie-ökonomischen Gesichtspunkten untersucht.

Freuds Thesen zum psychischen Apparat sind häufig sehr ökonomisch gedacht, d. h. es wird kalkuliert, wie viel Energie der Apparat aufbringen muss, um jeweilige Effekte zu erzielen, eine Art der Kosten-Nutzen-Rechnung für einen ‚ausgeglichenen Gefühls-Haushalt', bei dem Spannung nivelliert wird.[15] Allerdings tritt zu diesem Verständnis, wie Mai Wegener darlegt, immer mehr auch das eines Experimental-Apparats:

> Zahlreiche energetische Metaphern, wie die ‚psychische Ökonomie', ‚fließende Quantität', ‚Libido' u. a., stehen neben Erklärungen wie der, „daß wir uns das Instrument, welches den Seelenleistungen dient, vorstellen wie etwa ein zusammengesetztes Mikroskop, einen photographischen Apparat u. dgl."[16]

Der Apparat-Begriff wirft ein anderes Licht auf die Lesart des Experimentalen in der Psychoanalyse,[17] die noch einmal anders gelagert scheint als das in dieser Arbeit postulierte Experimentelle als Entführung des Begriffs mit Cage.

15 So z. B. am Anfang von „Jenseits des Lustprinzips" beschrieben: „In der psychoanalytischen Theorie nehmen wir unbedenklich an, daß der Ablauf der seelischen Vorgänge automatisch durch das Lustprinzip reguliert wird, das heißt, wir glauben, daß er jedesmal durch eine unlustvolle Spannung angeregt wird und dann eine solche Richtung einschlägt, daß sein Endergebnis mit einer Herabsetzung dieser Spannung, also mit einer Vermeidung von Unlust oder Erzeugung von Lust zusammenfällt." (Freud: Jenseits des Lustprinzips, S. 217.)

16 Mai Wegener: *Neuronen und Neurosen. Der psychische Apparat bei Freud und Lacan. Ein historisch-theoretischer Versuch zu Freuds* Entwurf *von 1895*. München: Fink 2004, S. 23, mit Bezug auf Sigmund Freud: *Die Traumdeutung. Gesammelte Werke*, Bd. 2.3. Frankfurt am Main: Fischer 1999, S. 541.

17 Zu Apparat und Experiment vgl. Wegener: „Die ‚Mechanik der lebendigen Natur' wird jetzt weniger spekulativ, als vielmehr experimentell angegangen. [...] Eine Vielzahl von Instrumenten und Apparaturen hält Einzug im physiologischen Alltag. [...] Tendenziell gilt die Bezeichnung *Apparat* den kleineren, zum Beispiel für Labor und Experiment vorgesehenen Instrumenten, während *Maschine* mit den schweren Geräten der Produktionsindustrie assoziiert war." (Wegener: *Neuronen und Neurosen*, S. 22, mit Verweis auf Ernst Kapp: *Grundlinien einer Philosophie der Technik. Zur Entstehungsgeschichte der Cultur aus neuen Gesichtspunkten*. Braunschweig: Westermann 1877.)

## *Agalmas* Kontext

Im *Symposion* beginnt Alkibiades' Lobrede auf Sokrates so:

> Den Sokrates will ich, ihr Männer, in Bildern zu loben versuchen. Dieser wird nun vielleicht glauben, das geschehe zum Spott, das Bild aber wird der Wahrheit, nicht dem Spott zuliebe da sein. Ich behaupte nämlich, dass er gewiss diesen Silenen gleicht, die in den Werkstätten der Bildhauer sitzen, welche die Künstler mit Pfeifen und Flöten darstellen und die, wenn man sie auseinanderklappt, in ihrem Inneren *Götterbilder [agalmata]* zum Vorschein bringen.[18]

Alkibiades spricht also die Ähnlichkeit zwischen Sokrates und einem *Silen* aus, dessen Kern *agalma* beinhaltet. Im Blick auf Textstellen, die den Plural *agalmata* als „Götterbilder" oder auch „Bildsäulen von Göttern"[19] übersetzen, zeigen sich erste zentrale Konnotationen des Begriffs. Gemeinsam sind ihnen eine abbildende Eigenschaft und der Bezug zum Übermenschlichen, wobei die zweite Formulierung (Bildsäule) stärker eine wörtliche Dreidimensionalität behauptet. Beide Motive kommen im Inneren einer Figur, die geöffnet werden kann, zusammen. An dieser Stelle des *Symposion* wird also Lacan auf den Begriff aufmerksam und verfolgt ihn weiter, da er in ihm die strukturelle Besonderheit der Übertragung versinnbildlicht sieht.

Interessant ist, dass *agalma* ermöglicht, eine der Genealogien des klein *a* bei Lacan nachzuvollziehen, denn Lacansche Begriffe von *Objekt a* existieren eine ganze Reihe, wie etwa Bruce Fink zusammenfasst:

> [W]enige Begriffe in Lacans Werk haben so viele Merkmale: der Andere, agalma, die goldene Zahl, das Freud'sche Ding, das Reale, die Anomalie, die Ursache des Begehrens, Mehrgenießen, die Materialität der Sprache, das Begehren des Analytikers, logische Konsistenz, das Begehren des Anderen, Anschein bzw. Schein, das verlorene Objekt und so weiter und so fort.[20]

Lacan bringt das kleine a[21] als Anfangsbuchstabe (und nebenbei: als einziger Vokal des Wortes) in seiner Funktion als *agalma* primär in einen Begehrenszusammenhang, in den Zusammenhang einer Wertzuschreibung, woraus ein un-äquivalenter Rapport zu ihm resultiert. So wird das a des *agalmas* zu einem der kleinen Lacanschen *a*, die hinter dem Begriff des Objekts stehen können: „cet objet, *agalma*, petit *a*, objet du désir"[22] / „dieses Objekt, *agalma*, klein *a*, Objekt des Begehrens"[23]. Dylan Evans kann dieses kleine a aus Lacans Übertragungs-Seminar daher so charakterisieren:

> Im Seminar von 1960–61 verbindet Lacan das Objekt klein a mit dem Platos *Gastmahl* entnommenen Terminus *agalma* (griechisch für: Ruhm, Ornament, Opfer an die Götter oder kleine Götterstatue).

18 Platon: *ΣΥΜΠΟΣΙΟΝ/Symposion*, Griech./Dt., übers. u. hrsg. v. Thomas Paulsen/Rudolf Rehn. Stuttgart: Reclam 2006, S. 132–133, Hervorh. E. H.

19 Platon: Symposion. In: Ders.: *Sämtliche Werke*, aus d. Griech. v. Friedrich Schleiermacher. Reinbek: Rowohlt 1964, S. 206–250, hier S. 243, Herv. E. H.

20 Bruce Fink: *Das Lacan'sche Subjekt. Zwischen Sprache und Juissance* [!]. Wien/Berlin: Turia + Kant 2011, S. 117.

21 Eigentlich müsste es vom griechischen *agalma* ausgehend dann Objekt α, αλφα heißen, jedoch nutzt Lacan nicht die griechichen Buchstaben.

22 Lacan: *Transfert*, S. 181.

23 Lacan: *Übertragung*, S. 189.

> Gerade so wie das *agalma* in einem relativ wertlosen Kästchen versteckt ist, so ist das Objekt klein *a* das Objekt des Begehrens, das wir im anderen suchen.[24]

*Agalma*, und in seiner Folge eines der *Objekte a*, als „das gute Objekt"[25] ist das Objekt, dem sich hier ein weiteres Mal angenähert werden soll, unter besonderer Berücksichtigung des ‚schwerwiegenden' Wertesystems, welches es im Hin-Blick auf ein Gegenüber einführt. Mit Ruhm, Ornament, Opfer an die Götter, Götterstatue erfährt *agalma* bei Evans also eine übliche Übersetzung, die Lacan jedoch, wie zu sehen sein wird, nicht ausreicht:

> Quoi qu'il en soit, cette réponse n'était qu'une réponse de premier aspect, de ce que tout le monde doit savoir. Αγαλλω, c'est parer, orner, et *αγαλμα* signifie en effet, au premier aspect, *ornement, parure*. Mais elle n'est pas si simple que cela, la notion de parure, et l'on voit tout de suite que ça peut mener loin. De quoi se pare-t-on? Pourquoi se parer? Et avec quoi?[26]

> Was es auch damit auf sich haben mag, diese Antwort war nur eine Antwort ersten Blicks, von dem her, was alle Welt wissen muß. Αγαλλω, das ist *zieren, schmücken*, und *αγαλμα* bedeutet tatsächlich auf den ersten Blick *Schmuck, Zierde*. Aber das ist nicht so einfach, der Begriff des Schmucks, und man sieht gleich, daß das weit führen kann. Wodurch schmückt man sich? Warum sich schmücken? Und mit was?[27]

Was *agalma* also ins psychoanalytische Vokabular an begrifflichen Hintergründen mit einbringt, die im Hinblick auf Analytikerfunktionen an jeweiligen Horizonten wirken, soll eine intensivere Beschäftigung mit dem Begriff zeigen, bevor a sogleich als „Mehrwert an Bedeutung und an Lust […]; Mehrwert an Genießen, der keinen ‚Gebrauchswert' hat, sondern nur für die Lust besteht"[28], theoretisiert wird. Lacan hebt hervor, dass *agalma* nicht nebenbei oder zufällig im (in den) Text fällt. Es handelt sich dabei um ein Zentrum (nicht nur das eines *Silens*), das von einem stringenten Text auch als solches bewusst und absichtlich gesetzt ist.[29] *Agalma* ist also verankert an einem *point central* der Dramaturgie des symposischen Geschehens, und dies nicht zufällig: Durch den Einbruch des *agalmas* im *Symposion* werden nämlich Körper verlagert, umgeschichtet, es wird sich umgesetzt[30] – dem Begehren gemäß. Es geht also um

24 Evans: *Wörterbuch*, S. 205.

25 „[…] Objekt seines, ihm, Alkibiades, eigenen Begehrens, welches *agalma* ist, das gute Objekt." (Lacan: *Übertragung*, S. 221.)

26 Lacan: *Transfert*, S. 167.

27 Lacan: *Übertragung*, S. 175.

28 Evans: *Wörterbuch*, S. 206.

29 Vgl. Lacan: *Transfert*, S. 167, bzw. Lacan: *Übertragung*, S. 175.

30 Die Sitzordnung der Anwesenden wird verändert, wobei Sokrates auf die Änderungen Einfluss nimmt und den Wirkungskreis von Alkibiades einschränkt. Darum entspinnt sich ein Zwist: „Agathon erwiderte: ‚Ja, wirklich, Sokrates, du scheinst recht zu haben [mit der Vermutung, Alkibiades wolle Sokrates und Agathon ‚entzweien']. Ich schließe das auch daraus, dass er [Alkibiades] sich in die Mitte zwischen dich und mich gelegt hat, damit er uns auseinanderbekommt. Davon wird er aber überhaupt nichts haben, denn ich werde zu dir kommen und mich bei dir niederlegen.' – ‚Sehr gut', sagte Sokrates, ‚lege dich hier auf die andere Seite neben mich.' – ‚O Zeus', entgegnete daraufhin Alkibiades, ‚was erleide ich hier wieder durch diesen Menschen! Er glaubt, dass er mir überall überlegen sein muss. Aber wenn es schon nicht anders geht, du seltsamer Mensch, lass Agathon sich wenigstens in der Mitte zwischen uns niederlegen!' – ‚Aber das ist unmöglich', erwiderte Sokrates. ‚Du hast nämlich mich gelobt, ich meinerseits muss aber den zu meiner Rechten loben. Wenn sich nun Agathon auf der anderen Seite neben dich niederlegt, wird er doch wohl

intersubjektive Konstellationen, die sich vor dem und im Begegnen, im einander Sehen und zueinander Sprechen festigen und äußern, die Anordnungen beeinflussen.
Für Lacan formuliert sich in diesen Schlüsselstellen für Übertragung und Begehren klar mehr als nur eine Erwartungshaltung von einem an einen anderen, nämlich eine Struktur, die auch über den Status einer Metaphorik hinausgeht:

> Dans la forme et dans l'articulation où cela nous est présenté, ce ne sont pas là propos métaphoriques, jolies images, pour dire qu'en gros, Alcibiade attend beaucoup de Socrate. Il se révèle là une structure dans laquelle nous pouvons retrouver ce que nous sommes, nous, capables d'articuler comme fondamental dans ce que j'appellerai la position du désir.[31]

> In der Form und in der Artikulation, in denen dies uns dargestellt wird, sind das da keine metaphorischen Äußerungen, nette Bilder, um zu sagen, daß im großen und ganzen Alkibiades viel von Sokrates erwartet. Es offenbart sich darin eine Struktur, in welcher wir das wiederfinden können, was wir, unsererseits, als grundlegend in dem, was ich die Position des Begehrens nennen werde, zu artikulieren fähig sind.[32]

In der von *agalma* geprägten Konstellation zwischen Alkibiades und Sokrates findet Lacan also die Struktur der Übertragung als grundlegend für die Position des Begehrens. Die deutlich ausformulierte Lesart auf Übertragung hin schiebt er in seinem Seminar jedoch so lange auf, wie es dauert, bis der Text zur Rede Alkibiades' über Sokrates und dessen Replik gelangt: bis zum Schluss des Platon'schen Textes. Bis dahin begibt er sich nach komprimierten, vorauswerfenden Sätzen ausführlich in Platons Text, folgt der Dramaturgie der einzelnen Lobreden zum Eros, welche auch als Titel für die einzelnen Seminarsitzungen von *Le transfert* dienen.[33]
Da *agalma* also entscheidende strukturbildende Merkmale erschafft, ,points centrals' setzt, kontextualisiert Lacan es ausführlicher. Dabei weist er darauf hin, dass er schon früher in seiner Lehre auf den Begriff hätte kommen müssen, da es sich „um einen eigentlich analytischen Begriff handelt."[34] Analytisch ist er, insofern er fest mit der Position des Begehrens zu verbinden ist und dessen Grundstruktur symbolisiert. Bei Lacan entsteht nun der Eindruck, es handele sich um ein äußerst geläufiges Konzept, jedoch scheint es heute kein zentraler Topos der Altphilologie zu sein. Möglicherweise basiert darauf die Notwendigkeit der ausführlicheren Herleitung, die Lacan unternimmt. Schon etymologisch gerät er, nach seinem kurzen Hinweis auf die oberflächliche

nicht noch einmal mich loben, bevor er vielmehr von mir gelobt wurde. Also lass es gut sein, du eigenartiger Kerl, und missgönne dem jungen Mann nicht, von mir gelobt zu werden. Ich brenne nämlich darauf, ihn zu preisen!' – ,Bravo, bravo!', rief Agathon, ,Alkibiades, es ist nicht möglich, dass ich hier bleibe, da ich mir mehr als alles andere wünsche, meinen Platz zu wechseln, um von Sokrates gelobt zu werden.' [...] Agathon stand nun auf, um sich neben Sokrates hinzulegen." (Platon: *ΣΥΜΠΟΣΙΟΝ/Symposion*, S. 77.) Also ist auch so einiges über das Begehren von Agathon und Sokrates zu vermuten.

31 Lacan: *Transfert*, S. 205.

32 Lacan: *Übertragung*, S. 213.

33 Namentlich: Die Metapher der Liebe – Phaidros, Die Psychologie des Reichen – Pausanias, Die medizinische Harmonie – Eryximachos, Die Lächerlichkeit der Kugel – Aristophanes, Die Atopie des Eros – Agathon.

34 Lacan: *Übertragung*, S. 177. „Il est d'autant plus extraordinaire, et presque scandaleux, que ceci n'ait pas été jusqu'ici mieux mis en valeur, que c'est d'une notion proprement analytique qu'il s'agit." (Lacan: *Transfert*, S. 169.)

Bedeutung von Schmuck und Zierde, auf die Spur der strukturellen Wertzuschreibung. Als Wurzel des Begriffs nennt Lacan die griechischen Worte αγαυος und αγαμαι, im Sinne von

> *j'admire*, mais aussi bien *je porte envie, je suis jaloux de*, qui va faire αγαξω, *supporter avec peine*, qui va vers αγαιομαι, qui veut dire *être indigné*. Les auteurs en mal de racines, je veux dire de racines qui portent avec elles un sens, ce qui est absolument contraire au principe de la linguistique, en dégagent γαλ ou γελ, le *gel* de γελαω, le *gal* qui est le même que dans γαληνη, la pupille, et dans γαληνην, que l'autre jour je vous ai cité au passage, la mer qui brille parce qu'elle est parfaitement unie. Bref, une idée d'éclat est là cachée dans la racine.[35]

> *ich bewundere*, aber ebenso auch *ich empfinde Neid, ich bin eifersüchtig auf*, was αγαξω ergibt, *mit Mühe ertragen*, was in Richtung αγαιομαι geht, was *entrüstet sein* heißt. Die Autoren, die nach Wurzeln verlangen, ich meine Wurzeln, die einen Sinn mit sich führen, was absolut konträr ist zum Prinzip der Linguistik, lösen davon γαλ oder γελ ab, das *gel* von γελαω, das *gal*, welches dasselbe ist wie in γαληνη, die Pupille, und in γαληνην, das ich Ihnen jüngst im Vorübergehen zitiert habe, das glänzende, weil vollkommen geeinte Meer. Kurz, eine Vorstellung von Glanz ist da in der Wurzel verborgen.[36]

*Agalmas* Glanz liegt in allen verschiedenen Einsatzgebieten des Begriffs und mit ihm Bewunderung, Begehren nach etwas Wertvollem als erste grundsätzliche Konnotation, immer im Hinblick auf jemanden, für den sich *agalma* in einem Gegenüber als wertvoll konstituiert.
In Lacans Kontextualisierung wird zudem der Zusammenhang mit Bildern betont, wie auch die Übersetzungen des *Symposion* es tun. Lacan thematisiert die Auswahl seiner herleitenden Beispiele, da er die ‚Spezialität' der Bilder hervorzuheben und von Fall zu Fall der geläufigen Übersetzung als Schmuck und Götterstatue Entscheidendes hinzuzufügen gedenkt.

> *Agalma* a toujours rapport aux images, à condition que vous voyiez bien que, comme dans tout contexte, c'est toujours à un type d'images bien spécial. Il faut que je choisisse parmi les références. Il y en a dans Empédocle, dans Heraclite, dans Démocrite. Je vais prendre les plus vulgaires, les poétiques, celles que tout le monde savait par cœur dans l'Antiquité.[37]

> *Agalma* hat stets Bezug zu Bildern, unter der Bedingung, daß Sie richtig sehen, daß es wie in jedem Kontext stets ein Bezug auf eine recht spezielle Art von Bildern ist. Ich muß unter den Belegstellen auswählen. Es gibt welche bei Empedokles, bei Heraklit und bei Demokrit. Ich werde die volkstümlichsten, die poetischsten nehmen, diejenigen, die jeder in der Antike auswendig kannte.[38]

Gerade der Bezug zu Bildern dient Lacan zur Betonung der Heterogenität des Begriffs und führt ihn zur Erwähnung eines speziellen Palmbaums, des bekannten Pferds von Troja, von Schmuck für Opfertiere.[39] Herausragend sind ihm in allen Beispielen die

35 Lacan: *Transfert*, S. 174.

36 Lacan: *Übertragung*, S. 182. Aber auch: „Denn man kann sich ebenso interessieren nicht für das *gal*, sondern für den ersten Teil der phonematischen Artikulation, nämlich *aga*, welches eigentlich das ist, worin das *agalma* uns in seinem Verhältnis zum *agathos* interessiert." (Lacan: *Übertragung*, S. 182.) Er spielt hier an auf αγαστος, bewundernswürdig.

37 Lacan: *Transfert*, S. 174–175.

38 Lacan: *Übertragung*, S. 182.

39 Lacan führt aus der Odyssee zwei Stellen an, aus Buch III und VIII. In der Telemachie geht es um Opfer, die für die Ankunft des Telemachos bereitet werden, und dabei um ein Schmuckstück, *agalma*, für die Hörner des Opfertiers. Lacan betont, es sei Goldschmuck, welcher der Göttin Athene dargebracht wird,

Funktionen, die Wirkungen, die mit diesem Begriff eingeführt werden, die mehr aus ihm machen als eine eindeutige Bezeichnung für ein Objekt:

> Il est clair qu'*agalma* ne peut pas là être traduit, d'aucune façon, par ornement ou parure, ni même, comme on le voit souvent dans les textes, par statue. Souvent, *théôn agalmata*, quand on traduit rapidement, on croit que ça colle, et qu'il s'agit dans le texte des statues des dieux. [...] Chaque fois que vous rencontrez *agalma*, faites bien attention. Même s'il a l'air de s'agir des statues des dieux, vous y regarderez de près, et vous vous apercevrez qu'il s'agit toujours d'autre chose. Nous ne jouons pas ici aux devinettes. Je vous donne la clé de la question en vous disant que c'est la fonction fétiche de l'objet qui est toujours accentuée.[40]

> Es ist klar, daß *agalma* da [in der *Hekabe* von Euripides] auf keine Weise durch Zierde oder Schmuck übersetzt werden kann, und nicht einmal, wie man das häufig in den Texten sieht, durch Statue. Häufig, *theon agalmata*, wenn man rasch übersetzt, glaubt man, daß es hinhaut und daß es sich im Text um Götterstatuen handelt. [...] Geben Sie jedes Mal, wenn Sie auf *agalma* stoßen, gut acht. Schauen Sie selbst dann, wenn es den Anschein hat, es handle sich um Götterstatuen, genauer hin, und Sie werden erkennen, daß es sich stets um etwas anderes handelt. Wir spielen hier keine Ratespiele. Ich gebe Ihnen den Schlüssel zu der Frage, indem ich Ihnen sage, daß es die Funktion Fetisch des Objekts ist, die stets akzentuiert wird.[41]

Damit betont Lacan seine Abgrenzung zur üblichen, eher engeren Definition. Was nun führt Lacan aber mit dem Hinweis auf den Fetisch im Schilde? Er verbindet sich mit dem *agalma*-Bild aus dem Platon-Text zur Veranschaulichung einer Struktur, die etwas bewegt, zum Funktionieren bringt, die Bewegung des Begehrens um das Objekt a *herum*.[42] Den Fetischdiskurs zieht Lacan auch deshalb erklärend heran, um das Über-das-Bildliche-Hinausgehende zu fassen, etwas, das über den

die darauf positiv reagiert; *agalmata* also als „trucs qui leur [les dieux, ces êtres réels, E.H.] tirent l'oeil." (Lacan: *Transfert*, S. 175.) / „Dinge, die ihnen ins Auge springen." (Lacan: *Übertragung*, S. 183.) In Buch VIII taucht der Begriff im Diskurs um das trojanische Pferd auf: „Ou bien, le bois creux, lui ouvrir le ventre pour voir ce qu'il y avait dedans. Ou bien, l'ayant traîné, au sommet de la citadelle, l'y laisser pour être quoi ? – *méga agalma*." (Lacan: *Transfert*, S. 175.) / „Entweder ist das Holzding hohl, dann öffnet man den Bauch, um nachzusehen, was da drin war. Oder, nachdem man es bis ganz oben zur Zitadelle gezogen hat, läßt man es dort, um was zu sein? – *mega agalma*. [...]" (Lacan: *Übertragung*, S. 183.) Aber auch die *Hekabe* des Euripides findet Erwähnung. In Hekabes Beschreibung von Delos findet er „allusion à un objet qui y était célèbre. La façon dont elle en parle indique que c'était un palmier. Ce palmier, dit-elle, il est ωδινος αγαλμα διας, c'est-à-dire – ωδινος, de la douleur, αγαλμα διας, ce dernier terme désigne Latone. Il s'agit de l'enfantement d'Apollon, et c'est l'*agalma* de la douleur de la divine." (Lacan: *Transfert*, S. 172.) / „Anspielung auf ein Objekt, das dort berühmt war. Die Art und Weise, wie sie davon spricht, zeigt an, daß es ein Palmbaum war. Dieser Palmbaum sagt sie, er ist ωδινος αγαλμα διας, das heißt – ωδινος, des Schmerzes, αγαλμα διας, dieser letzte Ausdruck bezeichnet Latona. Es geht um die Geburt von Apollon, und es ist das *agalma* des Schmerzes der Göttlichen." (Lacan: *Übertragung*, S. 180.)

40 Lacan: *Transfert*, S. 172–173.

41 Lacan: *Übertragung*, S. 180–181.

42 „Qu'est-ce que le fétiche de telle tribu, par exemple, de la boucle du Niger? C'est quelque chose d'innommable, d'informe, sur quoi peuvent à l'occasion se déverser énormément de liquides de diverses origines, plus ou moins gluants et immondes, dont la superposition accumulée, allant du sang à la merde, constitue le signe que là est quelque chose autour de quoi toutes sortes d'effets se concentrent." (Lacan: *Transfert*, S. 173.) / „Was ist der Fetisch irgendeines Stammes, zum Beispiel, von der Schleife des Niger? Das ist etwas Unnennbares, Ungestaltes, worauf bei Gelegenheit enorm viel Flüssigkeiten unterschiedlicher Herkunft ausgegossen werden können, mehr oder weniger klebrig und eklig, deren akkumulierte Überlagerung, vom Blut bis zur Scheiße reichend, das Zeichen konstituiert, daß da etwas ist, um das herum sich alle Arten von Wirkungen konzentrieren." (Lacan: *Übertragung*, S. 181.)

ikonischen Status hinausgeht, um *agalma* nicht rein abbildend zu verstehen, oder gar als reproduzierend:

> Le fétiche est en lui-même bien autre chose qu'une image ou une icône, en tant qu'elle serait reproduction. Ce pouvoir spécial de l'objet reste au fond de l'usage dont, même pour nous, l'accent est encore conservé dans les termes d'idole ou d'icône. Le terme d'idole, dans l'emploi qu'en fait Polyeucte par exemple, ça veut dire — *C'est rien du tout, ça se fout par terre.* Mais tout de même, si vous dites d'Untel ou d'Unetelle, *J'en fais mon idole*, ça ne veut pas dire simplement que vous en faites une reproduction, de vous ou de lui, mais que vous en faites quelque chose d'autre, autour de quoi il se passe quelque chose.[43]

> Der Fetisch ist in sich selbst sehr wohl etwas anderes als ein Bild oder eine Ikone, insofern das eine Reproduktion sein soll. Diese spezielle Macht des Objekts verbleibt im Hintergrund des Gebrauchs, dessen Akzent selbst für uns noch in den Ausdrücken Idol oder Ikone gewahrt ist. Der Ausdruck Idol besagt in dem Gebrauch, den Polyeuktes zum Beispiel davon macht – *Das ist überhaupt nichts, das kann man wegwerfen.* Aber dennoch, wenn Sie von Herrn Soundso oder Frau Soundso sagen, *Ich mache daraus mein Idol*, so bedeutet das nicht einfach nur, daß Sie davon eine Reproduktion machen, von Ihnen oder von ihm / ihr, sondern daß sie etwas anderes daraus machen, um das herum etwas geschieht.[44]

Die zentralen Funktionen des Fetischs teilt also *agalma*. Ähnlich wie beim Umweg über die Liebe für die Veranschaulichung der Übertragungsstruktur umläuft Lacan nun *agalma* mit Fetisch, etwas, „um das herum sich alle Arten von Wirkungen konzentrieren."[45] Inwiefern sind also solche Bilder „speziell"? Insofern als sie ihren ‚Glanz' in eine Funktion bringen, um zu wirken und geschehen zu lassen und aus dem Agalmierten *mehr* zu machen, als es ist. Es geht also auch um ein bestimmtes, mehrwertes Sehen auf etwas.
Ganz konkret in die psychoanalytische Theorie ordnet Lacan den *agalma*-Begriff über eine andere Stelle in Euripides' *Hekuba* ein, wenn es um das Opfer der Polyxena geht: „le moment où l'héroïne offre elle-même une poitrine qui est semblable, nous dit-on, à *agalma*."[46] / „der Moment, in dem die Heldin selbst eine Brust darbietet, die, sagt man uns, *agalma* ähnelt."[47] Die Funktion des *agalma* kann hier – naheliegenderweise – mit der des Partialobjekts[48] zusammengebracht werden, ohne dass jedoch eine ganz genaue Gleichsetzung zwischen den beiden Topoi geschieht; die Funktion wird zwischengeschaltet:

> C'est assez pour nous indiquer qu'il s'agit du sens *brillant*, du sens *galant*, car ce mot vient de *gal*, éclat en vieux françaises. En un mot, de quoi s'agit-il ? — sinon de ce dont nous, analystes, avons découvert la fonction sous le nom de l'objet partiel.[49]

43 Lacan: *Transfert*, S. 173.
44 Lacan: *Übertragung*, S. 181.
45 Lacan: *Übertragung*, S. 181.
46 Lacan: *Transfert*, S. 176.
47 Lacan: *Übertragung*, S. 184.
48 „Lacans Vorstellung des Partialobjekts verändert sich um 1963–64 mit der Entwicklung des Begriffs des Objekt klein *a* als Grund des Begehrens. Nun wird jedes Partialobjekt zu einem Objekt kraft der Tatsache, daß das Subjekt es als das Objekt des Begehrens, Objekt klein *a*, annimmt. Von da an schränkt Lacan die Anzahl der Partialobjekte auf vier ein: Stimme, Blick, Brust und Kot." (Evans: Wörterbuch, S. 217.)
49 Lacan: *Transfert*, S. 176.

> Das ist genug, um uns anzuzeigen, daß es sich um den *brillanten* Sinn, um den *galanten* Sinn handelt, denn dieses Wort kommt von *gal*, Glanz auf altfranzösisch. In einem Wort, worum handelt es sich? – wenn nicht um das, dessen Funktion wir Analytiker unter dem Namen des Partialobjekts entdeckt haben.[50]

Wenn also *agalma* für Lacan irgendwo zwischen den Modellen von Fetisch und Partialobjekt angesiedelt ist, ist immer die Funktion von Interesse. Anhand dieser strukturellen Attribute, und also mit *agalma* und seinem Bedeutungshof, erläutert Lacan in seinem Seminar VIII die Übertragung als eine Unäquivalenz hervorrufende, intersubjektive (Begehrens-)Struktur, die sich auf den *rapport de sujet à sujet* merklich auswirkt. Verschiedene Facetten der Übertragungsstruktur können mit Lacan am *Symposion* nachvollzogen werden. Unterstellung, verschiedene Arten des Sehens, Topologie von Innen und Außen, Sprechen und Adressieren, nicht zuletzt auch Liebe und Begehren. Ein Drehen um Wertzuschreibung und also um das, was Lacan Disparität bzw. Unäquivalenz nennt, bleibt allem inhärent, was um das herum geschieht, in dessen Präsenz sich Funktionen als *Mehr* generieren. Gleichzeitig ist gerade das *Symposion* sowohl formal als auch inhaltlich ein Ort für die Diskussion intersubjektiver Rapporte und ihrer Grundbedingung der sozialen Zusammenkunft, der Situation.

### Aus-sehen / sehen-in (*opsis, skepsis, blepein*)

Lacans *agalma* bei Platon stellt sich zunächst offenbar über ein imaginäres Phänomen her, das nah am Sehen und Blicken besprochen wird. Der Bezug zu ‚speziellen Bildern' ist, wie bereits erwähnt, zentral, denn die ganze Struktur kulminiert in dem Bild, das Alkibiades für Sokrates findet: die Figur des *Silens* mit agalmatischem Inhalt. In diesem *Silen* – ein Mischwesen also, das menschliche und nicht-menschliche Attribute trägt[51] –, der sich öffnen lässt und eine der äußeren Hülle ganz gegensätzliche, wertvolle Götterfigur enthält,[52] sieht Lacan seine strukturelle Basis zu Übertragung und Begehren materialisiert. Die Figur des *Silens* ist also deshalb für Lacan so produktiv, da sie ein Bild für das Innehaben eines bei geschlossener Hülle unsichtbaren, wertvollen Objekts darstellt:

> [C]e silène n'est pas simplement l'image que l'on désigne de ce nom, c'est aussi un emballage qui a l'aspect usuel d'un silène un contenant, une façon de présenter quelque chose. Cela devait être de menus instruments de l'industrie du temps, des petits silènes qui servaient de boîte à bijoux, ou d'emballage

50 Lacan: *Übertragung*, S. 184.

51 Ein Silen, siehe auch Satyr, ist ein Mischwesen aus Mensch und Pferd, bei weniger pferdigen Anteilen als ein Zentaur.

52 Lacan schaut genau auf die dreimalige Wiederholung des *agalma*-Begriffs: „Socrate est donc comparé à cette enveloppe rude et dérisoire que constitue le satyre. Il faut bien en quelque sorte l'ouvrir pour voir à l'intérieur ce qu'Alcibiade appelle la première fois *agalmata théôn*, les statues des dieux. Il reprend ensuite, en les appelant encore une fois divines, admirables. La troisième fois, il emploie le terme *agalma arétès*, la merveille de la vertu, la merveille des merveilles." (Lacan: *Transfert*, S. 185–186.) / „Sokrates wird also mit dieser groben und lächerlichen Hülle verglichen, die der Satyr bildet. Man muß sie schon irgendwie öffnen, um im Inneren das zu sehen, was Alkibiades beim ersten Mal *agalmata theon*, die Statuen der Götter, nennt. Er nimmt sie anschließend wieder auf, indem er sie noch einmal göttlich, bewundernswürdig nennt. Beim dritten Mal verwendet er den Ausdruck *agalma aretes*, das Wunder der Tugend, das Wunder der Wunder." (Lacan: *Übertragung*, S. 194.)

pour offrir des cadeaux. C'est justement de cela qu'il s'agit. Cette indication topologique est essentielle. Ce qui est important, c'est ce qui est à l'intérieur. *Agalma* peut bien vouloir dire parement ou parure, mais c'est ici, avant tout, bijou, objet précieux — quelque chose qui est à l'intérieur.[53]

> [D]ieser Silen [ist] nicht einfach nur das Bild, das man mit diesem Namen bezeichnet, es ist auch eine Verpackung, die das gewöhnliche Aussehen eines Silens hat. Ein Behältnis, eine Art und Weise, etwas zu präsentieren. Dies wird wohl zu den belanglosen Instrumenten der Industrie jener Zeit gehört haben. Kleine Silenen, die als Schmuckkästchen oder als Verpackung dienten, um Geschenke darzubieten. Genau darum handelt es sich. Dieser topologische Hinweis ist wesentlich. Wichtig ist, was innerhalb ist. *Agalma* kann sehr wohl Besatz oder Schmuck bedeuten, aber es ist hier vor allem Schmuckstück, wertvolles Objekt – etwas, das innerhalb ist.[54]

Ob Lacan mit der Interpretation dieses *Silens* als Alltagsgegenstand richtig liegt, ist bisweilen umstritten,[55] darauf kommt es bei der Ausdeutung der Bild-Sprache jedoch nicht an. Das Bild dieses Behältnisses formuliert unabhängig von seiner historischen Tatsächlichkeit die Kategorisierung eines Gegenübers als dreidimensionales Schatzkästchen.

Gleichzeitig eröffnen sich Diskurse des Blickens: Jemanden als ein solches ‚Silenenkästchen' zu betiteln, behauptet, etwas Wertvolles in ihm zu erkennen, ohne dass sich an der als wertvoll erkannten Person ein Schatz (von außen) sichtbar machen würde. Das Auge wird als Wertwahrnehmendes in den Vordergrund gestellt, und dementsprechend *agalmata* als „Dinge, die ins Auge springen"[56]. Auch Sokrates' Replik auf seine Metaphorisierung als *Silen* mit integriertem *agalma*, die die ihm entgegengebrachte Unterstellung ausdeutet, hebt Lacan mit Bezug aufs Sehen hervor, indem er reformuliert: „Mais attention — là où tu vois quelque chose, je ne suis rien."[57] / „Aber aufgepaßt – da, wo du etwas siehst, bin ich nichts."[58] Damit weist Lacan auf die Rolle der Seh- bzw. (V)Erkennkraft hin, darauf, dass Alkibiades inneres *agalma* unbegründeterweise in Sokrates sieht, und worauf die Herleitung der Übertragungsbewegung als Unterstellung aufbaut. Die Passage ist so angelegt und zugespitzt, dass Sokrates die Unterstellung als gebunden an ein Bild benennt, das sich über Alkibiades' Blick erst konstituiert:

> Und als Sokrates das gehört hatte, sagte er sehr ironisch und so ganz in seiner gewohnten Weise: ‚Mein lieber Alkibiades, du scheinst mir tatsächlich nicht dumm zu sein, wenn denn wirklich wahr ist, was du über mich sagst, und irgendeine Kraft in mir ist, durch die du besser werden könntest. Du würdest dann wirklich eine unwiderstehliche Schönheit in mir sehen, die deine schöne Gestalt bei Weitem überragt. [...] Schau also, mein Bester, genauer hin, damit dir nicht entgeht, dass ich womöglich gar

53 Lacan: *Transfert*, S. 170.

54 Lacan: *Übertragung*, S. 178.

55 „Das Rätsel dieser aufklappbaren Silene, also Satyrfiguren, ist noch nicht gelöst, zumal kein Exemplar davon erhalten geblieben ist. Apelt nimmt an, dass sie als Gehäuse für die Aufbewahrung von Götterfiguren in den Ateliers der Künstler dienten, Rowe vermutet, dass es sich dabei einfach um Gussformen für die Herstellung von Statuen handelt." (Aus den Anmerkungen zu Platon: *ΣΥΜΠΟΣΙΟΝ/Symposion*, S. 179, mit Bezug auf *Platon. Sämtliche Dialoge*, aus d. Griech. v. Otto Apelt, hrsg. v. dems. / Kurt Hildebrandt / Constantin Ritter / Gustav Schneider. Leipzig: Meiner 1926, sowie *Plato. Symposium*, aus d. Griech. u. hrsg. v. Christopher (C.J.) Rowe. Warminster: Aris & Phillips 1998.)

56 Lacan: *Übertragung*, S. 183.

57 Ebd., S. 189.

58 Lacan: *Übertragung*, S. 197.

> nichts bin. Die Sehkraft des Verstandes beginnt ja erst dann scharf zu blicken, wenn die der Augen sich anschickt nachzulassen, aber davon bist du ja noch weit entfernt'.[59]

Sehen und Schauen verweisen im *Symposion* auf verschiedene Konnotationen von ‚Sehkraft'. Allein in dieser kurzen Passage finden sich drei verschiedene Vokabeln des Sehens, die verschiedene Bedeutungstüren öffnen, *skopein*, *opsis* und *blepein*,[60] die genaues Hinschauen als Erkennen sowie den Gegensatz zwischen intellektueller Einsicht und der Wahrnehmung der Sinnesorgane aufrufen. Der Diskurs ums ‚Mehr-Sehen' und Lacans Mahnung ans Aufpassen beim Sehen entspinnen sich also direkt anhand eines *close readings*.

In der Untersuchung von Ulf Schmidt zum Platon'schen „Ge-*sicht*"[61] dienen diese drei Begriffe dazu nachzuvollziehen, was „‚sehen' für Platon – neben der sinnlichen Wahrnehmung – für Funktionen hat."[62] Schmidt unterscheidet den Status des sinnlichen Sehens und das „geistige[ ] Auge mit Einblick in eine nichtsinnliche Dimension"[63] und fügt das Phantasma als dritte Anschauung hinzu, „[...] halb Erscheinung des Erscheinenden oder gespenstische Erscheinung von Abwesendem, halb aber auch Schein des Nichtseienden, Täuschung, Lüge, Fiktion."[64] Der hellsichtige Analytiker Sokrates wird nun als wissend (um die Funktionen des Sehens?) eingesetzt, um hier das verstehend Erkennende in den Vordergrund zu rücken, welches über das Sehen der *physis* hinausgeht. Wortwurzeln, die nach Lacan einen Sinn mit sich führen, werden folgerichtig auch bei Schmidt fokussiert. So betont dieser, dass *skopein* substantiviert in die *skepsis* führt;[65] die Sehvokabel wird so mit dem „sokratische[n] Verfahren schlechthin"[66] parallel gesetzt bzw. vereint sinnliche und intellektuelle Attribute. Zum einen wird festgestellt: „*skopein* und *skeptomai* bezeichnen eine bestimmte Form der sinnlichen *opsis*"[67], und zum anderen: „Die sokratische *skepsis* ist keine Haltung, sondern ein Verfahren, ein *hodos* (Weg) oder eine Methode."[68] *Skepsis* als Methode der Untersuchung wird also zum Verfahren, das sich „aus einem sinnlichen Bereich ableitet, seine Bedeutung vor allem auf ein bestimmtes Gesicht bezieht."[69] Erkenntnis wird, wie Lacan

59 Platon: *Gastmahl*, S. 71. „Ω φιλε Αλκιβιαδη, κινδυνευεις τω οντι ου φαυλος ειναι, ειπερ αληθη τυγχαβει οντα α λεγεις περι εμου, και τις εστ εν εμοι δυναμις δι`ης αν συ γενοιο αμεινων αμηχανον τοι καλλος ορωνς αν εν εμοι και της καρα σοι ευμορφιας παμπολυ διαφερον. [...] Οντι χρυσεσ χαλκειων διαμειβεσθαι νοειστ. Αλλ, ω μακαριε, αμεινον σκοπει, μη σε λανθανω ουδεν ων. Η τοι τηστ διανοιαστ οψιστ αρχεται οξυ βλεπειν οταν η των ομματων της ακμηστ ληγειν επιχεορη συ δε τουτων ετι πορρω." (Platon: ΣΥΜΠΟΣΙΟΝ / *Symposion*, S. 144, Hervorh. E. H.)

60 Ich danke Herrn Dr. Hartmut Wilms herzlich für die Unterstützung bei der Lektüre des Griechischen.

61 Ulf Schmidt: *Platons Schauspiel der Ideen. Das „geistige Auge" im Medien-Streit zwischen Schrift und Theater*. Bielefeld: Transcript 2006, S. 7.

62 Ebd.

63 Ebd.

64 Ebd.

65 „[Z]ugleich ist das *skopein* aber auch das in der Literatur zu diesen Dialogen, wie auch in der Literatur zum Sehen wohl unbeachtetste Verfahren, führt es doch substantiviert in die *skepsis*." (Ebd., S. 95.)

66 Ebd., S. 97.

67 Ebd., S. 98.

68 Ebd., S. 95.

69 Ebd., S. 97.

paraphrasiert, aus einem genauen Hinsehen gewonnen. Interessant ist dabei, dass dieses Sehen offenbar die Dekonstruktion des Anvisierten bereits in sich trägt (und somit als Gegenpart des ‚Agalmierens' auftritt, wie auch Sokrates als Gegenpart des Alkibiades im *Symposion*) – bei genauem Hinsehen: kein Schatz. Der zielende Sehstrahl liegt dieser Vorstellung des Erkennens zugrunde,[70] aber es gibt auch die Notwendigkeit für skeptisches Hören, also ein prüfendes Hören, das genau hinhört, wie Sokrates es praktiziert.[71] Auch, wenn für Schmidt das Hören in Platons Dialogen weniger explizit behandelt wird, bleibt *skepsis* immer gekoppelt an die Wahrnehmungsfähigkeit des Körpers als Grundvoraussetzung.[72] Für den Dialog im *Symposion* erscheint dies wesentlich, da Sokrates durch den Text und wieder durch Lacan ja als skeptisch Hörender vorgestellt wird, obgleich er vom Hinsehen spricht. Seine Deutung beruht auf genauem Hinhören auf das, was Alkibiades von sich gibt, auf das Mehr-Gesagte. Beide „Organe" teilen die „Zugehörigkeit zur sinnlichen Dimension, ihre Ausrichtung auf *aisthetâ*"[73], die Skepsis geht jedoch darüber hinaus und fügt eine nicht-sinnliche Dimension hinzu:

> Im Phaidon spricht Sokrates von einer *skepsis*, die durch Augen oder Ohren vollzogen wird im Gegensatz zu einer anderen *skepsis*, die die *psuchê* ohne die Einschaltung dieser körperlichen Instrumente vollzieht. Diese zweite *skepsis* wird das neue Verfahren des Sokrates sein [...]. Die *skepsis* ist – wie auch das *blepein* [...] – eine Fähigkeit des sinnlichen Gesichtes, die nicht auf die engeren Grenzen der Sinnlichkeit eingeschränkt ist. Das *skopein / skepsasthai* erweitert die sinnlich wahrnehmbare Welt über die aktuelle *opsis* hinaus, hin zu Referenten und Signifikaten. Sie nimmt in den Blick, was ein Satz, der von einem Gesprächspartner vorgebracht wird, als Antwort auf eine Frage des Sokrates zu sehen gibt, wiewohl es nicht sinnlich anwesend ist, sondern sich in einem Erfahrungsraum (wie die persönlichen Erfahrungen des Lysis) befindet oder in einem paradigmatischen Raum (wie die Handwerker, Künstler und Ärzte des Sokrates). Sie prüft, ob es überhaupt Referenten oder Signifikate der vorgebrachten *Logoi* gibt, ob nicht die Rede vielmehr eine leere Rede ist. Wenn es Referenten und Signifikate gibt, dann prüft die *skepsis*, ob es sich dabei nicht um bloßen Schein handelt.[74]

So stellt sich die *skepsis* als genaues Achten auf Vorgänge des Symbolischen dar, auf das, was es Mehr zu beachten gibt, wofür die Sinnesorgane jedoch Grundlage bleiben. Die Vorstellung, durch genaue Wahrnehmung ließe sich auch im Raum des Symbolischen (und Imaginären) Erkenntnis gewinnen, fußt auf der konzentrierten sinnlichen

70 „Der Blick der Skepsis ist das gezielte Blicken auf einen genau festgelegten Ausschnitt des Gesichtsfeldes, auf ein Ziel hin, das in den Blick genommen wird. Dabei ist zugleich der Standpunkt herausgehoben, wie ein Wachturm, von dem her der Späher seinen Blick ausrichtet." (Ebd., S. 98.)

71 „Hier zeigt sich, daß es im Bereich des Gehörs, der *akoê* also, einen ähnlichen Sachverhalt gibt, wie in der Dimension des sinnlichen Gesichtes. Wie hier nämlich ein Erfahrungswissen besteht, das sich als *eidenai* ausgeben lassen soll, als ein Wissen also, wiewohl es doch nachweislich ein auf Glauben, Meinen und Für-wahr-Halten fußendes Wissen ist, gibt es auch in der akustischen Dimension eine Art Erfahrungswissen, gebildet durch die kritiklose Hinnahme von Vor-Urteilen, könnte man sagen, die in der Folge lediglich nachgeplappert werden. Bevor solche Sätze hingenommen werden dürfen – so wäre Sokrates zu verstehen – sind sie der *skepsis* zu unterziehen." (Ebd., S. 106.)

72 „Es gibt also eine *skepsis*, die sich des Körpers bedient. [...] Welcher Organe genau sich die körperliche *skepsis* bedient, wird später im Phaidon gesagt: vornehmlich des Gesichtes und des Gehörs." (Ebd., S. 99). Vgl.: „Daß vom Gehör hier abgesehen und die *skepsis* als Gesicht betrachtet wird, hat den Grund, daß dieses auch das vorherrschende organische Gebiet in den Dialogen ist, die akustische *skepsis* eigentlich eher nicht zu finden ist – sie wäre ein genaueres Hinhören und Vernehmen." (Ebd.)

73 Ebd.

74 Ebd., S. 101–102.

Wahrnehmung. Gerade auch das Hören soll daher hier immer mit berücksichtigt bleiben, obgleich die übertragende Unterstellung an Bildern erläutert wird, denn Sprache und Sprechen sind maßgebliche Elemente der Übertragung – als ihr Raum der Manifestation. Genaues Hinsehen reicht nicht aus, wenn diese Manifestation an jemandem sich zeigt. Die Vorstellungsräume des Imaginären und des Symbolischen wirken in der Übertragung zusammen, und mit ihnen Auge und Ohr, wobei die Vorstellung zugrunde zu liegen scheint, das Register des Imaginären sei die Domäne des Sehens und das des Symbolischen die des Hörens.[75] Bei Lacan entwickeln sich wohl eher Strukturen, die sich von organischen Tatsachen ablösen, insofern Idealbilder im Imaginären gedacht werden und symbolische Repräsentationsstrukturen durchaus gerade auch bildlich funktionieren, das Wort als Ge-Setz aber einem Ge-Horchen folgt, wie besonders in Strukturen des Über-Ichs, des Anderen etc., deren Manifestationen in Sprache wurzeln, auch wenn es Zeichen-Sprache im Allgemeinen sei.

Wie bereits erwähnt, wird *opsis* dagegen als grundlegende Bezeichnung des physischen Sehens verwendet. Sie „bezeichnet zunächst die Sehfähigkeit des Sehenden und das Aussehen des Gesehenen, wie etwa die körperliche Gestalt. [...] Daneben bezeichnet *opsis* aber auch noch den Akt des Sehens und vereinigt damit drei Bestandteile in einem Terminus."[76] Was mit der sinnlichen Sehfähigkeit, den leiblichen Augen zu tun hat, fällt in ihren Bereich. Schmidt betont nun, dass schon bei Platon die Wahrnehmungen der *opsis* nicht gleichzusetzen sind mit Fehllosigkeit und Bestätigung eines Existierenden. Vielmehr arbeitet er heraus, wie stark die physische Wahrnehmung durch intellektuelles, genaues Hinschauen korrigiert werden kann und muss:

> Die *opsis* bedarf bei Platon keiner Verarbeitung auf neuronaler Ebene, wie das neuzeitliche Sehen, dennoch ist sie korrekturbedürftig. Und gerade diese Korrekturbedürftigkeit, diese Notwendigkeit, mit intellektuellen Verfahren in die *opsis* einzugreifen, und zugleich ihre Korrekturfähigkeit machen sie tauglich für eine Verwendung als Grundlage der Intellektstheorie Platons.[77]

Der Korrekturbedürftigkeit und -fähigkeit der *opsis* steht so erst einmal die Fähigkeit zu ihrer Täuschung zur Seite. Gerade über die sinnliche Wahrnehmung ist ‚Fehlerhaftes' also möglich, Potential des Mehr-Sehens gegeben. Daher die Aufforderung zum genauen Hinschauen und Prüfen des Gesehenen. Der intellektuellen Korrekturinstanz wird zusätzlich noch eine weitere Funktion der *opsis* hinzugefügt, die den beschreibbaren Rahmen der Handlungen in den Blick nimmt und damit die Bindung der Wahrnehmung an das Räumliche übernimmt: „In den Dialogen Platons spielt die *opsis* eine sehr direkte und augenfällige Rolle, nämlich als ‚Szenerie' der Dialoge. Räume umrahmen die Gespräche, die verschiedene, mehr oder weniger anschaulich beschriebene Figuren miteinander führen."[78] Die „Anschaulichkeiten"[79], die das Sprechen und Hören umrahmen, durchlaufen nach Schmidt bei Platon eine Entwicklung von

75 Vgl. Derridas *différance* als Praxis gegen den Phonozentrismus.

76 Ebd., S. 69.

77 Ebd., S. 70.

78 Ebd., S. 79.

79 Ebd.

„Anschaulichkeit der Gesprächssituation"[80] bis zum Fall in den *logos*, von der „‚Szene', auf der die Gespräche stattfinden', zu der ‚Szene in den Gesprächen'"[81]. Schmidt untersucht daher besonders das Verhältnis der Platon'schen Schriften zum Theater. Dialogische Form und Szenerie der Dialoge auf der einen und die rigorose Theaterablehnung Platons auf der anderen Seite generieren eine inhaltliche Opposition bzw. geben Aufschluss über die Einstellung des antiken Autors zu seinen jeweiligen Medien. Theater als Verkörperung und Schauspiel erscheint gefährlicher, da ansteckender[82] als eine Textform, die Platon offenbar ganz getrennt von einem körperlichen Vollzug (vor Publikum) denkt. In diesem Zusammenhang ist es umso interessanter, dass Schmidt mit den Vokabeln des Visuellen auch Vokabeln des Theaters ausmacht und schließlich *blepein* anhand einer Vorstellung des Theatralen situiert, da sich auf der Szene des Theaters der Vorgang des Vor-Augen-Stellens und das Vor-Augen-Gestellte überlappen:

> Vielleicht wäre *blepein* die angemessene Vokabel, um zu beschreiben, wie Platon einem Leser-Hörer den Sokrates und seine Gesprächspartner vor ‚Augen' stellt, die referierten Referenten Platons referieren selbst durch *blepein* auf andere Referenten, die weder anwesend sind in der Weise eines gegenwärtigen Vor-Augen-Stehens, noch auch gänzlich abwesend, da sie sich durch *blepein* vor ‚Augen' stellen lassen. Wenn Platons Dialoge ‚szenisch' oder sogar ‚theatral' genannt werden können, so ist *blepein* die Sichtweise, die die ‚Szene' vor Augen und Ohren stellt, die Sokrates und seine Gesprächspartner vor ‚Augen', die Reden des Sokrates und die der Gesprächspartner vor ‚Ohren' stellt.[83]

So umreißt Schmidt *blepein* als eine andere Verfahrensweise der Erkenntnis, die nicht, wie die *skepsis*, alles Anvisierte dekonstruiert, sondern eine Perspektive zu konstruieren in der Lage ist, also *mehr* erzeugt als das optisch Wahrnehmbare, indem gleichzeitig das Wie und Warum des Vor-Augen-Gestellten und des Vor-Augen-Stellens mit in den Blick genommen werden. Schmidt schlägt hierfür vor,

> von einer anderen Form von *skepsis* [zu, E. H.] sprechen, die nicht mehr den Namen *skepsis* trägt, sondern die davon abgeleitete Form *skopos* (Ziel). Dieser *skopos* ist aber nicht mehr das Ziel, auf das der skeptische Bogenschütze schießt, um es zu ent-setzen, sondern ein Ziel im Sinne einer Orientierung. Der Blick, der sich auf dieses Orientierungsziel richtet, wird als *blepein* bezeichnet.[84]

Es wird ein Ziel(en) entworfen, das trotz allem genauen Hinsehen vor Augen bestehen bleiben kann, als Ziel, das Argumentation im Blick hat, wie ein Ziel, das der Maler vor Augen hat.[85] Dieses konstruktiv-zielende Blicken ist „ein orientierender, zielgerichteter Blick, der bestehen läßt, worauf er sich richtet"[86], bzw. darüber hinausgehend etwas

80 Ebd.

81 Ebd., S. 93.

82 Vgl. Platons *Politeia*, wo die Angst vor der ansteckenden schauspielerischen Nachahmung formuliert ist, wie z. B. in dieser besonders schönen Paraphrasierung von Walter Bröcker: „Die Wächter haben das Geschäft, für die Freiheit der Polis zu sorgen, und also dürfen sie mit keiner anderen Aufgabe belastet werden. Also kann ihnen auch nicht die Aufgabe der Nachahmung, d. h. das Schauspieleramt zugemutet werden. Wenn sie aber schon nachahmen, dann nur tapfere, besonnene, edle und fromme Männer, aber auf keine Weise irgend etwas Schändliches, damit sie nicht von der Nachahmung das Sein davontragen." (Walter Bröcker: *Platos Gespräche*. Frankfurt am Main: Klostermann 1999, S. 236.)

83 Schmidt: *Platons Schauspiel*, S. 165–166.

84 Ebd., S. 142.

85 Ebd.

86 Ebd., S. 143.

erschafft, worauf hin es sich zu blicken lohnt, der analytischen Dekonstruktion eine Konstruktion entgegensetzt.[87] Bezeichnenderweise kommt dieses *blepein* in Platons Dialogen an Stellen von „tournant stratégiques"[88] vor, wie Schmidt mit Léonce Paquet betont, und damit ebensolche dramaturgisch bedeutenden Stellen ausmacht wie Lacans ‚points centrals'.

Lacan hebt im Seminar VIII nun den analytischen Moment im *Symposion* hervor, ohne genauer auf das Vokabular des Sehens einzugehen; wie sich jedoch zeigt, umkreist das Sehen Lacans Motive. Wenn der Übertragungsdiskurs bei Lacan also mit einer Seh-Konstellation eröffnet wird, verführen die Vokabeln des Sehens im *Symposion* dazu, diese Konstellation weiter zu kontextualisieren und Lacans Setzungen zu unterfüttern. Agalmatisches Sehen bei Lacan und *blepein* mit Schmidts Platon können beide als setzendes Ge-Sicht verstanden werden, das der *opsis mehr* zu sehen geben kann. Die *opsis* als täuschungsfähige und das *agalma* als die Sinne in der Übertragung beeinflussendes scheinen zusammenzuwirken. Der unterstellende Seh-Vorgang wird so zum kreativ-fiktionalen, daher die Aufforderung zur *skepsis* und zum genauen Hinsehen – welches *agalma* jedoch wohl schließlich ent-setzen würde. Mit *blepein* wird eine Verfahrensweise des Vor-Augen-Stellens entworfen, die zwar auch setzt, aber als verhandelbares Setzen. *Blepein* verleitet dazu, einen Umgang mit der Übertragung zu denken, der die Konstellation nicht von vornherein zer-setzt, sondern damit umgeht, experimentiert. Somit verweist es auch auf das Verfahren ästhetischer Zeichen – bzw. auf die Möglichkeit, Zeichen als ästhetische einzusetzen, als „Zeichenpraxis, die im Prozess ihrer Artikulation die Möglichkeit identifizierender Repräsentation und eindeutiger Grenzen selbst zum Problem macht – konstitutiv für die ästhetische Zeichenpraxis."[89]

In die vom agalmatischen Bild des *Silens* geprägte Übertragungs-Konstellation zwischen Alkibiades und Sokrates erweisen sich also alle Sehkräfte verwickelt und eröffnen so einen weiten Horizont des übertragenden Sehens. Zur üblichen Dichotomie von Sehkraft des Verstandes und der Augen, bzw. Auge des Geistes und leibliches Auge, gesellt sich ein drittes Ge-sicht, das in der Übertragung jeweils erst entsteht, jedoch zurückwirkt auf sowohl sinnliche als auch intellektuelle Register. Ganz ‚logisch' und gleichzeitig fiktional bauen sich Wertvorstellung und Aneignungsverlangen im Hinblick auf *agalma* auf. Es macht sich an (in) einem sichtbaren Körper fest, gibt etwas zu sehen, das den Blick verschleiert und gleichzeitig schärft, generiert sogar ein wirkungsvolles (phantasmatisches?) Objekt. Es ist daher wesentlich, dass die drei Sehvokabeln an dieser Stelle zusammenkommen und mit dem Imaginären verschränkt werden.

87 „In der Überprüfung des *logos* hat die *skepsis* ihre Aufgabe – was aber wäre auf dem umgekehrten Weg die den *logos* ergänzende Fertigkeit? Was ist die Fertigkeit, die nicht einen gegebenen *logos* der *skepsis* unterzieht, sondern umgekehrt den *logos* einer gewissen Betrachtung oder Anschauung folgen läßt, den Weg des Charmides im *Charmides* also ginge: von einer *aisthêsis* über die *doxa* zum *eipein/legein*? Welche *aisthêsis* wäre dies also? Der Charmides antwortet: *eis seauton apoblepsas* – ‚Blick in dich selbst' (Charm. 160d)." (Ebd., S. 148.)

88 Ebd., S. 145. Vgl. Léonce Paquet: *Platon. La médiation du regard. Essai d'interpretation*. Leiden: Brill 1973, S. 250.

89 Hans-Thies Lehmann: Das Erhabene ist das Unheimliche. Zur Theorie einer Kunst des Ereignisses. In: Ders.: *Das Politische Schreiben*. Berlin: Theater der Zeit 2002, S. 59–74, hier S. 69.

Mit agal-phantas-matischen Zugriffsweisen von Subjekten auf leere Räume und mit sich durch sie eröffnenden Fragestellungen arbeitet z. B. Ulf Amindes Videoinstallation *Auf Probe.*[90] Auf einer großen Leinwand läuft ein Video, auf dem Menschen in die Kamera schauen und sprechen, während um sie herum in der Studiobühne des Frankfurter Mousonturms angeordnete Stuhlreihen stehen. Es fällt sofort auf, dass die auf der Leinwand zu sehenden Menschen sich, wie die Besuchenden der Installation, in einem Setting befinden, das aus der Theaterarbeit bekannt ist: hinter ihnen leere, ansteigende Stuhlreihen, sie in der ersten Reihe an einem Tisch. Die Assoziation an einen Regisseur[91], der auf die Bühne blickt, stellt sich unmittelbar her. Die Kamera, die dies aufzeichnete, stand also auf der Position der Bühne. Und nun taxieren die in die Kamera Blickenden vermeintlich ‚aus der Leinwand heraus' die Betrachter_innen des Videos und sprechen sie als die an, die sich gerade auf der Bühne befinden und proben – während sie sich tatsächlich in einem Theater-Raum befinden. Mehrere solcher ‚Regisseure' sind nacheinander zu sehen, ihre Aufnahmen sind ineinander geschnitten, meist sind sie allein, es gibt ein Paar, auch eine Dreiergruppe ist zu sehen. Mit der Zeit kristallisieren sie sich, gemäß ihrer Ansprüche als Regieführende, als Typen heraus: Einer will es härter, einer verlangt, dass Verständnis für die Partnerin deutlicher ausgedrückt werden solle, zwei flüstern sich zu und schimpfen dann lautstark, u.Ä.m. Aus den Regieanweisungen wird klar: es geht um die Einstudierung einer Liebesszene, und die Gezeigten agieren in der Regieposition für die Kamera. Allerdings machen diese Regieführenden einen äußerst einsamen Eindruck, da keine Stimme auf ihre Ansagen reagiert und viele stille Pausen entstehen, in denen nur geblickt wird. Ziemlich schnell bildet sich die Gewissheit, dass außer der Kamera niemand da ist, zu dem diese Leute sprechen; erst wenn Leute dieses Video betrachten, erhält die Anrufung Adressatinnen und Adressaten. Die Regisseure imaginieren also ein Geschehen auf der Bühne, d. h. zum Zeitpunkt der Aufzeichnung besetzt nur das Kamera-Auge eine leere Bühne, auf die sich ein *blepein* richtet und an deren Stelle sich nun, beim Anschauen, die Besucher_innen der Installation befinden. Das Setting ist also eine Art experimentelles Modell, das Effekte freilegt: Die Praxis der Anleitung in der Theaterprobe, die sich sonst dialogisch vollzieht, wird durch den Entzug der einen Dialogseite hervorgehoben und ins Bewusstsein gerückt.

Es ist nun interessant und amüsant, was diese fiktionalisierten Regisseure – durchaus mutig und spielfreudig – in ihrer Funktion ausagieren. Es fällt auf, dass die meisten eher autoritär tun, einer schaut dabei lange stumm und gibt sich wortkarg. Offenbar ist der strenge, herrische, teils schimpfende und beleidigende Regisseur in diesen Imaginationen verbreitet, jedoch auch ein erklärender Anleiter, der behutsam darlegt, auf welchen Praxen eine funktionierende Liebesbeziehung basiere und wie diese ausgedrückt werden sollen. Keiner zeigt eine gemeinsame, gleichberechtigte Entwicklung / Erarbeitung der Szene, alle Regisseure setzen ihre Ideen durch und kritisieren die Angebote, die als von der Bühne kommend behauptet werden. Die ausagierte Position ist also immer eine machtvolle, bestimmende. So entsteht ein seltsames Gefühl von

90 Ulf Aminde: *Auf Probe*, UA: Künstlerhaus Mousonturm Frankfurt am Main / Plateaux-Festival 2011.

91 Es wird hier ‚der Regisseur' erwähnt, da fast alle Menschen im Video Männer sind.

Abwehr und Mitleid beim Betrachten, denn die Figuren sprechen ja ins Leere – verfehlen ihre Adressat_innen stets, da keine Annahme der Anrufung erfolgt bzw. der Anspruch auf Annahme auf die Betrachtenden der Installation verschoben wird. Das Betrachten pendelt auf diese Weise zwischen Angerufen-Werden und Nicht-Annahme dieser Anrufung und nimmt so die Freilegung von Effekten vor, die eine fehlgehende subjektivierende Anrufung zeitigt.

Aus übertragungstheoretischer Perspektive besonders interessant ist das Kippen in eine Thematik der Autorität und Souveränität, das strukturell von der gezeigten Verkörperung eines Phantasmas (dem der Regie) ausgeht. Alles basiert auf einer leeren Bühne und auf Imagination, auf *blepein* und dem Vor-Augen-Führen einer Szenerie, die sich nur in der Verkörperung der im Film sichtbaren Figuren wahrnehmbar macht. Es entsteht eine Darstellung ‚über Bande gespielt', denn alle Gezeigten stellen etwas dar, das sie zunächst in ihrem *blepein* entwerfen (dabei werden sie dezidiert als Auf-etwas-Blickende inszeniert, denn die Regisseure im Video blicken stets eine Zeit stumm und verhalten sich dann anschließend zum anscheinend Gesehenen) und dann der Kamera in ihren Reaktionen spiegeln. Die gezeigten Regisseur-Verhalten sind dabei meist unwirsch und klischeehaft, einer hat sich sogar einen Künstlerschal umgeworfen, so dass die Expertise, auf die sie rekurrieren, unglaubwürdig erscheint (nicht nur, weil sie letztlich nur ein Bild sind). Die zitierten, stereotypen Regie-Haltungen im Bild fragen nach ihrer Legitimation, der symbolischen Macht, die cholerisch-autoritäre Regisseure, die in Theatern arbeiten, durch ihren Kontext verliehen bekommen. Der Kontext des Videos ist nun jedoch die Ausstellungssituation, und dies verschiebt den Fokus von im Film verhandelten Themen auf die Ausstellungskonstellation mit dem problematischen Effekt der Kategorisierung der Akteure durch die Betrachtenden als ‚Kunstwerk'. Durch die Verschiebung tritt die künstlerische und ästhetische Qualität dessen, was im Video dargestellt wird und wie, in den Vordergrund.

Diese Figuren geben nicht nur ihre Vorstellungen von Regisseuren und der Arbeit in Theaterproben zum Besten, sondern zusätzlich davon, wie Schauspiel für die Kamera sein müsste: bestimmte Gesten und Haltungen werden übertrieben, so dass keine Charaktere, sondern eher Parodien erscheinen – dies verstärkt den Eindruck mangelnder Legitimation der Machtposition. Dadurch wirken die Darstellenden einerseits humorvoll und spielerisch, auch sich von dem distanzierend, was sie tun, andererseits jedoch auch vorgeführt und erfahrungslos in dem, was sie tun. Letztlich bleibt unentscheidbar, und das ist eine Qualität dieser Bilder, wie bewusst, kontrolliert und gelenkt das Agieren jeweils ist. Dabei werden jedoch Diskurse um Professionalität und Laientum auf Bühnen aufgerufen, um die es in dieser Studie auch später noch geht. Denn ein Wissen darum, was und wie etwas (auf Bühnen) getan wird, gilt als Garant dafür, Souverän der Darstellung zu sein – woraus sich etwa Jens Roselts Formulierungen zum Schutze von Laien auf Bühnen und seine Auflistung von Darstellungstechniken speisen, die „nichtprofessionelle Darsteller als souveräne Bürger" erscheinen lassen.[92] Wer in

92 Roselt nennt „Sicherheit durch konkretes Tun und Handeln, Ausstellung der ungewohnten Situation, Erzählen und Berichten als entscheidende Darbietungsform, Autobiografischer Bezug, Aufbrechen klassischer Konzepte

*Auf Probe* durch das künstlerische System ausgenutzte Leute sehen möchte, kann sich in der Installation auf Seiten der Ausbeuter_innen zu befinden meinen: auf der Position der durch das Theater / die Kunst aufgestellten Kamera, die regungslos filmt und später im Zuschauen bewertet, was ihr gezeigt wird (ohne wissende oder kontextualisierende Tipps einer Regie).[93] So kann sich einerseits der Vorwurf an eine künstlerische Verantwortung richten, mit der „Blindheit der Abgebildeten für ihr Abgebildetsein" instrumentalisierend und ausstellend umzugehen.[94] Gleichzeitig erweckt jedoch das Verhalten in den Videobildern genau den gegenteiligen Eindruck: Gerade weil die Darstellenden sich angeblickt und gefilmt, also abgebildet sehen, nehmen sie Rollen ein und verhalten sich nach eigenen Maßstäben angemessen, übertrieben, lustvoll parodierend und so auch distanzierend. Zudem steht es grundsätzlich niemandem zu, sich bewertend über Gezeigte zu erheben und ihnen die Souveränität über ihre Darstellung abzusprechen – was aber durchaus gängige (übertragende) Praxis ist.

Solche Ansätze führen mitten in Diskurse über intersubjektive Äquivalenz und Augenhöhe in künstlerischen Konstellationen oder über Darstellungskonventionen von Souveränität. Und in solchen Fragen und Gedanken wird wohl auch erfahrbar, was Helga Finter „analytische Theatralität"[95] nennt, nämlich das Hinterfragen der Produktion von Präsenz und ihren Qualitäten und Effekten. Von der Leerstelle, also der Abwesenheit einer Präsenz ausgehend gibt *Auf Probe* Anlass dazu, die von Finter kritisierte Annahme einer Evidenz von Präsenz zu diskutieren, die die Grundlage einer „*konventionnellen* [!] Theatralität"[96] darstellt. Bei Aminde wäre von einer *Präsenz auf Probe* zu sprechen, sowohl der Gezeigten als auch der Subjektivierten, die sich als Effekt verschiedener Phantasmen erweist (Phantasmen der Liebe, des Theaters, des souveränen Schauspiels etc.) und die den Fokus darauf legt, „die Wirkung von wahrscheinlicher Präsenz als eine symbolische Aktivität"[97] zu unterstreichen. Dafür ist die Funktion der Regie besonders gut gewählt, denn sie bezieht ihre performative Setzungsmacht aus dem

von Figur / Rolle, direkte Ansprache des Publikums." (Jens Roselt: Das Publikum auf der Bühne. http://www.nachtkritik.de/index.php?option=com_content&view=article&id=10785:2-mannheimer-buergerbuehnen-festival-ueberlegungen-zur-buergerbuehne-von-jens-roselt&catid=101&Itemid=84 (Zugriff am 01.02.2016).)

93 Die Akteurinnen und Akteure im Video sind Leute von der Straße: Aminde hat sie in der Zeit, in der er im Mousonturm arbeitete, auf der Straße angesprochen. So sammeln sich in diesem Film Personen, die unter der Woche tagsüber Zeit dafür zu haben.

94 Vgl.: „Das Bild gibt vor, auf die Dimension der Repräsentation für ein Publikum zu verzichten und stellt die ‚Blindheit der Abgebildeten für ihr Abgebildetsein' aus." (Juliane Kremberg: *Video in Performance / Video als Performance – Virtuelle und Reale Bilderpräsenz in zeitgenössischen Performances.* Diplomarbeit, Institut für Angewandte Theaterwissenschaft, Justus-Liebig-Universität Gießen, 2012, S. 81, mit Bezug auf: Doris Kolesch / Annette Jael Lehmann: Zwischen Szene und Schauraum. Bildinszenierungen als Orte performativer Wirklichkeitskonstitution. In: Uwe Wirth (Hrsg.): *Performanz: Zwischen Sprachphilosophie und Kulturwissenschaften.* Frankfurt am Main: Suhrkamp 2002, S. 347–365, hier S. 351.)

95 Helga Finter: *Der subjektive Raum*, Bd. 1: Die Theaterutopien Stephane Mallarmés, Alfred Jarrys und Raymond Roussels: Sprachräume des Imaginären. Tübingen: Narr 1990, S. 14. Vielleicht kann Analytik hier also im Sinne des Zergliederns, der Auflösung in einzelne Elemente verstanden werden, ohne direkt Diagnose und Heilung anzustreben.

96 Ebd.

97 Ebd.

Bereich symbolischen Reichtums, der auf Übertragung beruht, wie in der vorliegenden Arbeit noch gezeigt werden wird. Dabei untersucht *Auf Probe* das „Verfahren der Integration von Imaginärem und Symbolischem“[98], wie die von Finter besprochenen Theaterpraktiker, und lässt diese Integration gerade auch in einer Über-Bestätigung sichtbar werden: Das zitierte machtvolle Sprechen gepaart mit der zitierten autoritären Haltung wirken gespielt und durch die Vereinzelung und Verschiebung in die Ausstellung befremdlich in der Konfrontation mit denen, die sich das Video ansehen, da sich keine funktionierende „Einheit von imaginärer und symbolischer Ordnung“[99] herstellt. Den sich autoritär und wissend Inszenierenden mangelt es an Subjekten, die an sie glauben, ja es scheint sogar ein Mangel an eigenem Glauben an die autoritäre Position vorzuliegen.

Im Hinblick auf die Wirkung von *Auf Probe* spielt letztlich auch eine spezielle kinematografische Behauptung von Präsenz eine Rolle, denn die gezeigten Menschen und Körper existieren nur als Bild, als nur scheinbare dreidimensionale Fläche also. Es entsteht gerade kein theatrales

> Subjekt, das sich in einem Raum transfiguriert, wo die Schreibung der Triebprozesse in die Signifikantensysteme das alte imaginäre Ichbild zerstört und an seine Stelle ein räumliches Blick- und Stimmendispositiv setzt: Dieser Raum in Bewegung steht für ein Subjekt, das erst in Signifikantensystemen, d. h. in Sprachen in weitestem Sinne, *wird*,[100]

wie Finter es für ihre Theatralität fordert, da die Raumerfahrung keine geteilte sein kann bzw. die Bilder nur in ihrem Bildraum verbleiben. Es entsteht in einer Videoinstallation ja genau genommen keine intersubjektive Konstellation durch Ko-Präsenz mit den Abgebildeten, und dies hat entscheidende Auswirkungen auf die bewertende Rezeptionshaltung. Bildkörpern in einer Installation gegenüberzustehen, hat eine völlig andere Relevanz, als live von ihnen angesprochen zu werden. Die Probleme der Bild-Ebene, die sich für intersubjektive Belange stellen und die letztlich ethische Fragen nach Begegnungen aufwerfen, finden sich im Folgenden ausführlich besprochen.

### A Game of You

Mit *agalma* kommen Arten und Weisen des ‚Schauprozesses‘, des Etwas-in-jemand-Sehens ins Spiel. Als experimentelles Modell und Verhandlung dessen kann die Produktion *A Game of You* der Gruppe Ontroerend Goed[101] verstanden werden. Sie ist schematisierter Versuchsaufbau und insofern experimentelles Modell des natürlichen Modells, etwas in anderen zu sehen, als dass sie Mechanismen der Selbstkonstitution

98 Finter: *Der subjektive Raum*, S. 13.

99 Ebd., S. 15.

100 Ebd., S. 19.

101 Ontroerend Goed: *A Game of You*. Performance für einen Zuschauer. Besuchte Aufführung: Künstlerhaus Mousonturm Frankfurt am Main, 08.09.2012. Von: Alexander Devriendt, Joeri Smet, Sophie De Somere, Nicolaas Leten, Maria Dafneros, Charlotte De Bruyne, Aurélie Lannoy, Kristof Coenen, Eden Falk; mit: Sophie De Somere, Aaron De Keyser, Joeri Smet, Aurélie Lannoy, Kristof Coenen, Angelo Tijssens, Karolien De Bleser, Emile Duyck.

über den Anderen mit einem deutlichen Schwerpunkt auf dem heutigen, medialisierten Sehen durchexerziert. Während Ansätze bei Platon und Lacan Assoziationen leiblicher Begegnungen im An-Sehen hervorrufen (wie etwa auch in der Psychoanalyse oder bei Symposien), reduzieren Ontroerend Goed die (intersubjektive) Wahrnehmung und die körperliche Präsenz auf eine künstliche Zweidimensionalität der Imagination: die des Spiegels, der Bilder, der Projektionsflächen. Damit erscheint das *Game* wie ein Experimentierfeld des Lacanschen Spiegelstadiums und dieses wiederum eingebettet in die Grundstruktur der Übertragung.

Zentral sind der Umgang mit dem und die Reflektionen des „You", das beim Publikum schließlich wie automatisch als ein ‚Game of Me' aufgefasst werden soll – und offenbar auch wird:

> Selbst- und Fremdwahrnehmung sind bekanntlich zwei unterschiedliche Paar Schuh. Doch nur in den seltensten Fällen erfährt man tatsächlich, was andere über die eigene Person denken. *A Game of You* ist so ein Fall: Ein sensibel gewobenes Netz aus Blicken fängt alle Besucher auf. Denn das Spiel verfolgt nur eine Absicht, es gibt dem Zuschauer die Möglichkeit, herauszufinden, wer er sein könnte, in einem Spiel, das nur für ihn gespielt wird.[102]

Die Gewohnheit, Subjekte, inklusive der eigenen Subjektivität, über reflektierende, zweidimensionale Flächen zu konstituieren, wird hier beispielhaft ausgespielt, jedoch ohne ein *blepein* in mögliche dreidimensionale Experimente der Übertragung. Dem Projekt gelingt es sogar, die direkte, leibliche Begegnung, die wesentlich im ‚Herzen' der Erfahrung platziert ist, der Zweidimensionalität von Oberflächen unterzuordnen. Dies liegt vorrangig daran, dass Blicke auf und Dialoge mit Menschen, die innerhalb des Settings stattfinden, stets in irgendeiner Art bereits medialisiert sind: Ein Gegenüber zitiert die Worte eines anderen (wie sich herausstellt); ein anderes Gegenüber imitiert gleich beim ersten Aufeinandertreffen Bewegungen spiegelbildlich; es wird durch eine spiegelförmige Öffnung oder durch Telefon kommuniziert; eine Abbildung ist Gegenstand des Gesprächs; Techniker verschwinden hinter ihrer Funktion in Form einer Wand von Geräten (Monitore, Mischpulte etc.) und verschenken schließlich eine CD, auf der wiederum ein aufgezeichnetes Gespräch zu hören ist. Diagnostizierbar ist nach dem Besuch der Produktion die verbreitete Bereitschaft, etwas über sich erfahren haben zu wollen. Viele Presseartikel berichten so, oder etwa ein Kollege, der ärgerlich aus der Studiobühne des Frankfurter Mousonturms kommt, ein „so bin ich nicht" aus ihm herausbrechend. Was also einerseits ein experimenteller Aufbau ist, bei dem der genaue Ausgang offenbleibt, erweist sich andererseits als erhellende Untersuchung des Mangels an Intersubjektivität, an Übertragung.

### *A Game of Me?*

Nach einiger Wartezeit wird in die Studiobühne des Mousonturms gebeten. Diese ist labyrinthartig mit roten Vorhängen verhängt, die schmale Gänge und kleinere Abteilungen bilden. Im ersten Abteil stehen zwei Stühle ausgerichtet auf einen großen

102 Programmzettel zu *A Game of You*, Künstlerhaus Mousonturm, Frankfurt am Main, September 2012.

Spiegel, der aufgrund seiner größeren Breite als Höhe wie eine Durchreiche wirkt. Sofort entstehen Assoziationen an (Kriminal-)Filme, in denen einseitig verspiegelte Scheiben Durchblick auf zu beobachtende und zu verhörende Personen im Raum nebenan ermöglichen. Die Assoziation und der unzweifelhafte Verdacht, unter Beobachtung zu stehen, werden durch das kleine Kameraobjektiv links unterhalb des Spiegels verstärkt. Es befindet sich oberhalb eines kleinen Beistelltischs, auf dem benutzte und unbenutzte Plastikbecher und ein Glaskrug mit Wasser stehen, außerdem wenige Playmobilfiguren. Der Wasserkrug ist schwierig in der Handhabung, als wäre er manipuliert, eine Pfütze auf dem Boden bestätigt dies, und beim Eingießen verschüttet es sich leicht. Die Becher lassen sich so stapeln, dass sie das Kameraobjektiv verdecken, das mildert immerhin die allzu sichtbare Potentialität des Aufgezeichnetwerdens.

Ein Mann gesellt sich hinzu, nimmt den zweiten der Stühle ein. Er scheint ein Gespräch eröffnen zu wollen, indem er sich mit Vornamen vorstellt. Seltsam auswendig gelernt erscheint seine Geschichte über die neue Bekanntschaft mit einer Frau, die ihn beeindruckt und die er gern mit einem Picknick für sich gewinnen möchte. Mit rhetorischen Fragen wie „don't you think?" hält er das Dialogische des Gesprächs nur scheinbar aufrecht – in einem fragenden, nach Bestätigung für seine Haltungen suchenden Gestus, der jedoch keine Antwort sucht. Auf die Feststellung, er sei wohl demnach heterosexuell, und die Frage, warum er eine bestimmte Designermarke als Brillengestell trägt, reagiert er nicht. Überhaupt geht es dann schnell weiter nach rechts, weg von dem Mann durch den Vorhang, einem Parcours folgend, der verschiedene Stationen innerhalb der Vorhang-Innereien durchläuft. Eine persönliche Gastgeberin holt ab, begrüßt und weist den Weg, jedoch initiiert sie als erstes die bekannte Spiegel-Schauspiel-Übung, bei der sie alles nachmacht, was das Gegenüber tut. Tut es nichts, bricht sie ab. Die nächste Station ist ein Abteil, das dem ersten gleicht, nur ist der ‚Spiegel' hier tatsächlich eine Durchreiche, eine Fensteröffnung in Form der ersten, nur ohne Scheibe. Uns auf beiden Seiten des Fensters gegenüber sitzend fragt die Gastgeberin mich nun nach den Erfahrungen aus dem ersten Raum und interessiert sich für die Motive des Verhaltens dem Spiegel gegenüber, welches sie offenbar kennt. Sie spielt es nach und fragt dabei: warum wurden die Playmobilfiguren benutzt, um damit in die Kamera zu schauen, warum die Becher gestapelt, wie war das Gefühl beim Wasser Verschütten, welchen Eindruck machte der Hinzukommende und, nachdem sie die Klage über dessen Künstlichkeit vernommen hat, ob ein ‚echter' Dialog mit ihm angenehmer gewesen wäre etc. Nach diesem Gespräch konfrontiert die nächste Station mit dem Video der Kamera aus Raum eins. Auf eine Leinwand projiziert ist das eigene Sitzen zu sehen. Erneut kommen Fragen der persönlichen Gastgeberin, ob Zufriedenheit mit dem eigenen Aussehen herrsche, ob es unangenehm sein, sich anzusehen, ob ich überhaupt viel in Spiegel blicken würde u. Ä. m. Die hartnäckige Fragerei führt zu einem Antwortdruck, jetzt auf die Schnelle, sofort, bei gleichzeitigem zunehmendem Sprachversiegen. Das Schuldigbleiben einer Antwort wird jedoch nicht zugelassen, es wird gebohrt, bis mindestens ein Wort heraufsteigt.

Das Gefühl wird nun stärker, dass hier simultan einige Personen in ein striktes Timing eingebunden sind – waren ja vor der Tür zur Studiobühne schon mehrere Leute in der Warteposition gewesen, daher sind mit Gewissheit weitere Spielerinnen und Spieler mit im Labyrinth. Eine weitere Leinwand, wiederum im nächsten Abteil, zeigt erneut ein solches Video aus Raum eins, wie das gerade betrachtete, doch befindet sich nun eine andere Person dem Spiegel gegenüber. Ein Mann sitzt auf dem gefilmten Stuhl, und es soll ihm nun ein Leben angedichtet werden. Zögern lässt die Gastgeberin wiederum nicht zu, fragt immer weiter und immer konkreter, nach einem Namen für ihn, ob er glücklich sei, welchen Beruf er habe, wo und wie er wohne, wie seine familiäre Situation sei. Nach bestem Wissen und Gewissen versucht meine Imagination dem Abgebildeten gerecht zu werden. Danach, wieder allein auf einem Stuhl in einem neuen Abteil, klingelt ein Telefon auf einem Tischchen, und die Gastgeberin ist dran. Noch mehr Fragen folgen, diesmal über ein imaginiertes Leben mit dem Mann von eben auf der Leinwand, sein Leben im Vergleich zum eigenen. Nach dem Auflegen geht es wieder durch einen Vorhang, eine weitere Abteilung, jetzt im Zentrum des Vorhangparcours, alle anderen Abteile sind um dieses herum angeordnet. Hier sitzen zwei leger gekleidete Herren an einem Tisch voller Technik, einer Überwachungsstation: das Bild der Kamera aus Raum eins ist auf einem Display zu sehen, verschiedene Besucherinnen und Besucher auf dem gefilmten Stuhl als Dateivorschauen. Viele bereits aufgezeichnete Dateien liegen auf dem Dashboard, Mischpulte neben den Computern. Ich warte auf einem Stuhl. Eine CD wird gebrannt, beschriftet und mir ausgehändigt, dann werde ich ins angrenzende, letzte Abteil gebeten. Hier ist nun tatsächlich der anfangs assoziierte Platz hinterm Durchreiche-Spiegel aufgebaut. Es sitzt bereits eine Frau auf einem der beiden Stühle im Dunkeln und schaut durch die Scheibe in Raum eins. Dort ist eine neue Besucherin zu sehen, die einen der Stühle eingenommen hat und auf die für sie spiegelnde Fläche gegenüber schaut. Zu ihr tritt nun die persönliche Gastgeberin, die in den letzten Minuten so viele Fragen gestellt hatte. Sie stellt sich der Frau neben ihr mit dem Vornamen Eva vor, konstituiert ihre Identität der anderen gegenüber durch Informationsfragmente aus dem vor kurzem gemeinsam durchlaufenen Parcours: sie verweist auf den verschüttenden Wasserkrug, auf die Becher, die gestapelt das Kameraobjektiv verdecken könnten. Hinweise auf den Beruf als Theaterwissenschaftlerin und anderes mehr werden der neuen Wartenden berichtet. Diese erscheint irritiert ob der Mitteilsamkeit ihres Gegenübers und reagiert zustimmend auf die suchende Haltung nach Bestätigung, auf das Fragen ohne wirkliche Suche nach Antwort. Aus diesem letzten Abteil führt der Weg wieder hinaus vor die Studiobühne.

Zuhause: auf der CD befindet sich eine Audiospur. Zwei sanfte Frauenstimmen unterhalten sich, eine ist deutlich besser zu verstehen – sie scheint wohl das Mikrofon bei sich zu haben. Erinnernd an die Station im Abteil mit dem Mann auf der Leinwand ist hier ein Interview mit einer Frau aufgezeichnet, die auf ein Video aus Raum eins schaut und jemandem ein Leben andichtet, aber es ist nicht die eigene Stimme, die interviewt wird. Auf die CD hatte der eine Techniker geschrieben: „About You".

A: Um, we will try to imagine a new life for this person (Telefonklingeln), so I hope, you don't know her. You don't know her? Ok. Just waiting for her to sit again, she saw the camera, (Lachen) ok. Do you think this person is happy with the way she looks? (Schweigen) Do you think she's happy with the way she looks?
B: Oh. Sorry. No, I think she has seen the camera and is also yeah (beide gleichzeitig) self-conscious.
A: Do you think… maybe we will try to give her a name first. What could her name be?
B: Um. Julia.
A: Julia? (Lachen)
B: She's clever.
A: But you have her in your mind? Now, we don't see her, but you know her face. Do you think Julia is in a relationship?
B: No.
A: No? Do you think she is looking for a partner?
B: Yeah.
A: For how long is she single?
B: Two Years?
A: Two years. Ok. Do you think she feels lonely sometimes?
B: Everybody is feeling lonely sometimes.
A: What does she do to find a partner?
B: She goes out and, um, maybe she's working and she met, um, guys that she liked…, um.
A: Ok. Um. What could her job be?
B: Maybe she studies?
A: She's studying?
B: Mmh.
A: What is she studying?
B: Whh. Uhh.
A: Is this difficult for you?
B: Nahh. That thing's the first impression (Hupen) and I don't know if that thing's true… And it's, it's like standxsssss
A: Yeahyeahyeah. It's about imagination and making a story about just what you see.
B: Maybe some social things or, um, yeah, social.
A: Social?
B: Um, pedagogics, or…
A: She teaches to people, eh… social stuff?
B: Yeah. No, ye-yeah. Yeah.
A: But is she good at it?
B: Yeah.
A: She's a good teacher.
B: Yeah.
A: Yeah.
B: I think, she loves her job.
A: Ok. Do you think it's her dream job, the thing that she always wanted to do?
B: Yeah.
A: Yeah? When she has free time, what does she like to do?
B: Reading.
A: Reading?
B: Yeah. Mh.
A: Do you think she lives alone?
B: No.
A: With eh, roommates?
B: Yeah.
A: In an apartment, or…
B: Yeah.
A: Do you think, you have something in common with her?
B: common meant the same?
A: Yeah.
B: Um, no (Lachen).
A: You laugh?
B: Maybe a little bit, but I think not so much. Maybe she goes to the same theatre, but ok that's, that's like all, I think.
A: Ok, now she's gone…

Vermutlich ist das hier Aufgezeichnete also das Leben, das von einer anderen Besucherin meinem Bild angedichtet wird. Die Struktur des ‚Spiels' lässt an dieser Vermutung keine Zweifel aufkommen, obgleich hier ein Potential läge, die Struktur aufzubrechen; aufgrund der Playmobilgrüße ins Kameraobjektiv und der Becherstapelei sind zudem Merkmale im Video entstanden, die nun im Interview darüber wiederzuerkennen sind. Nach dem Hören wird noch klarer, dass in diesem *Game* stets für Dritte gesprochen wurde: für die Person auf dem Video, die ein Leben angedichtet bekommt, das sie auf CD erhält; für die Gastgeberin, die aus den Aussagen einen ‚Avatar' macht, der sich einer nächsten Person vorstellt, und damit für sich selbst in einem zukünftigen Zustand – nämlich als Person hinterm Spiegel des ersten Raumes (der von der Rückseite gesehen nur eine Glasscheibe ist), die das durch die Scheibe Beobachtete als Zitat ihrer selbst verstehen kann; im ersten Dialog spricht der Performer also dementsprechend für sein ‚Alter Ego' hinter der spiegelnden Oberfläche und nicht für den Dialog.

Viele, die von ihren Erlebnissen im Parcours von *A Game of You* berichten, setzen die eigene Identität mit der durch die Performerinnen und Performer zitierten, durch die Glasscheibe betrachteten Rolle in eins:

> Die junge Schauspielerin, die gegen Ende der Performance kurz in meine Rolle schlüpft und sich einem verdutzten anderen Theatergast als ‚Reinhard' vorstellt, hat mich eigentlich ganz gut getroffen: ein wenig steif sitzt mein Alter ego (heute sagt man dazu: Avatar) da, ein Einsilbling sondergleichen. Eh wahr: Ich bin einer, der das Herz nicht auf der Zunge trägt, sondern es lieber mit der Schreibfeder aufspießt.[103]

Sie beziehen das ‚You' des Titels in einer Geste des Angesprochenfühlens auf sich, ohne aktiv zu berücksichtigen, dass es eben nur gehört oder gelesen, als Adressat des Titels auf sich bezogen werden kann. Selbst ausgesprochen meint es immer eine_n andere_n – und das scheint eben der Erkenntnisgewinn dieses Spiels zu sein: ‚you' ist überall und hier Spielregel Nummer eins. Wer es auf sich bezieht, bestätigt die hier vor Augen geführte, gängige Praxis, sich grundsätzlich im und durch Andere zu konstituieren. Dennoch kann der Irrtum entstehen, Selbstwahrnehmung sei „bekanntlich" ein ganz anderes „Paar Schuh" als Fremdwahrnehmung. Reinhard Kriechbaum erzählt weiter von seiner Erfahrung der Ich-Bezogenheit. Nachdem er sich in der Performerin „ganz gut getroffen" sieht, lässt ihn sein ihm angedichtetes Leben in der Tonaufnahme zweifeln, denn er geht offenbar davon aus, seine Lebensumstände müssten ihm anzusehen sein:

> Die Besucherin nach mir hat mich vorgeführt bekommen und taxiert nun mich. Dass ich verheiratet bin, traut sie mir nicht zu, Kinder auch nicht (beides daneben). Dafür schreibt sie mir, dem erklärten Hunde-Hasser, einen Golden Retriever zu. Musiker könnte ich sein, denkt sie (endlich richtig!), Jazz-Drummer vielleicht (falsch). Sympathie- und Freundschaftswerte hoch. Beziehung denkbar? Nein (aber nach längerem Zögern wenigstens). Felix könnte ich heißen, argwöhnt sie: Vielleicht muss ich an meiner Außenwirkung doch noch ein wenig basteln.[104]

103 Reinhard Kriechbaum: A Game of You – Beim Young Directors Project der Salzburger Festspiele ist mit dem Kollektiv Ontroerend Goed der Blick aufs Ich fällig. Kleine Schwester statt Big Brother. http://www.nachtkritik.de/index.php?option=com_content&view=article&id=5972:a-game-of-you-beim-young-directors-project-der-salzburger-festspiele-ist-mit-dem-kollektiv-ontroerend-goed-der-blick-aufs-ich-faellig&catid=38:die-nachtkritik&Itemid=40 (Zugriff am 13.11.2012).

104 Kriechbaum: A Game of You.

Neben solch distanziert, feuilletonistisch-ironisch klingenden Formulierungen, versetzt die Geschichte, die einer der Performer in einer Spielpause im Gespräch erzählt, in Besorgnis: Nach dem Besuch des Spiels rief spätabends bekümmert seine Mutter an, um zu erfragen, ob sie eine schlechte Mutter sei – der ihr zugeschriebene, von der CD entnommene Charakter ließe sie nun ernsthaft zweifeln. Interessanterweise wird eigenes Unvermögen in der vor Ort gegebenen ‚Selbst-Performance' (oder gleich in ganzen sozialen Rollen) für Irrtümer verantwortlich gemacht, anstatt die im Interview ergangene Aufforderung, ein Leben zu „imaginieren", zu berücksichtigen und dementsprechend Abweichungen von Fakten der eigenen Lebensrealität zu erwarten. Das Hören gleicht aber offenbar wahre und falsche Fakten ab, was darauf hindeutet, dass Identität hier erst einmal nicht „als Experiment" aufgefasst wird, wie in der gleichnamigen Studie von Philipp Schulte, sondern als „Gleichsetzung".[105] „[E]ine Person zu identifizieren heißt, ihren Körper oder ihr Bild in Zusammenhang zu bringen mit einem Namen oder anderen Zuschreibungen"[106], und dieser ‚Zusammenhang' scheint außerhalb des Experimentellen darin zu bestehen, ontologische und repräsentative Faktoren[107] übereinstimmend zur Deckung bringen zu wollen. Doch wird das *Game of You* offenbar nicht primär als künstlerische Praxis, als experimentelles Modell aufgefasst, welches vielleicht anregen könnte, von der Lebensrealität ferne, „abwegige" Zuschreibungen zu erwarten, oder gar zu erhoffen.

Dies ist maßgeblich in den Spie(lre)geln begründet: Das Interview ruft die angestrebte Deckungsgleichheit auf, indem Fragen zur eigenen Lebensrealität vor dem und anhand des eigenen Abbild(s) gestellt, also ontologische und repräsentative Faktoren als einander entsprechend eingeführt werden. Zum eigenen Leben wird bezeichnenderweise gerade nicht nach „imagination" gefragt – obgleich natürlich immer freigestellt bleibt, ob die gegebenen Antworten nah am als Lebensrealität Eingestuften bleiben oder ob sich die Imagination auch unaufgefordert zu Wort meldet. Gleichzeitig werden die repräsentativen Faktoren maßgeblich vom betrachtenden Blick auf das eigene Abbild abhängig gemacht und im Falle der CD-Aussagen von einer Person, die freilich mit ihrem eigenen Seh-Repertoire ausgestattet ist. ‚Falsche' Zuschreibungen werden als Unzulänglichkeiten in der Eigendarstellung klassifiziert, dabei sagen sie viel mehr über die Potentialität und das Blicken der Person aus, die ein bestimmtes Bild repräsentativer Faktoren von Golden-Retriever-Haltern (stimmt mit dem Gesehenen überein) oder verheirateten Eltern (stimmt nicht überein) hat. Harry Brown vermutet, der Titel *A Game of You* verberge die wahre Bedeutung „a skit of you"[108]. Das trifft wahrscheinlich den Kern der Sache, denn einer recht rotstichigen Leinwandprojektion gegenüber und auf die Schnelle wahrgenommen und ‚imaginiert' stellt sich etwas Holzschnitthaftes ein, das geprägt von dem ist, was bekannt, geläufig und schnell abrufbar ist: Schon

105 Schulte: *Identität als Experiment*, S. 28.

106 Ebd.

107 Vgl. ebd.

108 Harry Brown: A Game of You. http://www.irishtheatremagazine.ie/Reviews/Ulster-Bank-Dublin-Theatre-Festival--10/A-Game-of-You.aspx (Zugriff am 13.11.2012).

die verbreitet in den Kritiken beschriebene Assoziation des Wartens davor mit einem Aufenthalt beim Zahnarzt verdeutlicht, wie in der Konfrontation mit dem Erlebnis die Aneignungen ins eigene, oberflächliche Universum geschehen; je schneller das Urteil, desto weniger differenziert oder einfallsreich?

Es bleibt beim *Game of You*, das aber im Nachhinein zumindest reflektieren machen kann, was die eigenen Aussagen über das Abbild waren, dem ein Leben anzudichten war. So kann sich immerhin das Zurückgeworfensein auf die eigene Blick- und Urteilspraxis, das eigene Unterstellen, einstellen:

> It's like getting the opportunity to spy upon yourself, and with its series of curtained spaces and mirrors, it's a little bit like a peep show in which you are both the voyeur and the object. You find yourself subject to others' merciless gaze, but there is none more indecent than your own.[109]

Ist also dieses *Game* im Sinne einer kindlichen Übung gedacht, wie sie Freud für das Kinderspiel formuliert, das einen neuen, experimentellen Handlungsspielraum entwirft, der sich woanders nicht auftut?[110] Jedoch: wer kann hier überhaupt handeln? Der Parcours ist eine Einbahnstraße und lässt kaum Spielraum zu – vielleicht ist es maßgeblich der eigene Handlungsspielraum, den Ontroerend Goed genießen, indem sie zu Regieführenden der Gäste ihres Kabinetts werden? Auch der Simulationsbegriff nach Lacan drängt sich auf,[111] der Vorgänge im Bewusstsein über das Handeln voraussetzt.

Was diese ‚Übung', etwas in jemand zu sehen, kritisierbar macht, ist jedenfalls die Reduzierung des Zu-Sehenden auf eine zweidimensionale Fläche und der Entzug der real-körperlichen Begegnung, des körperlichen An-Gesichts und der damit einhergehenden, ethischen „Verantwortung für den Anderen"[112]. Das Blicken und Beurteilen der / des anderen findet zeitversetzt zur gleichzeitigen Anwesenheit und ausschließlich über das Bild vermittelt statt. Das nur auf einer abbildenden Ebene betriebene Etwas-in-jemand-Sehen lässt repräsentative Faktoren auf zweidimensionale zusammenschrumpfen und ermöglicht dem Blick keine Tiefe – bzw. eben nur die scheinbare, weil rein visuelle Tiefe des Abbilds. Vielleicht ist das gerade das Spiel. Zugleich werden aber die Aussagen auf den eigenen, lebendigen Körper und das eigene Leben zurückbezogen. Hier wird *Game of You* zu einer Art neuem Lehrstück, denn als Spielerin und Spieler wird am eigenen Leibe durchexerziert, wie die Perspektive, die Außenwahrnehmung der eigenen Gestalt, anders als durch Prothesen nicht zu bekommen ist.

109 Lyn Gardner: A Game of You. In: *The Guardian*, 18.07.2010. http://www.guardian.co.uk/culture/2010/jul/18/a-game-of-you-review (Zugriff am 13.11.2012).

110 „Man sieht, daß die Kinder alles im Spiele wiederholen, was ihnen im Leben großen Eindruck gemacht hat, daß sie dabei die Stärke des Eindruckes abreagieren und sich sozusagen zu Herren der Situation machen. Aber andererseits ist es klar genug, daß all ihr Spielen unter dem Einflusse des Wunsches steht, der diese ihre Zeit dominiert, des Wunsches: groß zu sein und so tun zu können, wie die Großen." (Freud: Jenseits des Lustprinzips, S. 226–227.)

111 Vgl. S. 293–294.

112 Emmanuel Levinas: *Ethik und Unendliches: Gespräche mit Philippe Nemo.* Wien: Passagen 1996, S. 73. Vgl. auch ders.: *Jenseits des Seins oder anders als Sein geschieht*, aus d. Frz. v. Thomas Wiemer. Freiburg / München: Alber 1998 (Original: *Autrement qu'être ou au-delà de l'essence*, 1974).

## *„Imagine": Spiegel-Stadien*

Vielleicht gibt der im Inneren des Spiels verwendete Begriff der Imagination daher einen Hinweis auf den Mechanismus der nach innen gekehrten Außenwahrnehmung, nämlich als ein von Lacan her bildhaft geprägter; herrscht doch in diesem Spiel das Imaginäre des Spiegelstadiums, das im von Lacan verwendeten Schema dazu als doppelt reflektierte (Hohlspiegel und Planspiegel) Reflektions-Struktur versinnbildlicht ist.

Auch Lacan erkennt dieses (Selbst-)Bild als virtuell, daher ist das sich hier bild-ende Idealich mindestens doppelt vom reellen, bildgebenden Körper getrennt; 1. als Illusion und 2. als virtuell erzeugt[113]:

> Il faut pour cela imaginer, conformément à la figure 2, [...] qu'un observateur [...] cherche à en réaliser l'illusion dans l'image virtuelle qu'un miroir plan [...] peut donner de l'image réelle.[114]

> [D]ass dieser Beobachter versucht, die Illusion des reellen Bildes herzustellen, und zwar in dem virtuellen Bild, den [!] ein Planspiegel [...] vom reellen Bild geben kann.[115]

Der Spiegel erzeugt in seiner Virtualität ein Bild, das dem reellen Raum entspricht,[116] das jedoch im Gegensatz zum reellen Raum die Genese der Illusion erlaubt – wie z. B. Blumen, die ebenso „orthopädisch"-ganzheitlich[117] in einer Vase nur erscheinen wie die Totalität der Gestalt im Blick des Subjekts auf den eigenen Zustand.

Hier zeigt sich auch an, wie stark die Subjektkonstitution gleichermaßen von blickender, bildlicher und räumlicher Vorstellung abhängt, bzw. die basale Rolle, die der Raum dabei spielt. Lacan erkennt die Funktion des Spiegelstadiums als „Spezialfall der Funktion der Imago, die darin besteht, daß sie eine Beziehung herstellt zwischen dem Organismus und seiner Realität – oder, wie man zu sagen pflegt, zwischen der *Innenwelt* und der *Umwelt*."[118] Es handelt sich also um eine schöpferische Struktur, die Innen und Außen in ein Verhältnis bringt, in Relation setzt, über eine Position außerhalb des Subjekts; ähnlich der strukturellen Grundannahmen von Übertragung. Die Umwelt wird dabei explizit als räumliche verstanden, der eigene, zerstückelte Körper als räumliches, begrenztes Ganzes immer im Verhältnis zu seinem Umraum, als „lockende[ ]

113 Ein virtuelles Bild ist als solches nicht mit Illusion gleichzusetzen.

114 Jacques Lacan: Remarque sur le rapport de Daniel Lagache, S. 152, mit Bezug auf die Abbildung.

115 Jacques Lacan: Anmerkung zu Daniel Lagaches Vortrag „Psychoanalyse und Persönlichkeitsstruktur". http://lacan-entziffern.de/?p=6167 (Zugriff am 01.08.2013). Versuch einer besseren Übersetzung: „Dafür muss man sich entsprechend Fig. 2 vorstellen, [...] dass ein Beobachter darin die Illusion in einem virtuellen Bild zu realisieren sucht, das ein Planspiegel [...] vom reellen Bild geben kann."

116 „L'espace réel (à quoi l'espace virtuel engendré par un miroir plan, correspond point par point)" (Lacan: Remarque sur le rapport de Daniel Lagache, S. 152.) / „Der reale Raum (dem der durch einen Planspiegel erzeugte virtuelle Raum Punkt für Punkt entspricht)" (Übers. E. H.).

117 „[D]as Spiegelstadium ist ein Drama, dessen innere Spannung von der Unzulänglichkeit auf die Antizipation überspringt und für das an der lockenden Täuschung der räumlichen Identifikation festgehaltene Subjekt die Phantasmen ausheckt, die, ausgehend von einem zerstückelten Bild des Körpers, in einer Form enden, die wir in ihrer Ganzheit eine orthopädische nennen könnten, und in einem Panzer, der aufgenommen wird von einer wahnhaften Identität, deren starre Strukturen die ganze mentale Entwicklung des Subjekts bestimmen werden." (Jacques Lacan: Das Spiegelstadium als Bildner der Ichfunktion. In: Ders.: *Schriften I*, S. 61–70, hier S. 67.)

118 Lacan: Spiegelstadium, S. 66.

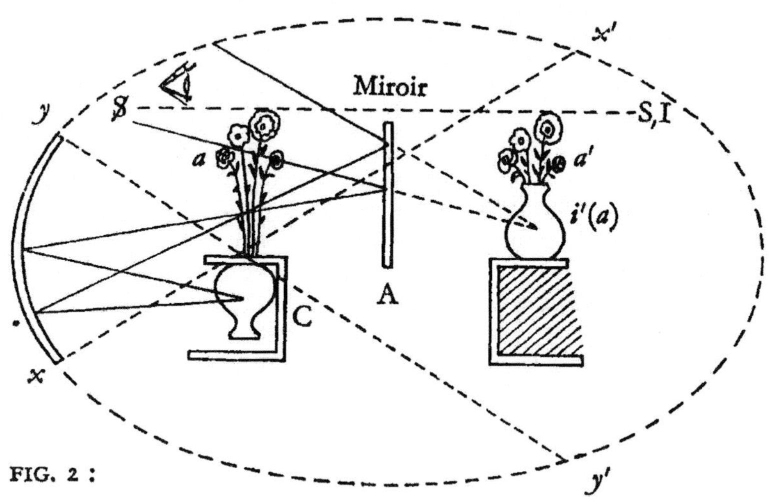


Abb. 3: Jacques Lacans optisches Modell,
wiedergegeben in: Bemerkungen zum Vortrag von Daniel Lagache.

Täuschung der *räumlichen* Identifikation"[119] konstituiert. Das Spiegelstadium definiert sich also als Manifestation einer „räumliche[n] Befangenheit"[120], welche sich im ‚Innenraum' des Subjekts als introjiziertes Bild-Raum-Verhältnis und gleichzeitig als Bild davon (i'(a)) und als Objekt des Begehrens (die Blumen im Inneren) behauptet.
Lacans Spiegelstadium schematisiert, wie sich anderes und andere in die Selbstkonstitution basal einschreiben. Hinter jedem Spiegel bildet sich ein Stuhl, ein Platz, von dem aus das Subjekt den ihm unmöglichen Blick auf sich selbst generiert.

> Everywhere you look there's an image of yourself reflected back. Moreover, it provides unwarped, honest reflections from every possible angle. Even looking at other people comes to reflect you more than it does them. You see a population of selves, affording you what feels like an outside perspective on the markedly familiar.[121]

Lacans Spiegelstadium nimmt an, das Abbild wirke identitätsbildend, indem es mit dem Körper gleichgesetzt wird. Der Spiegel als ‚honest reflection' wird so zwar nicht als stetiger Illusionsgeber erkannt, der letztlich das eigene Ideal in der Verkennung generiert, er reflektiert aber aufrichtig den Vorgang der Ichidealisierung und der ‚Idealichisierung'. Geht es nun bei Ontroerend Goed darum, bewusst das You zum Sich-selbst

119 Ebd., S. 67, Herv. E. H.

120 Ebd.

121 Matt Trueman: Review: A Game of You, One on One Festival at BAC. http://carouseloffantasies.blogspot.de/2010/07/review-game-of-you-one-on-one-festival.html (Zugriff am 13.11.2012).

zu machen, wie in jedem Spiegel? Und welche Funktion hat die gastgebende Person, die mittels Sprache durch die verschiedenen Bildwelten führt?

Lacan verweist darauf, dass es sich bei der Subjektkonstitution im Spiegelstadium nicht nur um ein ‚raumbildhaftes', imaginäres Geschehen[122] handelt (Bildung des Idealichs), sondern ebenso um ein symbolisches (Bildung des Ichideals). In der Wendung an die Anderen[123] geschieht die Wendung ins Symbolische, an den Blick der Anderen, die das virtuelle Bild und die Illusion durch ihre eigenen Blicke auf das Subjekt als Zeichen repräsentieren. Gerade auch dafür braucht es jedoch das *räumliche* Setting, die Distanz, denn der Blick ist auf der Seite der Anderen,[124] die eine andere Position und also Perspektive ist als die eigene. Der Kopf muss sich woanders hinwenden können, weg von der virtuellen Fläche des Spiegels und vom eigenen Abbild darin. Durch die Verlagerung des Idealichs (i(a)) in den Blick, in den Raum und die Zeugenschaft des Anderen (als Ichideal, I(A)) gibt sich das Subjekt einer grundsätzlichen Potentialität der Abhängigkeit von Anderen hin. Das versetzt umgekehrt die Anderen in die Position der Einflussnahme, der Interventionsgewalt auf das Ichideal bzw. wird so überhaupt erst diese psychisch-introjizierte Instanz gebildet: „Eben insofern der Dritte, der große Andere, in die Beziehung des Ichs zum kleinen anderen eingreift, kann etwas funktionieren, das die Fruchtbarkeit der narzißtischen Beziehung selbst nach sich zieht."[125]

Den schließlich als Zeichen introjizierten Blick der Anderen erklärt Lacan zum Ichideal und unterscheidet ihn so vom Idealich – übrigens eine Struktur, bei der die Liebe wieder zum (über)Tragen kommt:

122 Nämlich „daß eine ‚Gestalt' bildnerische Wirkungen auf den Organismus auszuüben vermag" (Lacan: Spiegelstadium, S. 65) und genauer: als Identifikation, eine „beim Subjekt durch die Aufnahme eines Bildes ausgelöste Verwandlung" (ebd., S. 64).

123 Vgl. Die „Ursituation" dessen bei Lacan: „Man muß nun dieser Geste des Kopfes des Kindes, das sich, eben nachdem es von den ersten spielerischen Skizzen, die es vor seinem eigenen Bild aufgeführt hatte, gefangengenommen wurde, zu dem Erwachsenen, der es trägt, hin umwendet, ohne daß man mit Sicherheit sagen könnte, was es sich davon verspricht, ob das in die Ordnung eines Einverständnisses oder eines Zeugnisses gehört, seine volle Bedeutung geben. Jedenfalls wird der Bezug auf den Anderen darin eine wesentliche Rolle spielen. Man überstrapaziert diese Funktion nicht, wenn man sie auf diese Weise artikuliert und so das an Ort und Stelle bringt, was sich in der Fortsetzung der Entwicklung des Subjekts jeweils ans Idealich und ans Ichideal anbinden wird. [...] Von diesem ursprünglichen Moment an ist für uns der Charakter des Idealichs spürbar, den ich antagonistisch nennen werde. Daß es nämlich bereits in dieser Spiegelsituation zur Verdopplung kommt, und zwar dieses Mal auf der Ebene des Anderen, für den Anderen und durch den Anderen, das begehrte Ich, ich verstehe darunter begehrt von ihm, und das authentische, das *authent-Ich**, wenn Sie mir gestatten, diesen Terminus einzuführen, der innerhalb des Kontextes, um den es geht, nichts wirklich Neues bietet – bis auf das eine, daß in dieser Ursituation eben das Ideal da ist, ich spreche von dem Idealich und nicht von dem Ichideal, und daß das authentische Ich selbst ein zukünftiges ist." (Lacan: *Übertragung*, S. 432.) Daher rührt das Verständnis von Introjektion des Blicks des Anderen als Zeichen: „Was kann von diesem Anderen, insofern das Kind vor dem Spiegel sich zu ihm hin umwendet, kommen? Wir behaupten, daß von ihm nur das Zeichen *Bild von a* [I(A), E. H.] kommen kann, dieses Spiegelbild, begehrbar und destruktiv zugleich, wirklich begehrt oder nicht. Das ist es, was von demjenigen kommt, zu dem hin das Subjekt sich umwendet, an dem Platz selbst, mit dem es sich in diesem Moment identifiziert, insofern er [! vermutlich: es, E. H.] seine Identifizierung mit dem Spiegelbild unterhält." (Lacan: *Übertragung*, S. 431–432.)

124 Der „Blick, den ich auf dem Feld des Andern imaginiere." (Lacan: *Vier Grundbegriffe*, S. 90.)

125 Lacan: *Übertragung*, S. 431.

Voilà ce qui donne la réponse à la question — le regard de l'Autre, qui, entre les deux frères jumeaux ennemis du moi et de l'image du petit autre spéculaire, peut faire à tout instant basculer la préférence, comment le sujet l'intériorise-t-il ? Ce regard de l'Autre, nous devons le concevoir comme s'intériorisant par un signe. Ça suffit. *Ein einziger Zug.* Il n'y a pas besoin de tout un champ d'organisation et d'une introjection massive. Ce point grand I du trait unique, ce signe de l'assentiment de l'Autre, du choix d'amour sur lequel le sujet peut opérer, est là quelque part, et se règle dans la suite du jeu du miroir. Il suffit que le sujet aille y coïncider dans son rapport avec l'Autre pour que ce petit signe, cet *einziger Zug*, soit à sa disposition. Il y a lieu de distinguer radicalement l'idéal du moi et le moi idéal. Le premier est une introjection symbolique, alors que le second est la source d'une projection imaginaire.[126]

Das ergibt die Antwort auf die Frage – Wie verinnerlicht das Subjekt den Blick des Anderen, der zwischen den beiden feindlichen Zwillingsbrüdern des Ichs und des Bildes des spiegelbildlichen kleinen anderen jeden Augenblick die Präferenz umschlagen lassen kann? Diesen Blick des Anderen, wir müssen ihn begreifen als sich durch ein Zeichen verinnerlichend. Das genügt. *Ein einziger Zug**. Es besteht kein Bedarf für ein ganzes Organisationsfeld und für eine massive Introjektion. Dieser Punkt groß I des einzigen Zugs, dieses Zeichen der Billigung durch den Anderen, der Liebeswahl, mit welcher das Subjekt operieren kann, ist irgendwo da und richtet sich im weiteren nach dem Spiel des Spiegels. Es genügt, daß das Subjekt in seiner Beziehung zum Anderen damit zusammenfällt, damit dieses kleine Zeichen, dieser *einzige Zug**, zu seiner Verfügung steht. Es ist angebracht, Ichideal und Idealich radikal zu unterscheiden. Das erste ist eine symbolische Introjektion, während das zweite die Quelle einer imaginären Projektion ist.[127]

Über das bekannte Modell des Spiegelstadiums wird nachvollziehbar, was schließlich auch für die Struktur der Übertragung Bedeutung gewinnt, nämlich das Phänomen, wie Andere strukturell auf ein Subjekt einwirken können, als „Triebfeder", Katalysator, und eben grundlegende Wirkung für Übertragung.[128]
Aus den Überlegungen zum visuellen Spiel von Ontroerend Goed heraus zeigen sich also Verwandtschaften, grundlegende Zusammenhänge zwischen Übertragung, Identifikation und Subjektkonstitution der beiden Phasen des Spiegelstadiums (imaginär und symbolisch). Zunächst ist es ein Etwas-Wertvolles-in-Sich-Sehen, nämlich die konturierte, totale Gestalt[129] als verkannter, sich-selbst-ver-äußerter Fixpunkt in der Umwelt und getrennt von dieser. Diese Identifikation mit dem eigenen Spiegelbild als konstitutive Selbstverkennung („méconnaissances constitutives"[130]), also produktives Missverständnis, ein Begriff, der von Interesse bleiben wird, weckt ein Begehren nach

126 Lacan: *Transfert*, S.418.

127 Lacan: *Übertragung*, S.434.

128 „C'est de ce rôle de ressort que l'on fait tant état quand on nous dit que l'idéal du moi est aussi bien le point pivot de cette sorte d'identification dont l'incidence serait fondamentale dans la production du phénomène du transfert." (Lacan: *Transfert*, S.408.) / „Um diese Rolle als Triebfeder macht man soviel Aufhebens, wenn man uns sagt, daß das Ichideal ebenso der Dreh- und Angelpunkt dieser Art Identifizierung ist, deren Wirkung in der Hervorbringung des Phänomens der Übertragung eine grundlegende sein soll." (Lacan: *Übertragung*, S.424.)

129 „C'est que la forme totale du corps par quoi le sujet devance dans un mirage la maturation de sa puissance ne lui est donnée que comme *Gestalt*, c'est-à-dire dans une extériorité où [...] cette forme est-elle plus constituante que constituée." (Jacques Lacan: Le stade miroir comme formateur de la fonction du Je. In: Ders.: *Ecrits I*, S.92–99, hier S.94.) / „Die totale Form des Körpers, kraft der das Subjekt in einer Fata Morgana die Reifung seiner Macht vorwegnimmt, ist ihm nur als ‚Gestalt' gegeben, in einem Außerhalb, wo [...] diese Form eher bestimmend als bestimmt ist." (Lacan: Spiegelstadium, S.64.)

130 Ebd., S.98.

dem vorgespiegelten Zustand. Gelingt es über das virtuelle Bild, sich selbst zum anderen Gegenüber zu machen, wenigstens als zweidimensionales Abbild, in das sich etwas hineinprojizieren lässt? Ist also das Spiegelstadium als unbewusster, psychischer ‚Trick' zu verstehen, mit sich selbst in ein Übertragungsverhältnis kommen zu können, der eigenen Existenz Begehrens-Wert-es zu unterstellen, sich *agalma* zuzuschreiben? Zeigt das Spiegelbild die eigene ‚orthopädische' Ganzheit als *blepein* eines Phantasmas? Zwar kann der Blick auf den eigenen Körper diesen nie ganz sehen, jedoch ist es so, dass die Körperglieder tatsächlich materiell verbunden sind, nicht getrennt voneinander im Raum herumagieren. Das vor Augen gestellte Bild entspricht also einem existierenden Zustand und ist nicht reine imaginäre Konstruktion. Der virtuelle Raum im Spiegel wird so gleichermaßen zu einer Entsprechung *und* einem Möglichkeitsraum.
Die Blumen (Objekt *a*) in Lacans Spiegelschema sind in der Vase auf der Seite des Auges eingetragen: als Bild des begehrten Zustands der Einheit mit wertvollem, jedoch unzugänglichem Inhalt. Über den Blick des Anderen konstituiert sich dieser Wert im Angeblickt-Werden – begehrt werden wollen und geliebt werden wollen erweist sich als Struktur der Übertragung (weil der Andere wertvoll ist, bin ich es in seinem Blick auch). Es zeigt sich die Position der Anderen als Interventionsfaktor: sie erhalten Macht über die Selbstkonstitution ihrer Gegenüber, zentrale Funktion in der Übertragung und in der Liebe. Das Ichideal ist daher verständlich aus der Genese des Idealich, indem der Blick von außen, der Blick der Anderen aus der imaginären (Spiegel-)Ebene auf die Anderen selbst übertragen wird und dies im Inneren des psychischen Systems eines Subjekts fixiert, ‚introjiziert' wird.[131] Lacan findet eine Reihe topologisch inspirierter Bilder von Möbiusband, Innenacht, umgestülpten Handschuhen und anderen inneren Ausschlüssen, die stets dieses scheinbare Paradox des verinnerlichten Äußeren, eine grundlegend spaltende Hilfskonstruktion umspielen.
Das Thema der Außen- versus Innenwirkung[132] nehmen auch Ontroerend Goed in ihrer Raumgestaltung auf. Das samtrote Innere der Studiobühne lässt an organische Innenräume, Gedärme oder einen Uterus des Theaters denken. Darin jedoch: nur Oberflächen – die eingeschlossene Veräußerung? So macht dieses *Game* vom ersten Moment an nichts vor, sondern zeigt, worum es geht: Spiegel, Kamera, fremd sprechender Körper im Zentrum der Aktion. Strukturell verdeutlicht wird mehr die medialisierte Welt, die eigene Projektion (die zur Introjektion werden kann) als eine Identität:

> Yet this is not, I suspect, a show designed primarily to illuminate the self. Rather it serves to negate exactly that need. True, it shows that we reveal ourselves through our behaviour, both consciously and unconsciously, but it also shows that leaked information to be illegible, at least in any objective sense. In asking us both to judge and be judged, it is judgement itself that comes under the microscope and proves, precisely as the title implies, an exercise in subjective projection.[133]

131 Vgl. Sandor Ferenczi: *Introjektion und Übertragung. Eine psychoanalytische Studie.* Leipzig/Wien: Deuticke 1910.

132 Siehe etwa auch die Zwischenüberschrift „Außen und Innen" in Kriechbaum: A Game of You.

133 Trueman: Review.

Das *Game* thematisiert im Verhältnis zum Spiegel, die Relation zu den *a*nderen und zu den *A*nderen und macht so den in der Sozialisierung immer schon eingetretenen Fall in den Geltungsbereich der Anderen sinnfällig. Es ist also offenbar doch nicht verwunderlich, dass das *Game of You* als *Game of Me* angenommen wird, denn so ein Vorgang ist immer schon verinnerlicht. Das Blicken wird im *Game* zur Übung (Simulation?) der medialisierten *opsis* im Sinne des Durchmachens. Öffnen sich dadurch jedoch noch andere Blickformen? *skepsis* und / oder *blepein*?

### *Medialisierung mit großem A*

*A Game of You* bespielt mit den Subjekten im (Spiegel-)Bild besonders auch medialisiertes Sehen und Gesehenwerden. Der Blick und sein Verhältnis zur Abbildung und zum Apparat haben sich in das hier thematisierte (intersubjektive?) Sehen eingeschrieben, vor allem in Informations- und Mediengesellschaften. Dieses Sehen „folgt einem Modus, den man allgemein mit Bildfunktion bezeichnen könnte. Diese Funktion ist definierbar durch zwei Einheiten im Raum, die sich Punkt für Punkt entsprechen".[134] Bildfunktion scheint also immer ein Repräsentationsverhältnis zu beschreiben, wobei ein mindestens doppeltes denkbar ist: Der Bezug zweier Einheiten im Raum kann sich auf Punkte in Bild- und Realraum beziehen, aber besonders auch auf Realraum und Netzhaut des blickenden Auges. Sehen ist also, als Abbildendes, immer auch Repräsentation.

Das medialisierte Sehen im *Game* zielt nun besonders auf diese Entsprechung ab und zwar als eine konservierte, auch wenn der Zeitpunkt der Entsprechung zurückliegt, wie es bei Bildern mit dokumentarischen Fähigkeiten der Fall ist. Zum Spiegelbild Lacans – ein Abbild mit direktem Bezug zum bildgebenden Körper – und seiner Funktion werden im *Game* bewegte, konservierende, durch Kameras erzeugte Abbilder (Video) hinzugezogen, wobei ihr Fokus weiterhin auf der vermeintlichen Entsprechung der Bildpunkte liegt. Der bildgebende Körper soll sich im Videobild erkennen, das Bild auf seine derzeitige Lebensrealität beziehen. Eine solche Bildfunktion erklärt, warum letztlich nicht experimentelle, öffnende, sondern eher virtuelle Identitäten im *Game* vorkommen.

In Ulf Schmidts Gedanken zu Platons Gesichtern finden sich auch Ansätze, die den medienwissenschaftlich heute weiterhin ausführlich diskutierten Stellenwert oder den ontologischen Status von Bildern befragen, nämlich in der Unsicherheit darüber, inwiefern sie überhaupt sind. Eine Platon'sche Medienwissenschaft zu entwerfen, wie Schmidt es für möglich erachtet, könnte davon ausgehen, dass auch sein Mimesis-Begriff im Grunde von sich-entsprechenden Bildpunkten ausgeht; schon ‚zu Zeiten des *agalmas*' finden sich also grundlegende bildtheoretische Fragen und Erkenntnisse, die Schmidt etwa so zusammenfasst: „Die Verschränkung von Seiendem und Nichtseiendem geschieht dadurch, daß Bilder etwas erscheinen lassen, was sie nicht sind, zugleich

134 Lacan: *Vier Grundbegriffe*, S. 92.

doch aber nicht gänzlich nicht sind, sondern immerhin doch als Bilder sind."[135] Besonders das Spiegelbild, einerseits als Entsprechung von Raum-Punkten und andererseits als Virtualität, wirft nach Schmidt bei Platon diese Unsicherheit auf:

> Wie der Irrtum sich zwischen Wahrheit und Lüge befindet, findet sich neben und in der *aisthêsis* bei Platon eine Dimension des bloßen Scheins und der sinnlichen Täuschung, deren herausragender Exponent oder Inbegriff die Spiegel sind, die – wie es im 10. Buch der Politeia heißt – von allem Bilder herstellen, alles verdoppeln und mit einem Wahrschein versehen können. [...] Die Gegenstände in der Spiegel-Dimension der Dinges-Täuschung gehören einerseits zur *aisthêsis*, befinden sich unter den *aisthêta*, unterscheiden sich aber dadurch, daß sie nicht sind, was sie scheinen. Sie gehören aber auch nicht allein in den Bereich der Hirngespinste, da sie doch immer noch sind, wenn auch nur als Erscheinungen ohne Sein.[136]

Die Verkennungsfunktion des eigenen Spiegelbildes beruht genau auf dieser Erkenntnis, dass das Bild Illusion ermöglicht bei gleichzeitiger Angebundenheit an reelle Körper und Räume, dass aber die eigene Realität und Materialität der Bildträger (Oberflächenbeschaffenheiten, Lichtstrahlen etc.) und auch die des blickenden Körpers vernachlässigt werden, zugunsten des wahrgenommenen und imaginär erzeugten Bildes. Das wertunterstellende Sehen ermöglicht den Glauben an das eigene Bild. Der alte Disput um Wahrheit und Erscheinung bleibt somit bis in die Spiegel des *Games* aufgerufen und verweist aber auch darauf, dass ohne das Festhalten an einer solchen Position wie Wahrheit oder Reellem, die Position der Erscheinung, der Illusion etc. als ihr Gegensatz und ihre Überschreitung unnötig ist – und umgekehrt. Damit blieben Sein als Wahrheit und Erscheinung als Trugbild in einander entgegengesetzter Bild-Funktion noch immer interessant, besonders wenn es um Identitäten und Subjektivität geht.
Die Oszillation zwischen Nichtsein und Erscheinen eint Spiegelbild und Phantasma als Bilder, die als anderes erscheinen, als gespenstische Bilder:

> Bleibt die *phantasia* eine bloße *phantasia*, so ist sie ein Trugbild. Ein solches Trugbild kann mit dem Namen *phantasma* bezeichnet werden, wobei auch hier nicht eine vorweg gegebene Einordnung als Trug angenommen werden kann. Das *phantasma* kann eine körperlose Erscheinung sein, die in ihrem Status schwankt als Nichtseiendes und doch Erscheinendes, das zugleich als bloß Erscheinendes doch auch ist. So werden im *Phaidon* die *psuchai* Verstorbener, die um Gräber geistern, als *phantasmata* bezeichnet. Diese *phantasmata* sind zwar nur Gespenster, aber als Gespenster sind sie doch. Sie kommen zur Erscheinung, finden sich in der *aisthêsis*, sind aber in dieser *aisthêsis* zu unterscheiden von anderen Erscheinungen, wie den Körpern der Lebenden.[137]

*Phantasma* wird so zu einem Wahrnehmbaren, das gleichermaßen mit Einbildung und räumlichen ‚Mater-real-itäten' korrespondiert, *phantasma* als „Ergebnis der *phantasia*,

135 Schmidt: *Platons Schauspiel*, S. 205.

136 Ebd., S. 202. Vgl. Auch Platon: „[O]der merkst du nicht, daß auch du selbst im Stande bist auf gewisse Weise alle diese Dinge zu machen? – Und, fragte er, was ist doch dies für eine Weise? – Gar keine schwere, sprach ich, sondern die vielfältig und in der Geschwindigkeit angewendet wird. Am schnellsten aber wirst du wohl, wenn du nur einen Spiegel nehmen und den überall umhertragen willst, bald die Sonne machen und was am Himmel ist, bald die Erde, bald auch dich selbst und die übrigen lebendigen Wesen und Geräte und Gewächse, und alles wovon nur so eben die Rede war. – Ja scheinbar, sagte er, jedoch nicht in Wahrheit seiend." (Platon: *Politeia*, Buch 10. http://gutenberg.spiegel.de/buch/7314/12 (Zugriff am 19.02.2016).)

137 Schmidt: *Platons Schauspiel*, S. 204.

das Erscheinen von wahrgenommenen Gegenständen."[138] Es fragt sich also, ob das Phantasma als Begriff dafür taugt, was Agalmatophile sehen, oder muss er auf Gegenstände im engen Sinne begrenzt bleiben? (Aber träfe dies dann auf Gespenster zu?) Er umfasst die Bildebenen, derer sich das „Spiel" der Übertragung zwischen Trugbild und wirksamer Erscheinung für die *opsis* bedient. Wenn das Blicken auf Phantasmata als *blepein* gelten kann, wären diese setzend für und rückwirkend auf die Blickenden und darüber hinaus auch kommunizierbar, als Bild, das anderen ebenso vor Augen gestellt werden kann. Ein *phantasma*, das in seiner Erscheinung als solches erscheint, kann nicht nur skeptisch entlarvt und dekonstruiert, sondern in seiner Konstruktivität, Fiktionalität anerkannt und wertgeschätzt ebenso wie kritisiert werden. In der Übertragung ist so die Beschwörung persönlicher Wertgespenster angelegt – so wie die eigene Identität heraufbeschworen wird, als Trugbild, das als solches gleichermaßen erscheint und Realität stiftet, als Spiegelbild eine räumliche Entsprechung enthält. Dies ist offenbar der Ort, wo sich Übertragung und Spiegelstadium treffen: Der Grundmechanismus für die Übertragung ist durch die Möglichkeit gegeben, den Anderen gleichzeitig zu sehen, zu symbolisieren und zu imaginieren, ihn mit Wert zu besetzen und zu introjizieren. Und dabei geht der Weg über das wertvolle Objekt *agalma*, das als Überrest, *Übertrag* wirkt:

> Objekt *a* lässt sich als der Rest [*remainder*] begreifen, der entsteht, wenn diese hypothetische Einheit [die hypothetische Mutter-Kind-Einheit, E. H.] zerfällt, als eine letzte Erinnerung [*reminder*] daran. Indem es an diesem Rest [*rem(a)inder*] festhält, kann das gespaltene Subjekt, obwohl es aus dem Anderen vertrieben wurde, die Illusion der Ganzheit aufrechterhalten; indem es sich an das Objekt *a* klammert, ist das Subjekt in der Lage, seine Teilung zu ignorieren. Genau dies versteht Lacan unter dem Phantasma, und er formalisiert es mit dem Mathem $\$ \lozenge a$, zu lesen als: das geteilte Subjekt in Relation zu Objekt *a*. Durch die komplexe Relation des Subjekts zum Objekt *a* [...] erzeugt es ein phantasmatisches Gefühl von Ganzheit, Vollständigkeit, Erfüllung und Wohlergehen.[139]

Das Gefühl mag phantasmatisch begründet sein, ist aber tragfähig und realitätsstiftend – wie das Sehen und Sprechen in Übertragung.

Das phantasmatische Wohlergehen in der Übertragung mit dem eigenen Spiegelbild wird nun offenbar bei Ontroerend Goed genutzt. Es geht maßgeblich um Bilder, die räumliche Entsprechungen beinhalten, gleichzeitig Phantasmen sind und mimetischen Wert besitzen bzw. vor allem damit belegt werden. Sein und Erscheinen werden in diesem Spiel miteinander verschmolzen. Ohne sie selbst schwerpunktmäßig zu besprechen – und so den zentralen Punkt der Produktion auslassend –, berichten die Kritiken von der Medialisierung der ‚Selbst- und Fremdwahrnehmung':

> In einem Labyrinth mit sechs Kammern werden die Teilnehmer – einzeln – durch alle Arten der Selbst- und Fremdwahrnehmung geschleust, sind Projektionsfläche und Projektor zugleich und

138 Ebd., S. 203. „Die *phantasia* ist auch nicht mit dem Konzept der Phantasie zu verwechseln, wie es in der Neuzeit entworfen wurde, weil die *phantasia* nicht allein ein Vermögen auf seiten des Phantasierenden bezeichnet. [...] Die *phantasia* ist auch das Sich-Zeigen von *phainomena*, daher kann Sokrates nach Protagoras formulieren, daß die *phantasia* und die *aisthêsis* dasselbe seien. Allerdings führt die *phantasia* auch nur zu einem bloßen Erscheinen und bedarf anschließender Betrachtung, ob dasjenige, was sich zeigt, sich auch so verhält, wie es sich zeigt." (Ebd.)

139 Fink: *Das Lacan'sche Subjekt*, S. 90.

verlieren in diesem Spiegelkabinett den Boden unter den Füssen [!]. Im besten Fall führt das zu einer kleinen Katharsis, in jedem Fall zu einem ganz persönlichen Trip.[140]

Die Apparate werden benannt: Projektion, Projektor, Spiegelkabinett; visuelle Gerätschaften, die Blicke instrumentalisieren, Bilderwelten erzeugen, Prothesen des Idealichs; Spiegel, Video-Stills, Filmbilder. Darin bauen Ontroerend Goed beispielhaft das medial konstituierte und wahrgenommene Subjekt auf, wie es Theorien kapitalisierter Informations- und Mediengesellschaften entspricht, wo Subjektivität sich immer stärker aus visuellen Konstellationen heraus zu erzeugen gewohnt ist, indem das ‚orthopädische' Spiegelbild (als Form, „die wir in ihrer Ganzheit eine orthopädische nennen könnten"[141]) auch in anderen, medialen Abbildungen gesucht wird. Der ‚Ort der Anderen', den die Subjektkonstitution durchläuft, wird dabei als äußerlicher, maßgeblich mit visueller Wahrnehmung konnotiert, die, wie Hannelore Bublitz zuspitzt, Blick, Spiegel und Medium gemein sind:

> Der Ort des Anderen wird zum primären Medium, über das sich das Subjekt seiner – körperlichen – Existenz versichert. Die primäre Erfahrung des Subjekts erfolgt also durch ein Außen; das Subjekt ist zunächst im Blick, im Spiegel und im Medium lokalisiert.[142]

Damit, und vor dem Hintergrund des Lacanschen Spiegelstadiums, wird klar, wie Fremdwahrnehmung in die Selbstwahrnehmung mit eingeschrieben ist, es handelt sich dabei also nicht um ‚verschiedene Paar Schuh'. Eine solche ‚visuell versicherte' Existenz macht aus ihrer körperlichen Komponente jedoch eine, bei der es primär auf sichtbare Oberflächen ankommt,[143] deren Manipulation im Dienste der Anpassung an die mediale Aufmerksamkeit gewinnversprechend für die Subjektkonstitution erscheint:

> Subjekte werden nun nicht primär als Innenwelten repräsentiert, sondern als visuelle Performances: die visuellen Medien testen ihre beobachtbare Darstellung. Das betrachtende Film- und Fernsehsubjekt wird damit weniger in Psychologisierung denn in einer Aufmerksamkeit für körperliche Darstellungen der eigenen Person vor anderen geschult.[144]

Die Existenz der Körper kann so selbst in Frage gestellt werden, da sie in ihrem Bild-Status zu phantasmatischen Gespenstern der eigenen Identität werden, die dem Körper stets vorgelagert werden. In diesem Universum gilt „medial verteilte (Selbst-)Aufmerksamkeit" als Mittel, um „akkumulierte Be(ob)achtung – durch andere" zu erreichen, da diese wiederum als „soziale Bedeutung" gilt.[145] Bublitz betont stark diese Verschiebung des Sozialen in ein visuell geprägtes Verhalten; ihr zufolge

140 Aus der Ankündigung zu *A Game of You* im Rahmen des *Aua wir leben Festival*, April/Mai 2012. http://www.auawirleben.ch/agameofyou.html (Zugriff am 13.11.2012).

141 Lacan: Spiegelstadium, S. 67.

142 Hannelore Bublitz: Sehen und Gesehenwerden – Auf dem Laufsteg der Gesellschaft. Sozial- und Selbsttechnologien des Körpers. In: Robert Gugutzer (Hrsg.): *body turn. Perspektiven der Soziologie des Körpers und des Sports*. Bielefeld: Transcript 2006, S. 341–361, hier S. 351.

143 Daher die Gleichsetzung: „Der Körper, die sichtbare Oberfläche, bildet das Maß aller Dinge [...]" (Hannelore Bublitz: Vermessung und Modi der Sichtbarmachung des Subjekts in Medien-/ Datenlandschaften. In: *Nebulosa* 4 (2013), S. 21–32, hier S. 24.)

144 Andreas Reckwitz: *Unscharfe Grenzen. Perspektiven der Kultursoziologie*. Bielefeld: Transcript 2008, S. 171.

145 Bublitz: Vermessung und Modi der Sichtbarmachung, S. 24.

entwickelt sich, neben einer Art ‚Objekt'-Disposition der *‚being-looked-at-ness'*, ein ästhetischer Voyeurismus, der das Subjekt gewissermaßen als ‚sich zerstreuendes Subjekt' organisiert und es weniger in der reflexiven Ich-Kontrolle als vielmehr in einer visuellen Haltung trainiert.[146]

Die ‚körperliche Darstellung vor anderen' orientierte sich demnach primär an visuellen Kriterien, was einerseits weiterhin eine Verarmung der sinnlichen Wahrnehmung zugunsten des Sehsinns zugrunde legte, wie sie auch in vielen Theorien der Moderne vorliegt. Andererseits stellte sich die Frage, ob im Umkehrschluss Zeichen der präsenten Leiblichkeit offenbar an andere Sinne auslagert würden.
Gerade dieses Präsentische, das für Kunst und besonders für Theater beansprucht wird, bleibt jedoch bei Ontroerend Goed nebensächlich. Im *Game of You* gleicht der dort kondensierte, ästhetisch-konstitutive Voyeurismus dem außerhalb der Studiobühne. Das Sich-Vorführen, Informationen-über-sich-Ausgeben an Instanzen, bei denen ungewiss ist, was damit geschieht, die Aufforderung, sich zum eigenen Auftritt zu verhalten etc., sind Methoden und Mechanismen der „Presentation of Self in Everyday Life"[147] und werden dennoch innerhalb eines außeralltäglichen (modellhaften?) Settings präsentiert. Das *Game* erfüllt nun die Voraussetzung, dass die Bild-ung der eigenen (Körper-)Identität über internalisierte Blicke der anderen und also über ein vermeintliches Bild von sich für andere Augen stattfindet: „Gefordert sind performative Selbstpraktiken, deren Kern permanente Selbstbeobachtung und Beobachtung durch andere bilden."[148] Kriterium dieses Bildes ist dabei bei Erving Goffman die überzeugende Darstellung sozialer Rollen in der Interaktion mit anderen, während es bei der von Bublitz kritisierten Generierung sozialer Bedeutung um das Gefallenwollen in einem primär ästhetisierenden Blick der Anderen geht. Die daraus resultierenden ‚presentations of self in everyday life' legen daher einen Maßstab der Sichtbarkeit und des Imaginären zugrunde:

> Selbst-Performanz wird zum Selbst-Gefühl, Subjektivierung impliziert Selbst-Technologien und Dispositionen, die stärker als an Disziplin und Kontrolle an einer sich gegenseitig beobachtenden Realität des Sichtbaren, an Messdaten, an Haltungen der kreativen Suche und der Wahl sowie an imaginären Effekten und Kriterien der Wählbarkeit durch andere ausgerichtet sind.[149]

Besonders die Wählbarkeit durch andere bleibt aber ans Begehren gekoppelt; also fragt sich, inwieweit diese begehrenswerten Bildnisse und die (Selbst-)Praxen, die sie hervorrufen, auch im Kontext agalmatischen Sehens diskutiert werden können. Geht es in dieser visuell geprägten Selbstkonstitution darum, zum *agalma* für andere Augen zu werden, also begehrenswert zu sein? Bildet sich so eine Begehrensspirale, die als Zentrum jedoch nur noch das eigene Abbild hat, die Körperoberfläche, die sich für einen (internalisierten) Blick von außen manifestiert? Roland Barthes' Gelingenwollen in der Fotografie[150] etwa beschreibt anschaulich eine solche Selbstperformanz, das Posing,

146 Ebd., S. 25, mit Bezug auf Reckwitz: *Unscharfe Grenzen*, S. 172.

147 Erving Goffman: *The Presentation of Self in Everyday Life*. New York: Anchor 1959.

148 Bublitz: Vermessung und Modi, S. 22.

149 Ebd., S. 25.

150 Roland Barthes beschreibt pointiert das Eingehen des Subjekts in den Bildstatus, bei gleichzeitiger Selbstperformanz, die den Überrest der Individualität, die immer unabhängig vom Abbild residiert,

unter dem medialen, imaginierten Blick der Anderen und klingt wie eine Erfahrung der Gäste des *Games*: dass repräsentative und ontologische Faktoren zusammenkommen mögen, dass das Ich mit seinem Bild übereinstimme[151] und dass es darauf Einfluss habe.

Barthes Kommentar zum Posing jedoch zieht die Ebene des Wissens darum im Moment des Tuns mit ein, so wie im *Game* von Anfang an Hinweise aufs Gesehenwerden auftauchen. Erkenntnismomente werden dort jedoch immer aufgeschoben (der Sinn des anfänglichen Kameraauges erschließt sich nachträglich; die CD ist erst zuhause anhörbar; das Zitieren der eigenen Identität ist als letzter Moment des Parcours eingerichtet, auf den es keine Reaktion mehr geben kann und soll). Im Ablauf des *Game* gibt es keine Unterbrechungen, die Stationen folgen schnell und ohne Zäsur aufeinander, das drängende Interview gibt keine Zeit zum Reflektieren, der / die nächste folgt schon in der Spielschleife. Daher ist Erkenntnis selbst mit Verzug nicht mehr Teil der Theatersituation, wird ausgelagert, schmälert so die Erfahrung von Präsenz und Intersubjektivität und kann damit angreifbar für medialisierte Ideologie werden, wie Lehmann vermutet:

> Wenn die Gesten des reflektierenden Unterbrechens, der Reflexion, des ‚Geistes' gegenüber der verzugslosen Einschreibung von Informationen als veraltet zu den Akten gelegt werden, droht der technologisch versierte Scharfsinn in Ideologie umzuschlagen, in die Apotheose blinden Funktionierens.[152]

Im Navigiertwerden durchs *Game* kann genau der Eindruck eines Primats des Funktionierens entstehen. In solch einem Spiel kann jedoch die theatrale Intersubjektivität, wie sie gemeinhin behauptet wird, in den Hintergrund treten: Das *Game* bringt vielleicht nachträglich Verantwortung mit in die von ihm initiierte Pseudo-Intersubjektivität hinein bzw. heraus, nämlich beim Hören der CD, der Urteile der Person übers Bild, des imaginierten Lebens; beim Hören stellt sich der Versuch einer Erinnerung an das Bild ein, zu dem ich meinerseits ein Leben imaginiert habe, und die Frage, was nun wohl der

erhalten will: „Wenn ich mich vor dem Objektiv in Pose setze (will sagen: wenn ich weiß, daß ich posiere, und sei es nur vorübergehend), so riskiere ich damit nicht viel (jedenfalls nicht für den Augenblick). Zweifellos ist die Existenz, die mir der Photograph verleiht, nur eine metaphorische. Diese Abhängigkeit aber mag noch so imaginär sein (und sie ist reinste Einbildung), so erlebe ich sie gleichwohl mit der Beklommenheit, mit der man einer ungewissen Kindschaft entgegensieht: ein Bild – mein Bild – wird entstehen: werde ich ein unsympathisches Individuum zur Welt bringen oder einen ‚prima Burschen'? Könnte ich doch auf dem Papier ‚gelingen' wie auf einem klassischen Ölgemälde, mit edler Miene, versonnen, intelligent und so weiter! Kurz, wenn ich doch nur ‚gemalt' werden könnte (von Tizian) oder ‚gezeichnet' (von Clouet)! Da aber das, was man von mir nach meinem Wunsch erfassen soll, eine feine moralische Textur und keine Mimik ist, und da die Photographie – abgesehen von der Porträtphotographie großer Meister – nicht sehr subtil ist, weiß ich nicht, wie ich von innen her auf mein Äußeres einwirken soll. Ich beschließe also, auf meinen Lippen und in meinen Augen ein leichtes Lächeln ‚spielen zu lassen', das ‚undefinierbar' wirken und mit den mir eigenen Qualitäten zugleich zum Ausdruck bringen soll, daß ich das ganze photographische Zeremoniell amüsiert über mich ergehen lasse: ich gehe auf das Gesellschaftsspiel ein, ich posiere, weiß, daß ich es tue, will, daß ihr es wißt, und doch soll diese zusätzliche Botschaft nicht im mindesten das kostbare Wesen meiner Individualität verfälschen (fürwahr die Quadratur des Kreises): das, was ich bin, unabhängig von jedem Bildnis." (Roland Barthes: *Die helle Kammer*. Frankfurt am Main: Suhrkamp 1985, S. 19–20.)

151 Ebd., S. 20.

152 Lehmann: *Postdramatisches Theater*, S. 432.

Inhaber seiner CD hört, jedoch werde ich ihm nicht begegnen. Das *Game* extrahiert durch die Vereinzelung der Zuschauenden ein wesentliches Element theatraler Praxis, nämlich die gemeinsame, perzipierbare Anwesenheit auch und gerade durch das Anblicken, das die „Frage nach dem Selbst durch das Faktum des *Erblicktseins*"[153], wie sie Lehmann für Videoinstallationen stellt, aufruft. „Gesehenwerden konstituiert jenen Bereich der Ko-Präsenz mit, der den Kern des Theaters ausmacht"[154], schreibt er weiter. Ko-präsent bin ich im *Game* jedoch nur mit den Spielleitenden, und es geschieht auch nicht einfach das Gegenteil (Nicht-Anblicken), sondern eine perfide Aufrechterhaltung der Frage nach dem Selbst durch das Faktum des *Erblicktseins* und zwar *nur* noch durch das Erblickt-Sein, indem das Selbst nur noch im Ab-Bild erblickt, durch Apparate gefiltert wird und statt leiblich-gegenwärtigem, also auch gegen-seitigem Erblicken, ein medial vervielfachtes Erblicktsein erfährt.

Interessanterweise ist dies für Lehmann ein Merkmal der Simulation, während der Leib im Sehen zur Oberfläche wird, spaltet sich das Sehen über optische Apparate vom Auge ab: „Für die Macht der Simulation ist ein Vorgang von der größten Bedeutung, der sich schon im 19. Jahrhundert abgezeichnet hat: die Delegierung des menschlichen Blicks an Apparaturen. Das Sehen emanzipiert sich vom Leib."[155] In diesem Zusammenhang bemerkt er auch, dass die „bewegten photographischen und dann elektronischen Bilder [...] auf die Imagination – und auf das Imaginäre – ungleich stärker [wirken] als der lebendig vorhandene Körper auf der Bühne."[156] Merkwürdig also, dass das auf der CD geschilderte Leben sich als so wenig reichhaltig imaginiert erweist; ein Zeichen dafür, dass panoptische Machtstrukturen[157] verinnerlicht und am Werk sind? Oder eben dafür, dass die Aufführungsstrategien des *Game* erfolgreich imaginationsreduzierend eingesetzt werden?

Übertragungstheoretisch betrachtet ließe sich das zentrale Problem formulieren, dass begehrendes Blicken und darin erzeugtes *agalma* eine Oberfläche kontrastieren kann, während panoptische Macht einen solchen Kontrast durch den Entzug der Tiefendimension zu verunmöglichen sucht. In einem Universum der sichtbaren Oberflächen geht es nicht (mehr?) darum, etwas *in* jemand zu sehen, sondern immer nur *an* der Oberfläche. Es fragt sich also, ob eine Betonung subjektiv-körperlicher oder räumlicher Tiefendimension erforderlich ist, um den Oberflächen entgegenzuwirken und agalmatisches Sehen überhaupt zu ermöglichen, welches eben nicht (durch ein) O/objektiv schaut: „Denn nicht die Gleichgültigkeit hebt das Gewicht des Bildes auf – nichts ist besser als ein ‚objektives' Photo wie das Automatenphoto dazu geeignet, aus jedem ein steckbrieflich gesuchtes Subjekt zu machen –, sondern die Liebe, die große

153 Ebd., S. 437.

154 Ebd., mit Bezug auf Videoinstallationen und spez. *Tall Ships* von Gary Hill.

155 Ebd., S. 402. Sinnfällig dabei ist auch, wie der Vorgang des Fotografierens sich verändert, indem die fotografischen Apparate nun nicht mehr in direkter Nähe des Auges positioniert, sondern an ausgestreckten Armen weit von sich gehalten werden.

156 Ebd.

157 Bublitz bezieht sich auf den Begriff der panoptischen Macht im Hinblick auf Foucault und seine prägenden Theoretisierungen zum Panopticon, vgl. Michel Foucault: *Überwachen und Strafen. Die Geburt des Gefängnisses*. Frankfurt am Main: Suhrkamp 1976.

Liebe."[158] Auch von Barthes wird also dem liebenden Blick ein Potential zur Blickeinstellung zugeschrieben.
Im Gegensatz dazu kann Bublitz den im Spiegelstadium introjizierten Blick der Anderen mit dem der Medien gleichsetzen und darüber hinaus eine Selbstbeobachtung diagnostizieren, die eher kontrollierend als gütig liebend anmutet:

> Es [das Subjekt, E.H.] gewinnt Aufschluss über sich und seinen Körper von seinem exzentrischen Spiegelbild im Blick des / der Anderen, im Bild des Mediums. Die Beobachtung durch andere, die sich zur Selbstbeobachtung steigert, wird zum konstitutiven Medium des – sozialen – Seins.[159]

Die offenbar im ‚natürlichen Modell' angelegte Introjektion der Anderen ermöglicht in dieser Perspektive eine Gleichsetzung medial vermittelter – und dabei meist intentionaler – Bilder mit den „orthopädischen" (Lacan, s.o.) des Spiegelstadiums, was zu einem ständigen Versuch führen kann, sich mit der eigenen agalmatisierenden Wirkung auf Andere zu befassen, angefangen bei der prüfenden, abgleichenden Selbstbeobachtung, wie sie Bublitz beschreibt. Dies wiederum wäre die Angriffsfläche für Kräfte panoptischer Manipulation (Werbung etwa wäre darunter wohl noch die harmloseste), um auf den Wertmaßstab dieser Selbstbeobachtung Einfluss auszuüben.
Die Selbst-Konstitution übers Äußere ist also dabei nichts Neues, es stellt sich vielmehr die Frage, was die Setzung des Äußeren als Mediales und das damit einhergehende Verständnis der Anderen als medial verallgemeinerte mit sich bringt. Nach Bublitz konstituiert sich das Subjekt

> im Fokus des – medial konstruierten – Blicks immer schon im Spiegel eines verallgemeinerten Anderen, dessen Perspektive es in die einer gesteigerten Selbstbeobachtung übersetzt. Der nach innen gewendete Blick, der das Medium und den Anderen als Beobachter bloß imaginiert, wird zum Bestandteil seiner inneren Disposition.[160]

Die Formulierung „bloß imaginiert" irritiert dabei – das Imaginäre wird ja als konstitutiv angenommen, wie kann es dann zum „bloß" reduziert werden? Zudem wird hier zunächst über die Symbolisierung hinweggeschrieben, der das Imaginäre schließlich unterworfen wird. Die Tragweite des nach innen gewendeten Blickes als internalisierte, visuell geprägte Struktur kann aber dennoch die Argumentation von medial exekutierter, panoptischer Macht begründen, die darauf beruht, sich für den Blick der Anderen zu formen: „Panoptische Macht weitet sich zu Prozessen der zirkulären Selbststeuerung und -kontrolle aus, in denen das Subjekt immer schon mit dem – imaginierten – Blick der Anderen zusammengeschlossen ist."[161] Die Internalisierung der „Reziprozität der Perspektiven"[162] etabliert einen „inneren Maßstab"[163], der von einem verinnerlichten und „verallgemeinerten Anderen"[164] abgenommen wird.

158 Barthes: *Die helle Kammer*, S. 20.
159 Bublitz: Sehen und Gesehenwerden, S. 350.
160 Ebd., S. 353.
161 Ebd., S. 352.
162 Ebd., S. 355.
163 Ebd.
164 Ebd.

> Hier wirkt soziale Macht als verdeckter Automatismus von Technologien, in deren Blick das Subjekt sich konstituiert als eines, dessen Begehren nicht nur darauf ausgerichtet ist, von den anderen gesehen zu werden, sondern das sich im verallgemeinerten Anderen wiedererkennt und diesen zugleich als Steuerungsregulativ verinnerlicht hat.[165]

Dieses medialisierte Spiegelstadium führt offenbar zur visuellen Haltung als Gewohnheit, alle möglichen Ab-Bild-ungen mit der Eigenkonstitution übereinzustimmen und diese zu regulieren, d. h. den Regeln gemäß zu gestalten, und daher enttäuscht zu sein, wenn die eigenen Lebensfakten von anderen nicht gesehen werden. Es sind nicht die experimentellen Identitäten die „Norm"[166], sondern das verinnerlichte Allgemeine, vermeintliche Angemessene. Die Macht der Norm wird in diesem medialen Subjektkonstitutionsmodell, wie das *Game* es erfolgreich simuliert, mit panoptischer Macht verschmolzen und als visuelle Haltung im Inneren der Subjekte verortet. Für Bublitz bedeutet dies, dass äußere Überwachungs- und Kontrollmechanismen verinnerlicht werden:

> Panoptische Macht [...] ersetzt äußeren Zwang durch Selbstsorge, an vorgegebenen Normen orientierte soziale Kontrolle durch intersubjektive Regulierungstechnologien und disziplinär kontrollierende Macht durch eine natürliche *Wachsamkeit gegenüber organischen Zuständen, Ungleichgewichten und Anomalien.*[167]

Damit ist das *Game* ein pessimistisches politisches Statement, indem es seine Subjekte diese Praxen vollziehen und nicht durchbrechen lässt, sie entsprechend zurichtet. Soziale Bedeutung stellt sich in diesen Ansätzen als soziale Kontrolliertheit und selbstgewählte Normierung heraus, und eben demgegenüber verhält sich das *Game* nicht unterbrechend, stellt nichts entgegen, sondern stellt nur genau diesen Mechanismus anschaulich aus, indem über die Oberfläche zur Subjektivität vorgedrungen werden soll. Wie hat jemand auszusehen, der oder die verheiratet ist, einen Golden Retriever besitzt oder zufrieden mit dem eigenen Aussehen sein darf?

Besonderes Unwohlsein erzeugt dabei gerade der Rückbezug des Panoptischen auf den Körper: Im panoptischen *Game* wird der eigene Körper, seine organischen Zustände, Ungleichgewichte und Anomalien zum oberflächlichen Fremd-Körper gemacht, bzw. zum potentiell Unangemessenen, durch die mediale Abspaltung und Rückprojektion in den eigenen, offenbar abgleichenden Blick, der zudem auf ein technisch mangelhaftes Ergebnis trifft (Rotstich der Projektion z. B.). Es verwundert weiter die Akzeptanz, Abbilder als Informationsträger für Identität anzunehmen, denn nicht einmal mehr der Live-Körper selbst kann in medienkompetenten Wahrnehmungen mitunter noch zu einem solchen werden: „Der Zeichenträger ‚Körper' wird als alleiniger Garant für eine glaubwürdige und authentische Kommunikation nicht anerkannt, denn er ist bereits im ‚Real Life' ein durch Technik und Medienbilder erzeugter Leib."[168]

165 Ebd.

166 „In den Disziplinen kommt die Macht der Norm zum Durchbruch. Handelt es sich dabei um das neue Gesetz der modernen Gesellschaft? Sagen wir vorsichtiger, daß seit dem 18. Jahrhundert die Macht der Norm zu anderen Mächten hinzutritt und neue Grenzziehungen erzwingt." (Foucault: *Überwachen und Strafen*, S. 237.)

167 Bublitz: Sehen und Gesehenwerden, S. 352, Herv. E. H.

168 Christiane Funken: Über die Wiederkehr des Körpers in der elektronischen Kommunikation. In: Sybille Krämer (Hrsg.): *Performativität und Medialität*. München: Fink 2004, S. 307–322, hier S. 314.

Die symbolische Ebene, das Ausgefragtwerden über Lebensumstände beim Blicken auf das Video-Abbild, verstärkt diese Abspaltung des Körperlichen noch. Das stete, gemeinsame Schauen auf die Abbildungen, das Kleben des Blicks an ihnen, vermindert räumliche Tiefe, die nach Lacan, wie bereits erwähnt, eine der zentralen Bewegungen zwischen Imaginärem und Symbolischem ist: Das Umwenden des Kopfes zu jemand anderem (jemand sprechendem) hin verschwindet so. Aus den miteinander korrespondierenden Räumen wird nur einer, nur dem Virtuellen, den Oberflächen gilt die Aufmerksamkeit. Denn immer, wenn die Performerin als körperlich anwesendes Gegenüber im *Game* angesehen werden will, die Aufmerksamkeit auf sich lenkt, versetzt sie sich eben auf eine Bildebene (als nachahmendes Spiegelbild oder im Abteil, wo der Spiegel als Durchreiche zitiert ist, und die Performerin gegenüber das gefilmte Verhalten nachahmt). Bei Lacan ist jedoch die (ganz wörtlich gemeinte) *haltende* Position der Anderen[169] gemeinsam mit dem blickenden Subjekt jenseits des Spiegels, auf der räumlich-körperlichen Seite verortet, die sich offenbar nur durch das Abwenden des Kopfs und Blicks als solche habhaft macht. Denn es ist eine „Wendung" an die Anderen, die Lacans Ursituation beschreibt,[170] etwas, das das virtuelle Bild so erst einmal nicht oder eben nur mit Prothesen mitmachen kann (3D-Technik etc.), da es auch technisch hochentwickelt primär nur den Eindruck einer Tiefe (einer imaginären Tiefe?) vermitteln kann und sich dabei auf die Tiefenerfahrung des blickenden Körpers und seine Assoziation mit ihr verlässt. Das *Game* scheint nun genau umgekehrt angelegt zu sein: Das Leibliche erweckt dort seinerseits stets den Eindruck einer Oberflächlichkeit; die im *Game* imaginierten und symbolisierten Subjektivitäten werden nie räumlich und damit greifbar. Gerade hier erweist sich der Entzug der körperlichen Tiefe, der leiblichen Begegnung, als temporäre, zeitgenössische Möglichkeit zur Zurückweisung von Ethik als intersubjektiver Rapport der Verantwortung.
Lehmann etwa formuliert gerade für den Umgang mit Bildern, und damit also auch für die Reduktion der Anderen auf Bilder, eine Konzentration auf Information und auf ein mediales Modell von Übertragung als Senden und Empfangen. Hierbei sendet jedoch nur das Bild und die Betrachtenden empfangen, weshalb Lehmann ihre Perzeption mit Konsum gleichsetzt:

> Die Gewohnheit des Konsums elektronischer Bilder begünstigt dagegen gerade diese Reduktion der Idee von Kommunikation auf das Modell des Empfangens und Versendens von Signalen jenseits der Register von Verantwortung und Begehren. Das telematische Dispositiv erfüllt den mentalen Raum vollständig mit ‚Information'.[171]

Was Lehmann telematisch nennt, bezeichnet wohl die Abwesenheit einer leiblichen Sende-Position, und genau darauf will das *Game* ja hinaus: auf die Bereitschaft, die Informationen zu konsumieren, die das Abbild sendet, mit der Gleichsetzung von bildgebender Person und ihrem Bild. Die Aufforderung zur Imagination im Hinblick auf

169 Der Körper, der das sich umwendende Kind hält, d.h. trägt.

170 Vgl. S. 102 dieser Arbeit.

171 Lehmann: *Postdramatisches Theater*, S. 402.

das Bild muss im Raum der Oberflächen verhallen.[172] Kulturpessimistisch betrachtet und überspitzt formuliert wäre Ontroerend Goed also vorzuwerfen, sich affirmativ auf das Niveau aktueller Gossip- und Mobbing-Technologie zu begeben, was vielleicht sogar zentralen künstlerischen und sozialen Erfahrungen widerspricht, wenn sie mit Lehmann als von der Anwesenheit des Anderen geprägt definiert werden:

> Im Kern des ästhetischen Verhaltens, vor allem aber in jeder Idee von ‚Verantwortung', also im ethischen Verhalten ebenso wie im Kern von Affektivität überhaupt, findet man die unhintergehbare Situation der ‚Anwesenheit' des Anderen. Diese ‚Anwesenheit' läßt sich nicht einfach durch das Faktum der sinnlichen Wahrnehmung als solche definieren, ist aber doch insofern an sie gebunden, als die mögliche reale Einwirkung des Wahrnehmenden auf das Objekt der Wahrnehmung ins Spiel kommt. Die Situation virtueller Einflußnahme hat zur Folge, daß der Vorgang des Empfangens und Sendens von Zeichen nicht von der Verstrickung des kommunizierenden Subjekts in Begehren, Verantwortung und Verpflichtung abzutrennen ist.[173]

Doch wird der Andere ja gerade nicht als Entzug inszeniert, was seine Anwesenheit in der Abwesenheit notwendig spürbar machen könnte,[174] sondern als medialisierte Anwesenheit behauptet, als zweidimensionale Bild-Oberfläche ohne Körperkontakt abgetrennt. Diese Spaltung wird bis zum Schluss nicht aufgehoben: es gibt keine Verantwortung für dieses Ge-sicht des Anderen[175] – wäre diese Form der Übertragung ohne Verkörperung auch der Grund für zeitgenössische Phänomene wie Trolle in Foren und auf Autobahnen, Mobbing in Medien / Castings, oder auch für übermäßige kollektive Rührung?

### *Tiefe des Spiel-Raums: Sprechen und Ton*

Der aus der Übertragungsperspektive gerichtete Blick auf das Sehen kann also im *Game* auf Unterbrechungen bzw. Vernachlässigungen intersubjektiver Rapporte zugunsten von optischen Machtstrukturen *in actu* hinweisen. Dabei macht dieses Spiel durchaus Ernst mit Praxen des telematischen Erblicktseins und eben panoptischen Machtstrukturen, wobei auch Sprache im Sinne dieses Spiels funktionalisiert wird. Daher verweist der Spielbegriff hier wohl vor allem auf den Spielraum als Regel-Raum, auf den es sich einzulassen gilt, und somit auch auf die Instanz der Spiel-Leitung,[176] die Institution, die die Regeln bestimmt, wenn sie sich als schon vorgegeben erweisen.[177]

172 Damit soll nun natürlich nicht jegliche künstlerische Arbeit mit Bildern als oberflächengebunden klassifiziert werden. Gerade das Beispiel, das Lehmann diskutiert (Gary Hill: *Tall Ships*, 1992), arbeitet ja gerade mit der Erzeugung von Bildtiefe und vermeintlichen Begegnungen zwischen Installationsbesuchenden und Personen im Video.

173 Lehmann: *Postdramatisches Theater*, S. 402–404.

174 Zu solchen Denkweisen vgl. Gerald Siegmund: *Abwesenheit. Eine performative Ästhetik des Tanzes. William Forsythe, Jerôme Bel, Xavier Le Roy, Meg Stuart*. Bielefeld: Transcript 2006.

175 Vgl. Levinas' Gedanken zum Antlitz und zur Ethik, siehe auch S. 99 dieser Arbeit.

176 Vgl. das Kapitel über Regie und Mehr-Wert ab S. 142 dieser Arbeit.

177 Der Hinweis auf ein wichtiges Gegenbeispiel für nicht-vorgegebene Spielregeln, nämlich *Calvinball* aus dem Universum von *Calvin and Hobbes*, sei erlaubt: „Calvinball is a game invented by Calvin, in which one makes the rules up as one goes along. Rules cannot be used twice (except for the rule that rules cannot be used twice). No Calvinball game is like another. The game may involve wickets, mallets, volleyballs, and additional equipment as well as masks. There is only one permanent rule in Calvinball: One can't play it in the same way twice." (http://calvinandhobbes.wikia.com/wiki/Calvinball (Zugriff am 10.02.2105).)

Körperliche Anwesenheit wird so maßgeblich in Funktion einer Spielleitung genutzt, um im richtigen Timing durch den streng getakteten Parcours zu lotsen, denn jede Spielrunde hat nur einen begrenzten Zeitrahmen zwischen den vorherigen und den nachfolgend Spielenden.
In den Dialogen mit der Performerin spielen daher maßgeblich Fragen eine Rolle, die als fordernde Kommunikationsform genutzt werden, um Antworten zu erzeugen, um ‚weiter im Text' voranzuschreiten. Besonders deutlich wird dies auf der Audio-CD. Die Art des zu hörenden Dialogs ist einerseits dem Ziel der Aufzeichnung geschuldet: Die Fragende wiederholt häufig die erhaltenen Antworten, um sicher zu gehen, dass sie auch aufgezeichnet werden, während die andere Stimme deutlich leiser und somit viel schlechter und bisweilen gar nicht zu verstehen ist. Diese Form verstärkt die Suggestionskraft der Fragenden und ihr Antreiben der ‚Imagination'. Bei einer weniger zuschreibungsscheuen Kandidatin würde die bohrende Funktion der Fragen vielleicht weniger stark in den Vordergrund treten – Antworten sollen jedenfalls unbedingt erfolgen. So können diese mitunter unter Druck erwirkt klingen, einsilbig sein, durch viele Pausen und Verzögerungslaute Zurückhaltung ausdrücken. Bemerkenswert ist auch die zwischendurch erfolgende Thematisierung des Verhältnisses zur ‚Wahrheit', als wäre es unangenehm, ‚Falsches' zu imaginieren. Insgesamt kann bei diesem Gespräch also von einer zögerlichen Haltung der Befragten gesprochen werden. Doch wird diese nicht als ästhetisch wirksame Zensur herausgefordert, wie Lehmann sie für das berüchtigte Hamlet'sche Zögern beschreibt:

> Hamlets zweifelndes Zögern [...] ist vielleicht das Antidotum zur Medienvermittlung, auch wenn die Möglichkeit eines solchen Perzeptionsmodus des hinhaltenden Zweifels, einer sozusagen postbrechtschen ‚Ästhetik des Mißtrauens' auf Dauer dahinstehen muß. Ästhetische Wirkung kann immerhin von einer solchen ‚Schwebelage' des Zweifels ausgehen.[178]

Stattdessen sind die Fragen, wie gesagt, eher auf eine schnelle und effiziente Antwort aus. Brown kann daher die Spielleitung im Hinblick auf die zu Leitenden als Ausbeutung bezeichnen: „*A Game of You* ingeniously exploits our rather sweet and amazing willingness as audience members to try to be honest, to be ourselves, to go with the flow, to trust – but this time the emphasis is on the word ‚exploits'."[179] Eine ästhetisch wirkende Schwebelage wird hier nicht zugelassen, es wird bis zur Antwort gebohrt oder Suggestion eingesetzt. Das Zögern, das sich auf auditiver Ebene materialisiert und das vielleicht ein Bemühen „to be honest" verrät, unterbricht das Spiel nicht.
So wird der Dialog weniger ‚auf Augenhöhe' geführt und stellt sich eher als Machtstruktur dar, als instrumentalisierender Umgang mit Blicken und Sprechen und als „Ausbeutung" der Übertragung, die die Spielenden der Spielleitung entgegenbringen, nämlich ein folgsames Sich-Begeben in ihren Geltungsbereich. Für das Gespräch bedeutet dies, dass es unter den Prämissen von Interview, Verhör oder auch Quiz abläuft, in denen es eine fragende Instanz und eine zum-Sprechen-gebrachte gibt, wie es Annemarie Matzke in Reflektionen ihrer Theaterarbeit ausführt. Auch sie untersucht die

178 Lehmann: *Postdramatisches Theater*, S. 406.
179 Brown: A Game of You.

Möglichkeiten eines Fragespiels, was häufig unter der Annahme einer richtigen Antwort zur Frage abläuft, die Frage also nicht als Herstellung experimenteller Imagination genutzt wird, sondern unter Leistungsdruck setzt. Es entsteht eine

> Machtdifferenz zwischen Fragesteller und Antwortendem, die das Fragespiel mitunter zu einem Verhör werden lässt. [...] Quiz bedeutet aber auch Prüfung, Verhör oder Machttechnik. Ein Quiz ruft neben dem Wissen immer auch verbale Fähigkeiten ab. Der Befragte wird einem Sprachleistungstest unterzogen.[180]

Gerade über die Fragen im *Game*, das zeigt sich im Zögern, im Zweifel über die Wahrheit und am Rückbezug des Gesagten auf sich selbst, stellt sich dieses Gefühl der Machttechnik[181] und des Antwortdrucks offenbar ein; ein weiteres Merkmal dafür, dass die Regeln des Spiels dominieren und die Spielerin im Dialog ihnen gerecht werden möchte. Dadurch scheint das Potential, Sprache als Primär-Spiel und Erschaffung einer zweiten Welt nach Johan Huizinga[182] zu begreifen, nicht ausgeschöpft, obgleich ja inhaltlich die Aufforderung dazu durchaus erfolgt: „imagine!" Vermutlich ist es in einer eher hierarchisch-autoritären Anordnung und unter Zeitdruck (und in einer Fremdsprache) nicht möglich, einen sprachlichen Spielraum zu eröffnen – oder die Aufforderung erweist sich damit als rhetorisch-imperative Floskel, als Ironie oder gar Sarkasmus?

Die Frage als Technik der künstlerischen Praxis muss jedoch nicht immer in diese Richtung lenken. In Forced Entertainments *Quizoola* z.B. wird über eine stundenlange Dauer dieses Machtverhältnis untersucht, bis es komplex und dynamisiert wird, wie Elias Khoury beschreibt: „*Quizoola!*'s 'script' of questions and their improvised answers created an atmosphere of intimacy and complicity in the power dynamics established between the interrogator and the interrogated."[183] Dort werden aber auch keine Zuschauenden unvorbereitet mit Fragen konfrontiert; im *Game* hingegen gibt es keine „complicity in the power dynamics", dafür ist keine Zeit. Die Fragen dienen der Spielleitung, um den Ablauf zu gewährleisten bzw. das Material zur persönlichen Rückspiegelung zu generieren, und Vorwissen besteht ausschließlich auf Seiten der Befragenden.

Mit dieser Art des fragenden Dialogs agiert das *Game* jedoch erneut ethisch lesbare Strukturen aus, denn gerade die Frage-Antwort-Struktur als intersubjektiver Rapport ist Ausdruck einer ethischen Haltung. So argumentiert Dieter Mersch in seiner Gadamer-Lektüre, dass die

180 Annemarie Matzke: Performing Games. In: Helmer / Malzacher (Hrsg.): *Not even a game anymore*, S. 169–181, hier S. 178.

181 In diesem Zusammenhang ist es also auch nicht verwunderlich, dass „Interrogation Plays" zum Repertoire des BDSM-Programms von Felix Ruckerts *Schwelle 7* zählen: „Verhör-Spiele (Interrogation-Play) sind psychisch orientierte BDSM-Szenarien." (www.schwelle7.de/FrankT1.html (Zugriff am 15.02.2015).)

182 Ein Hinweis wäre noch, dass Huizingas zweite Welt der Sprache mit Lacans symbolischem Mord korrespondiert. Wenn nun der abgebildete Körper im *Game* durch den Dialog eine Re-Formulierung erfährt, könnte dies als eine weitere Entfremdung vom körperlichen Gegenüber gelten, als Transfer ins Symbolische und damit einen weiteren Punkt aufmachen, der die intersubjektiven Rapporte befragt. Vgl. *Spectacular* von Forced Entertainment, ab S. 176 dieser Arbeit.

183 Programme note by Elias Khoury, co-director of the Ayloul Festival, siehe http://forcedentertainment.com/page/145/Quizoola/97#-readmore (Zugriff am 16.03.2013).

> ‚Struktur der Frage' immer schon die Orientierung vorgibt, denn ‚im Wesen der Frage liegt, dass sie einen Sinn hat'. Wiewohl es keine eigentliche ‚Methode des Fragens' gibt, weshalb Gadamer ausdrücklich von der ‚Kunst des Fragens' spricht, bleibt ihr trotzdem die Suche nach einer Antwort immanent, die als Antwort stets auf ein *Verstehenwollen* hinaus will, so dass schließlich erneut die Offenheit eingebüßt wird, die als Offenheit auch die Möglichkeit des *Nicht*, der Befremdung oder des absoluten Risses einschließen müsste.[184]

Solche fragenden Zuwendungen an ein Gegenüber sieht Mersch mit Gadamer daher also immer im Voraus schon von einer „Betroffenheit vom Sinn des Gesagten"[185] charakterisiert, nämlich von der „Anstrengung, verstehen zu wollen"[186], was für Mersch das „*Ethos*" darstellt, „das Gespräch aufzunehmen und fortzuführen, um dem Anderen Gerechtigkeit, mithin auch Verständlichkeit widerfahren zu lassen."[187] Die intersubjektive Struktur wäre hier also durch eine „Sinnunterstellung"[188] gekennzeichnet, also durch einen hermeneutischen Gestus, der auch als Übertragungsstruktur angesehen werden kann. Das *agalma* der Verständlichkeit und damit das Verstehen als angemessener Rapport mit dem Gegenüber verdeutlichen einen herme(neu)tischen Rapport, der sich in Frage-Antwort-Techniken manifestiert. Damit wäre jedoch eine weitere Technik des *Game* benannt, die einer „Ethik der Alterität"[189] entgegenwirkt. Mersch stellt nun der ‚Ethik der Hermeneutik', wie sie also analog genannt werden müsste, Jacques Derridas irreduzible *Differenz*[190] in der intersubjektiven Struktur entgegen. Diese bringe immer schon einen „Bruch im Dialogischen"[191] mit sich, da ein Verstehenwollen, und daher also auch die fragende Hinwendung, der Alterität des Gegenübers niemals gerecht werde. „Jedes Fragen" enthalte „bereits einen ‚Richtungssinn', der den Raum des Antwortens und damit auch die Interpretation vorgibt"[192], während die Differenz als „absolute Trennung [...] eine Forderung [erhebt], die nicht nach einer Deutung, sondern nach einer Aufnahme, einer *rückhaltlosen Anerkennung* ersucht."[193] Anerkannt werden soll in einer Ethik der Alterität also kein zu unterstellender ‚Sinn' des Gegenübers, sondern das Gegenüber als letztlich unverfügbar, unberührbar, nicht anzueignen. Ein hermeneutischer Zugriff auf es verbiete sich nach Mersch also, wenn seine Nähe gesucht wird:

184 Dieter Mersch: Gibt es Verstehen? In: Juerg Albrecht / Jörg Huber / Kornelia Imesch / Karl Jost / Philipp Stoellger (Hrsg.): *Kultur Nicht Verstehen*. Zürich: Springer 2005, S. 169–185, hier S. 174, mit Bezug auf Hans-Georg Gadamer: *Gesammelte Werke*, Bd. 1: Wahrheit und Methode. Tübingen: Mohr Siebeck 1999, S. 368, 372.

185 Hans-Georg Gadamer: Ästhetik und Hermeneutik. In: Ders.: *Gesammelte Werke*, Bd. 8. Tübingen: Mohr Siebeck 1999, S. 1–8, hier S. 6.

186 Ebd.

187 Mersch: Gibt es Verstehen?, S. 174.

188 Ebd., S. 173.

189 Ebd., S. 177.

190 „Das Befremden und die Verstörung, die dadurch ausgelöst werden, bilden dabei Korrelate einer *nichtauflösbaren Differenz*." (Ebd., S. 175.)

191 Jacques Derrida: Guter Wille zur Macht (I): Drei Fragen an Hans-Georg Gadamer. In: Philippe Forget (Hrsg.): *Text und Interpretation*. München: Fink 1984, S. 56–58, hier S. 58.

192 Mersch: Gibt es Verstehen?, S. 176, mit Bezug auf Gadamer: *Wahrheit und Methode*, S. 368, 371.

193 Mersch: Gibt es Verstehen?, S. 176.

> Sucht das Verstehen daher in seine Nähe [in die Nähe des Anderen, E.H.] zu gelangen, indem es diese Unverfügbarkeit, ja Unberührbarkeit leugnet, vergrößert es nur den Abstand, was überhaupt verbietet, die Bezugsweise der Begegnung mit Anderem, Fremden nach der Dialektik von Frage und Antwort zu konzipieren.[194]

Letztlich handelt es sich dann auch um die Frage der Degradierung des Subjekts des Gegenübers zum Objekt des Verstehens, eine Frage der (Un-)Äquivalenz also; ein Punkt, dem sich diese Arbeit von Lacan aus noch ausführlicher widmen wird.[195] Vorerst soll der Hinweis auf die Arbeit des *Game* gegen Anerkennung der Alterität genügen.[196]

Dabei böte gerade der akustische Raum des *Game* die Möglichkeit, einen Kontrapunkt zum visuellen Funktionieren und der Aneignung zu setzen. Der Dialog zwischen Spielleitung und Gast ist nämlich, wie bereits angedeutet, vor einer Tonmatrix aus Stimmengewirr und akustischen Signalen des Spiels (Telefon, Hupe) zu vernehmen. Diese Matrix bildet das Hintergrunduniversum des *Game*, indem es alle geführten Gespräche anscheinend wieder in den Raum des Spiels einspeist und damit den Eindruck erweckt, dieses Universum vergrößere sich ständig. Dieser Tonraum be*tont* also die Präsenzen anderer Spielender, die auf visueller Ebene eher reduziert werden und deren Bilder stetig verschwinden, während sie im Akustischen – bzw. Akusmatischen – als Spuren zurückbleiben.

Zwar geht es auch hier um eine Trennung der körperlichen Quellen von ihren aufgezeichneten Spuren, jedoch erweist sich diese auch als Gemeinsamkeit. Das *Game* spaltet ja kontinuierlich ab, die Körper von dem mit ihm generierten Bild und Ton im Panopticon und Panakustikon, und schließlich werden die abgespaltenen Aussagen nicht ‚nur' elektronisch reproduziert, sondern aus dem Mund von jemand anderem zitiert. Das Stimmengemurmel und der einrahmende Ton sind jedoch eine gute Erinnerung an die Bedingungen des Sprechens an sich, die Einbettung des Subjekts in den Kontext des Symbolischen, die mit dem ‚Geworfensein' in die Sprache ihren Anfang nimmt, und das also bei aller subjektivierenden Funktionen immer von außen kommt,[197] während es gleichzeitig also Subjektivität in seiner Wiederholbarkeit beständig übersteigt. Der Zusammenhang von Sprechen mit Iterierbarkeit, auf die auch Mersch rekurriert,[198] verweist auf das irreduzible Eigenleben des Sprechens. Sprechende beziehen sich im Moment des Sprechens immer auf einen ihnen vor- und nachgängigen Raum.[199] Damit stellt das *Game* die Iterierbarkeit von Sprache und

194 Ebd.

195 Vgl. Kap. „Subjekt-Objekt-Problematik", S. 144–153 dieser Arbeit.

196 Vgl. als Gegenbeispiel Felix Ruckerts frühe Arbeit *Hautnah*, ein Komplex, der sich noch der Frage nach Machtverhältnissen widmet, aber ohne sie zu beantworten und sich explizit und affirmativ dem BDSM-Kontext und seinem Ausagieren zu verschreiben, wie die aktuellen Arbeitszusammenhänge Ruckerts. Vgl. S. 147–151 dieser Arbeit.

197 „Das Subjekt ‚wird' mehr gesprochen, als daß es spricht." (Hans-Thies Lehmann: *Theater und Mythos. Die Konstitution des Subjekts im Diskurs der antiken Tragödie*. Stuttgart: Metzler 1991, S. 23.)

198 Mersch: Gibt es Verstehen?, S. 175. Er erwähnt in diesem Zusammenhang freilich „Charles Sanders Peirce, Ferdinand de Saussure oder Derrida und andere[ ]." (Ebd.)

199 Einmal abgesehen von unbewussten Anteilen des Sprechens, der Spaltung zwischen Subjekt der Aussage und des Aussagens als Doppelsinn der Sprache.

Abb. 4: Ontroerend Goed: *A Game of You*, Screenshot.

die von Bildern nebeneinander und zeigt so deren prinzipielle, stetige Ablösung vom vermeintlichen Subjekt. Daher ist der Ausspruch ,so bin ich nicht' doch also gerade zu erwarten, indem sich in ihm die Erkenntnis äußert, dass abgenommene und zum Zitat gewordene Zeichen immer ein vom ,Autor' abgelöstes Eigenleben führen. Gerade das *Game* zeigt dann offen den Mechanismus, mit dem die Wahrnehmungen, die ein Subjekt abgibt, (besonders auch medial) zur *marque*[200] nach Derrida werden können, indem auch Handlungen und Körperbewegungen zitiert werden.[201] Der Fokus auf die

200 Die *marque* ist, nach Derrida, ein „bleibendes Zeichen [*marque*], das sich in der Anwesenheit seiner Einschreibung nicht erschöpft und das zu einer Iteration Anlaß geben kann, in Abwesenheit des empirisch bestimmten Subjektes, das es in einem gegebenen Kontext gesendet oder produziert hat, und über seine Anwesenheit hinaus. [...] Diese strukturelle Möglichkeit, des Referenten oder des Signifikats (und somit der Kommunikation und ihres Kontextes) beraubt zu werden, macht, wie mir scheint, jedes Zeichen [*marque*], auch ein mündliches, ganz allgemein zu einem Graphem, das heißt, wie wir gesehen haben, zur nicht-anwesenden *restance* [veränderndes Zurückbleiben, E. H.] eines differentiellen Zeichens [*marque differentielle*], das von seiner vorgeblichen ,Produktion' oder seinem Ursprung abgeschnitten ist. Und ich werde dieses Gesetz sogar auf jede ,Erfahrung' im allgemeinen ausdehnen, gesetzt, es gibt keine Erfahrung reiner Gegenwart, sondern nur Ketten differentieller Zeichen [*marques*]." (Derrida: Signatur Ereignis Kontext, S. 83, 85.)

201 Dass diese Techniken keine Neuerung sind, bemerkt ,peter' in einem Kommentar des Rezensionsportals Nachtkritik: „[D]iese Mitmach-Performance-Theaterleute scheinen alle aus einem Grundkurs-Workshop für Schauspielanfänger zu schöpfen und sie als Kunst zu verkaufen! Auch dies war [...] eine Übung aus dem ersten Studienjahr, Abt. Schauspiel... war damals ganz nett, um die Kollegen kennenzulernen... – dies aber als neuen [!] Theaterinszenierungsidee zu verkaufen ist schon unglaublich frech! Bestimmt ganz lustig... und vielleicht sogar persönlich lehrreich – aber vielleicht gehen [!] ich da dann

Medialisierung verweist dabei auf die Lesart der *Marke* im Sinne von ‚corporate identity', mit der das Subjekt also für andere wiedererkennbare Kriterien seiner Qualität ver-äußern soll, bei denen, wie gesagt, ontologische und repräsentative Faktoren sichtbar übereinstimmen.

Im Nachhinein entpuppt sich das Sprechen und Handeln im *Game* also als immer schon für einen bestimmten Zweck und für einen Dritten: Das Interview wird für eine CD gemacht; die Dialoge dienen zur Faktensammlung für den Moment, in dem von der Rückseite des Spiegels zugeschaut werden kann, wie sich die Performerin einer Folgeperson als „Eva" vorstellt und die Angaben nun als Fragmente des Gesagten zurücksendet – wobei sowohl der neue Gast als auch die Position hinterm Spiegel zuhören. Damit kann mit Platon daran erinnert werden, dass die Frage, für wen gesprochen wird, sich als ein Knackpunkt des Rapports erweist. Hebt Lacan doch an der Konstellation Alkibiades-Sokrates gerade auch die Funktion von Agathon als dem, zu dem eigentlich gesprochen wird, hervor.[202]

Gerade auch im Theater ist ja diese Frage nach den Positionen, von wo aus sich jemand an jemanden wendet, von welcher Warte aus geschaut wird, elementar. Es ist, wie die Beschäftigung mit dem *Game* zeigt, interessant, dass keine seiner Besprechungen explizit diskutiert, inwiefern es sich bei dem Erlebnis um den Sonderfall Theater handelt, den ‚Parasit' nach Austin,[203] bei dem alles Gesagte auf Kosten von ‚echten' Sprachhandlungen geht. Es geht dem *Game* also ganz offenbar mehr um eine Simulation als um ein Spiel, mehr um eine Imitation als um eine Durchbrechung medialisierter Identitätskonstruktion. Darauf kann aber Lehmann schon vor 15 Jahren antworten: „Es zeichnet sich ab, daß nicht die Imitation der Medienästhetik, nicht Simulation, sondern das Reale und die Reflexion die Chance des postdramatischen Theaters ist."[204]

doch zum Selbsterfahrungskürschen..." (peter, 20. August 2011, 11:00 Uhr. http://www.nachtkritik.de/index.php?option=com_content&view=article&id=5972:a-game-of-you-beim-young-directors-project-der-salzburger-festspiele-ist-mit-dem-kollektiv-ontroerend-goed-der-blick-aufs-ich-faellig&catid=38:die-nachtkritik&Itemid=40 (Zugriff am 22.09.2012).) Die Zitation des Handelns des Publikums spielt z.B. auch eine Rolle bei der Produktion *Making of :: Marylin* von Bernhard Mikeska am schauspielfrankfurt 2013. Auch hier werden Zuschauende vereinzelt und durch einen Parcours geschickt, schauen am Ende durch eine Wand, die einen Spiegel zitiert, und bekommen vorgespielt, was sie zu einem früheren Zeitpunkt im Parcours gesagt und getan haben.

202 „Socrate rétorque à Alcibiade — Tout ce que tu viens de faire là, et Dieu sait que ce n'est pas évident, eh bien, c'est pour Agathon. Ton désir est plus secret que tout le dévoilement auquel tu viens de te livrer. Il vise maintenant encore un autre. Et cet autre, je te le désigne, c'est Agathon." (Lacan: *Transfert*, S.215.) / „Sokrates erwidert auf Alkibiades: Alles das, was du da gerade getan hast, und Gott weiß, dass das nicht selbstverständlich ist, nun, das ist für Agathon. Dein Begehren ist verborgener als die ganze Enthüllung, der du dich gerade hingegeben hast. Sie meint jetzt noch einen anderen. Und dieser andere, ich bezeichne ihn dir, ist Agathon." (Lacan: *Übertragung*, S.223.)

203 Vgl. John Langshaw Austin: *Zur Theorie der Sprechakte [How to do things with Words]*, dt. Bearb. v. Eike von Savigny. Stuttgart: Reclam 2002, zweite Vorlesung, S.43–44.

204 Lehmann: *Postdramatisches Theater*, S.409. Für Lehmann bedeutet dies ein Verbünden lebendiger Körper gerade gegen die Medienbilder: „Man kann Theater mit Medien heute auch als einen Ort des Trainings begreifen, in dem die Individuen üben, wie sie angesichts ihres Zusammenwirkens mit und ihre [!] Abhängigkeit von technologischen Strukturen eine Sicherheit, persönliche Resistenz und Selbstbewußtsein behaupten. Ein Nebeneffekt solchen Medientheaters ist es, daß die Zuschauer sich über die Lage der realen Akteure (mehr als über die von ihnen dargestellten Figuren) bewußt werden und sich gewissermaßen auch immer mit ihnen, den lebendigen ‚Partnern' des Publikums, gegen die Macht der Medienbilder verbünden." (Ebd., S.431.)

## Sich vergucken

Das Sehen von Etwas im Anderen, die Unterstellung, strukturiert also grundlegend die Konstellationen der Übertragung. Für Lacan ist dies die Struktur, die sich in der Liebeskonstellation und eben der des Begehrens findet, daher sein Herangehen an das Phänomen der Übertragung über ihre Ähnlichkeit zur Liebe:

> Nous ne pouvons mieux faire à cet égard que de partir d'une interrogation de ce que le phénomène du transfert est censé imiter au maximum, voire jusqu'à se confondre avec lui — l'amour.[205]

> Wir können in dieser Hinsicht nichts Besseres tun, als von einer Befragung dessen auszugehen, was das Phänomen der Übertragung in höchstem Maße, ja bis hin zu seiner Verschmelzung mit ihr, nachzuahmen bestimmt ist – die Liebe.[206]

*Con-fondre*, hier entsprechend mit Verschmelzung übersetzt, trägt die Bedeutung der Verwechslung, der Täuschung, in sich – es wird also, ohne beides vollkommen gleichzusetzen, eine gemeinsame Struktur zugeschrieben, die sich am Problem der Liebe für Lacan veranschaulichen lässt:

> Le problème de l'amour nous intéresse en tant qu'il va nous permettre de comprendre ce qui se passe dans le transfert – et jusqu'à un certain point, à cause du transfert.[207]

> Das Problem der Liebe interessiert uns, insofern sie es uns ermöglicht zu verstehen, was in der Übertragung – und bis zu einem bestimmten Punkt aufgrund der Übertragung – geschieht.[208]

Erstaunlich bleibt zunächst, dass die Befragung der wenig definitorisch fixierbaren ‚Liebe' als klärender und sogar bester (Um-)Weg von Lacan eingeführt wird, um etwas über die Übertragung zu erfahren, wo doch gerade auch in Platons *Symposion* ‚Eros' von so vielen verschiedenen Perspektiven aus be-sprochen wird. Zudem gehen die Begriffe Liebe, Begehren und Eros immer wieder ohne Trennschärfe durcheinander. Der Umweg führt aber eben zu Lacans Struktur der Liebe, der dem Verhältnis zu Eros und dem Begehren gleichermaßen zugrunde liegenden, agalmatischen Struktur – „Il y a donc des *agalmata* en Socrate, et c'est ce qui a provoqué l'amour d'Alcibiade"[209] / „Es gibt also *agalmata* in Sokrates, und das hat die Liebe des Alkibiades hervorgerufen"[210] – und einer Positionierung darin, die affektiv wirken kann und sich manifestiert, also Wahrnehmung abgibt. Übertragung als Bedingung und Auslöser für Liebe ist also der Zustand, der das Sehen von etwas Wertvollem in jemandem ermöglicht.

> [T]out tourne autour de ce privilège, de ce point unique, qui est constitué quelque part par ce que nous ne trouvons que dans un être quand nous aimons vraiment. Mais qu'est-ce que cela? Justement *agalma*, cet objet que nous avons appris à cerner dans l'expérience analytique.[211]

205 Lacan: *Transfert*, S. 51.
206 Lacan: *Übertragung*, S. 57.
207 Lacan: *Transfert*, S. 49.
208 Lacan: *Übertragung*, S. 55.
209 Lacan: *Transfert*, S. 183.
210 Lacan: *Übertragung*, S. 191.
211 Lacan: *Transfert*, S. 182.

[A]lles dreht sich um diesen Vorzug, um diesen einzigartigen Punkt, der irgendwo durch das konstituiert wird, was wir in einem Sein nur finden, wenn wir wirklich lieben. Aber was ist das? Eben *agalma*, dieses Objekt, das wir in der analytischen Erfahrung zu erfassen gelernt haben.[212]

Diese Konstellation dient somit als Vor-Bild für alle Bereiche, in denen sich solche Positionen entwickeln, was nicht nur an der Lacanschen Lektüre Platons ersichtlich ist.

Von altphilologischer Seite etwa wird die Verbindung von *agalma* und Liebe bzw. Begehren bestätigt, gerade weil dort *agalmata* meist als Bezeichnung für (Götter-)Statuen geläufig sind.[213] Entsprechend geht die Rede von *agalmatophilia*, in der statueske Repräsentationen bezeichnenderweise in der Funktion von *stimulating desire* stehen, wie Deborah Tarn Steiner in ihrer Studie zu Bildern von Statuen in antiker griechischer Literatur formuliert.[214]

Bei dem von Lacan im *Symposion* gefundenen *agalma* handelt es sich immerhin tatsächlich um ein figürliches Abbild, obgleich er vor der Gleichsetzung mit Götterstatuen warnt. Als Bezeichnung für das „objet précieux qui est à l'intérieur"[215] gewinnt *agalma* seinen Wert im Zusammenhang mit dem Silen als Schatzkästchen, dessen äußere und innere Erscheinungen im Gegensatz zueinander auftreten. Lacans Silen (ver)birgt einen Schatz und veranschaulicht dabei eine Topologie der Wertzuschreibung bei einer mechanischen Kopplung von Außen und Innen. Die Hauptambivalenz liegt jedoch in der besonderen Funktionalität dieser Figur, bei der das wertvolle Innere einen Überraschungseffekt erzeugt, da die äußere Erscheinung von Lacan als üblich, gewöhnlich, also bekannt und nicht sonderlich wertvoll vorausgesetzt wird. Diese Topologie bezieht ihre Logik stark aus der visuellen Wahrnehmung: Außen ist, was zu sehen ist, innen ist, was – für Dritte? – nicht sichtbar ist.

Damit belebt Lacan einen wesentlichen Diskurs um *agalma*: Steiner widmet ihrerseits dem Verhältnis von Innen und Außen ein ganzes Kapitel und zeigt mannigfaltige Beispiele auf, die „the antithetical character of visible and internal properties, and the error and deception that can follow"[216] behandeln. Das *Symposion* führt sie dabei explizit als Beispiel an.[217] Auch sie formuliert klar die Begehrensstruktur desjenigen, der Sokrates als *Silen* beschreibt:

212 Lacan: *Übertragung*, S. 190.

213 Vgl. Hansjörg Bloesch: *Agalma. Kleinod, Weihgeschenk, Götterbild. Ein Beitrag zur frühgriechischen Kultur- und Religionsgeschichte*. Bern: Benteli 1943.

214 Deborah Tarn Steiner: *Images in Mind. Statues in Archaic and Classical Greek Literature and Thought*. Princeton / Oxford: Princeton UP 2001. In der umfangreichen Sammlung zu antiken Texten gilt *agalma* hauptsächlich als Begriff, um Statuen und den Umgang mit ihnen herum; z. B. als die Statue selbst und aber auch als Gabe für sie: „The ambiguity between an offering to the god and the statue of the god is frequent, and exists within the term *agalma* itself." (Steiner: *Images in Mind*, S. 82.) Der Begriff des *agalmas* wird also auch in dieser Untersuchung in verschiedenen Facetten gebraucht.

215 Lacan: *Transfert*, S. 170.

216 Steiner: *Images in Mind*, S. 126.

217 „If this seems a large structure to build on a passing reference to an *agalma*, then the images included in the *Symposium* sound the same theme in much more explicit fashion, figuring Socrates himself as the individual who exemplifies the division between surface and depth that he normally locates in others. [...]

> But for the maker of the simile [Alkibiades, E. H.], the *eikōn* does much more than express the split in Socrates' constitution and language. It also, quite patently, looks to his longing to penetrate the philosopher's bodily and mental depths, to gain at one and the same moment the sexual and epistemic pleasures that his idol could provide, if only he would allow the worshiper access.[218]

Steiner fokussiert also penetrierenswerte, materielle und immaterielle Tiefen, die der Silen nicht nur veranschaulicht, er zeitigt körperliche Wirkungen und die Lust der Aneignung, physisch und psychisch, leiblich *und* geistig mit den Schätzen im Innern in Berührung zu kommen.

Alkibiades funktioniert, wie schon angedeutet, textdramaturgisch als Antipode zum Rest der *Symposion*versammlung, wobei Steiner auf eine Umkehrung der *agalma*-Topologie an ihm selbst hinweist: Alkibiades, „possessing a surface beauty at odds with the flawed character of his soul"[219], schlägt aufgrund seines eigenen antithetischen Charakters einen Tausch vor, der von Sokrates als einer von „Gold gegen Erz"[220]abgelehnt wird, um sich von Sokrates erfüllt zu sehen, seine „inner vacancy"[221] zu besetzen. Interessanterweise bringt Steiner hier auch Gerüchte um den ‚flawed character' der historischen Figur des Alkibiades ins Spiel, die ihn für einen antiken Vandalismus-Vorfall verantwortlich machen, dem Athens Hermen zum Opfer fallen – ihm also nachsagen, seine Enttäuschung über Sokrates' Verschmähung an ganz reellen Statuen (*agalmata*) ausgelassen zu haben.[222]

Die Relation zwischen Sokrates und Alkibiades, und dies ist zentral, wirft Licht auf den Begriff der Unäquivalenz, mit dem Lacan operiert. Die Vorstellung von vollen und leeren Subjekten, wo von einem der Reichtum in den Mangel des anderen übergehen könne, charakterisiert die zugrundeliegenden Wertmaßstäbe. Diese basieren auf physikalischen Fakten, daher die Wollfaden-Metapher, bei der der Faden ein mit Flüssigkeit

The representation not only parallels the dichotomous quality of Socrates, whose satyrlike physiognomy and body belie the beauty of his internal soul, but also matches his teachings, which similarly mask their wisdom, beauty, and quasi-divinity beneath an ungainly, cheap, and comic surface." (Ebd., S. 132.)

218 Steiner: *Images in Mind*, S. 132.

219 Ebd., S. 133.

220 „Mein lieber Alkibiades, du scheinst mir tatsächlich nicht dumm zu sein, wenn denn wirklich wahr ist, was du über mich sagst, und irgendeine Kraft in mir ist, durch die du wohl besser werden könntest. Du würdest dann wirklich eine unwiderstehliche Schönheit in mir sehen, die deine schöne Gestalt bei weitem überragt. Wenn du aber, indem du auf sie schaust, den Versuch unternimmst, mit mir zusammenzukommen und Schönheit gegen Schönheit zu tauschen, so gedenkst du, mich nicht wenig zu übervorteilen, sondern versuchst, anstelle des scheinbar Schönen das wirklich Schöne zu erwerben, und hast wahrhaftig im Sinn, *Gold gegen Erz* einzutauschen." (Platon: *ΣΥΜΠΟΣΙΟΝ/Symposion*, S. 145.)

221 Steiner: *Images in Mind*, S. 133.

222 Steiner bezieht sich auf „allusions to the dark aftermath that would follow on the exuberant evening of January 416: just a little over a year later, a drunken band of revelers would mutilate the herms standing in the city, and popular opinion would charge Alcibiades with a leading role in the affair. Although the youth most probably had no part in the attack, and Plato may well have known as much, it suits the text's larger design that Agathon's last guest be linked to the event, and that readers be prompted to juxtapose his words on this most lighthearted of occasions with the scandal that would so damage his political career. According to the construct Plato has devised, the assault on the herms becomes the logical outcome of Alcibiades' frustrated desire for an unyielding *eikōn* that will not allow him to penetrate its depths." (Steiner: *Images in Mind*, S. 133–134.)

gefülltes und ein leeres Gefäß verbindet, wodurch sich das leere füllen lässt, bis beide einen äquivalenten Pegel erreichen:

> Peut-être et peut-être pas, mais ce que tu espères, c'est que ce dont je me sens actuellement rempli, cela va passer dans ton vide, tel que ce qui se passe entre deux vases lorsque l'on se sert pour cette opération d'un brin de laine.[223]

> Vielleicht und vielleicht auch nicht, aber das, was du erhoffst, ist, dass das, wovon ich mich derzeit erfüllt fühle, in deine Leere übergehen wird, so wie das zwischen zwei Gefäßen geschieht, wenn man sich dafür eines Wollfadens bedient.[224]

Zu der Topologie von Innen und Außen kommen also Maßstäbe von voll und leer. Die bereits angesprochene basale Topologie von Innen und Außen ist also nicht nur für eine moralisch-ethische Erkenntnisvermittlung notwendig, sondern auch für die strukturelle, räumliche Vorstellung des hohlen Mangelwesens, wo noch ein Überschuss an Platz gefüllt werden kann.

Hier formulieren sich also die Auswirkungen unterstellten *agalmas* auf die intersubjektive Konstellation: die im *Symposion* angelegte Vorstellung des Besser-Werdens durch Aneignung wertgeschätzter Attribute; Alkibiades möchte, dass etwas von Sokrates' innerem Glanz auf ihn übergeht. Das Modell von Übertragung, das hiermit entworfen wird, behauptet weiterhin, dass Präsenz schon dafür ausreichen könnte, Übertragung in Funktion zu setzen und sogar etwas vom Anderen in sich übergehen zu lassen, also eine als wertvoll funktionalisierte Präsenz, die abfärbt. Damit entwickelt Lacan mit Platon eigentlich mindestens zwei Bewegungen der Übertragung, die eine als Unterstellung und die andere als Übertragung im Sinne der Ansteckung. ‚In Übertragung sein' hieße dann erst einmal, etwas annehmen zu wollen, grundsätzliche Empfängnisbereitschaft, bei gleichzeitigem, begehrenswertem Überschuss an anderer Stelle (Objekt *a*). Medientheoretisch würde so das Sender-Empfänger-Modell anschließen, indem ‚in Übertragung' Signale von einem potentiellen Empfänger gesendet werden.

Auch Steiner verbildlicht die Topologie des antithetischen Charakters von Innen und Außen mit Hilfe einer Metapher, die sie ihrerseits aus einem antiken Text zitiert:

> In a familiar fragment Heraclitus ridicules those who ‚pray to agalmata as if they were chattering with houses, not recognizing what gods or even heroes are like'. The depiction of an individual talking with a house exactly pinpoints the matter at issue: was there someone inside, a sentient presence within the inanimate object?[225]

Zu Statuen wie auch zu Häusern sprechen, wird als unangemessen empfunden: „the speaker accuses devotees of mistaking the true nature of gods and heroes, of

223 Lacan: *Transfert*, S. 92.

224 Lacan: *Übertragung*, S. 98.

225 Steiner: *Images in Mind*, S. 79, mit Bezug auf Herakleitos: „Reinigung von Blutschuld suchen sie vergeblich, indem sie sich mit Blut besudeln, wie wenn einer der in Kot getreten, sich mit Kot abwaschen wollte. Für wahnsinnig würde ihn doch halten, wer etwa von den Leuten ihn bei solchem Treiben bemerkte. Und sie beten auch zu diesen Götterbildern [αγαλμασι, E.H.], wie wenn einer mit Gebäuden Zwiesprache pflegen wollte. Sie kennen eben die Götter und Heroen nicht nach ihrem wahren Wesen." (Herakleitos: Über die Natur. http://www.zeno.org/Philosophie/M/Heraklit+aus+Ephesus/Fragmente/Aus%3A+%C3%9Cber+die+Natur (Zugriff am 11.03.2016).)

misdirecting their prayers and gossiping with mere empty shells."[226] Das Beten zu den *agalmata* erscheint dieser Ansicht als etwas, was absurder nicht sein könnte: „[T]he *agalma*-worshiper engages in an act whose absurdity the analogy of conversing with houses – something no sensible individual would ever do – aims to expose."[227] Damit bekommt *agalma* immer auch ein Verhältnis mit der Unvernunft und dem Un-Sinn zugeschrieben, vollzieht Praxen des Abwegigen, einer eigenen Wertmaßnahme, die von anderen nicht nach- oder als ‚mis-take' empfunden werden mag, ein produktives Miss-Verständnis also. Die agalmatische Unterstellung scheint stets zumindest überraschend, einem äußerlichen Maßstab unangemessen, miss-nehmend.

Wesentlich ist hier, wie auch bei Lacans Platon-Lektüre, das Verhalten der ‚Agalmatophilen': der Hinweis darauf, was um die *agalmata* herum geschieht, was diese geschehen machen, zu welchen Aktionen sie (ver)führen. Steiner zählt eine Reihe kultischer, ritueller Praxen verschiedener Epochen auf, die Lacans Parallelführung mit dem Fetisch bestätigen. Diese Praxen be-handeln den spannungsgeladenen Grenzraum zwischen Innen und Außen als permeabel, wenn externe Manipulationen rituell durchgeführt werden, wie herumtragen / Prozessionen, waschen / baden / polieren mit Öl / Wachs, parfümieren und umziehen, festbinden / fesseln / einwickeln, füttern. Die Praxen beinhalten die handwerkliche Wartung von etwas Gemachtem ebenso wie Elemente des Hegens und Pflegens eines Säuglings etwa. Stets gilt das auch dem Erhalt von Materialien wie der Holz- oder Steinqualität, primär jedoch dem Inneren, dem präsenten Kern.[228] Es bilden sich besondere agalmatoide Handlungsweisen aus, die für solche, die das jeweilige *agalma* so nicht sehen, überraschend, absurd oder schlicht falsch, mistaken, erscheinen können. Die Präsenz, die sich für Agalmatophile herstellt, stellt also auch ein eigenes Wertesystem her, in dem es gar nicht als unangemessen erscheint, etwa mit Häusern einen Schwatz zu halten, sondern möglicherweise als genau das Richtige.

Wie für den ‚Placan'schen' Silen werden auch für die Überlieferung der antiken Statuen Textbelege gefunden, dass sie in einem Spannungsfeld zwischen äußerer Erscheinung und inneren Werten stehen. Diese Topologie, auf die es Lacan ankommt, verbindet derart den vielgestalten, agalmatischen Sehvorgang zugleich mit etwas Materiell-Haptischem, Dreidimensionalem, einer Figur, Statue, die nicht nur mit dem Auge sondern mit dem körperlichen Einsatz gepflegt, oder eben mit Hilfe der Hände aufgeklappt werden muss, um das Innere zu überprüfen. Damit betont er erneut eine wichtige Raumkomponente für Wirkungen auf Subjekte. Die Praxen geschehen um etwas herum, richten sich auf die Außenhaut und dienen als Werterhaltung, Erhaltung des wertvollen inneren Kerns. In diesen Motiven tritt stets die Relevanz der Dreidimensionalität hervor: eine Topologie des Innen und Außen setzt stets Räumlichkeit voraus, in der Materielles sich zueinander stellen kann.

226 Steiner: *Images in Mind*, S. 79.
227 Ebd., S. 121.
228 Vgl. ebd., bes. S. 105–120.

Eine solche Topologie führt mit Slavoj Žižek vom Räumlich-Körperlichen, Innen und Außen zum Phantasma. Sein Kapitel „Wie Nichts Etwas zeugt“[229], zur Kurzgeschichte *Black House* von Patricia Highsmith, reiht sich in diesen agalmatischen Diskurs ein. In einem von einer Dorfgemeinschaft mystifizierten, leeren Haus kann der Protagonist der Erzählung, als er dort nachschauen geht, nichts von all den Mysterien finden, von denen die Dorfgemeinschaft berichtet. Seine Skepsis und sein Unglauben werden empört aufgenommen, und der Skeptiker stirbt – durch einen unglücklichen Zufall / Unfall –, seine Position wird also nachhaltig ausgelöscht. Žižek zeigt anhand der Erzählung auf, wie elementar die Erhaltung des phantasmatischen, agalmatischen Möglichkeitsraums als solchem ist, er gerade nicht überprüft und skeptisch ent-setzt werden darf. Die Phantasmatiker des Dorfes erhalten sich ihr Phantasma als *„Ort, an dem sie ihr Begehren artikulieren“*[230], also als Ort der Übertragung:

> Wir können ihren Unmut begreifen, wenn wir die Differenz zwischen der Realität und dem ‚anderen Schauplatz‘ des phantasmatischen Raums betrachten: Das ‚schwarze Haus‘ war verbotenes Terrain für sie, weil es als leerer Raum fungierte, in den sie ihr nostalgisches Begehren, ihre verzerrten Erinnerungen projizieren konnten.[231]

Die „Differenz zwischen Realität und phantasmatischem Raum“[232] wird bezeichnenderweise auch in den Beispielen Žižeks nicht anhand von zweidimensionalen Bildflächen besprochen, sondern stets anhand der Vorstellung von Räumen, die eine Differenz von Außen und Innen zulassen. Daher ist auch zu vermuten, dass ein agalmatisches Kästchen, das einem Bericht Arnd Wesemanns zufolge zum Initiationsritus eines Symposions gehörte, leer sein muss:

> Die Gäste, sämtlich Männer, treten aus den Zimmern wie aus Kulissen. Der Neue, ich, soll eingeweiht werden. Kallias spricht von: ‚geweiht werden‘. Es ist ein sonderbarer, sehr einfacher Akt. ‚Schwöre‘, sagt Kallias, ‚auf dieses Kästchen. Und schwöre, dass du niemandem und nie sagst, was sich darin befindet.‘ Gut, ich schwöre. ‚Schwöre, dass du das, was du erlebst, zwar frei erzählen darfst, aber kein Wort davon, was dieses Kästchen enthält.‘ Meine Stimme wird zwangsläufig entschiedener: ‚Ich schwöre‘. ‚Hast du dazu eine Frage?‘, fragt Kallias. Ich hätte, doch schütteln die hinter ihm stehenden Männer den Kopf. ‚Nein‘, sage ich. ‚Dann ist hiermit das Symposion eröffnet.‘ Er öffnet das kleine Kästchen. Ich muss lachen. Alle lachen. Es ist ein gewaltiges, ein ansteckendes, ein ganz und gar großartiges Lachen, das das Fest eröffnet.[233]

Die phantasmatische Leerstelle, die durch das Schweigen der Sehenden sich bildet, wirkt stärker als jeder Inhalt des Kästchens je sein könnte. Das Innere fungiert so als Möglichkeitsraum der Leere, als Abwesenheit, die nur deshalb produktiv gefüllt werden kann, da (noch?) nicht jeder Fleck bereits besetzt ist. Gerald Siegmund formuliert diese konstitutive Abwesenheit etwa in seinen Analysen zum von Freud beobachteten Fort-Da-Spiel:

229 Slavoj Žižek: *Mehr-Genießen. Lacan in der Populärkultur.* Wien: Turia + Kant 1992, S. 12.
230 Ebd., S. 15.
231 Ebd., S. 14.
232 Ebd., S. 15.
233 Arnd Wesemann: *IMMER FESTE TANZEN. ein feierabend!* Bielefeld: Transcript 2008, S. 76.

> What is thus repeated is the absence of the mother. What is created is a space where she is not, so that I can be in the future. The movement of the spool carves out a space for the subject's desire that must remain open for the subject to come into being. Absence thus enables the desire for the (m)other's desire, a desire that would be smothered if the space was narrowed down by the presence of the (m)other.[234]

Was wäre das Theater nun aber anderes, als ein leeres Haus, das besetzt wird? Interessant ist, dass sich mit der Übertragungstheorie ein produktiver Raum sogar im Anwesenden bescheinigen ließe, der Wurf der Spule also ins Imaginäre verlagert wird und das Spiel des Eigen-Ent-wurfs damit weiteren Möglichkeitsraum erhält. Mit *agalma* tut sich ein (liebevoller) Blick auf, der fiktional-phantasmatisch einen Raum (im Anderen) öffnet und diesen mit Wertvollem, Begehrenswertem füllt; dabei wird der (eigene) Mangel ebenfalls als phantasmatischer Raum konstruiert, der sich füllen lässt. Mit diesen Voraussetzungen ließe sich Übertragung auch als phantasmatisches Blicken im Sinne des *blepein* behaupten: *agalma* als Phantasma und *blepein* als darauf Schauen, das gleichzeitig Erschaffen ist. Alkibiades sieht ja nicht nur den Silen in Sokrates, sondern ganz reelle, gute Merkmale an Sokrates (das verführerische Reden, die ehrenwerten Attribute wie Kontrolle über den Körper etc.).

234 Gerald Siegmund: Experiences in a Space Where I Am Not. In: *Discourses in Dance* 4,1 (2007), S. 77–95, hier S. 79. Vgl. auch ders.: *Abwesenheit*, bes. S. 85–91.

Abb. 5: Symbolisierte Übertragung im Alltag I.

## Der Gorilla

Als experimentelles Modell des Umgangs mit dem Agalmieren soll hier der Gorilla aus Forced Entertainments *Bloody Mess*[235] vorgeschlagen werden.[236] Vieles an seinem Auftreten ruft das bei Steiner und Lacan Diskutierte zur Topologie von Außen und Innen auf, zum agalmatischen Sehen und wie es darstellerisch thematisiert werden kann, und nicht zuletzt spielt Begehren in der Begegnung mit ihm eine maßgebliche und wenig subtile Rolle. Es ist dabei wesentlich zu betonen, wie der Gorilla zu Beginn des Abends eingeführt wird, denn nicht nur er vollzieht eine (letztlich stumme) Ansprache an das Publikum als ‚*agalmatophiles*', sondern seine Kolleginnen und Kollegen ebenso.

Nachdem es zwei konkurrierenden Clowns schließlich trotz eines klassischen dramatischen Konflikts gelungen ist, eine Reihe gebraucht aussehender Holzstühle zum Publikum hingewendet aufzustellen, können sich alle, die während des Abends auf der Bühne zu sehen sein werden, setzen und sich dem Publikum zuwenden. Sie kommen von seitlich hinten zu den Clowns dazu, schauen sich um, sind heterogen gekleidet und sehen ebenfalls irgendwie gebraucht aus. Einer ganz rechts hat ein Mikrofon dabei. Er spricht die ersten Worte des Abends in einer durchdringend tiefen Stimme hinein:

> Well, good evening. Before we start, I think some people had a few things that they wanted to say. I know that for myself, I'm hoping that tonight you'll see me very much as the romantic hero of the piece; strong, sensitive, caring, manly and well, very virile.[237]

Bevor er das Mikrofon an den nächsten weitergibt, prüft er noch, ob das Kabel auch fest sitzt. Im Folgenden wandert das Mikrofon in der Reihe der Sitzenden umher. Sie nutzen es, um sich zumeist namentlich vorzustellen (außer Cathy, die rätselhaft bleiben möchte und daher auch hofft, dass das Publikum überhört hat, wie sie mit ihrem Namen angesprochen wurde) und als Teil dieser Vorstellung zu formulieren, wie sie im Laufe des Abends gesehen werden wollen, womit Richard eben auch schon beginnt.[238] Sie formulieren also keine Figur oder ein Bild, die bzw. das sie abgeben wollen, sondern das, was sich im Blick der Zuschauenden formieren soll.

All das geschieht nun, laut Richard, „before we start": zu einem Zeitpunkt, an dem die Zuschauenden sich demgegenüber schon längst nach dem Start wähnen. Dies

235 Forced Entertainment: *Bloody Mess* (UA 2004). Der Analyse liegen neben persönlicher Seherfahrung zugrunde: die Videodokumentation, aufgezeichnet in den Riverside Studios London und im Project Arts Centre Dublin, November 2004, sowie der offizielle *performance text*, der über die Theatergruppe zu beziehen ist und von dem zu wissen ist, dass: „it will match any given Performance pretty accurately but there will be variance from time to time as performers invent or deal with events in the moment of a particular performance." (*Bloody Mess* performance text, S. 7.)

236 Dieses Kapitel stützt sich auf meinen Vortrag bzw. Aufsatz „sujet supposé spectateur". In: Michael Bachmann / Friedemann Kreuder / Julia Pfahl / Dorothea Volz (Hrsg.): *Theater und Subjektkonstitution. Theatrale Praktiken zwischen Affirmation und Subversion*. Bielefeld: Transcript 2012, S. 351–362.

237 *Bloody Mess* performance text, S. 9.

238 Forced Entertainment nutzen bekanntlich die Potentialität des Sich-Präsentierens unter den Namen, die sie auch als Personen außerhalb eines Theatersaals tragen. Richard vergisst allerdings zunächst zu sagen, dass er Richard ist, wie Robin nach ihm hinzufügt, woraufhin Richard das Mikrofon erneut ergreift für eine Ergänzung seiner Vorstellung.

erinnert auch an Lacans Beschreibung der psychoanalytischen Dialogbedingungen, die sich schon „avant toute intervention" herstellen[239] – die Szene wird eben als etwas Vor(an)gestelltes, Vorangenommenes präsentiert, und in ihr die bedeutende Stellung des Etwas-in-jemand-Sehens. Für das Theater könnte nun vermutet werden, dieser Diskurs ziele auf Problematiken des Schauspiels ab, z. B. auf das Verhältnis zwischen Darstellenden und dargestellten Figuren, und dass das Publikum etwa Rollen o. Ä. erkennen solle. Vielmehr beschreiben die Vorstellungen hier jedoch *Funktionen*, die es in den intersubjektiven Rapporten von *Bloody Mess* zu ‚übertragen', d. h. in den Personen auf der Bühne zu verkörpern gilt, wie die bereits von Richard erwähnte, besondere Männlichkeit, aber auch die Lustigkeit der Clowns, der Star des Abends, eine besondere Authentizität, die ebenfalls schon erwähnte Rätselhaftigkeit oder umgekehrt eben gerade eine magisch alles-erklärende Symbolhaftigkeit (*personal I-Ching*[240]). Es soll also nicht ‚nur' ein ‚Bild im Auge des Betrachters' entstehen, sondern das angeblickte Subjekt soll in einer bestimmten Funktion Wirkung zeitigen. Die Szene ist also verlockend für eine lacan-basierte Perspektive auf performative Subjektkonstitutionen aus einer Bewegung der Unterstellung heraus. Dabei interessiert die Frage, inwiefern diese Bewegung der Unterstellung ein *sujet* funktionalisiert, indem es Wertzuschreibung und Glauben erfährt und dabei katalytisch für die Konstellation wirkt. Untersucht Theater bisweilen genau so ein strukturelles Phänomen und spielt damit?

In der Grundanlage stecken ‚before we start' dann nämlich auch schon die Probleme, die beim Erreichen der Wunschziele auftreten könnten, wenn z. B. gleich zwei Herren die besondere Lustigkeit oder Männlichkeit für sich beanspruchen (was direkt mit dem Satz „it's not a competition, is it?"[241] kommentiert wird) oder wenn später zwei mit Alufolie beklebte Sterne (‚Stars') am Bühnenhimmel aufgehen. Das Sprechen zum Publikum erweist sich also gleichermaßen als Sprechen zu den Mitsprechenden in der Stuhlreihe, denn dass sich eine ‚competition' ergibt, erscheint unabwendbar. Die Spielregel, die sich also schon von Anfang an herauskristallisiert und weshalb sich alles schließlich auch in der Ruhe nach einer lauten, physisch fordernden, wilden *Bloody Mess* erschöpfen muss, ist die Voraussetzung bereits angedeuteter, ganz hegelianisch „kollidierende[r] Umstände, Leidenschaften und Charaktere"[242]. Ein ungebrochenes *blepein* wird hier schon zu Beginn unmöglich gemacht, denn virtuos arbeiten Forced Entertainment an der (sprachlichen) Imaginierung und gleichzeitigen Unterbrechung phantasmatischer Möglichkeiten zwischen Bühne und Publikum.

Das zeigt sich zum Beispiel am Umgang mit der Adressierung des Sprechens, der auch für den weiteren Verlauf dieser Arbeit zentral bleiben wird, nicht nur weil Lacan die Manifestation von Übertragung nicht losgelöst von dem betrachtet, zu dem gesprochen wird. Ganz postdramatisch wird an vielen Stellen in *Bloody Mess* das *„Zurücktreten der*

239 Lacan: Intervention sur le transfert, S. 216.

240 *Bloody Mess* performance text, S. 11.

241 Ebd., S. 9.

242 Georg Wilhelm Friedrich Hegel: *Vorlesungen über die Ästhetik III*. Frankfurt: Suhrkamp 1970, S. 475.

*innerszenischen Achse gegenüber der Theatron-Achse*“[243] eingesetzt, das, wie Lehmann schreibt, die „An-Sprache an den Zuschauer akzentuiert“[244], also die Hinwendung ans Publikum thematisiert und praktiziert. Nun zeigen Forced Entertainment gerade, dass es damit nicht getan ist, sondern gerade variabel ist, wer denn dieser Zuschauer sei, wie seine Adressierung funktionalisiert bzw. verschoben werden kann. Das Publikum wird zwar adressiert, aber eben unter Umständen nicht auf dem Platz, auf dem es sich selbst sieht – ein Publikum erweist sich also nicht als einfach präfiguriert anwesendes, sondern auch als zu erschaffendes. Die formulierte Hoffnung, auf bestimmte Weise wahrgenommen zu werden, ist mehr als nur eine Erwartung, es soll sich laut der Vor-Stellung ja ein funktionierender Rapport, also eine Struktur einstellen. Von der Bühne aus wird also mit dem Publikum immer auch schon ein verschobenes Publikum, ein phantas(m)iertes, agalmatisiertes, erzeugt und sich eben an dieses gewendet. Wie dieser Vorgang als ‚Fiktionalisierung‘ zu bezeichnen wäre, wird im Folgenden daher untersucht werden.

Deutlich wird dabei, dass es eine solche Ansprache immer schon mit der Position eines – oder von mehreren? – Dritten zu tun hat; das vorhandene Zuschauersubjekt wird in ein Verhältnis zum adressierten Zuschauersubjekt gesetzt, einem, das von der Bühne aus entworfen wird und sich nun mit dem Publikum konstelliert, ebenso wie die vorhandenen Personen auf der Bühne sich im Verhältnis zu ihren eigenen Angaben und zu den Blicken, die vom Publikum ausgehen, konstituieren. Gerade die direkte Ansprache an vermeintlich als ‚you‘ anwesende Publikumssubjekte kann (und will) also den Eindruck erwecken, die Adressierung meine jemand ganz anderen, passe nicht zu den hörenden Subjekten, wende sich an etwas Drittes. Vor dem Übertragungshorizont wäre dies im intersubjektiven Rapport eigentlich immer der Fall, indem etwas entsteht, was sich schließlich zwischen den Beteiligten verkörpert. Mit der Frage nach dem *blepein*, dem Mehr-Sehen, kann also auch, wie z. B. mit Forced Entertainment, die Frage nach dem *Mehr*-Sagen gestellt werden.

### Gorilla und Silen

Claire muss in der Vorstellungsrunde zunächst das Mikrofon vom Boden aufnehmen, wo es vor den Füßen des einen Clowns gelandet war, der von sich hofft, als besonders ‚funny‘ wahrgenommen zu werden. Sie holt es ab, kehrt zu ihrem Platz zurück, und wieder wird es als Instrument der Verstärkung einer tiefen, sinnlich wirkenden Stimmlage genutzt. Ohne es wäre die Lautstärke, in der sie spricht, wohl nicht ausreichend, um alle zuhörenden Ohren in gleichem Maße zu erfüllen: Die sanfte und gleichzeitig ernsthafte Sprechweise bewegt sich entlang der Grenze zum Flüstern.

243 Lehmann: *Postdramatisches Theater*, S. 230.

244 Ebd. Zum Begriff der Ansprache vgl. das Kapitel „Pavis' und Finters Ansprüche“, ab S. 280 dieser Arbeit. Vgl. besonders Helga Finters Unterscheidung zwischen An- und Zu-Sprache im Theater, die entweder ein direkt adressiertes Subjekt oder etwas Drittes anvisieren; bei Forced Entertainment entsteht der Eindruck, es wäre beides zugleich.

Abb. 6: Der Gorilla in Forced Entertainment: *Bloody Mess*.

> Hello, I'm Claire, and I hope that during this evening's performance, I hope that you won't be able to take your eyes off me, that you might be distracted by other things going on, but your gaze will return to me again and again. You'll be like a helpless moth drawn to a burning flame. And there'll be a feeling that starts in the pit of your stomach and spreads through your body like an infection, and you'll realize that you are utterly consumed by physical desire for me.[245]

Aus dem Zuschauerraum erklingt Gelächter, das Mikro wird weitergegeben. Claire wird nun, nach dieser Ankündigung, ein Ganzkörper-Gorilla-Kostüm anlegen, welches sie den Rest des Abends trägt.

Claire steckt also nun in dieser silenischen Hülle für ein sich darin verbergendes Anderes – wieder ein Bild, das Tierisches und Menschliches kombiniert. Von diesem Außen ausgehend ist es zunächst jedenfalls eine Herausforderung, ihrem Wunsch zu folgen, in ihr vom Gesehenen zum Begehrten zu gelangen. Sie hat sich also ein Außen zugelegt, das sein Inneres sowohl visuell kontrastiert als auch das, was das Innere gesagt hat bzw. im Laufe des Abends wieder sagen wird, denn zweimal nimmt Claire den Gorillakopf im Folgenden ab und erinnert mit verschwitztem Haar an das, was das Publikum in ihr sehen soll. Der Gorilla bleibt äußerlich also stumm, nur sein Inneres spricht. Dafür vollführt er die ganze Show über slapstickartigen Quatsch: Leuten Wasser in den Schoß schütten, mit Bonbons / Popcorn oder anderen Dingen werfen, einen Kinderwagen herumfahren, sich schwindelig drehen, herumrennen, die

245 *Bloody Mess* performance text, S. 9.

Handlungen der anderen stören, sie aber auch dadurch verknüpfen, dass er zwischen ihnen hin- und heragiert. Claire verfolgt dieses Spiel von Innen und Außen über den Abend konsequent weiter, hat also dabei zwei Funktionen inne, die mit und ohne Kostümkopf, geschlossene und offene Hülle des Silens. Als Gorilla spricht sie nicht, agiert nur physisch, das aber auf hohem Spannungs- und Unsinns-Niveau. Innen verfolgt sie die Kraft der Sprache, andere Räume herzustellen, und führt diese beiden Funktionen letztlich zusammen.

Forced Entertainment versäumen dabei freilich nicht, auch auf dieses Spiel hinzuweisen bzw. einen „naiven Dritten"[246] einzuführen, der nicht zwischen Innen und Außen unterscheidet. So kommentiert der Clown John zwischendurch: „Phworr. That gorilla. Phworr. That gorilla is something else. Never really thought of animals before in that way. Not gorillas anyway. Just think what you could do with your fingers in that gorilla's hot red parts"[247], und spielt damit wieder auf die kontrastierende Oberfläche an, die Komik heraufbeschwörend, welche in einer Leidenschaft für das ‚falsche Schöne' liegt, wo mit Häusern sprechen vielleicht die selbe Qualität erhält, wie mit Gorillas zu vögeln.

Die beiden Momente, in denen Claire den Affen durch Kopfabnehmen ‚öffnet', knüpfen jeweils an den vorherigen an, sie verfolgt also ihre Narration stets weiter, als käme nach einer Zeit der Pause nur ein neuer Absatz im Text. So erzählt Claire nach dem ersten Kopfabnehmen, etwa eine halbe Stunde nach Beginn des Stücks, schon davon, wie es zwischen ‚you' und ihr heftig zur Sache geht. Davor war sie gerade als Gorilla mit ausgebreiteten Armen kreuz und quer über die Bühne gerannt und hatte sich minutenlang im Kreis gedreht, so dass sie nun ziemlich außer Atem, mit gerötetem Kopf und scheinbar noch angeschwindelt davon spricht, welche Sexualpraktiken mit ihr stattfinden. Diesmal gibt es kein Mikrofon, sondern Körper und Stimme erscheinen ganz pur, und der körperliche Zustand wird unausweichlich mit dem, was sie berichtet, zusammengelesen. Die Sprechpassage ist dabei sensibel darauf ausgerichtet, nur ihren Körper und ihr Geschlecht zu beschreiben, während der von ihr imaginierte, andere Körper des Sexualakts (*you*) keinem biologischen Geschlecht zugeschrieben wird. Jener hat einen Mund, Nacken, Haut und Finger beispielsweise, so dass von dieser Hinwendung aus sich wahrscheinlich jeder Körper des Publikums angesprochen fühlen, dieses Fucking für alle gelten kann. Es geht nun auch nicht mehr ums Sehen, wie in der Vorstellungsrunde, sondern ums Denken, Imaginieren und physisch begehrende Vorstellen, Fühlen, was dem begehrenden Sehen folgt. Haut an Haut, Haar auf Haut, Zunge im Mund, Hände zwischen den Beinen des anderen Körpers beschreibt Claire, immer noch mit dem Zusatz „I hope you…", nur wird er jetzt durch „…are thinking of" ergänzt und die Dinge, an die gedacht werden soll, werden sehr konkret benannt und benötigen wenig Interpretationsspielraum.

246 Vgl. Octave Mannoni: L'illusion comique ou le théâtre du point de vue de l'imaginaire. In: Ders.: *Clefs pour L'imaginaire ou l'autre scène*. Paris: Seuil 1969, S. 161–183, bzw. auch Robert Pfaller: Die Komödie der Psychoanalyse. In: *Maske und Kothurn* 1,52 (2006), S. 37–52. Auf dieses Motiv geht das Kapitel „Schauspiel der Übertragung" ein, S. 229–235 dieser Arbeit.

247 *Bloody Mess* performance text, S. 14–15.

Nach 120 Minuten, etwa 20 Min. vor Schluss, erhält ihre Narration mit dem zweiten Kopfabnehmen eine weitere Wendung. Sie wechselt vom „I hope you…" in ein „we would", nimmt ihre Vision, in die sie das Publikum ‚hineingetalked' hat, als erfolgreich an und malt daher nun den Zustand nach dem erfolgreichen Sex / Phantasma für ein vergemeinschaftetes „we" aus: Sie entwirft ein gemeinsames *piece of time*, das von einem sehr persönlichen und entspannten, aber auch realistisch anmutenden Danach erzählt, in dem miteinander gesprochen und durch die nächtliche Stadt gezogen wird, eben nach der Show, und in dem die Person aus dem Publikum die Stadt besser kennt und sie Claire zeigt, was in einer Bar endet und in Spekulationen darüber, sich einfach gemeinsam spontan woandershin zu begeben.[248] Und zum Schluss ist das Phantasma sprachlich gesehen gar keine Hoffnung mehr wie zu Beginn, kein Konjunktiv wie zwischendurch, auch kein Präteritum mehr wie kurz vor dem Ende der Narration, sondern Präsens: „We're inside a piece of time that's secret – no one else knows about it. It's a secret."[249] So zeigt Claire die mögliche Reise eines *blepeins* auf, das sich so nie gebildet hatte, ja abwegig erschien, nur unterstellt wurde und trotzdem Wirkung ausübt. Agalmatophile werden als solche angesprochen, ohne schon in der Übertragung gewesen zu sein: Eine Übertragung umgekehrt quasi, die sich als solche in ihrer Abwegigkeit aufdrängt und in ihrer Beharrlichkeit schließlich etwas Wertvolles für den Blick erschaffen kann. Es zeitigt also nicht eine Übertragung im Voraus Wirkung, sondern eine Übertragung einer Übertragung, die Annäherungsmethoden eines Phantasmas. Doch wie kommt es zu dieser unangemessenen Nähe?

Jedes Mal, wenn Claire spricht, tut sie es ernsthaft und zielgerichtet, in ihrer Haltung scheinbar nur beeinflusst von ihren körperlichen Umständen, die durch die Szenen und Aktionen davor bedingt sind (meist erschöpfende), die jedoch gerade die Umstände sind, die das Publikum mit ihr geteilt hat. Die verschiedensten Aktionen auf der Bühne, der rasche Wechsel und die Simultaneität, die mitreißende Rockmusik, nicht zuletzt auch die vielen sinnlich aufzunehmenden Darstellungsmittel wie Spots, Nebel, Wasser, sich verausgabende Körper, all die humoresken Einlagen und Gags, übertriebenen Kalauer und ernsthaften Narrationen wie z. B. über das Ende der Welt oder eine besonders schöne (tödliche) Stille, die Versuche, die Show irgendwie zusammenzuhalten, sind Erlebnisse, die das Publikum als solche mitverbucht und Claires Erschöpfung daher nachvollziehen kann; zwar woanders situiert, aber dennoch irgendwie gemeinsam erlebt oder zumindest bezeugt habend. Was also zu Beginn als Ziel eines *blepeins* formuliert wurde und ob seiner Unangemessenheit amüsiertes Gelächter hervorrief, hat sich im Laufe der gemeinsam, wenn auch nicht *so* gemeinsam, wie Claire es vorschlägt, verbrachten Zeit dem Blick des Publikums angenähert. Nicht nur nähert sich die Narration also inhaltlich einem gemeinsamen Raum und einer gemeinsamen

248 „We'd just be walking and talking and we'd end up in a bar that […] neither one of us had been to before and we'd have a beer and just talk – talk about a film that we'd both seen recently or maybe a film that we'd both seen but really a long time ago. And we'd talk about the possibility of leaving – of getting into a car and just driving somewhere else…" (*Bloody Mess* performance text, S. 41.)

249 Ebd., S. 42.

Zeit an, dem tatsächlichen Raum, der alles umgibt (die Stadt, in der aufgeführt wird), und einem Präsens, auch geht die Dramaturgie der Narration mit der Dramaturgie der Physis des Stückes mit. Die physischen Konditionen tragen also maßgeblich zur Art intersubjektiver Rapporte und ihrer Möglichkeitsräume, so also auch zur Bildung von *Nähe* bei. Die Wirkung erfolgt zwischen Sprechen und Verkörperung, wie Lacan es für Übertragung auch voraussetzt.

Gerade die ‚physischen Konditionen' von *Bloody Mess* sollen weitere Erwähnung finden, da sie insgesamt stark die Abständigkeiten bespielen, die sich zwischen dem Etwas-in-jemand-Sehen(-Sollen) und jeweiligen wahrnehmbaren Verkörperungen auftun. So etablieren alle Figuren in *Bloody Mess* kontinuierlich einen lustvollen Kontrast zwischen dem, was in ihnen gesehen werden soll, was sie als Wunsch über sich aussagen, und dem, wie sie aussehen, was sie tun. Der Star etwa steht schließlich nur mit seinem Alufolienpappstern bekleidet neben seinem Double, die authentisch wirken wollende Frau zerreißt sich förmlich in pathetisch-wilden, rockigen Klagegesten und überschüttet sich kontinuierlich mit Wasser, die Männlichen tragen verfilzte Langhaarperücken und schleichen geduckt wie unterbelichtete Technikneandertaler herum, ständig mit Mikrofontests zugange... Zu diesen kontrastierenden Spaltungen der Figuren selbst kommen die ständigen Brüche in allen Handlungen. Alle unterbrechen sich im Grunde ständig gegenseitig – auch wenn sie einander vermeintlich beim Gelingen eines Vorhabens, dem Erzählen einer Geschichte oder dem Gelingen eines Einfühlungsmoments für das Publikum, helfen wollen, sind sie leider einfach zu ungeschickt, zu spät, zu laut, zu euphorisch-anfeuernd, haben zu schlecht passende Ideen. Erneut erinnert dies an Hegel, wenn er schreibt:

> Was wir [...] vor uns sehen, sind die zu lebendigen Charakteren und konfliktreichen Situationen individualisierten Zwecke, in ihrem Sichzeigen und -behaupten, Einwirken und Bestimmen gegeneinander – alles in Augenblicklichkeit wechselseitiger Äußerung – sowie das in sich selbst begründete Resultat dieses ganzen sich bewegt durchkreuzenden und dennoch zur Ruhe lösenden menschlichen Getriebes in Wollen und Vollbringen.[250]

Forced Entertainments Bloody Messies kollidieren also nicht nur mit sich selbst, sondern auch miteinander. Die zu Beginn vor-gestellten *‚agalmata'*, die das Publikum ihnen zuschreiben soll, sind dabei Steine im Mosaik des Schlamassels, die es erlauben, eine Komik in den Widersprüchen und zugleich auch eine unterschwellige Traurigkeit und Melancholie zu etablieren – wertvolle Objekte scheinen schon zu Beginn hoffnungslos verloren. Die gemeinsame Regieanweisung: gegenseitige Unterbrechung und Verfolgen verschiedener, miteinander kollidierender Ziele, wie die Clowns am Anfang schon andeuten, werden zu einer Art Metaphorik des Lebens – alle agieren etwas anderes im Rapport aus, verfolgen eigene Ziele, Vorstellungen, Phantasmata, nie stellt sich ein gemeinsamer Maßstab ein, immer herrscht ein Zuviel oder Zuwenig. So bekommen die scheinbar ganz individuell verfolgten Ziele, die zu Beginn formuliert werden, schließlich ein großes gemeinsam materialisiertes Ganzes, nämlich das komische, tragische, ständige und absichtliche Scheitern an allem, also vielleicht sogar eine Allegorie des

250 Hegel: *Vorlesungen über die Ästhetik III*, S. 476.

ganzen Bemühens um sich, um die mit Wert behafteten Vorstellungen und Subjekte, ums Begehren und Begehrtwerden, ums Begehren nach dem Begehren.
Der Gorilla macht also zumindest aufmerksam für die Bindung der Übertragung an Sprechen und Handeln, d. h. sie materialisiert sich auch, wie mit Althusser gesagt werden kann, in den Handlungen der Subjekte.[251] Auch hier steht der Gorilla mit dem *Symposion* in Verbindung, denn mit seinem Auftreten geraten die anwesenden Körper in Bewegung.

## In Actu. Das *Symposion* als Symposion

Alkibiades, und mit ihm das *Symposion*, sind besonders auch mit leiblichen Aktionen, wie der Unterbrechung des Ablaufs durch von außen hereinschwärmende Körper[252] und raum-körperlicher Umstrukturierung, befasst. Das *Symposion* als Symposion[253] verstanden zeigt es als Bedingung der sozialen Situation – und umgekehrt, die soziale Situation als Bedingung des Symposions – also die (im Text befindliche) Relevanz des „gesellschaftlichen Anlasses, bei der sich sowohl das Thema als auch die Form der Reden aus einer bestimmten sozialen Situation ergeben."[254] Die Rede selbst wird im *Symposion* zum Hauptgenerator der sozialen Situation überhaupt, indem es als Ziel setzt, sich „durch Reden miteinander zu vergnügen"[255]. Sprachliche Gebilde werden dem *Symposion* somit zum zentralen Verhandlungsgegenstand auf verschiedenen Ebenen, daher ist es nicht verwunderlich, dass Lacan sein *agalma* zentral in diesem Text Platons sieht. Obwohl das *Symposion* erst einmal doch ein geschriebener Text ist, verschwimmen in seiner Rezeption und Analyse die sprachlichen Gebilde zwischen geschriebenen und gesprochenen Aussagen, zwischen Haltungen und Handlungen, werden die Attribute hervorgehoben, die über rein literarische Textproduktion hinausgehen, und soziale Aspekte in den Vordergrund gerückt. Besonderes Gewicht erhält dabei auch die ‚Szene' der Körper: der Erzähler gibt neben dem Gesprochenen auch das Getane wieder, wo setzen sich Leute, neben wen, es wird getrunken und gefeiert, es gibt zentrale Auf- und Abgänge im Verlauf der Fabel. Platon verknüpft das Aufgeschriebene mit der Handlung (des Sprechens), indem er Formen des miteinander Sprechens und Hörens, also Philosophierens als rhetorische Praxis des Denkens auch auf körperlicher Ebene darstellt. *Agalma* und Begehren werden in der Erzählung also

251 Vgl. Althusser: Ideologie und ideologische Staatsapparate.

252 Alkibiades kommt inmitten einer ganzen Gruppe von Feiernden herein.

253 Wildberger: Die komplexe Anlage von Vorgespräch und Rahmenhandlung, S. 18.

254 Ebd., mit Bezug auf Leo Strauss: *On Plato's Symposium*, hrsg. v. Seth Bernadete. Chicago: University of Chicago Press 2001, S. 12–13. Die Priorität sozialen Vergnügens im *Symposion* wird z. B. auch auf die übliche Funktion von Sokrates im Platonischen Dialog bezogen: „Während sonst Sokrates die Kenntnisse eines Experten oder das Talent eines jungen Gesprächspartners auslotet oder im Dialog eine wichtige Frage zu klären versucht, ist er hier nur ein Redner unter vielen, und die Reden selbst werden motiviert durch den Wunsch nicht nach Erkenntnis, sondern nach entspannter Abendunterhaltung." (Ebd.)

255 Ebd. Das Vergnügen durch Reden ist an anderer Stelle ein Verweis auf Bildung: „Im *Protagoras* führt Sokrates als ein Zeichen von Bildung an, dass Gäste sich mit eigenen Reden unterhalten können und keine Aulos-Spielerinnen oder andere Musiker benötigen, ‚selbst wenn sie sehr viel Wein dabei trinken'." (Ebd., Fn. 6.)

nicht nur als Meta-Erzählung eingeführt, sondern jemand, ein Akteur, bringt sie physisch an sich gebunden, *in actu*, mit auf die Szene: „S'il va s'agir d'amour, c'est en acte, et c'est la relation de l'un à l'autre qui va avoir ici à se manifester."[256] / „Wenn es um Liebe gehen wird, so in actu, und die Beziehung des einen zum anderen wird hier sich zeigen müssen."[257]

Pierre Destrée spitzt zu, dass dieser *acteur* das *Symposion* überhaupt erst wieder zu einem macht, indem er die dafür nötigen Zutaten zu der Zusammenkunft hinzufügt, die allesamt über körperliche Lust wirken:

> After the soberness, seriousness and high-mindedness that animated Diotima's speech, especially in her revelation of the highest mysteries of love, the audience, and we readers, are abruptly confronted with the loud and raucous entry of an uninvited guest who is so inebriated that he needs to be physically supported by a flutegirl and his servants (or, perhaps, comrades). So as to wine, sex and musical entertainment, this is in a way a Symposium restored to its traditional style.[258]

Hatten sich die Herren doch zu Beginn des Abends darüber verständigt, Alkohol nur in Maßen zu sich zu nehmen und auf die übliche Flötenspielerin ganz zu verzichten – umso bezeichnender, dass dem später heraufbeschworenen *Silen* ebenfalls eine Flöte als Attribut zugeschrieben wird. Der starke Einfluss, den Alkibiades' „Auftritt" ausübt, sein räumlich-körperlicher Einbruch in die Szene verschiebt den Ablauf, macht, dass sich alles ändert, wie Lacan sagt. Vor allem betont er, dass die Macht über die Absprache der Spielregeln nun maßgeblich bei Alkibiades landet:

> [L]ui-même change la règle du jeu en s'attribuant d'autorité la présidence. A partir de maintenant, nous dit-il, ce n'est plus de l'amour que l'on va faire l'éloge, mais de l'autre, et nommément, chacun de son voisin de droite.[259]

> [E]r selbst ändert die Regel des Spiels, indem er sich als Autorität den Vorsitz sichert. Von jetzt an, sagt er uns, wird man nicht mehr auf die Liebe die Lobrede anstimmen, sondern auf den anderen, und namentlich jeder auf seinen Nachbarn zur Rechten.[260]

Es scheint zunächst so, als ob Alkibiades sich der Regie eines anderen unterwürfe, der ‚schwerer wiegt' („viele andere aufwiegt") als andere. Jedoch hält er sich dann nicht an Eryximachos' Vorschlag, und außer von Sokrates geht von den Anwesenden Alkibiades gegenüber kein Widerspruch aus. Er wird seine Rede eben nicht auf Eros, sondern auf Sokrates führen, was für Lacan keinen dramaturgischen Kniff, sondern einen strukturellen, da metaphorischen Wechsel darstellt.[261] Hier tut sich, neben der Frage nach

256 Lacan: *Transfert*, S. 168.

257 Lacan: *Übertragung*, S. 176.

258 Pierre Destrée: The Speech of Alcibiades. In: *Platon. Symposion*, S. 191–205, hier S. 191.

259 Lacan: *Transfert*, S. 168.

260 Lacan: *Übertragung*, S. 176.

261 „Je vous l'ai dit – à partir de l'entrée d'Alcibiade, ce n'est plus de l'amour qu'il va être question de faire l'éloge, mais d'un autre, désigné dans l'ordre. L'important du changement est ceci – il va être question de faire l'éloge, *épaïnos*, de l'autre, et c'est précisément en cela, quant au dialogue, que réside le passage de la métaphore. L'éloge de l'autre se substitue non pas à l'éloge de l'amour, mais à l'amour lui-même, et ce, d'entrée de jeu." (Lacan: *Transfert*, S. 183–184.) / „Ich habe es Ihnen gesagt – ausgehend vom Auftritt des Alkibiades ist es nicht mehr die Liebe, worauf die Lobrede zu halten ist, sondern ein innerhalb der Ordnung

der Spielleitung, also ein zentraler symbolischer Zusammenhang auf. Ersetzt der sich in diesem Rapport entspinnende *discours* die Liebe – oder wird er zu ihrer Manifestation? Ist die die Liebe ersetzende Lobrede schon Liebe *in actu* des Anspruchs? Lacan definiert Liebe als Metapher und damit als Funktionsersetzung:

> L'amour comme signifiant — car pour nous, c'en est un, et ce n'est que cela —, l'amour est une métaphore — si tant est que la métaphore, nous avons appris à l'articuler comme substitution. [...] C'est en tant que la fonction de *l'érastès*, de l'aimant, pour autant qu'il est le sujet du manque, vient à la place, se substitue à la fonction de *l'érômenos*, l'objet aimé, que se produit la signification de l'amour.[262]

> Die Liebe als Signifikant – denn für uns ist sie ein solcher und ist sie nur dies –, die Liebe ist eine Metapher – wenn überhaupt die Metapher, dann haben wir sie als Ersetzung zu artikulieren gelernt. [...] Insofern die Funktion des *erastes*, des Liebenden, soweit er das Subjekt des Mangels ist, an die Stelle des *eromenos*, des geliebten Objekts, tritt, seine Funktion ersetzt, wird die Bedeutung der Liebe hervorgebracht.[263]

Dies ist eine weitere, durchaus verrätselte Stelle, in der Lacan stark mit dem Begriff der Funktion operiert, mit dem er *erastes* und *eromenos* als gegensätzliche Parteien der Liebe vorstellt; so erscheint auch nicht die Liebe selbst, sondern ihre Bedeutung hervorgebracht. Die Tragweite der Übertragung wird auf diese Weise immer mehr auch ins Symbolische verlagert (*l'amour comme signifiant*), was paradox erscheinen mag, aber gerade Lacans strukturelles Interesse erneut hervorhebt.

Dennoch betrachtet Lacan diese symbolischen Strukturen nie ohne die durch sie hervorgebrachten Praxen, wie die des begehrenden Sehens, und so kommen also Fragen nach Regie, Grundregeln der Zusammenkunft und Entscheidungsgewalt mit *agalma* neu auf, es kann Herrschaft ausüben bzw. mit Macht in Verbindung treten. Die Relevanz der Verbindung von Struktur, Gesprochenem und körperlicher Aktion erklärt dabei, dass die Passagen durchsetzt sind mit Theatervokabular: die *Szene* kippt, ein *Akteur* tritt auf, dessen Funktion teilweise zu der des *Regisseurs* der anderen Figuren wird. Dieses Wort behält Lacan jedoch Platon vor: In dessen Position als Autor bestimmt er alle Geschehnisse[264] – wobei diese Position Lacan in seinem Text freilich ebenso zukommt.

An verschiedenen Stellen wird das Geschehen im *Symposion* in die Nähe zum Theater gerückt: Sokrates selbst kategorisiert die Lobrede des Alkibiades, nachdem dieser ausgesprochen hat, als „silenisches und satyrisches Schauspiel"[265] und gibt damit die ‚Beleidigung' *Silen* postwendend zurück. Allerdings differenziert er und erklärt

bezeichneter anderer. Das Wichtige an dem Wechsel ist dieses – es wird eine Lobrede, *epainos*, auf den anderen zu halten sein. Und genau hierin besteht im Hinblick auf den Dialog der Übergang der Metapher. Die Lobrede auf den anderen ersetzt nicht die Lobrede auf die Liebe, sondern die Liebe selbst, und dies von Spielbeginn an." (Lacan: *Übertragung*, S. 191–192.)

262 Lacan: *Transfert*, S. 53.

263 Lacan: *Übertragung*, S. 59–60.

264 „[...] conduites par le metteur en scène expérimenté que nous supposons être au principe de ce dialogue." (Lacan: *Transfert*, S. 168); „[...] geführt von dem erfahrenen Regisseur, von dem wir unterstellen, daß dieser Dialog in ihm seinen Ursprung hat." (Lacan: *Übertragung*, S. 176.)

265 Platon: *Symposion* (Schleiermacher), S. 249 („Satyr- und Silenenspiel" bei Paulsen). Im Griechischen wird das Wort *Drama* verwendet.

Alkibiades *Verhalten* zu Schauspiel, d. h. seine Handlungen, seine Aktivität, nicht die Person selbst. „[D]ραμα τουτο και σιλενικον“[266]: Eine Form des Handelns und Sprechens. Destrée weist an dieser Stelle im Einvernehmen mit Platons Sokrates auf die Struktur antiken Theaters hin, wo auf Tragödien Satyrspiele folgten: „this audience is attending a sort of satyric play of the kind that were usually put on stage after the suite of three tragedies presented in a Dionysian festival.“[267] So klassifiziert er die Rede des Alkibiades analog zur Funktion des Satyrspiels als „burlesque revisitation of the previous 'tragic' speech by Diotima into Alcibiades' mouth.“[268] Julia Wildberger wiederum betont in diesem Zusammenhang die umgekehrte Verwandtschaft von Symposion und Theater, nämlich Symposien *im* Theater, „[a]uch in der Alten Komödie und vermutlich im Satyrspiel wurden solche Feste des Weins und der Liebe auf die Bühne gebracht.“[269]

Die bereits erwähnte strukturelle Verwandtschaft sprachlicher Gebilde erklärt, warum die psychoanalytisch bedeutsam gewordenen literarischen Texte, die nicht als psychoanalytische Texte geschrieben wurden, auch als Dramen gelesen werden. Nicht zuletzt wird die dialogische Form selbst mit der dramatischen in Verbindung gebracht:

> Das *Symposion* beginnt als dramatischer Dialog, insofern darin der Erzähler Apollodoros im direkten Gespräch mit einem anonymen Freund gezeigt wird. Innerhalb dieses dramatischen Rahmens erzählt aber Apollodoros – allerdings nicht direkt die Reden, die bei Agathons Gastmahl geführt wurden, sondern wie er selbst ebendiese Reden von einem Dritten, nämlich dem Augenzeugen Aristodemos, erzählt bekommen hat.[270]

Interessant ist, dass das *Symposion* somit rhapsodische und dialogische Textform kombiniert: alle wörtlichen Reden werden einem zuerst genannten Erzähler in den Mund gelegt, der jedoch nicht selbst als Augenzeuge berichtet, sondern seinerseits die Rede eines anderen nacherzählt. Andererseits wird dieser Erzähler seinerseits im Dialog dargestellt, der ihm überhaupt die Gelegenheit und Notwendigkeit der Aussprache liefert.

Ob die philosophischen Dialoge Platons also mit „ästhetischen Texten“ nach Gerald Siegmund gleichgesetzt werden können, bleibt zu fragen – auch nach der Intention der Schreibenden, ob die Texte für etwas geschrieben wurden, und ob dies Relevanz hat. Oder inwiefern das Vermögen der Lesenden, Dinge in den Texten zu ‚sehen‘, nur in den Lesenden liegt oder ein Zusammenspiel beider Vermögen, des Textes und der Lesenden, ist. Der Text stellt sich immerhin zur Verfügung, anders als Sokrates. Eine Unterstellung, Platon habe im Grunde fürs Theater geschrieben, wäre immerhin eine interessante Übertragung.[271] Platons Theaterverständnis ist nämlich nach Ulf Schmidt

266 Platon: *ΣΥΜΠΟΣΙΟΝ/Symposion*, S. 154.

267 Destrée: The Speech of Alcibiades, S. 192.

268 Ebd. Bezeichnend auch, dass in der Runde des *Symposion* Tragöde und Komöde sitzen (Agathon und Aristophanes) und Sokrates als letztes Argument des Textes im Ideal die Personalunion der beiden Autorenfunktionen fordert.

269 Wildberger: Die komplexe Anlage, S. 18.

270 Ebd., S. 21.

271 Vgl. Schmidts Hinweis auf Nussbaum: „Two obvious facts about them [the dialogues; A. d. V.] are (1) that they are a kind of theater, and (2) that they are entirely different from any Greek theater-writing we

als „Gegensatz zwischen diesem uneigentlichen teatrum philosophicum, dem es um die Wahrheit als das Eigentliche zu tun ist, und dem eigentlichen teatrum, dem es angeblich immer nur um das Uneigentliche ging, um die Verstellung, Täuschung oder Lüge"[272], zu begreifen. Dabei fokussiert Schmidt auf die gemeinsame Grundannahme der philosophischen Dialoge und des Theaters, dass es der Anschaulichkeiten bedarf. Daher die Zentralität von Theatervokabeln in den Platonischen Dialogen im Allgemeinen.[273]

Wildberger weist gerade dem *Symposion* eine Sonderstellung innerhalb der Platon'schen Dialoge zu, indem sie es als lustvoll-komischen Kommentar Platons auf seine eigene Dialog-Schreibpraxis und Sokrates-Gefolgschaft („Sokrates-Kult und Sokrates-Parodie"[274]) und somit als eine Art Metadialog begreift, ja sogar als Performance. Dabei erklärt sie, ganz im Sinne zeitgenössischer Theatertheorie, Formen darstellender Künste zu Formen der Bewusstmachung (als Bewusstmachung von Formen – als per*form*ance), die sie im *Symposion* präsentiert sieht:

> Die Form drängt sich auf, nicht zuletzt auch durch die virtuose Nachahmung so vieler verschiedener Stile in den Reden der Dialogfiguren. So wird man ständig daran erinnert, dass das *Symposion* einen Autor hat und eine Inszenierung ist, nicht einfach eine Dokumentation, ein bloßer Spiegel irgendeiner Realität. Es ist eine ‚performance', ebenso wie die Gäste beim erzählten *Symposion* sich selbst inszenieren.[275]

In dieser ‚virtuosen Nachahmung' tut sich also für Wildberger ein Bruch auf, in dem diese Nachahmung (nicht wie im Verhältnis zwischen Übertragung und Liebe) gerade nicht mit einem Vorbild verschwimmt, sondern sich als Inszenierung zeigt. Sie ist szenisch im Sinne von inszeniert, ‚eingefädelt' und initiiert und ‚verrät' die gestaltende Kraft dahinter. Als weitere Methoden dieser ‚Performance' nennt Wildberger Rollenspiel auf Ebene der Darstellung (die genannten Sprechenden treten mehr als „Typen" denn als historische Personae auf), den spielerischen Wettstreit der Lobrede „gepaart mit spielerische[n] Elemente[n] so zu ummanteln, dass er keinen Anlass zu echten Konflikten bot", „selbstironische Überzeichnung des eigenen Charakters und der eigenen Rolle", bis hin zur Ausstellung der Funktion des Autors selbst: „Platon gibt den ‚Platon'".[276] In der virtuosen Nachahmung ahmt Platon für Wildberger schließlich sich selbst nach. Solche verschiedenen Methoden der Bewusstmachung zielen schließlich auf eine reflektierte Rezeptionshaltung: „In dieser performativen Selbstinszenierung erscheint der implizite Autor ‚Platon' als noch ein weiterer Sokrates-Berichterstatter,

know." (Schmidt: *Platons Schauspiel*, S. 218.) „Plato's anti-tragic theater" ist der Titel eines Interlude in Martha C. Nussbaum: *The Fragility of Goodness. Luck and Ethics in Greek Tragedy and Philosophy*. Cambridge: Cambridge UP 1986.

272 Schmidt: *Platons Schauspiel*, S. 218.

273 „Von einer ‚szenischen' Qualität der Dialoge zu sprechen, von ihrer Anschaulichkeit und ihrer Kraft, Bilder und Vorstellungen zu erzeugen, scheint den Dialogen nicht unangemessen zu sein. Es scheint, als würden die Begriffe ‚Szene' und ‚Theater' die spezifische Form der Dialoge gut beschreiben." (Ebd.)

274 Wildberger: Die komplexe Anlage, S. 25.

275 Ebd., S. 32.

276 Vgl. ebd., S. 19–21.

mit dem der Textverfasser Platon uns Leser anregt, über unsere eigene Sokrates-Rezeption nachzudenken."[277]
Wildberger hebt hervor, und das versäumt Lacan etwas, wie das *Symposion* als Symposion mit der Form *ebenso* wie mit dem Inhalt spielt und dadurch Wert auf Bewusstmachung der verwendeten Schreibformen legt, „dass das *Symposion* nicht nur große Philosophie ist, sondern auch ein großer Spaß"[278], der sich auf frühere Dialogtechniken bezieht[279] und also seine Bedingungen mit ausspricht (ausspielt). Damit wird dieser Dialog zum experimentellen Modell Platon'scher Schreibpraxen und eine Lesart, die dies wenig beachtet, schmälert ihren *Mehr*-Wert.

**La structure de ce jeu: Regie und *Mehr*-Wert**
Die Bewegungen der Übertragung in der Analyse bezeichnet Lacan, wie bereits erwähnt, als *Spiel*[280] und eröffnet damit einmal mehr die Möglichkeit, sie an Theaterpraxis heranzurücken. Bei all der Erwähnung von Spielen der Lobrede, der Psychoanalyse oder davon, dass Regeln des Spiels geändert werden, fragt sich, welche Definition von Spiel, auch im Hinblick auf das *Game* von Ontroerend Goed, jeweils zugrunde liegt. Betont werden ja des Öfteren der experimentelle und Ausagierungs-Charakter der Handlung in einem geschützten bzw. definierten Rahmen (der Psychoanalyse, des *Symposion*...) – experimentelles Modell also als Synonym für Spiel und / oder Simulation? Die Hinweise rekurrieren auf gewisse Regeln des Spiels: Abmachungen, die den Ablauf der Interaktion bestimmen, also die ‚Grundregel' als Spielregel?[281]
Mit dem auftretenden Alkibiades und mit *agalma* stellt sich jedenfalls die Frage nach der Spielleitung, der Regie, in der (Spiel-?)Struktur der Übertragung, also danach, wer warum Einfluss auf das Geschehen bzw. auf andere Anwesende nehmen kann. Dies ist erneut ein zentraler Punkt, der bis zum Ende der vorliegenden Arbeit präsent bleiben wird. Lacan beschreibt nämlich die Übertragung letztlich als Sub-version, was den intersubjektiven Rapport maßgeblich zu einem Machtgefälle macht, das mit den metaphorisch leeren und vollen Gefäßen schon verdeutlicht wurde:

> Il s'agit de quelque chose dont les effets sont surprenants. D'une part, ces *agalmata*, au pluriel, on ne nous dit pas jusqu'à nouvel ordre ce que c'est. D'autre part, cela entraîne tout d'un coup une subversion, une tombée sous le coup des commandements de celui qui les possède.[282]

277 Wildberger: Die komplexe Anlage, S. 32. Und hier läuft Wildbergers Text auch bewusst auf seine eigene Intention hinaus, einer ‚wahren' Antiken-Rezeption: „wahre Sokrates-Rezeption [zielt] nicht auf Sokrates selbst, sondern auf das Gebären in Sokrates. Das gleiche gilt natürlich auch für Platon-Rezeption. Wer immer nur Leser bleibt, hat verloren." (Ebd., S. 33.)

278 Ebd., S. 17.

279 Hierfür geht Wildberger davon aus, dass es sich um ein spätes Werk Platons handeln müsse.

280 Zur Erinnerung: „Cela n'exclut nullement, là où il n'y a pas d'analyste à l'horizon, qu'il puisse y avoir, proprement, des effets de transfert exactement structurables comme le jeu du transfert dans l'analyse." (Lacan: *Quatre concepts*, S. 141.) / „Keineswegs aber ist auszuschließen, daß es auch da, wo kein Analytiker am Horizont auftaucht, zu Übertragungsphänomenen kommen kann, die genau die gleiche Struktur haben wie das Spiel der Übertragung in der Analyse." (Lacan: *Vier Grundbegriffe*, S. 130–131.)

281 Vgl. zum Spiel als Eigenraum S. 176, 223 dieser Arbeit.

282 Lacan: *Transfert*, S. 171.

> Es handelt sich um etwas, dessen Effekte überraschend sind. Einerseits diese *agalmata*, im Plural, man sagt uns nicht bis auf weiteres, was das ist. Andererseits führt das plötzlich eine Subversion herbei, einen Fall in den Geltungbereich [!] der Gebote desjenigen, der sie besitzt.[283]

Diese gewissen *agalmata* bilden also den Kern dessen, was jemanden erschafft, der einen bestimmenden, gebietenden Status erhält. Der Begriff der Subversion zeigt einen Wendepunkt in der Dramaturgie der intersubjektiven Gesetzmäßigkeiten und einen Fall ins metaphorische Unten an. Sokrates wird zum Regisseur für Alkibiades; nach dem Sehen der *agalmata* „il n'y avait plus qu'une chose à faire, εν βραχει, et dans le plus bref délai, par les voies des plus courtes, faire tout ce que pouvait ordonner Socrate.".[284] / „[gab] es nur eines noch zu tun, εν βραχει, und zwar unverzüglich auf kürzestem Wege all das zu tun, was Sokrates anordnen konnte."[285] So verdeutlicht Lacan seine Bestimmung der Übertragung als persönliches Phantasma, als Unterstellung, die jemandem – Sokrates in diesem Fall – entgegengebracht und die handlungsbestimmend wird. Die gebietende Position erhält Sokrates demzufolge wesentlich von Alkibiades, was in Lacans Worten wie eine Unterwerfung klingt, die sich im Handeln wahrnehmbar macht und damit seinen Ansatz der ungeraden Konstellation, der Disparität, in der Übertragung erklärt.

Damit entspinnt sich eine Interaktion der Regie, indem sich Alkibiades fürs *Symposion* zwar in eine bestimmende Funktion bringt, in die jedoch Sokrates immer wieder eingreift (Alkibiades' Redefluss oder dessen Sich-Platzieren unterbrechend) und sich für die Ordnung des Alkibiades seinerseits nicht zur Verfügung stellt. Sokrates zeigt sich also nicht als passiver Akzeptant des ihm Entgegengebrachten, unterliegt einerseits nicht dem Fall in den Geltungsbereich der Gebote des Alkibiades, agiert seine ihm von Alkibiades entgegengebrachte Autorität jedoch andererseits auch aus (akzeptiert sie also). Ein solches ‚Spiel der Mächte' setzt sich freilich dann auch auf anderer Ebene fort, wenn etwa Platon als Autor mit einer Macht der Gebotgebung für Lesende (Lacan inklusive?) ausgestattet wird. Dieser Fall in den Geltungsbereich, den Übertragung von *agalma* offenbar mit sich bringt, veranlasst Sybille Krämer, ebenfalls über die Unäquivalenz der Gesprächspartner in der Psychoanalyse zu urteilen:

> Jene Reziprozität und Zweiseitigkeit, jene Interaktivität und Intersubjektivität, auf welche die nachklassische Theorie zu Recht Wert legt, ist zwar vorhanden, aber sie entspricht gerade nicht dem universalpragmatischen, sprechakttheoretischen Modell der Kommunikation, das von der Annahme der formalrationalen Gleichstellung der Gesprächspartner zehrt.[286]

*Agalma* bringt, ganz im Gegenteil zur Gleichstellung, eine maßgebliche Überbewertung mit sich, die aus dem unterstellenden, begehrenden Subjekt als Mangelwesen resultiert.

Dies soll nun als strukturelles Potential gesetzt werden, mit dem experimentell umgegangen werden kann – für ästhetische Erfahrung ebenso wie für psychoanalytische

283 Lacan: *Übertragung*, S. 179.
284 Lacan: *Transfert*, S. 171.
285 Lacan: *Übertragung*, S. 179.
286 Krämer: *Medium, Bote, Übertragung*, S. 217.

oder weitere. Die vorläufige, überraschende, unterstellende Hinwendung als Manifestation einer Empfängnisbereitschaft zeigt sich, noch vor dem Sprechen, im Setzen neben jemanden, im Gehen zum Analytiker oder ins Theater. Und dann ermöglicht diese Struktur, wie auch immer genutzt, dass sich ‚etwas' weiterentwickelt. Das ist wohl auch der Grund, warum Übertragungsliebe in der Psychoanalyse trotz ihres Status als Widerstand gegen die Analyse dennoch hilfreich wird, da Mitarbeit unter den Geboten des Analytikers oder der Analytikerin geleistet wird. Sich seinem Geltungsbereich zu unterwerfen, geschieht aus dieser Perspektive heraus letztlich in Aussicht auf Profit: So wird aus Widerstand ein Instrument; und mit diesem Vokabular kann zwischen einem experimentellen und einem instrumentellen Umgang mit Übertragung unterschieden werden. Es muss aus dieser Struktur heraus wohl auch erklärbar werden, woraus die Lust entsteht, sich in den Geltungsbereich Anderer zu werfen: kann also von einer profitversprechenden Potentialität der Unter-werfung die Rede sein? Zwei Ansätze scheinen dabei von Lacan aus gedacht besonders nachvollziehenswert: zum einen die erwähnte Unäquivalenz, insofern sie als Verhältnis zwischen Subjekt und Objekt dargestellt wird, und zum anderen die ökonomische Ausrichtung, die die Übertragungstheorie durch Vokabular wie Tausch, Wert oder Profit bekommt.

### *Subjekt-Objekt-Problematik*

Kern- und Ausgangspunkt in der Übertragung als ‚Aufwertungsmechanismus' bleibt die Intersubjektivität, der Rapport zwischen Subjekten. Allerdings fragt sich, inwiefern dabei der oben genannte *Fall* – „tombée sous le coup des commandements" – als Bewegung nach unten hierarchisch gewichtet werden muss und sich damit eine zweite bedeutsame Topologie neben der von Außen und Innen mit in den Übertragungsdiskurs einschreibt. Bei Lacan geht es offenbar mit dem Begehren immer auch um den Status als Subjekt, der im Verhältnis mit und zum Objekt des Begehrens steht und fällt, ein Auf und Ab erfährt:

> Ce dont il s'agit dans le désir, c'est d'un objet, non d'un sujet. C'est en ce point que gît ce que l'on peut appeler le commandement épouvantable du dieu de l'amour. Ce commandement est justement de faire de l'objet qu'il nous désigne quelque chose qui, premièrement, est un objet, et, deuxièmement, un objet devant quoi nous défaillons, nous vacillons, nous disparaissons comme sujet. Car cette déchéance, cette déprédation, c'est nous, comme sujet, qui l'encaissons. Ce qui arrive à l'objet est justement le contraire. J'emploie là des termes qui ne sont pas les plus appropriés, mais n'importe, il s'agit que ça passe, et que je me fasse bien entendre — cet objet, lui, est survalorisé. Et c'est en tant qu'il est survalorisé qu'il a la fonction de sauver notre dignité de sujet, c'est-à-dire de faire de nous autre chose qu'un sujet soumis au glissement infini du signifiant. Il fait de nous autre chose que le sujet de la parole, mais ce quelque chose d'unique, d'inappréciable, d'irremplaçable en fin de compte, qui est le véritable point où nous pouvons désigner ce que j'ai appelé la dignité du sujet.[287]

> Das, worum es beim Begehren geht, ist ein Objekt, nicht ein Subjekt. An dieser Stelle ruht das, was man das furchtbare Gebot des Gottes der Liebe nennt. Dieses Gebot besagt genau, aus dem Objekt, das er uns bezeichnet, etwas zu machen, das erstens ein Objekt ist und zweitens ein Objekt, vor dem wir schwach werden, wir ins Schwanken geraten, wir als Subjekt verschwinden. Denn diesen

287 Lacan: *Transfert*, S. 207.

Niedergang, diese Entwertung, müssen wir als Subjekt hinnehmen. Was dem Objekt widerfährt, ist genau das Gegenteil. Ich gebrauche da Termini, die nicht die geeignetsten sind, aber was soll's, es geht darum, daß es herüber kommt und daß ich mich richtig verständlich mache – dieses Objekt wiederum ist überbewertet. Und insofern es überbewertet ist, hat es die Funktion, unsere Würde als Subjekt zu retten, das heißt aus uns etwas anderes als ein dem unendlichen Gleiten des Signifikanten unterworfenes Subjekt zu machen. Es macht aus uns etwas anderes als ein Subjekt des Sprechens, eben dieses etwas Einmaliges, Unschätzbares, Unersetzliches letzten Endes, welches der wahrhafte Punkt ist, an dem wir das auszeichnen können, was ich die Würde des Subjekts genannt habe.[288]

Für die Begehrensrelation und eigentlich als ihren Höhepunkt ruft Lacan mit der ‚Würde des Subjekts' also etwas letztlich Un-Verrechenbares auf, das im Gegensatz zum Tausch schwerlich auf einen ökonomisierbaren Hintergrund zu reduzieren wäre. Dass dieses ‚würdige Subjekt' ein anderes ist als das symbolisch designierte und dass es sich ausgerechnet über das Begehren konstituiert, wäre eigentlich noch einmal näher zu beleuchten, denn diese Figur scheint definitorisch schwer einholbar, z.B. vor dem Hintergrund der Frage, in welchem Lacanschen Register dies begreifbar wäre (im Imaginären?), oder ob sich diese Würde auch den Registern letztlich entzieht (auch dem Realen)? Mit dem ‚etwas anderen als dem Subjekt des Sprechens' kommt auch wieder die Assoziation des Mehr-Seins aufs Tapet (etwas Einmaliges, Unschätzbares, Unersetzliches), die sich konsequent als Denkfigur des *agalmas* erweist. Möglicherweise wäre hier auch eine Erklärung für die Kritik am *Game of You* eingeschrieben, nämlich an dessen ‚Leistung', Subjekte medial zu objektivieren und ihr *Mehr*, ihre Würde, modellhaft wegzukürzen.
Die hier aufgerufenen Relationen zwischen Subjekt und Objekt, Bewegungen zwischen Überbewertung und Niedergang, verweisen also erneut zurück auf Konstellationen der Unäquivalenz, nun gepaart mit vertikalen Richtungen. Das *Objekt agalma* vermag an Subjekte sowohl Ab- als auch Aufwertung abzugeben, damit kommt aber überhaupt das Verhältnis zwischen Subjekt und Objekt noch einmal neu und anders ins Spiel, nämlich als grundsätzliche Differenz. Ein Subjekt ist freilich kein Objekt, bekommt aber maßgeblich damit zu tun, und diese Spannung arbeitet gerade auch in der Übertragungskonstellation. Demnach ist der Status als Subjekt in der Übertragung auch ein solcher, um den es zwischen Alkibiades und Sokrates geht und der Sokrates' Widerständigkeit als Zeichen dafür erklärt, sich nicht zum Objekt machen zu lassen. Für Lacan bezeugt Alkibiades' Bericht nämlich genau diesen Versuch:

Et qu'est-ce qui fait la valeur de la confession d'Alcibiade devant ce tribunal? C'est qu'il rapporte avoir justement tenté de faire de Socrate quelque chose de complètement soumis et subordonné à une autre valeur que celle du rapport de sujet à sujet. Il a, vis-à-vis de Socrate, manifesté une tentative de séduction, il a voulu faire de lui, et de la façon la plus avouée, quelqu'un d'instrumental, de subordonné à quoi? — à l'objet de son désir à lui, Alcibiade, qui est *agalma*, le bon objet. [...] Socrate n'est plus là que l'enveloppe de ce qui est l'objet du désir.[289]

Und was macht den Wert des Bekenntnisses des Alkibiades vor diesem Tribunal aus? Daß er berichtet, gerade erst versucht zu haben, aus Sokrates etwas zu machen, das vollständig einem anderen Wert unterworfen und untergeordnet ist als dem der Beziehung zwischen Subjekt und Subjekt. Er hat

288 Lacan: *Übertragung*, S.215.
289 Lacan: *Transfert*, S.213.

> Sokrates gegenüber einen Verführungsversuch bekundet, er hat aus ihm, und das auf die eingestandenste Weise, jemanden Instrumentelles, Untergeordnetes, machen wollen, untergeordnet was? – dem Objekt seines, ihm, Alkibiades, eigenen Begehrens, welches *agalma* ist, das gute Objekt. [...] Sokrates ist nur mehr da als die Hülle von dem, was das Objekt des Begehrens ist.[290]

Die Aufwertung des Anderen führt in dieser alkibiadischen Praxis also paradoxerweise zu dessen Abwertung; eine merkwürdige Bestandsaufnahme, da mit diesen Diagnosen das in Übertragung verwickelte Subjekt ständig hin- und hergerissen scheint zwischen Prozessen der Auf- und Abwertung. Lacan bringt hier interessanterweise selbst das Untergeordnete mit der Vokabel des Instrumentellen zusammen, was bisher und auch im Folgenden wiederholt als Gegenpol zum Experimentellen behauptet wird. Wesentlich erscheint dabei, dass Lacan eine solche instrumentalisierende Handlung auch als Versuch andeutet, die inkommensurable Alterität des Anderen anzugreifen, sie dem eigenen Begehren zu unterwerfen.

In Lacans weiteren Ausführungen zur Subjekt-Objekt-Problematik der Übertragung tritt der Subjektbegriff aus der Ökonomisierbarkeit, Verrechenbarkeit und Bewertbarkeit der Objekte, wie sie vom Begehren kalkuliert werden, heraus:

> Admettons qu'un objet en vaut un autre, à condition que nous donnions au mot *objet* son sens de départ, qui vise les objets en tant que nous les distinguons, et pouvons les communiquer. S'il est donc déplorable que jamais l'aimé devienne un objet, est-il meilleur qu'il soit un sujet ? Il suffit pour y répondre de remarquer que, si un objet en vaut un autre, pour le sujet c'est encore bien pire. Car ce n'est pas simplement un autre sujet qu'il vaut — un sujet, strictement, en est un autre.[291]

> Gestehen wir zu, daß ein Objekt so viel wert ist wie ein anderes, unter der Bedingung, daß wir dem Wort *Objekt* seinen Ausgangssinn geben, der die Objekte meint, indem wir sie unterscheiden und sie kommunizieren können. Wenn es also bedauernswert ist, daß der Geliebte niemals zu einem Objekt wird, ist es dann besser, daß er ein Subjekt ist? Es genügt, um darauf zu antworten, daß man bemerkt, daß es, wenn ein Objekt so viel wert wie ein anderes, für das Subjekt dies noch deutlich schlimmer ist. Denn dies ist nicht einfach nur so viel wert wie ein anderes Subjekt – ein Subjekt ist, strikt, ein weiteres davon.[292]

Ein definitorischer und qualitativer Unterschied ist demnach, dass Subjekte sich im Gegensatz zu Objekten letztlich weder (in ihrem Wert) unterscheiden noch kommunizieren lassen – objektivierende Behandlungen sich umgekehrt also durch Unterscheidung ihrer Werte und Kommunizierbarkeit auszeichnen. Dies kann durchaus als eine bedenkenswerte Voraussetzung des Intersubjektivitätsbegriffs gelten, indem ein solcher Rapport sich dann außerhalb von Unterscheiden im Sinne von Bewerten und Kommunizieren abspielt.

Ginge dieses Verständnis also so weit, das rationale Kalkulieren in diese Unterscheidung einzuschließen, d. h. nur Objekte als kalkulierbar und bewertbar anzusehen? Wenn nur Objekte so viel Wert sein können wie ein anderes, nicht aber Subjekte, kann es doch Äquivalenz demnach im Grunde nur unter Objekten (in der Inter*objekt*ivität?) geben, da sie sich (durch Subjekte jedoch, denn Objekte tun dies von sich aus offenbar

290 Lacan: *Übertragung*, S. 221–222.

291 Lacan: *Transfert*, S. 178–179.

292 Lacan: *Übertragung*, S. 186–187. Leider geht im Deutschen die Doppeldeutigkeit von ‚un autre' als *ein anderer* und *ein anderes Subjekt* verloren.

nicht) nach objektivierenden Maßstäben evaluieren lassen. Da mit Subjekten nicht so umgegangen werden kann wie mit Objekten, steht die Behandlung, die Objektivierung versucht, also im Umkehrschluss der Inter*subjekt*ivität genau genommen entgegen. Ein wertvolles Objekt *agalma* kann also immer unterstellt werden, jedoch lässt sich das Subjekt im intersubjektiven Rapport nicht wegkürzen – wird also nie zu so etwas wie einem Fetisch-Objekt. Dann wäre hier der Austritt des Subjekts aus der objektiven Ökonomie als das Unverrechenbare angezeigt, als ein *Mehr* des Subjekts im Sinne des Übertrags (Über-Rest), wie es Bertolt Brechts Fatzer aus-kalkuliert:

> Ihr aber rechnet auf den Bruchteil aus
> Was mir zu tun bleibt, und setzt's in die Rechnung.
> Aber ich tu's nicht! Rechnet!
> Rechnet mit Fatzers Zehngroschen-Ausdauer
> Und Fatzers täglichem Einfall!
> Schätzt ab meinen Abgrund
> Setzt für Unvorhergesehenes fünf
> Behaltet von allem, was an mir ist
> Nur das euch Nützliche.
> Der Rest ist Fatzer.[293]

Der von Lacan durch ‚Äquivalenz' problematisierte, inter-subjektive Rapport verlangt also eine Einschränkung des kalkulierenden Zugriffs auf das Subjekt und, sollen sich Subjekte begegnen, eine entsprechende Einschränkung eines aneignenden Zugriffs auf die Anderen. Ein gleichwertiges Subjekt nimmt, als solches wert-geschätzt, den eigenen, subjektiven Platz im System ein, ohne dass ein zwischengeschaltetes Kalkulationssystem / Nivellieren[294] möglich wäre. Damit führt Übertragung zu ethischen Überlegungen und An-Sprüchen, die die Haltung im intersubjektiven Rapport betreffen und etwa Probleme der Inkommensurabilität und Alterität des ‚äquivalenten Subjekts' aufrufen – das es also in dieser Lesart letztlich gar nicht geben kann. Auch eröffnet sich hier schon eine Fragestellung, die den Subjektbegriff in seiner ideologischen Kontextualisierung betrifft: können interpellierte, d. h. in Funktion erzeugte Subjekte ihren inkommensurablen Status erhalten? Welche Bereiche des Subjekts können als solche, widerständigen, behauptet werden? Das Unbewusste? Der Körper?

Eine mögliche antwortende Tendenz darauf gibt die Struktur von Felix Ruckerts *Hautnah*[295], das seine Wirkung zentral über eine körperliche Begegnung bezieht. Zu

293 Bertolt Brecht: Fatzer. In: Ders.: *Werke. Große kommentierte Berliner und Frankfurter Ausgabe*, Bd. 10.1, hrsg. v. Werner Hecht / Jan Knopf / Werner Mittenzwei / Klaus-Detlef Müller. Berlin / Frankfurt am Main: Aufbau / Suhrkamp 1997, S. 387–529, hier S. 495.

294 Hier setzt besonders ein kapitalismuskritischer Punkt ein, wenn Subjekte ihrem ‚Wert' gemäß verrechnet werden. Vgl.: „Indem das Geld alle Mannigfaltigkeiten der Dinge gleichmäßig aufwiegt, alle qualitativen Unterschiede zwischen ihnen durch Unterschiede des Wieviel ausdrückt, indem das Geld, mit seiner Farblosigkeit und Indifferenz, sich zum Generalnenner aller Werte aufwirft, wird es der fürchterlichste Nivellierer, es höhlt den Kern der Dinge, ihre Eigenart, ihren spezifischen Wert, ihre Unvergleichbarkeit rettungslos aus." (Georg Simmel: Die Gross-Städte und das Geistesleben. In: Ders.: *Das Individuum und die Freiheit. Essais.* Frankfurt am Main: Fischer 1993, S. 192–204, hier S. 196.)

295 Felix Ruckert: *Hautnah*, Forum Neuer Tanz, Künstlerhaus Mousonturm Frankfurt am Main, 12.–17.11.1998. Insgesamt besteht die Produktion aus über 50 1:1-Soli, die im Zeitraum von 1995–1999 in verschiedenen europäischen Städten performt wurden (UA in Berlin 1995).

einer Zeit, in der das IG-Farben-Haus in Frankfurt am Main ein unzugänglicher Ort ist,[296] hängt im Foyer des nun stillgelegten Casinos eine Orange an der Wand. Dort sind museumsartig noch weitere, verschiedenste Objekte (*a*?!) befestigt. Ein Stück Seil, ein Apfel (der hat sich gelöst und liegt auf dem Boden), ein Stück Kreide, ein Messer... Von den Objekten an der Wand aus in den Raum hinein bilden sich Menschenschlangen, wie an Schaltern von Institutionen und / oder Ämtern. So, indem im Voraus ein Objekt als wertvoller als die anderen bewertet wird, wählt sich das Publikum hier sein Theater: mit der Wahl des Objektes wird eine Wahl darüber getroffen, wen die einzelnen Publikumsmitglieder, wenn sie ‚dran' sind, zu treffen bekommen, denn den Objekten sind einzelne Akteur_innen zugeordnet.
Lange ist unklar, ob ‚die Orange' noch einmal auftritt, denn sie ist krank, wird mitgeteilt. Schließlich lohnt sich das Warten doch noch, und die erste Handlung danach ist eine *Ver*handlung über den Preis der Orange mit ihr persönlich. Die Orange ist männlich, verhältnismäßig klein, verschnupft und passenderweise in einen orangenen Jogginganzug gekleidet. Nach dem Zahlen führt die Orange in einen der riesigen Räume des ehemaligen Casinos, der (schon wieder einmal, siehe *Game*) durch Stellwände und helle Stoffe in lauter kleine Raumschachteln aufgeteilt wurde, so dass Séparées vorhanden sind. In manche lässt sich ein Blick durch einen Spalt erhaschen auf Konstellationen von immer zwei Personen. Die Orange baut sich schließlich in einem Séparée vor einem Stuhl auf und bietet diesen zum Platznehmen an. Ihre folgenden Tanzbewegungen sind fließend und kraftvoll, nach dem Entblößen des Oberkörpers wird die Trichterbrust der Orange sichtbar, als sei die Frucht, die tatsächliche Orange, die plötzlich von irgendwoher kommt und die der Tänzer an seinem Körper zerreibt, eben noch ein Teil der Brust gewesen, welche sich jetzt nach innen wölbt. Die Orange steigert das Tempo ihrer Choreographie, zitiert Sexbewegungen in Liegestütze mit der zerquetschten Frucht auf dem Boden und duftet immer stärker nach der Zitrusfrucht, als die Begegnung ihrem nächsten Höhepunkt entgegengeht. Hierfür müssen beide stehen, der Stuhl bleibt also leer zurück und die Hände werden jeweils auf den Körper des / der Anderen gelegt. Die Orange führt sowohl ihre eigenen Hände, als auch meine. Verharren in einer Umarmung, dann stellt die Orange plötzlich mit französischem Akzent eine Frage: „Warum brauchen die Menschen so viel Liebe?", und lässt nicht los, ehe nicht eine Antwort formuliert wurde. „Alle, die bei der Orange waren, lächeln danach so zufrieden", bemerkt eine Beobachterin hörbar beim Ausgang, „da wird man ja neidisch." Aber auf was? Gab es eine spezielle positive Erfahrung, die in den Gesichtern Wahrnehmung abgibt?
Offenbar bringt die offensiv eingesetzte körperliche Ebene etwas Neues und Anderes in die Unäquivalenz des Fragesettings, von dem schon im *Game* die Rede war (das die Körperlichkeit ja so radikal reduziert). Hat die Frage hier also eine andere Qualität als die der Sinnunterstellung und Machttechnik? Es ist unstrittig, dass sich die fragende

296 Im Zeitraum seiner Stillstellung, d. h. zwischen seiner Nutzung als Hauptquartier der amerikanischen Militärverwaltung und dem Einzug der Goethe-Universität Frankfurt (Aufnahme des Universitätsbetriebs im Jahr 2001), konnte das abgesperrte Areal sehr selten für Kunstprojekte genutzt werden.

Orange in der anleitenden Position dieser Begegnung befindet und auch danach handelt. Sie zögert nicht, verfolgt ihren Handlungsplan ohne Pause und zielstrebig. Nun jedoch, nach dem Aussprechen der Frage, nichts weiter außer Warten auf Antwort, auf Reaktion, für eine gefühlte Ewigkeit. Stark entsteht der Eindruck, dass die Ver-antwort-ung nun abgegeben wurde, sonst geht es nicht weiter.

Ein solcher Moment ist wohl der gemeinsame dramaturgische Knackpunkt der Produktion, wie Ramsay Burt bemerkt: „I went to *Hautnah* on two evenings when it was shown in New York in 1999, seeing two different solos, and talking to people who saw others. In most, there was a moment when the dancer got the spectator up on their feet to dance together."[297] Jede 1:1-Begegnung kommt also in *Hautnah*, ganz dem Titel entsprechend, an einen Punkt, wo der Gast Einfluss auf das Geschehen erhält, und wo es einander nahe geht. „Intimate physical contact, interaction between dancer and a spectator who becomes a participant, and a very close and knowing scrutiny of the spectator"[298], sind Elemente, die in dieser Produktion die Möglichkeiten der Intersubjektivität des Theaters intensiv ausloten – indem an das Publikum eine recht radikale Aufforderung zur Mitgestaltung der intersubjektiven Erfahrung ergeht.

> The things the spectator did – where in the room they chose to sit, how they responded to different parts of the solo – had an effect on how the dancer performed the piece. [...] Apparently in each solo there was always an element of improvisation that was in some way determined by the dancer's response to the spectator.[299]

Ruckert bestätigt, dass er „bewusst Situationen in die Soli eingebaut" habe, „die zur Interaktion einluden, zum Teil gab es schon direkten Körperkontakt. Das war damals neu und aufregend und hat mich sehr zum Nachdenken angeregt."[300] Was er Interaktion nennt, bestätigt und unterbricht eine Herstellung von Begegnung und arbeitet an der Erprobung von Äquivalenz in geteilter Verantwortung für das Geschehen.

Einerseits wird der Moment der Mit-Gestaltung also, ohne dass die Funktionen des Theaters aufgehoben würden, zu einem Moment der Gleichberechtigung, indem für ihn kein präfigurierter Ablauf vorliegt (Improvisation), und der daher als Zäsur funktioniert. Der Dialog unterbricht die vorbereitete Choreographie (als eine choreographierte Unterbrechung, freilich) und ermöglicht, gemeinsam das Stück fortzusetzen, ohne Vorwissen über das, was als nächstes passiert. Ein intersubjektiv erzeugtes Nicht-Wissen klingt hier an, das über zwei Elemente hergestellt wird: *was* wird gefragt und *wie* wird gefragt. Zum einen taucht, passend zur Übertragungsstruktur, die Liebe als Thema einer Frage auf; zum anderen erfolgt im Rahmen der Frage-Antwort-Konstellation der Einsatz beider anwesender Körper.

Es handelt sich zunächst einmal um eine Frage, auf die es keine (richtige) Antwort gibt, die sich aber dennoch in die Erwartungshaltung eines unterstellten Wissens kleidet.

297 Ramsay Burt: Felix Ruckert's Intimate Theatre of Seduction. http://www.felixruckert.de/_Seduction.html (Zugriff am 27.11.2012).

298 Ebd.

299 Ebd.

300 Klaus Kieser: schwelle 7. Interview mit Felix Ruckert. In: *Tanz* 4 (2010), S. 62–63. http://www.kultiversum.de/Tanz-tanz/Felix-Ruckert-Gespraech-schwelle-7.html (Zugriff am 01.04.2016).

Dieser Druck zur Antwort auf etwas, das viel zu groß für eine Antwort ist, erfolgt in einer Situation zusätzlicher Über-Forderung, nämlich in großer körperlicher Nähe zwischen zwei einander gänzlich fremden Körpern, der allein schon ihrer Seltenheit wegen kaum mit abrufbaren Reaktionsmustern begegnet werden kann – üblicherweise kommen sich Publikum und Darstellende im Theater nicht so nahe. Die symbolisch-autoritäre Konstellation, in die Fragen führen können, wird hier durch die körperliche Nähe stark kontrastiert, gerade weil diese Nähe einen unüberbrückbaren Abstand spürbar werden lässt, der einen gegenseitigen hermeneutischen Zugang zueinander verunmöglicht und dadurch eine nicht-verstehende Ebene der Begegnung in den Vordergrund bringt.

Mit der Liebe als gegenteiliges Register zum Wissen kommt *Nicht-Verstehen* auf sprachlicher Ebene zum Vorschein: eine Frage über die Liebe ist im Grunde also von sich aus schon paradox. Dennoch entsteht aus der Struktur der liebevollen Unterstellung An-Spruch, wie Lacan formuliert: „Die Liebe, haben wir gesagt, läßt sich nur in der Perspektive des Anspruchs begreifen."[301] „Warum brauchen die Menschen so viel Liebe?" erweist sich also als Anspruch, der das primäre Fragezeichen jeder Ansprache setzt: *Che vuoi?*[302] klingt darin an, als die stets offene Frage. Die Liebe bringt so Themen gegenseitigen Einflusses auf, wo Dominanz kippen kann, wo der Einsatz des Anderen erfolgt, daher keine weiteren Fragen. Die Frage dient hier also nicht zum Weitertreiben und Generierung von Wissen, sondern als Moment des gemeinsamen Nicht-Wissens, zum Innehalten und zum Beschwören der Alterität: *Che vuoi?* ist das, was die Anderen in der Anerkennung ihrer absolut inkommensurablen Unzugänglichkeit sind. Frage und Nähe verstärken einander, da sie sich beide nicht (ein)lösen. Die Frage erhält keine Antwort (obwohl letztlich eine formuliert wurde), und die Nähe stellt einen Abstand her, da sie eine formale und keine private Nähe ist.

So eröffnet sich in der Begegnung ein Zugang zur „Ethik der Alterität"[303], als unüberwindbare Unberührbarkeit in der Intersubjektivität. Ausgangspunkt ist dabei eben das Fragezeichen: „Der Andere gibt Rätsel auf, befremdet oder provoziert eine Fraglichkeit"[304], bzw. mit Levinas gesprochen: „Das Rätsel [...] ist die Nähe des Anderen als eines Anderen."[305] Die Nähe eines nicht verstehbaren, also nicht anzueignenden Anderen, ist letztlich Nähe der Ferne (mit Walter Benjamin: die Aura des Anderen?). Gerade das wird in diesem *hautnah*en Moment spürbar – durch die Funktionalisierung der Beteiligten: Die Umarmung erfolgt als Tänzer und Besucherin innerhalb eines künstlerischen Settings, das ab diesem experimentellen Moment nicht anzeigt, worauf es hinauslaufen will und damit die theatralen Subjektivierungen auf ein Unbekanntes

301 Lacan: *Transfert*, S. 435.

302 Vgl. S. 33 und S. 274 dieser Arbeit.

303 Dieter Mersch: Gibt es Verstehen? In: Albrecht / Huber / Imesch / Jost / Stoellger (Hrsg.): *Kultur Nicht Verstehen*, S. 169–185., hier S. 177.

304 Ebd., S. 174.

305 Levinas: *Die Spur des Anderen. Untersuchungen zur Phänomenologie und Sozialphilosophie*, aus d. Frz., hrsg. u. eingel. v. Wolfgang Nikolaus Krewani. Freiburg / München: Alber 1987, S. 254.

öffnet. Besonders diese ganz präsente körperliche Materialität verhindert, dass sich aneignende Phantasmen bilden, denn der Körper ist zu schnell zu nah, um symbolische oder imaginäre Zugänge ihm gegenüber zu eröffnen. Er bleibt in diesem Moment ein Körper, der nach Orange riecht. Dies ist möglicherweise auch schon ein Hinweis darauf, dass das Lacansche Reale als Register denkbar ist, auf dem keine Frage funktioniert; die körperliche Nähe verhindert Imaginäres und Symbolisches und der Mangel, die fehlende Antwort, dominieren dort.

Nicht nur die Liebe wird in *Hautnah* also als Anspruch formuliert, sondern auch der, die, das Andere:

> Andersheit begegnet zudem nicht als Frage, sondern als *Anspruch*. Denn unabhängig ‚von (der) aus der Welt empfangenen Bedeutung', wie es Lévinas formuliert hat, geschieht der Anspruch als Irritation, als Unterbrechung einer ‚nicht einordbaren Gegenwart', die darin besteht, ‚auf uns zuzukommen, *einzutreten*' und zur Stellungnahme aufzufordern.[306]

Die Frage in *Hautnah* ist Anspruch. Zwar sind die Funktionen in der *hautnah*en Gegenwart bekannt und verteilt, das schließt aber nicht den Möglichkeitsraum ab – vielmehr sollen sich die Grenzen und Konventionen der eingeordneten Theatergegenwart aufzeigen und können neu gezogen werden.

Dies hat dann durchaus mit theatraler Subjektivierung, wie Lehmann sie für die Ur-Theatererfahrung, die Tragödie, beschreibt, zu tun:

> Die Tragödie ‚gebiert' das Subjekt aus der Erfahrung der Abhängigkeit, der Angewiesenheit, der Ungewißheit und Zweideutigkeit dessen, was ihm *zugesprochen* wird. Darin, daß sie dergestalt das *Subjekt als Ort einer Frage ohne Antwort*, nicht als wie immer geartete Position bestimmt, korrespondiert sie dem Grundzug der Subjekttheorie, die besagt: ‚Was ich im Sprechen suche, ist die Antwort des anderen. Was mich als Subjekt konstituiert, ist meine Frage.'[307]

In dieser berührten Unberührbarkeit der Alterität[308] muss jede Ansprache scheitern bzw. als Frage offen bleiben. Dies verhindert eine Subjektivierung, die in eine Ideologie führen will, als Hinwendung zu einer vorgefertigten Funktion / Position, die immer eine Antwort hat. Und das könnte sein, was sich in den Gesichtern widerspiegelt: die positive Erfahrung, als inkommensurable Alterität wahrgenommen, ohne in eine bestimmte Subjektivität angerufen worden zu sein, die Krea(k)tion einer Äquivalenz in der gemeinsamen Andersheit.

Dabei handelt es sich jedoch um eine intersubjektive Begegnung, in der keine Reduktion zum Objekt stattfindet, aufgrund der emergierenden Alterität. Dies wäre also eine Äquivalenz zwischen Subjekten, die einander als solche anerkennen. Lacan bedenkt dies anhand des Begriffs des „strikten Subjekts":

306 Mersch: Gibt es Verstehen?, S. 175.

307 Lehmann: *Theater und Mythos*, S. 141, mit Bezug auf Lacan: Funktion und Feld des Sprechens und der Sprache in der Psychoanalyse. In: Ders.: *Schriften I*, S. 143.

308 Zur Erinnerung: „Sucht das Verstehen daher in seine Nähe [in die Nähe des Anderen, E. H.] zu gelangen, indem es diese Unverfügbarkeit, ja Unberührbarkeit leugnet, vergrößert es nur den Abstand, was überhaupt verbietet, die Bezugsweise der Begegnung mit Anderem, Fremden nach der Dialektik von Frage und Antwort zu konzipieren." (Mersch: Gibt es Verstehen?, S. 176; vgl. S. 119 dieser Arbeit.)

> Le sujet strict, c'est quelqu'un à qui nous pouvons imputer quoi rien d'autre que d'être comme nous cet être [...] qui s'exprime en langage articulé, qui possède la combinatoire, et qui peut à notre combinatoire répondre par ses propres combinaisons, que nous pouvons donc faire entrer dans notre calcul comme quelqu'un qui combine comme nous.[309]

> Das strikte Subjekt ist jemand, dem wir was zurechnen können? – nichts anderes als wie wir dieses Sein zu sein, [...] das sich in artikulierter Sprache ausdrückt, das die Kombinatorik besitzt und das auf unsere Kombinatorik mit seinen eigenen Kombinationen antworten kann, das wir also in unsere Berechnung als jemanden eingehen lassen, der kombiniert wie wir.[310]

Intersubjektivität beruht demzufolge auf einer grundlegenden geteilten Gemeinsamkeit des Subjekt-Seins, und das „strikte" Subjekt anzuerkennen hieße, das andere Eigene, den fremden Maßstab, das andere Kombinieren (Kalkulieren?) bzw. das Kombinieren als solches anzuerkennen – denn wie wäre es als fremdes oder anderes denkbar, wenn die Praxis der Unterscheidung wegfiele, wie oben angedacht? –, ohne das das Eigene nicht existiert. Sobald Ausdruck in artikulierter Sprache, subjektive Kombinatorik und Antwortstruktur als eigene Subjektivität vorausgesetzt werden, gelten sie für alle Subjektivitäten. Wo bliebe in diesen Ansätzen jedoch die durch das Objekt verliehene ‚Würde'?
Es lässt sich resümieren, dass von *agalma* aus das Zur-aufklappbaren-Hülle-gemacht-Werden, das seine Relevanz der Topologie von Außen und Innen verdankt, von Lacan also auch in der Topologie von Oben und Unten skizziert wird, die immer auch mit Wert- und Machtbesetzung zu tun hat. So führt Alkibiades' Intention der Ver-führung hinab: „sa [Alkibiades', E.H.] visée est la chute de l'Autre, A, en autre, *a*."[311] / „seine [Alkibiades', E.H.] Absicht ist der Fall des Anderen, A, zum anderen, *a*"[312], was in der Übersetzung ins Lacansche einem Fall vom Symbolischen ins Imaginäre gleichkäme. Gleichzeitig verdeutlicht Lacans Algebra hier am Buchstaben A besonders die kulturell mit Machtkriterien aufgeladenen Qualitäten von Groß und Klein. Es sei noch der kleine Zusatz erlaubt, dass Lacan selbst seine abwertende Rhetorik im Fall zum Objekt reflektiert:

> Je ne sache pas qu'après avoir donné une connotation si péjorative au fait de considérer l'autre comme un objet, quelqu'un ait jamais fait la remarque que de le considérer comme un sujet, ce n'est pas mieux.[313]

> Ich weiß nicht, ob jemand, nachdem der Tatsache, den anderen als ein Objekt anzusehen, eine so pejorative Konnation [!] verliehen wurde, die Bemerkung gemacht hätte, ihn als ein Subjekt anzusehen, sei nicht besser.[314]

Dabei werden mit der Frage, was (nicht) ‚besser' wäre, die bewertenden Kategorien letztlich auf eine weitere Dichotomie, die von gut-schlecht heruntergebrochen. Da

309 Lacan: *Transfert*, S. 179.
310 Lacan: *Übertragung*, S. 187.
311 Lacan: *Transfert*, S. 214.
312 Lacan: *Übertragung*, S. 222.
313 Lacan: *Transfert*, S. 178–179.
314 Lacan: *Übertragung*, S. 186.

die Agalmadiskussion und mit ihr die Übertragungstheorie also immer wieder einen Wertediskurs führen, erscheint es herausfordernd, Lesarten zu ihnen zu entwickeln, die urteilende Kategorien wie auf- und abwertend, positiv und negativ, aneignens- oder abstoßenswert vermeiden. Eine mögliche widerständige Haltung dazu wäre vielleicht erst einmal die Feststellung, dass mit der Übertragungsstruktur ein solch urteilender Zugriff durch das Subjekt auf sein Umfeld theoretisier-, erklär- und behandelbar gemacht werden soll und kann. Letztlich ist also in Übertragung das (zunächst wohl immer unbewusste) subjektive, begehrende Bewertungssystem aktiv, gibt mitunter sogar Wahrnehmung ab.

So bietet diese Struktur aber eben auch eine Angriffsfläche für experimentelle Modelle, mit ihr umzugehen. Solche Modelle bieten die Möglichkeit, z. B. nach der Entscheidungsinstanz zu fragen, die hier jeweils am Werk des Urteilens ist, oder das übertragende Subjekt als eines zu untersuchen, das aufgrund seines Begehrens ökonomisch urteilt, eine positiv-negative Einordnung der Welt vornimmt, wahrscheinlich nach Freud'schen Lust-Unlust-Prinzipien. Dies als natürliches Modell eines subjektiven Zugriffes auf Welt erfordert Praxen, die dies bewusst und verhandelbar machen, damit das Subjekt nicht ausschließlich als einem solchen biologisch-psychischem Automatismus unter-worfenes gedacht werden muss.

Interessant bleibt dabei die Relevanz des Symbolischen, gerade auch im Hinblick auf die Gemeinsamkeiten sprachlicher Gebilde von Theater und Psychoanalyse. Überhaupt scheint sich subjektive Kombinatorik ganz lacanesk auf die sprachliche Grundstruktur von Subjektivität zu beziehen, also auf die Ebene, auf der Lacan die Sprachstruktur als das denkt, was sich dem Bewusstsein entzieht. Wenn Bruce Fink seine Kontextualisierung Lacanscher Subjekttheorie in Aussicht stellt, die „für die meisten von uns so gänzlich ‚unintuitiv' ist", führt er als Beispiel für diese Un-Intuitivität gerade einen der berühmtesten Sätze Lacans an, der auf den Zusammenhang von Subjektivität und Sprachstruktur verweist: „man denke nur an die ‚Definition', die Lacan sehr häufig wiederholt: Das Subjekt ist das, was ein Signifikant für einen anderen Signifikanten repräsentiert."[315] Fink spitzt diesen strukturellen Zusammenhang zu: „Das Subjekt ist eine Beziehung zur symbolischen Ordnung. Das Ich wird im Sinne des imaginären Registers definiert, während das Subjekt als solches im Wesentlichen eine Positionierung in Bezug auf den Anderen ist."[316]

(Inter-)Subjektivität im Übertragungsrapport wäre damit maßgeblich eine Fink'sche Positionierung in Bezug auf den Anderen, und dies, durch *agalma*, in einem symbolischen Diskurs des Wertes, der sich auf Topologien erstreckt und auf Attribuierungen von Objekten, die jedoch mit der letztlichen Unmöglichkeit einer solchen Attribuierung strikter Subjekte kollidiert. Das ‚Problem mit dem bewerteten Objekt' führt jedoch auch noch in einen anderen ökonomischen Diskurs, nämlich den über den Mehrwert.

315 Fink: *Das Lacan'sche Subjekt*, S. 9.
316 Ebd., S. 10.

## *Mehr* Wert

Bruce Fink verweist auf die Verbindung des lacanschen Objekt *a* mit der Marx'schen Mehrwerttheorie und erwähnt dabei bezeichnenderweise, ohne dabei auf Sokrates oder das *Symposion* zu verweisen, den Standard des Edelmetalls Gold als obersten Wert, an dem sich alle messen:

> In Seminar XVI setzt Lacan das Objekt (a) mit Marx' Begriff des Mehrwerts gleich. Verstanden als das, was vom Subjekt am Höchsten geschätzt wird, steht Objekt (a) in Zusammenhang mit dem ehemaligen Goldstandard, dem Wert, an dem alle anderen Werte (z. B. Währungen, Edelmetalle, Edelsteine, usw.) gemessen wurden. Für das Subjekt ist es der Wert, den es in all seinen Aktivitäten und Beziehungen sucht.[317]

Der vom Subjekt gesuchte Schatz, *agalma* und Objekt klein *a* als Objekt des Begehrens, werden so mit Philosophien und Praxen von letztlich ganz realpolitisch-ökonomischer Tragweite verknüpft, d. h. die Frage nach dem Mehrwert fragt ebenso nach einer psychoanalytisch diagnostizierten, subjektiv-begehrenden Grundhaltung, einer permanenten Übertragungshaltung, einer offenbar dem ‚natürlichen Modell' eines Zugriffs auf die Umwelt zugrunde liegenden ‚Schatzsuche'. Die Verbindung von *agalma* und Objekt *a* führt auch weiter in die lacanschen Diskurse, in denen Objekt *a* weiterhin mit Wert besetzt bleibt, einem von Marx inspirierten, aber unverrechenbaren (unkalkulierbaren?) Überschuss gleich:

> In den Seminaren von 1960–61 und 1964 definiert Lacan das Objekt klein a als den Rest, den Überschuß (fr. *reste*), der bei der Einführung des Symbolischen in das Reale überbleibt. Er führt dies im Seminar von 1969–70 weiter aus, wo er seine Formel der vier Diskurse erarbeitet. Im Diskurs des Herrn versucht ein Signifika[n]t, das Subjekt für alle anderen Signifikanten darzustellen, doch es bleibt immer ein Überschuß übrig. Dieser Überschuß ist das Objekt klein *a*, ein Mehrwert an Bedeutung und an Lust (fr. *plus-de-jouir*). Dieser Begriff ist von Marx' Begriff des Mehrwerts beeinflußt; *a* ist der Mehrwert an Genießen, der keinen ‚Gebrauchswert' hat, sondern nur für die Lust besteht.[318]

Aus dieser Lesart entsteht die Möglichkeit, den Begriff des Mehrwerts an dem *Mehr* von Gerald Siegmunds Formulierungen auszurichten, im Sinne eines Mehr an Bedeutung oder Lust, als immaterielle Ökonomie, die also auch nur einen scheinbaren Standard haben kann – der Goldstandard ist zwar ebenso eine willkürliche Setzung bzw. eine tauschwertlogische Vereinbarung, aber er basiert auf materiell wahrnehm- und

317 Fink: *Das Lacan'sche Subjekt*, S. 133. Dabei verweist Fink seinerseits auf ein ‚Problem mit dem Objekt': „Das einzige mit dem Begehren verbundene Objekt ist das ‚Objekt' (wenn wir es immer noch als Objekt bezeichnen können), das das Begehren verursacht. Begehren als solches hat kein ‚Objekt'. Es hat eine Ursache, die es ins Leben ruft und die Lacan als Objekt (a), Ursache des Begehrens, tituliert. [...] Zweifellos ist es in vielfacher Hinsicht irreführend, den Ausdruck ‚Objekt' überhaupt beizubehalten, wenn von der Ursache die Rede ist, doch indem er an dem Ausdruck festhält und zugleich dessen Bedeutung verändert, versucht Lacan gewissermaßen, der Diskussion darüber zuvorzukommen, was in der Psychoanalyse normalerweise unter dem Namen ‚Objekt' verstanden wird, indem er implizit behauptet, dass er nur von zweitrangiger Bedeutung sei. [...] Das Einklammern oder In-Parenthese-Setzen des Objekts – das sich am Deutlichsten in Lacans Nachwort von 1966 (das er schlicht ‚Suite' nennt) zum Seminar über ‚*Der entwendete Brief*' (*Schriften I*) zeigt – ist ein Zeichen für die Umstellung des Objekts vom Register des Imaginären zum Realen: Lacan schreibt nicht mehr ‚Objekt *a*' (mit kursivem a), sondern ‚Objekt (a)'." (Ebd., S. 127.)

318 Evans: *Wörterbuch*, S. 206.

messbaren Kriterien, die objektivierbar sind, während dies für Genuss kaum geltend gemacht werden kann.
Das (subjektive) Genießen führt möglicherweise dann auch wieder zurück zum Sprechen mit Häusern, in eine Praxis ohne einen naheliegenden Gebrauchswert im Umgang mit Nutzarchitekturen als das ‚Abwegige', das Genuss erzeugt. Für die Erzeugung von Mehrwert begibt das begehrende Subjekt sich letztlich in eine übertragende Haltung für einen Tausch, der zwar von dem Gedanken der Bereicherung geprägt ist, und gleichzeitig von Warenwerten des Seltenen (Gold) und Alltäglichen (Erz), letztlich schießt das Subjektive jedoch darüber hinaus.
An der Übertragungsstruktur lässt sich jedoch auch eine grundlegende Haltung des Tauschs und der An- oder Bereicherungstendenz argumentieren, die nach Hans-Thies Lehmanns Marx-Lektüre (und gleichermaßen psychoanalytischen Diagnose kapitalistisch geprägter Gesellschaften) im Kapitalismus als Symptom „systematischer Verdrängung" auftritt:

> Die Marx'sche Lehre ist nicht neutrale Theorie der Ökonomie und wollte nicht einfach die bessere Beschreibung der kapitalistischen Gesellschaft sein. Vielmehr liegt der Marx'schen Theorie die Einsicht in eine systematische ‚Verdrängung' zugrunde. Unter kapitalistischen Bedingungen wird unaufhörlich und systematisch vergessen, dass jede einzelne Arbeit von Menschen immer schon durch und durch gesellschaftlich vermittelt ist, ständig abhängt von den Arbeiten aller anderen. Stattdessen erscheint jedes Subjekt als ‚in sich reflektiertes Einzelinteresse', beschäftigt mit einer ‚Privatarbeit', die sich – verrückterweise – als gesellschaftliche Arbeit erst nachträglich bewährt: eben durch den Tausch. Obwohl also die Praxis der Menschen gesellschaftlich verfasst ist von Anfang an und durch und durch, realisiert sich unter den Bedingungen des Kapitals diese Gesellschaftlichkeit der Menschen erst dadurch, dass ihre Arbeitsprodukte als Waren getauscht werden. Wir agieren alle im ‚Schein', sind in unserem Arbeiten, ergo unserer wesentlichen gesellschaftlichen Lebenstätigkeit, nur nachträglich, verspätet, vermittelt und nicht, wie es der Faktizität menschlicher Arbeit entspräche, ‚unmittelbar gesellschaftlich'. In der trockenen ökonomischen Analyse dieser ‚Kritik der politischen Ökonomie' steckt die Anatomie der konkreten Verrücktheit einer Gesellschaftsform, die es ermöglicht, dass alles, auch die Lebenstätigkeit des Menschen, auch sein Körper, auch sein Geist, zu Tauschobjekten werden.[319]

Eine solche Diagnose lässt Übertragung als psychoanalytische Grundstruktur erscheinen, die aus dem scheinbar unvermeidbaren, da schon frühkindlich eingeschriebenen Begehren bis in politökonomische Systeme verfolgbar ist. Diese „konkrete Verrücktheit" ist dann nicht mehr die subjektive Übertragung einzelner, sondern eine gesellschaftliche Verdrängung intersubjektiver Rapporte zugunsten von Übertragungen, die nurmehr mit der eigenen, und hier schon ideologisch zu nennenden, Wertelogik beschäftigt sind, um daraus eine kollektive machen.
Zum Tauschobjekt werden, alles auf Tauschbasis sehen zu können, hieße demnach, alles lacanesk objektivierend zu behandeln, also als Elemente, die selbst nicht kombinieren, sondern kombiniert werden, über die im Tausch kommuniziert werden kann und die immer im Abgleich zu einem Über-Wert unterschieden werden. Kritisiert wird

319 Hans-Thies Lehmann: Theorie im Theater? Anmerkungen zu einer alten Frage. In: Miriam Dreysse / Florian Malzacher (Hrsg.): *Experten des Alltags. Das Theater von Rimini Protokoll.* Berlin: Alexander 2007, S. 164–179, hier S. 178.

die Vorstellung, Gesellschaftlichkeit entstünde nicht durch die grundsätzlich sozialen Arbeitszusammenhänge, sondern durch Warentausch; dieser Tausch ist jedoch durch das Begehren nach der Aneignung von Wert angetrieben. Nun soll und kann eine solche Anatomie freilich nicht engführend mit der Übertragungsstruktur gleichgesetzt werden, interessant wäre vielmehr die Untersuchung, wie ökonomische Systeme (und die Subjekte dieser Systeme) ihrerseits ‚natürliche Modelle' von Übertragung für sich nutzen, diese Struktur, wie es die Psychoanalyse oder die Kunst eventuell auch tun, als Katalysator einsetzen – jedoch in einer instrumentellen Art und Weise, indem sie andere Subjekte dem Objekt des kapitalistischen Begehrens unterordnen und damit zu Objekten des Kapitalismus machen. Im übertragenden Umgang mit dem Objekt *a* sind also zwei Tendenzen angelegt: zum einen das Potential der ‚Lenkung' von Übertragung und Begehren im ideologischen (und dann möglicherweise auch kapitalistischen) Sinne, zum anderen aber auch das Potential zum Widerstand des Subjekts, das Wert an ein Objekt heftet und jenes dann gerade nicht austausch-, kapitalistisch zerstreubar und damit das Begehren umlenkbar ist.
Der diagnostizierbare Begehrens- als Wertediskurs in der Übertragung macht die (inter-)subjektive Strukturbildung demnach instrumentalisierbar für ökonomische ebenso wie für politische Machtmechanismen (welche ohnehin schwer voneinander zu trennen sind), pädagogische oder auch religiöse, wie im Zusammenhang mit dem *sujet supposé savoir* noch deutlicher zu untersuchen sein wird. Die agalmatische Übertragungsstruktur birgt also einerseits die Triebfeder von schöpfender Haltung und der Offenheit, Abwegiges in der konstitutiv-phantasmatischen Perspektive (*blepein*) ernst zu nehmen, und andererseits ebenso die Grundlage für nivellierende, gleichmachende und somit insgesamt objektivierende Kräfte, welche daher evtl. sogar intersubjektivitätsfeindlich genannt werden könnten. Immer scheint eine Bewertung in der Struktur verwurzelt, welche eben gerade Angriffsflächen für Befragung, Bewusstmachung, Umwertung bietet.

Abb. 7: Symbolisierte Übertragung im Alltag II.

# III
## *Sujet supposé savoir*: Wissen, Fiktion und Funktion

Lacan erweitert in seinem Seminar zu den *Vier Grundbegriffen der Psychoanalyse* die anhand des *Symposion* entwickelte Struktur unterstellten *agalmas* und überführt den agalmatischen Wertediskurs in einen Diskurs um den Begriff des Wissens. In der Prägung des *sujet supposé savoir* (*s.s.s.*), des *Subjekts, dem Wissen unterstellt wird,*[1] gerät in der Übertragungskonstellation ein Wissen explizit an die Stelle des unterstellten Wertvollen. Verschiedenen zentralen Fragestellungen, die damit für den Übertragungsbegriff hinzukommen, soll hier – wie zuvor für den *agalma*-Begriff – nachgegangen werden, um die Struktur der Übertragung weiter dahingehend zu schärfen, was ihr Lacan mit der Setzung als Wissenskonstellation hinzufügt. Dabei ist zunächst festzustellen, dass er sich der Herleitung des Begriffs des *s.s.s.* deutlich weniger ausführlich widmet, als er sich im Seminar VIII mit *agalma* befasst, ja eigentlich wendet er ihn direkt an. So muss aus dieser Anwendung im Übertragungskontext geschlussfolgert werden, über Rückbezüge auf bis dato Gesagtes und aus den Entwicklungen, die der Begriff auch nach Lacan genommen hat. Dabei öffnen sich nun umso dringender Horizonte, die über die Psychoanalyse hinausweisen, denn im Gegensatz zu *agalma* finden sich spezifische Lesarten und Kontextualisierungen zum *s.s.s.* auch in anderen Disziplinen.
Die Übertragungsstruktur der Unterstellung und des agalmatischen Sehens kommt nun also im Hin-Blick auf ein Subjekt, dem Wissen unterstellt wird, zum Tragen. Dabei zeigt sich schnell die Relevanz der Begriffe *Fiktion*, *Funktion* und *Verkörperung*, über die auch über Lacan hinaus hier nachgedacht werden soll, und schließlich die Versetzung des *s.s.s.* auf einen Platz, von dem aus es symbolische Macht ausagieren kann. Dies vor allem macht Übertragung zu einer zentralen Struktur im intersubjektiven Rapport und damit auch für gesellschaftliche, soziale, politische und nicht zuletzt auch künstlerische Realitäten interessant und anwendbar. Das begehrende Subjekt und seine überbewertenden Praxen bilden hierfür die Grundlage.

1 Eine passende Übersetzung wäre auch *Subjekt, dem unterstellt wird, wissend zu sein* oder zugespitzt: *das mutmaßlich wissende Subjekt*. Lacan führt die Abkürzung *S.s.S.* ein und betont die Substantive durch die großgeschriebenen S. Dies soll hier jedoch vernachlässigt werden (da im Französischen ohnehin Substantive eigentlich nicht groß geschrieben werden).

## Die Liebeskonstellation des Nicht-Wissens

Zunächst sei also ein Blick auf die Stellung des Wissens im Lacanschen Übertragungsdiskurs geworfen: Auch im Übertragungsseminar fließt *Wissen* schon in Lacans Überlegungen ein; Sokrates etwa wird als wissender Dialektiker klassifiziert, der aus dieser Position heraus spricht bzw. deutet und sich laut Lacan aufgrund seines Wissen der ‚Liebesstruktur' und einer Objektifizierung verweigern kann. Wesentlich ist, dass Wissen erwartungsgemäß im *Seminar VIII* immer schon in seiner An- *und* in seiner Abwesenheit, also als Un*ge*wusstes und Un*be*wusstes bedacht wird.
Anhand der psychoanalytischen Konstellation stellt Lacan fest, dass ihr Funktionieren auch ohne Wissen eintritt:

> Cette topologie [la place de *a*, l'objet partiel, *l'agalma*, dans la relation de désir, en tant qu'elle-même est déterminée à l'intérieur d'une relation plus vaste, celle de l'exigence d'amour] nous permet en effet de dire que, même si le sujet ne le sait pas, par la seule supposition, je dirai, objective de la situation analytique, c'est déjà dans l'autre que petit *a*, *l'agalma*, fonctionne.[2]

> Diese Topologie [was ich als den Platz von *a*, dem Partialobjekt, dem *agalma*, in der Begehrensbeziehung unterstrichen habe, insofern sie selbst innerhalb einer weiteren Relation bestimmt ist, der Relation des Liebesverlangens] gestattet uns in der Tat zu behaupten, daß bereits im anderen, selbst wenn das Subjekt es nicht weiß, durch die bloße, ich werde behaupten, objektive Unterstellung der analytischen Situation das klein *a*, das *agalma*, funktioniert.[3]

Dieses Nicht-Wissen bezieht sich hier offenbar auf die Seite des unterstellenden Subjekts – möglicherweise ist aber auch das Subjekt gemeint, auf das die Unterstellung zielt? Jedenfalls fasst diese unbewusste Unterstellung einer Situation, die einen Wert im Gegenüber zum Funktionieren bringt, zunächst noch einmal die Übertragungsstruktur zusammen. Es ist nicht unwahrscheinlich, dass ‚objektiv' in diesem Zusammenhang das Spannungsfeld zwischen Subjekt und Objekt meint und die Frage impliziert, ob die Unterstellung das Gegenüber durch die Injektion des wertvollen Objekts adelt und gleichzeitig stets zum Objekt machen will. Dabei war und ist das Funktionieren von *agalma* wohl ohnehin als ein zunächst unbewusstes zu erwarten. Umso verwunderlicher ist die Formulierung, dass sich hier, *selbst wenn es das Subjekt nicht weiß*, die Unterstellung in Funktion begibt – ein Spezialfall also? Umgekehrt ließe dies nämlich darauf schließen, dass das Funktionieren auch eintritt, wenn das Subjekt ‚es weiß', und würde den Übertragungsvorgang zu einem nicht ausschließlich unbewussten machen. Das Funktionieren der Übertragung scheint also verschiedene, bewusste oder unbewusste Ausprägungen haben zu können. Das hieße aber auch, dass mit einer Bewusstmachung Übertragung nicht automatisch aufgehoben würde und ein Experimentieren damit auch im Feld des Bewussten möglich wäre.
Der Topologie des Agalmatischen, die der Topologie der Wissenskonstellation ‚in Übertragung' entspricht, liegt weiterhin die Liebeskonstellation zweier Positionen zugrunde: Die Unterstellung von *agalma*, in der etwas Verborgenes als vorhanden

2 Lacan: *Transfert*, S. 233.
3 Lacan: *Übertragung*, S. 242.

angenommen wird, wird von Lacan gekoppelt an einen Diskurs um das Wissen bzw. Nicht-Wissen um das eigene ‚Vermögen'. *Erastes* (der Liebende bzw. der Liebhaber) und *eromenos* (der Geliebte) sind bei Lacan gleichermaßen unwissend, jedoch im Hinblick auf unterschiedliche Gegenstände. Bei beiden geht es um das eigene Vermögen, jedoch einmal um den Mangel und einmal um das Guthaben: Auf Seiten des *erastes* wird ein Nicht-wissen-was-fehlt diagnostiziert und auf Seiten des *eromenos* ein Nicht-wissen-was-da-ist. Einerseits teilen diese von Lacan beschriebenen, beteiligten Parteien also die Position des Nicht-Wissens, haben also einen gemeinsamen (äquivalenten?) Status, andererseits ist das Nicht-Gewusste ein Unterschiedliches und versetzt sie an unterschiedliche Orte, von denen aus sie sich der Konstellation zuwenden:

> [C]e qui caractérise *l'érastès*, l'amant, pour tous ceux qui l'approchent, n'est-ce pas essentiellement ce qui lui manque ? Nous, nous pouvons tout de suite ajouter qu'il ne sait pas ce qui lui manque, avec cet accent particulier de l'inscience qui est celui de l'inconscient. Et d'autre part, *l'érômênos*, l'objet aimé, ne s'est-il pas toujours situé comme celui qui ne sait pas ce qu'il a, ce qu'il a de caché, et qui fait son attrait ? Ce qu'il a n'est-il pas ce qui, dans la relation de l'amour, est appelé non seulement à se révéler, mais à devenir, à être présentifié, alors que ce n'était jusque-là que possible? Bref, disons-le avec l'accent analytique, ou même sans cet accent, l'aimé, lui aussi, ne sait pas. Mais c'est d'autre chose qu'il s'agit – il ne sait pas ce qu'il a.[4]

> [I]st nicht das, was den *erastes*, den Liebhaber, charakterisiert, für all diejenigen, die sich ihm nähern, im wesentlichen das, was ihm fehlt? Wir können gleich hinzufügen, daß er nicht weiß, was ihm fehlt, mit dieser besonderen Betonung des Unwissens, welches das des Unbewussten ist. Und ist nicht andererseits der *eromenos*, das geliebte Objekt, stets als derjenige eingeordnet worden, der nicht weiß, was er hat, was er an Verborgenem hat, und was seinen Reiz ausmacht? Ist nicht das, was er hat, das, was in der Beziehung der Liebe aufgerufen ist, nicht nur sich zu offenbaren, sondern auch zu werden, vergegenwärtigt zu sein, während dies bis dahin nur möglich war? Kurz, sagen wir es mit dem analytischen Akzent oder gar ohne diesen Akzent, der Geliebte, er weiß auch nicht. Aber es geht um etwas anderes – er weiß nicht, was er hat.[5]

Dieses Angesiedelt-Sein in gemeinsamem Nichtwissen und einem basalen Ungleichgewicht das Wissen betreffend, die aus Unwissen resultierende Bewegung von Unterstellungen auf allen Seiten, dient als grundsätzliche Gleich- und Ungleichstellung in der Liebeskonstellation. Aus Nicht-Wissen folgen Unterstellungen und damit ein konstruiertes Wissen, das sich vergegenwärtigen soll, wie Lacan es formuliert, denn die Suche nach dem, was fehlt, etabliert eine Position, bei der dieses Wissen gefunden werden will. Wissen wird so zu einer intersubjektiven Struktur,[6] die in der Verbindung von Nicht-Wissen und Unterstellung von Wissen woanders besteht. Das Wissen kann

4 Lacan: *Transfert*, S. 52–53.

5 Lacan: *Übertragung*, S. 59.

6 Vgl.: „Le savoir est intersubjectif, ce qui ne veut pas dire qu'il est le savoir de tous, ni qu'il est le savoir de l'Autre – avec un grand A [...]. Il est essentiel de le maintenir comme tel : l'Autre n'est pas un sujet, c'est un lieu auquel on s'efforce, dit Aristote, de transférer le savoir du sujet." (Jacques Lacan: *Seminaire IX: L'identification*. 15 novembre 1961. http://gaogoa.free.fr/Seminaires_HTML/09-ID/ID15111961.htm (Zugriff am 01.02.2015).) / „Das Wissen ist intersubjektiv, was nicht heißt, dass es das Wissen aller ist, noch dass es das Wissen des Anderen – mit einem großen A – ist [...]. Er ist wesentlich so zu behaupten: der Andere ist kein Subjekt, er ist ein Ort, an den man sich bemüht, sagt Aristoteles, das Wissen des Subjekts zu übertragen." (Übers. E. H.)

so zum *agalma* werden, zum unterstellten, wertvollen Objekt. So wird in der psychoanalytischen Sitzung der analysierenden Position das agalmatische Wissen über den Zustand derjenigen eingeschrieben, die zu ihr kommen, sie dadurch in ihrer Funktion überhaupt erst vergegenwärtigend. Lacan interessiert sich als Analytiker, der sich dieser Unterstellung ausgesetzt sieht, für diesen zentralen Vorgang, der damit beginnt, dass ‚jemand zum Arzt geht', wie im klassischen Anfang eines Witzes, und von ihm die Diagnose darüber erwartet, „was man an Innerlichstem hat."[7] ‚Was habe ich?' oder ‚Was fehlt mir?' sind Formulierungen aus der Arztpraxis,[8] jedoch legt Lacan besonderes Augenmerk auf das Verhältnis zwischen diesen beiden suchenden Haltungen – nicht zuletzt um das Unbewusste und mit ihm das Begehren als Zentrum seiner psychoanalytischen Recherchen zu betonen.[9]

Lacan geht schließlich so weit, das Verhältnis von Wissen und Liebe als Ausschluss zu begreifen. Im Setzen des Gegensatzes zwischen Lieben und Wissen bestätigt er nebenbei eigentlich wieder eine alte Dichotomie zwischen der Welt der Ratio / Raison

7 Lacan: Übertragung, S. 89 / „de ce que l'on a de plus intime" (Lacan: *Transfert*, S. 83).

8 Übrigens übt Lacan Kritik am ungebrochenen Begriff der Gesundheit (als Gleichgewicht), die (bzw. das) von Ärzten wiederhergestellt werden soll – eine ähnlich unreflektierte Verwendung offenbar, wie sie ihn im Umgang mit der Übertragung stört: „Qu'est-ce que la santé? Vous auriez tort de croire que, même pour la médecine moderne, qui à l'égard de toutes les autres se croit scientifique, la chose soit pleinement assurée. De temps en temps, l'idée du normal et du pathologique est proposée comme sujet de thèse à quelque étudiant, en général par des gens qui ont une formation philosophique. [...] Sans chercher à spéculer à un niveau de certitude socratique sur la santé en soi, ce qui montre à soi tout seul, tout spécialement pour nous psychiatres et psychanalystes, à quel point l'idée de santé est problématique, ce sont les moyens mêmes que nous employons pour rejoindre l'état de santé. Pour dire les choses dans les termes les plus généraux, ils nous montrent que, quoi qu'il en soit de la nature de la santé, et de l'heureuse forme qui serait celle de la santé, nous sommes amenés à postuler, au sein de cette heureuse forme, des états paradoxaux, c'est le moins que l'on puisse dire, ceux-là mêmes dont la manipulation dans nos thérapeutiques est responsable du retour à un équilibre qui reste dans l'ensemble assez incritiqué comme tel." (Lacan: *Transfert*, S. 89.) / „Was ist Gesundheit? Sie hätten Unrecht, wenn Sie glaubten, dass selbst für die moderne Medizin, die sich hinsichtlich aller anderen für wissenschaftlich hält, die Sache voll gesichert wäre. Von Zeit zu Zeit wird die Vorstellung des Normalen und des Pathologischen als Hausarbeitsthema irgendeinem Studenten vorgelegt, im allgemeinen von Leuten, die eine philosophische Ausbildung haben. [...] Ohne zu versuchen, auf einer Stufe sokratischer Gewissheit über die Gesundheit an sich zu spekulieren, was für sich ganz allein schon zeigt, ganz speziell für uns Psychiater und Psychoanalytiker, in welchem Maße die Vorstellung von Gesundheit problematisch ist, sind dies eben die Mittel, die wir verwenden, um den Zustand Gesundheit zu erlangen. Um die Dinge in den allgemeinsten Worten zu sagen, sie zeigen uns, dass wir, was es auch mit der Natur der Gesundheit und der glücklichen Form auf sich hat, welche die der Gesundheit sein soll, dazu gebracht werden, im Innern dieser glücklichen Form paradoxe Zustände zu postulieren, das ist das Mindeste, was man sagen kann, eben diese, deren Handhabung in unseren Therapeutiken für die Rückkehr zu einem Gleichgewicht verantwortlich ist, das im Ganzen als solches ziemlich unkritisiert bleibt." (Lacan: *Übertragung*, S. 95.)

9 „Nous allons à la rencontre de quelque chose que nous connaissons. Pour avoir déjà assez sérieusement serré la topologie de ce que le sujet doit trouver dans l'analyse à la place de ce qu'il cherche. S'il part à la recherche de ce qu'il a et qu'il ne connaît pas, ce qu'il va trouver, c'est ce dont il manque. Et c'est bien parce que nous avons articulé cela dans notre cheminement précédent que nous osons poser la question que j'ai formulée d'abord. C'est comme ce dont il manque que s'articule ce qu'il trouvera dans l'analyse, à savoir son désir." (Lacan: *Transfert*, S. 84.) / „Wir gehen auf die Begegnung mit etwas zu, das wir kennen, weil wir bereits ernsthaft genug die Topologie dessen eng eingekreist haben, was das Subjekt in der Analyse anstelle dessen finden muß, was es sucht. Wenn es auf die Suche nach dem geht, was es hat und was es nicht kennt, wird es das finden, woran es ihm mangelt. Und eben weil wir dies auf unserem bisherigen Weg artikuliert haben, wagen wir es, die Frage zu stellen, die ich als erstes formuliert habe. Als das, woran es ihm mangelt, artikuliert sich das, was er in der Analyse finden wird, nämlich sein Begehren." (Lacan: *Übertragung*, S. 90.)

und der des Affekts, doch darum geht es nicht in vorderster Linie, da, wie bereits erwähnt, die Struktur Affekte zeitigen kann. Wichtiger ist in diesem Spiel die Infragestellung der fixen Existenz von Wissen überhaupt und darüber hinaus der Begehrenszusammenhang, in den Wissen ebenso wie Liebe gestellt werden. Dies arbeitet solchen traditionellen Dichotomien entgegen, die etwa ‚das Vernünftige' und ‚das Affektive' gegeneinander und als stets separate, gegensätzliche Bereiche vor-stellen. In seiner Lesart des *Symposion* gesteht Lacan Sokrates also zu, er wüsste (wovon er sich erfüllt fühlt), er behaupte sich also gerade nicht im oben beschriebenen Unwissen darüber, was er hat. Als Teil der Liebeskonstellation steht Sokrates daher nicht zur Verfügung – Lacan sieht den Grund für Sokrates' Nicht-Lieben in eben diesem Wissen (welches er Sokrates unterstellt?):

> En d'autres termes, vous voyez que j'essaye de faire le tour de la situation qui se développe devant nous dans l'actualité du *Banquet*, pour saisir la structure de ce jeu. Disons tout de suite que tout dans sa conduite indique que le fait que Socrate se refuse à entrer lui-même dans le jeu de l'amour est étroitement lié à ceci, qui est posé à l'origine comme le terme de départ, c'est que lui sait. Il sait ce dont il s'agit dans les choses de l'amour, c'est même, dit-il, la seule chose qu'il sache. Et nous dirons que c'est parce que Socrate sait, qu'il n'aime pas.[10]

> Mit anderen Worten, Sie sehen, dass ich einen Überblick über die Situation zu geben versuche, wie sie sich vor unseren Augen im Geschehen des *Gastmahls* entwickelt, um die Struktur dieses Spiels zu erfassen. Sagen wir gleich, dass alles in seinem Verhalten darauf hinweist, daß die Tatsache, daß Sokrates sich weigert, selbst in das Spiel der Liebe einzutreten, eng mit diesem verbunden ist, das zu Beginn als Ausgangszustand gesetzt wird, nämlich daß er weiß. Er weiß, worum es in den Dingen der Liebe geht; es ist sogar, sagt er, die einzige Sache, die er weiß. Und wir werden nun behaupten, daß Sokrates, weil er weiß, nicht liebt.[11]

Das Spiel der Liebe führt Lacan also zu einem Spiel des Wissens und in diesem Fall zu einer Ent-Setzung der Liebe. Wenn Sokrates von Alkibiades verlangt, er solle genau hinsehen, ob Sokrates tatsächlich über inneres *agalma* verfüge, weist er darauf hin, dass er dort eben ‚nichts hat', was er zur Vergegenwärtigung zur Verfügung stellen würde. Er verdirbt damit also das Liebes-Spiel gegenseitiger Unterstellung, Vergegenwärtigung und Ersetzung. Wissen und vor allem ausagiertes Wissen kann demnach Einfluss nehmen auf intersubjektive Rapporte, Vorgänge begünstigen oder verhindern.

Der wissende Sokrates spricht also schließlich als *sujet supposé savoir*, das seine Funktion erkannt hat und nun auf die ihm entgegengebrachte Unterstellung reagiert. Damit entwirft Lacan eine Figur, die in vielen intersubjektiven Rapporten am Werk ist, weshalb es verwundert, dass diese nicht in mehr Theorien explizit als solches mutmaßlich wissendes Subjekt verhandelt wird – auch außerhalb psychoanalytischer oder anderer Übertragungskontexte. Wie wird diese Funktion bei Lacan also näher bestimmt, und wie wirkt sie auf andere Kontexte, in denen sie doch rezipiert wird?

10 Lacan: *Transfert*, S. 187–188.

11 Lacan: *Übertragung*, S. 196.

**Lektüren des *s.s.s.*: Krea(k)tivität, Fiktion, Leere und Verkörperung**

Für Lacan wird die Übertragung in der Analyse also primär denkbar im Modell des *sujet supposé savoir*: „Le transfert est impensable, sinon à prendre son départ dans le sujet supposé savoir."[12] / „Übertragung ist allein denkbar, wenn sie vom Subjekt das wissen soll ausgeht."[13] Es wird damit sogar eine Art Startpunkt gesetzt, der offenbar ganz klar abgrenzen kann, ab wann Übertragung eintritt, im Unterschied zum Davor. *Départ* markiert den Beginn der Wirksamkeit von Übertragung, so dass eine Art ständiger Umkehrschluss angenommen werden kann: wo *s.s.s.* ist, ist auch Übertragung – und umgekehrt. Das *s.s.s.* ist also struktureller Indikator der Übertragung: „Dès qu'il y a quelque part le sujet supposé savoir – que je vous ai abrégé aujourd'hui au haut du tableau par S.s.S. – il y a transfert.[14] / „Sowie irgendwo das Subjekt das wissen soll / *le sujet supposé savoir* auftritt – das ich heute am oberen Rand der Tafel mit S.s.S. abgekürzt habe – ist auch Übertragung."[15]

Dieser dreiteilige Begriff verbindet also zunächst Subjekt, Unterstellung und Wissen als die drei wesentlichen Übertragungsmerkmale, aus einem so nicht bei Lacan formulierten *sujet supposé agalma* wird ein *sujet supposé savoir*. Über seine Inbetriebnahme verschiebt sich die agalmatische Wertekonstellation nun also zur zentralen Konstellation eines vermeintlichen (Besser-?)Wissens, in der mit (Nicht-)Wissen in Verbindung stehenden Subjekte einander gegenübergestellt sind. Der Fall in den agalmatischen Geltungsbereich der Gebote von Anderen wird im Bedeutungshorizont des *s.s.s.* dann also zum Fall bzw. Sich-Hineinwerfen in den Geltungsbereich von *Wissenden*, deren Gebote also entsprechend aus (vermeintlichem, mutmaßlichem) Besserwissen resultieren.[16] Damit wird die Attraktivität des Subjekts mit dem agalmatischen Kern noch einmal anders argumentiert als materiell-ökonomisch und ‚goldwert', indem nämlich ein zunächst immaterieller, ideeller Wert an die Spitze der Werteskala rückt.

Das unterstellte Wissen wird zudem zusätzlich erhöht, indem es nicht als eines um Fakten, als fixes, lexikalisches Fachwissen gedacht ist, sondern als eines um ‚signification'.[17] Signific*ation* kann hier wohl als lacansche Wortwahl aufgefasst werden, die den Prozess der Bedeutungsherstellung noch in sich trägt (im Gegensatz zu signifiance oder etwa sens?), was auch das deutsche Wort Bedeutung (Be-Deutung) aufrechterhält. Das Wissen um eine Be-Deutung verweist so darauf, dass es und sie jeweils zu

12 Lacan: *Quatre concepts*, S. 281–282.

13 Lacan: *Vier Grundbegriffe*, S. 266. Diese Struktur gilt als Höhepunkt Lacanscher Übertragungstheorie, „als Lacans umfassendster Versuch, dieses Thema theoretisch zu erfassen." (Evans: *Wörterbuch*, S. 318.)

14 Lacan: *Quatre concepts*, S. 258.

15 Lacan: *Vier Grundbegriffe*, S. 244. Hier ist erneut die deutsche Übersetzung interessant, die den Begriff des *Auftritts* einführt.

16 In diesem Zusammenhang zeigt sich auch besonders gut, warum Gegenübertragung bei Lacan keinen gesonderten Begriff braucht, da für jedes Subjekt ein jeweiliges Gegenüber zum *s.s.s.* werden kann.

17 „Vous voyez mieux aujourd'hui ce qu'il [le *s.s.s.*, E. H.] est supposé savoir. Il est supposé savoir ce à quoi nul ne saurait échapper, dès lors qu'il la formule — purement et simplement, la signification." (Lacan: *Quatre concepts*, S. 282–283.) / „Sie sehen heute besser, was es [das *s.s.s.*, E. H.] eigentlich wissen soll. Es soll etwas wissen, dem niemand entfliehen kann, sobald er [sic!] es formuliert — es ist nichts anderes als die Bedeutung." (Lacan: *Vier Grundbegriffe*, S. 266.)

generieren sind. Lacan betont dabei weiterhin besonders die unterstellende Seite, und dabei ist festzuhalten, dass er erneut mit einer räumlichen Situierung argumentiert, wie sie die *Hinwendung* erfordert:

> Qui, de ce sujet supposé savoir, peut se sentir pleinement investi ? Là n'est pas la question. La question est d'abord, pour chaque sujet, d'où il se repère pour s'adresser au sujet supposé savoir.[18]

> Wer vermöchte sich voll besetzt zu fühlen von diesem Subjekt das wissen soll? Da liegt nicht die Frage. Zunächst ist für jedes Subjekt die Frage, von welchem Ort aus es sich an das Subjekt wendet, das wissen soll.[19]

Das zu verhandelnde Wissen wird bei Lacan also zunächst maßgeblich auf der Position des Begehrens gesucht, die wesentlich eine *Verortung* des ‚empfängnisbereiten' Subjekts ist, das den Anspruch von dort aus an ein Wissen in dem Subjekt erhebt, das es zu seinem *s.s.s.* erklärt. Diese Perspektive verweist allenthalben auf den unsicheren Status dieses mutmaßlichen Wissens, besonders in der Psychoanalyse, denn „[d]iese Definition zeigt, daß die Analyse nicht durch ein Wissen in Gang gesetzt wird, über das der Analytiker tatsächlich verfügt, sondern durch die Vermutung des Analysanden, daß ein wissendes Subjekt existiert."[20] Die Frage nach dem Vermögen, das ‚der Analytiker' hat, wird also vom ‚Analysanden' beantwortet, noch bevor sie eigentlich gestellt wurde – „before we start", wie Richard in *Bloody Mess* sagt, obgleich alles längst begonnen hat.
Die Annahme, es gäbe einen jeweiligen Ort als Basis für diese Hinwendung (von *wo* aus), stellt in Aussicht, dass Möglichkeitsräume für verschiedene Orte der Hinwendung als Ausgangslage gedacht werden können, aus denen heraus jedes jeweilige unterstellende Subjekt ein anderes Wissen, eine andere Signifikation sucht und also eine jeweilige subjektive Perspektive praktiziert (weil: eröffnet), jeweilige *s.s.s.* auf den Plan gerufen werden. So erhält Wissen einen explizit intersubjektiven Status und eben keinen generalisierbaren: „die Psychoanalyse zeigt, daß das Wissen (savoir) nicht in einem spezifischen Subjekt zu finden, sondern intersubjektiv ist."[21] *Intersubjektives Wissen* hieße aber eben, dass es je und je, im Rapport quasi *in actu* und *in situ* erzeugt würde.
Die konstruktive Komponente der Übertragung, dass sie als etwas *Krea(k)tives* gelten kann, ihr Schwerpunkt auf der akt-iven Produktion statt auf der Re-Produktion (des Wiederholungszwanges) liegt, ist vor dem Hintergrund solch intersubjektiven Wissens noch einmal hervorzuheben. In *Le transfert* ist dazu zu lesen: „Si la reproduction est une reproduction *en acte*, lors il y a dans la manifestation du transfert quelque chose de créateur."[22] / „Wenn die Reproduktion eine Reproduktion *in actu* ist, dann gibt es in der Manifestation der Übertragung etwas Schöpferisches."[23] Den schöpferischen

18 Lacan: *Quatre concepts*, S. 258.

19 Lacan: *Vier Grundbegriffe*, S. 244–245. Das französische *d'où* wäre wahrscheinlich mit ‚von wo' besser übersetzt, um den Bedeutungshof des expliziten *Orts*-Begriffs nicht gleich mit aufzurufen!?

20 Evans: *Wörterbuch*, S. 294.

21 Ebd., S. 293.

22 Lacan: *Transfert*, S. 211.

23 Die Argumentation zum Schöpferischen in der Übertragung führt Lacan eben in seiner Distanzierung zum ‚reinen' Wiederholungszwang an, indem die Übertragung ‚mehr' ist als nur Reproduktion eines Vergangenen: „In dem, was gewöhnlich gesagt wird, wird indes nicht hinreichend herausgestellt, worin sich

Moment der Übertragung formuliert Lacan dort schon bemerkenswerterweise ohne Umschweife mit einem Konzept der Fiktion zusammen. Er begründet diesen Ansatz zum einen mit dem Verständnis der Übertragung als ‚Fiktionsquelle' und zum anderen mit den daraus folgenden Manifestationen, die das übertragende Subjekt schöpferisch erschafft:

> Et aussi bien nous arrivons ici au point où le transfert apparait comme, à proprement parler, une source de fiction: Dans le transfert, le sujet fabrique, construit quelque chose. Et des lors, il n'est pas possible, me semble-t-il, de ne pas intégrer tout de suite à la fonction du transfert le terme de fiction.[24]
>
> Und ebenso gelangen wir hier auch an den Punkt, an dem die Übertragung als eine Quelle von Fiktion im eigentlichen Sinne erscheint. In der Übertragung verfertigt, konstruiert das Subjekt etwas. Und daher ist es nicht möglich, wie mir scheint, daß man nicht sogleich in die Funktion der Übertragung den Terminus Fiktion integriert.[25]

Der Begriff der Fiktion stärkt dabei den beweglichen, gegenseitigen und prozesshaften Charakter der Übertragungsphänomene, sowie ihre Anbindung an das, was Wahrnehmung abgibt, sich manifestiert. Nicht nur das Phantasma des *blepein* bekommt nun also mit der Erschaffung zu tun, sondern von Übertragung konstruierte Handlungen ebenso, und davon ausgehend letztlich auch Wissen. Genau dies betont die Einleitung zum Sammelband *Sujet Supposé Savoir*[26], um die Auswirkungen solchen Denkens auch außerhalb der Psychoanalyse, für wissenschaftliche Forschung und Lehre vor allem, zu kontextualisieren. Mit Lacan sollen dort

> Subjekt und Wissen in einem komplexen, wechselseitig verschränkten Verhältnis gedacht werden: Einerseits ist das Subjekt der Ort des Wissens, genauer seiner Produktion, und andererseits ist dieses Subjekt nicht im Besitz eines objektivierbaren Wissens, sondern ist diesem selbst wieder unterstellt – am Ort des Wissens zu sein heißt eben auch einem unbewussten, nicht reflektierbaren Wissen unterworfen zu sein. Ein Umgang mit diesem Verhältnis, so schlägt Lacan vor, ist die Bejahung einer fiktiven Dimension der Wissensproduktion – ein Wissen bzw. ein wissendes Subjekt muss unterstellt werden. Diese Unterstellung selbst ist es, die wirksam ist, die sogar als Voraussetzung für jegliche Forschung und die Wirksamkeit von Lehre gedacht werden muss. Mit der Fiktion kommen aber auch Wünsche, die Lacan auch mit dem Begriff des Begehrens bezeichnet, ins Spiel. Damit geht immer auch eine Erfahrung im Prozess der Wissensgewinnung einher, die das Subjekt versehrt, affiziert, verändert, formt – es bildet.[27]

Bezeichnenderweise wird mit dem Begriff der Erfahrung hier auf die intersubjektiven Einflüsse verwiesen; mit der fiktiven Dimension des Wissensprozesses verändern sich mit dem Wissen auch die daran beteiligten Subjekte.

diese Reproduktion von einer einfachen Passivierung des Subjekts unterscheidet. Wenn die Reproduktion eine Reproduktion *in actu* ist, dann gibt es in der Manifestation der Übertragung etwas Schöpferisches." (Lacan: *Übertragung*, S. 219.)

24 Lacan: *Transfert*, S. 212.

25 Lacan: *Übertragung*, S. 220.

26 Adrienne Crommelin / Torsten Meyer / Manuel Zahn: Anfängliches. In: Dies. (Hrsg.): *Sujet supposé savoir. Zum Moment der Übertragung in Kunst, Pädagogik, Psychoanalyse*. Berlin: Kadmos 2010, S. 9–14. Bezeichnenderweise handelt es sich dabei um die Festschrift für Karl-Josef Pazzini und damit selbst um eine Wendung an ein Subjekt, das in seiner Funktion als *s.s.s* angesprochen wird (und dies auch ganz bewusst).

27 Ebd., S. 11.

Lacans Einwurf der *Fiktion* ruft eine Vielzahl weiterer Fragen auf, die verlangen, dem Begriff genauer nachzugehen und herauszufinden, welche Bereiche ein Fiktionsdenken beeinflusst. Lacan selbst startet ebenfalls mit Fragen dazu:

> D'abord, quelle est la nature de cette fiction? D'autre part, qu'en est l'objet? Et s'il s'agit de fiction qu'est-ce qu'on feint? Et puisqu'il s'agit de feindre, pour qui?[28]

> Als erstes, wie ist diese Fiktion beschaffen? Andererseits, was ist ihr Objekt? Und wenn es um Fiktion geht, was ist das dann, was man fingiert? Und da es ums Fingieren geht, für wen?[29]

Diese können hier freilich nicht sofort beantwortet werden, dienen aber als Leitfaden für das ganze Konvolut folgender Überlegungen, besonders auch für Theaterpraxen, in denen sukzessive Antworten und auch neue Fragen dazu gefunden werden. Aus den Fragen heraus interessiert also die Beschaffenheit der Fiktion (welcher Fiktionsbegriff liegt zugrunde?), das Phantasma als angenommenes Objekt der Fiktion, die fingierenden Handlungen und die Frage nach Adressierung.

Zudem entsteht aber auch, gerade im Hinblick auf den Agalmadiskurs, die Frage nach einem Raum dieser krea(k)tiven Übertragung, leitet sich aus der (fiktionalen) Schöpfung der Bedarf nach einem Ort oder Raum ab, in dem sich diese Platz verschaffen kann – kurz gesagt: wäre der *Silen* innen nicht hohl, hätte kein *agalma* darin Platz. Gerade die Lesarten des *s.s.s.* bieten sich an, diese topologischen Denkweisen fortzusetzen und genauer anzusehen, wie ein *sujet* als Träger von bzw. Raum für Unterstellungen gilt. „[D]ass ein *sujet supposé savoir* auftreten kann, ist die Setzung, die Einrichtung eines Platzes, der leer zu halten ist von den Einbildungen des je schon vorhandenen Wissens."[30] Wenn das unterstellende Subjekt also ein *s.s.s.* auftreten sieht, wird mit dem *s.s.s.* gleichzeitig die Schöpfung (der Auftritt?) einer Leerstelle diagnostiziert, eines Frei-Raums, um Unterstellung zu ermöglichen – und diese Doppelfunktion des *s.s.s.* als Leerstelle (also *Szene*, wenn es schon um Auftritt geht) und Auftritt gleichermaßen formuliert der Band *Sujet Supposé Savoir* programmatisch. Er schickt seinen Beiträgen die wesentliche Setzung voraus, dass Setzungen überhaupt, und dabei besonders Lehre und Forschung, „um eine Leere herum [geschehen]"[31]. Gesetzt wird also zunächst der (leere) Raum, der Übertragungen erst ermöglicht, da er noch nicht von zuhandenem Wissen besetzt ist. Um eine solche Leere herum können sich dann ‚alle Arten von Wirkungen konzentrieren', da sie für jeweilige Eingaben und also für ein setzendes Blicken offenbleibt. Voraus-Setzung ist also zunächst die Möglichkeit, die Fähigkeit zur und letztlich die Setzung selbst. Daher ist der Begriff des ‚mutmaßlich wissenden Subjekts' wohl insofern passend, da er den Mut zu einer Setzung lesbar werden lässt, mit der das ‚mutmaßlich setzende Subjekt' seinerseits die Leere umstellt und der es letztlich auch sich und die Anderen unterstellt, im Mut zum (agalmatischen) Maß.

28 Lacan: *Transfert*, S. 212.

29 Lacan: *Übertragung*, S. 220.

30 Crommelin / Meyer / Zahn: Anfängliches, S. 11.

31 Ebd., S. 9. Es handelt sich um ein Zitat Karl-Josef Pazzinis im Konzept zur *Forschungs- und Le[ ]rstelle für Kunst – Pädagogik – Psychoanalyse* (FuL), vgl. http://kunst.erzwiss.uni-hamburg.de/ful-home/blog/ (Zugriff am 07.02.2015).

Für die Herausgeber_innen des Buches *Sujet Supposé Savoir* sind „verschiedene Spielarten"[32] des setzenden Umgangs mit Leere zentral, die sie dann als interdisziplinäre Gemeinsamkeit von Kunst, Psychoanalyse und Pädagogik vorschlagen und damit einen solchen Horizont ohne Analytiker, wie er hier interessiert, beschreiben. Sie nehmen an, „dass Übertragung und ein Nachdenken über Übertragung auch in anderen Disziplinen – beispielsweise der Kunst, der Ästhetik, der Medien- und Kulturwissenschaften sowie der Erziehungswissenschaft – von zentraler Bedeutung ist (oder sein sollte)"[33], weshalb sie selbst ihren Band als einen Beitrag zur „Phänomenologie der Übertragung"[34] sehen – ebenso wie der hier vorliegende Text sich wohl selbst auch.
Mit der vorzunehmenden Setzung der Leere kommen dann aber ohne Umschweife „Erfindungen" und „Fiktionen" ins Spiel,[35] die ebenso kreiert werden und durchaus als krea(k)tive Entleerungs- und Füllpraxis der Übertragung erkannt werden können. In diesem setzenden *blepein*, der krea(k)tiven Fiktion, werden alle Komponenten zur Setzung; nicht nur ist das Wissen ein je gesetztes, ist die Leere eine je gesetzte, sondern ebenso auch die Funktionen des Subjekts. Übertragung wäre im Grunde somit eine Struktur der Setzung, die zuallererst keine vorgegebenen Positionen außer der Möglichkeit zur (wertbehafteten) Positionierung selbst enthält. Gleichzeitig bietet Übertragung als Struktur der Setzung ein Feld zum Beginn der ‚Arbeit' (wie etwa des „Durcharbeitens" nach Freud), der Forschung, des Experiments, indem dann solche Arbeit die Setzungen wiederum gerade auch als skeptische Ent-Setzung verhandeln kann, als Um-Setzung, Aus-Setzung etc.
Daher ist es nur folgerichtig, dass Sokrates seine Leere betont an der Stelle, wo Alkibiades etwas sieht; wesentlich ist also bei dieser Übertragungs-Voraus-Setzung das grundlegende Denkenkönnen einer ‚Leere' überhaupt – jedoch: *wie* lässt sich diese als solche denken? Ist sie ein leerer Raum der Potentialität, ein Raum der Abwesenheit oder ein Nichts, in dem etwas entstehen kann? Manifestiert sich diese Leere jeweils? Beginnt der krea(k)tive Status der Übertragung nicht also zuallererst mit einer agalmatischen Denk-Art der Leere, der „signifikante[n] Lücken"[36] als wesentliche Voraussetzung für Kreation? Den Fragen sei etwas Raum gegeben, indem verschiedene Denkweisen der Leere näher betrachtet werden.

32 „Bei aller Unterschiedlichkeit von Kunst, Psychoanalyse und Pädagogik liegt möglicherweise ihre strukturelle Ähnlichkeit in der Art, wie sie, zumindest in den avancierten, von poststrukturalistischen Diskursen inspirierten Formen, mit verschiedenen Spielarten der ‚Leere' – der Unmöglichkeit, der Grundlosigkeit und Unverfügbarkeit – umgehen." (Crommelin / Meyer / Zahn: Anfängliches, S. 9–10.)

33 Ebd., S. 12.

34 Die „Phänomenologie der Übertragung" ist von Lacan übernommen: „J'irais d'abord, aujourd'hui, à la phénoménologie du transfert." (Lacan: *Quatre concepts*, S. 257.) / „Ich gehe als erstes, heute, an die Phänomenologie der Übertragung." (Lacan: *Vier Grundbegriffe*, S. 243.)

35 „Für das Umspielen der Leere braucht es daher Erfindungen, Fiktionen" (Ebd.).

36 Siegmund: *Abwesenheit*, S. 10.

*Exkurse der Leeren und des übertragenden Sehens*

Eine der prominentesten Leeren der Literatur ist wohl Michael Endes *Nichts*, ein destruktives und dennoch attraktives, das „eigentlich gar nicht aussieht“[37], das den visuellen Eindruck erweckt, „als ob man blind wäre, wenn man auf die Stelle schaut“[38], das sich dadurch auszeichnet, alles positiv besetzte, phantasmatisch Entstandene zu zerstören bzw. zu Lügen zu erklären und gerade damit zu etwas Mächtigem zu machen.[39] Eine Art Nichts ist es auch, in das durch ein Autofenster geblickt werden kann, sobald die transparente Scheibe heruntergekurbelt wurde, das Slavoj Žižek in der Kurzgeschichte *The Unpleasant Profession of Jonathan Hoag* von Robert Heinlein untersucht:

> Außerhalb des geöffneten Fensters gab es keinen Sonnenschein, keine Polizisten, keine Kinder – nichts. Nichts als einen grauen, gestaltlosen Nebel, der langsam pulsierte, wie erfüllt von primitivem Leben. Durch den Nebel hindurch konnten sie nichts von der Stadt sehen, nicht weil er zu dicht war, sondern weil er leer war. Kein Geräusch war aus ihm zu hören; keine Bewegung zeigte sich in ihm.[40]

Durch das geschlossene Fenster sehen die beiden Insassen des Wagens ihre Umgebung wie gewohnt,[41] sobald es jedoch heruntergelassen wird, verschwindet sie; das vermeintlich transparente Fenster (Fenster, dem Durchsicht unterstellt wird?) dient hier als Grenze, die das Etwas und das Nichts trennt: „Ganz vorsichtig ließ er es hinunter – nur einen Spalt breit, kaum zwei Zentimeter. Es reichte. Der formlose graue Strom war auch dort; durch das Fenster war der Verkehr auf den sonnigen Straßen deutlich zu sehen, durch die Öffnung – nichts.“[42] Diese leeren Nichtse werden stark mit dem Erfassen der Augen, des Blicks, charakterisiert. Der Seheindruck, den sie hinterlassen, wird ausführlich beschrieben und führt zu einer Irritation der Blickenden, den Blick ins Nichts sind sie allem Anschein nach nicht gewöhnt, und er beunruhigt. Žižek zeigt in seinen Lektüren zum *Mehr-Genießen* Leeren und Nichts in ihrer konstitutiven Funktion für das

37 Michael Ende: *Die Unendliche Geschichte*. Stuttgart: Thienemann 1979, S. 23.

38 Ebd.

39 Es wird beschreiben, wie sich die Bewohner_innen Phantásiens freiwillig in das Nichts hineinwerfen und so die zerstörerische Attraktivität verdeutlichen. Es dient so als ungesunder Übergang zur „Menschenwelt“, als negativ besetzter, der auch als negative Übertragung gelesen werden kann. Die, die sich hineinwerfen, „werden zu Wahnideen in den Köpfen der Menschen, zu Vorstellungen der Angst, wo es in Wahrheit nichts zu fürchten gibt, zu Begierden nach Dingen, die sie krank machen, zu Vorstellungen der Verzweiflung, wo kein Grund zum Verzweifeln da ist.“ Das sich freiwillige Werfen in diesen Bann wird mit ihrer Wirkmacht erklärt, die genutzt werden kann: „[N]ichts gibt größere Macht über die Menschen als die Lüge. Denn die Menschen, Söhnchen, leben von Vorstellungen. Und die kann man lenken. Diese Macht ist das einzige, was zählt.“ Gmork, der Werwolf als Zwischenwesen, ist in dieser pädagogischen Kinderphilosophie Sprachrohr der symbolischen Macht, die Übertragungsstrukturen nutzt: „Vielleicht wird man mit deiner Hilfe Menschen dazu bringen, zu kaufen, was sie nicht brauchen, oder zu hassen, was sie nicht kennen, zu glauben, was sie gefügig macht, oder zu bezweifeln, was sie erretten könnte. Mit euch, kleiner Phantásier, werden in der Menschenwelt große Geschäfte gemacht, werden Kriege entfesselt, werden Weltreiche begründet.“ (Ebd., S. 142–144, für alle Zitate.) Damit erweist sich Gmork als einer, der schon hier von der ‚Lenkung der Übertragung‘ berichtet, wie sie später noch zu diskutieren sein wird.

40 Žižek: *Mehr-Genießen*, S. 25–26.

41 „[D]urch das Fenster sahen sie den Wachmann, das lärmende Treiben, den Gehsteig, und dahinter die Stadt.“ (Ebd., S. 26.)

42 Ebd.

begehrende Blicken auf. In einer süffisanten Umkehrung der Volksweisheit formuliert er, dass im Begehren gerade von nichts etwas kommen kann: „Es ist gerade diese Logik des Begehrens (und nur diese), die die bekannte Weisheit ‚Von nichts kommt nichts' Lügen straft: In der Bewegung des Begehrens ‚kommt Etwas von Nichts'."[43]
Im Rückblick auf die Dorfbewohner, die ihr *Black House* als leeren Raum pflegen, in welchem sie ihre agalmatischen Projektionen sehen,[44] kann also gesagt werden, dass begehrendes Sehen produktiv ist – wo jemand nichts oder Unförmiges sieht, sieht jemand anderes *agalma*. Žižek führt dies auf die jeweiligen Orte der Hinwendung zurück, auf die Arten des Sehens (agalmatisch oder skeptisch), und charakterisiert das begehrende, erschaffende Sehen als ein schiefes:

> Wenn wir eine Sache direkt betrachten, d.h. von einem nüchternen, unbeteiligten, objektiven Standpunkt aus, sehen wir nur einen unförmigen Fleck; das Objekt nimmt nur dann klare und unterscheidbare Züge an, wenn wir es von der Seite her ansehen, d.h. mit einem ‚anteilnehmenden' Blick, mit einem von einem Begehren getragenen, durchdrungenen und ‚verzerrten' Blick. Und hier ist das Lacansche *objet petit a*, die Objekt-Ursache des Begehrens: ein Objekt, das in gewisser Hinsicht vom Begehren selbst postuliert wird. Das Paradox des Begehrens ist, daß es retroaktiv seine eigene Ursache postuliert, d.h. ein Objekt, das nur mit dem durch das Begehren ‚verzerrten' Blick wahrgenommen werden kann, ein Objekt, das für einen objektiven Blick nicht existiert.[45]

So wie Sprechen mit Häusern für einen teilnahmslosen Blick und ein objektives Urteil unsinnig erscheint, so sinnig ist es für Agalmatophile – die also eben schlicht als Begehrende definiert werden können.
Der Blick ins Nichts hingegen wird umgekehrt, gerade auch bei Žižek, als dekonstruktiver bezeichnet. Das begehrende, übertragende Gesicht wird also als ein erschaffendes gedacht, das jedoch gleichzeitig offenbar auch den Blick auf etwas verstellt, was da ist – nämlich nichts, wie es auch der *Symposion*-Sokrates versucht, Alkibiades aufzuzeigen. Umgekehrt kann aus diesen literarischen Topoi gefolgert werden, dass ein unterbrochenes, deaktiviertes, ent-setztes Begehren (deaktivierte Phantasie, deaktiviertes krea(k)tives *blepein*) das Nichts als solches denkbar macht und daher in einen Blick nehmen kann. Alkibiades soll genau hinsehen, damit er gerade das Nichts, die Leerstelle erkennt. Ein solcher Blick, von dem das Begehren abgezogen ist, wäre die entsetz-liche Skepsis, die nicht daran arbeitet, ein Nichts mit etwas anfüllen zu wollen, sondern das Nichts als Grundlage der Setzung zu erkennen und zu bezeichnen. Das heruntergekurbelte Fenster wird so zur Metapher der Grenze zwischen den Blicken innerhalb und außerhalb von Übertragung, zwischen *blepein* und *skepsis*.[46]
Für das Subjekt ist hier jedoch ein existenz-ielles Problem angesprochen – und macht vielleicht dadurch die Übertragungsstruktur zur existenziellen, weil setzenden Struktur – indem ein Nichts als die spürbare Idee perspektivlosen, also subjektlosen Raums, oder eben Nicht-Raums, das Subjekt existenziell in Frage stellt. Ein Nichts erscheint

43 Žižek: *Mehr-Genießen*, S. 22.

44 Vgl. S. 127 dieser Arbeit.

45 Žižek: *Mehr-Genießen*, S. 21.

46 Selbst wenn das *blepein* Dinge setzt, die schaudern machen und Furcht einflößen, wäre dies eine (negative) Übertragung, die jedoch nach wie vor etwas erschafft (bei M. Ende: Lüge, Böses etc.). Der skeptische (nüchterne, unbeteiligte, ‚objektive') Blick wäre demgegenüber ‚reine' Dekonstruktion.

einer subjektiven Perspektive als Un-Raum, der keinen Zugang zur Welt bietet, da Welten als je subjektive Zugänge gelten können. Werden diese erschüttert, resoniert das Subjekt:

> Für unser Problem des Unheimlichen gilt es zu unterstreichen, dass unser Weltzugang von unserem je subjektiven Bezug, unserer Perspektive auf die Dinge und deren Ordnungen abhängt. Die symbolische Ordnung, in die wir eintreten und zu der wir uns verhalten, kann sich niemals als sie selbst zeigen, weil sie nie als sie selbst existiert, sondern nur durch unseren Zugang zu ihr. Umgekehrt können wir nur auf ihr Funktionieren wetten, indem wir sprechen, hören, sehen und kommunizieren. Genau hier setzt das Unheimliche im Sinne von etwas an, das sich gerade nicht mehr verbirgt, sondern zeigt. Unheimlich wird es immer dann, wenn sich das Symbolische in seiner entmenschlichten und abstrakten Struktur als es selbst zeigt. Dass es sich zeigen kann, hängt an jenem gespenstischen Ding X – einem Lachen als groteskem, echohaftem Widerhall, einer mechanischen, aufgezeichneten Stimme, einem medialen Trugbild oder einem Abjekt, das mir, vollkommen entmenschlicht, auf unheimliche Weise anzeigt, dass hinter der Ordnung des Akustischen und Visuellen nichts ist als eine Leere, die die (Menschen-)Leere der physikalischen, optischen oder sprachlich-differentiellen Ordnung ist. Eine unheimliche Welt ist eine Welt, die mich ausschließt und abstößt, weil es in ihr keinen Perspektivpunkt für das Subjekt mehr gibt, sondern nur das System als System. *Es ist der radikale Zusammenbruch meiner Welt zugunsten der Möglichkeitsbedingung von Welt.*[47]

Solche Nichtse wie bei Ende oder Heinlein werden zu Artikulationen von Ideen der Leere als Entzug der Verortung für Subjekte (es gibt nichts, von wo aus eine Hinwendung denkbar wäre) einerseits, andererseits als Vorstufe zu Räumen der Potentialität, die als solche sowohl negativ als auch positiv konnotiert werden können (*avoir à la bonne* oder *à l'oeuil*), da sie weder das eine noch das andere sind, nämlich Brutstätten vor jeglicher Beurteilung und vor jeder Bewirtschaftung. Es gibt dort nichts zu messen und zu bewerten. Als „Stelle des totalen Zusammenbruchs, der radikalen Abwesenheit von Welt, Sinn und Sein für den Menschen"[48], als „Erfahrung des radikalen Entzugs von räumlicher, akustischer oder visueller Orientierung"[49] oder eben als „Pulsieren der präsymbolischen Substanz in ihrer horriblen Vitalität"[50] sind sie unheimlich, weil sie den häufig mühevoll erarbeiteten Subjektstatus mit seinen Ordnungen und Gewissheiten hinterfragen, gefährden und auch als willkürlich ausstellen. Die für das Subjekt beunruhigende Situation, von einer basalen Leere gezeugt, wird im Hinblick auf Übertragung jedoch gerade als produktive verstanden, da sie die forschende Neugierde und die Fähigkeit zur Fiktion weckt.

Diese Diskurse um Gefährdungen und Chancen des Subjektstatus finden sich maßgeblich auch in Theorien um die Figur des Gespensts, und dieser Exkurs sei aus Anschauungsgründen erlaubt. Nichts und leerer Nebel können mitunter zum Gegenteil des Gespensts werden, das seinerseits gerade dem Nichts einen unsicheren, aber

47 Gerald Siegmund: Gespenster-Ethik, oder warum Gespenster das Theater lieben. In: *Nebulosa* 4 (2013), S. 140–150, hier S. 149. Der Perspektivwechsel in diesem Abschnitt von der ersten Person Plural zur ersten Person Singular zeigt hier schön, wie das Problem des Weltzugangs zwar ein übergreifendes der Subjekte ist, mit dem aber jedes Subjekt letztlich auch einzeln konfrontiert und aufgefordert ist, damit umzugehen.

48 Ebd., S. 150.

49 Ebd.

50 Žižek: *Mehr-Genießen*, S. 27. Für Žižek ist der Blick in den Nebel der Blick ins Lacansche Reale.

immerhin konstatierbaren Status gibt. Gerald Siegmund sieht die Unheimlichkeit von und die Furcht vor Gespenster(n) nämlich primär im Mangel an Mangel begründet:

> Lacan hat Freuds Angstneurose dahingehend umgedeutet, dass Angst durch den Mangel an Mangel entsteht: ‚Es fehlt nicht'. Plötzlich gibt es keinen Mangel und damit keine Leerstelle mehr, die ich einnehmen kann, um mich zu positionieren, um als Subjekt Zugang zur Welt aus (m)einer Perspektive zu erlangen. Wie beim Doppelgänger ist immer schon jemand da, wo eigentlich niemand sein kann, und besetzt meinen Ort. Der Mangel an Mangel ist es also, der das Unheimliche auslöst und der die Gespenster hervorlockt.[51]

Die erwähnten Nichtse hingegen produzieren ihre ent-setzliche Unruhe genau aus dem umgekehrten Grund, weil es zu viel Mangel, zu viel Raum für zu setzende Perspektiven gibt bzw. noch nicht einmal einen Raum, der als Raum erscheint, wo keine Perspektive mehr vorhanden und zuhanden ist, keine Verortung für eine Hinwendung situierbar. Beide jedoch, Nichtse und Gespenster, sind im Einsatz, wenn es um die Beunruhigung des Subjekts gehen soll, um Situationen „in denen sich das Subjekt dem Anderen seines Selbst sowohl in Form seiner ‚inneren' Gespaltenheit als auch seines Außens – gewahr werden kann."[52] Zunächst muss für die Beunruhigung wohl das Fehlen der Verkörperung, der (gespenstischen?) Dinge, ihre Abwesenheit wahrnehmbar sein oder wahrnehmbar gemacht werden können. Mehr noch als das Nichts von Ende, das den Blick radikal unterbricht und damit eine subjektkonstituierende Praxis direkt entmachtet (denn auch akustisch gibt das Nichts nichts von sich), ist das Bild des leeren Nebels bei Heinlein / Žižek eines, das einerseits gespenstische Attribute trägt als das „Anwesende ohne Anwesenheit"[53], jedoch gerade durch die Erscheinung des Mangels den konstitutiven Mangel als Grundlage jeder Setzung spürbar macht.

Die Erscheinungsform eines Mangels erweist sich als ein interessanter, da freilich widersprüchlicher, aber offenbar stets äußerst wirksamer Topos. Ein berühmter Vertreter davon ist der *Ghost of Hamlets Father*[54], der bekanntlich von seinen Rändern her (eine Rüstung) Erscheinung bezieht (wie die verschwindende Landschaft um Endes Nichts

51 Žižek: *Mehr-Genießen*, S. 148–149, mit Bezug auf Jacques Lacan: *Das Seminar X: Die Angst*. Wien: Turia + Kant 2010, S. 74.

52 „Vielmehr, so vermuten wir, entstehen die Anfänge des Forschens in bestimmten Situationen und Begegnungen, an besonderen Orten und in je singulären Konstellationen. Es ist das, was das Subjekt beunruhigt – vom fremden Anspruch des Anderen bis zu seinem unbewussten Begehren, manchmal auch eine Notlage –, was den Prozess des Forschens in Gang setzt. Die damit verbundenen Situationen sind oft solche, die nicht kontrollier- und beherrschbar und daher nur schwer auszuhalten sind. Es sind solche Situationen, in denen sich das Subjekt dem Anderen seines Selbst – sowohl in Form seiner ‚inneren' Gespaltenheit als auch seines Außens – gewahr werden kann. Der Andere ist aber dabei nicht positivierbar, sondern nur über sein Fehlen, als negative Größe oder als radikal Fremdes beschreibbar. Weil das so ist, ist man von Anfang an in die Fiktion eines Anderen, der ein Wissen hat, verstrickt." (Crommelin / Meyer / Zahn: Anfängliches, S. 10.)

53 Siegmund: Gespenster-Ethik, S. 142.

54 William Shakespeare: *Hamlet*. Eng. / Dt., hrsg., übers. u. komm. v. Holger M. Klein. Stuttgart: Reclam 1984, S. 53. Dass der Geist in den Dramatis Personae identifiziert wird, gibt denen, die den Text vorliegen haben, ein Vorwissen – und macht klar, dass der Autor nicht für möglich hält, dass seine Dramatis Personae über ihren Textrand hinausblicken können; ist also von der Aufführung her gedacht, denn nur für das Publikum einer solchen stellt sich der Moment der Rätselhaftigkeit über den Geist her.

herum und das Fenster als Grenze zwischen *blepein* und Raum der Potentialität). Der (Fenster-)Rahmen wird zum Medium der (katastrophalen, weil meta-subjektiven) Abwesenheit und des Nicht-Seins. Für Siegmund ist „der Geist von Hamlets Vater der prothesenhafte, weil nur durch Prothesen oder Medien überhaupt artikulierbare“[55], womit das Problem dessen Erscheinens angesprochen wäre. Dieser Geist hat ein Problem mit der Materialität, das noch einmal anders gelagert ist als das von Nichts und Nebel; er erscheint zwar, doch hauptsächlich als herumwandelnde Ritterrüstung mit Marschallstab,[56] die im Abgleich zu seiner Umgebung jedoch nur visuell und nicht materiell existieren: Horatio berichtet zwar von Mimik und Augen des Geists unter dem hochgeklappten Visier,[57] jedoch richten Hellebardenstreiche nichts gegen ihn aus („unverletzlich wie die Luft“). Die Rüstung dient dabei als Kontur seiner Gestalt, wie auch das Heinlein'sche Autofenster als Rahmung, die ausstellt und erfahrbar macht. Die Rüstung, von Derrida als Erscheinungsmedium diskutiert, zeigt also an, dass in ihrem Kern sich noch etwas verbirgt – selbst außerhalb des Materiellen bleibt die agalmatische Topologie intakt. Und das Verbergen ist die Hauptaufgabe der Schutzhülle: „Dieser Schutz ist im strengsten Sinn des Wortes problematisch (problema, das ist auch der Schild), denn er verbietet der Wahrnehmung die Entscheidung über die Identität dessen, den sie so fest in ihrem Panzer verschließt.“[58] Der von Jacques Derrida genannte Schutz ist der vor den Augen Hamlets, und nur so, durch die entstehende Unsicherheit über den Inhalt, kann übertragendes Sehen zum Einsatz kommen. Daher hängt hier letztlich alles von der Wendung an der Rüstung Kern ab, von der Praxis, die sich auf ihn richtet, und besonders vom Sprechen. Stets erscheint dieser Geist mehr durch die, die ihn sehen, ihn aussprechen und berichten, durch Sprechen konstituieren und ihn dabei selbst (zunächst erfolglos) zur Äußerung auffordern. Erst als sich einer als sein Sohn positioniert und sich von dort aus, den Geist bei (s)einem Namen und mit Funktionen benennend, an die Erscheinung wendet („Thou com'st in such a questionable shape / That I will speek to thee. I'll call thee Hamlet / King, father, royal Dane – O, answer me!“[59]), ihn interpelliert, gibt es eine Replik – doch nicht in Anwesenheit von Anderen. Hamlet und der Geist ziehen sich zum Dialog zurück.

Der Körper von Hamlets Vater erscheint als materielle Leere, wo nichts ist, um die herum sich aber Wirkungen zeigen. Zunächst steht aber die vollständige Erschaffung des Geists an, die nur durch Hamlet jun. sprachlich bewältigt wird, indem er ihn bei seinem Namen und bei seinen Funktionen ruft, in ihm also die körperlose Verkörperung seines Vaters annimmt (Rüstung, der Vater unterstellt wird). Des Geists erste Aussage bestätigt diese Erschaffung bzw. fordert dazu auf: „Mark me.“[60] So bildet

55 Siegmund: Gespenster-Ethik, S. 150.

56 „Enter Ghost, in armour and bearing a marshal's truncheon.“ (Shakespeare: *Hamlet*, S. 56.)

57 „Ham. Then saw you not his face. / Hor. O yes, my lord, he wore his beaver up. / Ham. What, looked he frowningly? / Hor. A countenance more in sorrow than in anger. / Ham. Pale, or red? / Hor. Nay, very pale. / Ham. And fixed his eyes upon you? / Hor. Most constantly.“ (Shakespeare: *Hamlet*, S. 80.)

58 Jacques Derrida: *Marx' Gespenster. Der Staat der Schuld, die Trauerarbeit und die neue Internationale.* Berlin: Suhrkamp 2014, S. 22.

59 Shakespeare: *Hamlet*, S. 94.

60 Ebd., S. 96. Und Hamlet jun. stimmt zu: „I will.“ (Ebd.)

sich eigentlich noch eine (zweite?) Prothese des Gespensts, die wesentlich zum gespenstischen Wesensmerkmal gezählt werden kann, nämlich die bestätigend-erschaffende Bezeugung eines Blicks, eines *blepein*.[61] Zum *Visier* als „Prothese des Blicks"[62] kommt die übertragende *Vision* als Hilfsmittel zur Erscheinung hinzu. Und die hinwendende Sprache schließlich gibt Wahrnehmung der Übertragung ab, wendet sich an die Verkörperung eines *s.s.s.* in Erwartung der Gesetze („I am bound to hear"[63]), in deren Geltungsbereich sich geworfen werden kann, und bringt die Ereignisse ins Rollen.[64] So kann der Geist von Hamlets Vater als Beispiel für eine erfolgreiche Herausforderung krea(k)tiven Sehens und Sprechens gelten, das maßgeblich aufgrund eines undefinierten, auch als leer denkbaren Inneren funktioniert.

Leere und Verkörperung, die mit dem Prinzip der subjektiven Fiktion zusammengedacht werden, können also ein Spiel mit der Leere initiieren, als Füllen einer (inneren) Leere, Produktion eines Überschusses (Mehr). Eine solche Lesart verweist dann auch erneut auf den wichtigen Aspekt der Subjektkonstitution im Ausgang des ‚Fort-Da-Spiels', die wohl mit bekannteste, spielerische Praxis um eine Leere. Das Spulenspiel vollzieht eine sich ent-werfende Bewegung in den Raum, der fürs Phantasmatische freigemacht ist. Das Erkennen eines unsichtbaren Raums als innere Leere, in die etwas gesetzt werden kann, begründet das Spiel: das „verhängte Bettchen"[65] verhindert den tatsächlichen Blick in den Raum, in den die Spule fliegt, so dass diese für das werfende Subjekt verschwinden kann und der verhüllte Innen-Raum in den anteilnehmenden Blick gerät. Eine Idee, was also mit diesem unsichtbaren, leeren Raum anzufangen sein könnte, eine Fiktion, gibt im Spiel Wahrnehmung ab, wobei die Spule zur Verkörperung und ersten Symbolisierung dient, schließlich den Weg zur Sprache öffnend. Mindestens zwei Fähigkeiten lassen sich dabei diagnostizieren: die eine, subjektive wertvolle Objekte des Begehrens zu erschaffen (Objekt *a*) und eine andere, nämlich die Nutzung von Abwesenheit als Spielraum, als Entwurfsraum, in den nicht eingesehen werden kann, außer mit *blepein*. Das Spulenspiel soll hier daher als erste Manifestation einer Übertragungsstruktur, eines Mutes zur Ent-Setzung gelten.

Was die Spule dabei symbolisiert bzw. was ihr unterstellt wird, wäre in diesem Moment sekundär, weil jeweils subjektiv, aber auf einer gemeinsamen Grundstruktur beruhend:

61 Was ja auch sehr schön am Geist von Canterville ablesbar ist, der große Probleme hat zu erscheinen, weil niemand den richtigen Blick innehat (haben will), um ihn als Gespenst zu setzen.

62 Siegmund: Gespenster-Ethik, S. 143.

63 Shakespeare: *Hamlet*, S. 98. Auch Hamlet jun.s Erwähnung seiner „prophetic soul" (ebd., S. 100) weist auf die Phantasmen hin, die er sich gebildet hat, auf die Setzungen, die er bereits gemacht hat.

64 Diese Gedanken zu Hamlets Geist fanden auch Eingang in meinen Aufsatz „Who's there?". In: Lorenz Aggermann / Ralph Fischer / Eva Holling / Philipp Schulte / Gerald Siegmund (Hrsg.): *„Lernen, mit den Gespenstern zu leben." Das Gespenst als Figur, Metapher und Wahrnehmungsdispositiv*. Berlin: Neofelis 2015, S. 289–299.

65 „Das Kind hatte eine Holzspule, die mit einem Bindfaden umwickelt war. Es [...] warf die am Faden gehaltene Spule mit großem Geschick über den Rand seines verhängten Bettchens, so daß sie darin verschwand, sagte dazu sein bedeutungsvolles o-o-o-o und zog dann die Spule am Faden wieder aus dem Bett heraus, begrüßte aber deren Erscheinen jetzt mit einem freudigen ‚Da'." (Freud: Jenseits des Lustprinzips, S. 225.)

das junge Subjekt ent-wirft etwas; wichtig ist der Faden, der die Verbindung zur entwerfenden Position als Manifestation des Perspektivpunkts anzeigt, so dass Mutter, Vater, *Objekt agalma* etc. ins Nichts geworfen werden können, als Spiel um die Leere herum. Die Schnur dient in dieser Lesart also als Verweis darauf, ‚von wo aus' unterstellt wird, die räumliche Verortung des Subjekts der Hinwendung. Denn ohne eigenen Standpunkt keine Bewegung, kein Spiel, keine Perspektive oder Abschattung. Wenn Lacan mit seiner Betonung des kreativen Anteils der Übertragung den Begriff der *Fiktion* etabliert, fragt sich allerdings vor diesem Hintergrund, wie Spiel um die Leere und Fingieren zusammenwirken und wie der Begriff noch weiter kontextualisiert werden kann.

### *Setzen und Fingieren*

Interessant ist, dass Klaus Theweleit – bezogen auf die Psychoanalyse – das gegenseitige Anblicken von Subjekten bzw. dessen notwendige Unterbrechung betont, um gemeinsam ins setzende *blepein* zu finden, gemeinsam eine leere Leinwand für das zu erschaffen, was dort ‚laufen' kann. Was also für ihn nicht gesehen werden darf, ist das Gegenüber: „Der Augenkontakt muss weg, er verführt"[66] in der Analyse-Situation. Für ihn entsteht also gerade im Aussetzen eines bestimmten Blicks der erwähnte Freiraum zum Spiel:

> Dahinter sitzen, gemeinsame Blickrichtung; auf die Bühne, auf die Leinwand im Imaginären, auf der das alte Leben und das neue Leben laufen werden, wenn überhaupt etwas läuft. Das Geheimnis: mit voller Absicht ein Kunstverfahren, ein Spielverfahren an die Stelle der unzureichenden medizinischen gesetzt zu haben.[67]

Für das agalmatische Sehen können also Verfahren erfunden werden, es zu begünstigen, wie z.B. auch Techniken der Psychoanalyse die Analyse begünstigen. Theweleit übernimmt damit von Freud die Idee des (letztlich doch gemeinsamen) Erschaffens eines Kunstverfahrens als Zwischenreich, als artifizielle Krankheit (und artifizielle Gesundheit?), als temporäres Stadium (Provisorium), aus dem heraus Zugriffe auf andere Erfahrungsbereiche möglich und beabsichtigt sind:

> Die Übertragung schafft so ein Zwischenreich zwischen der Krankheit und dem Leben, durch welches sich der Übergang von der ersteren zum letzteren vollzieht. [... E]r stellt eine artifizielle Krankheit dar, die überall unseren Eingriffen zugänglich ist. Er ist gleichzeitig ein Stück des realen Erlebens, aber durch besonders günstige Bedingungen ermöglicht und von der Natur eines Provisoriums.[68]

Der krea(k)tive Raum der Übertragung dient für Freud also als Schwelle und Schleuse zwischen Krankheit und Leben, wobei bemerkenswert ist, dass diese von Freud als voneinander getrennt, einander offenbar ausschließend betrachtet werden. Übertragung als ‚Zwischenreich', von dem aus Zugriff auf das ‚Leben' genommen werden kann,

66 Theweleit: *absolute(ly) Sigmund Freud*, S. 58.

67 Ebd. Für das konstitutive Unterbrechen des Anblickens vgl. auch das Kapitel über den Ansatz Marianne Streisands, S. 235–243 dieser Arbeit.

68 Freud: Erinnern, Wiederholen und Durcharbeiten, S. 214.

stärkt noch einmal die Idee der Übertragung als Möglichkeit für ein experimentelles Modell, das in seiner Modellhaftigkeit („besonders günstige Bedingungen") auch einen eigenen Status erhält, der sich zum ‚Leben' in Beziehung setzt.
Ein solches Zwischenreich als Spiel / Spielverfahren zu denken, wie Theweleit aber eben auch Lacan (‚Spiel der Psychoanalyse') es tun, fragt dann überhaupt nach dem Zusammenhang von Spiel, Fiktion und letztlich auch Sprache, die von Johan Huizinga selbst als Spielstruktur erkannt wird:

> Die großen ursprünglichen Betätigungen des menschlichen Zusammenlebens sind alle bereits vom Spiel durchwoben. Man nehme die Sprache, dieses erste und höchste Werkzeug, das der Mensch sich formt, um mitteilen, lehren, gebieten zu können, die Sprache, mit der er unterscheidet, bestimmt, feststellt, kurzum nennt, d.h. die Dinge in das Gebiet des Geistes emporhebt. Spielend springt der sprachschöpfende Geist immer wieder vom Stofflichen zum Gedachten hinüber.[69]

Dieses ‚Gebiet des Geistes' bringt Huizinga als „eine zweite, erdichtete Welt neben der Welt der Natur"[70] ins Spiel, also eine Schöpfung, die Spiel und Sprache mit dem Konzept der Fiktion verknüpft – sehen, spielen, sprechen scheinen hier strukturell verwoben. Wird so der Zwischenraum der ‚artifiziellen Krankheit' im experimentellen Modell zum Spielraum, der potenziell alles sein kann, da er in Sprache erschaffen wird – auf der ja der intersubjektive Rapport der Psychoanalyse und auch die Übertragung beruhen?
Kurz erwähnt seien hier noch einmal Forced Entertainment, die in ihrer Produktion *Spectacular*[71] einen zentralen Zusammenhang von Leere und Sprache als Spielraum und zweite Welt zeigen. Darin ist als wichtigste Setzung – wie könnte es in diesem Zusammenhang anders sein – die Bühne leer, wie in vielen anderen Theaterproduktionen. Ein Schauspieler (Robin Arthur), verhüllt in schwarzen Hosen, Pullover und Skimaske, die auch sein Gesicht bedeckt, tritt auf. Auf den schwarzen Stoff ist mit weißer Farbe ein Skelett gemalt, der Kopf ist ein Totenkopf. Das Skelett fängt an zu sprechen, und dies wird primär das sein, was an dem Abend passiert: Ein als Skelett ausgestatteter Mann spricht auf der leeren Bühne zum Publikum (seine Stimme wird über ein Mikroport übertragen, so dass der dämpfende Effekt der Maske gemildert wird), ausgehend davon, dass die Show heute ‚etwas anders' sei als sonst.
Er erzählt, beschreibt, was ‚normally' passieren würde: Die Show sei eigentlich so konzipiert, dass er eine große Showtreppe heruntergestiegen käme (normalerweise ein großer Bühneneffekt), eine Band würde spielen (er ahmt die Instrumente nach), Pflanzen wären auf der Bühne (er bewegt sich an alle Orte, an denen normalerweise etwas stehen würde, und zeigt die Positionen an), etc. Zusätzlich gibt er Anekdoten aus dem Leben eines Schauspielers zum Besten, besonders eines solchen, dem seine Show abhanden gekommen ist, philosophiert über seine Aufgaben und die Erwartungen des Publikums im Theater … Dabei erscheint irgendwann noch eine zweite Person. Es ist eine Frau (Claire Marshall), die dem erzählenden Skelett ins Wort fällt und über ein Mikro

69 Johan Huizinga: *Homo Ludens. Vom Ursprung der Kultur im Spiel*. Reinbek: Rowohlt 1987, S. 12.
70 Ebd.
71 Forced Entertainment: *Spectacular*, UA: Sheffield Theatres, 04.04.2009.

verkündet, sie wolle jetzt ihre Sterbeszene zum Besten geben. Daraufhin wirft sie sich zu Boden, beginnt, zu röcheln und sich zu winden, und tut dies den Rest des Abends mal mehr, mal weniger expressiv, während das Skelett seinen Narrationsfaden wieder aufnimmt. Allerdings wendet es sich der Sterbenden zwischendurch wieder zu und versorgt sie mit guten Tipps, wie ihre Darstellung noch überzeugender sein könnte.

Die leere Bühne als Herz der Erfahrung und Grundlage der Darstellung im Theater ist im Grunde alles, was hier verhandelt wird, und es erstaunt, dass diese einfache Setzung über einen Abend trägt. Es trägt deswegen, weil in diesen Verhandlungs-Raum zwei elementare Arten von Darstellung geworfen werden und, wie Esther Boldt es sieht, dort in einen Wettstreit treten: „Sie wettstreiten um Aufmerksamkeit und Lorbeeren, er, der den Showmaster und Strippenzieher Tod im Jogginganzug sehr unvollständig repräsentiert, sie, die den Todeskampf mal völlig überzogen, mal mit bestürzender Intensität spielt."[72] Dabei unterscheidet sie zwischen Repräsentation und Spiel – und einmal abgesehen davon, wer nun welcher Art der Darstellung zuzuordnen und wo der Unterschied wäre, bleibt damit das Stück an Grundfragen des Theaters. „Metashow" titelt Nachtkritik daher und betont damit einmal mehr, dass Forced Entertainment immer das Theatermachen beim Theatermachen verhandeln. „Über diese kleine Versuchsanordnung geht die Performance nicht hinaus und will es auch nicht"[73], kommentiert Boldt.

Bei den beiden Darstellungsarten der Versuchsanordnung handelt es sich nun, noch vor der Klassifizierung als Spiel oder Repräsentation, zunächst einmal um zwei Arten der Narration: zum einen um das verbale Erzählen, das eine kostümierte Figur vornimmt, und zum anderen um das ohne Verbalsprache Ausgedrückte einer alltäglich Gekleideten. Dem sprachlichen Zeichen und narrativen Raum wird die wortlose Verkörperung zur Seite gestellt und greift damit die von Finter hervorgehobene gegenseitige Beeinflussung von Körper und Sprache, Imaginärem und Symbolischem auf der Bühne auf. Nach Boldt wäre dies demnach ein Agon der Darstellungstechniken.

Eine weitere unvermeidliche Grundfrage ist dann, bei der Frage nach der Darstellung auf Bühnen, der Tod als Undarstellbares, der als die Herausforderung für das Theater verhandelt wird. „Playing dead", sieht Tim Etchells als „approaching the one thing, which above all others perhaps, can't ever be convincingly represented."[74] An welchem Thema sonst sollte das Theater, wenn es um seine Grundkonstellation geht, also Fragen nach Art der Darstellung verhandeln. „No one thinks this is real"[75], urteilt Etchells über Todesdarstellungen. Daraus folgt, dass eine Todesdarstellung immer und zuerst als Darstellung funktioniert und nicht als Tod. Folgerichtig ist Claire über eine lange Zeit mit der Qualität ihrer Darstellung beschäftigt, die eben gerade nicht über Erzählung

72 Esther Boldt: Die Show findet nicht statt. http://www.nachtkritik.de/index.php?option=com_content&view=article&id=1378:spectacular-eine-neue-metashow-von-forced-entertainment&catid=257&Itemid=100060 (Zugriff am 03.04.2016).

73 Ebd.

74 Tim Etchells: *Spectacular* Program Note. http://www.forcedentertainment.com/notebook-entry/spectacular-programme-note-by-tim-etchells/ (Zugriff am 04.04.2016).

75 Ebd.

hergestellt werden soll, sondern über die Physis, in der Hoffnung, dass sie das, was über den Tod ausgedrückt werden soll, in keine zweite Welt der Sprache, keine symbolische Ordnung transferiert. Diese Hoffnung führt wohl auch dazu, die Tipps des Skeletts anzunehmen, das sich ja mit der Körperlichkeit des Todes auskennen müsste, und hält so die Aufmerksamkeit für den Prozess der Darstellung humoristisch in Gang.

Bei dieser Studie über Leere und Darstellung gelingt Forced Entertainment der Clou, der Spiel und Repräsentation zusammenbringt: Indem sie das Skelett (endlos) von dem sprechen lassen, was stattfinden hätte sollen, erscheint es als Symbolischer Mörder der Show. In Erinnerung an Lacan, der Sprache als Mord an den Dingen begreift, ist das Skelett folgerichtig eine Figur, deren Kostüm als *der Tod* erkannt wird. Er tritt auf, um von der verlorenen (ermordeten, weil in den Raum der Sprache verbannten) Show zu sprechen, und vollzieht damit diesen Mord just in diesem Moment – nur dass gar kein Inbetrachtziehen darüber aufkommt, dass der berichtete Show-Abend jemals existiert hätte. Damit ist dieser, sich als Augenzeuge gebärdende Berichterstatter mit einer anderen Aufgabe ausgestattet als jener aus der Brecht'schen Straßenszene. Letzterer soll ja, als Zeuge legitimiert, von etwas berichten, das geschah, und ihm dadurch eine Wirklichkeit des So-ist-es-gewesen verleihen. Ersterer hingegen berichtet von etwas, das vorher (höchstwahrscheinlich) nicht existierte, und erweist sich also als Repräsentation eines Mörders, der spielend ein Phantasma erschafft, das keinen Anspruch auf ‚Wirklichkeit' erhebt. Beide sprechen also mit symbolischer Macht ausgestattet, die jedoch gegenteilige Zwecke erfüllen will. Nachahmung versus Vorahmung?

Daraus emergiert zudem einmal mehr der Humor der Gruppe, denn dieser Tod ist kaum erschreckend, sein zu gut genährter Körper konterkariert sofort das Zitat an das Wenige, was von einem verwesten Körper letztlich übrig bliebe (der runde Bauch lässt Oberteil und Hose auseinanderklaffen). Auch hier schleicht sich also die Physis als mit-erzählende Ebene ein, und entsprechend erzählt das Skelett auch von sich als Schauspieler und nicht von sich und seinem Alltag als Tod und hält damit weiter die mögliche, aber misslungene Repräsentation aufrecht, ebenso wie Claire ihren Darstellungsvorgang sichtbar hält und ihn gerade dadurch unterbricht. So zeigt sich alles Dargestellte als Bezugnahme, Zitat, Zeichen (von Zeichen) etc. und wird so zur Allegorie auf theatrale Darstellung.

Thematisiert wird ausgehend vom leeren Raum als gemeinsames Vermögen aller Anwesenden zum Theater auch das gemeinsame Vermögen zum *blepein* (*Black House* und *Black Box* liegen nicht nur sprachlich nah aneinander). Esther Boldt bemerkt jedoch, dass das Stück nicht nur eine leere Bühne füllt sondern gleichermaßen entleert, da es Stellen beinhaltet, die langweilig sind, und die Leere der Bühne wieder einholt. Aus der Voraussetzung, dass „der größte Teil des Abends [...] im Kopf des Zuschauers statt[findet]", wird ein Stück, von dem

> [d]as Publikum [...] mit der Wiederholung und leisen Variation der bekannten Situation gedanklich vertrieben [wird]. Im Saal macht sich Ödnis breit, man verliert kollektiv den Faden. Hier kann man einem ganzen Zuschauerraum dabei zusehen, wie seine Gedanken verloren gehen. Ein ebenso banaler wie schöner Anblick.[76]

76 Boldt: Die Show findet nicht statt.

Das Publikum entwickelt also seine eigenen Phantasmen, schweift dabei unter Umständen ab, um eigene Füllungsstrategien zu verfolgen. Daher geht es für Boldt in *Spectacular* insgesamt um die Leere, um Figuren der Abwesenheit, die gerade auch „[i]n den gedanklichen Ausfällen, der provozierten großen Langweile, in der man gefühlte 30 Minuten auf sich selbst zurückgeworfen wird", erscheinen und für die nicht zuletzt der Tod ein Sinnbild ist, „der auch im Jogginganzug bedrohlich bleibt, als letzte, unumkehrbare Abwesenheit."[77] Ein gut genährter Tod allerdings ...
Für das Schöpferische im Spiel der Übertragung wählt Lacan nun den Begriff der *Fiktion*; doch was bringt dieser im Zusammenhang für ein Denken von Phänomenologie der Übertragung qualitativ ein? Lacans Bestimmungen des Begriffs im Sinne des Verfertigens und Konstruierens lassen es ratsam erscheinen, sich einer Theorie des Fingierens zuzuwenden, die ebenfalls auf diesen Bestimmungen basiert; hierfür werden zumeist die Theorien Wolfgang Isers[78] herangezogen, die sich auch hier als brauchbar erweisen, insofern sie ebenfalls den Fokus auf den Handlungs-Charakter des fingierenden Schöpfens, auf den „Akt des Fingierens"[79] legen: „Das Fiktive ist hier als intentionaler Akt verstanden, um es in der Betonung des ‚Aktcharakters' von seinem landläufigen, wenngleich schwer bestimmbaren Seinscharakter zu entlasten."[80] Daher bietet sich an, immer wieder auch das substantivierte Verb des Fingierens in den Vordergrund zu rücken, das im Gegensatz zur fertig klingenden Fiktion die Prozessualität betont und sich damit in ähnliche Überlegungen einreiht wie die des jeweils zu setzenden Wissens, der Bedeutung. Isers Fiktives spielt also insofern Lacans Idee der Fiktion quasi ‚retroaktiv' (Žižek) in die Hände, als dass dessen Ausgangspunkt zu Schöpfung und Fingieren in der Übertragung ebenfalls der Akt ist. Zur Erinnerung: Lacans Fragen zum Fingieren formulieren deutlich die Annahme einer prozesshaften Praxis: „[W]enn es um Fiktion geht, was ist das dann, was man fingiert? Und da es ums Fingieren geht, für wen?"[81]
Für Iser vermittelt das Fingieren zwischen seinen Begriffen des ‚Realen' und des ‚Imaginären', die ausgerechnet auch zwei der drei Register Lacans bezeichnen. Hier zeigt sich ein Problem der theoretischen Triaden Isers und Lacans,[82] die zu zwei Dritteln dieselben Worte verwenden, dabei jedoch Unterschiedliches bezeichnen, ohne dass Iser seine Wortwahl auf die von Lacan bezieht und sie als „vergleichsweise neutrale und daher von traditionellen Vorstellungen noch weitgehend unbesetzte Bezeichnung"[83] vorstellt, obgleich er sich explizit auch auf psychoanalytische Theorien beruft. Für Iser jedenfalls „gewinnt" sein Imaginäres „im Akt des Fingierens eine Bestimmtheit, die ihm als solchem nicht zukommt, so erhält es dadurch ein Realitätsprädikat; denn die

77 Ebd.

78 Wolfgang Iser: *Das Fiktive und das Imaginäre. Perspektiven literarischer Anthropologie.* Frankfurt am Main: Suhrkamp 1991.

79 Ebd., S. 21.

80 Ebd., S. 20.

81 Lacan: *Übertragung*, S. 220.

82 Reales-Imaginäres-Fiktives & Reales-Imaginäres-Symbolisches.

83 Iser: *Das Fiktive und das Imaginäre*, S. 20.

Bestimmtheit ist eine Minimaldefinition des Realen."[84] Isers fingierender Akt kann also als „das verbindende Moment von Realem und Imaginärem"[85] bezeichnet werden, wie Schulte formuliert, als Beziehung von „Gegebene[m] und Hinzugedachte[m]"[86]. Schulte weist aber auch gleich darauf hin, dass „Lacans Konzeption des Realen hingegen [...] von Isers grundlegend zu unterscheiden"[87] ist, und ebenso gilt dies für die jeweiligen Konzepte des Imaginären.

Isers Imaginäres wird durch eine ihm zunächst wesentliche *Unbestimmtheit* charakterisiert; zudem formuliert er es aus dem Bedeutungsumfeld von Phantasie / Imagination / Einbildungskraft und inaktueller Wahrnehmung heraus, die er historisch kontextualisiert, und da er aufgrund seiner Skepsis ihnen gegenüber einen anderen Begriff sucht.[88] Isers Imaginäres tritt vor dem Hintergrund „unbestrittene[n] Vorhandensein[s] eines menschlichen Potentials"[89] auf, wird in seinem Status als menschliches „Vermögen"[90] befragt und verbleibt damit erst einmal in einer unvermittelten und eben also unbestimmten Position. Es selbst teilt sich nicht mit, selbst den Imaginierenden unter Umständen nicht, denn es wird „immer nur in Produkten – wie in Wahrnehmung, Vorstellung, Traum etc. – faßbar [...], die ihrerseits nicht ausschließlich Erzeugnisse des Imaginären sind."[91] Die Postulierung von Wahrnehmungen, Vorstellungen und Träumen als ‚Produkte', in denen etwas fassbar wird, und die damit erzeugte Verwandtschaft der Topoi erstaunt zunächst, es wird durch sie aber ein ähnliches ontologisch-topologisches Problem erkennbar wie das der Übertragung: etwas an sich Unvermitteltes, ‚Inneres' muss Wahrnehmung abgeben, um seine Struktur

84 Iser: *Das Fiktive und das Imaginäre*, S. 22.

85 Schulte: *Identität als Experiment*, S. 93.

86 Iser: *Das Fiktive und das Imaginäre*, S. 18.

87 Schulte: *Identität als Experiment*, S. 106.

88 Iser: *Das Fiktive und das Imaginäre*, S. 292–411.

89 Ebd., S. 292.

90 Vgl. ebd., bes. S. 316–330. „[D]ie Phantasie hat im Laufe ihrer historischen Entfaltung sehr unterschiedliche und bisweilen schwer miteinander vereinbare Diskurse hervorgetrieben, wie etwa den der Fundierung, den der *ars combinatoria* und den des Vermögens." (Ebd., S. 292.) Mit dem Begriff des Vermögens ist einerseits der des ökonomischen Guthabens aufgerufen, was erneut auf das Bild des gefüllten Gefäßes im Unterschied zum leeren verweist. Gleichzeitig kann Vermögen mit Stefan Hölscher „im Sinne Spinozas nicht als *potestas*, sondern als *potentia*, als zunächst unbestimmtes Vermögen, Kräfte entfalten zu können und damit als Voraussetzung jeder Form von *Praxis*" (Stefan Hölscher: *Vermögende Körper. Zeitgenössischer Tanz zwischen Ästhetik und Biopolitik anhand von Parabeln zu Saša Asentić, Jérôme Bel, Mette Ingvartsen / Jefta van Dinther, Ivana Müller und Yvonne Rainer*. Bielefeld: Transcript 2015, S. 15) verstanden werden, quasi erst einmal als Vermögen zum Vermögen, als Potentialität. Ein Link zu Jacques Rancière sei mit Hölscher hiermit zudem vorgenommen, der im späteren Verlauf dieser Arbeit noch wichtig werden wird, nämlich das potentiell gemeinschaftlich geteilte Denkvermögen der Menschen, das eben nicht nur in ‚vollen Gefäßen', sondern in allen vorausgesetzt wird. Für die Übertragung wird dies im Kontext von Plätzen und Funktionen bedeutsam, auf die Subjekte trotz des als gemeinsam angenommenen Potentials versetzt werden: „[D]ie philosophische Frage nach den Grenzen, die zu ziehen sind, um das gemeinsame Denkvermögen zu bestimmen, wurde mit der politischen Frage nach der Gemeinschaft verbunden, das heißt mit der Frage nach dem Verhältnis zwischen dem gemeinsamen Vermögen der Gemeinschaft und der Verteilung der Körper auf Plätze und Funktionen." (Jacques Rancière / Monica Costa Netto: Politik der Schrift. In: Jacques Rancière: *Und die Müden haben Pech gehabt! – Interviews 1976–1999*. Wien: Passagen 2012, S. 67–82, hier S. 68.)

91 Iser: *Das Fiktive und das Imaginäre*, S. 315.

bestimmbar zu machen. Daher braucht es den Akt, wenn es mitgeteilt, kommuniziert, ver-äußert werden will.

Isers Imaginäres kommt also nie zu Darstellung und Bestimmung ohne den Zugriff der anderen ‚Register', um einen Lacanschen Begriff zu verwenden; es gibt keinen Zugriff auf es ohne das Fingieren, das sich als materielle Handlung äußert. Bei Lacan ist das Imaginäre hingegen das Register, das mit dem „Bereich des Bildes und der Vorstellung, der Täuschung und Enttäuschung"[92] gekoppelt ist, also gerade über dargestellte, erscheinende Phänomene wirkt. Üblicherweise wird zu seiner Erklärung daher auch das Spiegelstadium angeführt, wo sich Identifikation und Entfremdung über die Beziehung zum eigenen Abbild *bild*en. Insofern hat Isers Imaginäres von seinem Charakter her mehr gemeinsam mit Lacans Realem, das ja zu allermeist gerade durch seine nicht-symbolische und nicht-imaginäre Erfassbarkeit – also seinen Mangel an Bestimmbarkeit – ausgezeichnet wird, gerade auch in seiner unbestimmbaren Materialität, die nicht in Funktion[93] zu bringen ist. Isers Reales wiederum bezeichnet hingegen gerade bestimmbare Realität im Sinne von phänomenaler Wirklichkeit, die wahrgenommen, wiederholt und damit zum Zeichen werden kann.

Der Akt des Fingierens gilt bei Iser daher als Akt des zur-Darstellung-Bringens, der Abgabe von Wahrnehmung (und genauer: als Produktion von Sprache eines fiktionalen Textes, da Iser ja vornehmlich Literaturtheorie betreibt[94]). Dabei steht diese ‚Schöpfung' in einem Zusammenhang mit mimetischen Praxen des Darstellens, indem „im Fingieren wiederholte Realität zum Zeichen [wird]"[95]. Als Verbindung imaginärer und realer Anteile bringt das Iser'sche Fiktive also Unbestimmtes in Zusammenhang mit Bestimmtem, da das Reale ihm als „außertextuelle Welt"[96] gilt, aus der sich das Fingieren als Bezugssystem bedient und die ihm vorläufig ist. Dieses Fingieren schöpft also immer auch aus einer „Weltzuwendung"[97] und nie nur aus unbestimmten, ‚subjektiven Innenwelten'. Im Hinblick auf den Freud'schen Wiederholungszwang wäre der ‚einfachen' Wieder-Holung ein setzender Akt, nämlich der der Symbolisierung, anbeigestellt – wobei zu beachten ist, dass Isers wiederholte Realität eben als eine dem

92 Evans: *Wörterbuch*, S. 146.

93 „Diese Konnotationen der Materie verknüpfen auch den Begriff des Realen mit dem Bereich der Biologie und mit dem Körper in seiner rohen physischen Erscheinung (als Gegensatz zu den imaginären und symbolischen Funktionen des Körpers). So ist beispielsweise der reale Vater der biologische Vater; und der reale Phallus ist der physische Penis als Gegensatz zu den symbolischen und imaginären Funktionen dieses Organs." (Ebd., S. 251.)

94 Schulte schlägt daher unter Bezugnahme auf Kristeva, Derrida, Barthes und russische Semiotiker einen „erweiterten Textbegriff" vor, um Isers Modell auch auf nicht-literarische Praxen beziehen zu dürfen – das Modell der Kultur als Text. Vgl. Schulte: *Identität als Experiment*, S. 104.

95 Iser: *Das Fiktive und das Imaginäre*, S. 21.

96 Ebd., S. 20. Diese außertextuelle Welt ist sehr großzügig gefasst als „Vielfalt der Diskurse", auf die die Textproduktion sich beziehen kann, als „Sinnsysteme, soziale Systeme, Weltbilder genauso [...] wie etwa andere Texte, in denen eine je spezifische Organisation bzw. Interpretation von Wirklichkeit geleistet ist." (Ebd.) Diese Bestimmung bildet den größten Unterschied zu Lacans Triade, indem ‚Reales' hier immer schon als kulturell zugerichtete Textur begriffen wird, eigentlich also immer schon als Zeichen, die dann durch den Akt des Fingierens (Selektion, Kombination, Entblößung) zu ‚neuen' Zeichen werden.

97 Ebd., S. 20.

Subjekt äußerliche gedacht ist. Mit diesen Ansätzen Isers kündigt sich aber auch schon die Tragweite materieller Handlungen von ideologisierten Subjekten nach Althusser an, indem sie ebenfalls *„eine ‚Vorstellung' des imaginären Verhältnisses der Individuen zu ihren realen Existenzbedingungen“*[98] ausagieren; vom Fingieren als Praxis, die einen Weltbezug äußert, scheint also ein Weg in Handlungssysteme zu führen, die Plätze und Funktionen zuweisen.

Mit Isers fingierendem Akt wird auch die Frage nach der *Intention* relevant, wie auch Miriam Dreysse reflektiert, die besonders auf die Sprachlichkeit der im Fingieren erzeugten ‚Welt' abhebt. Ähnlich wie Lacan in seinen Sätzen zur Fiktion geht sie zunächst auf das Verb des Fingierens ein, um dabei auf die Intentionalität der Schöpfung zu verweisen:

> Der Begriff der Fiktion oder Fiktionalität kommt von lateinisch *fingere*, das ursprünglich bilden, formen, gestalten meint, sich also auf einen intentionalen Akt des Formgebens bezieht. Die weitere Bedeutung des lateinischen Verbs ist erdichten, vortäuschen, weshalb unter Fiktion allgemein eine erfundene, vornehmlich sprachlich erzeugte Welt verstanden wird. In einer solch fiktional erzeugten Welt sind Kategorien wie wahr und falsch außer Kraft gesetzt.[99]

Außer Kraft gesetzt sind in einer solchen fingierten Welt dann eben auch solche Gesetze, die etwa vom Sprechen mit Häusern abraten, bzw. es werden neue Gesetze, Logiken, Wissen geschaffen, die, auch aufgrund der Weltzuwendung, mit dem ‚Leben' unter Umständen kollidieren. Mit der Intentionalität des Fingierens kommt im Bezug auf das Iser'sche Imaginäre noch ein weiteres Bestimmungsmerkmal hinzu, denn „dem Imaginären eignet keine Intentionalität, vielmehr wird es erst mit einer solchen durch die jeweils erfolgte Inanspruchnahme aufgeladen.“[100] Intentionalität des Imaginären könnte also ebenso als retroaktiv bezeichnet werden, und offenbar wird aus der Intentionalität des Fingierens auf sie rückgeschlossen.

Wenn nun ein *Fingieren der Übertragung* als Praxis der Unterstellung und ihrer Manifestation *in actu* behauptet werden soll, ist die Frage nach der Intention noch einmal explizit zu stellen. Kann im begehrenden Sehen überhaupt eine Intention vermutet werden – hat also Begehren eine Intention? Und muss eine Intention immer bewusst sein? Wenn Iser über die intentionalen Akte des Fingierens schreibt, dass „ihre Funktionen bestimmbar sind“[101], heißt das, dass sie schon von vornherein im Dienste bestimmter Funktionen stehen, oder sind diese Funktionen ebenso retroaktiv zu bestimmen? Wissen die, die fiktionale Texte schreiben, etwa immer schon genau, was sie tun; kann das Subjekt fingieren, ‚selbst wenn das Subjekt es nicht weiß' (nach Lacan, s. o.)? Und ist die Frage, ob das Fingieren bewusst oder unbewusst geschieht, eigentlich überhaupt relevant und weiterführend? Für die Fiktion der Übertragung scheint bis hier eher keine bestimmbare, bewusste Intention als Auslöser zu dienen, wie etwa die,

98 Althusser: Ideologie und ideologische Staatsapparate, S. 133.

99 Miriam Dreysse: Die Aufführung beginnt jetzt. Zum Verhältnis von Realität und Fiktion. In: Dies. / Malzacher (Hrsg.): *Experten des Alltags*, S. 76–97, hier S. 85.

100 Iser: *Das Fiktive und das Imaginäre*, S. 377.

101 Ebd., S. 24.

übertragend einen Raum für die Setzungen des Begehrens schaffen zu wollen. Jedoch regt sich der Verdacht, dass eine *unbewusste Intention* des agalmatischen Zugriffs Übertragung zu einer subjektkonstituierenden Setzung macht – obgleich gerade das Unbewusste traditionell als der ent-setzende Teil des bewussten Subjekts gilt. Doch wenn nach Lacan gerade die Krea(k)tion abseits des bewussten, intentionalen Denkens der Ort ist, wo „je suis",[102] kann von einer subjektiven Setzung ausgegangen werden, von der eben erst einmal nichts zu wissen und nichts zu denken ist und die der Grund zur Annahme eines gespaltenen Subjekts ist. Und hier wiederum erklärt sich, warum *Übertragung als Setzung der unbewussten Intention* Hauptgegenstand der Psychoanalyse ist, um diese Setzungen eben zur Wahrnehmung und schließlich zur Sprache zu bringen.

Wenn also Übertragung als Agieren gegen desintegrativen Raum[103] und als ‚Mut zur subjektiven Setzung' angenommen wird, ist ihr etwas ursprünglich zunächst unbewusst Subjektversicherndes zuzuschreiben, da sie einen aneignenden Prozess im Weltbezug darstellt, der aber eben auf der Möglichkeit einer basalen Leerstelle fußt, um die herum sich Übertragungspraxen anreichern. Der Akt des Fingierens in Übertragung wäre dann als unbestimmt im Sinne von unbewusst intentional zu klassifizieren, wie die Ausführungen zu *agalma* und zum Begehren nahelegen; das Subjekt fingiert begehrend zwar intentional, nämlich letztlich sich selbst aufwerten wollend,[104] aber eben nicht bewusst. Daher kann Sokrates die ihm zugeschriebene Deutung des Alkibiades vornehmen, nämlich dass dessen Sprechen sich intentional auf den Dritten, Agathon, richtet, bzw. auf die Störung der Beziehung zwischen Sokrates und ihm: eine Intention, selbst, wenn Alkibiades von ihr nichts weiß. Was aber bewusst intentional (gemacht) werden kann, ist offenbar das Experimentieren mit diesem Übertragungs-Fingieren, wie in der Psychoanalyse und anderen experimentellen Modellen. Diese können ihrerseits mit bewussten fiktionalen Setzungen arbeiten, um die Struktur auszustellen und an ihr zu arbeiten.

102 Vgl.: „[J]e pense où je ne suis pas, donc je suis où je ne pense pas. [...] Ce qu'il faut dire, c'est : je ne suis pas, là où je suis le jouet de ma pensée; je pense à ce que je suis, là où je ne pense pas penser." (Jacques Lacan: L'instance de la lettre dans l'inconscient ou la raison depuis Freud. In: Ders.: *Ecrits I*, S. 490–526, hier S. 515.) / „Ich denke, wo ich nicht bin, also bin ich, wo ich nicht denke. [...] Man muß sagen, ich bin nicht, da wo ich das Spielzeug meines Denkens bin; ich denke an das, was ich bin, da wo ich nicht zu denken denke." (Jacques Lacan: Das Drängen des Buchstabens im Unbewussten oder die Vernunft seit Freud. In: Ders.: *Schriften II*, ausg. u. hrsg. v. Norbert Haas. Freiburg / Olten: Quadriga 1986, S. 15–55, hier S. 43.)

103 Was bei Ende und Heinlein / Žižek die Leeren tun, leistet für Siegmund das Gespenst als „Ding, das vom Zusammenbruch meiner und jeder Welt handelt, um zu zeigen, aus was Welt gemacht wird. Es taucht dann auf, wenn das Subjekt und seine Welt desintegrieren." (Siegmund: Gespenster-Ethik, S. 150.) Desintegrieren können Subjekte und Welt sowohl als Raum als auch als Zeit, siehe „The time is out of joint" für die Subjekte in *Hamlet* ...

104 Besonders diesbezüglich wird Schultes Lesart von Iser interessant, da sie den Fokus auf Fiktionen der Identität richtet. Fiktion kann als „stabilisierende Illusion" (Schulte: *Identität als Experiment*, S. 100) gelten, solange sie sich nicht selbst in ihrem Status als solche zur Sprache bringt (oder eben durch solche sokratisch-skeptische Interventionen ent-setzt wird) – Isers fingierender Akt der Entblößung gilt Schulte daher eigentlich schon als Arbeiten an der Fiktion.

Der Begriff der Fiktion betont also vor allem noch einmal das krea(k)tive Potential begehrenden Sehens als wirksames Fingieren *in actu*. Im Hinblick auf das *s.s.s.* bedeutet dies besonders, den Akt zu untersuchen, in dem sich agalmatisches Sehen manifestiert, welches gerade da, wo angeblich nichts sei, etwas sieht. Dieses Sehen richtet sich jedoch hier auf ein Subjekt, der fingierende Akt ist im Falle des *s.s.s.* also intersubjektiv verstrickt. Damit ist immer auch die Dimension der Verkörperung, oder im Französischen ‚incarnation', aufgerufen, wie im Folgenden zu sehen ist.

***Funktion:* s.s.s. *als Verkörperung aus dem Nichts***

Wenn dieses relativ abstrakt anmutende Denken das ‚Fingieren gegen eine Leere' und Bestimm- und Unbestimmbarkeiten zwischen Fiktivem, Imaginärem und Realem zum Thema hat, stellt die Übertragungsstruktur eine Perspektive dar, aus der heraus besonders auch materielle Körperlichkeit immer wieder hervorgehoben werden muss. Sie kann nicht als ‚theoretisch verwässerbar' gelten, wie Lacan nicht zuletzt mit seinen Hinweisen auf *Erfahrung* im Blick zu behalten sucht. Daher ist auch sein Gebrauch der Verkörperungsformel für das *s.s.s.*, die Funktion, die „sich in irgend jemand, Analytiker oder nicht, verkörpert,“ [105] besonders hervorzuheben. Der Ort der Hinwendung ans *s.s.s.* wird so mit dem materiell konnotierten Verkörpern in direkter Folge verknüpft. Auch für Žižek führt der begehrende Blick in einen materiellen Raum des „Lebens und Handelns“:

> Das Begehren ‚hebt an', wenn ‚Etwas' (seine Objekt-Ursache) sein ‚Nichts', seine Leere verkörpert, ihm eine positive Existenz verleiht: Dieses ‚Etwas' ist das anamorphotische Objekt, ein bloßer Schein, den wir nur ‚von der Seite her betrachtet' deutlich wahrnehmen können. [... E]s trifft zu, daß die Objekt-Ursache des Begehrens ein bloßer Schein ist, aber nichtsdestotrotz löst sie eine ganze Kette von Konsequenzen aus, die unser ‚materielles', ‚effektives' Leben und Handeln bestimmen.[106]

Das scheinende *agalma*, das (in jemand) gesehen wird, d.h.: sich verkörpert, ist also besonders auch in seiner *Funktion* als Auslöser einer Kette von Konsequenzen zu sehen, die die ‚stoffliche Welt' (nach Huizinga) betreffen, auch wenn das *blepein* zunächst in eine ‚zweite' Welt blickt.[107] Die Dimension der Verkörperung ist also nicht nur phantasmatisch oder imaginär zu denken; im *s.s.s.* erstreckt sie sich vom wertvollen Objekt, das begehrend innerhalb gesehen wird, auch auf seine Hülle – sei sie kontrastierend oder nicht. Das wesentlich schöpferische Element der Übertragung befeuert also weiterhin den Diskurs um Unterstellung, *blepein* und Phantasma, gleichzeitig bleibt mit dem *s.s.s.* aber der Begriff der Verkörperung grundlegend gesetzt, der Fiktionales stets rückbindet an anwesende Körper und damit ein intersubjektives Spiel von Nichts-Sein und Alles-Sein-Können im Umgang miteinander wirksam macht. Das Lacan'sche Reale wäre damit also ein Faktor, der aus der Übertragung nicht weg zu reduzieren ist

105 Lacan: *Vier Grundbegriffe*, S. 244–245. / „Chaque fois que cette fonction peut être, pour le sujet, incarnée dans qui que ce soit, analyste ou pas, il résulte de la définition que je viens de vous donner que le transfert est d'ores et déjà fondé.“ (Lacan: *Quatre concepts*, S. 258.)

106 Žižek: *Mehr-Genießen*, S. 22.

107 Vgl. Huizinga: *Homo Ludens*, S. 12.

und sich so vielleicht auch als ein weiterer Träger des *Mehr* erweist, das ,nicht aufgeht', im Sinne dessen, was nach Lacan „nicht geht": „Das ist der Unterschied zwischen dem, was geht, und dem, was nicht geht. Das, was geht, ist die Welt. Das Reale ist das, was nicht geht. Die Welt läuft, sie dreht sich rund, das ist ihre Funktion als Welt."[108]

Sogar die Welt existiert also in Funktion; ein zentraler Punkt ist bei *Verkörperung* also immer auch der der *Funktion*, denn nach Lacan ist es eine ebensolche, die sich verkörpert. So befindet sich diese Verkörperung immer in einem Spannungsfeld zwischen ihren realen, imaginären und symbolischen Anteilen – und hier wäre wohl auch der Ansatzpunkt für ,experimentelle Umgangsarten' zu suchen. Für die Übertragung erweist sich der Begriff der *Funktion*, den auch Gondek in Bezug auf Übertragungsphänomene der Psychoanalyse betont, als wesentlich. Denn Übertragung heißt maßgeblich *in Beziehung/in Relation sein*, wobei die Präsenz der analysierenden Position eben als Bezugsgröße und Funktionsträger[109] zu verstehen ist. Der Begriff der Funktion dient also stets auch dazu, von der persönlichen, subjektiven Identität der Personen abzusehen und intersubjektive Strukturen zu benennen.

Lacans immer wieder vollzogene Sprünge in algebraische Formulierungen erklären sich ebenfalls aus diesem Anspruch, Strukturen anstatt individuelle, persönliche Phänomene darstellen zu wollen. So ist die dominante, mathematische Bedeutung des Funktionsbegriffs für Lacan insofern zuträglich, als dass sich darin eine „bestimmte konstante Beziehung" ausdrückt.[110] Ob für intersubjektive Funktionen gilt, dass sie stets konstant sind, wäre allerdings zu hinterfragen – jedoch ist die Beziehung, die sich in der Funktion etabliert, für den relevanten Moment tragfähig. Zentral wird mit dem *s.s.s.* also zunächst die *Funktion*, in die ein Gegenüber durch Unterstellung gebracht wird, ein Platz, auf den es gesetzt wird, und damit eröffnet sich das zentrale Charakteristikum der Übertragungsstruktur und ihrer Wirkung. Schon in den Wertediskursen um *agalma* kann damit die Unterstellung als Vorgang bezeichnet werden, jemand (oder etwas) in eine Funktion für das übertragende Subjekt zu bringen, mit der dann z. B. experimentell umgegangen werden kann. Mit dem *s.s.s.* kann Übertragung

108 Lacan: Triumph der Religion, S. 66.

109 „Der Terminus ,Subjekt, dem Wissen unterstellt wird' bezeichnet nicht den Analytiker selbst, sondern eine Funktion, die der Analytiker in der Kur übernehmen kann. Erst wenn der Analytiker vom Analysanden in diesem Sinne als Funktionsträger wahrgenommen wird, kann davon ausgegangen werden, daß die Übertragung hergestellt wurde." (Evans: *Wörterbuch*, S. 294.)

110 Lacan verfolgt die Definition der Funktion als Relation zuerst in der „Einleitung in das Werk von Marcel Mauss" (Claude Lévi-Strauss: Einleitung in das Werk von Marcel Mauss (1950). In: Marcel Mauss: *Soziologie und Anthropologie*, Bd. 1. Frankfurt am Main: Ullstein 1978, S. 7–41, hier S. 29), vgl. Rolf Nemitz: http://lacan-entziffern.de/ (Zugriff am 06.07.2014). Hier das volle Zitat: „Der Ausdruck y = f(x), y ist eine Funktion von x, meint, dass es zwischen zwei Wertebereichen, dem der x-Werte und dem der y-Werte, eine bestimmte konstante Beziehung gibt. Die symbolische Funktion besteht demnach darin, dass zwischen verschiedenen Wirklichkeitsbereichen, etwa zwischen den Verwandtschaftsverhältnissen und den Wohnweisen, eine konstante Relation bestimmter Art herrscht und dass diese Beziehung durch das Symbolische hergestellt wird." (http://lacan-entziffern.de/unbewusstes/das-unbewusste-ist-strukturiert-wie-eine-sprache/#back_ajs-fn-id_3-1924 (Zugriff am 06.07.2014).) Wie Nemitz zeigt, destilliert Lacan seine berühmte Aussage „L'inconscient est structuré comme un langage" aus Levi-Strauss' Aufsatz „Die Wirksamkeit der Symbole" von 1949, vgl. Claude Lévi-Strauss: Die Wirksamkeit der Symbole. In: Ders.: *Strukturale Anthropologie*. Frankfurt am Main: Suhrkamp 1967, S. 204–225.

also als Auftritt der Verkörperung einer Funktion, also Auftritt einer *verkörperten Funktion im Raum der Übertragung* verstanden werden. Diese Verkörperung bezieht ihre Funktion dort aus einer Stellung des Besser-Wissens, so dass deren Konsultation lohnenswert erscheint. Dabei ist maßgeblich, wie diese Verkörperung von einem Gegenüber bewertet wird, dass sie von einer Position außerhalb dieser Verkörperung quasi ‚aus dem Nichts' erschaffen wird.
Was allerdings bei Lacan der mathematisch-abstrahierenden Lesart gegenüber auch noch einmal besonders deutlich wird, ist die stets topologische und damit räumliche Konnotation der orientierenden Wendung an das *s.s.s.* von einer bestimmten Position aus und gleichzeitig die körperliche Präsenz, die *incarnation*, als tatsächlich lebendiger, fleischlich-leiblicher Körperzusammenhang der Übertragung für das Subjekt, dem unterstellt wird. Diese Inkarnation bezieht ihre Spezifik nun aus einem elementaren Widerspruch: einerseits ist sie nachweislich wirksam präsent, andererseits doch ganz phantasmatisch aufgeladen und anscheinend insofern von ihrem Wesen her abwesend, da im Bereich des Subjektiv-Imaginären verbleibend. Das *s.s.s.* verkörpert sich ‚objektiv betrachtet' willkürlich, überraschend und grundlos, und nur im anteilnehmenden, ‚schiefen Blick', jedenfalls aber in Abwesenheit des Wissens, das vermutet wird. Trotzdem wird dieses ‚nur' unterstellte Wissen tragfähig und zur Voraussetzung für das Funktionieren des *s.s.s.* und seine verkörperten Konsequenzen. Das *s.s.s.* fungiert so als fleischgewordene Leerstelle, die zur Anfüllung durch Unterstellung einlädt, als Abwesenheit, die notwendig ist, um produktiv zu verkörpern, als Phantasma, das als Voraussetzung die Leerstelle braucht, nämlich Raum, um zu entstehen.
Über den Begriff der *incarnation* wäre eigentlich noch viel mehr zu sagen, ist er doch mutmaßlich in seinem theologischen Bedeutungshorizont von Lacan nicht zufällig gewählt. Mit ihm eröffnet er den Horizont des ‚Glaubens' und damit die Frage, ob etwa eine solche, wirksame Unterstellung in der Übertragung auch als Glaube bezeichnet werden könnte, da Glauben sich als Phänomen erweist, das eine agalmatische Grundstruktur besitzt. In verschiedensten Glaubensrichtungen spielt gerade die Idee der Inkarnation und also der menschliche Körper im signifikanten Verhältnis zum Glauben eine zentrale Rolle, besonders wo sich abstrakter ‚heiliger Geist' an konkrete Körper bindet. Immer wieder ist es z. B. wichtig, auch Subjekte zu fingieren, Heilige, Märtyrer, Propheten etc. …, an die sich leiblich gewandt werden kann. Die Verkörperung in Übertragung verlangt also nochmal eine andere Betrachtung als die des agalmatischen *Silen*-Objekts mit wertvollem Inhalt, das eben kein lebendiger Leib ist. Ein Subjekt lässt sich nicht ohne weiteres als Objekt behandeln und nach Belieben aufklappen. Es kann und wird sich zur Unterstellung verhalten.
Mit seiner späteren Übertragungstheorie und im Kontext des mutmaßlich wissenden Subjekts prägt Lacan also stark die beiden Begriffe *Fiktion* und *Funktion*, die zentrale aber unterschiedliche Vorgänge der Übertragung erfassen. *Fiktion* zeigt an, inwiefern Anteile im Übertragen erschaffen werden, die zwar imaginiert sind und ‚aus dem Nichts' kommen, dennoch aber im Weltbezug den intersubjektiven Rapport und die Handlung beeinflussen. Übertragung selbst bekommt so mehr einen prozesshaften Status als den eines Zustandes. *Funktion* ist der Platz, auf den das Gegenüber jeweils versetzt wird, insofern es nicht als Person angesprochen ist, sondern als in

einer (unterstellten) Beziehung stehend. Dabei stellt sich die Frage, ob dann Jemand-*in-Funktion*-Behandeln das Äquivalent dazu ist, jemand *als Objekt* zu behandeln, jedoch bei beibehaltener Anerkennung des Subjektstatus derer, an die man sich wendet (Fetisch-Subjekt)? Umgekehrt ist aber auch nach der Behandlung zu fragen, die sich vom Platz des *s.s.s.* her auf das unterstellende Subjekt richtet – dabei wird der Fall in den Geltungsbereich der Gesetze des *s.s.s.* zentral, und dies wäre auch der Punkt, wo die Angelegenheit politisch, gesellschaftlich, sozial brisant wird.

### Funktion und symbolische Macht

Für Lacan liegt es, wie schon einleitend betont, nahe, an die konkreten Fragen nach dem *s.s.s.* zunächst über seine Erfahrung als Psychoanalytiker heranzugehen, da er sich als solcher eben auf den Platz des *s.s.s.* versetzt sieht. Dabei ist noch einmal Genaueres über dieses Wissen, mit dem das *s.s.s* konfrontiert wird, zu erfahren, und zwar erneut über Topologien von Innen und Außen und Gegen-über; ein Wissen wird im Gegenüber entworfen, welches schließlich das unterstellende Subjekt rück-betrifft, nämlich als Antwort auf die Suche nach dem eigenen inneren Guthaben (Vermögen?) und dem Bewusst-Sein darüber. Die bereits erwähnte, bewegliche Bedeutung als das, was das *s.s.s.* wissen soll, wird so letztlich als ein Wissen über das eigene, ‚intime Gut-haben' perspektiviert. Unterstelltes *agalma*, an dem sich zu bereichern möglich erscheint, verrät sich in dieser Denkart maßgeblich als Mangel an und Suche nach eigenem inneren *agalma*, als die Frage nach dessen Besitz und die Motivation, den ‚Umweg' über das wertvolle Gegenüber zu gehen. Die Funktionalisierung des Gegenübers betont den katalytischen Charakter der übertragenden Unterstellung, d. h. die Unterstellung führt überhaupt erst zur Hinwendung, bringt die Konstellation in Gang, lässt Subjekte ‚before we start' in eine Funktion eintreten, in der sich etwas bewegt, verändert, abspielt.

Nachträgliches und Vorträgliches scheinen sich im Hinblick auf die Phänomenologie der Übertragung jedoch zu vermischen. Einerseits führt erst die Anlage zur Übertragung das suchende Subjekt überhaupt zu einem Gegenüber, andererseits diagnostizieren Žižek oder Evans die Nachträglichkeit der Bedeutungen des Begehrens:

> Mit anderen Worten: Dem Analytiker wird oft unterstellt, den geheimen Sinn in den Worten des Analysanden zu kennen, diejenigen Bedeutungen des Sprechens, die auch der Sprechende nicht kennt. Diese Unterstellung allein (die Unterstellung, daß der Analytiker jemand ist, der weiß) verleiht ansonsten unbedeutenden Details (zufällige Gesten, doppeldeutige Bemerkungen) in den Augen des Patienten, der unterstellt, nachträglich eine besondere Bedeutung.[111]

Letztlich erscheint die Lacansche Übertragungsstruktur aber zu jedem Zeitpunkt von einer Art subjektivem Profitbestreben geprägt, mit dessen Manifestation *in actu* offenbar besonders das *s.s.s.* konfrontiert wird. Es wird unter Umständen von einer Unterstellung angegangen, von der es fraglich ist, ob es sich von ihr ‚pleinement investi'[112]

111 Evans: *Wörterbuch*, S. 294.

112 „Qui, de ce sujet supposé savoir, peut se sentir pleinement investi?" (Lacan: *Quatre concepts*, S. 258.) / „Wer vermöchte sich voll besetzt zu fühlen von diesem Subjekt das wissen soll?" (Lacan: *Vier Grundbegriffe*, S. 244.)

fühlt. Die entgegengebrachte Unterstellung ist mit der Wahrnehmung des jeweils eigenen ‚Vermögens' also nicht unbedingt deckungsgleich und hält die Konstellation so in einem Spannungsverhältnis von Investition und Entzug, Soll und Haben, den erwähnten leeren und vollen Gefäßen.

Interessant ist die anscheinende Widersprüchlichkeit, die zwischen der Suche nach ganz persönlichem Vermögen und der intersubjektiven Relation als Relation von Funktionen besteht. In der Psychoanalyse ist zumeist von der Konstellation zwischen ‚Analysand' und ‚Analytiker' die Rede, und diese sprechen einander als solche, also funktionalisiert an.[113] Im Vorgriff auf Thematiken, die im Rahmen der *Interpellation* noch zentral werden, stellt sich die Frage nach dem Abstand zwischen persönlich-Angesprochen-Fühlen und in-Funktion-Angesprochen-Werden: ein produktives Missverständnis.

Lacan betont dabei, dass die Positionen der Übertragung ebenso auf einem Missverständnis beruhen. Die Vokabel des ‚Platzes', die Lacan auch häufig verwendet und die eng mit der der Funktion verknüpft ist, verdeutlicht dabei noch einmal die Relationalität und Funktionalität der Konstellation, die durch das konstitutive Missverständnis charakterisiert ist:

> Comment situer ce que doit être la place de l'analyste dans le transfert ? – au double sens où je vous ai dit la dernière fois qu'il faut situer cette place – où l'analysé situe-t-il l'analyste ? – où l'analyste doit-il être pour lui convenablement répondre? Cette relation – que l'on appelle souvent une situation, comme si la situation de départ était constitutive – cette relation, ou cette situation, ne peut s'engager que sur le malentendu. Il n'y a pas coïncidence entre ce qu'est l'analyste pour l'analysé au départ de l'analyse, et ce que l'analyse du transfert nous permettra de dévoiler quant à ce qui est impliqué, non pas immédiatement, mais impliqué vraiment, par le fait qu'un sujet s'engage dans cette aventure, qu'il ne connaît pas, de l'analyse.[114]

> Wie situieren, was der Platz des Analytikers in der Übertragung sein muß? In dem doppelten Sinne, in dem ich es das letzte Mal gesagt habe, wie man diesen Platz situieren muß – in dem der Analysierte den Analytiker situiert? – in dem es der Analytiker sein muß, um auf passende Weise auf ihn zu antworten? Diese Relation – die man häufig eine Situation nennt, als ob die Ausgangssituation konstitutiv wäre – diese Relation oder diese Situation kann nur über das Mißverständnis eingegangen werden. Es gibt keine Koinzidenz zwischen dem, was der Analytiker für den Analysierten zu Beginn der Analyse ist, und dem, was die Analyse der Übertragung uns hinsichtlich dessen zu enthüllen erlauben wird, was durch die Tatsache, daß ein Subjekt sich auf dieses Abenteuer der Analyse einläßt, das es nicht kennt, impliziert ist, nicht unmittelbar, aber wahrlich impliziert ist.[115]

113 Hierin sieht Widmer z.B. einen Unterschied zwischen Übertragung des Analytikers und dessen Gegenübertragung: „Gewöhnlich betont man die Beziehung des Analysanden zum Analytiker, zum ‚sujet-supposé-savoir', zum Subjekt, dem Wissen unterstellt wird [...]. Dabei bleibt der andere Aspekt, die Übertragung des Analytikers auf den Analysanden, oft unberücksichtigt. Diese Übertragung – nicht zu verwechseln mit der Gegenübertragung, die den analytischen Vorgang stört – richtet sich nicht an diesen oder jenen Patienten, an dessen Besonderheiten, sondern an irgendeinen Patienten, der als solcher anerkannt wird und von dem der Analytiker annimmt, dass dessen Sprechen ihn interessiert. Sie steht mit dem Bezug des Analytikers zur Psychoanalyse im Zusammenhang, den er durch seine Arbeit mit Analysanden und durch die theoretische Strukturierung aufrechterhält." (Widmer: *Subversion*, S. 167–168.) Gegenübertragung wäre im Rückschluss dazu dann die Übertragung, die sich an die Person der jeweiligen Analysanden und Analysandinnen richtete.

114 Lacan: *Transfert*, S. 389.

115 Lacan: *Übertragung*, S. 403.

Es ruft sich dabei die Lacansche Subjekttheorie ins Gedächtnis, in der die Subjektkonstitution gerade über das Spiegelbild als konstitutive Selbstverkennung („méconnaissances constitutives“[116]) in Funktion tritt und über Wirkungen des Symbolischen verläuft, nämlich den Platz und die Funktion des Anderen.[117]

Neben dem konstruktiven Verkennen bekommt der intersubjektive Rapport der Psychoanalyse jedoch auch auf eine wesentliche Weise mit dem Idealich zu tun, das die Institutionalisierung der Analytiker_in mit einschließt, wie Lacan betont und damit eine dritte Komponente benennt, die den Rapport beeinflusst, nämlich die „analytische Masse“ als Kontext, die das analytische Sprechen legitimiert.[118] Diese analytische Masse konstruiert die Position des ‚Analytikers‘ und sein Antworten auf die Hinwendung maßgeblich mit. Lacan mahnt daher an, auf das zu achten, was „die Reinheit der Position des Analytikers gegenüber demjenigen, für den er der Verantwortliche ist, seinem Analysierten [...] verfälscht“, da sich ‚der Analytiker‘ durch die Effekte bestimmt „die aus der analytischen Masse, ich meine, der Masse der Analytiker, resultieren.“[119]

Lacans *Symbolische Ordnung* trifft hier auf Pierre Bourdieus *Pouvoir Symbolique.* Wenn Evans schreibt, dass „für das Symbolische eine Dreierstruktur [gilt], da die intersubjektive Beziehung stets durch eine dritte Größe, den großen Anderen, ‚vermittelt‘ ist“[120], wird weiterhin klar, dass die großen Anderen in einer Struktur der Symbolischen Macht nach Bourdieu funktionieren, die besonders im Hinblick auf die Frage der Hinwendung (ans Theater) zu verhandeln ist. Zunächst lenkt diese Dreierstruktur also den Blick auf Repräsentationsstrukturen der Funktionen und Institutionen, in denen die Anderen stehen. Für das Theater spitzt André Eiermann diesen Umstand zu, indem er

116 Lacan: Stade miroir, S. 98.

117 So steht für Lacan die Beziehung zum Realen besonders in Bezug zu Plätzen, über die Subjekte es sich zu erklären versuchen: „Der Sinn, den der Mensch immer dem Realen gegeben hat, ist der Folgende – es ist etwas, das man immer am selben Platz wiederfindet, ob man nun nicht dagewesen ist oder ob man dagewesen ist. Es hat sich vielleicht bewegt, dieses Reale, aber wenn es sich bewegt hat, dann sucht man es anderswo, man sucht, warum man es verrückt hat, man sagt sich auch, daß es sich manchmal aus eigenem Antrieb bewegt hat. Aber es ist doch immer an seinem Platz, ob wir da sind oder ob wir nicht da sind. Und unsere eigenen Ortsveränderungen haben, von Ausnahmen abgesehen, keinen wirksamen Einfluß auf diesen Platzwechsel.“ (Jacques Lacan: *Seminar II: Das Ich in der Theorie Freuds und in der Technik der Psychoanalyse*, aus d. Frz. v. Hans-Joachim Metzger. Olten / Freiburg: Walter 1980, S. 376.) Dies wird als dem Realen zugeschriebene *Funktion* (ebd.) entlarvt, die exakten Wissenschaften gehen davon im Sinne der Präsenz ihrer Forschungsgegenstände aus.

118 „On a dit, et très tôt – l’analyste prend pour l’analysé la place de son idéal du moi. C’est vrai et c’est faux. C’est vrai au sens que cela arrive. [... L]a fonction de l’idéal du moi, en tant que pour lui, comme analyste, et par conséquent d’une façon particulièrement nécessaire, cette fonction est soutenue à l’intérieur de ce que j’ai appelé la masse analytique.“ (Lacan: *Transfert*, S. 392–393.) / „Man hat gesagt, und das sehr bald – der Analytiker nehme für den Analysierten den Platz seines Ichideals ein. Das ist wahr, und das ist falsch. Das ist wahr in dem Sinne, daß das geschieht. [... E]ine richtige Erfassung seines ihm eigenen Verhältnisses zur Funktion des Ichideals gibt, insofern für ihn als Analytiker und infolgedessen auf eine besonders notwendige Weise diese Funktion innerhalb dessen unterhalten wird, was ich die analytische Masse genannt habe.“ (Lacan: *Übertragung*, S. 406–407.)

119 Lacan: *Übertragung*, S. 410. Vgl: „[...] d’y jeter un regard, sur ce qui vient à altérer la pureté de la position de l’analyste vis-à-vis de celui dont il est le répondant, son analysé, pour autant que lui-même, l’analyste, s’inscrit et se détermine de par les effets qui résultent de la masse analytique, je veux dire de la masse des analystes, dans l’état actuel de leur constitution et de leur discours.“ (Lacan: *Transfert*, S. 396.)

120 Evans: *Wörterbuch*, S. 300.

zunächst im Hinblick auf das Spiegelstadium betont, dass „die (selbst-)bewusste Beziehung zum Alter Ego als solche, die stets die unbewusste Vermittlung durch eine dritte Instanz, durch eine Sphäre gesellschaftlicher, sprachlicher und symbolischer Verhältnisse voraussetzt“[121], gilt – das bedeutet, dass die symbolische Ordnung zwischen Subjekten vermitteln muss, um nach Žižek dem „unvermittelbaren Moment im Anderen ‚ein Mindestmaß an Erträglichkeit zu verschaffen.‘“[122] Diese dritte Funktionsposition diskutiert Eiermann nun für „die Beziehung zwischen Akteuren und Zuschauern in der Aufführung“, die sich für ihn „in den Worten Bernhard Waldenfels' wie folgt beschreiben [lässt]: ‚Der Dritte ist immer im Spiel, nur eben oft als geheimer Souffleur, der mit dem Akteur nahezu verschmilzt.‘“[123] Der Theater- / Kunstkontext setzt also in seinen intersubjektiven Konstellationen immer eine Dreierstruktur voraus, die sich für Eiermann dann unter Umständen in übertragungsähnlichen Vorgängen manifestiert:

> Dass der Dritte immer im Spiel ist und mit dem Akteur eben nur nahezu, nie jedoch vollständig verschmelzen kann, wird gerade dann besonders deutlich, wenn in Aufführungen auf die Anwesenheit von Akteuren und die Präsentation eines Geschehens verzichtet wird. Denn in solchen Fällen bleibt der Dritte – der ‚geheime Souffleur‘ – gewissermaßen übrig. Seine Einflüsterungen werden auf der leeren Bühne ‚hörbar‘. Sie machen sich bemerkbar in Form der Erwartungen, welche die Zuschauer aufgrund der ihnen geläufigen Konventionen an die Aufführung richten, sowie in Form der Vorstellungen, die sie aufgrund dieser Erwartungen in die Leere der Bühne hineinprojizieren.[124]

Die leere Bühne als Raum für Unterstellung ist also eine agalmatische Grundstruktur, die auf die dritte Position der sich um sie herum bildenden Intersubjektivitäten verweist. Es deutet sich hier an, dass diese ‚Dritten‘ mehr oder wenig abstrakt gedacht werden können – eine legitimierende, analytische Masse oder die Produktionsbedingungen jeweiligen Theaters sind ebenso in Betracht zu ziehen wie abstraktere und potentielle Register wie jeweilige Symbolische Ordnungen oder Helga Finters ‚Abwesender‘, an den die Rede der *adoratio* sich wendet.

Im Rapport, in dem Analytiker und Analytikerin von einem jeweiligen unterstellenden Gegenüber in den Status eines und einer Wissenden erhoben werden, steht diese Struktur als intersubjektiver Prozess stark im Dienst einer konkretisierbaren symbolischen Macht. Denn ‚der Analytiker‘ – ganz Funktion – wird nicht nur zum persönlichen Repräsentanten eines Wissens für das Gegenüber, sondern ebenso zum Repräsentant einer institutionalisierten wissenden Position, die sein Sprechen mit Macht versieht. Und die Institution (die ‚Psychoanalyse‘) nutzt ihrerseits die wirksamen Konsequenzen

121 André Eiermann: *Postspektakuläres Theater. Die Alterität der Aufführung und die Entgrenzung der Künste.* Bielefeld: Transcript 2009, S. 19, mit Bezug auf Slavoj Žižek: *Die politische Suspension des Ethischen.* Frankfurt am Main: Suhrkamp 2005, S. 23. Vgl. zum Thema des Dritten auch Thomas Bedorf: *Dimensionen des Dritten. Sozialphilosophische Modelle zwischen Ethischem und Politischem.* München: Fink 2003.

122 Eiermann: *Postspektakuläres Theater*, S. 20.

123 Ebd., mit Bezug auf Waldenfels: *Bruchlinien der Erfahrung*, S. 257.

124 Eiermann: *Postspektakuläres Theater*, S. 21. Eiermann listet für die psychoanalytisch motivierte Dreierstruktur und Alterität Theorien auf, die auch in dieser Arbeit grundlegend sind (Siegmund, Finter), sowie Josette Féral, vgl. die FN in ebd., S. 20–21.

der Übertragung und stellt von sich aus ihre Subjekte für die dortige Verkörperung zur Verfügung:

> Qu'est-ce que signifie l'organisation des psychanalystes, avec ce qu'elle confère de certificats de capacité ? – sinon qu'elle indique à qui l'on peut s'adresser pour représenter ce sujet supposé savoir.[125]

> Was will die Organisation der Psychoanalytiker mit all den Befähigungszertifikaten denn anderes – als anzuzeigen, an wen man sich wenden kann, jenes Subjekt das wissen soll zu repräsentieren.[126]

Mit Zertifikaten, die einen wissenden Status quasi belegen sollen, geht es damit also nicht (mehr?) nur um die überraschende unterstellende Seite in der Übertragung, denn Praxen, die ihre jeweiligen Sprechenden institutionalisieren, geben bewusst und intentional Anlass zur Wissensunterstellung, fordern dazu auf, provozieren sie, um das übertragende Handeln der Unterstellenden in Gang zu bringen. Hier wäre also ein bewusstes intentionales Fingieren zu diagnostizieren, dessen Konsequenzen sich z.B. auch ganz realökonomisch niederschlagen: die Inszenierung und Inkarnation von Autorität, von Wissen und Kompetenz. Ein solches Fingieren symbolischer Macht findet sich in allen möglichen Bereichen menschlicher Interaktion, wie Pädagogik, Ästhetik, Psychoanalyse, Politik, Medizin, Wirtschaft, oder eben auch Theater... Frei nach Lacan ließe sich somit zuspitzen: *Wo immer Expertentum auftritt, ist auch Übertragung.*

Lacan geht noch weiter, wenn er betont, dass die ‚Skills' der Analysierenden also allein gar nicht ausreichen, um sie auf dem Platz der Expertise zu rechtfertigen, vielmehr sind sie immer schon in den Repräsentationszusammenhang der Institution eingebunden bzw. in die Masse der anderen, die sie repräsentieren.[127] Voraussetzung hierfür wiederum ist, dass es überhaupt andere davon gibt, wie Lacan weiter feststellt. Die Existenz einer „société des analystes"[128] bereitet also den Boden für den Diskurs um ihre Funktionen; zu einem vorherigen Zeitpunkt wäre dies also für Freud (und also auch für Lacan) nicht möglich und nicht nötig gewesen. Eine symbolische Macht musste also erst einmal erwachsen, um wirkungsvoll zu werden.[129] Der Weltbezug bildet also einen Teil der Bedeutung, die erschaffen wird, was gleichermaßen für die Positionen ‚des Analytikers' und ‚des Patienten' gilt.

125 Lacan: *Quatre concepts*, S. 258.

126 Lacan: *Vier Grundbegriffe*, S. 244.

127 „Pourtant, le fait que l'analyste sache quelque chose des voies et des chemins de l'analyse ne suffit pas, qu'il le veuille ou non, à le mettre à cette place, de quelque façon qu'il se la formule. [...] L'analyste n'est pas le seul analyste. Il fait partie d'un groupe, d'une masse, au sens propre qu'a ce terme dans l'article de Freud, *Massenpsychologie und Ich-Analyse*." (Lacan: *Transfert*, S. 390.) / „Dennoch, die Tatsache, daß der Analytiker etwas von den Pfaden und Wegen der Analyse weiß, reicht nicht aus, ob er es will oder nicht, ihn auf diesen Platz zu stellen, auf welche Weise er ihn auch für sich in Worte faßt. [...] Der Analytiker ist nicht der Analytiker allein. Er ist Teil einer Gruppe, einer Masse, in dem eigenen Sinne, den dieser Terminus in dem Artikel von Freud hat, *Massenpsychologie und Ich-Analyse**." (Lacan: *Übertragung*, S. 404.)

128 Lacan: *Transfert*, S. 390.

129 Vgl. Lacan: *Übertragung*, S. 404–405. Die Schwierigkeiten von real praktizierten, erwachsenden symbolischen Mächten zeigt die wechselhafte Geschichte, die Lacan mit den Institutionen der Psychoanalyse durchläuft. 1953 tritt er aus der Société Psychanalytique de Paris (SPP) aus und gründet die Société Française de Psychoanalyse (SFP) mit. 1964 gründet er dann, wiederum aufgrund von Unstimmigkeiten mit der vorherigen Gesellschaft, die Ecole Freudienne de Paris (EFP).

Wie Lacan auf den Punkt bringt, befördern und bewerben etwa Zertifikate die Zuschreibung des Wissens, um einer beruflich-ökonomischen Praxis zuzuarbeiten. Es zeigt sich der Machtraum, den solche Praxen eröffnen, indem sie die Übertragungsstruktur als Grundlage symbolischer Macht erkennen und ihrerseits bearbeiten und nutzen. Dabei geht es maßgeblich darum, Subjekte dazu zu ermuntern, sich gern in den Geltungsbereich ihrer Gebote zu werfen. Michael Wimmer formuliert dies zugespitzt, wenn er den Zusammenhang von Übertragung mit der Funktion von Autorität und Gebotsmacht hervorhebt:

> Da eine Autoritätsinstanz, wie neuere Diskurse noch einmal betonen, keinen Grund ihrer Autorität in sich hat, sondern ihre Autorität aus Anerkennungsverhältnissen, Zuschreibungen oder Unterstellungen resultiert, könnte man sagen, dass Übertragung genau diesen Prozess der Autorisierung zu verstehen erlaubt. So wie dem Analytiker vom Analysanden ein für ihn bedeutsames Wissen unterstellt wird, was immer auch eine Ungleichheit und ein Machtverhältnis aufruft, so wird auch einer Autoritätsperson eine Macht oder Überlegenheit unterstellt, die für das Subjekt existenziell bedeutsam ist, weshalb es ihr auch in freiwilligem Gehorsam folgt.[130]

Dabei erkennt er strukturelle Ähnlichkeiten zwischen Übertragung und Autorisierung, wie „Grundlosigkeit, Fiktionalität und damit ihre Verbundenheit mit dem Symbolischen."[131] Übertragung erlaubt aber eben nicht nur, Autorisierungsprozesse zu verstehen und nachzuvollziehen, sondern es handelt sich bei jenen eigentlich um Phänomene der Übertragung *in actu*, also eben genau um solche Übertragungshorizonte, an denen nicht immer ein Analytiker auftauchen muss, sondern die auch die Wirksamkeit anderer Funktionen aufscheinen lassen, die ihre symbolische Einflussnahme realisieren. Mit solchen Diagnosen rücken die Praxen in den Fokus, die mit der Übertragung als Grundlage umgehen, arbeiten und aufzeigen, wie und wofür Übertragung auch außerhalb der Psychoanalyse eingesetzt wird und werden kann und dass häufig die Struktur eines Machtgefälles – eine Unäquivalenz – mit ihnen einhergeht, als solche erschaffen und auch ausgenutzt wird.

Die Übertragungsstruktur als psychische Voraussetzung der Funktion von intersubjektiv und symbolisch wirksamen Wertesystemen, also auch das Phänomen sprachlicher Wirksamkeit aufgrund der Fähigkeit zur Übertragung, bietet Anschluss an die Theorien Bourdieus, der zudem die Einbindung sprachlichen Tauschs in ähnlich wirtschaftliche Prinzipien untersucht, wie sie auch aus dem Agalmadiskurs emergieren. Interessanterweise weist er dabei auch auf Denkweisen des Schatzcharakters von Sprache hin,[132] welche als kollektives *agalma*, das jeder Mensch in sich trägt, bezeichnet werden und nach Bourdieu die Grundlage für eine „Illusion sprachlichen Kommunismus'"[133] bilden kann. Das in allen Menschen einer „sprachlichen

130 Lacan: *Übertragung*, S. 258.

131 Ebd.

132 Hier bezieht er sich auf Auguste Comte, Noam Chomsky und Ferdinand de Saussure, die Sprachfähigkeit in verschiedenen Zusammenhängen als ‚trésor' und Gemeinschaftsstiftung bezeichnen. Vgl. Pierre Bourdieu: *Langage et pouvoir symbolique*. Paris: Seuil 2001, S. 67–68. Wichtig ist dabei der Unterschied, den de Saussure zwischen *langue* und *parole* einführt; hier geht es um die *langue* als Schatz, den alle in ihrem Inneren tragen.

133 „[I]llusion du communisme linguistique" (ebd., S. 67, Übers. E. H.).

Gemeinschaft"[134] vorhandene Potential zur geteilten Sprache, und damit zum Sprechen und also zum sprachlichen Tausch, schafft eigentlich die Möglichkeit einer umfassenden, gleichwertigen sozialen Partizipation[135]; eine Verbindung zu Jacques Rancières „égalité des intelligences"[136] liegt hier nahe. Da Bourdieu aber weniger potentielle soziale Strukturen untersucht, sondern sich für real existierende Lebenswelten interessiert, muss dieses Potential als nichtpraktizierte Illusion erkannt werden. Das Verhältnis zwischen einem potentiell vorhandenen Vermögen und seiner Umsetzung *in actu* wird durch die sozialwissenschaftliche Perspektive also noch einmal ganz deutlich. So lässt sich die von Lacan betonte Einbettung mutmaßlich wissender Subjekte in institutionelle Diskurse auch als Mittel deuten, einer potentiellen (besonders auch sprachlichen) Äquivalenz entgegenzuwirken und bestimmte ‚sprachliche Gemeinschaften' zu erzeugen, die andere ausschließen. Symbolische Macht kann dann maßgeblich etwa dazu generiert sein, um das Verhältnis der vollen und leeren Gefäße zu etablieren, in dem sich Subjekte anderen fügen.

Diese symbolische Macht stellt sich nicht zufällig über Sprache her und verbindet Bourdieus Symbolisches also auch nicht zufällig mit dem Lacans. Beide basieren auf Ferdinand de Saussures Sprachtheorie und gehen zudem vom anthropologischen Grundgedanken der Kommunikation als Tausch aus,[137] der sich auf soziale Praxen und Rapporte ausweiten lässt. Bourdieu stellt Sprache daher als gleichermaßen ‚wirtschaftlich' wie kulturell zu diskutierendes Phänomen vor, das eines von symbolischen Machtverhältnissen ist:

> [M]an sollte sich hüten zu vergessen, dass Rapporte der Kommunikation, die sprachlicher Tausch par excellence sind, gleichermaßen auch Rapporte der symbolischen Macht sind, in denen sich Rapporte der Stärke zwischen den Sprechenden oder ihren jeweiligen Gruppen *aktu*alisieren. Kurz gesagt muss man die herkömmliche Alternative zwischen Ökonomismus und Kulturalismus überwinden, um zu versuchen, eine Ökonomie des symbolischen Tauschs auszuarbeiten.[138]

134 Vgl. Noam Chomsky: *Aspects of the Theory of Syntax*. Cambridge: MIT Press 1965, S. 3; ders. / Morris Halle: *Principes de phonologie generative*. Paris: Seuil 1973, S. 25, zit. n. u. Herv. v. Bourdieu: *Langage et pouvoir symbolique*, S. 68.

135 „A la langue comme ‚trésor universel', possédé en propriété indivise par tout le groupe, correspond la compétence linguistique comme ‚dépôt' en chaque individu de ce ‚trésor' ou comme participation de chaque membre de la ‚communauté linguistique' à ce bien public." (Bourdieu: *Langage et pouvoir symbolique*, S. 68.) / „Der Sprache als ‚universellem Schatz', der gemeinschaftliches Eigentum der ganzen Gruppe ist, entspricht die sprachliche Kompetenz als ‚Depot' jedes Individuums dieses Schatzes oder als Teilhabe jedes Mitglieds der ‚sprachlichen Gemeinschaft' an diesem öffentlichen Gut." (Übers. E. H.)

136 Rancière: *Le spectateur emancipé*, S. 15–16.

137 „Insbesondere folgt er [Lacan, E. H.] Levi-Strauss bezüglich der Auffassung, daß das soziale Leben durch gewisse Gesetze strukturiert ist, die Verwandtschaftsbeziehungen und Austausch von Geschenken regeln (siehe auch Mauss, 1923). Deshalb sind für Lacan das Geschenk und der Tauschkreislauf grundlegend für seinen Begriff des Symbolischen. Da die Grundform des Tauschs die Kommunikation ist (der Austausch von Wörtern, die Gabe des Sprechens), und da die Begriffe von Gesetz und von Struktur ohne Sprache (language) nicht denkbar sind, ist das Symbolische im wesentlichen eine linguistische Dimension." (Evans: *Wörterbuch*, S. 299.)

138 „[O]n doit se garder d'oublier que les rapports de communication par excellence que sont les échanges linguistiques sont aussi des rapports de pouvoir symbolique où s'actualisent les rapports de force entre les locuteurs ou leurs groupes respectifs. Bref, il faut dépasser l'alternative ordinaire entre l'économisme et le culturalisme, pour tenter d'élaborer une économie des échanges symboliques." (Bourdieu: *Langage et pouvoir symbolique*, S. 59–60, Übers. u. Herv. E. H.) Die Übersetzung krankt leider etwas daran, dass es im Deutschen keine Mehrzahl von ‚Tausch' gibt …

Im Universum des symbolischen (Aus-)Tauschs gibt es demnach eine Verteilung von symbolischem Reichtum bzw. Profit, die sich darin manifestiert, dass sich Subjekte in den Geltungsbereich der Gesetze von ‚reichen' Sprechenden begeben, bzw. dass es Sprechende gibt, denen Folge geleistet wird. Mit Bourdieu verbinden sich so der medientheoretische Gebrauch der ‚Übertragung' als Vermittlung zwischen Sender und Empfänger mit dem psychoanalytischen Ansatz als Voraussetzung für eine Wirksamkeit der Kommunikation im Sinne von Glauben an das Gesagte, Folgeleistung etc.:

> Der sprachliche Tausch ist ebenso ein ökonomischer Tausch, der sich als ein bestimmter Rapport ökonomischer Kräfte zwischen einem Produzenten, ausgestattet mit einem bestimmten sprachlichen Kapital, und einem Konsumenten (oder einem Markt) etabliert, und für den es typisch ist, einen bestimmten materiellen oder symbolischen Profit zu erzeugen. Anders gesagt: Diskurse sind nicht nur (auch nicht nur ausnahmsweise) Zeichen, die dazu bestimmt sind, verstanden, entschlüsselt zu werden; sie sind ebenso *Zeichen des Reichtums*, dazu bestimmt, bewertet und anerkannt zu werden, und *Zeichen der Autorität*, dazu bestimmt, geglaubt und befolgt zu werden.[139]

Wenn also mutmaßlich wissende Subjekte sprechen, wird ihnen von verschiedenen Seiten sprachlicher Reichtum, *agalma*, zugestanden, aus dem letztlich auch die Wirksamkeit des sprachlich Performativen resultiert, das bei Bourdieu „parole créatrice"[140] heißt, die sich eben dadurch auszeichnet, dass sie „das, was sie aussagt, zur Existenz bringt."[141] Übertragung ist also auch Grundlage für die vieldiskutierte Wirklichkeitserschaffung im Performativen. Potentiell hätten alle Sprechenden diese Macht, wie schon mit Huizingas Erschaffung einer zweiten Welt angedeutet, aktu-alisiert (= *in actu*) jedoch ist immer je und je zu untersuchen, wer welche Welt für wen erschaffen kann und warum, je nachdem vor welchem institutionellen Hintergrund.

Wenn also Sprache von ihrem Wesen her als unlimitierter Raum des Möglichen gilt,[142] stellt sich auch hier dringlich die Frage nach der jeweiligen *Aktu*alisierung, bei der Übertragung eine maßgebliche Rolle spielt. Bezeichnenderweise werden hier Diskurse der Religion[143] und der Politik als machtvolle Beispiele genannt. Aus einer Polysemie

139 „[L]'échange linguistique est aussi un échange économique, qui s'établit dans un certain rapport de forces économique entre un producteur, pourvu d'un certain capital linguistique, et un consommateur (ou un marché), et qui est propre à procurer un certain profit matériel ou symbolique. Autrement dit, les discours ne sont pas seulement (ou seulement par exception) des signes destinés à être compris, déchiffrés; ce sont aussi des *signes de richesse* destinés à être évalués, appréciés et des *signes d'autorité*, destinés à être crus et obéis." (Ebd., S. 99 Übers. E. H.) Bezeichnenderweise ist das Konzept eines *marché* auch bei Lacan vorhanden: „Der Glaube ist der Markt. Es gibt so viele Glauben, die sich in den Ecken einnisten, daß es sich trotz allem nur auf dem Forum, das heißt dem Markt, gut sagen läßt." (Lacan: Triumph der Religion, S. 84–85.)

140 Bourdieu: *Langage et pouvoir symbolique*, S. 66.

141 „[...] fait exister ce qu'elle énonce." (Ebd.) Bourdieu verweist mit Kant darauf, dass die Krea(k)tivität der Sprache ihren Höhepunkt im Sprechen Gottes findet, wenn er sprechend erschafft, und dass diese Übermacht auch den „support par excellence du rêve de pouvoir absolu" / die „Stütze der Allmachtsphantasie par excellence" des Menschen bildet, vgl. ebd.

142 „Le langage est le premier mécanisme formel dont les capacités génératives sont sans limites." (Ebd., S. 65.) / „Die Sprache ist der erste formale Mechanismus, dessen generative Kapazitäten grenzenlos sind." (Übers. E. H.) Vgl. auch Bourdieus Begriffe der „polysémie" (ebd., S. 63) und der „décollage sémantique" (ebd., S. 65).

143 Auch Louis Althusser setzt auf die Deutlichkeit des Beispiels Religion und symbolische Macht als Wirksamkeit ideologischer Staatsapparate.

heraus kann Sprache, können gleiche Worte verschieden wirken, daher ist die Determinierung des Verhältnisses von Sprechenden und Hörenden signifikant, wobei diese stets in einem Kontext geschieht, der über die einzelnen Subjekte hinausweist. Sowohl die Sprechenden als auch ihr Produkt, das im Rahmen der sozialen Determinierung derer zu bewerten ist, die es ‚konsumieren' sollen, sind immer auch sozial determiniert. In der ‚circulation linguistique' bildet sich daher

> der Unterscheidungswert, der aus der Inbezugsetzung resultiert, die die Sprechenden bewusst oder unbewusst vornehmen, zwischen dem von einem sozial charakterisierten Sprecher angebotenen Sprachprodukt [= Parole] und den gleichzeitig in einem bestimmten Sozialraum vorgeschlagenen Produkten.[144]

Der ‚marché linguistique' verweist also immer auch auf das Verhältnis, in welchem Raum der Symbolische Handel geschieht:

> Wissende Diskurse können ihre Wirksamkeit beziehen aus der versteckten Korrespondenz zwischen der Struktur des Sozialraums, in dem sie produziert werden (Felder der Politik, Religion, Kunst, Philosophie), und der Struktur des Felds der sozialen Klassen, in der die Empfänger verortet sind und gegenüber welcher sie die Nachricht interpretieren.[145]

Eben daher fragt Lacan aus dem Herzen seiner Erfahrung heraus nach seinem institutionellen Platz und der Wirksamkeit, die ihm und seinem Sprechen dort zukommt: „Es geht einfach um den Platz, auf den ich gelangt bin und der mich in die Lage versetzt zu lehren, denn Lehre gibt es."[146] Bourdieus und Lacans Untersuchungen zu den Funktionen, die der Platz des *s.s.s.* ermöglicht und auferlegt, verweisen, auch im Ausgang von Wimmers Autoritätsinstanzen, auf eine der derzeit populärsten, theoretischen, sich als Gegenposition zu autoritärem Lehrverhalten verstehenden Figuren: Jacques Rancières *maître ignorant*. Dieser ist daher gerade vor dem Hintergrund von durch Übertragung ermöglichter Symbolischer Macht zu betrachten und kann schließlich auch als Übergang dienen für den Einstieg in Theorien zum Theater als Raum der Übertragung.

### s.s.s. *und maîtres ignorants (Experten I)*

Vor dem Hintergrund, dass Übertragung Positionen mit symbolischer Macht ausstattet und Institutionen repräsentierende Subjekte damit immer über sich selbst hinausführt, lassen sich viele populäre Thesen und Phänomene diskutieren. Wie bereits erwähnt, spielt Expertentum, das seine Wirkung, wie nun festgestellt wurde, der Übertragungsstruktur verdankt, dabei eine elementare Rolle; umgekehrt zeigt die gesellschaftliche und besonders auch mediale Inszenierung und Bedeutung von Expertentum wiederum

144 „la valeur distinctive qui résulte de la mise en relation que les locuteurs opèrent, consciemment ou inconsciemment, entre le produit linguistique [= Parole!] offert par un locuteur socialement caractérisé et les produits simultanément proposés dans un espace social déterminé." (Bourdieu: *Langage et pouvoir symbolique*, S. 61, Übers. E. H.)

145 „Les discours savants peuvent tenir leur efficacité de la correspondance cachée entre la structure de l'espace social dans lequel ils sont produits, champ politique, champ religieux, champ artistique ou champ philosophique, et la structure du champ des classes sociales dans laquelle les récepteurs sont situés et par rapport à laquelle ils interprètent le message." (Ebd., S. 64–65, Übers. E. H.)

146 Jacques Lacan: *Meine Lehre*. Wien: Turia + Kant 2008, S. 11.

die Relevanz der Übertragungsstruktur in vielfältigen Bereichen. Zu denken wäre an Phänomene der Politik, der Jurisprudenz oder an Expertenjurys in Medien, wie sie etwa in besonders zugespitzter Form zur Zeit in Unterhaltungssendungen auftreten, an Video-Tutorials, in denen sich Menschen sämtlicher Provenienz als Expertinnen und Experten für alle erdenklichen Fachfragen inszenieren und ihr Know-How vermitteln wollen, an Kommentarstimmen, die bewegte Bilder stets besser wissend kontextualisieren und / oder erklären, etc. (derzeitige Lieblingsformulierung der TV-Kommentare: ‚Herr / Frau XYZ *weiß*: …', Wissen wird also ständig als auditive Legitimierung des / der Gezeigten angeführt).
Gerade das Verhältnis zwischen Wissen und Unwissen spielt in diesen vielfältigen, gesellschaftlichen Interaktionen und Theorien eine große Rolle. Eine der meistzitierten ist dabei wohl Jacques Rancières Lesart des *maître ignorant*, eine Argumentation, die er zuerst für die Diskussion um pädagogische und später auch künstlerische Konzepte einsetzt. Rancière findet in den von ihm untersuchten und kritisierten intersubjektiven Rapporten stets ein Machtgefälle, das aus dem Ausagieren eines getrennten Verfügens über Wissen bzw. Unwissen zwischen zwei Positionen resultiert, wie in der Konstellation, in der ein *s.s.s.* aktiv ist. Es verwundert nahezu, dass er den Begriff selbst nicht nennt. In diesem Machtgefälle kritisiert er eine Logik der Abstumpfung oder Verdummung (*abrutissement*), in der er mit seinem Augenmerk auf der „Aufteilung des Sinnlichen"[147] zurecht ein Dispositiv erkennt, das Wissen und Unwissen zwei einander gegenüberstehenden Positionen zuordnet, aus denen dann eine solche Bereicherungsstruktur entsteht, die der Agalmakonstellation von leeren und vollen Gefäßen entspricht. ‚Übertragung' rückt für Rancière in diesem Zusammenhang daher an den bereits erwähnten Transfer über den Wollfaden heran, als Übergang von einem ins andere (Gefäß), besonders wenn ‚transmission droite à l'identique' im Deutschen als „identische Übertragung" übersetzt wird.[148] Rancière konstatiert und kritisiert

> die Logik der verdummenden Pädagogik, die Logik der direkten und identischen Übertragung: es gibt etwas – ein Wissen, eine Fähigkeit, eine Energie auf der einen Seite – in einem Körper oder einem Geist –, das auf eine andere Seite übergehen soll. Was der Schüler *lernen* muss, ist das, was der Lehrer ihn *lehrt*. Was der Zuschauer *sehen* soll, ist das, was der Regisseur ihn *sehen lässt*. Was er fühlen soll, ist die Energie, die er ihm überträgt. Dieser Vorstellung von Ursache und Wirkung, die der Kern der verdummenden Logik ist, setzt die Emanzipation ihre Trennung entgegen.[149]

In der Rancière zugeschriebenen ‚identischen Übertragung' braucht es die Unäquivalenz, damit das Übertragungsgut fließen kann, wie es physikalisch das leere und volle Gefäß braucht, um eine Bewegung der Flüssigkeitspegel zu erreichen. Auf Pädagogik als Vermittlungsprozess angewendet, die freilich nicht reine Struktur sondern Praxis ist, wird dann jedoch weniger nach der Struktur selbst als nach dem Umgang mit ihr

147 Vgl. Jacques Rancière: *Die Aufteilung des Sinnlichen. Die Politik der Kunst und ihre Paradoxien*. Berlin: b_books 2008.

148 Hier zeigt sich der im Deutschen noch einmal stärker verwässerte Gebrauch des Begriffes ‚Übertragung'. Im Französischen existiert ja durchaus ein Unterschied zwischen *transfert* und *transmission*, jedoch zeigt diese Passage auch die gemeinsame Grundstruktur dieser Begriffe.

149 Rancière: *Der emanzipierte Zuschauer*, S. 24.

gefragt. Rancières Argumentation über den *maître ignorant* bezieht sich maßgeblich auf sein Handeln und seine Methoden: dieser agiert eben gerade nicht als volles Gefäß, in das Lernende ihren Wollfaden hängen sollen, weil er sie nicht als leere Gefäße anspricht und behandelt:

> Der unwissende Lehrmeister, der fähig ist, ihm [dem Unwissenden] zu helfen, diesen Weg zu gehen, wird so genannt, nicht weil er nichts weiß, sondern weil er dem ‚Wissen von der Unwissenheit' abgeschworen hat und somit seine Meisterschaft von seinem Wissen getrennt hat. Er lehrt seine Schüler nicht sein Wissen, er trägt ihnen auf, sich ins Dickicht der Dinge und Zeichen vorzuwagen, zu sagen, was sie gesehen haben und was sie davon denken, was sie gesehen haben, es zu überprüfen und überprüfen zu lassen.[150]

Das mutmaßlich wissende Subjekt wird von Rancière also süffisant gerade durch sein Unwissen bezeichnet; dennoch agiert es weiterhin in seiner Funktion als *s.s.s.* Was also Lacan als Begehrensstruktur der Übertragung beschreibt, wird bei Rancière zu einem System, das im Ausagieren befragt werden muss, wenn es zu einer emanzipierten Situation kommen soll. Damit gleicht es eigentlich der Auffassung der psychoanalytischen Situation, in der die Positionen sich gegenseitig zum *s.s.s.* machen, um ein tragfähiges Sprechen zu erzielen, und in der Wissen gegenseitig unterstellt wird, wie Evans es pointiert:

> Wenn der Analytiker dem Analysanden die Grundregel der freien Assoziation erklärt, sagt er eigentlich: ‚Komm, sag irgendwas, alles ist großartig'. Mit anderen Worten: Der Analytiker rät dem Analysanden, so zu tun, als ob er wisse, worum es geht; damit macht er aus ihm ein Subjekt, dem Wissen unterstellt wird.[151]

Die agalmatische Struktur jedoch bleibt in diesen Ansätzen insofern erhalten, als dass sich die *Funktionen* der beteiligten Positionen nicht ändern, da sie für die Interaktion nötig sind und wirksam bleiben, wie Rancière selbst formuliert, indem er den ‚Schüler' weiterhin als vom ‚Lehrmeister' lernend qualifiziert: „Der Schüler lernt vom Lehrmeister etwas, was der Lehrmeister selbst nicht weiß. Er lernt es als Wirkung der Beherrschung, die ihn dazu zwingt zu suchen und diese Suche zu verifizieren. Aber er lernt nicht das Wissen des Meisters."[152] Der ‚Lernerfolg' wird als *effet de la maîtrise* erkannt, was die *maîtrise* zu einer Praxis macht, in der eigene Fähigkeiten entwickelt und genutzt werden, die aber von einem Gegenüber (*maître*) initiiert ist. Im Deutschen klingt die Formulierung sogar schärfer, wenn Lernende als in-ein-*Beherrschungsverhältnis*-verwickelt beschrieben werden. Dieser Umstand macht den als antiautoritär wirksam dargestellten *maître ignorant* zwar zu einem durchaus anzuerkennenden Methodenreformer, seinen Status als *maître* behält er jedoch bei und nutzt ihn auch. Rancière spricht ja von zwei (unwissenden) Positionen, die Funktionen für die andere innehaben, nämlich die des Schülers und die des Lehrmeisters. Und genau diese Funktion verleiht dem ‚Lehrmeister' die Mittel zur Praxis der *maîtrise*: zum Lehren, Helfen

150 Ebd., S. 21.

151 Evans: *Wörterbuch*, S. 295.

152 Rancière: *Der emanzipierte Zuschauer*, S. 24. / „[L]'élève apprend du maître quelque chose que le maître ne sait pas lui-même. Il l'apprend comme effet de la maîtrise qui l'oblige à chercher et vérifie [!] cette recherche. Mais il n'apprend pas le savoir du maître." (Rancière: *Le spectateur émancipé*, S. 20.)

und die Autorität zum Auftrag („er lehrt, er trägt ihnen auf", s.o.). Gleichermaßen wirkt die Funktion des ‚Schülers': Lehre, Hilfe und Auftrag hängen nach wie vor davon ab, dass die, an die sie sich richten, sie auch als solche annehmen bzw. sie in ihrer Bedeutung überhaupt erst ermöglichen. Und wenn sie es tun, manifestiert sich der *maître ignorant* als *s.s.s.* Im Grunde findet sich hier das wieder, was auch Sokrates verlangt: ‚schau genau hin', um einen Bruch in einem ungleichwertigen Ausagieren der Übertragung zu erzeugen, aber trotzdem mit ihrer Hilfe zu einer neuen (äquivalenten?) Struktur zu gelangen, da die Angesprochenen Folge leisten wollen müssen sollen.[153]

Von dieser Warte her eignen sich der Übertragungsbegriff und die psychische Grundstruktur, die Rancière benennt, also als Grundlage für ein Weiternachdenken über die Anfälligkeit von Intersubjektivität für Autorität und Sub-jektivierung im Sinne des Sich-Werfens in den Geltungsbereich der Gebote der Anderen. Dabei sind es die Möglichkeiten zur praktizierten Äquivalenz, die Rancière interessieren und die er Emanzipation nennt, mit denen er eine Perspektive für ein Übertragungsgeschehen bietet, das die bisher immer als mit ihr einhergehend beschriebene Un-Äquivalenz zu überwinden versucht bzw. das Arbeiten an der Übertragung genau dazu dienen lässt, die gemeinsamen Fähigkeiten der Anwesenden zu fokussieren, um eben eine Praxis der verringerten Inäquivalenz zu ermöglichen, seien die Orte, von denen aus sich einander zugewandt wird auch noch so verschieden. Und solche Möglichkeiten formuliert er auch für das Theater.

## Marina Abramović und das *Amt für Umbruchsbewältigung*

Die Verbindung von Subjekten mit Funktionen und Institutionalisierung spielt auch in Kunstprojekten mitunter eine bedeutende Rolle. Dabei ist der Umgang mit Institutionalisierung, wenn es einen gibt, immer auch übertragungsbedingt; es kann also von verschiedenen Arten ausgegangen werden, künstlerisch praktisch mit Techniken des *sujet supposé savoir* zu agieren bzw. diese für Wirkungen in der ästhetischen Erfahrung

153 Claudia Blümle und Anne von der Heiden formulieren übrigens unterhaltsam die lehrmeisterlichen Praxen Jacques Lacans: „Auf die Betrachtung von Lacans Schemata sowie bei der Lektüre seiner Texte folgt oft der Ausruf ‚Ich verstehe nichts'. Dies liegt nicht nur daran, dass Lacan mit strukturellen Umkehrungen arbeitet, sondern auch an dem Umstand, dass er den Leser dazu verführt, ihn streng systematisch verstehen zu wollen, was aber von seinem Diskurs selbst immer wieder durchkreuzt wird. Auf diese Weise führt er vor, wie Sprache und Begehren aufs engste miteinander verknüpft sind. Häufig wirft er in seinen Seminaren Fragen auf oder kündigt Thesen an, auf die er im Folgenden nicht mehr eingeht. Stattdessen lenkt Lacan die Aufmerksamkeit in andere Richtungen, von wo aus er neue Überlegungen entwickelt. Dadurch produziert der Herr und Meister immer wieder Momente der Unzufriedenheit. Acht Seiten oder zwei Jahre später lässt er dann zum Ärger der Vergesslichen plötzlich die versprochenen Antworten und Thesen auftauchen, genau in dem Moment, in dem man es nicht mehr erwartet oder man die Fragestellung nicht mehr präsent hat. In nicht-hierarchischer, nicht-systematischer und nicht-linearer Weise werden Zusammenhänge gedacht und entwickelt, die sich fortwährend in verknoteten Bewegungen verändern. Dabei arbeitet Lacan bewusst mit künstlich erzeugten Enttäuschungen, lässt den Hörer oder Leser alleine, so dass er gezwungen wird, die Schemata und Formeln (die lacansche Algebra) als relationale Modelle nachzuvollziehen." (Claudia Blümle / Anne von der Heiden: Einleitung. In: Dies. (Hrsg.): *Blickzähmung und Augentäuschung. Zu Lacans Bildtheorie.* Zürich / Berlin: Diaphanes 2009, S. 7–42, hier S. 10–11.)

einzusetzen. So bietet es sich an, zwischen solchen Einsätzen zu unterscheiden, die Übertragung zielgerichtet ausnutzen, und solchen, die sie thematisieren, bewusst werden lassen und sie so in ihrer möglichen Unterbrechung wahrnehmbar machen und ein Ziel dabei erst einmal offenbleibt. Es wird daher von *instrumentellen* und *experimentellen* Einsätzen zu sprechen sein. Techniken der Legitimierung des Sprechens und Agierens, die beim Fingieren von Institutionen zum Einsatz kommen, spielen hier jedenfalls eine maßgebliche Rolle.
Zwei Beispiele sollen hier weiterführen: *Marina Abramović: The Artist is Present* und das *Amt für Umbruchsbewältigung*, wobei das erste eher instrumentelle und das zweite eher experimentelle Umgangsweisen aufzeigt.

### Marina Abramović: *The Artist is Present*

Für eine Diskussion um mögliche instrumentelle Einsätze von Übertragungsphänomenen im Hinblick auf institutionalisierte *s.s.s.* eignet sich *Marina Abramović: The Artist is Present* besonders. Schon der Titel macht auf Verquickungen von Person, Kunst und Institution aufmerksam, denn unter ihm versammeln sich gleich drei Elemente: 1. Abramovićs *Performance*, die sie für die 2. gleichnamige *Retrospektive* im New Yorker Museum of Modern Art entwickelt hat, und schließlich 3. der *Kinofilm* von Matthew Akers.[154] Es zeigt sich, dass bei einer Untersuchung der Performance die beiden anderen Elemente sich davon als untrennbar erweisen, schon weil das Museum der Ort der Performance ist. Der Film wiederum beeinflusst die Rezeption von Ausstellung und Performance bis heute maßgeblich. Es soll dennoch zunächst von der Performance als ‚Herz der Erfahrung' ausgegangen werden, da sie mitunter starke affektive Reaktionen an den Besuchenden sichtbar macht. Um hier genauer das Verhältnis zwischen Handlung, Rahmen und Übertragung aufzuzeigen, gilt es, das Augenmerk darauf zu legen, was während der Performance eigentlich passiert, auch um später die Tragweite eingesetzter symbolischer Macht zu verdeutlichen.
Im Atrium des MoMA sind ein großer Tisch und zwei massive Stühle aus hellem Holz aufgebaut. Die Stühle stehen sich gegenüber, den Tisch zwischen sich, und bilden so den Schauplatz für Marina Abramovićs Performance.[155] Um den Tisch herum ist ein großzügiges Viereck aus weißem Klebeband auf den Boden geklebt, dessen Ecken von Scheinwerfern besetzt sind. Ihre Kabel sind als schwarzer Wulst parallel zu den Linien des Vierecks verlegt, und sie richten sich, mit Diffusoren versehen, auf Tisch und Stühle im Zentrum. Die Performance am Tisch folgt einem rituellen Ablauf: Abramović sitzt in dicker, einfarbiger Robe mit ausladendem Rock[156] auf einem der zwei klobigen Stühle.

154 1.) *Marina Abramović: The Artist Is Present*, 14.03.–31.05.2010, Retrospektive, Museum of Modern Art New York; 2.) *Marina Abramović: The Artist is Present*, Dauerperformance im Rahmen der gleichnamigen Ausstellung; 3.) *Marina Abramović: The Artist is Present*, Dokumentarfilm, USA 2012, R: Matthew Akers.

155 Auf den Tisch wird im Laufe der Zeit verzichtet, um weniger Barriere zwischen den Blickenden zu errichten.

156 Sie trägt Rot am Eröffnungstag, dann monatsweise ein sehr dunkles Blau, wieder Rot, schließlich weiß.

Abb. 8: Marina Abramović: *The Artist is Present* im Atrium des MoMA.

Sie schaut in sich gekehrt zu Boden, schließt die Augen. Auf dem Stuhl gegenüber kann nun eine Besucherin oder ein Besucher Platz nehmen. Dann hebt Abramović Kopf und Blick und widmet diese ganz dem Blick des Gegenübers. Meist ohne eine merkliche Änderung des neutral-offenen, vielleicht gütigen Gesichtsausdrucks schaut sie so lange in die Augen des Gastes, bis das Gegenüber sich entscheidet zu gehen, um danach wieder die in sich gekehrte Haltung anzunehmen. Diesen Ablauf hält Abramović für die gesamte Dauer der Ausstellungszeit, etwa 90 Tage, aufrecht.[157]
Es handelt sich also im Grunde um einen der basalsten, intersubjektiven Abläufe, nämlich das gegenseitige Anblicken, und um eine Konzentration darauf. Anblicken als solches wird exponiert, durch die Wortlosigkeit und die nicht genau vorgegebene Dauer, also durch relative Zeitlosigkeit,[158] verstärkt. Die nur anscheinende Reduzierung der Handlung auf ein Blicken könnte dabei eher als übermäßiges, übersteigertes Anblicken gelten, denn der Fokus auf das Grundlegende ist dabei insofern unalltäglich, als dass gegenseitiges Anblicken in vielen sozialen Praxen zuallermeist nicht für sich selbst unternommen wird, keinen so herausgestellten Status und Zeitraum erhält, eingebettet ist in weitere Handlungen – außer vielleicht in der Liebe bezeichnenderweise.[159] Auf solche ‚weiteren Handlungen' wird in der Performance verzichtet, jedoch bilden diese den Rahmen für die Herausstellung des Vorgangs: jenseits des Klebebandstreifens als wirksame, auch symbolische Grenze zum museal-sozialen Raum und seinen Handlungen versammeln sich Wartende, Beobachtende, Sprechende, Schweigende, Herumwandernde, Security, Filmteam und Fotografen etc. – also Publikum in vielen Facetten. Was der Platz Abramović gegenüber also strukturell verspricht, ist eine Begegnung auf Augenhöhe, denn die Funktionen von Bühne und Publikum sind hier am Tisch weitestgehend geteilt, nämlich in dem Sinne, dass sie gemeinsam übernommen werden bzw. beide Plätze in gewisser Weise beide Funktionen innehaben. Dies jedoch immer im Hinblick auf die Personen auf der ‚anderen Seite' des Klebestreifens. Allerdings wird im Folgenden klar werden, dass Abramović *in actu* nie in der gleichen Weise angesehen wird, wie ihr Gegenüber. Das zeigt schon ihr Name im Titel an.
Eine weitere, architektonische Klammer um den Ort herum, die den Bereich des Institutionellen immer mehr ins Spiel bringt, bildet nun das Atrium und seine Funktion: seine große Höhe, Treppen, die das Geschehen von oben betrachten lassen, Wand / Bodendurchbrüche, die für Durchlässigkeit für Blicke und Geräusche sorgen, Zugänge zu weiteren Räumen, in denen sich die Exponate der Ausstellung befinden.

157 „For the exhibition *Marina Abramović: The Artist Is Present*, The Museum of Modern Art's first performance retrospective, Abramović performed in the Donald B. and Catherine C. Marron Atrium every day the Museum was open between March 14 and May 31, 2010. Visitors were encouraged to sit silently across from the artist for a duration of their choosing, becoming participants in the artwork. [...] *The Artist is Present* is Abramović's longest performance to date." (http://www.moma.org/interactives/exhibitions/2010/marinaAbramović (Zugriff am 21.08.2014).)

158 Selbstverständlich gibt es einen vorgegebenen Zeitrahmen durch die Öffnungszeiten des Museums.

159 Das gegenseitige Anblicken ist mittlerweile zu einer der Performance-Techniken Abramovićs („The Abramović Method") geworden, zu denen sie in letzter Zeit ihr Publikum auffordert. Vgl. z. B. http://www.serpentinegalleries.org/exhibitions-events/marina-abramovic-512-hours; http://www.benaki.gr/index.asp?lang=en&id=202010001&sid=1911 oder http://neon.org.gr/en/ (Zugriffe am 14.03.2016).

Die hohe Halle erlaubt Hall, sich vermischende Geräusche von Menschen und ausgestellten Videofilmen etc. Der Umgebungsraum nimmt also quasi immer mehr zu, bzw. das Setting erscheint tatsächlich als ein Zentrum, ein ‚Herz der Erfahrung', auf das immer wieder zurückgeführt wird. Es findet sich also einerseits eine relativ intim und konzentriert gemeinte, intersubjektive Konstellation in einem andererseits eher zerstreuenden, unruhigen Raum, was einen Kontrast darstellt und auch eine Art herausforderndes Kräfteverhältnis zwischen der geforderten Konzentration und dagegen agierenden Einflüssen evoziert. Andererseits wirkt der Raum, was den symbolischen Status seines derzeitigen Zentrums betrifft, mitnichten zerstreuend, sondern fokussierend, die Blicke von außen sollen, dem Licht der Scheinwerfer folgend, auf den inneren Kern fallen.
Auch die Performancehandlung selbst lässt sich kaum ohne einen Fokus betrachten, den Abramovićs Biographie (selbst schon Institution?) ihr gibt, denn sie „lehnt sich an die Performance ‚Nightsea Crossing' an, die Sie in den Achtzigern mit Ihrem Partner Ulay aufführten."[160] Insofern verweist jedes folgende Gegenüber auf die jeweilige Ersetzlichkeit und das Schwinden des vorherigen und damit schließlich auch auf das ursprüngliche Gegenüber Ulay. Daher wird der Moment, als Frank Uwe Laysiepen am Eröffnungstag für ein paar Momente den freien Stuhl einnimmt, umso mehr mit Bedeutung aufgeladen (was der Kinofilm wiederum stark reproduziert) – auch weil Abramović dann selbst aus ihrer gleichförmig-disziplinierten Performerinnenhaltung ausbricht und ihrem ursprünglichen Gegenüber unter Applaus der Umstehenden und unter Tränen die Hände reicht. Museum und Kunst-Figur rahmen also die Performance mit einer Intention, die deutlich mit ausgestellt wird, nämlich Übertragungsstrukturen zu nutzen, um *Effekte* – und hier eben als *Affekte* – zu erzeugen, die Marina Abramović in ihrer Funktion als *s.s.s.* bzw. Subjekt, dem Kunst unterstellt wird, legitimieren und bestätigen. Damit ist sie aber dem Platz auf Augenhöhe enthoben.
Es gilt hierbei vornehmlich zweierlei zu betonen: zunächst ist der Umstand bemerkenswert, dass sehr viele der Tischgäste Abramovićs während ihrer ‚Sitzung' anfangen zu weinen. Zugleich erscheint diese Reaktion darüber hinaus jedoch von mehr beeinflusst als dem ‚inneren' Geschehen der Performance und seiner Intersubjektivität. Vielmehr entsteht der Eindruck, dass eben ein mächtiger institutioneller Rahmen für diese ‚gelungene Übertragung' sorgt.

### *Presentness & Tears*

René Pollesch findet in einem Interview treffende Worte für die Inszenierungen, die der Dokumentarfilm *Marina Abramović: The Artist is Present*[161] für die Performance vornimmt, und verweist damit schon auf filmische Fiktionalisierungen der Person und ihrer Arbeit:

160 Claudia Bodin: „Feminismus kann ich nicht ausstehen." Interview mit Marina Abramović. In: *Art Magazin*, 22.03.2010. http://www.art-magazin.de/kunst/27796/marina_Abramović_moma_new_york (Zugriff am 29.08.2014).

161 *Marina Abramović: The Artist is Present*, Dokumentarfilm.

> Im letzten Drittel des Films hat der Regisseur ihre MoMA-Performance, bei der sie drei Monate lang im Museum sitzt, als sentimentale Heularie inszeniert, alle Museumsbesucher weinen eigentlich die ganze Zeit. Der Film scheint ihre Performance dadurch legitimieren zu wollen, dass alle Gefühle haben. Das ist das Missverständnis. Alle wollen natürlich berührt sein, aber es gibt keine Frage, wo man wirklich miteinander zu tun hat. Die einzige Antwort scheint zu sein, dass man zusammen heult.[162]

Der während des Ablaufs der Performance und während sowie im Vorfeld der ebenfalls gleichnamigen Ausstellung in ‚Home-Story-Manier' gedrehte Film beeinflusst die Rezeption des Kunstkonvoluts *The Artist is Present* stark und wendet Techniken an, die auch im Rahmen der anderen Teile des Konvoluts zum Einsatz kamen und die sich besonders über affektive Reaktionen wahrnehmbar machen. Doch nicht nur durch den Film bedingt fällt an dem triadischen Projektensemble besonders die Tatsache auf, dass bei der Performance Abramovićs im Museum zahlreiche Menschen anfangen zu weinen. Dies wird in den Diskursen um Film, Ausstellung und Performance auch zumeist hervorgehoben – nahezu jeder Bericht betont neben dem ‚Starkult', der sich um die Präsenz Abramovićs bildet, die besonderen affektiven Umstände, wie z.B. im *Spiegel*:

> 750.000 Besucher, jeden Morgen eine noch einmal längere Schlange von Menschen, die bereit waren, stundenlang zu warten, bis sie der Künstlerin persönlich in die Augen schauen durften. Viele fingen an zu weinen, als es soweit war, manche berichteten danach von einer lebensverändernden Erfahrung.[163]

Es existiert mittlerweile sogar ein Foto-Blog, das die Portraits der weinenden Menschen zeigt und eine Angabe von Minuten dazu macht, die wirkt, als gäbe sie die Zeitspanne an, nach der jeweils die Tränen kamen.[164] Zunächst wurden die fotografierten Gesichter vom MoMA direkt in Auftrag gegeben: alle Personen, die Teil der Performance *The Artist is Present* wurden, gingen in ein Portraitarchiv ein, einige Personen demnach auch mehrfach.[165] Nun entspinnen sich im Nachhinein um diese bei Flickr zugänglich

162 René Pollesch zit. n. Phantomschmerz einer fehlenden Gemeinschaft. Der Autor und Regisseur René Pollesch im Gespräch mit Sebastian Kirsch. In: *Theater der Zeit*, 3/2012, S.48. Pollesch erwähnt damit auch eine zentrale Diagnose den Film betreffend, der seine Mittel vornehmlich ‚affekthascherisch' einsetzt und so ebenfalls dazu beiträgt, die symbolische Macht Marina Abramovićs zu bestätigen und zu vergrößern. Ein Film, der „wenige Techniken im Standardrepertoire filmischer Illusionsbildung ungenutzt lässt, um sein Publikum zu umgarnen. Natürlich arbeitet filmische Fiktion immer mit illusionären Verfahren. Aber anstatt aus der Distanz zwischen der physischen Arbeit Abramovićs und den Einschränkungen filmischer Dokumentation produktive oder fordernde Schlüsse zu ziehen, macht Regisseur Matthew Akers nichts anderes, als seine Zuschauer sehr offensiv zu rühren. *The Artist is Present* ist halb Imagefilm, halb *Tearjerker*." (Nino Klingler: Die Ausweitung der Affirmationszone. In: *Critic*, 13.02.2012. http://www.critic.de/film/marina-Abramović-the-artist-is-present-3661 ( Zugriff am 29.08.2014).)

163 Daniel Sander: Doku-Film über Marina Abramović: Diese Frau kriegt alle rum. In: *Der Spiegel*, 29.11.2012. http://www.spiegel.de/kultur/kino/dokumentation-marina-Abramović-the-artist-is-present-a-869812.html (Zugriff am 29.08.2014).

164 http://marinaabramovićmademecry.tumblr.com. Die Minutenangabe ist wohl die inoffizielle Mitschrift Marco Annellis, der die Fotos im Auftrag des MoMA machte: Das Flicker-Album des MoMA verzeichnet zu jedem einzelnen Portrait eine Minutenangabe. Vgl. https://www.flickr.com/photos/themuseumofmodernart/sets/72157623741486824/ (Zugriff am 30.08.2014). Der Webauftritt des MoMA zur Veranstaltung zeigt ebenfalls prominent Portraits der Gäste in der Performance, jedoch nicht nur die zu Tränen gerührten.

165 https://www.flickr.com/photos/themuseumofmodernart/sets/72157623741486824/ (Zugriff am 05.09.2014). Darunter befinden sich immer wieder auch Abbildungen Marina Abramovićs.

Abb. 9: *Marina Abramović Made Me Cry*, Screenshot.

gemachten Bilder verschiedene Internet-Praxen im Sinne einer Datenverwertung, die etwa die Bilder nach verschiedenen Gesichtspunkten neu ordnen und so mit weiterer, neuer Bedeutung aufladen, wobei der Konsens darüber aufrecht erhalten wird, wie bedeutend eine Begegnung mit der Künstlerin ist. Dan Nguyen ermittelt z. B. die 200 am häufigsten angeklickten Portraits und erstellt so ein Ranking,[166] oder er ordnet die Bilder nach ‚longest sits'[167]. Auch andere Verwertungen der Daten, die die Performance erzeugt, werden ins Internet eingespeist und dienen, wie etwa im Blog des MoMA, zu weiterem Austausch von Postenden und Kommentierenden und besonders auch dazu, die Besonderheit des Erlebten zu betonen.[168]

Diese Praxen zeigen also einen Kern, um den herum etwas geschieht; die portraitierten Gesichter, zahlreiche Kommentare in Blogs, Presseberichten etc. betonen und pflegen den ‚Impact', den die Performance zu hinterlassen vermochte. Besonders die auch von Pollesch hervorgehobene, verbreitete, bildliche und verbale Betonung der Tränen bei den Beteiligten der Performance lässt vermuten, dass diese als Beweis für die Wirksamkeit der Performance gedeutet werden. Dabei können Tränen wohl durchaus als Zeichen von auftretenden Affekten gelten, aber was für eine Art von Wirksamkeit sollen sie belegen? Kurz: Warum weinen diese Leute? Das könnte freilich jeweils nur im Einzelnen detailliert beantwortet werden; die Frage stellt sich hier also eher im Hinblick darauf, ob die Performance dafür genutzt wird, in einem semi-öffentlichen Raum die Einflussnahme eines einzelnen Subjekts auf viele andere zu praktizieren, zu zelebrieren,

166 The Most Viewed Portraits: Marina Abramović: The Artist Is Present, the MOMA. http://danwin.com/2010/06/most-views-marina-Abramović-the-artist-is-present (Zugriff am 05.09.2014).

167 Marina Abramović's Top 50 Time Hogs; (Women sit around a lot). http://danwin.com/2010/06/marina-Abramovićs-time-hogs (Zugriff am 05.09.2014).

168 http://www.moma.org/explore/inside_out/2010/06/11/analyzing-Abramović (Zugriff am 05.09.2014).

und zwar so, dass sie bezeugbar wird: Marina Abramović bringt andere zum Weinen. Diese Einflussnahme wird auf verschiedene Weise unterstützt, durch Architektur / Raumsetting, Logistik, Requisite / Kostüm etc. und aber eben nicht zuletzt auch durch das die Vorgaben der Performance erfüllende Publikum, das Mitmachen und Bestätigen der ‚lebensverändernden Erfahrung' – durch Tränen als eben eine der stärksten Bestätigungen. Es scheint, als kreiere das Publikum die Wirkung schon im Voraus, ‚before we start', gerade weil die verschiedenen Weisen der Inszenierung zu dieser starken gefühlsmäßigen Erfahrung auffordern: die Inszenierung der Begegnung mit einem mit Wert behafteten Subjekt wird hier gleichermaßen von den Menschen, die sich in Schlangen stellen und zur Begegnung strömen, vollzogen, wie auch von rahmenden Institutionen und vom *s.s.s.*, um es beim Namen zu nennen, selbst. In diesem Fall liegt also die Annahme nahe, dass es sich bei den Tränen um solche Affekte handelt, durch die sich Übertragung verrät. Sie werden als Ausdruck für die Ankunft im Geltungsbereich der Gesetze des Gegenübers, also aus Rührung über die Empfängnis der überbewerteten Aufmerksamkeit geweint – die Bereitschaft und Erwartung für sie entsteht jedoch schon ‚avant toute intervention'. Diese Menschen wollen, wenn sie endlich auf dem Platz des Gegenübers sitzen, die lebensverändernde Erfahrung auf jeden Fall machen, dafür sind sie gekommen, und sie sehen die Fähigkeit in Marina Abramović, dies einzulösen, wohl schon bevor sie Platz nehmen.

Abramović arbeitet ihrerseits zwar auch mit der Übertragung, die ihr entgegengebracht wird, aber angeblich ohne einen bestimmten Zweck, und diese Argumentation ist konzeptuell durchaus haltbar. Sie betont,[169] dass sie einen intersubjektiven, wortlosen Dialog sucht und dass diese Kommunikation je nach Gegenüber unterschiedlich ausfällt. Dazu passt das Konzept Abramovićs einer „Liquid Knowledge", eines universellen Bewusstseins, das mit einer Idee der Vermittlung zusammengedacht wird, ähnlich der Idee der nonverbalen Kommunikation, des gegenseitigen Austauschs der Gehirnströme.[170] Ein Liquid also, das zwischen den Molekülen der Menschen vermittelt; dies wäre auch eine Seite von Übertragung, nämlich die der Ansteckung. Abramović gründet ihr Interesse an der „Kapazität" schweigender / nonverbaler Kommunikation[171]

169 Interviews mit Kunstschaffenden als Quelle anzuführen, eröffnet freilich einen ähnlich weiten Bedeutungshorizont des angeblich Gesagten wie die Publikationen der Seminare Lacans, jedoch genau umgekehrt: während Lacan nicht für Verschriftlichung gesprochen hatte, ist das Sprechen in Interviews genau vor dem Hintergrund der Verschriftlichung und damit Iterierbarkeit zu bewerten. Da es hier um den Inhalt des Gesagten, der Thesen geht, kommt es weder bei Lacan noch bei Abramović darauf an, was das Gesagte mit ihrem Status als Person zu tun hat. Es soll als Gesagtes behandelt werden und ist auf der Ebene des Textes mit ihnen als Aussagende verknüpft. Die Interviews und Aussagen Abramovićs werfen daher erneut eine übertragungsrelevante Frage auf, nämlich ob ihnen ‚Glauben' geschenkt werden soll, ob die Art, wie sie sich präsent-iert, anerkannt wird, ob sie sich so im *blepein* auf sich selbst entwirft, ob die entsprechende Resonanz erfolgt, sie spiegelt und das jubilatorisch aufzunehmende Bild Abramovićs zeigt.

170 „Man installierte 36 Elektroden an meinem Kopf und setzte mir eine Person gegenüber, deren Hirnaktivität ebenfalls gemessen wurde. Auf Monitoren konnte man Wellen sehen, die zwischen beiden Gehirnen hin- und hergingen. [...] Offenbar brechen meine Wellenlinien außergewöhnlich lange nicht ab, während ich mein Gegenüber ansehe." (Marina Abramović über Erkenntnis, Interview mit Kristin Rübesamen. In: *Süddeutsche Zeitung*, 01./02.12.2012, S. V2/8.) Die Interpretation der wellenförmig graphisch dargestellten Hirnaktivität als Verbindungsströme der beiden Gehirne ist freilich vielsagend.

171 Ebd.

bezeichnenderweise auf das Verhältnis zwischen Lehrern und Schülern, das hier bereits als Verhältnis der Übertragung untersucht wurde.[172] Dabei stehen „östliche[ ] Philosophien"[173] im Vordergrund, deren Höhepunkt das Verstehen im schweigenden Gegenübersitzen sei. Interessanterweise behauptet Abramović in diesem Zusammenhang auch, dass im Moment der Begegnung sich dann etwas einstellt, das gerade nichts mit den (bewussten?) Erwartungen der Gegenüber an die Begegnung zu tun hätte. In jenem Interview distanziert sie sich daher auch von ihrer Position als Marke oder Star, da sie die Kraft ihrer Performance wohl nicht mit ihrem institutionalisierten Status erklären will: „Das mit den Groupies ist Unsinn. Und es ist auch egal, warum sie kamen. In dem Moment, in dem sie sitzen, gibt es kein Entrinnen mehr."[174]

Das ‚Entrinnen', das Abramović unter ihrem Blick zu unterbinden meint, ist offenbar das vor der Begegnung mit dem eigenen Inneren: „Jeder hat Angst vor dem Weg nach innen, weswegen wir ihn auch die ganze Zeit vermeiden."[175] Im gegenseitigen Anblicken und also in der Performance-Erfahrung soll, nach Abramović, Kommunikation stattfinden und Information ausgetauscht werden, was sie aber auch mit der Konfrontation mit starken Affekten in Zusammenhang bringt. Zumindest beschreibt sie ihre Wahrnehmung dieser Gefühle bei den Personen, zu denen sie im Blicken „eine Verbindung aufbauen konnte"[176]: Schmerz und Liebe bzw. deren Verbindung werden von ihr dabei besonders betont.[177] Wenn solche Aussagen diese Untersuchung so erneut auf das Thema der Liebe zurückführen, ist danach zu fragen, inwiefern Abramović dabei von ihren eigenen Übertragungen berichtet, von dem, was sie in den Menschen gesehen hat. Psychoanalytisch verdächtig ist jedenfalls, dass Abramović von „selbstloser Liebe"[178] sprechen kann. Wenn aber das Anblicken jenem von Liebenden angenähert werden soll, wären die Tränen durchaus erklärbar durch eine Rührung, die aus der erwähnten ungleichen Konstellation der Gefäße resultierte – die Flüssigkeit, die vom angefüllten Gefäß auf das leere überginge, ‚liefe aus den Augen über'. Die Gäste wären so aber immer auf dem Platz der leeren Gefäße angesiedelt.

Dabei ist besonders auch das Nichtstun oder der auf wenige, rituelle Handlungen beschränkte Ablauf zu erwähnen, denn die Zurückhaltung Abramovićs in Mimik und Gestik bietet eine Leerstelle an, die vom Gegenüber gefüllt werden kann – bestimmten Methoden der Psychoanalyse nicht unähnlich. Und gerade weil Abramović ‚nichts' tut, werden etwa der institutionelle Rahmen und die Übertragungen der Gegenüber sichtbar – die Stimme des „geheimen Souffleurs" hörbar? Marina Abramović bietet also bei aller Verkörperung auch ein leeres Zentrum an, das sowohl den Raum des Möglichen

172 Vgl. S. 196–198 dieser Arbeit.

173 Marina Abramović über Erkenntnis.

174 Ebd.

175 Ebd.

176 Ebd.

177 „Manche konnten sich auch nicht von der äußeren Situation, der Aufmerksamkeit und der gleichzeitigen Peinlichkeit, die ihnen zufiel, lösen. Doch wenn ich das abziehe, dann bleibt ein ungeheurer Berg an Schmerz übrig. Es muss so viel Qual geben in der Welt, von der wir keine Ahnung haben. [...] Es geht bei diesem Stück um Liebe. Wenn du dein Herz öffnest, tut es weh." (Ebd.)

178 Ebd.

aufzeigt als auch den Prozess, wie dieser sich in intersubjektiven Praxen füllt; sie stellt sich zur Verfügung, als die, an die man sich wenden kann, und die Gäste nehmen es entsprechend wahr. Die jeweiligen Übertragungen sind dann aber der Punkt, „wo man wirklich miteinander zu tun hat" (Pollesch); insofern geht es nicht um die ‚sentimentale Heularie', sprich um die Affekte, die sich zeigen, sondern um die intersubjektive Konstellation, die diese verursacht – und genau diese dreht sich genau darum, wo und wie man miteinander zu tun hat, und wo und wie das mit *allen* Anwesenden zu tun hat. Denn die hier miteinander agierenden Subjekte kreieren sich durch die oben aufgezählten Praxen alle gegenseitig und sind auch genau dafür gekommen, für die Subjektivierung in der Hinwendung. Und zwar genau nicht für eine rein private Subjektivierung, sondern für eine, die im Rahmen einer Institution legitimiert und symbolisch autorisiert ist, wo nicht nur die Privatperson angesprochen ist, sondern das Subjekt als Funktion innerhalb der Relation *The Artist is Present*.

### *Institutionalisierungen I*

*Marina Abramović: The Artist is Present* verdeutlicht also, als Inszenierung und Affirmation eines *s.s.s.* betrachtet, wie sich Übertragungsphänomene von einem persönlichen, vielleicht sogar zunächst einmal internen, auf einen sozialen, gemeinschaftlichen Rahmen auswirken können. Es ist zu sehen, wie sie intersubjektive Begegnungen beeinflussen und dabei transsubjektiv wirken, wie Übertragungen von vielen produziert und geteilt werden können und wie dieser Prozess institutionell kreiert und befeuert wird.

Schon der Titel zeigt diese Arbeit an der Übertragung an: in ihm verstricken sich museale Retrospektive, Performance und Film mit der Person, so dass der Diskurs um sie häufig die einzelnen Teile und ihre spezifischen Wirkungen kaum unterscheiden kann. Ganz offenbar ist dieses Konglomerat (Gesamtkunstwerk?) durch bewusstes Fingieren so gewollt; der Doppelpunkt macht es klar: Name und Funktion ‚Marina Abramović' sind hier gemeinsam aufgerufen. Die mit einem solchen Titel implizierte Frage, wer und was ‚Marina Abramović' eigentlich alles sei, wenn sie sich als *Artist* präsentiert, beantwortet sich daher auch in der immer wieder auftretenden Unentscheidbarkeit, ob nun von Film, Ausstellung, Performance oder Person die Rede geht. Die Antwort darauf ist also ebenso implizit wie die Frage: alles davon kann in ‚Marina Abramović' gesehen werden. Damit stellt sie (die Unentscheidbarkeit, die Veranstaltung, die Künstlerin, die Inszenierung) maßgeblich die an den Körper Abramovićs rückgebundenen Übertragungen aus und zeigt beispielhaft deren Wirken und deren Generierung – und dies gerade auch in Abramovićs favorisiertem Genre der Performance, wo es traditionell, und ihr ebenfalls, um die Arbeit am und mit dem Körper geht, um seine Verstrickungen im Sozialen, Symbolischen und auch im Ideologischen.

Daher ist es auch folgerichtig, dass sie sich im Rahmen der Ausstellung selbst ausstellt und der „Anspielung auf entsprechende Wendungen auf Einladungskarten zu Vernissagen"[179] insofern eine neue Wende verleiht, als dass sie als Ausstellungsstück

179 Nikolaus Müller-Schöll: Die post-performative Wende. In: *Theater der Zeit*, 12/2012, S. 42–45, hier S. 44.

anwesend ist und nicht nur in Funktion einer Urheberin, die neben von ihr getrennt zu betrachtenden Kunstwerken auftritt. Der Titel macht dabei klar, wie stark eben Person, Marke, Institution ‚Marina Abramović' nach 40 Jahren Performance-Arbeit miteinander verwoben sind und es noch immer aktiv werden, weshalb ‚Marina Abramović' für Film, Performance, Ausstellung, Lebenswerk stehen und alles insofern in sich vereinen kann, als dass sie als *s.s.s.* ihre Legitimation und ihre Wirksamkeit auf vielen Ebenen dar- und herstellt. Die Veranstaltung des MoMA stellt mit aus, wie ein ganzer (Medien-)Apparat dabei hilft, die Leistungen (nämlich die „performance" im Sinne John McKenzies[180]) ihrer Arbeit mit ihrer Person, ihrem Körper, eben ihrer Präsenz in Beziehung zu bringen und mit symbolischer Macht aufzuladen – letztlich zur Kunst zu adeln, zu der die Menschen kommen wie zu einer Audienz, dass der Glanz auf sie abstrahle.

Die symbolische Macht muss dabei freilich auf dem Kunstmarkt zur ökonomischen werden. „Ich bin eine Marke wie Coca Cola"[181], kalkuliert Abramović. Gleichzeitig nutzt sie auch bewusst ihren mit symbolischer (und eben auch finanzieller) Macht aufgeladenen Status, um künstlerisch-soziale Projekte nach ihren Vorstellungen zu initiieren, um nicht in der rein symbolischen, ästhetischen oder wirtschaftlichen Wirksamkeit zu verbleiben und das Wohltätige, das sie in vielen Interviews betont, durch Taten als wirklich auszuzeichnen, ohne dabei jedoch auf ihren Markencharakter und ihre Institutionalisierung verzichten zu wollen. Der Glanz dieser Taten wiederum strahlt von und auf Marina Abramović.[182]

Irgendwo also zwischen genauem Kalkül, institutionalisiertem Messianismus und Experimentierfreude stellt Marina Abramović ihren Körper während nahezu der gesamten Ausstellungsdauer zur Verfügung und will mit ihrer ‚Präsenz' / Presentness offenbar weiterhin das Immaterielle, das Herz der Erfahrung, das sich nur in der intersubjektiven Ko-Präsenz herstellt, fokussieren – anscheinend ohne vorzugeben, es gäbe die ‚Marke' Abramović nicht.[183] Vielmehr scheint die Aktion bewusst als Performance-Verhandlung der Marke in das Zentrum der Ausstellung verlegt. Ihre Presentness spielt sich dabei in beispielhafter Weise im Rahmen ihrer Institutionalisierung ab, wie die zahlreichen Berichterstattungen in verschiedenen Medien dokumentieren und sich dabei als Teil der Performance zeigen. Besonders ihr Erfolg wird häufig erwähnt:

180 Vgl. John McKenzie: *Perform or Else: From Discipline to Performance.* New York: Routledge 2001. Darin die versammelten Begriffe „The Efficacy of Cultural Performance", „The Efficiency of Organizational Performance", „The Effectiveness of Technological Performance" (siehe Inhaltsverzeichnis des Buchs, S. vii).

181 Bodin: „Feminismus kann ich nicht ausstehen."

182 Z.B.: „Künstler haben heutzutage wichtigere Aufgaben denn je. Wer heute Künstler ist, kann nicht einfach in seinem Studio sitzen und sich nicht kümmern, Alkoholiker werden oder einfach eine Überdosis dummer Drogen nehmen." (Marina Abramović über Erkenntnis.) Seit 2011 arbeiten sie und die von ihr Beauftragten am Marina Abramović Community Center Obod in Cetinje, einer ehemaligen Kühlschrankfabrik. Mit dem Marina Abramović Institute (MAI) für Performance Art in einem ehemaligen Theater in Hudson, New York, entsteht zudem seit 2012 ein Ort für Langzeitperformances und das Durchlaufen der ‚Marina Abramović Method', vgl. http://www.immaterial.org (Zugriff am 05.09.2014).

183 Häufig betont sie in Interviews, wie sie viele Jahre mit ihrer Kunstform um Anerkennung gerungen hatte. *The Artist is Present* lässt dies leicht in Vergessenheit geraten.

Ihren größten Erfolg aber feierte sie, als sie sich vor zwei Jahren im New Yorker MoMA auf einen Stuhl setzte und nichts anderes tat, als denen in die Augen zu schauen, die ihr gegenüber Platz nahmen. 90 Tage lang, sechs Tage in der Woche, immer sieben Stunden am Stück. Ohne Pause, ohne zu essen, zu trinken, zu sprechen. Oder auf die Toilette zu gehen.[184]

Dieser Erfolg wird nicht zuletzt auch an Besucherzahlen, Klicks auf die Marina-Cam, Presseoutput etc. gemessen.

Während die Institution ihre Techniken ausübt, die ‚Performance' in ihrer ökonomischen Konnotation und genauer in der von Kai van Eikels diagnostizierten Zusammengehörigkeit mit „ökonomische[m] Handeln" im Sinne von Effektivität / Effizienz zeigt,[185] herrscht in der Performance *in actu* ein konsequenter Überschuss. Zu viel Aufmerksamkeit für eine Person, zu viel Einsatz von der Künstlerin (zu langes Sitzen, zu viel Askese von Nahrungsmitteln, zu viele Stunden Arbeit, zu langes Schweigen), zu sperrige Kleider, zu große Möbel etc. Das Unverrechenbare, das *Mehr* findet nach wie vor in der Verkörperung und um sie herum seinen Platz. Daher verwundert es nicht, wenn gerade hier auch der Schauplatz für einen von Übertragung geprägten intersubjektiven Rapport eingerichtet wird. Das Foyer des MoMA verfügt somit über das konsequenteste Exponat einer Ausstellung, die sich mit dem Werk einer Person befasst und mit dem, was im Kunstkontext über die Zeit aus ihr wurde, und die nun gleichzeitig versucht, sich noch zu übersteige(r)n. Die Handlung der Performance dagegen wird, im Gegensatz zu dem Überschuss, den sie produziert, als anscheinend ganz reduziertbasale intersubjektive Begegnung gesetzt, gerät so in Kontrast mit dem Gesamtrahmen und fragt daher schon im Voraus, wie basal diese Begegnung unter diesen Bedingungen (noch?) sein kann. Der Spiel-Platz der Performance ist also genauso von Bedeutung, wie dass Marina Abramović drei Monate lang täglich über Stunden hinweg auf einem Stuhl sitzt und einer Abfolge von Gegenübern ihre Aufmerksamkeit schenkt; die Institution sowie die Generierung und Ansammlung symbolischer Macht ist vom Körper der Performerin und auch von den Körpern des Publikums nicht abzuziehen. Die Rahmung zeigt dabei, stellt überdeutlich aus, wie stark Marina Abramović mit symbolischer Macht aufgeladen ist, vermehrt diese Macht dabei stetig, ohne dies jedoch zu verschleiern.

Schon das Setting (*sitting*) ließe sich mit dem Begriff des Platzes im Gebrauch Jacques Lacans beschreiben, indem ein Platz die Funktion in einer Struktur bedeutet.[186] Die Einrichtung von Stühlen versinnbildlicht dies; der Stuhl des Gegenübers von

184 Sander: Doku-Film über Marina Abramović.

185 Es geht um „die Stärke der Wirkung, die ein bestimmtes Handeln, die Person eines Handelnden bzw. ein Kollektiv von Handelnden oder ein das Handeln unterstützender Apparat zu erzielen vermag; es geht um die Nachhaltigkeit, die Zuverlässigkeit und Robustheit dieser Wirkung, um die Einsetzbarkeit der Handlungsstrategie, der Person, des Kollektivs oder des Apparates für bestimmte Aufgaben, d. h. um Effektivität; und es geht um das Verhältnis des Aufwands zur Größe dieser effektiven Wirkung, also um Effizienz." (Kai van Eikels: *Die Kunst des Kollektiven. Performance zwischen Theater, Politik und Sozio-Ökonomie*. München: Fink 2013, S. 307.)

186 Vgl. Lacan und seine vier Diskurse; je nachdem wer oder was welchen Platz einnimmt, ändert sich das, ‚was hinten rauskommt'... Jacques Lacan: *Le Séminaire XVII: L'Envers de la Psychanalyse (1969–70)*. Paris: Seuil 1991; ders.: *Meine Lehre*.

Marina Abramović soll ein besonderer Platz sein, der als von ihr selbst eingerichtet erscheinen soll und der gleichzeitig den von ihr für sich selbst eingerichteten Platz akzeptiert. Die Doppelfunktion, in die der Begriff der *Performance* dabei gerät, verweist auf mindestens zwei Institutionen, als deren Vertreterin Abramović spricht bzw. sich schweigend artikuliert, und damit auf die verschiedenen Bereiche, die sich Übertragungsstrukturen zunutze machen können. Hier sind es, und weitere sind damit nicht ausgeschlossen, Ökonomie und Kunst, die Interesse daran zeigen, dass Übertragung sich bildet und ‚funktioniert' bzw. Subjekte in Funktion erzeugt und damit auch droht, ideologisch zu werden. Die ökonomischen Interessen liegen auf der Hand und zeigen einmal mehr das strukturelle Problem des professionalisierten Kunstmarktes auf, nämlich die Verquickung von ökonomischer und künstlerischer Wirksamkeit und deren Umrechnung ineinander. Wie auch im Folgekapitel noch zu sehen sein wird, kann dies eine eklatante Engführung der ästhetischen Erfahrung zur Folge haben, da die experimentelle Offenheit von Zielen und Zwecken, durch die das Ästhetische sich wesentlich auszeichnet, sich nicht be- und verrechnen lässt. Was Lehmann richtigerweise „unheilvolle[ ] Gedankengänge" nennt, nämlich die „Kunstförderung an die sogenannte ‚Akzeptanz' [zu] binden",[187] erzeugt umgekehrt Akzeptanzstrategien in der Kunst, die maßgeblich mit Übertragungsstrukturen arbeiten. Akzeptanz wird dann hervorgerufen, indem das Phantasma im agalmatischen Sehen bestätigt und so auf dessen Gestalt eingewirkt wird, dass es mit dem von der Institution präsentierten zur Deckung kommt. Es handelt sich also um Techniken, Übertragung zu manipulieren bzw. zu „lenken", wie Gabriele Schwab es formuliert,[188] um Subjekte zu erzeugen, die sich in diesen Geltungsbereich werfen, also eben freiwillig lange Schlangen bilden, um dann einer Künstlerin gegenüber in Tränen ausbrechen zu dürfen. Eine solche „sich stauende Menge"[189], welche Nikolaus Müller-Schöll in einem anderen Zusammenhang erwähnt (nämlich für den Eingangsbereich von Tino Sehgals *This Variation* auf der Documenta XIII), muss immer auch als „Teil des Kunstwerks" begriffen werden, das gleichzeitig das Werk vor den Augen des Publikums verbirgt.[190] Die Schlangen prägen also auch schon den Blick auf das zu Sehende.

Damit sind aber auch die Vorgänge aus dieser Masse heraus ins Verhältnis zum Werk zu setzen und letztlich auch der Einsatz repressiver Praxen; die fetischisierenden Handlungen, die sich um das *s.s.s.* herum ansammeln (ausgedehnt langes Aufhalten, ob auf dem Stuhl gegenüber oder um die weiße Linie herum; Weinen; Doppelgängern[191]; honorierende künstlerische Handlungen wie von Baradaran, die jedoch kontrollierbar

187 Lehmann: Über die Wünschbarkeit einer Kunst des Nichtverstehens, S. 426.

188 Vgl. Schwab: *Samuel Becketts Endspiel mit der Subjektivität*, siehe Folgekapitel.

189 Müller-Schöll: Die post-performative Wende, S. 42.

190 Ebd.

191 „Ende März nahm eine junge Frau in blauer Kutte, die dunklen Haare wie Abramović zum Zopf geflochten, für den kompletten Tag den Besucherstuhl ein. Es war die Brooklyner Performance-Künstlerin Anya Liftig, die ihrem Vorbild nacheiferte und mit ihr einen stummen Dialog geführt haben will." (Claudia Bodin: Die Göttliche Marina. In: *Art Magazin*, 03.06.2010. www.art-magazin.de/kunst/30232/marina_Abramović_moma_new_york (Zugriff am 29.08.2014).)

bleiben müssen; wiederholtes Hingehen; die Ausgabe von VIP-Tickets für bestimmte Gäste; Web-Cam-Überwachung; bildliche Dokumentation …), werden institutionell geduldet und teilweise auch gefördert oder in Auftrag gegeben. Widerständige (und angeblich seltene[192]) Versuche hingegen werden unterbunden, wobei es eines eigenen Punktes bedürfte, um zu untersuchen, wer über diese Widerständigkeit letztlich entscheidet; womit noch ein anderer Aspekt der Frage nach Institutionalisierung aufzurufen wäre. Zu widerständig war offenbar bezeichnenderweise eine Aktion, die Nacktheit beinhaltete:

> Am letzten Tag gab es dann endlich die lang erwartete Sensation: Die Filmemacherin Josephine Decker zog sich mit einer geschickten Handbewegung das sommerliche Kleid vom Körper. Splitternackt saß sie Abramović gegenüber, die wie eine Sphinx keine Mine verzog. Sicherheitsbeamte warfen der weinenden, jungen Frau eine Decke über den Körper und geleiteten sie aus dem Museum.[193]

Daraus schlussfolgert wiederum die Filmkritik analog zu ihrer Intention, die ideologisierende Machart des Films als einseitige Affizierung des Zuschauers zu kritisieren, die keinen Diskurs heterogener Haltungen zum Gezeigten entwickelt:

> Mit Dissens wird dabei sehr hemdsärmelig umgegangen: Zuschauer, die nicht exakt die vorgeschriebene Position gegenüber Abramović einnehmen wollen und damit den Unsicherheitsfaktor ‚Mensch' performativ zur Schau stellen, werden schon nach Sekundenbruchteilen von Security-Beamten aus dem Stuhl gezerrt. Eine junge Frau, offensichtlich große Verehrerin der Arbeit Abramovićs, reißt sich das Kleid vom Leib und will nackt posieren. Heulend sagt sie nach dem Rauswurf: ‚But I thought the audience was part of the work!' Falsch und richtig: Das Publikum ist nur insofern Teil, als es die vorgestanzte Rolle einnimmt.[194]

Amir Baradaran wäre dann daher nicht als widerständig einzustufen,[195] da seine Aktion die honorierende Haltung der Künstlerin gegenüber nicht untergräbt oder den Fokus auf sie ablenkt. Das ‚Vorgestanzte' jedoch muss in mehrerer Hinsicht diskutiert werden, worin sich erneut das Spannungsfeld zwischen Kunst und anderen Institutionen zeigt. Grundsätzlich ließe das Konzept der Performance eigentlich jegliche Aktion und Reaktion zu, stanzt wenig vor, was jedoch für den Geltungsbereich des Museums oder des Rechtlichen schon nicht mehr gilt. Deckers nackter Körper war möglicherweise weniger im Dissens zur Kunst Abramovićs einzuschätzen als in einem solchen zu gesellschaftlich-sozialen Konventionen – und damit eben genau auch die Themen von Abramovićs Kunst bestätigend. Die nackten Körper der Reenactments, die das Museum von Abramovićs Performances zeigte, sind institutionell erlaubte, der überraschende und improvisierte Körper aus der Masse des Publikums jedoch nicht. Letztlich eignet sich der Begriff der ‚Störung' ebenfalls dazu, auf den Clash der Institutionen hinzuweisen, und aber auch als Hinweis darauf, wie sich von Marina Abramović Subjektivierte verhalten. Während die Tränen eine relativ zurückhaltende Reaktion sind,

192 „Die Störfälle: Bis auf den Besucher, der sich wenig originell den Finger in den Hals steckte, um sich zu übergeben, und die Person, die Flyer vom oberen Geschoss segeln ließ, blieb es ruhig im MoMA." (Ebd.)

193 Ebd.

194 Klingler: Die Ausweitung der Affirmationszone.

195 Vgl. Einleitung zu dieser Arbeit.

treten mitunter auch Reaktionen auf, die den Handlungsspielraum der Performance auch körperlich ausloten. Z.B. nutzt Baradaran Abramovićs klares Setting, um sich seinerseits ein Publikum für seine Performances zu schaffen und eignet sich so temporär das Setting an, allen voran den Blick Marina Abramovićs. In seiner kleinen Performancereihe *The Other Artist is Present*[196] agiert er das aus, was Marina in ihm sehen soll – letztlich ebenso übertragend, auf einer Ehrerbietung ihr gegenüber basierend. Besonders augenfällig wird seine Hinwendung an sie, wenn er vor dem Museum allein an seinem Tisch sitzt und beim Nach-innen-Schauen auch sein eigenes Spiegelbild sehen muss; er kann nicht von sich absehen. Vielleicht muss also eine konzeptuelle Freiheit der Performance, die einen offenen Ausgang des stringenten Settings vorsieht, an der Unfreiheit anderer Konventionen bzw. Institutionen scheitern?
Interessant bleibt dabei aber ein intersubjektiver Überschuss, der nicht aufzugehen scheint und den Abramović auch offensiv behauptet. So spricht sie in Interviews über ihr Interesse an den persönlichen Geschichten ihrer Gegenüber, z.B. an ihrer Traurigkeit, wie die Geschichte von Minty zeigt.[197] Es ist dabei auch nicht primär wichtig, ob sich das alles so zutrug, wie sie es behauptet. Wichtiger ist, dass Abramović bewusst daran arbeitet, dass dieses persönliche, inter-subjektive Interesse mit ihr in Verbindung gebracht wird, und dass sie für den intersubjektiven Rapport trotz aller Funktionalisierungen der einzelnen, persönlichen Geschichte Wert zuschreibt – also in allen ein jeweiliges Inneres, zu dem ein ‚Weg' führt, annimmt. Von diesem Ansatz her wäre auch der Künstlerin eine Bereitschaft zuzuschreiben, *agalma* in ihren Gegenübern zu sehen, gerade weil sie zunächst nichts tut und einen anscheinend übertragungslosen, leeren Blick richtet (ihre freischwebende Aufmerksamkeit nämlich, als zunächst ge-setz-esloser Raum); und evtl. wäre diese Bereitschaft auch ein Auslöser von Rührung. In so einem Rapport sind die Beteiligten also eigentlich nie restlos auf ihre funktionalisierte Sub-jektivität reduzierbar. Gerade das zunächst objektiv anmutende, unpersönliche

196 „Baradaran accepts her invitation as an impassioned fellow artist looking to engage her in a sohbat, a Persian term for a conversation with a spiritual dimension. Meticulously responding to concepts and imagery developed by Abramović, he adds his own layers of interpretation to pay homage to a pioneer of performance art." (Amir Baradaran: *The Other Artist is Present. A Sohbat/Conversations with MA's The Artist is Present.* http://vimeo.com/channels/122142 (Zugriff am 21.12.2014).) Es handelt sich um eine Performancereihe in vier Akten, die vor und für Marina Abramović spielt: 1. „Bodies & Marriage": Baradaran macht Marina Abramović am Tisch mit ihr eine Liebeserklärung und einen Heiratsantrag; 2. „Behind the Canvas": Baradaran verbirgt sein Gesicht am Tisch hinter beschrifteten Leinentüchern und nimmt dann seine Fingerabdrücke, Marina Abramović lacht darüber; 3. „Other Trance": zweiter Teil von „Behind the Canvas": Baradaran singt ein Sufi-Mantra in Arabisch (über Schönheit, in Bezug auf *Artist must be Beautiful*) und wiegt sich trancemäßig vor und zurück; 4. „Reflections": Baradaran sitzt nun allein an einem anderen Tisch vor dem Eingang des MoMA und wiederholt das Mantra, siehe Einleitung dieser Arbeit.

197 „Ich muss Ihnen etwas erzählen, was mich nicht loslässt. Ich kann allerdings nicht darüber reden, ohne dass mir die Tränen kommen. Einmal kam eine Frau mit einem Bündel, das sie in ein großes Tuch gehüllt hatte und eng an sich drückte. In der Sekunde, als sie sich setzte, war ich außer mir. Noch nie hatte ich so viel Schmerz in meinem Leben erlebt, niemals. Nachdem wir eine Zeitlang gesessen hatten, öffnete sie das Tuch und zeigte mir ein Baby, das auf dem Kopf keine Haare aber eine breite Narbe vom Ohr quer über die Stirn hatte. Und dann ging sie." Später erfuhr Marina Abramović über Umwege: „Minty, das Baby war damals wohl acht Monate alt. Es hatte einen Hirntumor und bereits eine Chemotherapie hinter sich. An diesem Morgen, bevor sie ins Museum kam, hatte die Frau vom Arzt erfahren, dass keinerlei Hoffnung mehr bestand." (Marina Abramović über Erkenntnis.)

Angesehenwerden als ‚Besucher_in' kann die einzelne Person hervortreten lassen, denn entgegen der nivellierenden Berichterstattung durch die Betonung des gemeinsamen Affekts zeigen doch gerade die Portraitfotos die starke Unterschiedlichkeit der Gesichter. Trotz der Gemeinsamkeit der Zielgruppe und der Hinwendung sind allein schon Aussehen und Auftreten, Alter etc. divers, ebenso wie die Mimiken. Gerade die gleichbleibende Perspektive, aus der die Bilder aufgenommen wurden, ermöglicht dabei eine Konzentration auf die Differenzen.

*The Artist is Present* kann also als eine beispielhafte Konstellation verschiedener Umgänge mit Übertragung betrachtet werden, institutionalisiert-instrumenteller und freischwebend-experimenteller, wobei der kollektiv zu nennende Affekt, der Wahrnehmung abgibt, den Auslöser für die Untersuchung darstellt und gleichzeitig als Beweis der Wirksamkeit funktionalisiert wird (Portraitfotos, die offensiv für Argumentationen oder schlicht Werbung benutzt werden). Die Reduktion der Situation auf gegenseitiges Anblicken in Kontrast zum institutionalisierten Umraum verdeutlicht dabei nochmals die Relevanz des Raumes, in dem sich übertragende Körper begegnen.

Ein anderes Beispiel, das expliziter distanzierend mit der Inszenierung von Übertragungen arbeitet, die sich mit Institutionalisierung verbinden und an ihr sichtbar machen, ist das *Amt für Umbruchsbewältigung*. Dort werden Praxen des Expertentums, also mutmaßlich wissender Subjekte, mit einer fiktiven institutionalisierenden Bürokratie konstelliert. Diese Umkontextualisierung stellt genau die Relevanz des Raumes für intersubjektive Begegnungen aus und macht diese letztlich kritisierbar. Wie bei *The Artist is Present* gibt es ‚Audienzen' bei Expert_innen, die einem in einer 1:1-Situation gegenübersitzen und blicken, aber maßgeblich auch sprechen – und dies tun nicht nur sie, sondern ebenso die Besuchenden. Das Privileg der Rede ist, zumindest konzeptionell, nicht auf einen Platz in der Konstellation beschränkt.

## Amt für Umbruchsbewältigung

... so prangt es drei Tage lang in großen gelben Lettern auf hellrotem Grund auf einem Banner am Gebäude des Frankfurter Presse- und Informationsamts.[198] Süffisant und prominent stellt es damit schon auf den ersten Blick Techniken der Institutionsfingierung aus und qualifiziert sich somit als experimenteller Umgang mit ihnen. Unter der künstlerischen Leitung von Jan Deck und Fanti Baum eröffnet dieses *Amt* 2012 im Rahmen der Ausstellung *Demonstrationen. Vom Werden normativer Ordnungen* des Frankfurter Kunstvereins und in Kooperation mit dem Exzellenzcluster „Die Herausbildung normativer Ordnungen" an der Goethe-Universität und dem Presse- und Informationsamt der Stadt Frankfurt am Main. Die Büros der tatsächlichen Behörde werden nach dessen Feierabend durch eine Vielzahl von Expertinnen und Experten,[199] nämlich um die 40 Wissenschaftlerinnen und Wissenschaftler aus den Bereichen Politologie / Politische Theorie, Philosophie, Gesellschaftswissenschaften,

198 Zeitraum der ‚*Amts*-Zeit': 27.–29.01.2012.

199 In diesem Fall sind die angekündigten Personen tatsächlich alle entweder als Expertin oder Experte gegendert, vgl. Informationsbroschüre des *Amts für Umbruchsbewältigung*.

Theorie, Jura, Ethnologie, Soziologie und Friedens- / Konfliktforschung besetzt, an die sich das Publikum zu Einzelgesprächen rund um das Thema ‚Umbrüche unserer Zeit' wenden kann. Innerhalb der Öffnungszeiten können jeweils 20-minütige Termine zu selbst aus dem Angebot auszuwählenden Themen gebucht werden – die Gesprächsangebote werden dabei nochmals in Themenfelder untergliedert: Demokratie und Freiheit, Globale Phänomene, Ökonomie und Gerechtigkeit –, falls der gewählte Termin nicht schon vergeben ist. Dabei ist bei der Auswahl auch zwischen Namen und Themenangebot zu unterscheiden: die Chance, 20 Minuten des prominenten Wissenschaftlers Axel Honneth für sich zu beanspruchen, steht mitunter einem interessanter anmutenden Themenangebot einer oder eines Unbekannten gegenüber. Wessen Geltungsbereich gilt es sich nun zu unterwerfen? Wobei die ausgewiesenen „Gesprächsregeln"[200] demgegenüber explizit dazu auffordern, die Fachgespräche „auf Augenhöhe"[201] mit den jeweiligen Expertinnen und Experten zu führen – bei der Auswahl steht also eine Informationsbroschüre des *Amtes* zur Seite, die alle Expert_innen und die Regeln des Beratungsgesprächs noch einmal aufführt.

Für diese Beratungsgespräche muss eine aus Ämtern und Behörden bekannte Anmeldeprozedur durchlaufen werden: es gibt zunächst einen Wartesaal mit Nummernausgabe, dann, nach Aufruf der Nummer, im angrenzenden Gebäude einen Empfang am Anmeldeschalter im Erdgeschoss des Amtes, wo auf langen Regalen alle Namen der Wissenschaftlerinnen und Wissenschaftler sowie ihre Themenangebote ausgelegt sind. Von der Gruppe der Wartenden im Saal mit Bar muss sich also entfernt werden. Nach der Registrierung per personalisierter Ausweiskarte, Termineintrag und Anmeldebogen, alles gestempelt selbstverständlich, führen Mitarbeiterinnen und Mitarbeiter des Amtes die Gäste gruppenweise in die oberen Geschosse des kühl-sachlichen Bürogebäudes mit vielen Stockwerken und Fluren zu dem jeweiligen Büro der zuständigen Expertin oder des Experten, wo dann einzeln vor der Tür gewartet werden muss. Nach genauem Zeittakt ertönt ein Klingeln, die Bürotüren werden geöffnet, es darf eingetreten werden und das Gespräch beginnt. Es findet wahrscheinlich[202] überall in einer ähnlichen Schreibtischsituation statt: die Expert_innen hinter dem Tisch, die Klient_innen davor, klar zugewiesene Plätze der Funktionen also. Der Experte Thomas Khurana referiert in seinem Beratungsgespräch, an dem ich teilgenommen habe, über „Paradoxien der Freiheit. Von Zwängen frei zu sein" zunächst ausführlich zum Thema. Im Zuge dieses Referats zu Freiheit als Unfreiheit ist dann ein Dialog auf inhaltlicher Ebene des vom Experten Angesprochenen möglich, von dem er sich auch kaum abbringen lässt, da er sich zu fachfremden Fragen, im Gegensatz zu Fragen, die ‚sein' Thema betreffen, wortkarg zeigt. Nach den zur Verfügung stehenden 20 Minuten zeigt ein erneutes Klingeln das Ende der Sitzung an. Der Experte bestätigt mit seiner Unterschrift das stattgefundene Gespräch auf der Ausweiskarte[203] und händigt einen

200 Siehe Informationsbroschüre des *Amts für Umbruchsbewältigung*.

201 Ebd.

202 Das ist ein zentraler Punkt der Differenz zu *The Artist is Present*: Es kann niemand wissen, was in den Audienzen passiert, außer den beiden jeweils Beteiligten.

203 Jedenfalls weist die Ausweiskarte ein solches Feld auf. Thomas Khurana vergisst dies offenbar, jedoch kommen aus anderen Gesprächen Teilnehmer_innen mit unterschriebenen Karten.

Abb. 10: *Amt für Umbruchsbewältigung.*
Im Rahmen der Ausstellung *Demonstrationen* im Frankfurter Kunstverein, 2012.

Abb. 11: Empfang des *Amts für Umbruchsbewältigung.*

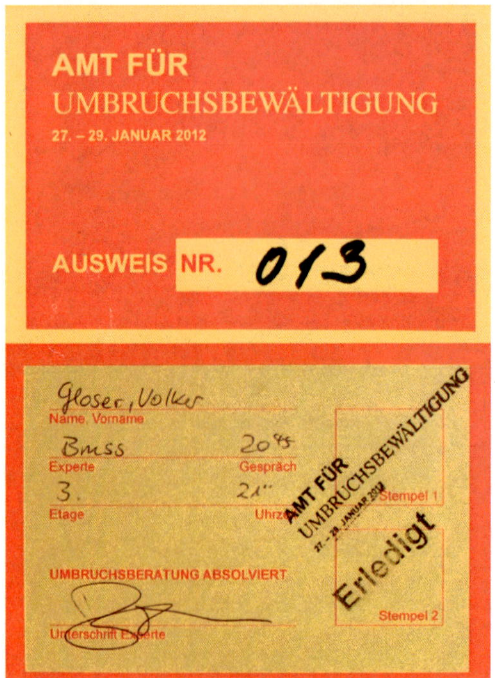

AMT FÜR
UMBRUCHSBEWÄLTIGUNG
27. – 29. JANUAR 2012

AUSWEIS NR. 013

Gloser, Volker
Name, Vorname
Experte
Gespräch
3.
Etage
Uhrzeit
Stempel 1
UMBRUCHSBERATUNG ABSOLVIERT
Stempel 2
Unterschrift Experte

AMT FÜR
UMBRUCHSBEWÄLTIGUNG
27. – 29. JANUAR 2012
Erledigt

Abb. 12: Ausweis des *Amts für Umbruchsbewältigung*.

verschlossenen Briefumschlag zum Mitnehmen aus. Darin befindet sich, wie nach Verlassen des Büros zu sehen ist, auf einem DIN A4-Blatt die „Handlungsempfehlung zur Umbruchsbewältigung Thomas Khurana", die wie folgt lautet:

> Sagen Sie bei nächster Gelegenheit zu einer Anfrage oder Bitte ‚Nein', von der Sie zwar denken, Sie sollten sie eigentlich erfüllen, bei der Sie aber Unbehagen haben und die Sie ‚eigentlich' gerade nicht erfüllen wollen. Wie fühlt sich das Ablehnen an? Als ein Schritt zu mehr Freiheit oder als ein Verstoß gegen das, was Sie selbst ausmacht?

### *Institutionalisierungen II*

Auch im *Amt für Umbruchsbewältigung* wird mit der Inszenierung von mutmaßlich wissenden Subjekten bzw. Expertentum und der leiblichen Begegnung mit ihnen gearbeitet, wie in *The Artist is Present*. Bei beiden Audienzen bestimmt maßgeblich die Rahmung die intersubjektive Begegnung, und dabei besonders auch Warten und institutionalisierte Zugangskontrollen zur personalisierten Expertise bei gleichzeitigem Bezug auf biographische Fakten, die dieses Warten rechtfertigen. Im Unterschied zu Marina Abramović im MoMA jedoch ist die Inszenierung der Bürokratisierung im Rahmen des *AfU* deutlich ausgestellt und bricht die Übereinstimmung zwischen ontologischen und repräsentativen Faktoren der von ihm als Expert_innen ‚institutionalisierten' Subjekte und auch der Institution selbst. Ein *fiktives* Amt entsteht im Museumskontext Frankfurter Kunstverein, und schon seine Platzierung in einem benachbarten Bürogebäude befragt das Verhältnis zur Institutionalisierung, anstatt kongruent eine ‚echte' Künstlerin in einem ‚echten' Ausstellungsraum verdoppelnd und authentifizierend zu exponieren. Zudem fallen hier nicht der Name einer Person und eine Institution zusammen, sondern viele Namen und Personen werden einem *Amt* zu- bzw. untergeordnet. Das ‚Herz der Erfahrung' wird also nicht mit einer Person überblendet, sondern dezentralisiert – kein Atrium, um das sich Räume gruppieren, sondern ein Empfang im Erdgeschoss, der sich hernach in unnachvollziehbare Wege in verschiedene Einzelräume in verschiedenen Stockwerken aufsplittet und so den einzelnen Besuchenden eine ganzheitliche Wahrnehmung und gemeinsame Erfahrung verweigert und ebenso das Bezeugen des Aufeinandertreffens mit den Expert_innen im ‚Inneren' verhindert.

Während also das MoMA die gemeinsame Erschaffung des *s.s.s.* Marina Abramović gerade auch in der Versammlung von Menschen um sie herum befördert, vereinzelt das *AfU* sein Publikum sukzessive und entfernt damit eine zentrale Bestätigung kollektiver Übertragung bzw. ihrer Legitimierung, die mit Hannah Arendt auch als „Gegenwart anderer, die sehen, was wir sehen, und hören, was wir hören", formuliert werden kann, die „uns der Realität der Welt und unserer selbst [versichert]."[204] Eine solche ‚Realität' erweist sich so also auch als eine (kollektiv) konstruierte. Mit dem Fokus auf eine Vielfalt von Themen und Personen werden die Einzelsitzungen im *Amt* hingegen zu Experimenten mit deutlich offenerem Ausgang als die zu bezeugende Audienz der Wertbehaftetheit bei der ‚göttlichen Marina', gerade weil im Beratungsgespräch des *Amtes* keine Gegenwart anderer eine Realität der Wertzuschreibung versichert; gleichzeitig diskursiviert die spürbare, nur teilweise gemeinsame und fingierte Verhaftung in einer institutionellen Praxis ohne Einfluss auf sie die Situation, welche so eine Vielstimmigkeit erhält. Es souffliert hier offenbar nicht nur eine geheime Stimme. Nicht nur erhalten die Besuchenden jeweils unterschiedliche ‚Beratungen', sie müssen für einen Austausch darüber später erzählt werden und tragen den Diskurs weiter bzw. erschaffen einen neuen.

Der Rahmen bürokratischer Praxen als Fingierung ruft dabei mehrere mögliche Brüche zu einer versicherten Realität und / oder Ordnung auf. Zunächst verdeutlicht sie eine im Grunde schon zum Genre oder Allgemeinplatz gewordene Möglichkeit theatraler Darstellungspraxen, nämlich die Bewusstmachung der ‚Theatrizität' des Alltags durch Rahmung, wie sie wohl maßgeblich auch dem Kollektiv Rimini Protokoll zuzuschreiben ist. So betont Stefan Kaegi gesellschaftliche Praxen und (meist urbane) Orte, „die in sich schon derart theatralisiert oder von der ökonomischen Wirklichkeit transformiert sind, dass es sich lohnt, sie nur einzurahmen, anzusehen und zu fragen, was hier eigentlich die Repräsentationsverhältnisse sind."[205]

Das *Amt* rahmt aber nicht nur, indem es das Amtsgebäude bespielt, sondern (re-)inszeniert, zitiert zudem Amtshandlungen und dortige Organisationspraxen durch die Injektion eines anderen Amtes und seiner Belegschaft – beobachtet also

204 Hannah Arendt: *Vita Activa oder vom tätigen Leben*. München / Zürich: Piper 1999, S. 63.

205 Von ferngesteuerten Zuschauern und einem mobilen Guckkasten. Interview von Jan Deck mit Stefan Kaegi. In: Jan Deck / Angelika Sieburg (Hrsg.): *Paradoxien des Zuschauens. Die Rolle des Publikums im zeitgenössischen Theater*. Bielefeld: Transcript 2008, S. 63–72, hier S. 65.

nicht nur rahmend, sondern re-präsentiert auch. Die Repräsentationsverhältnisse erweisen sich in diesem Zitat (Nachahmung?) als die Machtverhältnisse, die Körper choreographieren und Subjekte auf Plätze weisen, die sie auch sind. Gerade ‚das Amt' ist ja wenig suggestiv als Stellvertretung realpolitisch verwaltender Kommunal-, Landes- oder Staatsregierungen, eben als „Staatsapparat"[206] zu erkennen, dessen Ordnung sich die Bürgerinnen und Bürger (eben als solche sub-jektiviert) fügen sollen und das entsprechend mit symbolischer (und letztlich auch mit exekutiver) Macht aufgeladen ist. Im Zitat der behördlich-choreographierten Praxen können diese zum Zeichen, zum Repräsentanten für etwas weiteres werden, wie ein Blogger interpretiert, der über seinen Besuch des *AfU* schreibt, damit teilnimmt am post*amt*ischen Diskurs und gerade auch in der Kontrastierung von übertriebener Amtshandlung und bereicherndem Zwiegespräch einen für sich wertvollen Moment ausmacht:

> Den bürokratischen Verwaltungsakt kann man als stellvertretend für die postdemokratische Technokratie betrachten, auf die wir uns zubewegen. Die anschliessende [sic!] Unterhaltung mit den Denkanstössen [sic!] ist dann der Moment des Bruchs. Zudem macht der ‚Amtsbesuch' aus Teilnehmern aktiv Mitwirkende an diesem Kunstwerk – mittendrin statt nur dabei![207]

Die besondere ‚performance' der *Amts*-Fiktionalisierung wäre vor diesem Hintergrund also zunächst die behauptete Bürokratisierung von etwas genuin Unbürokratisierbarem. Dieser durchaus mit Humor aufnehmbare Widerspruch, die Kluft, die sich zwischen *Amt* und *Umbruchsbewältigung* auftut, kann also als Zwischenraum angesehen werden, der von den jeweiligen Besuchenden des Amts zu füllen ist und mit dem sowohl alle dem Amt integrierten Expert_innen als auch seine Klient_innen zu tun bekommen.

Dabei gilt es von vornherein nicht, das *Amt* als außerhalb seines institutionalisierten Rahmens (Kunstverein, Diskurs um Projekte zwischen Politik und Kunst) existent wahrzunehmen, also im Unklaren darüber zu verbleiben, ob jenes auch außerhalb dieses diskursiven Kunstkontextes existiert. Vielmehr wird durch die Verschiebung der bürokratisiert-autoritären Erfahrung in einen auch ästhetischen Rahmen ein Bruch erzeugt, der auf die Praxen, die dispositivisch Subjekte choreographieren, humorvoll aufmerksam macht. Das *Amt* agiert also insofern nicht als *Fake*, da es sich sofort als fingierend ausstellt. Martin Doll beschreibt „aufgedeckte Fälschungen und Fakes als praktisch-immanente Diskurskritik." Diese

> stören [...] das reibungslose Funktionieren bestimmter Wissensgebiete, institutioneller Bereiche oder Kommunikationsordnungen von innen heraus *in actu*, insofern sie dafür sorgen, dass in diesen Feldern gültige Aussagen und Praktiken auf den Prüfstand gestellt werden. Sie irritieren so nicht nur nach ihrer Entlarvung das Selbstverständnis, mit dem man zu wissen glaubt, was als wahr, echt, authentisch, original oder autorisiert gilt, sondern lassen mitunter auch gesicherte Vorstellungen, was eine Fälschung ist, ins Wanken geraten.[208]

206 Vgl. Althusser: Ideologie und ideologische Staatsapparate.

207 https://hackentrick.wordpress.com/tag/amt-fur-umbruchsbewaltigung (Zugriff am 31.08.2014). Das „absichtliche Ignorieren von ß" zählt der Autor übrigens als eine seiner „weiteren Passionen" auf. Das Thema der Aktivität wird später noch zu verhandeln sein.

208 Martin Doll: *Fälschung und Fake. Zur diskurskritischen Dimension des Täuschens*. Berlin: Kadmos 2012, S. 12–13.

Das Amt stellt so auch den Unterschied zwischen verschiedenen Wahrnehmungs- und Verhandlungsmodi aus bzw. zwischen unterschiedlichen Registern der Wirksamkeit und Kontexte. Statt Falschgeld prägt es Spielgeld, könnte zugespitzt behauptet werden, das eben nicht auf der Wirkebene staatsapparatlicher Behörden agieren, sondern aus seinem ästhetischen Kontext heraus wirksam sein will, indem es Wissens- und Wertunterstellung als Zusammenspiel zwischen Expertise und ihren Inszenierungen und subjektiver Eigenverantwortung *aktu*alisiert. Was Doll als kritisches Potential von Fälschungen ansieht, könnte so auch für fingierende Mimetiken von Kunst gelten, nämlich dass sie „den Blick auf die Bedingtheiten von Erkenntnissen, Erfahrungen und Diskurspraktiken schärfen“ und „mitunter einen grundlegenden Dissens gegenüber vorgefundenen Ordnungen, wie Wissen verteilt, oder allgemein, wie regiert wird (Foucault), zur Artikulation bringen, mit dem Effekt, ansatzweise deren jeweilige Verunsicherung und Veränderung zu bewirken.“[209]

Das *AfU* deckt sich dabei also direkt selbst auf; es erweist sich von vornherein als experimentelles Modell, das sich nicht als ‚echtes‘ Amt tarnt, aber Praktiken der Bürokratie unverkennbar zitiert. Zu dieser Kontextbefragung gehören dann die bereits beschriebenen Gesprächssituationen, die solchen aus dem institutionalisierten Umgang mit Expertise gleichen. Sie wirken, im Gegensatz zum Rahmen, wenig inszeniert und erwecken den Eindruck, als gehörten sie zum alltäglichen Aufgabenbereich der Expert_innen. Institutionell-biographische Legitimierungen des Sprechens werden also gleichzeitig gestützt (‚echte Expert_innen‘) und durchbrochen (‚falsches Amt‘).

Die übertragende Wertunterstellung wird mithin also zitiert und konterkariert: durch die offensive Behauptung von Autorität und Wissen als Angebot, sich den Geltungsbereichen dieser Wissenden zu unterwerfen, indem mit biographischen Fakten gearbeitet wird, die mit üblichen Kommunikationsgesten der Veramtung und Beratungs-/Informationskommunikation verwoben werden. Die fingierte Institution legt sich dann jedoch sowohl über die Klient_innen des *Amtes* als auch über die Institutionen, als deren Teil die Expert_innen für gewöhnlich sprechen (Institute, Gerichtshöfe, Universitäten etc.). Damit stellt sie die ‚Glaubwürdigkeit‘ von Expertise in der Kontextverschiebung zur Diskussion bzw. entlarvt die Möglichkeit zur Übertragung und Anerkennung eines wissensbehafteten Status als Entscheidung. Der fiktiven Autorität des *Amtes* sind also die Expert_innen ihrerseits ebenso unterworfen wie die Besuchenden, und das macht den zentralen Punkt in der *Amts*-Choreographie aus: Das Beratungsgespräch ist nicht zu erhalten, ohne den fingierten Prozess des Amtes räumlich-körperlich zu durchlaufen – ob die Körper nun in Einzelzimmern sitzen oder durch die Wege der Bürokratisierung regelrecht manövriert werden. Als Expert_innen anerkennbare Subjekte stellen ihre symbolische Macht also in den Dienst einer fingierenden und materiell bewegenden Ordnung.

209 Ebd.

Das Verhältnis zwischen Wissens- und Wertzuschreibung zu legitimierenden Umräumen und Kontexten wird in diesem *Amt* also besonders darüber befragt, dass solche Kontexte überblendet und Körper in diesem Überblendungsraum bewegt und konstelliert werden. Dieser Fokus auf verschiedene Modi und Kontexte kommt dabei nicht von ungefähr, er ist schon in der Aufgabenstellung formuliert bzw. Ausgangsfrage des Projekts, wie Jan Deck berichtet: „Ich bin vom Kunstverein beauftragt worden, ein Format zu entwickeln, das mit der Kooperation zwischen Wissenschaft und Kunst ernst macht."[210] Diesen ‚Auftrag' über eine Verhandlung des *s.s.s.* anzugehen, leuchtet nun für Kunst wie für Wissenschaft ein, denn beide arbeiten an ihren Wirkungen auf Subjekte bzw. subjektivieren in den Wirkungen intersubjektiver Rapporte. Damit kommt also erneut die Rahmungsfrage aufs Tapet, indem das *Amt* seinerseits nicht betrachtet werden kann, ohne zu erkennen, dass es selbst durch einen größeren Institutionskomplex gerahmt ist, nämlich das Ausstellungsprojekt *Demonstrationen*, der seinerseits in seiner Kommunikation wenig ironisierend oder kontrastierend arbeitet (ähnlich wie das Museum für Abramović) und ungebrochen ernsthaft seine symbolische Rechtfertigung oder auch einfach nur Ankündigung betreibt, die auch auf das *Amt* übergreift. Dieses wird dann unter Umständen als zugehörig „zum wissenschaftlichen Rahmenprogramm der Ausstellung" angekündigt und kontextualisiert, wie die Pressemeldung der Goethe-Uni formuliert.[211] Entsprechend entwickelt das *Amt* ein Eigeninteresse daran, dass auch „Demonstrationen von Macht und Zweifel"[212] zur Darstellung kommen. Demgegenüber vermittelt der Ausstellungsrahmen über die individuellen *Amts*gänge hinaus übergeordnete Wirksamkeiten im Rahmen des Ausstellungskontexts, die auf nicht-ästhetischer Ebene weiterdiskutieren, wie im Rahmen von Symposien z.B., und also einen Rahmen für Gruppengespräche bietet, die im *Amt* selbst ausgeschlossen sind. Gerade aber auch diese verschiedenen Wahrnehmungsmodi und Diskursebenen lassen erkennen, dass diese Verschiedenheiten den institutionalisierten Kooperationspartnern möglicherweise weniger wichtig sind, wenn sie im legitimierenden Diskurs um das Projekt die Bereiche hervorheben, denen sie ihrerseits Wissen und Renommee zuschreiben (um ihre Beteiligung an für sie ungewöhnlichen, da interdisziplinären Veranstaltungen zu rechtfertigen?), wie etwa die Vertretung der Uni Frankfurt:

210 Jan Deck in Amts-Erfinder. http://www.frankfurt.de/sixcms/detail.php?id=2855&_ffmpar%5B_id_inhalt%5D=8894353 (Zugriff am 08.02.2015).

211 „Das ‚Amt für Umbruchsbewältigung' gehört zum wissenschaftlichen Rahmenprogramm der großangelegten Ausstellung ‚Demonstrationen. Vom Werden normativer Ordnungen', die vom Cluster und dem Frankfurter Kunstverein organisiert wird. Das interdisziplinäre Ausstellungsprojekt umfasst 40 internationale künstlerische Positionen und ist vom 20. Januar bis zum 25. März im Frankfurter Kunstverein zu sehen. Das Projekt nähert sich auf Basis künstlerischer und ideengeschichtlicher Ansätze dem lebendigen Moment des Aushandelns verbindlicher gesellschaftlicher Normen. Historische Grafiken und Gemälde treten in den Dialog mit zeitgenössischer Malerei, mit Fotografie, Installationen, Videoarbeiten und zahlreichen Performances in den Räumen des Kunstvereins und im Frankfurter Stadtgebiet." (www.muk.uni-frankfurt.de/38890881/296 (Zugriff am 08.02.2015).)

212 Fanti Baum in Amts-Erfinder.

‚Obwohl das Format einer Bürgersprechstunde etwas ungewöhnlich ist und flankierend zur Kunstausstellung einen besonderen Akzent setzt, steht es doch in der Frankfurter Tradition einer Bürgeruniversität, der es immer schon ein Anliegen war, gesellschaftspolitisch relevante wissenschaftliche Ergebnisse in eine breite außerakademische Öffentlichkeit zu vermitteln', betonen Klaus Günther, Co-Sprecher des Clusters, und Peter Siller, wissenschaftlicher Geschäftsführer.[213]

Die Frage der Wirkungen und der Wirkungsebenen behandelt dann eben immer auch Relativitäten der Klassifizierung. Mit Lehmann kann diese Frage dann entsprechend für ästhetische Wirkungsebenen formuliert werden, denn eine Bestimmung der Kontexte nimmt auch Einfluss auf die Rezeptionsebenen, so dass etwa „der Zuschauer sich notgedrungen (durch die inszenatorische Praxis veranlaßt) [fragt], ob er auf den Bühnenvorgang als Fiktion (ästhetisch) oder als Realität (also z. B. moralisch) reagieren soll."[214]

Kommt die Klientel ins *Amt* also zur Kunst oder zur Wissenschaft, zum politischen Diskurs oder zur persönlichen Gratisberatung? Diese Entscheidungen sind aber wesentlich wieder die einer subjektiven und / oder institutionellen Bestimmungsinstanz und Dispositivierung, die durch übertragungstheoretisch konstruierte Perspektiven fokussiert werden können. Sie rufen den Themenkomplex verschiedener Arten des Sehens auf, seiner Bewertung und Kategorisierung und eben der Anteile von Übertragung daran. Wie die Expert_innen im Amt also eingestuft werden, ob sie sich als *s.s.s.* verkörpern, bleibt der Wissensunterstellung der einzelnen überlassen, da sich das *Amt* in seiner Choreographierung der Körper gegen seinen symbolischen Einbettungsrahmen behaupten kann – denn die Erfahrung im *Amt* muss jeweils körperlich vollzogen werden, und diese Erfahrung ist die einer Kontrastierung auf verschiedenen Ebenen.

Im Gegensatz zu *The Artist is Present* im Museum opponiert die Ausstellung der Inszeniertheit des *Amtes* (temporäre Okkupation eines Gebäudes, übermäßige Bürokratisierung auf selbst erstellten Unterlagen basierend, ...) gegen seine institutionelle Repräsentationsfunktion und subjektivierenden Ordnungspraxen. Die mangelnde Legitimierung der ausagierten Autorität durch symbolische Macht und der trotzdem erfolgende Anspruch an die Befolgung der aufgestellten Regeln konstruieren ein absurd erscheinendes Außen, das sein wertvolles, mit Expertise behaftetes Inneres silenenhaft umgibt. Doch hier ist offenbar nicht der wertvolle Kern phantasmatisch sondern die Hülle. Dennoch arbeitet das *Amt* an der Postulierung seines wertvollen Inneren und stützt dies auf biographische Fakten und symbolisches Vermögen. Die Besuchenden laufen also durch ein Phantasma, um zu einem Kern vordringen zu können, der durch seine Hülle zumindest potentiell immer die Macht der Fiktionalisierung ausstellt. Wenn ein fiktives Amt Expertinnen und Experten beinhaltet, wäre also zumindest zu überprüfen, welchen Wert der Inhalt hat. Gerade dadurch können dann Fragen aufkommen, wie die Wolfgang Liebs, der für eine sich selbst als diskurskritisch verstehende Webseite schreibt:

213 Pressemitteilung der Goethe-Universität Frankfurt, 16.12.2011. http://www.muk.uni-frankfurt.de/38890881/296 (Zugriff am 07.02.2015).

214 Lehmann: *Postdramatisches Theater*, S. 177.

> Stellten sich die Wissenschaftler der Gesellschaft oder ließen sich die Exzellenzen nur kurz besichtigen? Philosophen und Leibniz-Preisträger zum Anfassen, für ein paar Minuten zumindest: Ein flüchtiger Eindruck für alle Beteiligten? Oder versucht eine Wissenschaft, die den Anschluss an die Gesellschaft verloren hat, ihre eigene Umbruchsbewältigung? Ergibt ein Puzzle aus aktuellen Eindrücken und Einsichten ein Bild?[215]

Diese Fragen zeitigen doch einen Erfolg des *Amtes*, indem dialektische Momente auftauchen, für die nicht sofort schon eine Entscheidung gefunden oder gar präfiguriert wird, denn die Fragen bleiben offen und finden Eingang in einen (dann wieder rahmenden) Diskurs. Kollektivierung wird rückwirkend, außerhalb der Autorität wieder angeboten: Daher entzieht sich die Empfehlung der Expertise wiederum der fingierten Autorität innerhalb des *Amtes* und wird verschlossen, für die Rezeption außerhalb des Amtsvorgang ausgegeben. Sie lässt offen, ob sie angenommen, ja überhaupt gelesen wird. Die Frage danach, ob der Status des *s.s.s.* über den fingierten Rahmen gilt, ob seinem Rat Folge geleistet werden soll oder nicht, ob es ‚mir etwas zu sagen hat', also der gesamte Umgang mit dem Wurf in den Geltungsbereich wird letztlich in die Verantwortung der Besuchenden zurückgegeben, zurück ins Erdgeschoss mit Bar oder zur Inszenierung der expertivierten Autoritäten und ihrer Diskursivierung im Rahmen einer Institution namens Podiumsdiskussion. Übrigens finden sich dort auch Subjekte, die ihre Entscheidungen dem Diskurs beitragen: Es wird von einer Gruppe Occupy-Aktivisten berichtet, die gegen das Ausstellungsprojekt demonstrieren. „Sie sehen in der Ausstellung ‚die Gefahr der Musealisierung des Protests'."[216]

### *Verkörperung und Spiel-Regeln*

> GESPRÄCHSREGELN:
> Bitte beachten Sie folgendes [sic!] Regeln und Hinweise bezüglich Ihres Gespräches mit unseren Experten:
>
> 1. Konzentrieren Sie sich, bevor Sie das Zimmer betreten. Überlegen Sie sich, was Sie an dem gewählten Thema interessiert und welche Fragen Sie dazu haben.
> 2. Bitte betreten sie die Zimmer nur alleine. Nur wer eine gültige Gesprächsanmeldung vorweisen kann, ist berechtigt ein Beratungszimmer betreten.
> 3. Fühlen Sie sich frei, mit den Experten zu diskutieren, ihnen Fragen zu stellen, ein Gespräch auf Augenhöhe zu führen.
> 4. Bitte bleiben Sie freundlich zu unseren Mitarbeitern, sie tun ihr Bestes, um ihnen bei der Bewältigung wichtiger Umbrüche zu helfen.
> 5. Bitte unterlassen Sie rassistische, sexistische, homophobe oder andere beleidigende Äußerungen.
> 6. Den Experten steht es frei, das Gespräch mit Ihnen zu beenden, wenn sie sich bedroht oder beleidigt fühlen. Ähnliches gilt für alle anderen Mitarbeiter, die Sie dann von der Teilnahme an Beratungsgesprächen ausschließen können.
> 7. Unsere Experten übernehmen keine Gewähr, dass der Umbruch vollständig bewältigt wird. Der Rechtsweg ist ausgeschlossen.[217]

215 Wolfgang Lieb: Umbruchsbewältigung – Soziologie: eine Wissenschaft (be-)sucht die Gesellschaft. In: *NachDenkSeiten*, 16.02.2012. http://www.nachdenkseiten.de/?p=12244 (Zugriff am 07.02.2015).

216 Alexander Kraft: Ein Amt für drei Tage. In: *Frankfurter Rundschau*, 20.01.2012. http://www.fr-online.de/campus/frankfurter-kunstverein-ein-amt-fuer-drei-tage,4491992,11479844.html (Zugriff am 08.02.2015).

217 Vgl. Informationsbroschüre des *AfU* [Schreibweisen so im Original].

Aus theaterwissenschaftlicher Perspektive wäre nun zu Regeln und institutionellen Kontrastierungen im Inneren des *Amtes* noch einiges anzufügen. Es stehen sich hier mitunter schriftlich formulierte Regeln bzw. Empfehlungen und ausagierte körperliche Praxen gegenüber, so dass noch einmal zu betonen ist, dass sich die Kontrastierung maßgeblich auch über körperliche Erfahrungen mitteilt. Wobei das *Amt* seine innere Gespaltenheit nicht ausschließlich absichtlich herbeiführt, sondern diese sich in den mitunter sehr divergierenden Begegnungen mit der das *Amt* verkörpernden Belegschaft herstellt, da diese Verkörperung sehr unterschiedlich praktiziert wird. Es geht dabei, wie gesagt, primär um den Umgang mit der disziplinierenden Praxis dieser Institution und um die Frage nach ihrer Legitimierung durch symbolische Macht – also ebenso um die Frage nach der Bereitschaft zur Einlassung und Folgeleistung der als Amtsbesucher_innen subjektivierten Gäste wie auch die Art der Verkörperungen der Amtsregeln.

Wenn von symbolischer Macht als Legitimierung für die Aufstellung von Regeln die Rede ist, muss das *Amt* auch in dieser Hinsicht auf seinen Rahmen verweisen; zwar legitimiert es sich nicht als Staatsapparat, aber als ‚Kunstapparat' und bezieht somit ebenso Legitimierung von einer Institutionalisierung her. Die Einlassung auf die Regeln der Spielleitung kann also durchaus als (vorauseilende) Wertunterstellung im Hinblick auf eine Institution gelten, wie sie mit Übertragung diskutiert wird. Immer wieder erweist sich also der Spielbegriff als wichtig und hier besonders, um auf die Relevanz von Kontextverschiebungen zu verweisen. Eine ausgeweitetere Diskussion darüber wäre zwar wünschenswert, jedoch soll hier zunächst die bereits in Aussicht gestellte und „mittlerweile kanonisch gewordene"[218] Definition Huizingas zur Überprüfung nur einen Ausgangspunkt bilden. Für ihn zeichnet sich *Spiel* als „eine freiwillige Handlung oder Beschäftigung"[219] aus, die

> innerhalb gewisser festgesetzter Grenzen von Zeit und Raum nach freiwillig angenommenen, aber unbedingt bindenden Regeln verrichtet wird, ihr Ziel in sich selber hat und begleitet wird von einem Gefühl der Spannung und der Freude und dem Bewußtsein des Andersseins als das gewöhnliche Leben.[220]

Wie auch Lorenz Aggermann feststellt,[221] liegt insbesondere im letzten Punkt dieser Definition wichtiges Potential für die Bestimmung des Spiels. Indem also „im Spiel ein Bewußtsein für, als auch die Spannung und die Freude am Anderssein ausgelebt [wird]"[222], erweist sich der Spielraum als Indiz für die prinzipielle Möglichkeit der Unterscheidung verschiedener Kontexte, und damit also auch für die Möglichkeit der Entscheidung *für* oder *gegen* Kontexte, für den Wechsel zwischen ihnen, wobei der Spielraum demnach immer auch eine eigene Qualität und eigene Bedingungen

218 Aggermann: *Der offene Mund*, S. 64.

219 Huizinga: *Homo Ludens*, S. 37.

220 Ebd.

221 „So lassen sich einzig die letzten Worte Huizingas für den vorliegenden Kontext adaptieren." (Aggermann: *Der offene Mund*, S. 64–65.)

222 Ebd.

innehat. Das „Spiel der Übertragung" nach Lacan[223] verweist dann also immer auch auf seinen Eigenraum, Eigenkontext als Anderes (Unangemessenes?), der in Analyse, Kunst etc. bewusst gemacht werden kann oder als Angriffsfläche dient für Kontrastierungen mit anderen Räumen / Kontexten.

Was verraten nun aber die Spielregeln des *Amtes*? Zunächst konkretisieren sie den Raum, in dem fingiert wird, indem sie die Voraus-Setzungen formulieren. Die *Amts*-Klientel wird als informations- und hilfesuchend angesprochen, weshalb eben vielgestalte Inhaberinnen und Inhaber von *agalma* angeboten werden, an die sich gewendet werden kann. Einerseits formulieren die Regeln also gute Ratschläge zum Verhalten im Beratungsgespräch, die ganz offenbar davon ausgehen, also unterstellen, dass die Begegnung mit einem Experten oder einer Expertin von Unäquivalenz geprägt sein könnte. Daher ergeht die Ermutigung zum Ergreifen der sprechenden Position und die explizite Erlaubnis, ja sogar Aufforderung zur Augenhöhe, falls sich ein Selbstverständnis als leeres Subjekt einstellen sollte. Andererseits verraten sie auch eine Furcht vor zu großer Übergriffigkeit und Unäquivalenz, nämlich in Form von Respektlosigkeit, Beleidigung oder anderem Fehlverhalten den Expert_innen gegenüber. So werden die Besuchenden in verschiedenen Funktionen präfiguriert und angewiesen, Jeweiliges zu tun (bzw. zu lassen). Da die Begegnung, wie bereits erwähnt, 1:1 stattfindet und die Haltung, mit der man sich dem Gegenüber nähert, offen gehalten werden darf, ist das Risiko eines Übergriffes (Umbruches!?) potentiell also gegeben und soll durch die Autorität des *Amtes*, die sich hier auch die Macht zur Ausführung und Wahrung ihrer Gesetze erteilt, minimiert werden.

Diesen Regeln muss also a) zu folgen auch gewollt werden, und b) werden sie von den „Mitarbeitern" des *Amtes* inkorporiert – neben Informationsbroschüre, Ausweis, Stempel, Beratungsbogen etc. als Verkörperung des symbolischen Machtraums geht es in der intersubjektiven Konstellation also auch um das *Amts*-Personal, das mit den Besuchenden interagiert. Dabei sind ganz unterschiedliche Haltungen zu beobachten: übergroße Freundlichkeit, förmliche Zurückhaltung, leichte Überforderung, häufig aber auch besonders bemüht autoritäres Verhalten, wie z. B. ein unfreundlicher Militärton, strenge Mimiken und Gesten, Kurzangebundenheit. Offenbar füllen diese Mitarbeiter_innen ihren Auftrag zur Verkörperung des Amtes mit unterschiedlichen Vorstellungen. Dabei fällt auf, dass der Kontrast zur Legitimierung des Verhaltens immer größer wird, je mehr die Verkörperung sich als institutionell sprechend im Sinne von militant befehlend aufführt.

Der *Amts*-Zwischenraum zwischen Empfang und Tür der Expertise erweist sich daher als ein besonders interessanter, da das Amtspersonal sich aus dem durch die Fingierung dekorierten Raum hinaus in das Treppenhaus und die Flure des funktionalen Amtsgebäudes begeben muss, dafür sorgend, dass alle Klient_innen richtig zugeteilt werden. Plakate, Banner und sonstige *AfU*-Devotionalien sind hier seltener, dafür die Verantwortung der Verkehrskontrolle umso größer. Gleichzeitig sind diese

223 Vgl. Lacan: *Vier Grundbegriffe*, S. 130.

„Mitarbeiter_innen" nicht in der gleichen Weise legitimiert wie die Expert_innen, auch darin bilden sie ein Zwischen. So sind hier die verschiedensten Verkörperungen von jeweiligen *Amts*-Phantasmen zu erleben, die mehr oder weniger überzeugen, aber jeweils die Offenheit einer Fingierungspraxis erkennen lassen, die ihre Subjekte letztlich auf ihre Eigenverantwortlichkeit zurückverweist. Die Angst, es könnte durch die Besuchenden zum Umbruch des Projekts kommen, erweist sich in den Verkörperungen gerade dann als besonders präsent, wenn mit aller Macht Autorität ausgespielt werden soll, was das Fehlen einer Legitimation besonders auffällig werden lässt – so jedoch kommt die Möglichkeit des Fehlverhaltens beim eigentlich grundsätzlich folgebereiten Publikum erst materiell ins Bewusstsein. Aus der Bitte, etwas nicht zu tun, spricht eben die Gelegenheit, etwas zu tun, indem ein Gegenüber materiell die Hinwendung an Unruhestiftende ausagiert (noch vor jeglicher Intervention); so wird dann die Äußerung eines Teilnehmers beim Vor-der-Tür-Warten, „nicht gerade eine Umbruchssituation, hier!", zum Anlass für ein Gespräch über vor Ort mögliche Eingriffe in den Ablauf des *Amtes*, die letztlich aber im Möglichkeitsraum der Sprache verbleiben. Es klingelt ja schon und es kann eingetreten werden.

Es ließe sich also kritisieren, dass mit den Akteurinnen und Akteuren nicht immer sorgfältig ihre Performance-Haltung ausgearbeitet wurde, denn gerade die autoritären Haltungen scheinen aus einer grundlegenden Furcht vor dem Unsicherheitsfaktor Publikum zu resultieren. Wenn sich jedoch jemand schon als Umbruchskandidat_in behandelt fühlt, findet er oder sie sich auf einem Platz wieder, der damit erst erschaffen und somit dann auch zum Möglichkeitsfaktor des Rapports wird. Auf die Fügung, die der Institution Kunst übertragend entgegengebracht wird, scheint sich das Amt also nicht vollends verlassen zu wollen; vielleicht, weil sie letztlich ja ‚nur' spielerisch eingesetzt wird und sich auf die tatsächliche Unterwerfung unter die Gesetze nicht verlassen werden kann?

# IV
## *Maîtrises théâtrales*: Theater als Übertragungsraum

Um schließlich explizit eine Übertragungstheorie für das Theater zu entwickeln, empfiehlt es sich, zunächst einen Blick auf die Felder zu werfen, wo andere Theorien schon implizit oder explizit Theater und Übertragung zusammendenken, welche Schlussfolgerungen daraus gezogen werden, und zu prüfen, ob diese für die vorliegende Untersuchung hilfreich sind. Über diese Ansätze hinaus zeigt sich jedoch die stringenteste Lektüre von Übertragung fürs Theater in Ansätzen, in denen sie bisher nicht als solche erwähnt wird, aber als krea(k)tive, intersubjektive Struktur Bedeutung erhält, wie sie in den Kapiteln bis hier nachvollzogen wurde. Das bedeutet, das Theater schließlich als Übertragungsraum zu behaupten und darin wirkende Strukturen zu benennen, die nicht aus Theorien stammen, die die Verwandtschaft von Theater und Psychoanalyse explizit postulieren. Die impliziten Verwandtschaften bieten sich jedoch derartig an, dass ihre bisherige Nichterwähnung in der Theaterwissenschaft verwunderlich ist.

Konkret handelt sich um den bereits erwähnten Jacques Rancière, der mit dem *Emanzipierten Zuschauer* seine Lehrmeister-Theorie für das Theater fruchtbar macht und so die Theaterkonstellation als Ausagieren von Übertragung, den Raum des Theaters als Raum der Übertragung lesbar werden lässt. An den Gedanken eines Raums der Übertragung schließt sich direkt Louis Althussers Ideologiekritik an, die bekanntermaßen die Interpellation von Subjekten (und deren Instrumentalisierung) entwirft. Bislang wurde in der Theorie die Theaterkonstellation nicht offensiv als Raum postuliert oder analysiert, in dem theatrale Subjekte interpelliert werden. Die bis hier entwickelten, zentralen Übertragungsbegriffe der *Funktion* und *Fiktion* müssen vor diesem Hintergrund als *Funktionalisierung* und *Fiktionalisierung* in einer Interpellation von Publikum und Bühne behauptet werden.

Zuvor sollen aber, wie in Aussicht gestellt, die Theorien Erwähnung finden, die für die Untersuchung fruchtbare Hinweise zur Verwandtschaft von Theater und Psychoanalyse geben.

,Übertragung' aus dem Kontext der Psychoanalyse für Theater anwenden zu wollen, führt zur Notwendigkeit zumindest einer Kenntnisnahme von Ansätzen, die sich mit der Verwandtschaft der Disziplinen beschäftigen und ihre Wechselwirkungen beschreiben. Interessanterweise gibt es Argumentationen, denen zufolge die Tradition des Heranziehens von psychoanalytischen Ansätzen zur Interpretation von Gegenständen zunächst der Filmwissenschaft näher lag und läge. Ihr gegenüber gilt die Theaterwissenschaft mitunter als nicht direkt von der Psychoanalyse affiziert bzw. als Spätzünderin, was ihre Rezeption von psychoanalytischen Theorien betrifft, während umgekehrt Theatertexte in der psychoanalytischen Theorie durchaus als grundlegend angenommen werden.[1] Daher nehmen sich die Herausgeber_innen von *Maske und Kothurn* noch 2006 vor, das Theater und die Theaterwissenschaft näher mit der Psychoanalyse zusammenzubringen.[2] Zwar steht – im Hinblick auf Freuds Behandlungsmöbel – die „Couch des Armen"[3] im Kinosaal, es gibt jedoch durchaus Bereiche, in denen Theater mit psychoanalytischen Kontexten, Psychotherapie o. Ä. zusammengedacht wird: Beispielsweise in praktischen Methoden des Psychodramas oder des Play-Back-Theaters, auch Rollenbiographien und ihre Erarbeitung berufen sich mitunter auf psychoanalytische oder zumindest psychologische Erkenntnisse. Auch in der Theorie werden und wurden Theater und Psychoanalyse durchaus zusammengedacht, wie neuerdings etwa wieder von Matthias Warstat[4] oder in den grundlegenden Studien Helga Finters[5]. Es sollen hier jedoch nur drei theaterwissenschaftliche Ansätze kurz vorgestellt werden – von Marianne Streisand (2001[6]), Gabriele Schwab (1981[7]) und

1 „Während es in der psychoanalytischen Vereinigung Abende lang um Drameninterpretationen ging, glaubte die Theaterwissenschaft auf das analytische Instrumentarium der Psychoanalyse verzichten zu können, das sich ja gerade am Theater geschärft hatte. Der Filmwissenschaft hingegen, beflügelt von den Eruptionen der Sechzigerjahre, waren die Schriften Freuds genauso wichtig wie jene von Marx." (Andrea B. Braidt / Klemens Gruber / Monika Meister: Vorwort. In: *Maske und Kothurn* 1,52 (2006): Mit Freud. Zur Psychoanalyse in Theater-, Film- und Medienwissenschaft, S. 65–77, hier S. 66.)

2 Dieses Vorhaben wird mit Deleuze / Guattari begründet: „Die Theaterwissenschaft wurde erst hellhörig, als Deleuze und Guattari im *Anti-Ödipus* die Theatermetapher ex negativo in Stellung brachten. ,Die große Entdeckung der Psychoanalyse war die Wunschproduktion, waren die Produktionen des Unbewussten. Mit Ödipus wurde diese Entdeckung schnell wieder ins Dunkel verbannt; an die Stelle des Unbewussten als Fabrik trat das antike Theater, an die Stelle der Produktionseinheiten des Unbewussten trat die Repräsentation. [...] Die Produktion ist nur mehr Phantasieproduktion, Ausdrucksproduktion. Das Unbewusste hört auf, das zu sein, was es ist: Fabrik, Werkstatt, und wird an deren Stelle Theater, Bild, Inszenierung.' Dennoch ließ sich die Theaterwissenschaft kaum von Freuds Figurentableaus, seiner Dramaturgie des Unbewussten inspirieren und steht bis heute weitgehend im Bann der analytischen Exerzitien auf den Bühnen. Der vorliegende Band will diesen Mangel nicht fortschreiben." (Ebd., S. 7–8, mit Bezug auf Gilles Deleuze / Félix Guattari: *Anti-Ödipus. Kapitalismus und Schizophrenie I.* Frankfurt am Main: Suhrkamp 1974, S. 33, 69.)

3 Félix Guattari: Die Couch des Armen. In: *Maske und Kothurn* 1,52 (2006), S. 55–64. Ursprüngl. aus ders.: *Mikro-Politik des Wunsches.* Berlin: Merve 1977, S. 82–99.

4 Vgl. Matthias Warstat: *Krise und Heilung. Wirkungsästhetiken des Theaters.* München: Fink 2011.

5 Vgl. z. B. Helga Finter: *Der subjektive Raum*, Bd. 1 & 2. Tübingen: Narr 1990.

6 Marianne Streisand: *Intimität. Begriffsgeschichte und Entdeckung der »Intimität« auf dem Theater um 1900.* München: Fink 2001.

7 Schwab: *Samuel Becketts Endspiel mit der Subjektivität.*

Gerald Siegmund (1996[8]) –, da dort, explizit genannt oder nicht, auch der Begriff der Übertragung eine Rolle spielt. Aus diesem Grund soll zuvor auch Robert Pfaller zu Wort kommen, der in ebenjener oben genannten Ausgabe von *Maske und Kothurn* die Beziehungen zwischen Psychoanalyse und Theater strukturell untersucht.[9]
Tendenziell diskutieren diese Ansätze die Verwandtschaft von Theater und Psychoanalyse und betonen dabei wichtige Grundlagen für das Denken der Übertragung. Die Hauptthesen dieser Verwandtschaft finden sich wohl im Ausagieren von Imaginärem, in der Bedeutung intersubjektiver Rapporte und Verkörperung sowie im durch die Psychoanalyse als *talking cure* neu explizit gemachten und instrumentalisierten Potential von Sprache bzw. intersubjektiver Kommunikation als Mittel zur Beeinflussung und Veränderung von Subjekten der Moderne. Sprache wird in ihrer Verstrickung in Projektion und Multiperspektivität behandelt, was, nebenbei bemerkt, eigentlich auch immer auf die gleichzeitige Anwesenheit von Sprechenden und Hörenden verweist, die jedoch in den Ansätzen oft weniger hervorgehoben wird, da sie eher auf die in Literaturen angelegten Potentiale der (übertragenden) Sprache schauen und sich nicht primär der Differenz zwischen Theatertext und Aufführung widmen. Dabei starten sie von drei unterschiedlichen Annahmen, was die Gemeinsamkeit von Psychoanalyse- und Theaterpraxen betrifft: Marianne Streisand widmet sich der sich mit der Modernisierung des Subjekts um 1900 herausbildenden Suche nach der Innerlichkeit der Psyche, die in verschiedenen Disziplinen verschiedene Phänomene herausbildet; Gabriele Schwab macht die Produktion von Projektionen / Übertragungen als gemeinsame Methode zur Subjektbeeinflussung von Psychoanalyse und Theater aus; und Gerald Siegmund hebt an ihrem Ansatz noch einmal besonders hervor, dass mit einer ‚Lenkung' von Projektion / Übertragung besonders ein unlenkbares, ‚unverrechenbares Fiktives' in psychischen Strukturen in den Vordergrund tritt. Robert Pfaller schlägt vor, die Relationen zwischen Theater und Psychoanalyse in dreierlei Hinsicht zu kategorisieren. Dabei entwickelt er ein Modell des Schau-Spiels, das er dem Theater und der Psychoanalyse gleichermaßen zuschreibt.

### *Robert Pfaller: ‚Schauspiel' der Übertragung*

Als „in geradezu komödiantischer Weise verworren"[10] erkennt Robert Pfaller die für ihn durchaus vielfältigen Beziehungen zwischen Theater und Psychoanalyse und entwickelt daher ein Ordnungsmuster, das die Beziehungen der beiden ‚Parteien' Theater und Psychoanalyse in drei Paare aufteilt: Das erste Paar bildet sich „aus den beiden Fällen, wo entweder das Theater Gegenstand der Psychoanalyse ist oder – umgekehrt – die Psychoanalyse Gegenstand des Theaters"[11], das zweite Paar betrifft den „Gebrauch der Bezeichnung ‚Theater' innerhalb der psychoanalytischen Klinik"[12] und das dritte, das aus dem zweiten hervorgeht, den Fall,

8 Siegmund: *Theater als Gedächtnis*.

9 Pfaller: Die Komödie der Psychoanalyse.

10 Ebd., S. 37.

11 Ebd.

12 Ebd.

> wo die Psychoanalyse nebenbei, und manchmal vielleicht sogar ohne es selbst zu bemerken, eine Theorie des Theaters entwickelt und auf zentrale Fragen der Theatertheorie äußerst brauchbare Antworten gibt. (Auch dieser Fall besitzt ein Gegenstück – nämlich den, wo das Theater nebenbei, und vielleicht auch ohne es zu bemerken, eine Theorie der Psychoanalyse entwickelt.)[13]

Pfaller interessiert hier das Theater auch als Vertreter anderer Künste, wie „Performance, Film, Video“[14], was einerseits das spezielle Wesen des Theaters aus dem Fokus rückt und andererseits die Vielfalt der künstlerischen Positionen einem zugrunde gelegten Verständnis des Theaters und seiner Funktion unterordnet. Dieses Verständnis dessen, was mit Theater gemeint sei, wird dabei nicht explizit ausdiskutiert, sondern mit den jeweiligen Konstellationspaaren angeführt. Dies veranschaulicht, wie die Disziplinen sich untereinander treffen, trägt jedoch wenig zum jeweiligen Selbstverständnis bzw. zur Differenzierung bei. Es handelt sich also hier nicht um ein ausführliches Nachvollziehen, inwiefern etwa die Nutzung des Theatervokabulars in der Psychoanalyse dem Theater gerecht wird, sondern veranschaulicht vielmehr, für was das Theater als Metapher und Erklärungsmuster steht und wie es als Veranschaulichung besonders in der Theoretisierung von Vorgängen der psychoanalytischen Sitzung genutzt wird, ohne diese Setzung zu kritisieren. Dass nämlich – wie Pfallers zweite Kategorie anführt – Vokabular des Theaters schon von Anfang an in der Psychoanalyse verbreitet ist und auch weiter genutzt wird, ist auffallend und wird des Öfteren erwähnt.
Pfaller versammelt seine Ansätze unter dem Hinweis, dass die psychoanalytische Klinik sich seit jeher mit der „Brechung bzw. Aufrechterhaltung einer theatralischen Illusion“[15] beschäftigt, und fragt insofern auch nach dem fiktionalisierenden Sehen der Übertragung. Offenbar ist das Theater- bzw. Kunstverständnis psychoanalytischer Erklärungsmuster seit Freud also eher das eines klassischen Illusionstheaters, wie Pfallers Diagnosen vermuten lassen. Zudem stützt die These Pfallers, dass „die Psychoanalyse vor allem dort, wo sie kaum explizit vom Theater spricht, einen Beitrag zu einer zentralen Frage der Theatertheorie leistet: wie sie eine Theorie der Unterscheidung der dramatischen Genres, von Tragödie und Komödie, liefert[16]“, wiederum eher klassische Genre-Unterscheidungen des Theaters. Letztendlich führt der Ansatz bei Pfaller zu einer psychoanalytisch fundierten Definition der Komödie bzw. Genreeinteilung, die für die strukturelle Frage nach Übertragungsphänomenen im Theater eigentlich erst in einem zweiten Schritt interessant wird, nämlich wenn grundsätzliche Fragen zu diesen Phänomenen gestellt und diskutiert sind.
Die Denkbewegung kreist konsequent um den Begriff der Illusion[17] und den Umgang mit ihr in Psychoanalyse und Theater, wobei Pfaller schließlich aus seinen Überlegungen heraus eine psychoanalytische Deutung der Wirksamkeiten von Tragödie und Komödie entwickelt. Ausgehend von Freuds Interesse an „affektiven Wirkungen“[18]

13 Pfaller: Die Komödie der Psychoanalyse, S. 37.

14 Ebd.

15 Ebd., S. 39.

16 Ebd., S. 38.

17 Der Begriff der Illusion und seine Bedeutung für zeitgenössische Theaterpraxen wird bes. auf S. 320 dieser Arbeit wieder relevant.

18 Pfaller: Komödie der Psychoanalyse, S. 38.

des Theaters und des bei ihm anhand der Tragödie aufgeworfenen Lust-Unlust-Paradoxes[19] hinterfragt Pfaller Illusion als Mittel zur Distanz in der Identifizierung mit dem tragischen Helden und schlägt vielmehr ein Konzept der Einfühlung sowohl für Tragödie als auch Komödie vor, das sich aber in den beiden Genres unterschiedlich auf die Libido des Subjekts niederschlägt bzw. unterschiedliche Lust bei der Rezeption erzeugt. Dies hat nach Pfaller eben mit dem Umgang mit Illusion und Identifizierung zu tun: „Die Komödie bricht die Illusion; die Tragödie hält sie aufrecht. Warum operieren die beiden Genres also genau entgegengesetzt zu den psychoanalytischen Erwartungen?“[20] Im Rahmen der Frage, warum Freud eigentlich für bestimmte Symptome (Aberglaube, Fetischismus) gerade keine Theatermetaphern zur Analyse verwendet, kommt er auf die von Octave Mannoni initiierte Unterscheidung zweier Arten von Einbildung, nämlich *foi* und *croyance*.[21] Auf sie und ihre Folgen für die einbildenden Subjekte stützt Pfaller schließlich seine gesamte Unterscheidung der Wirkungsweisen von Komödie und Tragödie: In den Bereich der *foi* als Bekenntnis, die Selbstachtung produziert, da sie auf der Ebene der *Ichlibido* funktioniert, ordnet er die Tragödie ein, während die Komödie in den Bereich der *croyance* gehöre, die als Aberglaube wider besseren Wissens, Lust über *Objektlibido* produziert.[22] Komödie und Aberglaube im Sinne von Aufrechterhaltung der „Illusionen, an die niemand glaubt“[23], die er mit Mannoni anführt, könnten diese Illusion in der Darstellung daher thematisieren und dekonstruieren. Für Pfaller sei dies der Tragödie hingegen nicht zuzutrauen, da die Thematisierung des Spielcharakters die Einfühlung der Ichlibido, „die (verhohlene) Lust der ernsten bis finsteren Selbstachtung“[24], unterbrechen würde.[25] Aberglaube, Fetischismus, Bekenntnis sind jedoch Topoi, die gerade auch mit der Struktur

19 „[D]ie Tragödie handelt doch von unlustvollen Dingen, vom Leiden der Menschen und vom Scheitern großer Vorhaben. Und die Zuschauer vollziehen eine *Identifizierung* mit den Tragödienhelden. Inwiefern aber kann dies für Theaterzuschauer lustvoll sein?“ (Ebd.)

20 Ebd., S. 40.

21 Vgl. Octave Mannoni: Je sais bien, mais quand même … In: Ders.: *Clefs pour l'imaginaire ou l'autre scène*. Paris: Seuil 1969, S. 9–33.

22 „Der Genus [!], den die Tragödie bei allem Ungemach ihren Zuschauern verschafft, ist eine Freude am eigenen Ich. Die Lust der Komödie hingegen besteht im ‚Ablachen‘ jenes Besetzungsaufwandes, der mit der Aufrechterhaltung eines solchen kostbaren Ich verbunden ist. Die Tragödie verschafft Ichlibido, die Komödie dagegen Objektlibido.“ (Pfaller: Komödie der Psychoanalyse, S. 50–51.)

23 Ebd., S. 43.

24 Ebd., S. 51.

25 Hier wäre freilich eine ausführliche Diskussion über die Wirkungsweisen von Komödie und Tragödie als Antwort auf die Pfaller'schen Ansätze wünschenswert. Es soll in aller Kürze jedoch dies angedeutet sein: „In jedem Falle ist die Erfahrung des Theaters nur unzulänglich durch den Aspekt der Identifizierung, Einfühlung, des Mitschwingens und des Eintauchens in eine ‚Atmosphäre‘ (Gernot Böhme) charakterisiert. Neueres Theater zumal hat eher den ‚Rätselcharakter‘ [Adorno] aller Kunst aktiviert, und das bedeutet für die Rezipienten auch die Chance bzw. Notwendigkeit zu einer Art von Distanznahme sowohl zum Vorgeführten (das durch Verständnishürden simple Identifizierung schwermacht) wie auch, und wohl noch wichtiger: zu sich selbst, indem der eigene Aneignungsprozeß, der ‚Stil‘ des eigenen Verstehens zum bewußten Thema und Problem wird. Der Zuschauer des dramatischen Theaters findet sich vor einem Vorgang, den er bei aller Affektbeteiligung doch auch beurteilen soll.“ (Hans-Thies Lehmann: *Tragödie und dramatisches Theater*. Berlin: Alexander 2013, S. 189.) Zudem lässt sich wohl gerade der antiken griechischen Tragödie kein naturalistisches Einfühlungstheater vorwerfen, das seinen Darstellungscharakter verschwiege.

der Übertragung als Unterstellung von Wissen und Glauben an ein *s.s.s.* strukturell diskutierbar sind, wie eben auch der Umgang mit Illusion, Phantasma, Fiktion etc. ‚Übertragung' steht jedoch bei Pfaller, wie das Theater im Ganzen, immer für ein Schau-Spiel, das sich als ‚nicht echt' von einem anderen Zustand unterscheiden lässt. Pfaller beruft sich, was seinen Theaterbegriff angeht, daher maßgeblich auf den Ausruf „Theater!" als Entlarvung einer Täuschung.[26]

Grundfragen zur Verwandtschaft von Theater mit Psychoanalyse und Übertragung im Speziellen spricht Pfaller daher in diesem Artikel besonders dort an, wo er feststellt, dass bei Freud Vokabular des Theaters besonders intensiv genutzt wird, wenn Übertragung zur Sprache kommt; diese Praxis übernimmt Pfaller dann:

> Schließlich bildet das Theater auch den Rahmen für Freuds allgemeine Theorie des Agierens in der Übertragung. Der Analysand handelt in der Übertragung wie ein Schauspieler: er bringt gegenüber einer anderen Person (z. B. dem Analytiker) niemals das reale Verhältnis zu diesem, sondern – wie in einem Theaterstück – sein imaginäres Verhältnis zu einer dritten, für ihn durch eben diesen anderen repräsentierten Person zum Ausdruck.[27]

Damit ist bereits eine Symptomatik formuliert: mit dem Schauspiel kommt der Bereich des Imaginären, der Fiktion ins Spiel und wird zusammengebracht mit Verkörperung, Ausagieren und Einfluss auf den intersubjektiven Rapport. Zwar ist diese Analogie für die Theatertheorie wenig hilfreich, da Schauspiel, wie oben angedeutet, relativ unkritisch und verallgemeinernd als Rollenspiel verstanden wird und zudem Übertragung zumeist als unbewusster Vorgang diskutiert wird und Schauspiel ja durchaus eine erlern- und diskutierbare, zu großen Teilen bewusste Darstellungstechnik ist. Jedoch kann eine strukturelle Konstellation ausgemacht werden, in der eine Fiktion, ein Verhältnis zwischen Imaginärem und Wahrnehmbaren, in einem intersubjektiven Rapport ausagiert wird. Ob es nun diagnostizierbare ‚reale Verhältnisse' zwischen Subjekten geben mag, sei hier dahingestellt, besonders auch, wenn später Illusion als Zugangsweise für das Subjekt zur Wirklichkeit gedacht wird.[28] Pfallers Denkweise entspricht der der Psychoanalyse insofern, als dass auch dort häufig von zu findender „Wahrheit" die Rede ist.[29] Wesentlich ist sein Hinweis, dass das Handeln durch etwas bestimmt wird, das dieser „Schauspieler" in seinem Gegenüber sieht und sich entsprechend dieses übertragenden Sehens verhält.

Nach Pfaller nutzt also die Psychoanalyse die Kategorien des Theaters, um den imaginären Anteil intersubjektiver Handlung zu benennen und diesen sozusagen zu etwas ‚Unwirklichem' zu erklären bzw. Einspruch einzulegen gegen das, was in diesem Schauspiel als ‚wirklich' behauptet wird:

> Sie erklärt ihn für bedeutungsvoll [die Psychoanalyse ihren Gegenstand, E. H.], wo er weismachen will, dies hätte alles nichts zu bedeuten. Und genau bei diesem Widerspruch gegen ihren Gegenstand

26 „[D]ie Psychoanalyse ruft ‚Theater!', wo ihr Gegenstand es nicht tut beziehungsweise den Ausruf der Psychoanalyse sogar energisch bestreitet." (Pfaller: Komödie der Psychoanalyse, S. 42.)

27 Ebd., S. 40.

28 Vgl. den Ansatz Müller-Schölls, S. 320 dieser Arbeit.

29 Vgl. Lacan: Intervention sur le transfert, S. 216.

gebraucht die Psychoanalyse den Begriff des Theaters: sie erklärt Zustände und Handlungen zu *Theater*, die von den Ausführenden selbst für *wirkliche Zustände und Handlungen* (oder für bedeutungslose Nichtigkeiten) gehalten und ausgegeben werden.[30]

Damit, dem Theater ‚unwirkliche Handlungen' zu unterstellen, stellt sich Pfaller wiederum in eine lange Tradition, deren Grundannahme theaterwissenschaftlich hinreichend diskutiert wurde.[31] Interessant ist hier vielmehr der Ansatz, dass die Psychoanalyse das Theatermotiv quasi als Technik des Widerspruchs verwendet, die letztlich eine der Bewusstmachung imaginärer Anteile im Agieren ist, welche erst einmal vornehmlich das Sprechen, aber eben auch das Handeln beeinflussen – wie es auch Sokrates bei Lacan verlangt: es gilt, die Augen zu öffnen und ‚genau hinzuschauen', wie viel Anteil das Imaginäre am Gesehenen hat und dadurch Realität erzeugt (also nicht nur behauptet). Wenn bei Pfaller mit Lacan Übertragungsliebe als Komödie betrachtet wird, steht „deren tatsächliche oder auch vermeintliche Durchschaubarkeit als Theater"[32] im Vordergrund. Die Durchschaubarkeit hängt dabei mit der Nicht-Einfühlung in die Übertragung zusammen, wie Lacan es auch für den ‚Spielverderber' Sokrates diagnostiziert: „Die Psychoanalyse aber fühlt sich gerade nicht in ihren Gegenstand ein; sie widerspricht ihm"[33], sie ent-setzt skeptisch.

Es sind aber noch weitere übertragungsrelevante Ansätze in diesem Aufsatz zu finden, die weniger auf die Diskussion eines Illusionsbegriffs abheben als auf die strukturellen Charakteristika von Übertragung. Zum einen liefert Pfaller eine aufmerksame Beobachtung zu den Techniken der Verwechslung und ihrer unterschiedlichen Anwendung gemäß der Genres Tragödie und Komödie. Dabei beschreibt er im Grunde eine Übertragungsstruktur im Lacanschen Sinne, die ja gerade auf die krea(k)tiven Umgänge mit Subjekten und Plätzen anzuwenden wäre:

> Die Komödie hält in ihren Verwechslungen immer irgendjemand zufällig Hinzugekommenen für jemand ganz Bestimmten. Sie zeigt: wer immer es auch ist, er wird für denjenigen gehalten, dessen Platz er einnimmt. Die Tragödie dagegen verfährt umgekehrt. Sie lässt jemand ganz Bestimmten das Schicksal erleiden, für irgendjemanden gehalten zu werden.[34]

Vor einem übertragungstheoretischen Hintergrund ist dies ein Ansatz, intersubjektive Konstellationen zu untersuchen, wo Subjekte von anderen auf Plätze gesetzt, dort angesprochen werden und Macht zugeschrieben bekommen, Bestimmtes zu

30 Pfaller: Komödie der Psychoanalyse, S. 42. Vgl.: „Diesem Verhältnis steht ein zweites gegenüber, in dem es genau umgekehrt ist. Dort ruft der Gegenstand der Psychoanalyse ‚Theater!', und die Psychoanalyse muß versuchen, sich diesem Ausruf zu widersetzen Dies ist der Fall in der sogenannten Übertragungsliebe. Die Übertragungsliebe, die, wie Freud bemerkt, im Dienst des Widerstands gegen die Analyse steht, präsentiert sich selbst als ‚Elementarereignis' und fordert sofortigen Vorrang gegenüber der Analyse. Es gibt dann (siehe Freud) ‚einen völligen Wechsel der Szene, wie wenn ein Spiel durch eine plötzlich hereinbrechende Wirklichkeit abgelöst würde, etwa wie wenn sich während einer Theatervorstellung Feueralarm erhebt'." (Ebd., mit Bezug auf Freud: Bemerkungen über die Übertragungsliebe, S. 221–222.)

31 Die Tagung „TO DO AS IF – Realitäten der Illusion im zeitgenössischen Theater" diskutierte und aktualisierte den Zusammenhang zwischen Theater und Illusion einmal mehr, Gießen, 6. und 7. Juli 2012.

32 Pfaller: Komödie der Psychoanalyse, S. 51.

33 Ebd., S. 42.

34 Ebd., S. 49.

verkörpern oder auch nicht, bzw. umgekehrt, Subjekte, die sich in Geltungsbereiche werfen, werden abgeglichen mit der Angemessenheit ihrer jeweiligen Würfe, was im Grunde eine Verhandlung intersubjektiver ‚Bestimmungen' bedeutet, der Maßstäbe von Übertragung. Daher schreibt Pfaller der Komödie (im Gegensatz zur Tragödie) subversives Potential im Hinblick auf solche Strukturen zu, da sie die „illusorische ‚Überbestimmung' der Subjekte" thematisiert und damit die Struktur offenlegt und dekonstruiert, anstatt diese zu bestätigen und zu befördern:

> Im Verhältnis zu Verwechslung und Augenschein reduziert die Komödie also den Charakter immer auf den Effekt einer Struktur – jeder wird für den gehalten, dessen Platz er einnimmt (z. B. für einen authentischen Geliebten). Sie thematisiert damit eine illusorische ‚Überbestimmung' der Subjekte: *ihr seid viel verwechselbarer, als ihr euch gerne einbildet.* Die Komödie ist insofern ‚strukturalistisch': Sie gibt der symbolischen Struktur, der Ordnung der Plätze, recht gegen das Imaginäre, das Selbstbild der Individuen. Die Tragödie dagegen vertritt die These von der ‚Unterbestimmung': *ihr seid in Wahrheit mehr, als alle glauben.* Damit propagiert die Tragödie klarerweise ein Idealich – genau dieses ist es, dem ihre Helden folgen und dessen mangelnde Anerkennung durch die Umwelt ihr Schicksal tragisch werden lässt.[35]

Das *blepein* der Anderen, so also die These dazu, kann ein Subjekt komisch oder tragisch erscheinen lassen, was die tragische und komische Erfahrung immer auch zu einem intersubjektiven, gemeinsam *in actu* zu kreierenden Rapport macht und nicht zu einem einfach abrufbaren oder rezipierbaren Fakt.

Zum anderen kreist ein anderes bei Pfaller immer wiederkehrendes Motiv Mannonis, das des naiven Dritten,[36] das Theater als „Lust unter Eingeweihten"[37] bebildert, im Grunde auch um die Frage nach einer ausagierten Wissensverteilung in einer (temporären) Gemeinschaft. Wenn der beispielhafte Tote auf der Bühne aus Versehen niest,[38] wird das Lachen als Reaktion darauf von Pfaller maßgeblich als Abgrenzung einem naiven Dritten gegenüber gelesen, der sich wundert oder erschreckt, dass ein Toter niest – die Theatergemeinschaft erhält ihm gegenüber, so Pfaller, eine Illusion aufrecht. Es handelt sich dabei aber eben gleichzeitig um ein von dieser Gemeinschaft geteiltes

35 Pfaller: Komödie der Psychoanalyse, S. 50–51.

36 „[O]n aime raconter l'histoire du naïf ou du rustaud qui, lui, est tombé dans le piège de l'illusion. Le campagnard qui assiste pour la première fois à une représentation de *Julius César*, et, au début de la scène du meurtre, se lève pour crier à César: ‚Attention! Ils sont armés.'" (Octave Mannoni: L'illusion comique ou le théâtre du point de vue de l'imaginaire. In: Ders.: *Clefs pour l'imaginaire ou l'autre scène*, S. 161–183, hier S. 163.) / „[M]an [gefällt] sich darin, die Geschichte vom Naiven oder vom Gimpel zu erzählen, der in die Falle der Illusion getappt ist: vom Bauern, der zum ersten Mal in einer Aufführung von Julius Cäsar sitzt und zu Beginn der Ermordungsszene aufspringt, um Cäsar zuzurufen: ‚Vorsicht Cäsar! Sie sind bewaffnet!'" (Octave Mannoni: Das Spiel der Illusionen oder das Theater aus der Sicht des Imaginären, aus d. Frz. v. Michael Wiesmüller. In: *Maske und Kothurn* 1,52 (2006), S. 17–36, hier S. 19.)

37 Pfaller: Komödie der Psychoanalyse, S. 48.

38 „[S]i un acteur doit représenter un mort, il devra rester immobile. Sinon, dira-t-on, on s'apercevra qu'il n'est pas mort? Mais tout le monde le sait, seulement tout se passe comme s'il fallait dissimuler ce savoir. A qui ? Que la poussière du plateau fasse éternuer le mort, aucune convention n'y résiste." (Octave Mannoni: L'illusion comique, S. 163.) / „[E]in Schauspieler, der einen Toten darstellen soll, [wird] unbeweglich bleiben. Weil andernfalls, so fragt man sich, man bemerken würde, dass er nicht tot ist? Aber alle Welt weiß das, allein, alles geschieht so, als müsste dieses Wissen verheimlicht werden. Aber wem? Dass der Bühnenstaub den Toten niesen lässt, kann keine Konvention verhindern." (Mannoni: Das Spiel der Illusionen, S. 19.)

Wissen um Konventionen des Theaters und dessen angemessene Lektüre: nicht der Fehler in der Illusion irritiert den ‚campagnard', sondern seine fehlende Kenntnis im Umgang mit Theaterzeichen und den Konventionen ihrer Lektüre, da er den ‚Toten' nicht als Zeichen erkennt. Die Differenz zwischen Illusion und Zeichen, die auf einem geteilten Wissen basiert, müsste hier näher unter die Lupe genommen werden; denn die Eingeweihten wissen um den Status des Fehlers im Zeichendispositiv des Repräsentationstheaters und können deswegen lachen, weil sie den Nieser als Fehler (und als harmlosen ‚Einbruch des Realen') erkennen und also aus diesem Wissen Lust generieren.

Die Kernfrage des Pfaller'schen Textes erweist sich aus übertragungsphänomenologischer Perspektive also als die nach einem Wissen und seinem Ausagieren; wenn der Ruf „Theater!" erschallt, oder eben gerade nicht, befinden sich Instanzen auf dem Prüfstand, die wissen und / oder darüber entscheiden, was denn dann im Gegensatz dazu die „Wahrheit!" wäre. Es handelt sich also nicht in erster Linie um eine Entlarvung einer Wahrheit gegenüber einem Schauspiel / einer Täuschung (‚der ist ja gar nicht tot'), sondern um das Bewusst- und Verhandelbarmachen des Setzungscharakters von intersubjektiven Realitäten und wie diese konstruiert werden (‚es gibt ein System, das Theater heißt, das arbeitet mit Menschen, die sich so verhalten, als seien sie tot'). Das Imaginäre erweist sich ja durchaus nicht als Lüge, sondern als produktives Missverständnis, das konstitutiv für den Weltbezug des Subjekts am Werk ist. In der Fingierung, die vielleicht ein besseres Wort als Schauspiel wäre, erweisen sich die einzelnen Bestandteile, aus denen Handlung und Welt zusammengesetzt werden, als unterscheid- und wahrnehmbar und können so zur Disposition gestellt werden.

Weiter aufmerksam im Blick zu behalten wären also Begriffe von Fiktion und Illusion und in welcher Hinsicht diese geltend gemacht werden. Können sie auch im Abgleich zum Phantasma, das für die Übertragung diskutiert wurde, als ‚andere Erscheinungen' gesehen werden? In den Untersuchungen Marianne Streisands zu Techniken des intimen Theaters spielt die Illusion auf Seiten des Theaters eine ebenso wichtige Rolle wie bei Pfaller; die dort analysierten Darstellungsweisen fingieren eine intime Situation im Theater, in die die Sprechenden und Hörenden gleichermaßen involviert werden, um, wie in der psychoanalytischen Kur, vom Innersten zu sprechen. Hier wird ein Dispositiv ausagiert, fingiert, das Positionen von Sprechen und Hören zuweist: also überträgt.

### *Marianne Streisand: Intimes Aussprechen und Zuhören*

Streisand zeigt für einen Zeitpunkt kurz vor der Jahrhundertwende um 1900 eine zeitgenössische Parallele zwischen Drama / Theater und der noch jungen Psychoanalyse auf, indem sie den „‚Hang zur Innerlichkeit' von Vertretern der verschiedenen Stilrichtungen des Theaters"[39] untersucht und dabei die Psychoanalyse als „anderes zeitgenössisches Suchsystem nach der ‚Intimität'"[40] definiert. In ihrem *Diskurs und Projekt*

39 Streisand: *Intimität*, S. 177.

40 Ebd.

*einer ,intimen Ästhetik': Das ,intime Theater*[41] formuliert das Unterkapitel „Der Hang zur Innerlichkeit im Theater und in der Therapie um 1890"[42] die Verwandtschaft der zwei Disziplinen, insofern sie sich dem Ausdruck psychischer Innerlichkeit widmen und dies als typische Erscheinung der Moderne tun,[43] da das Register einer ,intimen Ästhetik' überhaupt erst zu dieser Zeit in der Form relevant geworden sei und mit ihm „,intime settings' und Forschungsdesigns"[44] von Kunst und Wissenschaft gleichermaßen.

Es ist bei Streisands Fokus auf die Innerlichkeit nicht zu vergessen, dass es sich nicht um eine ,Innerlichkeit der Autopsie', also der Physis, handelt, sondern dass sich hier Phänomene der Untersuchung anheimstellen, für die die bis dato üblichen ,Forschungsdesigns' nicht genügten. Das ,Innere' ist dabei kaum eine tatsächlich topographisch richtige, wissenschaftliche Verortung als eher eine Tradition, Psychisches ebenso im Inneren des Körpers zu suchen wie organische Innereien. Daher hebt Streisand neue Methoden und ihre Begriffe hervor, wie etwa den zentralen Topos des Unbewussten.[45] Diese neuen Forschungsmethoden werden dann vor allem mit dem Ziel der Bewusstmachung des Unbewussten und des Umgangs mit ihm durch Deutung, Analyse und Hermeneutik angeführt.[46] Die Verwandtschaft zwischen Kunst und psychoanalytischer Wissenschaft, die Streisand stark macht, ist also das „Bedürfnis nach der Erforschung der Seele" und die Suche „nach Möglichkeiten [...], dem Seelenleben zum Ausdruck zu verhelfen".[47] Es handelt sich dabei aber eben wohl nicht nur um das Interesse an Ausdrucksformen von ,Seelischem', sondern auch an struktureller Erkenntnis und Deutung, um Einflussnahme darauf zu erhalten.

Die Ähnlichkeit der Methoden liegt dabei nach Streisand in den Praktiken besonderen Sprechens. Dass sie sich in ihrer Studie ausführlich mit der Psychoanalyse beschäftigt, ist also auf die von ihr hervorgehobene Verwandtschaft mit dem Theater zurückzuführen, die in der zentralen Rolle des Aussprechens und seiner Anwendung besteht. Sie verdeutlicht, wie besondere Arten der Aussprache als verbales Durcharbeiten Bedeutung gewinnen, die besondere Art der Erzählung und des Erzählens bildet dabei den Ausgangspunkt für Streisands Schritte von der Therapie zum Theater: „Gerade

41 Streisand: *Intimität*, S. 133.

42 Vgl. ebd., S. 177–215.

43 „[N]icht zu übersehen [ist], daß es sich bei dem diagnostizierten Hang zur ,Innerlichkeit' und ,Intimität' in dem zur Rede stehenden Zeitraum um kein auf die Künste oder den Bereich des Theaters beschränktes Phänomen handelt. Vielmehr ist die Betrachtung des seelisch ,Intimen' als eine besonders interessierende und prägnante Erscheinung der ,Moderne' am Ende des vergangenen Jahrhunderts eine übergreifende Zeiterscheinung." (Ebd., S. 16.)

44 Ebd., S. 16–17.

45 „Freud und Bahr hatten ihn aus der 1869 von Eduard von Hartmann erschienenen *Philosophie des Unbewußten* übernommen." (Ebd., S. 181–182.)

46 „Der Dramatiker und Publizist Bahr und der Psychiater Freud dekonstruieren also jenen vor der Bewußtwerdung liegenden psychischen Apparat des Menschen, zerlegen die Instanzen der Seele und versuchen, sie auf diesem Wege einer hermeneutischen Deutung zuzuführen." (Ebd., S. 183.)

47 Ebd.

die Verbalisierung, die ‚Erzählung' spielte dabei die alles entscheidende Rolle."[48] Dabei hebt Streisand bezeichnenderweise ‚Beichte' und ‚Geständnis' als Sprechtechniken von Psychoanalyse und Theater hervor, die dem Innerlichen Ausdruck verleihen:

> Die Suche nach einer Innerlichkeit als den ‚vor dem Bewußtsein' liegenden Seeleninhalten, deren Erkenntnis und sprachliche Offenbarung als einer Art ‚Beichte' in der Ich-Form, sollte im modernen Kunstwerk o d e r im therapeutischen Gespräch gleichermaßen geschehen. (Damit formulierten beide zugleich – wie Foucault es nannte – für den Zeitgenossen eine ‚Verpflichtung zum Geständnis'.)[49]

Den von Herrmann Bahr übernommenen Begriff der Beichte als Bekenntnisse der Seele setzt Streisand also parallel zu Foucaults Geständnis, wobei sie sich hauptsächlich an der Ich-Form interessiert zeigt und die Funktionen vernachlässigt, die in Beichte und Geständnis wesentlich wirken, nämlich Diagnostizieren, Urteilen, Freisprechen etc. durch ein zuhörendes Gegenüber, das sich durchaus als *s.s.s.* klassifizieren ließe. Sowohl jedoch für Theater als auch für Psychoanalyse müsste im Umgang mit solchen Diskursformen bestimmt werden, ob, inwiefern und durch wen welche ‚Urteile' gesprochen werden. Gerade auch im Rückblick auf Lacans Lektüre des *Symposion* kommt dies zum Tragen, denn auch dort wird die Äußerung Alkibiades' letztlich zur *confession*, indem Sokrates ihre versteckten Wahrheiten aufdeckt. Für die Übertragungsperspektive ist zudem der Ansatz Foucaults besonders relevant, weil er Sprech-Konstellationen entwirft, die im Grunde die Positionen eines *sujet supposé savoir* kritisieren; das unterschiedliche Sprechen der *Scientia Sexualis* und der *Ars Erotica* verteilt nämlich Wissen auf unterschiedliche Weise: während das Geständnis als Technik der *Scientia (Sexualis)* das Wissen und die Macht zum Urteilen beim Hörenden verortet, ist in der Ars Erotica der Sprechende und gleichzeitig Überliefernde mit Wissen ausgestattet und der Hörende schweigt und übernimmt das Gesagte.

Was Streisand eigentlich betonen will, ist die mit Freud benannte, möglichst spontane und eben unzensierte, ausführliche ‚Erzählung'. Besonders das Unzensiert-Spontane bleibt im Bedeutungshof von Beichte und Geständnis jedoch auf der Strecke. Ein Geständnis setzt, wie gesagt, eine Instanz voraus, die darüber entscheidet, ob das zu Sagende das Kriterium des ‚Gestehens' / des zu Beichtenden erfüllt. Es ist dadurch alles andere als spontane, ‚freie' Assoziation, weil es auf kein gleichwertiges Erzählen ‚von allem' abhebt, was in den Sinn kommt, sondern gerade das Nicht-Erzählen-Wollen

48 Ebd., S. 184–185. „Um 1892 waren die Umrisse einer psychoanalytischen Technik im wesentlichen entwickelt: genaue Fremd- und Selbstbeobachtung; geschickte Deutung und Interpretation durch den Therapeuten; die spontane, von Hypnose ungehinderte Assoziation durch die Patientin und das verbale Durcharbeiten der Probleme." (Ebd., S. 185.) Das von Freud als heilend beschriebene „Worte geben" und die dadurch geschehen(d)e subjektive Aneignung der eigenen Geschichte und des bisher eher ‚erlittenen' Affekts bilden den Grund für seine schließlich praktizierte talking cure: „Wir fanden nämlich, anfangs zu unserer größten Überraschung, *daß die einzelnen hysterischen Symptome sogleich und ohne Wiederkehr verschwanden, wenn es gelungen war, die Erinnerung an den veranlassenden Vorgang zu voller Helligkeit zu erwecken, damit auch den Affekt wachzurufen, und wenn dann der Kranke den Vorgang in möglichst ausführlicher Weise schilderte und dem Affekt Worte gab.*" (Ebd., S. 185, nach Sigmund Freud / Josef Breuer: Zur Psychotherapie der Hysterie (1895). In: Sigmund Freud: *Studienausgabe*. Ergänzungsband: Schriften zur Behandlungstechnik, S. 37–97, hier S. 49.)

49 Streisand: *Intimität*, S. 183, mit Bezug auf Michel Foucault: *Der Wille zum Wissen. Sexualität und Wahrheit 1*. Frankfurt am Main: Suhrkamp 1992, S. 77.

ins Zentrum rückt (Gestehen / Beichte als Erzählen gegen einen moralischen, juristischen ... etc. Widerstand). Gerade solche bewertenden Instanzen sollen hingegen im idealen Aussprechen der Analyse außer Kraft gesetzt werden, laut Freuds „psychoanalytischer Grundregel"[29]. Daher kann in diesem Verständnis kein Geständnis, keine Beichte vorgenommen werden.

Streisand setzt dennoch Beichte und Geständnis mit der Suche nach dem Selbst gleich.[50] Ob und wie ein Geständnis nun dazu führt, Zurückgehaltenes zu äußern, oder ob dieser Terminus überhaupt geeignet ist, kann hier nicht weiter erörtert werden. Streisand stellt diese Aussagepraxen jedenfalls in den Vordergrund, um die Praxis von Ich-Äußerungen in neuer Qualität bei Psychoanalyse und Theater zu betonen. Dabei spielt für sie das Aussprechen eines Zurückgehaltenen, eines Intimen, eine Rolle, und gleichermaßen der Rahmen, der für diese Aussprache gesetzt und von Streisand als ‚privat' gekennzeichnet wird. Wiederum steht das Setting der Psychoanalyse im Vordergrund: „Das Geständnis fand nun in der Form des Zwei-Personen-Gesprächs zwischen Arzt und Patientin in der Abgeschiedenheit des Sprechzimmers statt."[51] So wie das Zimmer des Therapeuten Freud eher dem Wohnzimmer als einer Arztpraxis[52] ähnelt, führt Streisand aus, entwirft das „intime Theater" ein möglichst intimes Setting für die Aussprache. Im Zuge dessen beschreibt sie auch eine allgemeine Verlagerung öffentlicher Sprechpraxen ins ‚Private', was sowohl eine Bewegung von außen nach innen als auch eine Verkleinerung des Kreises Anwesender bedeutet:

> Das Geständnis, das einst kulturgeschichtlich im öffentlichen Raum vollzogen wurde, war hier in die Privatheit des Hauses und in das private Zwiegespräch verlagert. Es war jetzt in seiner höchst innerlichen Form – ebenso wie im Theater – nurmehr in der ganz kleinen Gemeinschaft möglich.[53]

Ob Freuds Sprechzimmer nicht eher die *Inszenierung* eines Privaten genannt werden müsste, die eine bestimmte Wirkung zeitigen und Übertragung befördern will, bleibt hier dahingestellt, und ob eine psychoanalytische Sitzung als Privatgespräch durchgeht, kann ebenfalls bezweifelt werden. Streisands Kontextualisierung des ‚Gestehens' führt sie ungeachtet dessen zum *Entwurf einer ‚intimen' Sprache, Sprech- und Spielweise*[54] und

50 „Kunst und Psychoanalyse um 1890 verlangten nach dem innerlichen, ‚wahrhaftigen' Geständnis – oder agierten doch zumindest mit dem Topos der ‚aufrichtigen', ‚authentischen' Suche nach dem Selbst." (Streisand: *Intimität*, S. 185.)

51 Ebd., S. 185–186. Hier dient Alfred Lorenzer als Bezugspunkt: „Lorenzer schrieb über diesen verinnerlichten Zusammenhang, in den sich Therapeut und Patient nun begeben hatten: ‚Zur Intimität des Geständnisses trat die Intimität der Situation.' Er nannte die Analyse darum insgesamt die ‚Wissenschaft vom intimen Geständnis'." (Ebd., S. 187, mit Bezug auf Alfred Lorenzer: *Intimität und soziales Leid: Archäologie der Psychoanalyse*. Frankfurt am Main: Fischer 1993, S. 132, 144.)

52 „Freuds Sprechzimmer sollte dabei bewußt nicht an das eines gewöhnlichen Arztes erinnern; die Gerätschaften, Apparate und Instrumente, die den Mediziner hervorkehrten, fehlten. Es war eher als das nicht-öffentliche Arbeitszimmer eines Privatmannes gestaltet." (Streisand: *Intimität*, S. 186.) Zudem ist das Möbel der *Couch* eigentlich eine Untersuchung wert, es ist ja kein Stuhl – eher ein Bett. Angeblich war sie sogar das Geschenk einer Frau, sagt Marie Bonaparte in Peter Gay: *Freud. Eine Biographie für unsere Zeit*. Frankfurt am Main: Fischer 1987, S. 103. Vgl. auch Claudia Guderian: *Die Couch in der Psychoanalyse. Geschichte und Gegenwart von Setting und Raum*. Stuttgart: Kohlhammer 2004; dies.: *Magie der Couch. Bilder und Gespräche über Raum und Setting in der Psychoanalyse*. Stuttgart: Kohlhammer 2004.

53 Streisand: *Intimität*, S. 186.

54 So Streisands Kapitelüberschrift auf S. 193.

also maßgeblich zur Frage, in welcher Sprache eine solche Beichte stattfinden könne. Nach ihrer Diagnose wurde – wie in der psychoanalytischen Sitzung – die methodisch eingesetzte Sprache privilegierter Teil des ‚Forschungsdesigns' *intimen Theaters*, das, im Sinne Peter Szondis,[55] als eine der neuen Entwicklungen und Schwerpunktverlagerungen dramatischen Sprechens gesehen werden kann, um den Anforderungen der Moderne gerecht zu werden.[56] Streisand hebt dabei konsequent die Aussagen Bahrs hervor, der der Ich-Form als Träger des Ausdrucks der ‚neuen Innerlichkeit' den größten Stellenwert zukommen lässt:

> Für Bahr war eine Kunst, die diesen Forderungen der ‚neuen Psychologie' gerecht wird und eine Methode entwickelt, die ‚zur Objektivierung der inneren Seelenzustände' führte, dabei die ‚Ich-Form': ‚Was über eine Seele ausgesagt wird, bewirkt uns nicht; aber den Bekenntnissen, welche eine Seele von sich selbst aussagt, ist unser Vertrauen geneigt.'[57]

Zu untersuchen wäre, was genau an dieser modernen Ich-Form nun die Veränderung im dramatischen Sprechen herbeiführt, ist das Drama seit seiner Entstehung, als Stimmen aus dem Chor heraustraten und einen Polylog ermöglichten,[58] doch wesentlich auch eine Verhandlung des Sprechens des Subjekts,[59] also auch ein Diskursfeld der sich wandelnden Ichformen bzw. von deren Reden und Gegenreden „je und je"[60]. Was also bei dieser Suche nach dem Inneren schließlich zur Erscheinung kommt, so wäre die Studie von Streisand zu verstehen, ist eine andere Qualität öffentlichen Sprechens, ein Sprechen, das um neue Inhalte kreist, anders aussagt und einen anderen Rahmen benötigt, vielleicht sogar in monologischer Tendenz.[61] Wenn später mit Rancière vom

55 Vgl. Peter Szondi: *Theorie des modernen Dramas*. Frankfurt am Main: Suhrkamp 1956.

56 „Die überkommene Sprache, die Dialog- und Monologgestaltung, wie sie im Theater vor der ‚nervösen Moderne' benutzt wurde, schien für diese komplizierte Suche nach der neuen ‚Innerlichkeit' ungeeignet. Die Skepsis gegenüber überkommenen Sprachstrukturen und ihre Kritik waren Konsens am Beginn der literarischen ‚Moderne'" (Streisand: *Intimität*, S. 193).

57 Ebd., S. 183, mit Bezug auf Hermann Bahr: Die neue Psychologie. In: Ders.: *Zur Überwindung des Naturalismus. Theoretische Schriften 1887–1904*, ausgew., eingel. u. erl. v. Gotthart Wunberg. Stuttgart: Kohlhammer 1968, S. 53–63, hier S. 60.

58 Vgl. Lehmann: *Theater und Mythos*.

59 Schon für die antiken Tragödien problematisiert Lehmann das Auseinanderfallen von ‚Ich' und (sprechendem) Subjekt: „Das Subjekt, von dem im folgenden die Rede ist, fällt jedoch in keiner Weise mit dem zusammen, was sich als ‚Ich' benennt. [...] Das Subjekt ‚wird' mehr gesprochen als daß es spricht." Es ist daher angezeigt, „das Subjekt nicht aufzufassen als tendenziell sich selbst durchsichtige und selbstreflexive Identität, als souveräne Instanz und als Herr seiner Entschlüsse, sondern als einen Ort der Frage der Ungewißheit, des zögernden Hervortretens aus einer zuvor fraglos hingenommenen Einbindung." (Ebd., S. 22, 23.)

60 „Die Ganzheit des Dramas schließlich ist dialektischen Ursprungs. Sie entsteht nicht dank dem ins Werk hineinragenden epischen Ich, sondern durch die je und je geleistete und wieder ihrerseits zerstörte Aufhebung der zwischenmenschlichen Dialektik, die im Dialog Sprache wird." (Szondi: *Theorie des modernen Dramas*, S. 19.) Vgl. dazu: „Weder einem epischen Ich noch der Instanz eines Autors werden ich und ich (französisch gelesen: *je und je*) zugeordnet. Ohne Umschweife, ohne Filter durch einen anderen werden dramatische Positionen erst einmal gesetzt, und zwar dialogisch, es zählt nie nur eine Position." (Eva Holling: LOG-Buch. In: Dies. / Malda Denana / Julia Hillgärtner / Annika Metzger / Matthias Naumann / Jessica Nitsche / Lars Schmid / Silke C. Schuck (Hrsg.): *Blick.Spiel.Feld.* Würzburg: Königshausen & Neumann 2008, S. 369–376, hier S. 371.)

61 „Im Theater fand eine solche Selbstfindung, ein ‚Geständnis' nun öffentlich von der Bühne herab statt – historisch erstmals mit einer nie gekannten Intensität und Radikalität der seelischen Selbstoffenbarung. In den frühen ‚naturalistischen' Familiendramen etwa von Ibsen, Strindberg, Holz, Schlaf, Hauptmann und

„Netz der Vorannahmen“[62] die Rede ist, die sich in künstlerischen Praktiken offenbaren, so ist hier ein solches Netz beleuchtet, das auch ‚Dispositiv des *intimen Theaters*‘ genannt werden könnte, indem es sich als ein Dispositiv bestimmten Sprechens und Hörens erweist. An diesem Beispiel des Zusammenlesens von Psychoanalyse und Theater in ihrem Umgang mit ‚Intimität‘ wird also deutlich, dass es sich im Grunde um eine Strukturanalyse handelt, die nach der Verteilung von Positionen und Aufgaben fragt, um bestimmte, erwünschte Wirkungen zu zeitigen. Diese Positionen und Aufgaben betreffen die Art und Adressierung des Sprechens, die maßgeblich durch die intersubjektive Konstellierung emergiert: Das Publikum wird nämlich ausgeblendet, Illusion und Intimität sollen zusammenwirken, und somit wird auch ein entsprechendes Hören und Sehen des Publikums eingefordert bzw. voraus-gesetzt.
In Streisands Katalog zu den Methoden des *intimen Theaters* wird die Betrachtung zum Theaterpublikum eingereiht in die Folge: „Theaterpraktische Dimensionen. Historische Reichweite eines ästhetischen Programms“. Hier stützt sie sich auf August Strindbergs „Vorwort zu ‚Fräulein Julie‘“[63] als „Programm eines intimen Gesamtkunstwerks“[64] und stellt dieses anhand beispielhaft herausgegriffener Punkte dar.[65] Ihre Diagnose dieser Mittel kommt zu dem Schluss, dass ein fast paradoxer Einsatz von Methoden der gleichzeitigen Distanzierung und Vergemeinschaftung im Theater dienen soll:

> In Strindbergs ‚Vorwort‘ begegnen einander zwei sich widersprechende Tendenzen und Argumentationslinien: Die eine Tendenz geht zur Distanzierung, die andere zur Nähe und zur Gemeinschaftsbildung. Die erstgenannte Tendenz zur Distanzierung betrifft unter anderem die Forderungen nach Separierung der Zuschauer untereinander, Trennung zwischen Schauspielern und Publikum, das Phänomen der vierten Wand. Hier sollte (zum Zweck maximaler Illusionserzeugung auf dem Theater) auseinandergehalten werden, was nicht (mehr) zusammengehörte. Die andere Tendenz meint unter anderem die Kleinformatigkeit, die geringe Anzahl beziehungsweise Ausdehnung von Zuschauern und Aufführungsstätte. Diese kleine Form signalisierte die ‚intime‘ Vertrautheit innerhalb einer Gemeinde, ließ alle am Theaterabend Beteiligten – Publikum und Darsteller – gleichsam als an einem gemeinsamen Projekt arbeitende Gruppe erscheinen.[66]

Ihre Parallelführung von Ansätzen der psychoanalytischen Sitzung und des Sprechens im intimen Theater lässt besonders die Konstellationen und Funktionen der dabei Anwesenden interessant erscheinen. Ihr Vergleich des Sprechens zum Therapeuten mit dem Sprechen auf der Bühne und die Benennung dieses Sprechens als Geständnis wirft ein besonders Licht auf die, die das Gesprochene hören. Die Verlagerung des

anderen, aber ebenso in den Texten ihrer ‚Überwinder‘ wie Hofmannsthal, Schnitzler oder Maeterlinck begannen die dramatischen Figuren, die Gründe für ihre unglückliche und unbefriedigende Existenz nicht mehr in ‚äußeren‘ Umständen zu suchen, in ‚fremden‘ politischen, sozialen, historischen oder institutionellen Verfügungsgewalten über ihr Leben, sondern einzig und allein in ihren eigenen charakterlichen oder seelischen Konstitutionen und Anlagen.“ (Streisand: *Intimität*, S. 187–188.)

62 Rancière: *Der emanzipierte Zuschauer*, S. 17.

63 August Strindberg: Vorwort zu „Fräulein Julie“. In: Ders.: *Fräulein Julie*. Stuttgart: Reclam 1983, S. 57–72.

64 Streisand: *Intimität*, S. 136.

65 Diese Punkte sind: die Frage der Beleuchtung, das Schminken, das unsichtbare Orchester, das Theaterpublikum, das Bühnenzimmer (vgl. Inhaltsverzeichnis des Bandes von Streisand).

66 Streisand: *Intimität*, S. 140–141.

Sprechens in einen von ihr privat genannten Raum, das *Sprech*zimmer, scheint die Instanz des Zuhörens auf alle jeweils einzelnen Anwesenden zu verlagern, nicht als hörende Gemeinschaft also. Wesentlich bleibt dabei, dass jemand die getätigten Aussagen bezeugt und dies in einer sich zurücknehmenden Weise. Und hier bildet sich die Frage nach der Analogie zum Sprechzimmer heraus, denn für das Sprechen des Theaters ist die Parallelführung zunächst nur auf den Raum innerhalb der Bühne beschränkt: die Personae gestehen offen, frei und ausführlich einander ihr Inneres. Das anwesende Publikum soll dabei geradezu ausgeschaltet werden, reduziert auf Auge und Ohr. Dafür wird empfohlen,

> Publikum und Schauspieler möglichst radikal zu trennen und die Zuschauer jeder Eigenaktivität und Kommunikation untereinander zu entheben. Es ist ein Distanzierungsprozeß zwischen beiden Parteien und ein Distanzierungsprozeß innerhalb der klein gehaltenen Anzahl von Zuschauern. Sie sollen im vollständig abgedunkelten Zuschauerraum stillsitzen und sich ‚in Ruhe' in das Bühnengeschehen einfühlen. Sie sollen nicht ‚stören'. [...] Ihre Aktivitäten sollen sich nun auf den ausschließlichen Gebrauch ihrer Fernsinne – Auge und Ohr – beschränken; die Triebe sind gedämpft, die Affekte reguliert, nun konnte es um ‚Innerlichkeit' gehen. Es ist der Tendenz nach der Versuch, die physische Präsenz des Zuschauers abzuschaffen. Erst in dieser distanzierten und konzentrierten theatralen Raumsituation, die ein bestimmtes Sich-Verhalten zur Folge haben sollte, war es möglich, die ‚intimsten' Dinge auf die Bühne zu zerren und ‚öffentlich' zu behandeln.[67]

Damit benennt Streisand die für das Theater vieldiskutierten „Disziplinierungsstrategien" des Publikums, d.h. „des im wesentlichen ‚stillgestellten' Zuschauers",[68] bei dem ebenjene disziplinierenden Konventionen „bereits erfolgreich internalisiert sind".[69]

Streisand schafft damit einen Verweis auf den zugekehrten Rücken der psychoanalytischen Sitzung: Freuds Platz im Rücken der zu Analysierenden schafft die spezielle Basis einer Kommunikationssituation, die nach Streisand nun auch für das Theater relevant wird: „Der Topos von einem dem Publikum zugewandten Rücken gehörte für die damalige Argumentation geradezu zum stereotypen Repertoire – symbolisierte sich doch in ihm am konsequentesten die Fiktion des ‚ausgeschalteten' Publikums."[70] Im Hinblick auf das Stichwort der Absorption von Michael Fried[71] ist der Topos des Den-Rücken-Zuwendens[72] als Unbeobachtet-Fühlen, d.h. als Aussetzen einer Kontrollinstanz zu verstehen. In der Psychoanalyse soll(te) dies der ‚freien Rede' dienen,

67 Ebd., S. 138.

68 Ebd., S. 161.

69 Ebd. Es wären als abzuschaffen etwa zu nennen: Anwesenheiten von Publikum auf der Bühne, Proszeniumslogen, Geräusche, Zwischenrufe und Unaufmerksamkeiten, Trampeln, Johlen, Trommeln, Werfen mit Gegenständen, Essen, Rauchen, Szenenapplaus, aber auch auf der Bühne Aus-der-Rolle-Treten der Schauspieler_innen, Verbeugen nach einem gelungenen Moment, Wiederholungen von Pointen, Herausrufen von Darsteller_innen / Autor_innen.

70 Ebd., S. 211–212.

71 Vgl. Michael Fried: *Absorption and Theatricality: Painting and Beholder in the Age of Diderot*. Chicago: University of Chicago Press 1980.

72 Möbel scheinen besonders erfolgreich Wände repräsentieren zu können, weshalb sie wohl dem Publikum nicht den Rücken zuwenden dürfen: „[...] denn die Bühne zu einem Zimmer zu machen, wo die vierte Wand fehlt und ein Teil der Möbel dem Zuschauer den Rücken zuwendet, wird wohl bis auf weiteres störend wirken." (Strindberg: Vorwort, S. 71, zit. n. Streisand: *Intimität*, S. 139.)

indem offenbar das Präsentische des Körpers der Analysierenden zurückgenommen wird, und vor allem das gegenseitige Anblicken, wie bereits mit Theweleit erwähnt.[73] Diese in übertragungsphänomenologischer Hinsicht gerade katalytische Präsenz inkl. der gemeinsamen Gegenwart, die gerade nicht hinderlich ist, sondern den Prozess erst ermöglicht, wird vordergründig ausgeblendet. Doch gerade durch diese ‚Hintertür' des vermeintlichen Ausschaltens gerät diese Position wieder aufs Tapet und damit auch die wichtige und nicht unkritisierbare Wertverschiebung zwischen Sehen und Hören: Das Auge überwachte demnach, während das Ohr hingegen Wohlwollen und Raum zur Rede eröffnete. Die Augen lassen sich jedoch schließen, der Blick sich jedoch abwenden; Ohren nicht, es sei denn, es handelt sich vielleicht um Nilpferdohren, und auch nicht der resonierende Körper.

Mit ihrer Untersuchung erarbeitet Streisand grundsätzliches Material für eine Diskussion um verteilte Funktionen in der Theaterkonstellation; nämlich von wissenden und damit auch mit Aktivität und Passivität versehenen Positionen von Sprechen und Zuschauen, und damit auch, wenn auch nur indirekt, Machtfragen in Konstellationen theatralen Sprechens und Hörens. Gerade der Begriff des Geständnisses und die von ihm ausgehenden Fragen, wem Wissen und Urteilskraft unterstellt wird, verlangt, wie bereits erwähnt, diese Fragen wie auch solche nach Adressierungen des Sprechens: Sprechen auf der Bühne, mit dem Publikum metaphorisch zugewandten Rücken, lässt nicht vergessen, dass in der Psychoanalyse das Hören ein zielgerichtetes und gerahmtes ist, auch wenn es als freischwebende Aufmerksamkeit gelten soll. Die Verwandtschaft des intimen Sprechens in Psychoanalyse und Theater soll doch, gerade im Hinblick auf ausgeschaltetes Publikum, nicht vergessen machen, dass das Sprechen im Theater immer auch die Theatronachse betrifft; indem die Situation des Aufführens durch Abschattungsversuche des Publikums negiert wird, bestätigt mitunter gerade diese Negierung und der Aufwand, mit dem sie betrieben werden muss, die Anwesenheit derer, die zuhören und -schauen. An den Methoden, die das *intime Theater* entwickelt, und an den Fragen, die dadurch thematisiert werden, zeigt sich die Relevanz der intersubjektiven Sprech- und Hör-Situation schließlich also auch als Übertragungsraum selbst: Die ausagierten Setzungen dem Publikum gegenüber materialisieren Unterstellungen, die die Theatermacher_innen dem Publikum, der Bühne und ihrem Verhältnis zueinander entgegenbringen. Die Analysen von Streisand zeigen also in ihrer Konzentration auf bestimmte Wirkungsweisen von Theater und Psychoanalyse, wie dispositivisch eingesetzte Praxen intersubjektive Konstellationen gestalten, wie z. B. ein ‚Vertrauen' in die Aussagekraft von Sprache vorausgesetzt und verstärkt wird, wie die Überzeugung erreicht werden soll, dass sprechende Figuren auf der Bühne etwas zu sagen, zu beichten, zu gestehen hätten, oder wie das Publikum als potentielle Störenfriede präfiguriert wird.

Streisand nutzt in ihrer Argumentation, wie bereits erwähnt, nicht den Begriff der Übertragung. Daher gilt es, als nächstes einen Blick auf Gabriele Schwabs Analyse zu riskieren, die für wirkungsästhetische Praxen des Theaters explizit eine ‚Lenkung von Übertragung' erkennt.

73 Siehe S. 175 dieser Arbeit.

### *Gabriele Schwab: Lenkung der Übertragung*

Gabriele Schwab unternimmt ihre Verwandtschaftsanalyse von Psychoanalyse und Theater, wie Marianne Streisand, ausgehend von der Sprachkrise der Moderne, obgleich der Gegenstand – das Theater Samuel Becketts – einem späteren Zeitraum entstammt als Streisands *intimes Theater* und Schwab noch stärker eine Krise des Subjekts und also auch eine Krise der Repräsentation fokussiert. Dabei stehen ebenfalls die ‚neuen' Methoden des Wirkens von Sprache auf das Subjekt im Vordergrund, jedoch mit einer (nicht nur dem Gegenstand geschuldeten) im Vergleich zu Streisand deutlich gesteigerten Sprachskepsis und daraus folgend auch einer ‚Subjektskepsis'. Schwabs Untersuchung basiert auf der Annahme, dass Theater und Psychoanalyse gleichermaßen Methoden entwerfen, „über Sprache verändernd auf das Subjekt einzuwirken"[74], während bei Streisand erst einmal das Wie eines Zum-Ausdruck-Bringens von etwas, das als vorhanden angenommen wird, im Vordergrund steht. Schwab betont ebenfalls zunächst eine ‚historische' Einbettung ihrer Untersuchungsgegenstände, wobei sie im Unterschied zu *Maske und Kothurn* gerade eine traditionsreiche Wechselwirkung zwischen Theater und Psychoanalyse hervorhebt:

> Beide thematisieren und fordern eine *Veränderung* von Subjektivität. Es kommt sogar in der historischen Entwicklung beider zu einer konkreten Interaktion: die Psychoanalyse nimmt Erfahrungen von Literatur auf, und das Theater reagiert direkt oder indirekt auf die Psychoanalyse, deren Erkenntnisse das Problembewußtsein der Moderne mitbestimmen. Die Fruchtbarkeit einer psychoanalytischen Wirkungsästhetik soll hier also als spezifisch historische gefaßt werden: sie eignet sich in besonderer Weise für die Analyse einer historischen Form von Theater, die ihrerseits bedingt ist durch ein historisches Bewußtsein, das Theorien wie die Psychoanalyse notwendig gemacht und produziert hat.[75]

Das Beckett'sche Theater wird also als historisches Phänomen eingeordnet, wobei sich die Frage stellt, was eigentlich damit gemeint ist. Ist das Historische etwas Abgeschlossenes oder verweist es hier gerade auf einen Entwicklungsprozess? Ist es als auf einen bestimmten, zeitlich zu bestimmenden Ursprung zurückführbar zu verstehen? Sprachkrise und Verunsicherung des Subjektstatus können jedenfalls gerade nicht als abgeschlossen bezeichnet werden, dass sie eine Geschichte begründen, vielleicht schon eher; aber dass es sich dabei nach wie vor um existentielle Fragen handelt, ist wohl unstrittig – dieses ‚Problembewusstsein der Moderne' hält an. Trotz dieses etwas irritierenden Hinweises auf eine Historisierung stellt Schwab dann weniger historische als zeitlose Wahrnehmungs- und Rezeptionsstrukturen dar mit Vokabular, dem seinerseits durchaus historische Entstehungsprozesse nachgesagt werden, wie explizit ‚Übertragung' und ‚Projektion' als Wirkungsmechanismen theatralen Sprechens, Agierens und Rezipierens.

Wenn Schwab der Übertragungswirkung und ihrer Anwendung im Theater auf der Spur ist, geht sie, ähnlich wie Pfaller, vom Imaginären und dessen Ausagieren aus, das, Freud folgend, subjektverändernde ‚Neuauflagen' von Affekten inszenieren kann. Daher geht es ihr auch darum, „am Beispiel der psychoanalytischen Therapie und des

74 Schwab: *Samuel Becketts Endspiel mit der Subjektivität*, S. 2.

75 Ebd.

Psychodramas" zu zeigen, „in welcher Weise das Imaginäre als Folie der Neuinszenierung von Affekten und ihren mißlungenen Verarbeitungen eine Veränderung im Subjekt auslösen kann."[76] Mit den ‚Neuinszenierungen' verweist Schwab vom Vokabular her einerseits auf Freud,[77] verdeutlicht aber eben mit dem Begriff der Inszenierung die wirkende krea(k)tive Praxis eines Umgangs mit dem Übertragungsmodell. Wie Pfaller das ‚Schauspiel' beschreibt also auch Schwab einen Raum für Inszenierungen, für Übertragungen, die durch ein wirkendes Setting begünstigt werden. Daher ruft Schwab noch einmal das experimentelle Modell der Psychoanalyse ins Gedächtnis, wobei sie den Begriff der *Projektion* zentral macht, wo andere vielleicht Übertragung sagen würden:

> Die künstliche Kommunikationssituation, in der der Analytiker als Person für den Analysanden so unbeschrieben wie eine weiße Leinwand bleiben soll, führt dazu, daß der Analysand dem Analytiker Worte, Gedanken und Gefühle zuschreibt, die in Wirklichkeit seine eigenen sind und die als Produkt seiner inneren Konflikte angesehen werden können. Da er von seinem Gegenüber nichts weiß, ist er gezwungen, es über den Beziehungsmodus der Projektion als Imaginäres zu konstituieren. Indem der Analytiker diese Projektionen als solche erlebbar macht und ins Bewußtsein hebt, wird die Korrektur dieses imaginären Modus der Objektbeziehung möglich.[78]

Hervorzuheben wären also die zwei Voraussetzungen, dass bei Schwab zum einen die Projektion als Begriff mit der Übertragungskonstellation zusammenhängt, indem sie nicht das imaginäre Phantasma, *agalma*, bezeichnen soll, sondern den Beziehungsmodus, der sich daraus ergibt, und dass zum anderen ein Erlebbarmachen dieser Struktur letztlich die ‚Wirkung' zeitigt. Das Imaginäre und was es konstituiert, soll dabei also ‚Wirkungen im Subjekt auslösen'. Das Konzept, das für das Subjekt ein als Imaginäres erlebbar Gemachtes vorsieht, ermöglicht dabei noch einmal einen Rückbezug auf Pfaller und die ähnliche Argumentation seines Rufs „Theater!" als Intervention oder eben ‚Korrekturmöglichkeit'. Schwab interessiert gerade dieses Vetovermögen, die Möglichkeit der Intervention und Einflussnahme auf das Subjekt in der Psychoanalyse ebenso wie in der künstlerischen Praxis, wobei bei ihr der Text im Vordergrund steht und das Verhältnis zu seiner Aufführung mitunter zwischen den Zeilen verbleibt. Übertragung und Projektion erhalten bei Schwab also einen deutlichen Aspekt des Widerstands, den sie eben nur durch das Veto und die Bewusstmachung überwunden sieht; denn die übertragungsähnliche Beziehung wirkt nur subjektverändernd, wenn sie erkannt wird:

> Über das Auslösen von Projektionen vermag der Text eine übertragungsähnliche Beziehung zum Rezipienten herzustellen. Sie birgt die Möglichkeit, ihm etwas über sich selbst zu kommunizieren, vorausgesetzt, die Projektionen werden in ihrem Charakter deutlich und bleiben nicht unerkannte Abwehr von Fremderfahrung.[79]

76 Schwab: *Samuel Becketts Endspiel mit der Subjektivität*, S. 51.

77 „In der psychoanalytischen Therapie werden infantile Wünsche und Beziehungsaspekte in der Beziehung des Analysanden zum Analytiker, der *Übertragung*, wiederholt." (Ebd.)

78 Ebd.

79 Ebd., S. 109.

Das krea(k)tive und damit experimentelle Potential der Übertragung endet damit nur in einer Erkenntnis, wenn der Vorgang schließlich in einem bewussten Momentum bearbeitet wird – so der Ansatz von der Psychoanalyse aus gedacht und auf die ästhetische Erfahrung ‚übertragen', die damit ebenso als subjekt-verändern-wollend ausgezeichnet wäre.

Damit kommt Schwab auch auf den Begriff der Kommunikation, der bislang in der vorliegenden Arbeit eher ausgespart blieb, da er stark mit dem Austausch und der Vermittlung von Nachrichten konnotiert ist und eigentlich weitere Exkurse und Kontextualisierungen verlangt. Da Schwab aber gerade die Wirkung von Sprache auf Subjekte maßgeblich verfolgt, ist der Begriff in dieser Konnotation bei ihr nicht zu umgehen. Die Kommunikationssituation der Analyse erweitert Schwab auf die Kunst und auf Kommunikation, bei der ‚kein Analytiker am Horizont auftaucht', im Allgemeinen:

> Das rezipierende Subjekt sieht sich einem Produkt der Imagination konfrontiert, das in spezifischer Weise an seine eigenen psychischen Dispositionen rührt. Sei es, daß dieses Produkt eigene Phantasien, Phantasmen oder Träume wachruft, vertraute oder gefürchtete Konflikte entfaltet, oder über die Faszination des Fremden wirkt, immer wird das Subjekt in der Rezeption gewisse Übertragungen vornehmen, die denen in analytischen Situationen gleichen. Denn der bei der Übertragung zugrundeliegende Beziehungsmodus der Projektion ist nicht nur in therapeutischen Situationen wirksam, sondern latent in jeder Form der Kommunikation.[80]

Damit geht sie, wie Lacan, von einem übertragenden Zugriff auf intersubjektive Konstellationen als ‚natürlichem Modell' aus. Schwab betont, dass dies immer in einer Kommunikationssituation passiert, und setzt die Möglichkeit der Einflussnahme auf diese Kommunikation in erheblichem Maße voraus. Wie in Lacans experimentellem Modell basieren die Wirkungen dabei auf jeweils speziellen Anordnungen, die Schwab jedoch nicht experimentell, sondern künstlich nennt. Zudem postuliert sie einen ‚strategischen' Umgang mit Übertragung, sowohl in der Psychoanalyse als auch in der Kunst:

80 Ebd., S. 53. Über das Verhältnis der Begriffe *Projektion* und *Übertragung* müsste nun eigentlich ausführlicher diskutiert werden, denn eigentlich ist Übertragung als die Bezeichnung des intersubjektiven Modus geläufig, während Projektion eher die phantasmatischen ‚Bilder' bezeichnet, die das unterstellende, übertragende Subjekt auf sein Gegenüber (oder sich selbst) ‚wirft'; so schreibt Lacan die Projektion der imaginären Funktion des Spiegelstadiums zu. „Es ist angebracht, Ichideal und Idealich radikal zu unterscheiden. Das erste ist eine symbolische Introjektion, während das zweite die Quelle einer imaginären Projektion ist." (Lacan: *Übertragung*, S. 434.) Die Übertragung wirkt jedoch auch im Raum des Symbolischen. Interessant ist die Unterscheidung, die Wikipedia vornimmt, da sie sich auf das Ausagieren bezieht: „Der Begriff [Übertragung] ist eng verwandt mit dem Begriff der Projektion, bei der Eigenschaften, die die projizierende Person bei sich selbst nicht wahrhaben möchte, anderen Personen zugeschrieben werden. Im Gegensatz zur Übertragung kommt es hierbei jedoch nicht zur Verfolgung dieser Wunschvorstellungen oder Erwartungen." (http://de.wikipedia.org/wiki/%C3%9Cbertragung_%28Psychoanalyse%29, Zugriff am 28.12.2014.) Auch die Unterschiede in den Bewegungen wären anzuerkennen, wenn Übertragung mit Lacan als Unterstellung verstanden werden soll: Unter-stellen ist eher das Schieben eines Podests o. Ä. unter ein Objekt, d. h. den Grund zu verändern, auf dem sich etwas abspielt, während die Projektion sich als Licht-Bild-Wurf auf das Objekt, auf seine Oberfläche legt.

> Was die Übertragung in der therapeutischen Situation vor anderen Übertragungsbeziehungen auszeichnet, ist neben der Künstlichkeit der Kommunikationssituation die strategische Lenkung der Übertragung und das Aufdecken der Projektionen. Im rezeptiven Prozeß des Kunstwerks ist die Künstlichkeit der Kommunikationssituation ohnehin gewährleistet, die Lenkung der Übertragung hängt von den Textstrategien ab, ist jedoch als Möglichkeit in der Gegebenheit von Texten immer angelegt.[81]

Die Möglichkeit der strategischen Lenkung von Übertragung erweist sich dabei als bedenkenswertes Postulat, das die instrumentelle Einflussnahme auf übertragende Subjekte fokussiert, die mit dem ‚Fall in den Geltungsbereich von Anderen' schon als strukturelles Potential interaktiver Rapporte vermutet wurde. Hier zeigt sich also ein Ansatz, der dieses Potential und seine Nutzung verfolgt und ausarbeitet. In Becketts *Endgame* weist Schwab nämlich nun genau ein „Zusammenwirken" solcher Strategien nach, die darauf zielen,

> über eine Sogwirkung Projektionen aus dem Zuschauer zu locken und so eine der Übertragung vergleichbare Beziehung aufzubauen, um in einem weiteren Prozeß die Projektionen zu entlarven und damit das zur Wirkung zu bringen, was durch sie gerade verdeckt wurde.[82]

So führt sie also ein konkretes Beispiel an, das als wirkungsästhetische Arbeit mit und an der Übertragung in der Kunst gelten kann. Mit ihrer Herangehensweise lassen sich folglich auch unterschiedliche Einsatzverfahren untersuchen, wie Kunst mit Übertragungen agiert, die sich in ‚instrumentell' und ‚experimentell' einteilen lassen und die bei Schwab ebenfalls historisiert werden, indem der experimentelle Umgang erst mit Kunstformen der Moderne eintretend beschrieben wird. Modernes Theater arbeitet also, im Gegensatz zu Repräsentationstheater, anders mit Übertragung:

> Während die Übertragung im Repräsentationstheater noch unvermerkt vonstatten ging und nur als Hintergrundsphänomen der Rezeption Geltung hatte, tritt sie nun in den Werken der Moderne immer mehr in den Vordergrund. Dies hat seinen Grund darin, daß der esoterische, schwer zugängliche manifeste Sinn geradezu auf die Provokation von Projektionen angelegt scheint. Moderne Texte oder Stücke wirken in einem ersten Zugang oft wie das Prinzip der weißen Leinwand in der psychoanalytischen Situation. Aus der Tatsache, daß Projektionen gar nicht möglich und nötig wären, wenn die Subjekte nicht dezentrierte und ihre Äußerungen nicht doppelsinnige wären, läßt sich ermessen, daß der Projektion in der ästhetischen Erfahrung moderner Werke ein Sonderstatus zukommt. Sie ist der Kommunikationsmodus, über den Dezentriertheit vermittelt ist, über den aber auch, durch Aufdecken der Projektionen, auf sie eingewirkt werden kann.[83]

Die Projektion – und damit die Übertragung – als Kommunikationsmodus wird hier also als eine Basis für moderne Kunsterfahrung herausgearbeitet, da sie aus einer Dezentriertheit heraus erfolgt. Daher diskutiert Schwab diese Dezentriertheit als Zusammenwirken zwischen Selbst- und Fremderfahrung des rezipierenden Subjekts ausführlich.

Mit Iser postuliert sie die ästhetische Erfahrung als gespaltene, ambivalente, subjektkonstituierende und gleichermaßen dekonstruierende. Einerseits ist von der

81 Schwab: *Samuel Becketts Endspiel mit der Subjektivität*, S. 53.

82 Ebd., S. 109.

83 Ebd., S. 53.

„Besetzung des Lesers' durch die Gedanken des Autors“[84] die Rede, einer Fremderfahrung also, jedoch ergibt sich aus ihr, andererseits, die Erfahrung der eigenen Möglichkeiten und Grenzweiterung des Denkens, des eigenen Formulierens, nämlich „durch Formulierung des Unformulierten uns selbst zu formulieren.“[85] Projektionen in dieser Erfahrungsdialektik werden daher einerseits als Aneignung des Fremden und damit Abwehr klassifiziert (wer „in allem, was ihm begegnet, nur sich selbst und seine Erfahrungen wiederfindet, macht keine neue Erfahrung, sondern wehrt sie ab“[86]), andererseits jedoch auch als Möglichkeit zur Grenzerweiterung. Die Nutzung der Projektion als Kommunikationsmodus beschreibt Schwab daher in zwei Stufen, wobei es immer um das Spiel zwischen den Übertragungen des Rezipienten und denen des Kunstwerks geht, weshalb Schwab den ‚Sog der Projektionen' hervorhebt, den das rätselhafte *Endgame* evoziert. Zunächst betreibt es ‚Inkommunikation', d.h. die Verweigerung eines einfach zu generierenden Sinns, um möglichst viele Deutungen in der Rezeption hervorzurufen:

> Die erstaunliche Breite dieser Auslegungen bezeugt den in der Inkommunikation selbst verankerten Deutungssog: nach dem Prinzip der weißen Leinwand drängt sie den Zuschauer, mit Projektionen der Irritation einer scheinbar verweigerten Kommunikation zu begegnen und die Inkongruenzen mit den eigenen Erfahrungsmustern zu bewältigen. Darüber hinaus verschaffen sie dem Zuschauer den Lustgewinn der Selbsttätigkeit aus der Aneignung des Fremden und dem Bestimmen des Unbestimmten.[87]

In einem zweiten Schritt stellt das *Endgame* für Schwab eine Verbindung zur Rezeption übers Affektive her: gegen den Strom des Unverständlich-Inkommunikativen wird eine positive Sogwirkung behauptet, nämlich „Bilder, Situationen, Handlungssequenzen, die Atmosphäre sowie viele Dialogfragmente“, die „existentielle Themen [denotieren] und über diese an die Betroffenheit des Zuschauers [appellieren]“[88]. Die von Schwab beschriebene Kommunikation pendelt also von Inkommunikation zu affektiver Identifikation, um die intrasubjektive Dialektik von Bewusstem und Unbewusstem erfahrbar zu machen,[89] wie sie auch als Doppelsinn der Sprache angenommen wird. Der bei Schwab zentrale Begriff der Sogwirkung auf Rezipierende entsteht so aus Anziehung und Abstoßung gleichermaßen.[90]

84 Wolfgang Iser: Der Lesevorgang. In: Rainer Warning (Hrsg.): *Rezeptionsästhetik*. München: Fink 1975, S. 253–276, hier S. 273.

85 Ebd., S. 275.

86 Schwab: *Samuel Becketts Endspiel mit der Subjektivität*, S. 109.

87 Ebd., S. 110.

88 Ebd.

89 „Inkommunikation und Identifikationsangebote wirken also auf einer Ebene der Rezeption zusammen, verstärken einander bisweilen, negieren sich oder ergänzen sich als unterschiedliche Strategien zur Sogerzeugung. Sie richten sich ans Bewußtsein und ans Unbewußte des Rezipienten, um das etablierte Verhältnis der beiden ins Wanken zu bringen und so etwas über dezentrierte Subjektivität in Erfahrung zu bringen.“ (Ebd., S. 112.)

90 „Echos und sprachrhythmische Sequenzen, aber auch unvermittelte Zäsuren und Brüche strukturieren zwar das Bühnengeschehen und markieren einen manifesten Sinn, jedoch nur, um ihn sogleich wieder aufzuheben. Dies wirkt wie ein Sog auf den Zuschauer, verlangt aber auch dessen Bereitschaft, sich auf ein Stück einzulassen, dessen Fremdartigkeit nie ganz in Vertrautheit verwandelt werden kann.“ (Ebd., S. 3.)

Die Grundlage dieser Wirkungsfunktion leitet Schwab von Antonin Artaud her und seiner Kritik an einem „Selbstverlust des Subjekts in seiner Sprache“[91], wie Schwab es formuliert. Mit Artaud, Derrida und Foucault benennt sie das Problem des „durch die Sprache von seinem Körper getrennte[n] Subjekt[s]“[92], was eben nicht nur heißt vom Sprechen getrennt, sondern auch vom Denken und damit die bekannte Kritik am cartesischen Dualismus wiederaufnimmt, der ja auch Lacan wieder inspiriert und ihn zu seiner kongenialen Umformulierung führt: „Ich denke wo ich nicht bin, also bin ich, wo ich nicht denke.“[93] Subjekt- und Repräsentationskritik basieren also auf der „Destruktivität“, die „der Sprache aufgrund ihrer Symbolisierungsfunktion [eignet], die ihr eine repräsentative Struktur aufprägt“,[94] und auf einer „Verantwortungslosigkeit als Vermögen und Ursprung der Rede“[95] – die eben gerade dem sprechenden Subjekt, ganz im Gegensatz zu den Ideen des *intimen Theaters*, die Verantwortung für sein Sprechen ab-spricht.

Mit Artaud nennt Schwab diese getrennt vom Subjekt wirkende Repräsentationsfunktion dann „Trennung von Kraft und Sinn“[96] (wobei die ‚Kraft‘ als an den Körper der Sprechenden rückgebunden verstanden wird) und führt darüber den Terminus des Doppelsinns ein, der sich stets in Sprache manifestiert und als Merkmal des Sprachgebrauchs abendländischer Kultur (mit Artaud und Derrida) proklamiert wird.[97] Der Dualismus oder Doppelsinn der Sprache, den Artaud mit seiner Wirkungsästhetik kritisiert und dadurch aufrechterhält, dass er der einen Seite ganz abschwört, inspiriert also die Intention künstlerischer Gegenmaßnahmen gegen die Trennung von Körper und Geist, Kraft und Sinn und ähnlichen Dualismen:

> Aber man braucht nur etwas, sehr wenig, auf die plastischen, aktiven, die Atmung betreffenden Quellen der Sprache zurückzukommen, man braucht nur die Wörter wieder mit den körperlichen Bewegungen, die sie hervorgebracht haben, zu verknüpfen, die logische, diskursive Seite des Wortes hinter seiner körperlichen, gefühlsmäßigen verschwinden zu lassen […].[98]

Auf dieser Ebene denkt Schwab auch die Maßnahmen des *Endgame*, wobei sie besonders den Dualismus Unbewusstes / Bewusstes als Doppelsinn versteht. Hervorzuheben ist an ihrem Ansatz also die Berücksichtigung von für die Rezeption bzw. für intersubjektive Kommunikation unbewussten Anteilen und die durch diese Anteile

91 Schwab: *Samuel Becketts Endspiel mit der Subjektivität*, S. 15.

92 Ebd., S. 17.

93 Lacan: Das Drängen des Buchstabens, S. 43.

94 Schwab: *Samuel Becketts Endspiel mit der Subjektivität*, S. 15.

95 Jacques Derrida: Die soufflierte Rede. In: Ders.: *Die Schrift und die Differenz*. Frankfurt am Main: Suhrkamp 1972, S. 259–301, hier S. 269.

96 Schwab: *Samuel Becketts Endspiel mit der Subjektivität*, S. 16.

97 Was Artaud dazu veranlasst, die Sprachtechniken des Orients als Gegensprache zum Okzident zu behaupten: „So stellt man im Orient die Zeichensprache über jene andre und schreibt ihr unmittelbare magische Macht zu. Man veranlaßt sie nicht nur, sich an den Geist, sondern an die Sinne zu richten, und mittels der Sinne zu noch reicheren und fruchtbareren Bezirken der in voller Bewegung befindlichen Sensibilität zu gelangen.“ (Antonin Artaud: Briefe über die Sprache. In: Ders.: *Das Theater und sein Double*. München: Matthes & Seitz 1996, S. 113–130, hier S. 128.)

98 Ebd.

begründete relative Unverfügbarkeit (im bewussten Sprechen z. B.), die bei Streisand noch außen vor blieb. So wertet Schwab imaginäre Bereiche des Subjekts auf und setzt das Subjekt als dezentriertes, gespaltenes voraus. So rekurrieren die von ihr anvisierten Wirkungen immer auf den bereits erwähnten Doppelsinn von Bewusstem und Unbewusstem,[99] werden also für diese beiden Bereiche behauptet und daher jeweils über unterschiedliche Techniken hergestellt, um schließlich eine Bewusstmachung *strategisch* vorzubereiten.

> Der aufs Bewußtsein gerichtete Teil der Strategie des Doppelsinnentzuges verfolgt also zunächst das Ziel, die Rückwendung der rezeptiven Tätigkeit auf den Zuschauer selbst möglich zu machen. Die sogbildenden und projektionsfördernden Strategien ‚Inkommunikation' und ‚Einladung zur Identifikation', die die primäre Ebene der Rezeption bestimmten, verlieren vor dieser umfassenderen Strategie ihren gegenläufigen Charakter und stellen sich als einander ergänzende Mittel heraus, eine Kommunikation mit dem Stück so herzustellen, daß sie in einem weiteren Schritt bewußt gemacht werden kann.[100]

Schwab widmet sich von Sprach- / bzw. Subjektskepsis ausgehend schließlich einem ‚natürlichen Modell' des Weltzugriffs von Subjekten und fundiert mit Lacan ihre Definition von Übertragung entsprechend als aneignende Praxis,[101] um darauf aufbauend das experimentelle und strategische Setting des *Endgame* darzulegen:

> Die fiktive Realität des Stücks, das Bewußte und das Unbewußte in den Deutungen des Zuschauers lassen sich mit den drei Polen des Realen, Symbolischen und Imaginären in Beziehung setzen. Da das Subjekt sein Verhältnis zu und das Verhältnis zwischen diesen drei Polen zu einem großen Teil gemäß der Erfahrungsmodalität Projektion reguliert, ist es nicht verwunderlich, daß Projektion auch für die Erfahrung des *Endgame* zentral ist.[102]

Hier scheint sich jedoch der Beginn eines Irrtums abzuzeichnen, indem Schwab die Doppelsinnwirksamkeit mit den Kategorien Lacans zu erklären versucht und den Doppelsinn von bewusst-unbewusst mit dem Imaginären und dem Symbolischen parallel setzt. Es entsteht der Eindruck, als ordne sie die Lacanschen Register einer der beiden Sinnseiten zu, was nicht haltbar ist und auch nicht der Intention Lacans entspräche.

Dafür kann man ihren Formulierungen einen Unterschied zwischen natürlichen und experimentellen Modellen anhand von Kommunikation entnehmen. Schwab stellt fest, dass die „Struktur unserer Alltagskommunikation [...] ebenfalls zu einem großen Teil aus imaginären Selbsterfindungen besteht" und dies „in der Regel unserem Bewußtsein entzogen bleibt."[103] Die Figuren Becketts vermögen es vor diesem Hintergrund, laut Schwab, „uns spielerisch vor[zu]führen, was wir selbst tun, ohne es zu wissen."[104]

99 „[I]mmer wird zugleich an das Unbewußte mit seinen imaginären und das Bewußte mit seinen reflexiven Funktionen appelliert." (Schwab: *Samuel Becketts Endspiel mit der Subjektivität*, S. 127.)

100 Ebd., S. 114.

101 „Der Erfahrungsmodus, der dabei in den Vordergrund rückt und zum Problem wird, ist die Projektion – genau jener Modus also, der dem Subjekt die Aneignung der symbolischen Ordnung ermöglicht, es aber auch fortwährend ans Imaginäre zurückbindet." (Ebd., S. 116.)

102 Ebd., S. 106.

103 Ebd., S. 104.

104 Ebd.

Alltägliches Sprechen wird quasi als von Übertragung durchzogen begriffen, die aber eben in ihrem ,natürlichen Modell' nicht reflektiert wird:

> Denn daß auch wir innerhalb des symbolischen Sprechens eine imaginäre Interaktion führen können, muß zumindest dann aus unserem Bewußtsein ausgeschlossen bleiben, wenn sie gerade stattfindet. Sonst würden unsere Konventionen des Kommunizierens zusammenbrechen.[105]

Diese Konventionen des Kommunizierens stehen also auf dem Prüfstand bzw. es wird nun in der künstlerischen Praxis der Fokus auf die ,imaginäre Interaktion' gelenkt, die sich eben auch im Symbolischen / als Symbolisches und *in actu* als Fiktionalisierung äußert – auch im alltäglichen Umgang, nur wird dieser Umstand, die Metaebene des Gesprächs und der gegenseitigen Subjektivierung, eben zumeist nicht mitverhandelt. Diese Verhandlung kann dann wiederum als Besonderheit ästhetischer Erfahrung gelten, und für sie nennt Schwab konkrete Ziele und Wirkungen. Als Hauptziel Beckett'schen Theaters wäre ihr zufolge also die Infragestellung der eigenen, projektiven Deutungen (also auch: Übertragungen) im Rezeptionsvorgang[106] zu nennen, die über eine „Selbstkonfrontation"[107] zu einer Manifestation und damit Erfahrung der „normalerweise latent bleibende[n] Gebrochenheit und Instabilität"[108] des rezipierenden und also weltaneignenden Subjekts führen soll, also ein explizit zu verhandelndes Problembewusstsein.

Die Kommunikationslenkung über das Symbolische und das Imaginäre dient dabei als Instrument, das letztlich die dem Subjekt fremden Anteile an sich als eigene Anteile entlarvt und so als Wirkung, die Erfahrung eigener Dezentriertheit anvisiert:

> Als Dissonanzverfahren ist die Kommunikation, die das *Endgame* mit dem Zuschauer anstrebt, ein Dialog, der in der Interaktion Erfahrung dezentrierter Subjektivität herzustellen sucht, indem über die Provokation und den Entzug von Projektionen der imaginäre Anteil der Subjektivität des Zuschauers hervorgetrieben wird. Dabei wird jener imaginäre Anteil als integraler Bestandteil der eigenen Person erfahrbar, mithin nicht als fremd, sondern als genuine Manifestation eigener Subjektivität.[109]

Eine solche Wirkung verspricht nun instrumentelle und experimentelle Anteile, denn einerseits formuliert sich ein merkwürdig pädagogisch anmutendes Ziel, das ein mit sich versöhntes Subjekt entwirft, das nach dem Erfahren schließlich doch Verstehen (seiner Dezentriertheit) lernt. Andererseits kann die Erfahrung eigener Dezentriertheit durchaus als öffnende, experimentelle Erfahrung gelten, denn eine solche wird immer auf einem unverrechenbaren Rest, einem subjektiven Überschuss ,sitzenbleiben', der sich durch Verstehen nicht einholen lässt.

Besonders für den Umgang mit Fremdheit setzt sich Schwab ganz prominent ein, nämlich für das Annehmen von Fremderfahrung als solcher bei gleichzeitigem Abbau von

105 Schwab: *Samuel Becketts Endspiel mit der Subjektivität*, S. 104..

106 „Der Zuschauer soll also nicht nur seine bisherigen Deutungen, sondern seine Singgebungsverfahren bis in seine Wahrnehmungen hinein in Frage stellen. Sie werden ihm als Projektionen denunziert, als Hirngespinste der Rationalität, fern der ,Realität' des Stücks." (Ebd., S. 106–107.)

107 Ebd., S. 116–117.

108 Ebd., S. 117.

109 Ebd., S. 129.

Widerstand gegen Alterität.[110] So legt sie eine Skepsis gegenüber alteritätszerstörenden Aneignungsmechanismen, die nur der Subjektversicherung dienen, an den Tag. Gerade den Vorgang der Interpretation z. B. betrachtet sie kritisch, wenn diese ‚projektiv' ist und nur Erwartungen folgt, die die bekannte Ordnung des Subjekts nicht gefährden:

> Projektive Interpretationen des Stücks sehe ich daher als Versuche, das Rütteln an der eigenen Subjektivität einzudämmen und die gewohnte Ordnung des Bewußtseins zu wahren. Zu ihr gehören die Normen und Erwartungen des literarisch gebildeten Theatergängers ebenso wie die Alltagserwartungen an Konsistenz von Kommunikation, Permanenz der Ziele und Züge einer Person, Konstanz und kategoriale Ordnung von Welt und Geschichte, letztlich die Erwartung durchgängigen Sinnes im Erfahrbaren. Jenseits dieser Sinngrenzen fühlt sich das Subjekt von Pathologie oder Chaos bedroht.[111]

Die Legitimation für die Aufdeckung solcher projektiven Selbstversicherungstendenzen, und dies als Schritt zur Selbsterfahrung, entnimmt Schwab wiederum der Psychoanalyse und ihren Strategien.[112] So postuliert auch Schwab also letztlich, wie Streisand, ausgehend von der Psychoanalyse eine sprachliche Wirkung auf das Subjekt.

Problematisch kann bei beiden eine Lesart werden, die die angenommene Instrumentalisierung von ästhetischer Erfahrung zum Hauptziel erklärt – also ein enges, präfiguriertes Ziel, dem Beteiligte, Handlungen und Erfahrungen zu- und untergeordnet werden. Die jeweils spezifischen Bedingungen, die Streisand und Schwab herausarbeiten, erinnern zwar an Lacans experimentelles Modell, das die Effekte der Übertragung freilegt, jedoch laufen Begriffe wie ‚Strategie' und ‚Lenkung' Gefahr, einen offenen Ausgang eher auszuschließen und sich mehr der klassischen, medizinischen Denkart einer Heilung anzunähern und damit auch Lacans Technik der Psychoanalyse dem Begriff des Experimentellen ferner zu führen, als sie vielleicht sein mag. So ist der auch für die vorliegende Arbeit vorausgesetzte Begriff der ‚Wirkung' (als Wirkungsästhetik?) aufmerksam zu beobachten, ob er die Perspektive engführt und also auch die betrachtete ästhetische Erfahrung – anstatt diese als solche erst einmal zu würdigen. Dies bedeutet nämlich, wie Lehmann es etwa formuliert, auf eine einzige, anzunehmende Strategie zu verzichten: „Ästhetische Erfahrung im allgemeinen hat es wie die tragische mit Gegenständen und Prozessen zu tun, die keine einsinnige, gar abschließende Auslegung erlauben. Sie behalten ihren ‚Rätselcharakter' auch nach zahllosen Bemühungen, sie zu verstehen."[113]

So kann Schwabs Untersuchung also gerade auf eine unabschließbare, nicht restlos ‚durchzuarbeitende' Erfahrung eigener Dezentriertheit aufmerksam machen, die

110 Daher ist sie in die Reihe der Theorien einzuordnen, die nach Eiermann einer „Alterität unter theaterwissenschaftlichen Gesichtspunkten Rechnung tragen" (Eiermann: *Postspektakuläres Theater*, S. 20).

111 Schwab: *Samuel Becketts Endspiel mit der Subjektivität*, S. 111–112.

112 „Die Psychoanalyse hat gezeigt, daß das Subjekt in der Konfrontation mit seinen eigenen Projektionen eine auf Veränderung zielende Selbsterfahrung machen kann. Um sie jedoch als Projektionen erlebbar zu machen, darf die Normalität der Kommunikationssituation nicht aufrechterhalten werden. Es müssen vielmehr spezifische Bedingungen geschaffen werden, wobei die Inkommunikation des Gegenüber eine zentrale Rolle spielt." (Ebd., S. 116.)

113 Lehmann: *Tragödie und dramatisches Theater*, S. 184.

zwar Ziel einer Strategie sein kann, aber selbst nicht strategisch auf ein Ziel zusteuert. Schwab weist also auf wichtige Punkte zu Projektion und Übertragung hin, die für die Übertragungsphänomenologie zuträglich sind, wie die Voraussetzung einer dezentrierten Subjektivität und das Sprechen solcher oder die Grundlegung von alltäglichen Projektionspraxen für ihre Nutzung in künstlerischen Kontexten. Ihre Lehre einer *Lenkung der Übertragung* kann im Zusammenhang mit subjektkonstituierenden Techniken der Ideologie dann wieder aufgenommen werden.

Als wichtig im Sinne einer Infragestellung erweist sich zudem die Unschärfe von Begriffen wie Fiktion, Projektion, Übertragung, Imaginäres, die daran erinnert, dass diese eben mannigfaltige Verwendung in verschiedenen Kontexten erfahren und daher jeweils kontextualisiert werden müssen. So ist etwa die weitere Parallelführung von Projektion und Übertragung nicht empfehlenswert. Wenn Schwab aber Projektion als der Übertragung zugrundeliegenden Beziehungsmodus versteht (wo doch Übertragung selbst auch als Beziehungsmodus verstanden wird) und ihn gleichzeitig als aneignend-subjektversichernd einstuft, bleibt zu diskutieren, als wie ‚versichernd' Übertragung eingeschätzt werden kann. Mit der von *agalma* beeinflussten Aufwertungstendenz als unbewusst-intentionalem Vorgang wurde eine subjektkonstitutive Wirkung bereits angedacht; andererseits ist für Übertragung eine Konstellation der Unäquivalenz formuliert, die zwar einen krea(k)tiven Anteil besitzt, das Subjekt aber in gleichem Maße ‚bedroht', wie sie es versichert, da die Versicherung eben gerade nicht durch das Subjekt selbst vorgenommen werden kann, sondern von dem mit *agalma* versehenen Gegenüber.

Gerald Siegmund setzt sich in seiner Studie zu Theater und Gedächtnis explizit mit der Psychoästhetik Schwabs auseinander und würdigt sie als bedeutenden Schritt, da sie eine Reflexion der Verwandtschaft von Psychoanalyse und Theater auf „der strukturellen Wirkungsebene"[114] bietet. Der strukturellen Verwandtschaft fügt er den wichtigen und hier bereits häufiger erwähnten Begriff des ‚Mehr' hinzu, der z. B. eine Lesart von subjektiver Erfahrung der Dezentralisiertheit weiterführen kann. Zudem bettet er die Funktion der Fiktion in seine Theorien ein, was beides offensichtlich zu einem Denken der Übertragung beiträgt.

### *Gerald Siegmund: Das Ästhetische des Imaginären*

Gerald Siegmund nimmt in seiner Untersuchung der Verwandtschaft von Psychoanalyse und Theater einen ähnlichen Ausgangspunkt wie Streisand ein, indem er von der *Erzählung* als Grundlage für Wirkungen auf das Subjekt ausgeht, sowohl in der Psychoanalyse als auch

für fiktionale Texte: „Da die Psychoanalyse primär die Erinnerungsarbeit des Subjekts anhand von Erzählungen zum Ziel hat, liegt die Vermutung nahe, daß sie auch für die Verbindung von Subjektivität und Erinnerung in fiktionalen Texten erhellend sein kann."[115] Bei Siegmund erhält die Erzählung jedoch einen anderen Stellenwert als den

114 Siegmund: *Theater als Gedächtnis*, S. 48.

115 Ebd.

eines vermeintlichen Geständnisses wie bei Streisand – das ‚dramatische Ich' zeichnet sich bei Siegmund gerade durch eine selbst nicht abzuschätzende Vielheit der seinem Sagen inhärenten Positionen aus. Diese Positionen erkennt Siegmund auch in der Übertragungspraxis der zu Analysierenden in der Psychoanalyse und setzt sie parallel zu der in Drama und Theater erfahrbaren, unvermittelten Vielheit / Multiperspektivität. Die Verwandtschaft zwischen Psychoanalyse und Theater ist bei Siegmund also nochmal anders gelagert, nämlich in einer strukturellen Ähnlichkeit der Vielstimmigkeit, des *Mehr* und der direkten, unvermittelten Konfrontation, mit der das Unbewusste und das Ästhetische zu tun bekommen:

> In der psychoanalytischen Kur nimmt der Analysand durch Übertragungen auf den Analytiker eine Vielzahl von Positionen und Rollen ein, wie sie der Multiperspektivität des Dramas und des Theaters analog sind. Ohne vermittelndes Kommunikationssystem, wie etwa das des Erzählers, treffen im Theater die Stimmen der dramatischen Figuren unvermittelt aufeinander. Das Unbewusste des Subjekts und das ästhetische [sic!] des Imaginären stehen also im Verdacht, der gleichen Denkfigur zu folgen, die die beiden Diskurse einander annähert.[116]

Es handelt sich also hier um eine strukturelle Verbindung zwischen psychoanalytisch definiertem Subjekt und dem Formwesen von Drama / Theater, nicht um eine Ähnlichkeit der angewendeten Methoden oder Strategien. Mit Schwab ist Siegmund sich dabei einig, dass mit dem Eintreten der Moderne ein anderer Umgang mit Subjektivität in der künstlerischen Praxis einhergeht und dass psychoanalytisch motivierte Fragestellungen auch in der Kunst entstehen: „Was bei modernen Texten also in den Vordergrund tritt, sind die im Repräsentationstheater wie im Alltagsleben unbewusst ablaufenden Übertragungs- und Projektionsphänomene."[117] Dies könnte im Hinblick auf Schwab auch als Metadiskurs bezeichnet werden, der die Bedingungen der vorliegenden Kommunikation mit-thematisiert, zur Wahrnehmung bringt, bearbeitet. Zudem folgen Schwab und Siegmund dem Modell der bereits erwähnten Doppelsinnstruktur von Sprache nach Lacan,[118] die auch immer wieder zur Formulierung eines *Mehr* veranlasst: „Die Sprache und die Zeichen eines Kunstwerks sagen mehr, als sie meinen, und versuchen, als moderne, avantgardistische Texte dieses ‚Mehr' auch in ihrer Oberflächenstruktur zu artikulieren."[119]

Dieses *Mehr* als zentraler Topos bei Siegmund erweist sich auf verschiedenen Ebenen als fruchtbar für den Übertragungsdiskurs, denn es erlaubt Verbindungen zur Struktur des Begehrens, beschreibt den krea(k)tiven Anteil von Übertragung und lässt sich als zentrales Moment ästhetischer Erfahrung behaupten. Bei Siegmund erweist sich also das *Mehr* als die ‚Denkfigur, die das Unbewusste des Subjekts und das Ästhetischen

116 Ebd., S. 48–49.

117 Ebd., S. 53–54.

118 „Mit Jacques Lacan geht G. Schwab davon aus, daß sprachliche Gebilde Doppelsinnstrukturen sind. In ihnen kommt durch das Symbolische der Sprache deren Imaginäres zum Tragen, das in alltäglichen Kommunikationssituationen in der Regel ausgegrenzt bleibt. [...] Die Kommunikationsfunktion von Sprache wird also gedoppelt von ihrer Begehrensfunktion, die dem Subjekt bewußt nicht zugänglich ist. Für die Verfaßtheit moderner Subjektivität folgt daher, daß sie sich durch und in Sprache nie gänzlich fassen oder repräsentieren kann, weil Sprache immer mehr meint, als sie sagt." (Ebd., S. 51–52.)

119 Ebd., S. 48.

des Imaginären einander annähert'. Freilich interessiert Siegmund besonders auch das *Mehr*, das sich für das Gedächtnis formulieren lässt, indem etwa

> das Unbewusste bei Freud als Gedächtnis des Ichs gedacht ist, das als solches aber nur in Umschriften existiert. Daraus läßt sich eine Verbindung zwischen dem Imaginären als dem ästhetischen ,Mehr' und dem Gedächtnis ziehen, das in Spuren und Umschriften das Ich entwirft, ohne daß es auf bewußtgewordene und reintegrierte Vorstellungen reduziert werden könnte, wie es G. Schwab nahe legt.[120]

Das Imaginäre prinzipiell als ästhetisches *Mehr* aufzufassen erlaubt es, dem psychischen Grundapparat, und somit auch der Übertragung, eine Tendenz zum Überschuss zuzuschreiben, die sich eben im Begehren, im Phantasma etc. denken lässt, und letztlich auch als Mehrwert Lacan'scher Jouissance „überschüssiger Erträge"[121].

Mit der Übertragungsperspektive richtet sich der Blick also immer auch auf das *Mehr in actu*, das Lust verursacht, das sich besonders in den imaginären Setzungen des Begehrens auftut, des Imaginären sowohl der künstlerischen Praxis als auch deren Rezeption, die in ihrer Konstellierung nie übereinstimmen. Daher kann es in der ästhetischen Erfahrung eigentlich nie zu einem reibungslosen „intersubjektiven Kommunikationsprozess[ ], in dem Argumente und Perspektiven ausgetauscht werden,"[122] kommen, da sich beide Positionen immer gegenseitig übertragend ,verkennen', produktiv missverstehen, das *blepein* immer noch etwas *mehr*, etwas anderes sieht und setzt. Siegmund bringt diesen, im agalmatischen Sehen angelegten Mehrwert also dankbarerweise mit dem Theorem des „Ästhetischen der imaginären Erfahrung"[123] zusammen und definiert das Ästhetische als einen unverrechenbaren Überschuss.

In der erwähnten Vielheit und Multiperspektivität ist so ein *Mehr* strukturell angelegt und erlaubt jeweilig verschiedene Zugriffe auf sie, die sich nicht erschöpfen; die Suche nach einem Sinn, wie sie auch Schwab im Grunde postuliert, wäre also hier gerade nicht angezeigt, sondern die Anerkennung der Vielheit als Erfahrung – dabei macht Siegmund auch auf die Verschriftlichung als Gedächtnis von Texten aufmerksam, das die Vielheit irreduzibel und „historisch unverrechenbar" macht: „Die Spaltung von Signifikant und Signifikat ist das Gedächtnis der Texte, das mehr zu artikulieren sucht als einen manifesten Sinn. Damit wird sie zur Erinnerung an die historische Unverrechenbarkeit der Texte."[124] Dies wäre eine Rückbindung an das *Mehr* als Überschussfigur, das sich – mehr und mehr – als mathematisch zu denkender Überrest manifestiert, der eben ,nicht aufgeht' und sich daher als Alterität einer rezipierenden Aneignung verweigert.

Andererseits ist diese „Emanzipation des signifikanten Materials ein Appell an den Rezipienten, sich mit seinen eigenen Erinnerungen und Phantasien dem stummen

120 Siegmund: *Theater als Gedächtnis*, S. 56.

121 Fink: *Das Lacan'sche Subjekt*, S. 134.

122 Siegmund: *Theater als Gedächtnis*, S. 48.

123 „Der Versuch, jenes nicht formulierte ,Mehr', das doch als Wirkung präsent ist, gleichzeitig als das Ästhetische der imaginären Erfahrung und als Gedächtnisphänomen in den Blick zu bekommen, markiert hier den Übergang zum Theoriefeld der Psychoanalyse." (Ebd.)

124 Ebd.

Material zu nähern, um es für sich produktiv zu machen und neue Kontexte zu bilden."[125] Diese Einladung zu einem eigenen, übertragenden Zugriff ist es dabei für Siegmund wie für Schwab, die die Gefahr einer Engführung des Ästhetischen birgt, besonders in einer psychoanalytisch-deutenden Lesart:

> Der Sinn der Texte ist ihnen in Form einer psychoanalytisch zu bestimmenden Bedeutungsebene immer schon vorgängig. Auf diese Bedeutungsebene reagiert der Rezipient mit seinen Übertragungen und besetzt den Text mit seinen Problemen. D. h., daß wir nach dieser Theorie ästhetischen Texten nur zu unseren, nicht aber zu ihren eigenen, fremden, unsere Wahrnehmung störenden Bedingungen begegnen, damit sie uns unbewusst bestätigen, was wir immer schon wissen. Harmonisch in der Form verpackt, stört kein Konflikt dabei den vollendeten ästhetischen Genuß. Daß aber nur die Differenz Wirkung auslöst, darauf hat bereits W. Iser hingewiesen.[126]

Siegmund erwähnt hier also einen Mechanismus von Übertragung, den auch Gabriele Schwab mit ihren Projektionen voraussetzt: Der Rezipient ‚reagiert mit Übertragungen', weshalb bei Schwab auch die bewusste Lenkung der Übertragung im Mittelpunkt steht. Im Sinne Schwabs / Siegmunds besteht im subjektiven Zugriff auf eine offene Vielheit also die Gefahr, dass Fremderfahrung durch Projektion abgewehrt wird, das Subjekt eine Selbstversicherungstechnik anwendet und so die ästhetische Erfahrung schmälert oder verunmöglicht.[127] Es zeichnet sich also im Hinblick auf Schwab und Siegmund eine Art kalkulierender Zugriff von Projektionen auf Alterität gerade als ein Ver-rechnen ab, und damit wäre noch einmal die Differenzierung zur Übertragung formuliert: Das Überschüssige der Übertragung erweist sich gleichzeitig auch als ein potentiell wesentlich subjekt-destabilisierender Anteil, als eine „Selbst-Demontage"[128] im Gegensatz zu stabilisierender Rechnung oder Integration von Alterität. Sowohl im *agalma* als auch im *s.s.s.* werden Positionen fiktionalisiert, die maßgeblich Einfluss auf das übertragende Subjekt nehmen können, ja gerade im *übertragenden Sehen* entsteht Alterität mit großem A, von deren machtvoller Position aus wertvolle Subjektivität ‚abgezapft', aber eben auch verweigert werden kann. Das übertragene Phantasma ist zudem immer dazu da, zu übersteigen, nicht ‚aufzugehen', so wie das Begehren nicht gestillt werden kann im Gegensatz zum Bedürfnis.[129]

Immer wieder kommen die Untersuchungen zum Verhältnis Psychoanalyse und Theater also auch auf die Fragen nach Intentionen des Geschehens oder der Handlungen und

125 Ebd.

126 Ebd., S. 51, mit Bezug auf Wolfgang Iser: *Der Akt des Lesens.* München: Fink 1976, und damit ein inhaltlich ähnlicher Bezug wie bei Schwab (Iser: Lesevorgang, 1972).

127 „Jenseits ihrer Expressivität sind Kunstwerke also immer auch intersubjektiv zugängliche Kommunikationsträger, die über ihren manifesten Inhalt hinaus auch das Begehren kommunizieren. Ästhetische Gebilde sehen sich dann aber vor das Problem der Abwehrhaltung des Rezipienten gestellt, der jene vom Text transportierten unbewussten Wünsche nicht ins Bewusstsein kommen lassen will. D. h., die Texte müssen Strategien entwickeln, die Abwehr der angebotenen Erfahrung zu umgehen." (Siegmund: *Theater als Gedächtnis*, S. 52–53.)

128 Lehmann: Über die Wünschbarkeit einer Kunst des Nichtverstehens, S. 430.

129 „Wenn also die im Anspruch geäußerten Bedürfnisse befriedigt sind, bleibt der andere Aspekt des Anspruchs, die Sehnsucht nach Liebe, unbefriedigt, und dieser Rest ist das Begehren. ‚Das Begehren ist weder der Wunsch nach Befriedigung noch der Anspruch auf Liebe, sondern die Differenz, die bleibt, wenn das erste vom zweiten substrahiert wird'." (Evans: *Wörterbuch*, S. 55, mit Bezug auf Jacques Lacan: La signification du phallus. In: Ders.: *Ecrits II.* Paris: Seuil 1966, S. 685–696, hier S. 691.)

Ziele der Bewusstmachung, des ‚Einspruchs' („Theater!"?) im intersubjektiven Rapport zurück. Siegmund warnt davor, bei der Untersuchung der Verwandtschaft von Theater und Psychoanalyse nicht mehr innerhalb deren Intentionen zu differenzieren. Wenn die Verwandtschaft dahingehend angenommen wird, dass über einen bestimmten Einsatz von Sprache und Zeichen auf das Subjekt eingewirkt werden kann, ist trotzdem zwischen Zielen und Kontexten psychoanalytischer Kur und ästhetischer Erfahrung zu unterscheiden. Gerade der instrumentalisierende Einsatz, ‚um etwas Bestimmtes zu erreichen', wird, wie bereits angedeutet, dem Wesen ästhetischer Erfahrung nicht gerecht; „Indem G. Schwab das Imaginäre funktionalisiert, verliert sie dessen Eigengewicht aus dem Blickfeld"[130], schreibt Siegmund und kritisiert Schwabs Anliegen, die ästhetische Erfahrung noch einem anderen Zweck als sich selbst unterzuordnen:

> Hier liegt dann auch der Einwand, der gegen ihre Psychoästhetik als Reintegration von Ausgegrenztem erhoben werden kann. Die Spaltung der ästhetischen Zeichen in Material und Sinn, die den latenten, unbewußten Sinn zur Wirkung kommen läßt, wird von Schwab dahingehend geschlossen, daß sie auf einen ausgegrenzten, verdrängten, aber daher auch immer schon vorgängigen Sinn rekurrieren muß. Die Zeichen werden in ihrem Zaudern, Bedeutung zu werden, zwar anders erfahren, letztlich reproduzieren sie aber nur eine alte Bedeutung in neuer Gestalt. Werden dem Rezipienten alte Wünsche wieder zugänglich gemacht, nimmt die ästhetische Erfahrung somit indirekt die Form einer psychoanalytischen Kur an. Es nimmt daher nicht wunder, daß Schwab die Parallelen zwischen dem Psychodrama als Therapieform und der ästhetischen Erfahrung explizit hervorhebt.[131]

Eine psychoanalytische Kur ist aber schlicht keine ästhetische Erfahrung, auch wenn ästhetische Wahrnehmung darin vorkommen mag und bestimmte Vorgehensweisen einander ähnlich scheinen. Indem Siegmund den Schwab'schen Ansatz also insofern warnend überspitzt, auf dem Wert des Ästhetischen an sich besteht und Alterität nicht als rückführbare Eigenanteile eines Subjekts betrachtet, verneint er eine Wirkung, die letztlich erneut eine aneignende und somit schließende, glättende, versichernde Wirkung auf das Subjekt hätte.[132]

An dieser Diskursentwicklung zeigt sich aber vor allem auch ihr ‚Netz der Vorannahmen', zu dem sich Autorinnen und Autoren positionieren. Schwab schreibt (noch?) vornehmlich gegen eine „negative[ ] Kategorisierung" an, „die die Rezeption des Endgame bisher geprägt hat"[133], und ist bemüht, die öffnenden Leistungen des Stücks einer Leserschaft überhaupt erklärend nahezubringen. Eine ästhetische Wirkungsstruktur, die die Dezentriertheit des Subjekts nicht nur inhaltlich, sondern

130 Siegmund: *Theater als Gedächtnis*, S. 54–55.

131 Ebd., S. 54. Vgl. auch: „Was unterscheidet das ästhetische Imaginäre dann aber noch von der Kur? Warum sich, um verdrängte Erfahrungen und latenten Sinn erfahrbar zu machen, nicht gleich der Analyse anheim stellen oder, umgekehrt, auf sie zugunsten der ästhetischen Erfahrung verzichten?" (Ebd.)

132 „Ihr Doppelsinn [der der Sprache, E. H.] enthält dem Subjekt Teile seiner selbst vor, bietet aber auf der anderen Seite – so G. Schwab – auch die Chance, durch Bewußtmachen des ausgegrenzten Anteils die Subjektgrenzen vorübergehend zu suspendieren und neu zu ziehen. G. Schwabs Konzept des Bewußtmachens hat jedoch einen problematischen Status. Es legt nahe, daß nur Altes, im Unbewußten Vorhandenes in der Rezeption zu Tage tritt, ohne den fiktionalen Status eben jener Verdrängungen zu reflektieren. Das Bewußtgewordene kann so sofort wieder verrechnet und integriert werden." (Ebd., S. 52.)

133 Schwab: *Samuel Becketts Endspiel mit der Subjektivität*, S. 129.

auch formal enthält, also als „direktes Ansprechen der Dezentriertheit des rezipierenden Subjekts"[134], wie Schwab es am *Endgame* herausarbeitet, muss also erst einmal diskursiv anerkannt, die „Selbsterfahrung dezentrierter Subjektivität"[135] als Kategorie etabliert werden. Siegmund kann dann auf dieser Erkenntnis bereits aufbauen und seinen Fokus genauer auf die spezifische Qualität einer solchen ästhetischen Erfahrung richten.

Wozu also die Beschäftigung mit der Psychoanalyse offenbar verleitet, ist das Paradigma eines Endpunkts des Verfahrens, des Durchgearbeitet-Habens, Bewusstmachens, letztlich also einer Diagnose. Zwar hebt Lacan stets das gegenwärtige Fingieren in der intersubjektiven Konstellation hervor, dennoch ist die Intention der Psychoanalyse letztlich die Rückführung auf das Symptom; und hier setzen bekanntermaßen die Stimmen an, die die Kategorie des Ästhetischen nicht als auf ein Ziel rückführbar definieren. Erst einmal geht es in solchen Ansätzen um „Er*fahrung*" (im Gegensatz zum „Ver*stehen*"[136]), um den „Rätselcharakter der Kunst"[137] oder um einen „offenen Möglichkeitsraum – man könnte ihn auch Raum der ästhetischen Erfahrung nennen"[138]. Sich etwas bewusst machen führt so in Kategorien des Verstehens und Erkennens, der ‚Wahrheit' im Gegensatz zu Verstehen und Erkennen *in Übertragung*, die damit eben zum ‚Schauspiel' erklärt wird.

Über das Verstehen in künstlerischen Kontexten ist bekanntermaßen schon viel debattiert worden, auch ob Wirkungen gerade auf dem Verstehen oder Nicht-Verstehen basieren, was zudem häufig die Frage nach bewusstem oder unbewusstem Verstehen[139] evoziert oder den Unterschied zwischen kunstimmanenter Erfahrung oder ästhetischer Distanznahme heraufbeschwört. Mit dem Primat der ästhetischen Erfahrung als Aussetzen eines vereinfachenden Verstehensvorgangs stimmt auch Lehmann überein, der die kritisierten integrier- und verrechenbaren Projektionen einer verstehenden Rezeption zuschlagen würde, dergegenüber eben die ästhetische Erfahrung als Relativierung gelten kann:

> Verstehen will schließen. Mit derselben Geste, die aufschließt, wird das Aufgeschlossene zugleich gerahmt und überschaubar abgeschlossen. Sieht man Theater als Paradigma ästhetischer Erfahrung an (was sich durch die Tendenz zur Theatralisierung der Künste ebenso rechtfertigt wie durch die ästhetischen Kategorien des ‚Ereignisses', der ‚Performanz', des Plötzlichen und des Szenischen, denen

134 Ebd., S. 130.

135 Ebd., S. 131.

136 Lehmann: Über die Wünschbarkeit einer Kunst des Nichtverstehens, S. 429.

137 Vgl. Theodor W. Adorno: *Ästhetische Theorie*. Frankfurt am Main: Suhrkamp 1970, bes. S. 179–204.

138 Juliane Rebentisch: *Ästhetik der Installation*. Frankfurt am Main: Suhrkamp 2003, S. 57.

139 Vgl.: „In ‚Psychopathische Personen auf der Bühne' skizziert Freud die allgemeine Wirkung eines Dramas als die gleiche verdrängte Regung beim Helden und beim Zuschauer. Diese Verdrängung darf aber im Unterschied zur Analyse nicht ins Bewußtsein kommen, da der Zuschauer sonst Widerstände aufbauen würde. D. h., die Verdrängung darf nicht aufgehoben werden. Der Konflikt wird in der Form des Dramas wieder gebunden und bleibt als dessen Geheimnis Garant für die ‚Vorlust' im Rezeptionsvorgang." (Siegmund: *Theater als Gedächtnis*, S. 50, mit Bezug auf Sigmund Freud: Psychopathische Personen auf der Bühne. In: Ders.: *Studienausgabe*, Bd. X, hrsg. v. Alexander Mitscherlich / Angela Richards / James Strachey. Frankfurt am Main: Fischer 1997, S. 161–168.)

in gegenwärtiger Theorie Schlüsselcharakter zukommt), so ist hier die Relativität des Verstehens, die Priorität der Erfahrung vor dem Verstehen, offenkundig.[140]

Da es auch in dieser Arbeit nicht um therapeutische Wirkungsmöglichkeiten von Kunst oder Theater gehen soll, ist dem hier wesentlich beizupflichten. Darüber hinaus könnte der übertragende Zugriff als Rezeption,[141] wie Schwab und Siegmund ihn beschreiben, selbst als Verstehensprozess gelten und entsprechend kritisiert werden, bei dem die Übertragungsstruktur die phantasmatischen Anteile jedes Verstehensprozesses beeinflusst und ihn somit immer auch zu einem Zu-gut-Verstehen, Missverstehen oder Falschnehmen des zu Verstehenden macht.
Gerald Siegmunds Kategorie des *Mehr* als unverrechenbarem Über-Rest verortet die für die ästhetische Erfahrung geforderte Offenheit strukturell. Dabei erweist sich eine zweite Kategorie als wesentlich, für die er sich einsetzt und die auch maßgeblich für die Übertragungstheorie ist, nämlich das Fiktionale, der krea(k)tive Anteil:

> Anders als in der Kur, wo die realen Konsequenzen der Projektionen im Vordergrund stehen, muß bei einer Fruchtbarmachung der Psychoanalyse für das ästhetisch Besondere der Kunst das fiktionale Moment im Aufbau des psychoanalytischen Systems selbst thematisch werden. Eben dies scheint mit dem Konzept des Gedächtnisses möglich zu sein. Inwieweit sind die erinnerten, ins Gedächtnis gerufenen Phantasmen Fiktionen, ist die Erinnerung nur Schein und Trugbild? Läßt sich diese Verbindung aus der psychoanalytischen Theorie heraus begründen, ohne daß diese ihrerseits ihr Besonderes einbüßt? Fiktion oder Fiktionalität soll hier keineswegs als Negation von Realität oder als Täuschung verstanden werden. Sie zeichnet sich vielmehr durch ihren Status zwischen Sein und Schein [aus, E. H.] und als ein Schein, der trotzdem Sein ist und einen Realwert besitzt.[142]

Insofern Fingieren eben nicht als Gegensatz zu einer zu enthüllenden Wahrheit gedacht wird, sondern mit Siegmund und Iser als ausagierte Verbindung zwischen Imaginärem und Realem mit eigenem Realwert, ist ein Ausweg aus Dichotomien wie wahr / falsch gegeben. Die Fiktion wäre so zunächst als Struktur und Verweismöglichkeit auf potentiell unerschöpfliches Mögliches zu verstehen, das nie aufgeht.

*

Wichtig bei den vier untersuchten Theorieansätzen sind für die vorliegende Arbeit zunächst ganz pragmatisch die Bestätigung des Wirkens von Übertragung im Prozess der ästhetischen Wahrnehmung und die daraus resultierenden Vorhaben, dieses Wirken zu erkennen, zu benennen und zu charakterisieren, teils auch zu beeinflussen. Besonders die strukturellen Eigenarten der Übertragung, die dabei formuliert werden, sind anzuerkennen und mit den hier entwickelten abzugleichen. Charakteristische Merkmale finden sich zum einen in der Verkörperung eines durch Fiktionalisierung beeinflussten Rapports und in der Relevanz des Sprechens und der Verteilung der Positionen des Sprechens und Hörens als ausagierte Fiktion des Theaters dem Publikum gegenüber (und umgekehrt). Insofern kann der Raum der Übertragung als Dispositiv gelten, das Grundannahmen ausagiert, die Wirkungen hervorrufen sollen; relevant sind

140 Lehmann: Über die Wünschbarkeit einer Kunst des Nichtverstehens, S. 427.

141 Vgl. auch diese Lesart der Gegenübertragung in dieser Arbeit, S. 66–70.

142 Siegmund: *Theater als Gedächtnis*, S. 55.

also immer im Einzelnen die Arten des Sprechens und Hörens sowie intersubjektive Konstellierungen als Hinwendungen, d.h. immer auch räumlich. So beschreibt Streisand etwa, wie dem Publikum etwas unterstellt und es dadurch generiert wird (nämlich Störfaktorerei), bei Schwab überträgt wiederum die Rezeption (Projektion) und wird gleichzeitig dazu herausgefordert. So können Literatur und Theater, und darüber hinaus diverse Konstellationen in künstlerischen Kontexten, als Praxen betrachtet werden, die Sprechende und Hörende entwerfen und ausagieren. Die von Schwab angeführte Lenkung von Übertragungen mahnt an, die Handlungs- und Kontrollfähigkeit von Intentionen – und damit von Subjekten – nicht einfach vorauszusetzen und besonders Kunst nicht als Instrument zu begreifen, das restlos auszudefinieren wäre, gerade, wenn sie wirkungsästhetisch theoretisiert werden soll (so wie hier auch). Mit Gerald Siegmunds ‚Mehrwert' kann dem entgegengewirkt werden, indem dieser gerade die Anteile berücksichtigt, die genuin unverrechenbar und überschüssig bleiben.
Letztlich müssen Fragen nach dem Umgang jeweiliger Kunst- und Theaterformen mit den Konstellationen begehrender Subjekte (subjektkonstituierend, affektiv-kathartisch oder subjektdemontierend) jeweils in nicht verallgemeinernder Form an die Gegenstände immer einzeln gerichtet werden. Für die übertragungstheoretische Perspektive dieser Arbeit – eben als phantasmatisches Verstehen von Gegenständen –, die vor dem Hintergrund der o.g. Ansätze selbst noch einmal reflektiert werden sollte, gilt: Dadurch, dass Übertragung auch als Widerstand gegen Momente der Wahrheit in der Psychoanalyse angeführt wird, tauchen um sie herum immer wieder Fragen nach subjektiver Intention auf. Wenn also im Folgenden weiter über Übertragungen und auch über ihre Instrumentalisierung nachgedacht wird, soll dies gerade keine vollständige Verrechenbarkeit des Phänomens suggerieren. Nur weil etwa ein Beispiel auch unter Übertragungsgesichtspunkten betrachtet und sogar eine Wirksamkeit durch sie nachvollzogen werden kann, heißt dies nicht, dass künstlerische Praxen in der einzigen und reinen Intention entstehen, mit Übertragung zu experimentieren. Die vorliegende Arbeit ist also eher die Manifestation einer Denkbewegung, die sich anmaßt, mit Adornos Dialektik zwischen Kunsterfahrung („die Kurven nachfahren, in denen das Kunstwerk erscheint"[143], als ‚kunstimmanentes Verstehen') und Rätselcharakter („die Fragegestalt des Kunstwerks überfällt den, der der Sache versichert sich fühlt, mit dem Was ist das"[144]) zu pendeln.
Gerade in Theorien geht es aber um Strukturen, mitunter auch um Wirkungsstrategien, wenn die Charakteristika von Kunst z.B. oder von Theater formuliert werden sollen. So findet etwa Jacques Rancière in *Der emanzipierte Zuschauer* deutliche und vielrezipierte Worte dafür, welche Strukturen sich in der Theatersituation manifestieren und welche Intentionen dahinter zu vermuten sind. Dabei formuliert er aus Versehen eine Konstellation, die das Theater als Übertragungsstruktur beschreibt, von der ausgehend dann der Bereich der Instrumentalisierung für die Übertragung noch näher untersucht werden muss. Denn es erweist sich nach allen bisherigen Hinweisen als

143 Adorno: *Ästhetische Theorie*, S. 190.
144 Ebd., S. 184.

erforderlich, vor dem Hintergrund von Intention, Instrumentalisierung und auch Ideologie schließlich eine theatrale Subjektkonstitution zu behaupten, an der Übertragung beteiligt ist.

### *Maîtrises théâtrales*: theatrale Subjekte

Bezeichnenderweise denkt Jacques Rancière von der Wissenskonstellation um den *maître ignorant* aus, die im Hinblick auf Lacans *s.s.s.* relevant wurde, für das Theater weiter – genau genommen bringt ihn Mårten Spångberg mit seiner Einladung zur Sommerakademie 2004 in den Mousonturm dazu[145] – und ‚überträgt' diese auf den intersubjektiven Rapport zwischen Publikum und „Theatermacher"[146]. Damit leistet er unabsichtlich einen Beitrag zur Phänomenologie der Übertragung, indem er ihre mögliche Struktur im Theater bedenkt, ohne sie als solche zu benennen. Wie für das Universum des *maître ignorant* untersucht Rancière auch für das Theater „eine *apriorische* Verteilung von Positionen und von Fähigkeiten und Unfähigkeiten, die an diese Positionen geknüpft sind"[147]. Diese gelte es zu bedenken und auch zu durchbrechen, wenn sie sich als „fleischgewordene Allegorien der Ungleichheit"[148] („des allégories incarnées de l'inégalité"[149]) erweisen und damit eine Gemeinschaftsbildung unter Vorzeichen der Äquivalenz unterbinden. Die verwendeten Vokabeln ähneln denen, die eine Begegnung mit Funktionen des *s.s.s.* beschreiben, besonders die Wortwahl des ‚incarné' springt ins selektiv wahrnehmungsgeschärfte Auge. Die Nähe zur Argumentation über den Kosmos des *maître ignorant* bietet also an, solche apriorischen Verteilungen von Un-Fähigkeiten – sprich: solche Unterstellungen – im Theater entsprechend auch als Übertragungen zu betrachten. Die von der Psychoanalyse ausgehende, wertende intra- und intersubjektive Struktur erweist sich dann auch als wirksam, wenn es um apriorische Setzungen im Theater geht, wobei auch hier die Annahme den Ausgangspunkt bildet, dass sich Subjekte auf Positionen, Funktionen, Plätzen einander gegenüber wiederfinden (Publikum, Bühne) bzw. generieren und miteinander interagieren.

Rancière geht es zunächst dabei weniger darum, diese Positionen per se in Frage zu stellen, zu negieren oder sie radikal aufzulösen, als darum, ihre praktizierten Funktionen zu beleuchten und zu benennen, was es heißt Publikum oder ‚Theatermacher' *in actu* zu ‚sein', als solche angesprochen zu werden und eben auch zu handeln. Alle Beteiligten bekommen offenbar mit der Krea(k)tion zu tun – Publikum und Bühne bilden ja eine funktionalisierte Konstellation; welches *blepein* findet sich also dort fingiert? Ist immer

145 „Der schwedische Performer und Choreograf Marten Spangberg [sic!] lud mich ein, die fünfte Internationale Sommerakademie Frankfurt am 20. August 2004 zu eröffnen." (Rancière: *Der emanzipierte Zuschauer*, S. 153.)

146 Rancière verweist auf Zeiten, in denen „die Theatermacher ihrem Publikum die Wahrheit der Gesellschaftsbeziehungen und die Kampfmittel gegen die kapitalistische Herrschaft erklären wollten" (ebd., S. 22.), die nun vorbei seien. Bezeichnenderweise heißen die „Theatermacher" an dieser Stelle im Original „dramaturges": „où les dramaturges voulaient expliquer à leur public la vérité des relations sociales et les moyens de lutter contre la domination capitaliste" (Rancière: *Le spectateur émancipé*, S. 17).

147 Rancière: *Der emanzipierte Zuschauer*, S. 22–23.

148 Ebd.

149 Rancière: *Le spectateur émancipé*, S. 18.

ein Potential der Unäquivalenz zu diagnostizieren, wie es der Übertragung nachgesagt wird? Gibt es also Parallelen zwischen den Strukturen Analytiker-Analysand-Institution (Psychoanalyse) und Bühne-Publikum-Institution (Theater)? Schließlich geht das Publikum mit einer ähnlichen Art Vertrauensvorschuss zur Produktion wie jemand zur Psychoanalyse, wendet sich also hin, noch *avant toute intervention* (before we start), und folgt dabei möglicherweise einem Phantasma. Auch Theatermachende wenden sich in einer apriorisierenden Weise an die Funktionen ihres Publikums: Werden also Subjekte des Publikums in dieser Wendung erzeugt? Schlägt sich die Bereitschaft, sich den Geltungsbereichen anderer zu unterwerfen, im Theater ebenso nieder bzw. wird diese katalytisch eingesetzt? Und wie steht es mit dem experimentellen Charakter von Übertragungsmodellen in Kunst und Theater? Zudem müsste ein Konzept ‚kollektiver Übertragung', die sich besonders auch im Umgang mit Institutionalisierungen niederschlägt, für den Kunstbereich perspektiviert werden.
Der Rancière'sche Diskurs über den Lehrmeister, der im Grunde an der Foucault'schen Erkenntnis andockt, dass Wissen ein Dispositiv der Macht ist,[150] erlaubt, das Potential zur Machtstruktur, wie es aus der agalmatischen Konstellation der Übertragung hervorgeht, konkret als Praxis und vor Ort, im Theater, zu befragen. Dabei stehen, intersubjektiv betrachtet, die Fiktionalisierungen des Gegenübers im Vordergrund, zwischen Bühne und Publikum, die freilich sämtliche Mittel der Kunst, des Theaters betreffen (Raum, Licht, Ton ...) und den intersubjektiven Rapport je und je generieren. Es soll hier daran erinnert werden, dass von Bühne und Publikum zu sprechen ist, um die beteiligten Parteien von Theater in ihren Funktionen zu benennen und dabei eine Konnotation von rahmendem Raum zu behalten, auch wenn keine explizite, architektonisch installierte Bühne dafür vonnöten ist. Der Bühnenbegriff zeichnet Handlungen und Geschehen dabei als explizit und intentional darstellend oder aufführend aus (auch wenn diese sich als solche nur in einem betrachtenden Blick manifestieren), während Publikum die Stellvertretungsfunktion der Subjekte, aus denen es sich zusammensetzt, in Erinnerung behält (auch wenn das Publikum nur aus einem einzigen Menschen besteht).
Rancières Lehrmeister bildet so den Ausgangspunkt, nicht nur über Methoden zu reflektieren, sondern grundlegende Konstellierungen anzuvisieren; so sind Bereiche der Bildung, des Lernens, der Erkenntnisse etc. seit jeher zentrale Punkte in den Reflektionen über Theater- und Kunstwirksamkeit, jedoch geht Rancières Frage der Wissenskonstellation im Theater darüber hinaus und stellt grundsätzlich die Strukturen gegenseitiger theatralischer Hinwendungen auf den Prüfstand. Vornehmlich prangert er eine Aufteilung der Theaterkonstellation in aktive und passive Positionen an: *Theatermachen = Wissen = aktiv* und *Zuschauen = Unwissen = passiv*. Er formuliert also eine Kritik, welche – ebenso kritisch betrachtet – mithin hinter schon vor 2004, dem Zeitpunkt seines Vortrags, erlangten Erkenntnissen über Aktivität und Passivität

150 Vgl. z.B. Michel Foucault: *Dispositive der Macht. Über Sexualität, Wissen und Wahrheit*. Berlin: Merve 1978; ders.: *Der Wille zum Wissen*. Nicht zufällig ist das Begehren in der Sexualität maßgeblich eingebunden in diese Diskurse und Dispositive.

im Theater / in der Kunst zurückbleibt.[151] Seine engagierte Rede kreist mit Bezug auf Brecht und Artaud um die Annahme, dass ein Abgrund der Unäquivalenz zwischen Aktivität und Passivität im Theater existiere,[152] da er Wissen und Nichtwissen mit diesen Kategorien gleichsetzt.

Rancières Frage nach Wirkungen von Wissenskonstellationen ist daher besonders für Theater und Kunst bedenkenswert, wenn von der automatischen Gleichsetzung mit Aktivität oder Passivität erst einmal abgesehen wird, da dies eigentlich ein zweiter Schritt in der Argumentation ist und die Definitionen von Aktivität und Passivität für jeweiliges Theater auch jeweils historisch genauer erörtert werden müssten. Eine Praxis des Machtgefälles aufgrund von ausagiertem (Un-)Wissen, wie Rancière sie kritisiert, ist jedenfalls auch bei heutigen Formen von vorausgesetzter und praktizierter ‚Aktivität' aller Beteiligten einer ästhetischen Erfahrung denkbar. So entstehen mitunter gerade unter dem Stichwort der Interaktivität, des immersiven Theaters oder der Partizipation, Projekte, in denen alle beteiligten Körper einer erhöhten ‚Aktivität' ausgesetzt werden, ohne dass das Verhältnis zwischen Wissen und Nichtwissen von beteiligten Theatermachenden und Publiken hinterfragt oder gar äquivalent wäre. Vielmehr gerät Theaterpraxis auf diese Weise nicht selten in eine strenge, anweisende Regiefunktion, die die Körper und Handlungen ihres Publikums organisieren will. Vor diesem Hintergrund zu diskutieren wären z.B. Produktionen der Gruppen Ligna, Signa oder She She Pop, wo eine ‚aktive' Zuschauposition z.B. als Spiel-Figur (im Gegensatz zur Regieposition) erprobt wird, ohne aber die verteilten Funktionen ‚loszuwerden'.[153]

151 „[D]ass Sehen auch eine Handlung ist" (Rancière: *Der emanzipierte Zuschauer*, S.23), ist keine Erkenntnis, die Rancière erstmalig formuliert, schon gar nicht 2004 und erst recht nicht für die Theaterwissenschaft. Offenbar vermeidet Rancière mit seiner Lektüre der Theaterreformen Brechts und Artauds und ihrer Verurteilung der ‚passiven' Zuschauerschaft die Lektüre anderer (theatertheoretischer) Ansätze, die das Postulat des Zuschauens als passives Verhalten bereits entkräften. Sein Hauptanliegen ist also das Anführen von seinen Ansatz affirmierenden Bezügen. Schon Aristoteles etwa schreibt dem Publikum eine eigene Erkenntnisaktivität zu, nämlich eine Freude an den Nachahmungen aufgrund der Freude am Lernen, die der des Philosophen gleichgesetzt wird, also sehr wahrscheinlich keine rein passive Reproduktion ist: „Das Lernen bereitet nicht nur den Philosophen größtes Vergnügen, sondern in ähnlicher Weise auch den übrigen Menschen (diese haben freilich nur wenig Anteil daran). Sie freuen sich also deshalb über den Anblick von Bildern, weil sie beim Betrachten etwas lernen und zu erschließen suchen, was ein jedes sei, z.B. daß diese Gestalt den und den darstelle." (Aristoteles: *Poetik*, Griech./Dt., übers. u. hrsg. v. Manfred Fuhrmann. Stuttgart: Reclam 1982, S. 13.) Davon ausgehend entwickelt sich auch die wirksame Tradition, in allen Jahrhunderten und in vielen erdenklichen Formen Theater und ‚Bildung' zusammenzudenken, wobei die Position des Zuschauens stets intensiv verhandelt wird und eben verschiedene Qualitäten und Ausprägungen der Verständnisse von Aktivität und Passivität generiert werden.

152 Rancières Berufen auf Brecht und Artaud hilft insofern theatertheoretisch nicht weiter, als dass hier nur jeweilige historische Verständnisse dieser Begriffe zu diagnostizieren wären: Was Brecht als passiv begreift (Einfühlung und Aufgehen im Affekt), wäre etwa für Lessing gerade ein Anzeichen einer aktiven Teilhabe (Mitleid, ‚Tränieren').

153 Vgl. hierzu z.B. Annemarie Matzke: Der Ballsaal als Versuchsaufbau. In: Julian Klein (Hrsg.): *PER. SPICE! Wirklichkeit und Relativität des Ästhetischen*. Berlin: Theater der Zeit 2009, S.88–102. Vgl. auch Kai van Eikels' Erfahrungsbericht und Einschätzung von Polleschs *Ich schau dir in die Augen, gesellschaftlicher Verblendungszusammenhang*: „Einmal droht Hinrichs eine Frau in der ersten Reihe mit Farbe zu besprühen, um der These Nachdruck zu verleihen, dass interaktives Theater Menschen Dinge zu tun zwingt, die sie hassen, die Gemeinschaft von Akteur und Zuschauer etwas hauptsächlich Widerwärtiges ist." (Van Eikels: *Kunst des Kollektiven*, S. 143.)

Richtigerweise betont Rancière jedoch, dass Perzeption und Rezeption keine als solche existierenden, passiven Haltungen sind, sondern zu solchen erklärt bzw. als solche unterstellt und als apriorisch verteilte praktiziert (verkörpert) werden. Im Zentrum des Theaters, auf der Bühne als agalmatische, potentielle Leerstelle, bilden sich Krea(k)tionen, die die Struktur des jeweiligen Theaters für sich und das Publikum je (neu?) setzen. Rancière stellt in diesem Zusammenhang nun besonders solche theatrale Krea(k)tionen ins Zentrum, die die Distanz zwischen Bühne und Zuschauerraum bekämpfen wollen, welche sich aus dem bereits erwähnten Abgrund zwischen Wissen und Unwissen ergebe. Dabei stellt er die entlarvende Frage, die genau solche Unterstellungen des Theaters betrifft,

> ob nicht gerade der Wille, die Distanz abzuschaffen, erst die Distanz schafft? Was erlaubt es, den an seinem Platz sitzenden Zuschauer für inaktiv zu erklären, wenn nicht die vorher behauptete radikale Opposition zwischen dem Aktiven und dem Passiven?[154]

Die so kreierte Distanz ist also eine Übertragung *in actu*: Publikum, dem Passivität unterstellt wird. Womöglich benötigt aktives Zuschauen also weniger ein Plädoyer, das letztlich die kritisierte, apriorische Ungleichverteilung insofern nur weiterhin unterstellt, annimmt und stärkt, indem es sie als ‚Gegnerin' der Argumentation und des Angriffs letztlich bestätigt. Die Relevanz von Rancières Argumentation emergiert also vielmehr aus dem Aufzeigen und Hinterfragen ausagierter Grundannahmen /Grundstrukturen, Übertragungen des intersubjektiven, theatralen Rapports und ihrer Verkörperungen („fleischgewordene Allegorien der Ungleichheit"). Wenn ein Publikum als passive Masse angesprochen wird, und das geschieht unter Umständen z. B. gerade, indem ihm irgendwelche zusätzliche ‚Aktivität' außer der der Perzeption auferlegt wird, sieht es sich in diese Funktion überhaupt erst versetzt und wäre als solches damit also auch erst krea(k)tiv erzeugt. Ebenso verhält es sich mit dem Wissen: ein als unwissend angesprochenes Publikum, das es zu belehren gälte, wird sich anders konstituieren als eines, dem Wissen unterstellt wird. Im Fokus von Rancières Kritik befindet sich also die jeweilige krea(k)tive Setzung, die ja dann eben auch mit setzt, was etwa unter den Begriffen Aktivität und Passivität überhaupt verstanden wird, worauf er selbst verweist:

> Die Begriffe können den Sinn verändern, die Positionen ausgetauscht werden, das Wesentliche ist, dass die Struktur bestehen bleibt, die zwei Kategorien in einen Gegensatz zueinander setzt: jene, die eine Fähigkeit besitzen, und jene, die sie nicht besitzen.[155]

Die Frage nach der theatralen Übertragung wäre also zunächst die nach den zu setzenden Un-Fähigkeiten der Beteiligten – wobei davon auszugehen ist, dass sowohl die Theatermachenden als auch das Publikum übertragen –, ohne dass der Begriff der Gegenübertragung vonnöten wäre. Bevor also im Theater Aktivität und Passivität, Wissen und Unwissen etc. verteilt ausagiert werden, geschieht eine apriorische Setzung, eine Unterstellung dessen, was jeweils darunter verstanden werden soll. Daher

154 Rancière: *Der emanzipierte Zuschauer*, S. 22.
155 Ebd., S. 23.

befragt Rancière alle apriorischen Gleich- und Entgegensetzungen als „réseau de présuppositions" / „Netz der Vorannahmen",[156] die (nicht nur) vom Theater / der Kunst aus letztlich auch als Praxen der eigenen Unterstellungen, d. h. Übertragung im Sinne ausagierter, künstlerischer und damit letztlich auch gesellschaftspolitischer Fiktionen (in der Kunst) erkannt und untersucht werden müssen.[157] Fiktionen also, die als Vorannahmen von einem bestimmten Ort ausgehen und Intersubjektivität *in actu* gestalten.

Dies betrifft einerseits die künstlerische Praxis. Wenn die Per- und Rezeptionserfahrung als ästhetische Erfahrung des Publikums über die „künstlerische Intensität" entscheiden soll, wie Heiner Goebbels es fordert,[158] ist es kein Geheimnis, dass diese Maßgabe auch von den Übertragungen der jeweiligen Ansprache abhängt. Eine ‚belehrende' künstlerische Praxis wird von ihm, ähnlich wie es Rancière auch annimmt, als Engführung dieser künstlerischen Erfahrung eingestuft, der es entgegenzuwirken gelte,

> d. h. den Erwartungsraum des Zuschauers nicht mit Bildern der Eindeutigkeit zu verbauen, besetzt zu halten, zuzukleistern. Letzteres bedeutet: das Publikum zu unterschätzen, zu bevormunden, zu belehren – und selten eines Besseren. Unsere Wahrnehmung reagiert dort, wo Intensität *hervorgerufen* und *produziert* wird – das kann auch eine Leerstelle sein.[159]

Auch Goebbels betont – neben der Fruchtbarkeit der Leerstelle wohlgemerkt – einen ‚vermögenden', ‚befähigten' Status des Publikums, den es letztlich auch fordert: „wir wollen selber finden und können das auch"[160], wobei er sich selbst aus dem Wir nicht ausschließt sondern sich gerade als Theatermacher genauso auf dem Platz des Publikums sieht. Gegenseitige Übertragung bedeutet also auch hier mehr als ‚nur eine Erwartung' (wie es Lacan für die Konstellation zwischen Alkibiades und Sokrates formuliert), nämlich die Etablierung einer intersubjektiven Struktur, die über Intensitäten entscheiden kann.

Gerade die hier wieder auftauchende Betonung der Leerstelle verweist erneut auf Übertragung, indem das Ziel solcher Hinwendungen und Ansprachen bzw. der Raum für sie erst einmal als leer angenommen werden *muss*, um ihn durch Setzungen zu füllen,

156 Rancière: *Le spectateur émancipé*, S. 13 / Rancière: *Der emanzipierte Zuschauer*, S. 17.

157 Rancière zählt explizit auf: „équivalences entre public théâtral et communauté, entre regard et passivité, extériorité et séparation, médiation et simulacre; oppositions entre le collectif et l'individuel, l'image et la réalité vivante, l'activité et la passivité, la possession de soi et l'aliénation." (Rancière: *Le spectateur émancipé*, S. 13.) / „Gleichsetzungen von Theaterpublikum und Gemeinschaft, von Blick und Passivität, Äußerlichkeit und Trennung, Vermittlung und Trugbild; Entgegensetzungen des Kollektivs und des Individuellen, des Bildes und der lebendigen Wirklichkeit, der Aktivität und der Passivität, des Selbstbesitzes und der Entfremdung." (Rancière: *Der emanzipierte Zuschauer*, S. 17.) Dabei handelt es sich um Dispositive verschiedener (historischer, theoretischer) Provenienz, die das Theaterverständnis und seine Erfahrung nach Rancières Diagnose prägen.

158 „Künstlerische Intensität [...] muss sich allein an der Frage nach der künstlerischen Erfahrung des Zuschauenden / Zuhörenden messen lassen." (Heiner Goebbels: Der Raum als Einladung. Der Zuschauer als Ort der Kunst. In: Ders.: *Ästhetik der Abwesenheit. Texte zum Theater.* Berlin: Theater der Zeit 2012, S. 84–85.)

159 Ebd., S. 85.

160 Ebd.

also Intensität erzeugen zu können. Und hier ist der Raum der Übertragung immer als chiasmatischer anzunehmen, denn den Hinwendungen an das Publikum stehen die gegenüber, die vom Publikum ausgehen. Dabei spielen nicht zuletzt die Fragen eine Rolle, ob solche Gültigkeit und Wirkung innehabenden Setzungen – Ge-setze – als letztlich grundlos, überraschend und um eine Leerstelle herum fingiert angenommen werden, wer damit welche Anreicherungsstrukturen verfolgt, und im Namen welcher symbolischen Mächte / Institutionen. Theater als Übertragungsraum wird sich daher nie rein ästhetisierend diskutieren lassen, sondern immer auch gesellschaftspolitisch, da die Entscheidung für eine bestimmte Art der Hinwendung letztlich immer auch eine ethische ist.

Dass in der Übertragung Subjekte krea(k)tiv ‚erzeugt' werden, indem sie fiktionalisiert, funktionalisiert und auf Plätzen angesprochen werden, wurde bereits gezeigt. Im Theater ist nun diese Struktur Grundlage seiner Wirksamkeit, jedoch wäre zu fragen, inwiefern sich diese Übertragungshorizonte nicht nur ähneln, sondern auch unterscheiden. Übertragung scheint als Grundstruktur verschiedener Bereiche diagnostizierbar, jedoch ist der Umgang mit ihr ein jeweils zu untersuchender. Die Krea(k)tion von Subjekten in Funktion etwa ruft die nicht nur in der Theaterwissenschaft vielzitierte Theorie der Anrufung (Interpellation) Louis Althussers auf den Plan, deren Wirksamkeit ebenfalls auf Grundlage von Übertragung behauptet werden kann. Sie bekommt es hier mit der Anrufung von Subjekten des Theaters, Theatermachern, Publikum, zu tun.

*Übertragung und Ideologie*

Der in der Psychoanalyse als intersubjektiv besprochene, setzende Vorgang der Übertragung zeigt seine mögliche Relevanz also erneut auch für künstlerische, gesellschaftliche, politische Vorannahmen und Setzungen, die mit ihm als kollektives, soziales oder auch gouvernementales, agalmatisches Sehen, Unterstellen attestiert und diskutiert werden können. Rancières Frage nach apriorischen Verteilungen von Un-Fähigkeiten, nach Netzen von Vorannahmen (in der Bildung, im Theater...) lässt in diesem Zusammenhang daher besonders auch die Frage nach deren ‚Autorschaft', ihre Herkunft und ihre Intentionen in den Vordergrund rücken. Können solche verkörperten, ‚sozialen' Übertragungen, die die gesellschaftliche Intersubjektivität beeinflussen und formen, als ‚von einem bestimmten Ort her' betrachtet werden? Folgen sie institutionellen Interessen? Inwiefern beeinflussen sie die in ihnen konstellierten Subjekte?

Wenn mit Rancière von ausagierten Netzen der Vorannahmen die Rede geht, sind solche Übertragungsansätze nicht weit vom Begriff der Ideologie entfernt, wie ihn Louis Althusser vorschlägt[161] und in diesen Vorschlägen einen übertragenden Zugriff auf die Welt formuliert: „*Die Ideologie ist eine ‚Vorstellung' des imaginären Verhältnisses der Individuen zu ihren realen Existenzbedingungen.*"[162] Dabei ist zu beachten, dass

161 Louis Althusser: *Idéologie et appareils idéologiques d'Etat* [1970]. Paris: Editions Sociales 1976.

162 Althusser: Ideologie und ideologische Staatsapparate, S. 133.

diese Vor-stellung eben gleichermaßen voran-gestellt, imaginiert, aber auch aktualisiert ist: Ein solcher Weltbezug muss praktiziert werden, um wirksam zu sein. Althusser macht klar, dass sich Ideologie immer als Praxis manifestiert bzw. nur über ideologisierte Subjekte als Träger und über den intersubjektiven Rapport *in actu* wirksam ist. „Die Ideologie", schreibt Althusser daher, „hat eine materielle Existenz"[163] und „existiert immer in einem Apparat und dessen Praxis oder dessen Praxen."[164] Damit erhält die Ideologie einen ähnlichen Status wie Isers Fingieren, und ähnlich wie Übertragung muss sie also Wahrnehmung abgeben, indem sie intersubjektive Strukturen *in actu* schafft und beeinflusst. Eine solche Existenz ist also insofern materiell, als dass Individuen ideologisch gefärbte Handlungen vollziehen, eben „das (materielle) Verhalten des besagten Subjekts."[165]

Dabei ist elementar, dass Althussers ideologisierte Subjekte im Besitz eines Bewusstseins sind und ihrer Ideologie freiwillig folgen, als „Subjekt, das ein Bewußtsein hat, in dem es Ideen, an die es glaubt, frei bilden oder sich freiwillig in ihnen wiedererkennen kann."[166] Inwiefern *bewusst* und *freiwillig* analog zu verstehen sind, wäre einen Exkurs wert, jedoch soll hier zunächst festgehalten werden, dass ein Subjekt in der ideologischen Praxis, wie in der agalmatisierenden Übertragung, den als wertvoll angenommenen Gesetzen, Subjekten etc. freiwillig folgt. Subjekte, die ideologisierte Praxen ausführen, gleichen in Althussers Beschreibung übertragenden Subjekten:

> Bei diesem ganzen Schema stellen wir also fest, daß die ideologische Vorstellung der Ideologie selber gezwungen ist anzuerkennen, daß jedes ‚Subjekt', das mit einem ‚Bewußtsein' ausgestattet ist und an die ‚Ideen' glaubt, die sein ‚Bewußtsein' ihm eingibt und freiwillig akzeptiert, – daß dieses Subjekt ‚seinen Ideen entsprechend *handeln*' muß, also seine eigenen Ideen als freies Subjekt in die Handlungen seiner materiellen Praxis übertragen muss.[167]

Auffällig ist, dass hier gar das Verb übertragen genutzt wird, denn Handeln wird so, im Deutschen zumindest, zwar vermutlich nicht im hier anvisierten inhaltlichen Sinne als materialisierte Übertragung gesetzt, ist aber durchaus genau so lesbar. Übertragung wird so zu einer psychischen Grundstruktur für das Funktionieren von gesellschaftlichen, politischen, sozialen Autoritäts-, Ideologie-, also Machtverhältnissen, indem sie die Grundlage für den Glauben an die Ideen bildet – wie auch Wimmer schon gezeigt hat. Auch Foucault betont, dass ‚Macht' sich nicht nur nihilierend oktroyiert, sondern immer auch mit Wert besetzt wird:

163 Althusser: Ideologie und ideologische Staatsapparate, S. 136.

164 Ebd., S. 137.

165 Ebd.

166 Ebd.

167 Ebd., S. 138. Für Übertragung wäre die Quelle der Eingebung jedoch nicht nur bewusst, sondern auch unbewusst möglich. Vgl.: „Dans tout ce schéma nous constatons donc que la représentation idéologique de l'idéologie est elle-même contrainte de reconnaître que tout ‚sujet', doté d'une ‚conscience', et croyant aux ‚idées' que sa ‚conscience' lui inspire et accepte librement, doit ‚agir selon ses idées', doit donc inscrire dans les actes de sa pratique matérielle ses propres idées de sujet libre." (Althusser: Idéologie et appareils idéologiques d'État (Notes pour une recherche), S. 43. http://classiques.uqac.ca/contemporains/althusser_louis/ideologie_et_AIE/ideologie_et_AIE.pdf (Zugriff am 29.12.2014).)

> Der Grund dafür, daß die Macht herrscht, daß man sie akzeptiert, liegt ganz einfach darin, daß sie nicht nur als neinsagende Gewalt auf uns lastet, sondern in Wirklichkeit die Körper durchdringt, Dinge produziert, Lust verursacht, Wissen hervorbringt, Diskurse produziert; man muß sie als ein produktives Netz auffassen, das den ganzen sozialen Körper überzieht und nicht so sehr als negative Instanz, deren Funktion in der Unterdrückung besteht.[168]

Übertragungstheoretisch lautet die Erklärung dafür, dass ‚Gehorchen' mit Begehren zusammenhängt; die Lacansche Übertragungsstruktur liefert also die Basis für das Funktionieren der ‚Macht von innen heraus', indem sie ein ‚natürliches Modell' für den Selbst(ent)wurf in die Gesetze des Geltungsbereichs Anderer bietet. Der Betonung Althussers des mit Bewusstsein ausgestatteten Subjekts fügt diese Erkenntnis also auch die Relevanz des Unbewussten bei der Bildung bewusster, subjektiver Praxen hinzu.

Solche übertragenden Praxen unter dem Begriff der Ideologie führen Althusser zur Definition Ideologischer Staatsapparate (ISA). Damit nennt er den Ort, von dem her Übertragungen als ideologische Setzungen für Subjekte ausgehen, und bietet einen wichtigen Rückbezug für den Begriff der Institution an, wie er auch im Bereich der Übertragungstheorie verwendet wird. Er bezeichnet als Ideologische Staatsapparate „eine bestimmte Anzahl von Realitäten, die sich dem unmittelbaren Beobachter in Form von unterschiedlichen und spezialisierten Institutionen darbieten."[169] Darunter fallen Religion, Familie, Jurisprudenz, Realpolitik, Gewerkschaften, Information und Medien, Kultur und Sport; eine institutionelle Vielzahl also, deren einzelne nicht automatisch unter staatlicher Kontrolle stehen müssen, um dennoch als staatlich wirksam behauptet zu werden. Michael Beron formuliert:

> Sie [Althussers Theorie der ISA, E. H.] ist Teil einer marxistischen Erneuerungsbewegung, die es sich als Aufgabe setzte, Ideologie nicht als bewusste Manipulation oder Verschleierung der realen Verhältnisse, sondern ihrerseits als Faktor, wirksame und reale Kraft zu untersuchen, die nicht nur im Bewusstsein, sondern ‚immer in einem Apparat und in dessen Praxis oder Praxen', also ‚materiell' existiert. Damit öffnet sie den Staatsbegriff auf Institutionen der sogenannten ‚Zivilgesellschaft'.[170]

Nach Althusser sind die Institutionen, die als ISA auftreten, an einer bestimmten Funktionsweise der Subjekte, der Gesellschaft, der Sozialität interessiert, und vor diesem Hintergrund wäre auch die Institution der Psychoanalyse als Realität zu hinterfragen, die Subjekte funktionalisiert.

Althusser bezieht sich stark auf Marx und auf eine kapitalisierte Funktion von Gesellschaft und Staaten, die vor allem an der Reproduktion der Arbeitskraft arbeiten, damit Subjekte systemkonform im Sinne von markt-, arbeits- und ökonomietauglich funktionieren. Bezeichnenderweise führt Althusser dabei gerade auch das Bildungswesen als beispielhaft für die Praxis eines ideologischen Staatsapparates an und weist damit einmal mehr auf die Relevanz der dort praktizierten Subjektkonstitutionen hin, wie sie auch von Foucault und Rancière diskutiert wird. In der Perspektive Althussers steht

168 Foucault: *Dispositive der Macht*, S. 35.

169 Althusser: Ideologie und ideologische Staatsapparate, S. 119.

170 Michael Beron: „Bist du ein Funpreneur?" Der fröhliche Roboter als Subjektmodell der neuen kapitalistischen Universität. In: *Nebulosa* 6 (2014), S. 49–61, hier S. 52–53, mit Bezug auf Althusser: Ideologie und ideologische Staatsapparate, S. 137.

die Reproduktion von Arbeitskraft im Vordergrund, und damit das Funktionieren von Subjekten als ‚kompetent', „d. h. fähig, im komplexen System des Produktionsprozesses eingesetzt zu werden."[171] Hier wird also kritisch ein komplexes System beschrieben, das letztlich eines der Wissens- und Fähigkeitsvorannahmen, ihrer Generierung und Vermittlung ist, das Subjekte (schon im Voraus) auf ihre jeweilige Funktionsplätze verweist und stark mit der Einflussnahme mutmaßlich wissender Subjekte operiert:

> [D]ie Schule (aber auch andere Institutionen des Staates wie die Kirche oder andere Apparate wie die Armee) lehren ‚Fähigkeiten', aber in Formen, die die *Unterwerfung unter die herrschende Ideologie* oder die Beherrschung ihrer ‚Praxis' sichern.[172]

Dabei fallen Stichworte wie „Dressur" oder Sicherung der „ideologischen Hegemonie";[173] klare Benennungen also eines Netzes von Vorannahmen, in das Subjekte gerade auch in der Erziehung ideologisch verstrickt werden. In Althussers Diagnose beruht dann die soziale, gesellschaftliche, politische Praxis auf den auf ihre Plätze verwiesenen Subjekten und auf ihrer Akzeptanz, den Vorannahmen gemäß zu funktionieren:

> Alle Träger der Produktion, der Ausbeutung und der Unterdrückung – von den ‚Berufsideologen' (Marx) ganz zu schweigen – müssen auf die eine oder andere Weise von dieser Ideologie ‚durchdrungen' sein, um ‚bewußt' ihre Aufgabe wahrzunehmen – entweder als Ausgebeutete (die Proletarier) oder als Ausbeuter (die Kapitalisten), als Gehilfen der Ausbeutung (die Manager), als Hohe Priester der herrschenden Ideologie (deren ‚Funktionäre') usw.[174]

Während also „der repressive Staatsapparat ‚auf der Grundlage der Gewalt' [funktioniert]", erklärt Althusser, funktionieren „die Ideologischen Staatsapparate ‚auf der Grundlage der Ideologie'".[175] Die Grundlage der Ideologie bildet aber letztlich die Übertragungsstruktur, und zwar in ihrer Fähigkeit, Subjekte auf jeweiligen Plätzen zu erschaffen und ihr Handeln zu beeinflussen. Diesen Einfluss beobachtet Althusser insbesondere in Bildungseinrichtungen, also im Schulsystem (weshalb der *maître ignorant* auch eine interessante Fragestellung im Hinblick aufs Politische bleibt, nämlich inwiefern er die Ideologie unterbrechen kann), aber eben auch in anderen kulturellen Praxen. Zu konstatieren und zu untersuchen wären mit der Übertragungsstruktur also gleichermaßen intersubjektive Beziehungen psychischer und gesellschaftspolitischer Natur sowie die Praxen, die sich aus diesen Konstellationen ergeben.

Unter Umständen können experimentelle Modelle solche Praxen erforschen, bewusst machen und an ihnen arbeiten. Althussers ISA werden nämlich, im Unterschied zum repressiven Staatsapparat, als „vielfältig, unterschieden, ‚relativ autonom' und in der Lage, ein objektives Feld für Widersprüche zu liefern"[176], gekennzeichnet. Daher ist die Entscheidung über die praktizierte Ideologie je und je zu treffen, kann also auch diagnostiziert, verändert werden. Besonders innerhalb des Kunstsektors, den Althusser

171 Althusser: Ideologie und ideologische Staatsapparate, S. 111.
172 Ebd., S. 112.
173 Ebd., S. 121, 126.
174 Ebd., S. 112.
175 Ebd., S. 121.
176 Ebd., S. 125.

ebenfalls in die Liste seiner Ideologischen Staatsapparate einordnet, trifft dies zu, gilt Kunst doch gerade als ein solches Feld für Widersprüche, also eben für Widerspruch. Sie kann „Ausnahme zu jeder Regel, Affirmation des Nichtregelhaften sogar noch in der Regel selbst [...], Übertretung der Vorschrift, [...] Überschreitung"[177] sein, was aber nur geht, wenn Regeln, Gesetze, Grenzen vorausge-setzt werden, denen widersprochen die gebrochen, abgesetzt, überschritten werden können. Kunst kann als experimenteller Raum also ideologisierenden Praxen gleichermaßen unterbrechen wie aufrechterhalten – instrumentell oder experimentell.

Im Zusammenhang mit der Setzung Althussers, dass es „Ideologie nur durch das Subjekt und für Subjekte [gibt]"[178], als intersubjektive Praxis also, kommt seine berühmte Zuspitzung der ideologisierten Subjektkonstitution zur Sprache. Sie beschreibt, wie aus einem Individuum durch „seine Kategorisierung und seine Funktionsweise"[179] ein Subjekt ‚wird' – den Vorgang nennt Althusser bekanntermaßen *Interpellation* (dt.: Anrufung), der auch für die in theatraler Interpellation aufgerufenen Subjekte gilt. Damit ist auch nach theatraler Ideologie zu fragen. Formt sich hier ein Feld für Widersprüche?

### *Althussers Subjektivierung: Interpellation I*

Die bekanntermaßen auch von Judith Butler stark rezipierte Althusser'sche Setzung des Subjektstatus, der sich vom Individuum-Sein offenbar insofern unterscheidet, als dass er maßgeblich in und aus der symbolischen Ordnung funktioniert,[180] verdeutlicht, dass ‚Subjekte' als solche erst erzeugt werden (müssen?) und dass folglich auf diesen Prozess Einfluss genommen werden kann. Damit kann Althusser einen chiasmatisch-bedingenden Zusammenhang zwischen Subjekten und Ideologien herstellen:

> Wir sagen: Die Kategorie des Subjekts ist konstitutiv für jede Ideologie. Aber gleichzeitig fügen wir unmittelbar hinzu, daß die Kategorie des Subjekts nur insofern konstitutiv für jede Ideologie ist, als jede Ideologie die (sie definierende) Funktion hat, konkrete Individuen zu Subjekten zu ‚konstituieren' [!].[181]

Die Definition einer Ideologie liegt nach Althusser also darin, Individuen zu Subjekten zu machen, und das heißt, ihnen eine bestimmte Funktion in einem intersubjektiven, d.h. gesellschaftlichen Gefüge zuzuweisen, zu übertragen. Die Übertragung selbst wird so als interpellierende Praxis denkbar, indem sich in ihr Individuen hinwenden und als Subjekte fiktionalisiert und funktionalisiert werden. Denkbar sind damit auch

177 Lehmann: *Postdramatisches Theater*, S. 457.

178 Althusser: Ideologie und ideologische Staatsapparate, S. 140.

179 Ebd., S. 138.

180 „Über ‚das Subjekt' wird oft gesprochen, als sei es austauschbar mit ‚der Person' oder ‚dem Individuum'. Die Genealogie des Subjekts als kritischer Kategorie jedoch verweist darauf, dass das Subjekt nicht mit dem Individuum gleichzusetzen, sondern vielmehr als sprachliche Kategorie aufzufassen ist, als Platzhalter, als in Formierung begriffene Struktur." (Judith Butler: *Psyche der Macht. Das Subjekt der Unterwerfung.* Frankfurt am Main: Suhrkamp 1997, S. 15.)

181 Althusser: Ideologie und ideologische Staatsapparate, S. 140.

verschiedene Subjektivierungen zu verschiedenen Anlässen, was einen stabilen Subjektbegriff einmal mehr in Frage stellt.
Die Subjektkonstitution erfolgt bei Althusser über den von ihm als Interpellation bezeichneten Prozess, einen krea(k)tiven Vorgang der Ideologie, die

> [...] in einer Weise ‚handelt' oder ‚funktioniert', daß sie durch einen ganz bestimmten Vorgang, den wir Anrufung (*interpellation*) nennen, aus der Masse der Individuen Subjekte ‚rekrutiert' (sie rekrutiert sie alle) oder diese Individuen in Subjekte ‚transformiert' (sie transformiert sie alle).[182]

Beispielhaft wird in diesem Zusammenhang der berühmte interpellierende Polizist angeführt (der kein so gutes Beispiel für ideologische Staatsapparate ist, da er ja tatsächlich einen Teil der exekutiven Staatsmacht verkörpert), der ein Individuum zur Hinwendung an ihn bringt, indem er „hé, vous, là-bas!"[183] ruft. Essentiell ist, dass das so erschaffene Subjekt in seiner räumlichen Wendung beschrieben wird.[184] Vergleichbar der Hinwendung zum großen Anderen vor dem von Lacan beschriebenen Spiegel, um die Selbst-Imaginierung zu bestätigen bzw. anzuerkennen, zeigt sich die subjektkonstituierende Wirkung durch die Anderen in dieser Wendung. Dabei ist aber nach der Vorläufigkeit zu fragen: Für Althusser geschehen Interpellation und Hinwendung gleichzeitig, da sie zwei Seiten derselben Medaille darstellen. Die „Dinge", wie er sie nennt, „gehen [...] ohne jede zeitliche Abfolge vor sich. Die Existenz der Ideologie und die Anrufung der Individuen als Subjekte ist ein und dasselbe."[185] Von der Übertragung her gesehen ist diese Gleichzeitigkeit jedoch ein Anzeichen dafür, dass sich schon vor der Intervention eine Struktur gebildet hatte, die beide, Hinwendung und Anrufung, überhaupt ermöglicht. Ein Raum der potentiellen Übertragung rahmt schon vor dem Ruf die Individuen und bereitet die Wendung vor, als Potential, sich in den Geltungsbereich von Anrufenden begeben zu wollen. Dem würde Judith Butler vielleicht widersprechen, wenn sie sagt: „während Austin ein sprechendes Subjekt voraussetzt, postuliert Althusser in der oben dargestellten Szene [die Anrufungsszene mit Polizist, E. H.], daß das Subjekt durch eine Stimme hervorgebracht wird."[186]
Es stellt sich also im Komplex dieser Interpellationstheorien immer wieder auch die Huhn-und-Ei-Frage im Hinblick auf Subjekt und Sprache; allerdings weist auch Butler auf die „Möglichkeitsbedingungen des Subjekts"[187] hin, auf der sowohl die Konstruktion als auch die Verletzbarkeit von Subjekten durch Sprache beruhen. „*Hate Speech*", als neuerliche Unterwerfung ihrer Adressaten, um die es Butler maßgeblich zu tun ist, „offenbart eine vorgängige Verletzbarkeit durch die Sprache, die uns anhaftet, insofern wir als gleichsam ‚angerufene Wesen' von der Anrede des anderen abhängen,

182 Althusser: Ideologie und ideologische Staatsapparate, S. 142.

183 Althusser: Idéologie et appareils idéologiques d'État, S. 49. http://classiques.uqac.ca/contemporains/althusser_louis/ideologie_et_AIE/ideologie_et_AIE.pdf (Zugriff am 29.12.2014).

184 „Durch diese einfache physische Wendung um 180 Grad wird es zum *Subjekt*. Warum? Weil es damit anerkennt, daß der Anruf ‚genau' ihm galt und daß es ‚gerade es war, das angerufen wurde' (und niemand anderes)." (Althusser: Ideologie und ideologische Staatsapparate, S. 143.)

185 Ebd.

186 Judith Butler: *Haß spricht. Zur Politik des Performativen*. Frankfurt am Main: Suhrkamp 2006, S. 47.

187 Ebd., S. 48.

um zu sein.“[188] Als Funktion eines ‚natürlichen Modells‘ von Übertragung könnte also gerade die mit ihr formulierbare Ermöglichung zur Abhängigkeit von der Sprache der Anderen zur Subjektkonstitution als *conditio humana* gelten, die damit immer auch den Zwiespalt des Subjekts zwischen Handlungsfähigkeit und eben Abhängigkeit offenlegt:

> Die Anrede, die die Möglichkeit der Handlungsmacht eröffnet, verwirft im selben Atemzug die Möglichkeit einer radikalen Autonomie. In diesem Sinne wird die Verletzung bereits durch den Akt der Anrufung vollzogen, der die Möglichkeit einer Autogenese des Subjekts durchstreicht (und zugleich diese Phantasie gebiert).[189]

Dabei ist also, wie Butler zuspitzt, das destruktive Vermögen der Subjektkonstitution vom konstruktiven nie zu trennen: „Der potentiell verletzende Effekt der Sprache läßt sich niemals vollständig regulieren, ohne dabei ein grundsätzliches Moment der Sprache und genauer: der sprachlichen Konstituierung des Subjekts zu zerstören.“[190]
Wie bei der Struktur, die die Übertragung setzt, kommt es also auch in Interpellationszusammenhängen auf die jeweiligen Umgänge damit *in actu* an, die dann ihrerseits je nach Perspektive instrumentell, experimentell, destruktiv oder konstruktiv genannt werden können.[191] Auch Beron fasst daher die Anrufung und Doppelwirkung von ‚Subjekt‘ bei Althusser zusammen, indem er die „Doppelbedeutung des Wortes Subjekt – als Mensch im vollen Sinne und gleichzeitig als subiectum, einer historischen Ordnung unterworfenes Individuum“[192] betont:

> ‚He, Sie da!‘ Ein Passant wird von einem Polizisten angerufen. Das angerufene Individuum wendet sich um, ‚in dem Glauben, der Ahnung, dem Wissen, es sei gemeint‘. In dieser Umwendung, indem es sich angesprochen fühlt und den Ruf annimmt, wird es zum Subjekt im doppelten Sinne: Es identifiziert sich mit dem Gemeinten, wird ein Ansprechpartner, akzeptiertes Mitglied der Gesellschaft, gleichzeitig jedoch wendet es sich der Macht zu, unterwirft sich oder wird unterworfen, dem Polizisten hörig.[193]

Damit fasst er den von Althusser besprochenen Komplex der Sub-jektivierung als Unterworfenheit zusammen, der von einem mit symbolischem Reichtum, also mit Macht zur performativen Anrufung besetzten Ur-Subjekt ausgeht. Also eine Instanz, der die Macht zur Anrufung unterstellt wird, ein absolutes *s.s.s.* sozusagen, unter dessen Blick und Ruf das Subjekt sich konstituiert und das Althusser daher in Versalien schreibt. Topologien von oben und unten sind in dieser Vorstellung weiterhin wirksam, wobei besonders das von Althusser angeführte Beispiel der Struktur religiöser Ideologie dies verdeutlicht.[194] Darin entwirft er eine Art Spiegelstadium mit

188 Ebd.

189 Ebd., S. 49.

190 Ebd.

191 Vgl. zu einer radikal destruktiven Ansprache des Subjekts Carola Hilbrand: *Saubere Folter. Auf den Spuren unsichtbarer Gewalt.* Bielefeld: Transcript 2015.

192 Beron: „Bist du ein Funpreneur?“, S. 52.

193 Ebd., mit Bezug auf Althusser: Ideologie und ideologische Staatsapparate, S. 142–143.

194 „Da die formale Struktur jeder Ideologie immer die gleiche ist, werden wir uns darauf beschränken, ein einziges, jedermann zugängliches Beispiel zu untersuchen – die christliche religiöse Ideologie. Wir fügen hinzu, daß sich der gleiche Beweisgang auch für die moralische, juristische, politische, ästhetische Ideologie usw. wiederholen ließe.“ (Althusser: Ideologie und ideologische Staatsapparate, S. 143.)

Anteilen des Panopticons, das „absolute SUBJEKT" ruft das Subjekt verdoppelnd auf.[195] Übertragungsphänomenal bezeichnend dabei ist eben, dass diese Subjekte, obgleich unterworfene, eine sogenannte freie Sub-jektivität ausbilden, d.h. die diagnostizierte Unterworfenheit wird von externer Repression unterschieden und als freiwillig bezeichnet:

> [D]as Individium [!] wird als (freies) Subjekt angerufen, damit es sich freiwillig den Anordnungen des SUBJEKTS unterwirft, damit es also (freiwillig) seine Unterwerfung akzeptiert und folglich ‚ganz von allein' die Gesten und Handlungen seiner Unterwerfung ‚vollzieht'. Es gibt Subjekte nur durch und für ihre Unterwerfung. Deshalb funktionieren sie ‚ganz von alleine'.[196]

Der Unterschied zwischen Individuum und Subjekt besteht in dieser Theorie also darin, dass Subjekte die Wirkmacht symbolischer Systeme strukturell annehmen und so erst zum Subjekt werden; und vom Übertragungsstandpunkt aus gesehen wäre es letztlich das Begehren, das dafür sorgt.

Doch genau das Begehren ist erneut der ‚Knackpunkt', an dem Ideologien gleichermaßen funktionieren wie aufbrechen können. Mariana Schütt widmet sich eindrücklich dieser Bruchstelle in den kritisch und psychoanalytisch (lacanianisch) perspektivierten Reaktionen auf Althussers Ideologietheorie.[197] Sie fokussiert sorgfältig diese jeweiligen Stellen, an denen Anrufung fehlgeht, scheitert, und zeichnet ein Nicht-Aufgehen nach, das entweder „im Realen verortet (Žižek, Dolar) oder aber innerhalb einer Verschiebung im Symbolischen gedacht (Butler) wird".[198] Ohne darauf nun im Einzelnen ausführlich eingehen zu können, ist zu erwähnen, dass Schütt im Grunde die Einsätze instrumenteller und experimenteller Lenkungen von Übertragung in den maßgeblichen Theorien beschreibt, und nicht zufällig wird die Liebesstruktur dabei erneut als Basis relevant.

Besonders Mladen Dolars Text „Jenseits der Anrufung"[199] zielt auf dieses Scheitern ab. Er hebt die „Idee eines klaren Schnittes", der den „plötzlichen und abrupten Übergang vom Individuum – einem prä-ideologischen Wesen, einer Art *materia prima* – zum ideologischen Subjekt" bei Althusser markiert, hervor und betont sogleich, dass dieser Übergang nie restlos erfolgt.[200] Wesentlich sei dabei nämlich der *Rest*, in dem auch das Siegmund'sche *Mehr* anklingt, den dieser klare Schnitt immer erzeugt: „Um es ganz grob, mit einfachen Worten zu sagen, es gibt einen Teil des Individuums, der nicht

195 „Das bedeutet, daß jede Ideologie zentriert ist, daß das Absolute SUBJEKT den einzigen Platz des Zentrums einnimmt und um sich herum die unendliche Zahl der Individuen als Subjekte anruft, und zwar in einem doppelten spiegelhaften Verhältnis, indem es die Subjekte dem SUBJEKT unterwirft, während es ihnen im SUBJEKT, in dem jedes Subjekt sein eigenes (gegenwärtiges wie zukünftiges) Bild von Augen hat, die Garantie bietet, daß es sich wirklich um sie und Es handelt." (Ebd., S. 147.)

196 Ebd., S. 148.

197 Mariana Schütt: *Anrufung und Unterwerfung. Althusser, Lacan, Butler und Žižek*. Wien / Berlin: Turia + Kant 2015.

198 Ebd., S. 13.

199 Mladen Dolar: Jenseits der Anrufung. In: Slavoj Žižek (Hrsg.): *Gestalten der Autorität. Seminar der Laibacher Lacan-Schule*. Wien: Hora 1991, S. 9–25. Gleich in zwei von vier Zwischenüberschriften taucht der Begriff der Verliebtheit auf.

200 Ebd., S. 10.

in das Subjekt übergehen kann; [...] es gibt einen Teil der äußeren Materialität, der nicht erfolgreich in das Innere integriert werden kann."[201] Dieser Rest ist für Dolar im Lacanschen Register des Realen angesiedelt:

> Der Rest, das kleine Stück des Realen, das nicht in die symbolische Ordnung übergehen konnte, spielt in diesem Zusammenhang eine wesentliche Rolle, da nur dieses Stück des Realen, dieses sich entziehende kleine Objekt, *jouissance* (Genießen, nicht Lust) verschafft.[202]

Das Objekt *a* erweist sich also nicht nur symbolisch und imaginär konnotiert, sondern in seinem Entzug ‚real', damit letztlich aber auch immer seine Leerstelle freihaltend. Damit sind erneut zentrale Topoi des Übertragungsdiskurses im Spiel; der Diskurs um die Anrufung ist zudem, wie der um die Übertragung, maßgeblich von Topologien des Außen und Innen geprägt („zwischen der Materialität der Staatsapparate einerseits und der Anrufung andererseits, zwischen der Äußerlichkeit und der Konstitution einer Innerlichkeit"[203]), sowie ebenfalls von der Idee der „creatio ex nihilo"[204].

Den Unterschied allerdings bilden bei allen Verwandtschaften der Diskurse zwei unterschiedliche Subjektbegriffe: während in der Anrufung das Subjekt als eines gedacht ist, das wie eine Rechnung ‚aufgeht', bildet im psychoanalytischen Ansatz das *Mehr* bzw. der *Rest* den Ausgangspunkt und die Charakteristik des Subjekts. „Für Althusser ist das Subjekt das, was die Ideologie funktionieren läßt; für die Psychoanalyse entsteht das Subjekt, wo die Ideologie scheitert"[205], schreibt Dolar. Subjektivierung und Anrufung unterscheiden sich also in psychoanalytischer Sicht voneinander. In der Althusser'schen Anrufung sind Subjekt und SUBJEKT „problemlos präsent" in einem Dialog, der aufgeht im Anruf „He, Sie da" und seiner Entgegennahme „Ich bin's",[206] während die Psychoanalyse, wie bereits betont, die intersubjektive Beziehung immer dadurch gestört sieht, „daß beide, das SUBJEKT und das Subjekt, durch einen Mangel gezeichnet sind."[207]

Nicht zufällig erwähnt Dolar dann die drei unmöglichen Berufe bei Freud (regieren, erziehen, psychoanalysieren[208]), denn diese beruhen, wie hier schon zu sehen war, auf der Funktion des *s.s.s.* und also der Übertragung, ihren Funktio- und Fiktionalisierungen. Somit ist nicht nur der *Rest* ein Problem für eine vollständige Subjektivierung, sondern die intersubjektiven Beziehungen kommen nie zur Deckung, sind nie äquivalent, da ja „die Anwesenheit dieses Anderen durch das Subjekt selbst

201 Ebd., S. 11–12.
202 Ebd., S. 25.
203 Ebd., S. 10.
204 Ebd., S. 11.
205 Ebd., S. 12.
206 Ebd., S. 22.
207 Ebd., S. 23.
208 „Es hat doch beinahe den Anschein, als wäre das Analysieren der dritte jener ‚unmöglichen' Berufe, in denen man des ungenügenden Erfolgs von vornherein sicher sein kann. Die beiden anderen, weit länger bekannten, sind das Erziehen und das Regieren." (Sigmund Freud: Die endliche und die unendliche Analyse. In: Ders.: *Studienausgabe*. Ergänzungsband: Schriften zur Behandlungstechnik, S. 351–392, hier S. 388.) Vgl. Dolar: Jenseits der Anrufung, S. 23.

hervorgebracht werden muß; das Subjekt muß den Anderen zuerst zur Existenz bringen und nicht einfach nur sich selbst als Adressaten erkennen."[209] Doch aufgrund des Mangels auf allen Seiten muss fingiert werden; und so beruhen Anrufung und Subjektivierung beide auf dem Verkennen von Subjekten und den Anderen, auf *blepein* und Ent-Werfen, sowie auf der „Einsetzung eines Objekts an die Stelle des Ichideals"[210], wie das Lacansche Spiegelstadium reflektiert. Diese Introjektion ist ein „Moment der Suspension der Subjektivität zugunsten des Anderen", wie gezeigt wurde, allerdings erweist sich dieser Andere „als die reine Kontingenz des Realen".[211] Im Hinblick auf ihn gibt es „bloß eine Kette von Unsinn. Also muß das Subjekt den Anderen erst zur Existenz bringen, es muß mit seinem eigenen Sein das zum Leben erwecken, was nur eine unsinnige Kette von Praxen und Signifikanten ist."[212] Mariana Schütt bringt schließlich mit Žižeks Lektüre von Lacans Graph des Begehrens[213] auf den Punkt, „dass der Andere im Grunde performativ ist"[214], und leitet daraus ab, dass daher eben auch unsicher ist, was dessen Begehren ausmacht. Wenn der Ruf „He, Sie da!" erschallt, ist letztlich immer noch unklar, was er eigentlich will. Es wird also fingiert und dabei letztlich auch das unerklärliche Begehren der Anderen erst zur Existenz gebracht: „Das Lacan'sche *Che vuoi* – Was will er mir? findet hier seine Bestimmung"[215], und damit das Begehren aller beteiligten, immer unwissenden Subjekte.

An diesem Punkt kommt also das Phantasma wieder ins Spiel, das eine Antwort auf die Frage an den Ruf bildet. So formuliert Schütt:

> *Che vuoi*? Nie kann das Subjekt vollständig wissen, was der Andere wirklich will. Diese Unwissenheit wird jedoch durch einen *phantasmatischen Rahmen* überdeckt. Das Phantasma verschleiert also den Mangel im Anderen und findet seine Verkörperung im *Objekt klein a*. Das *Reale* wird so durch das Phantasma erträglich gemacht, gleichermaßen konstituiert das Phantasma auch das Begehren.[216]

In Erinnerung an die beispielhafte Fensterscheibe[217] zeigt das Spiel zwischen Leere und Phantasma nun die Funktionsweise von Ideologie und Liebe auf, wie sie Althusser entwirft und welche die psychoanalytische Perspektive als Verschleierung kritisiert: indem Liebe ein phantasmatisches Bild liefert, verdeckt sie den Mechanismus der Verkennung und der Introjektion und auch den konstitutiven Mangel in der intersubjektiven Beziehung.

> Liebe kann nur deshalb als ein ideologischer Mechanismus funktionieren [...], weil sie erfolgreich den Übergang vom Äußeren zum Inneren herstellt und ihn zur selben Zeit verdeckt. Liebe maskiert die Tatsache, daß die Subjektivität von außen kommt, aber sie verbirgt sie nicht hinter der Illusion

209 Dolar: Jenseits der Anrufung, S. 23.

210 Ebd., S. 14.

211 Ebd., S. 17.

212 Ebd., S. 24.

213 Vgl. Slavoj Žižek: *Der erhabenste aller Hysteriker. Psychoanalyse und die Philosophie des deutschen Idealismus*. Wien: Turia + Kant 1992.

214 Schütt: *Anrufung und Unterwerfung*, S. 86.

215 Ebd. Vgl. Jacques Lacan: Subversion du sujet et dialectique du désir. In: Ders.: *Ecrits II*, S. 273–308.

216 Schütt: *Anrufung und Unterwerfung*, S. 95.

217 Vgl. S. 169 dieser Arbeit.

des Subjekts als einer causa sui, hinter der Illusion der Autonomie, sondern ganz im Gegenteil dadurch, daß sie das eigene Sein dem Anderen anbietet – um dessen unergründlichem Begehren zu antworten.[218]

Wenn Liebe und Ideologie sich treffen, tritt also einerseits eine scheinbar aus dem Inneren kommende Füllung des Mangels ein und gleichzeitig eine unendliche, „unbedingte Hingabe an den Anderen“[219], die ebenfalls stets scheitern muss. Denn in dieser Hin-Gabe soll und muss auch das enthalten sein, von dem die Subjekte nicht wissen, dass sie es haben.[220] Ideologische Praxen bieten sich jedoch darüber hinaus immer als Füllendes und Schließendes an und tun so, als wäre diese Füllung nicht kontingent, sondern zwingend, glaubhaft, wertvoll: „das Bestreben jeder Ideologie besteht genau darin, *ein Element in diesen leeren Raum einzusetzen*“[221], eben jenen leeren Raum, der im Experimentellen konstitutiv offen gehalten und umspielt wird.
Diese konstitutive Offenheit, Kontingenz, fordert die Kritik der psychoanalytisch motivierten Autoren und Autorinnen an Althusser heraus, indem die Ideologie und also das anrufende SUBJEKT als zunächst nicht materiell enttarnt wird:

Der Andere [...] der symbolischen Ordnung, ist nicht materiell, und Althusser verdeckt diese Nicht-Materialität, indem er über die Materialität von Institutionen, Praxen etc. spricht. Wir können den Anderen nicht erkennen, indem wir diese Materialität näher betrachten, er ist da nicht anzutreffen. „Der Andere existiert nicht“ – lautet der Lacansche Slogan – aber trotzdem ruft der Andere reale Wirkungen hervor.[222]

Dass der Ruf sich materialisiert, ist das Phänomen von Übertragung. Und dies ist der wichtige Punkt für die Möglichkeit der Felder zur Widerständigkeit bzw. zum Widerspruch, die Althusser ja im Grunde gerade aufrufen will, indem er versucht, den Mechanismus von Ideologie zu entlarven und damit angreifbar zu machen. So ist zu konstatieren, dass in der Anrufung, dem Austin'schen Performativ ähnlich, immer sowohl Gelingen und Scheitern liegen und damit schließende und öffnende, instrumentelle und experimentelle Umgangsweisen mit einer solchen Subjektivierung denkbar sind. Darauf weist die psychoanalytische Perspektive hin, wenn sie immer wieder „gerade das Scheitern einer glücklichen Vereinigung zweier heterogener Elemente“[223] sucht, also auf der Unmöglichkeit einer schließenden intersubjektiven Harmonie

218 Dolar: Jenseits der Anrufung, S. 21.

219 Ebd., S. 17.

220 „Man bietet die eigene Partikularität an, indem man der Partikularität der äußeren Kontingenz (d. h. dem Überschuß im Anderen) antwortet. Der Rest des Realen jenseits des Signifikanten verlangt das Anbieten des Rests im Subjekt, jenes Teils (des Individuums), der nicht subjektiviert werden kann, *des Objekts innerhalb des Subjekts*; und durch diese Geste wird der Rest domestiziert und der Andere wird aufrechterhalten. Die Undurchsichtigkeit des Anderen wird durch die Liebe transparent gemacht; das Gesetzlose wird zum Gesetzmäßigen. Aber um das zu erreichen, muß man nicht nur alles anbieten, was man hat – das ist nicht genug –, sondern ebenso das, was man nicht hat. Das entspricht der Lacanschen Definition der Liebe: ‚geben, was man nicht hat‘, und darin liegt die Unmöglichkeit der Anstrengungen der Liebe.“ (Ebd., S. 21.)

221 Ebd., S. 25.

222 Ebd., S. 24.

223 Ebd., S. 25.

beharrt. Und dies eben ist ‚conditio subjectivana', eine „unheilbare Krankheit, [die] ein anderer Name für das Subjekt ist."[224]
Vom Panopticon her gedacht, rekrutiert und kollektiviert nun ein *s.s.s.* geradezu ökonomisch effizient seine Subjekte; es reicht also beispielsweise eine Marina Abramović aus, die sich als Fülle einer Leere zur Verfügung stellt, um Warteschlangen für viele hervorzurufen. Umgekehrt muss sich aber vor diesem Hintergrund nicht jedes Individuum von einer polizistischen Interpellation angerufen wiederfinden, wendet sich dann eben nicht hin. Subjektivität bleibt in diesen Konzepten eine intersubjektive Anlage von Einflussnahme durch Andere, die sich aus dem grundlegenden Begehren des Subjekts nach Anrufung und Hinwendung speist. Wenn Althusser nach dem Mechanismus der intersubjektiven Wiedererkennung fragt, wäre also die Übertragungsstruktur eine mögliche Antwort darauf.[225]
Zudem rückt die Althusser'sche Interpellation im Vergleich zum blickräumlichen Verhältnis der Subjektwerdung im Lacanschen Spiegelstadium maßgeblich das Auditive in den Fokus, das Erhören einer Anrufung durch eine Stimme, in einer Sprache, die das Subjekt als resonierendes aufruft, es gar als ‚prä-sonierendes' entwirft, das empfängnisbereit ist für die es symbolisch wie räumlich durchdringenden Anrufe. Die Relevanz des Akustischen stärkt dabei also erneut die des Raumes, so dass vor diesem Hintergrund eine insgesamt immer wieder auch räumlich zu denkende Subjekttheorie aufscheint. Wenn Butler etwa das Subjekt im Gegensatz zum Individuum als „Platzhalter, als in Formierung begriffene Struktur"[226] begreift, dann stützt sie dies auf eine grundlegend räumliche Vorstellung, in der der ‚Ort des Subjekts' den Lacanschen Ort der Hinwendung wieder aufruft und Verortung allgemein als Voraus-Setzung für Subjektivierung definiert; ein Raum, der sich dann maßgeblich in Sprache manifestiert bzw. wahrscheinlich überhaupt vornehmlich dort eingerichtet ist:

> Individuen besetzen die Stelle, den Ort des Subjekts (als welcher ‚Ort' das Subjekt zugleich entsteht), und verständlich werden sie nur, soweit sie gleichsam zunächst in der Sprache eingeführt werden. Das Subjekt ist die sprachliche Gelegenheit des Individuums, Verständlichkeit zu gewinnen und zu reproduzieren, also die sprachliche Bedingung seiner Existenz und Handlungsfähigkeit.[227]

Dieser ‚Ort des Subjekts', das Von-Wo-Aus des Sprechens, der Hinwendung, der Funktion besetzt also den Raum des Symbolischen, jedoch ist er gerade mit Althusser nicht abgelöst zu betrachten von materialisierten Räumen. Althusser diskutiert zwar seinerseits nicht explizit den Ort, an dem seine beispielhafte Hinwendung geschieht,

224 Dolar: Jenseits der Anrufung, S. 25.

225 „Aber die Tatsache, daß wir uns als Subjekte wiedererkennen und daß wir in den praktischen Ritualen des elementarsten täglichen Lebens funktionieren (der Händedruck, das Sich-beim-Namen-nennen, das Wissen daß Sie einen eigenen Namen ‚haben', der – auch wenn ich ihn nicht kenne – Sie als einmaliges Subjekt identifizierbar macht usw.) – dieses Wiedererkennen gibt uns allenfalls das ‚Bewußtsein' unserer fortwährenden (ewigen) Praxis der ideologischen Wiedererkennung (ihr Bewußtsein, d.h. ihre Wiedererkennung) – aber es gibt uns keinesfalls die (wissenschaftliche) Erkenntnis des Mechanismus dieser Wiedererkennung." (Althusser: Ideologie und ideologische Staatsapparate, S. 142.)

226 Butler: *Psyche der Macht*, S. 15.

227 Ebd.

jedoch kann nicht vernachlässigt werden, dass es sich dabei um einen öffentlichen Ort handelt, nämlich die *Straße*, wo diese spezielle Anrufung wirksam sein kann.[228] Die diskutierte ideologische Subjektivierung ist also bei Althusser per se mit einer Verbindung zur Öffentlichkeit versehen, sowohl Polizist als auch Passant haben ihre Funktionen vor allem auch aufgrund ihrer Umgebung, ihres Kontexts inne. Dass Althusser gerade nicht, wie Lacan, von einem privaten Raum spricht, unterscheidet diese subjektbildende Hinwendung von der Lacanschen (Lacans Kleinkinder und Spiegel scheinen sich doch eher in elterlichen Wohnungen zu befinden, jedenfalls nicht in öffentlichen Räumen), bzw. scheint die Lacansche dahingehend weiterzuführen, das an die Struktur und Wirkung der Hinwendung glaubende Subjekt nun Institutionen des öffentlichen Lebens gegenüberzustellen, die mit Hinwendungen (ideologisch) arbeiten. Die ‚Subjektivierung für Andere' verlinkt damit wesentlich intersubjektive Rapporte und Elemente des Öffentlichen. Dabei soll auch nicht unerwähnt bleiben, dass Bertolt Brecht seine Grundstruktur des intersubjektiven Rapports des epischen Theaters ebenfalls auf der Straße ansiedelt – eben in der *Straßenszene*.[229]

Wenn nun das Theater als Ort der Interpellation untersucht werden soll, wird gerade auch dieser Punkt bedeutsam, denn das Subjekt eines Publikums erweist sich nie als ‚privat' angesprochen. Die Theatersituation zwischen Bühne und Publikum repräsentiert immer eine Öffentlichkeit, wie es Erika Fischer-Lichte formuliert, die Theater immer als öffentlich erkennt, weil Publikum als „wesentliches Merkmal der Aufführung" immer auch sein „Öffentlichkeitscharakter" ist.[230] Für die Aufführung stellt sie daher grundlegend fest: „Auch wenn sie nur vor einem einzigen Zuschauer stattfinden sollte, findet sie dennoch in der Öffentlichkeit statt, weil auch dieser eine

228 „Wenn wir einmal annehmen, daß die vorgestellte theoretische Szene sich auf der Straße abspielt, so wendet sich das angerufene Individuum um." (Althusser: Ideologie und ideologische Staatsapparate, S. 142–143.)

229 „Es ist verhältnismäßig einfach, ein Grundmodell für episches Theater aufzustellen. Bei praktischen Versuchen wählte ich für gewöhnlich als Beispiel allereinfachsten, sozusagen ‚natürlichen' epischen Theaters einen Vorgang, der sich an irgendeiner Straßenecke abspielen kann: Der Augenzeuge eines Verkehrsunfalls demonstriert einer Menschenansammlung, wie das Unglück passierte. Die Umstehenden können den Vorgang nicht gesehen haben oder nur nicht seiner Meinung sein, ihn ‚anders sehen' – die Hauptsache ist, daß der Demonstrierende das Verhalten des Fahrers oder des Überfahrenen oder beider in einer solchen Weise vormacht, daß die Umstehenden sich über den Unfall ein Urteil bilden können." (Bertolt Brecht: Die Straßenszene. Grundmodell einer Szene des epischen Theaters. In: Ders.: *Große kommentierte Berliner und Frankfurter Ausgabe*, Bd. 22.1: Schriften 2, hrsg. v. Werner Hecht / Jan Knopf / Werner Mittenzwei / Klaus-Detlef Müller. Berlin / Frankfurt am Main: Aufbau / Suhrkamp 1993, S. 370–381, hier S. 371.) Bezeichnend ist, dass auch Brecht hier ein ‚natürliches Modell' epischen Theaters annimmt. Für ihn scheint dessen Qualität allerdings darin zu liegen, dass der Berichterstatter seine Legitimation aus dem Augenzeugentum bezieht und aus einer Neutralität der Darstellung: Das Geschehene soll nachvollzogen werden, ohne dass in der Darstellung schon Hinweise lägen, wie es zu bewerten sei. Die Bewertung obliegt dem Publikum – es zeigt sich hier also gerade die Möglichkeit zur Manipulation der Urteile durch die Darstellung. In ästhetischen Belangen, die Darstellungen von etwas sind, das kein ‚Original' hat oder phantasmatisch ist, fällt Zeugenschaft als Legitimierung jedoch im Grunde aus (und kann z. B. von der Bühne als Institution übernommen werden). Zur Zeugenschaft im Theater vgl. Freddie Rokem: *Geschichte aufführen. Darstellungen der Vergangenheit im Gegenwartstheater*, aus d. Engl. v. Matthias Naumann Berlin: Neofelis 2012.

230 Erika Fischer-Lichte: *Semiotik des Theaters. Eine Einführung*, Bd. 1: Das System der theatralischen Zeichen. Tübingen: Narr 1983, S. 16.

Zuschauer in seiner Eigenschaft als Zuschauer noch die Öffentlichkeit repräsentiert."[231] Theatrale Subjekte des Publikums haben damit also immer auch die Funktion, potentiell andere Zuschauende zu repräsentieren, die eben ,sehen, was wir sehen und hören, was wir hören', und ihre Interpellation wäre also entsprechend immer auch stellvertretend für andere vollzogen.
Die Interpellation eines Publikumssubjekts bleibt durch diese Stellvertretungsfunktion mit dem Bereich des Öffentlichen verschränkt, zudem jedoch ebenso im Rahmen einer ästhetischen Erfahrung, die sich ja von anderen Lebenswelten unterscheidet – wie es noch immer mit am deutlichsten John Austin formuliert, für den der Sprachgebrauch in der Kunst einem ,nicht normalen Umstand' entspricht,[232] d.h. einer parasitären Praxis zuzuordnen und damit performativ unwirksam ist:

> In einer ganz besonderen Weise sind performative Äußerungen unernst oder nichtig, wenn ein Schauspieler sie auf der Bühne tut oder wenn sie in einem Gedicht vorkommen oder wenn jemand sie zu sich selbst sagt. […] Unter solchen Umständen wird die Sprache auf ganz bestimmte, dabei verständliche und durchschaubare Weise unernst gebraucht, und zwar wird der gewöhnliche Gebrauch parasitär ausgenutzt.[233]

Interpellation als performative Ansprache verweist noch einmal rück auf die Annahme von Schwab und Streisand, dass eine Subjektlenkung durch Sprachanwendung möglich ist, ja Subjekte überhaupt nur durch Sprachhandlungen entstehen.
Besonders wichtig erscheint dieses Moment dann wohl für sich als politisch verstehendes Theater zu sein, denn die Konstitution von Subjekten liegt auch der Konstitution von Gemeinschaften dieser Subjekte und ihrer intersubjektiven Rapporte zugrunde. Althusser definiert ISA und ihre Subjektivierungen ja vor allem vor dem Hintergrund realpolitischer, gesellschaftlicher Phänomene als Organe kapitalisierter Gesellschaftsstrukturen, indem diese ausagiert, materialisiert werden – und gleichzeitig jedoch als Feld für Widerspruch. Die Althusser'sche Definition des Materiellen als Handlungen der Subjekte hat sicher auch Hans-Thies Lehmann vor Augen, wenn er das Politische im Theater immer erst einmal von der Praxis aus betrachtet, also unter Umständen auch als „Unterbrechung des Politischen"[234], wenn es sich als Praxis eines Netzes von Vorannahmen erweist, die Unäquivalenz setzt. Wie gesprochen und gehandelt wird, zeigt und generiert eben ein Verhältnis zum Rancière'schen ,Netz der Vorannahmen'

231 Fischer-Lichte: *Semiotik des Theaters*, S. 16.

232 „Das gehört zur Lehre von der Auszehrung [*etiolation*] der Sprache. All das schließen wir aus unserer Betrachtung aus. Ganz gleich, ob unsere performativen Äußerungen glücken oder nicht, sie sollen immer unter normalen Umständen getan sein." (Austin: *Zur Theorie der Sprechakte*, S. 44.)

233 Ebd., S. 43–44.

234 Siehe die häufig referierte und nach wie vor etwas rätselhafte Passage: „Das Politische kann im Theater nur indirekt erscheinen, in einem schrägen Winkel, modo obliquo. Und zweitens: Das Politische kommt im Theater zum Tragen, wenn und nur wenn es gerade auf keine Weise übersetzbar oder rückübersetzbar ist in die Logik, Syntax und Begrifflichkeit des politischen Dikurses [!] in der gesellschaftlichen Wirklichkeit. Woraus drittens die nur scheinbar paradoxe Formel folgt, dass das Politische des Theaters gerade nicht als Wiedergabe, sondern als Unterbrechung des Politischen zu denken sein muss." (Hans-Thies Lehmann: Wie politisch ist postdramatisches Theater? Warum das Politische im Theater nur die Unterbrechung des Politischen sein kann. In: Ders.: *Das Politische Schreiben*, S. 11–21, hier S. 16–17.)

*in actu*. Das führt letztlich aber auch den nicht-existierenden Anderen in die Praxis ein, denn in übertragungsbehafteten Handlungen (wie Hinwendungen) materialisiert er sich doch. Zu fragen wäre dann je und je nach den Setzungen im Theater, nach Vorannahmen, die einer ideologischen Anrufung gemäß über das Theater vermittelt werden, indem das Theater sie nicht nur nachahmt, zitiert oder berichtet, sondern gleichzeitig praktiziert und Subjekte zum Funktionieren bringen will.

Eine solche Frage stellt z. B. Lehmanns Reflexion über „unmittelbare Moral"[235], wenn er diese im Hinblick auf Friedrich Schiller in den Fokus stellt und vor dem Hintergrund politischen Theaters diskutiert. Der Idee der Schaubühne als moralische Anstalt betrachtet[236] bescheinigt er, ähnlich wie Rancière der verdummenden Logik, eine „fragwürdige Rückkehr zu einer scheinbar unabhängig von den Ambiguitäten der politischen Welt gültigen, trügerisch unmittelbaren Moral"[237] und formuliert demgegenüber künstlerische Gegenpraxen, die

> den Raum des politischen Diskurses selbst, sofern er These, Meinung, Ordnung, Gesetz, organisch gedachte Ganzheit des politischen Körpers aufrichtet, mit künstlerischen Mitteln dekonstruieren, seine latent autoritäre Verfassung bloßlegen. Das geschieht durch die Demontage der diskursiven Gewißheiten des Politischen, Entlarvung der Rhetorik, Öffnung eines a-thetischen Darstellens.[238]

Theaterpraxis kann so ein scheinbares Paradox ausagieren, indem es „politisch in dem Maße ist, wie es auch die Kategorien des Politischen selbst unterbricht und ‚absetzt'."[239] Wenn also Heiner Goebbels eine Intensität produzierende Hinwendung fordert, die aufgrund ihrer Offenheit für jeweiliges Zuschauen eben nicht engführend belehrend sein kann, verweist er damit auch auf die Durchbrechung solch autoritär verfasster Anrufungen und auf die Möglichkeit, den als ideologisch-konstituierend gewohnten Ruf von ‚SUBJEKTEN' experimentell auszustellen, seine Funktion bloßzulegen und verhandelbar zu machen sowie einen Raum zu eröffnen, der andere Anrufungen aufzeigt. Auf diese Weise wäre das Althusser'sche Feld für Widersprüche eröffnet, da sich die angerufenen Individuen zur Hinwendung / Subjektivierung entscheiden können oder auch nicht, mindestens aber irritiert werden in ihrer gewohnten Hinwendungspraxis und ein ‚Nicht-Aufgehen' erfahren. Damit wäre einer – auch gutgemeinten – ‚Lenkung' von Übertragung und schließlich von Subjekten als Ziel der ästhetischen Erfahrung prinzipiell zu widersprechen, da eine solche die Instrumentalisierung von Kunst bedeutet.

Ideologisierte Institutionen und Symbolische Mächte kommen in der Geschichte des Theaters freilich zu Genüge vor und dienen mitunter gerade dazu, die herrschaftliche Position von mit Macht zu besetzenden Subjekten zu stärken (vgl. etwa die Schauanordnungen barocker Dispositive). Gerade daher kommt es eben auf die jeweiligen ausagierten Praxen und Vorannahmen an:

235 Lehmann: *Postdramatisches Theater*, S. 456.

236 Ebd.

237 Ebd.

238 Ebd.

239 Ebd., S. 459.

Gewiß steht am Ursprung der sozialen Praxis des Theaters auch die zweckrationale Selbstinszenierung der Schamanen, Chefs und Fürsten, die mit gesteigerter Gestik und Kostümierung ihre besondere Position dem Kollektiv gegenüber manifestieren. Als Machteffekt. Zugleich aber ist Theater eine Praxis in und mit signifikantem Material, die nicht Macht-Ordnungen schafft, sondern Neues und Chaos in die geordnete, ordnende Wahrnehmung bringt. Als Öffnung des logo-zentrischen Procedere, in dem das Identifizieren überwiegt, zugunsten einer Praxis, die das Aussetzen der Bezeichnungsfunktion, ihre Unterbrechung und Suspendierung nicht fürchtet, kann Theater politisch sein.[240]

Das Politische würde sich – im Gegensatz zur Politik – also in der Unterbrechung herrschender systematischer Ansprachen manifestieren; und in übertragungstheoretischer Hinsicht ergäbe sich hier sogar die Möglichkeit zu einer Politisierung des Begehrens, indem die Anlage der Menschen zur Übertragung je und je genutzt (und auch gelenkt) und dabei der konstitutive Mangel als solcher umspielt werden kann; oder polittheoretisch ausgedrückt, der Ort der Macht als leer verstanden bleibt.[241]
*Instrumentelle Nutzung* von Übertragung hieße dann Instrumentalisierung der erzeugten Subjekte (Identifizierung) für die ideologischen Ziele, die schon ‚vor jeglicher Intervention' feststehen und als Netz von Vorannahmen ausagiert werden. Eine *experimentelle Nutzung* hingegen agierte unterbrechend, mit der Möglichkeit zum ‚Abwegigen', zur Verunsicherung und Öffnung der Konstellation – zumindest aber als Verweispraxis auf die Bedingtheit der Konstellationen in der Situation, auf das Feld für Widersprüche. Das ‚Aussetzen der Bezeichnungsfunktion', das als Spiel mit dem „Hé, vous là-bas!" gelten kann, dient als Eröffnung für Experiment und Spiel mit der Subjektivierung. Solche demontierenden Praxen von Ent-Setzung können dann sowohl für die von Rancière vorausgesetzte Gegenwart oder historisch, wie etwa für Schillers Schaubühne, untersucht werden, wie auch für weitere Epochen und ihre Setzungen. Übertragung bildet dabei stets die Grundstruktur der potentiellen Hinwendungen und Fiktionen, die, je und je eingesetzt, ent-setzen, instrumentalisieren oder ‚destrumentalisieren'.

### *Pavis' und Finters Ansprüche: Interpellation II*

Im Rahmen ausagierter Netze von Vorannahmen im Theater, die durchaus auch eine Ideologie des Theaters manifestieren können, wie etwa im *Intimen Theater*, ist also nach Ansprache und Hinwendung *in actu* zu fragen, also nach theatraler Interpellation bzw. theatraler Subjektivierung. Diese wäre freilich in allen Mitteln des Theaters gleichberechtigt zu suchen, nicht nur in gesprochenen Äußerungen. Erstaunlicherweise findet sich in der Theaterwissenschaft wenig zu solchen, expliziten Bezügen der Althusser'schen Anrufung auf Theaterpraxen. Patrice Pavis und Helga Finter nehmen diese vor und beziehen sich dabei primär auf das sprechende (und hörende / hörige?) Subjekt.

240 Lehmann: *Postdramatisches Theater*, S. 459.
241 Vgl. die Arbeiten Claude Leforts, wie z. B. Die Frage der Demokratie. In: Ulrich Rödel (Hrsg.): *Autonome Gesellschaft und libertäre Demokratie*. Frankfurt am Main: Suhrkamp 1990, S. 281–297.

Pavis führt den Begriff der Interpellation wie selbstverständlich und ohne weitere Herleitung im Rahmen seiner Lektüre von Enzo Cormann an, und zwar für das produktive Missverständnis, bei dem sich Subjekte aus dem Publikum in ihrer Kunstrezeption explizit als persönlich angesprochen begreifen. Er fokussiert bei der Interpellation also primär den Akt des wirkungsbestätigenden Hörens, der bei der in Abhängigkeit von der Ansprache entstehenden Subjektkonstitution einer Aneignung und Selbstversicherung gleichkommt: „Diese Anrede an sich selbst, die Althusser ‚Interpellation' nannte, repräsentiert die Signatur des Zuschauers im Werk, die Markierung der Wirkung, die diese auf ihn ausübt."[242]

Interessanterweise nutzt Pavis den Begriff der Signatur, um eine ‚Einschreibung' der Rezeption in das ‚Werk' zu betonen. Gleichzeitig tritt damit aber auch eine Art Geste des Bestätigens mit in den Diskurs ein und die Frage nach der „Quelle der Äußerung"[243], die Derrida in diesem Zusammenhang und mit John Austins Signaturdefinition beschäftigt, und besonders ihre charakteristische An- und Abwesenheit: Geht es bei der Signatur doch um die Frage, ob sie auf den Ursprung, die Quelle eines signierenden Subjekts verweist, und damit um Überlegungen, die sich um den Gebrauch und die Funktionen von Sprache und Zeichen drehen. Pavis' Signatur möchte eben, wie Austin,[244] die Markierung der Wirkung an einer bestimmten Stelle verorten: die interpellierten Zuschauenden unterzeichnen (retroaktiv), dass die Wirkung bei ihnen eingetroffen ist. Das Austin so wichtige ‚Ich' bekennt sich also rezipierend zu seiner Hinwendung, nimmt den Platz an, auf den es sich (prä-sonierend) versetzt gesehen hatte. In diesem Sinne wird jede Einlassung auf die ästhetische Erfahrung zunächst zu einem Unterzeichnen der Subjektivierung für den Moment – es bleibt aber die Skepsis einem aussagenden Ich gegenüber und gegenüber einer Bindung von Aussagen an Quellen (siehe Derrida).

Dabei ist nicht zu vernachlässigen, dass für Pavis von einer Lektüre von Text und Inszenierung gleichermaßen auszugehen ist, obgleich sich seine Analyse eigentlich auf Texte allein bezieht.[245] Er zieht dabei nicht nur den untersuchten Dramentext von Cormann[246]

242 Patrice Pavis: *Das französische Theater der Gegenwart. Textanalysen von Koltès bis Reza*, hrsg. v. Guido Hiß / Monika Woitas. München: Epodium 2002, S. 242.

243 Derrida: Signatur, Ereignis, Kontext, S. 102.

244 „Wo die sprachliche Formulierung der Äußerung auf den Sprecher und damit den Handelnden nicht mit Hilfe des Pronomens ‚ich' (oder mit seinem Eigennamen) hinweist, da wird diese Beziehung durch eines der beiden folgenden Mittel hergestellt: [...] (b) In schriftlichen Äußerungen (‚Inschriften') dadurch, daß er unterzeichnet. (Tun muß man das natürlich deshalb, weil schriftliche Äußerungen nicht so an ihren Ursprung gebunden sind wie mündliche.)" (Austin: *Zur Theorie der Sprechakte*, S. 80–81.) Eine Passage, die Derrida auch zitiert, vgl. Derrida: Signatur, Ereignis, Kontext, S. 102–103.

245 „Den Text oder die Inszenierung lesen heißt damit, die Formen, Textfiguren, die Signifikantenlogik auf allen möglichen Ebenen erkennen, aber heißt auch umkehren, bis zum kreativen Fantasma an der Quelle des Textes hinaufsteigen können, bevor man wieder hinabsteigt und den Weg in die andere Richtung einschlägt, vom Autor zu seinem Text und seinem zukünftigen Zuschauer, wie wir es hier unter der Führung von Cormanns Reflexionen versucht haben." (Pavis: *Das französische Theater der Gegenwart*, S. 243.)

246 Pavis' Cormann-Lektüre erfolgt zum Stück *Toujours l'Orage oder das letzte Missverständnis*. Ein Kapitel der Analyse trägt den Titel „III. Dritter Akt: Die Interpellation des Zuschauers" (ebd., S. 239). Die Analyse zeigt letztlich die Strategien, die Dramen einsetzen, um eine gelungene Identifikation des Publikums mit den Dramatis Personae herzustellen. Für das Cormann-Stück heißt es: „Die Zuschauer werden unmittelbar bei Spielbeginn von dem auf dem Höhepunkt befindlichen Duell zwischen dem genialen

heran, sondern auch dessen kurzen Essai „Fantasme, malentendu“[247], der, durchaus kritisierbar, verschiedene, phantasmatisch geprägte Zugriffe (Übertragungspraxen!?) im klassischen Inszenierungsprozess beschreibt und im übertragenden Zugriff – so ließe sich behaupten – des Publikums auf das Inszenierte gipfelt. Pavis paraphrasiert:

> Der Dramatiker, so stellt er [Cormann, E. H.] fest, geht von einem Tagtraum aus, von einem Fantasma, das er ins Spiel setzt, bevor ‚die anderen‘ (der Schauspieler, der Regisseur, der Bühnenbildner usw.) sich dessen bemächtigen. Alle nähren sich von diesem Fantasma und erschaffen ihr eigenes gemäß einer internen Logik des Signifikanten, eine Ordnung und einen Sinn, die kommunikabel sind und die das Fantasma erschöpfen und beinahe abtöten. Und wenn schließlich der Zuschauer seinerseits sich dessen bemächtigt und er den manifesten Teil des Schauspiels sieht, gibt ihm das daraus resultierende Missverständnis die Gewissheit, dass der Diskurs sich an ihn, und an ihn allein richtet.[248]

Die amüsante Proklamierung eines ‚Ur-Phantasmas‘, das der Dramatiker beim Schreiben erschafft und das nun durch Zugriffe lebensbedrohlich deformiert würde, verdeckt doch nicht den zugrunde gelegten Mechanismus von übertragenden Zugriffen gemäß jeweiliger Phantasmen verschiedener ‚Institutionen‘ des Theaters, die hier beschrieben werden und die Pavis zur Interpellation des Zuschauers als Höhepunkt der dramatischen Kommunikation führen.[249] Der ganze Vorgang der Inszenierung wird bei Cormann / Pavis also eigentlich als Kette von Missverständnissen begriffen, die den Gegenstand, auf den sie zugreifen, nach ihrem Verstehen (um-)kreieren. Auch die Interpellation wird letztlich als Bemächtigung des Stoffes durch das Publikum vorgestellt; die ‚Signatur‘ des Zuschauers schreibt sich ins Stück ein. Ohne konkret von einer Subjektivierung zu sprechen, wendet Pavis die ‚Markierung der Wirkung auf den Zuschauer‘ auf die Interpellation an, was eigentlich einem Zum-Subjekt-des-Stückes-Werden gleichkommt, indem der Zuschauer meint, die Anrufung des Stückes zu hören. Dies entspricht dem, was Lacan den kreativen Anteil der Übertragung nennt. Letztlich ist bei Pavis jedoch die Interpellation ein anderes Wort für Einfühlung, was die Interpellation nur auf affektiver Ebene situieren und ihre Wirkung entsprechend engführen würde.

Cormann seinerseits macht sich in seinem Essai Gedanken über die Konstitution des Zuschauers und geht davon aus, dass dieser letztlich in einem Moment erfasst bzw. ergriffen wird:

Schauspieler und dem geschickten Theaterdirektor gepackt. Sie brauchen ihr Lager nicht zu wählen und identifizieren sich leicht, und zwar abwechselnd, mit den beiden Figuren wie mit zwei Gesichtern desselben Wesens. Wie diese schließlich versöhnten Theaterfiguren […] so haben auch die Zuschauer das Gefühl, endlich im Einklang mit sich selbst zu stehen und sie genießen die Freude, sich mit diesen imaginären Geschöpfen zu identifizieren.“ (Pavis: *Das französische Theater der Gegenwart*, S. 241.)

247 Enzo Cormann: Fantasme Malentendu. In: Ders.: *À quoi sert le théâtre?* Besançon: Les Soutaires Intempestifs 2003, S. 33–37.

248 Pavis: *Das französische Theater der Gegenwart*, S. 226.

249 Das erinnert auch an die Notwendigkeit von Leerstellen, wie sie Wolfgang Iser für Texte fordert, die ganz gewollt an die ‚Mitarbeit‘ der Lesenden „appellieren“. Vgl. ders.: *Die Appellstruktur der Texte. Unbestimmtheit als Wirkungsbedingung literarischer Prosa*. Konstanz: UVK 1970.

> [I]n welcher Verfassung, in welchem Projekt befindet sich der Zuschauer? In welcher Erwartung welchen Gefühls nimmt er im Saal Platz? [...] Welchen Phantasmen wird er in der Dunkelheit des Saals begegnen, welches Echo erweckt er, wie wird er ergriffen?[250]

Der Punkt, an dem sich dieser Zuschauer schließlich erfasst, ergriffen, (an-)genommen (être pris) fühlt, den Pavis dann in seiner Lektüre als Interpellation definiert, ist von einer Identifikation mit Figuren des Stücks zu differenzieren, denn hier entsteht das Missverständnis, das ganze Stück spräche ‚zu mir und zu mir allein', wende sich also exklusiv an die Interpellierten: „[D]iese Ergreifung (*prise*), ist sie nicht jedesmal missverstanden, für-sich-gehört, in der geheimen Gewissheit, dass sich das an mich und an mich allein wendet."[251] Das Missverständnis ist dann auch insofern produktiv, als dass es eben Subjekte des Zuschauens interpelliert und somit auch die Theaterkonstellation aufrechterhält, indem diese Subjekte des Zuschauens den Ort, von dem die Interpellation ausgeht, als Ort des Theatermachens anerkennen, zu dem sich hinzuwenden lohnt; das Verständnis, das zur Hinwendung nötig ist, nämlich sich als Adressaten und Adressatin der Rede zu erkennen, ist bei Cormann also gleichzeitig Missverständnis und Grundlage theatraler Wirkung auf derart erzeugte theatrale Subjekte.
Die schöne Vokabel der *prise* von Subjekten des Publikums müsste also gleich auch als *méprise* weiter formuliert werden, anstatt nur von *mal-entendu* zu sprechen, obgleich es hier ja gerade um ein Miss-hören geht. Damit wäre das zentrale *mis-taking* der Agalmatophilen, wie es Deborah Tarn Steiners Untersuchung zu griechischen Statuen gezeigt hat,[252] wieder aufgegriffen. Zudem ruft sich über dieses Verständnis von Text und Schrift Derridas Iterabilität noch einmal ins Gedächtnis, die die Instanz von Autor_innen insofern außer Kraft setzt, als dass sich Leerstellen in der Zeichenbildung einnisten, die Subjekten der Rezeption Raum bieten, sich dort hineinzuwerfen. Übertragungstheoretisch wäre also zu fragen, ob diese theatrale Interpellation darüber hinwegarbeiten will, dass Publikum immer in Funktion am Theater teilhat, also nie eine Privatperson einzeln angesprochen ist, schon weil dort die Einzelnen ja, wie bereits erwähnt, immer eine Öffentlichkeit repräsentieren. Im Hinblick auf instrumentalisierende und experimentelle Ansätze lässt sich dann dahingehend differenzieren, dass erstere sich auf die ungebrochene, einfühlende und signieren-machende Wirkung des Theaters verlassen, ähnlich wie Pfaller es für die Tragödie annimmt, während letztere diese Wirkungen aufzeigen, verhandeln und befragen.
Den konstitutiven Irrtum im Interpellationskonzept von Pavis / Cormann, sich angesprochen zu fühlen, würde Helga Finter wohl zum Anlass nehmen für einen Hinweis, dass dieser nicht zufällig passiert, nicht nur in der Verantwortung des Publikums liegt, und damit den Fokus vom Hören und Schauen auf das zu hören und schauen Geben lenken. In ihrer Lesart des Althusser'schen Ideologieverständnisses für

250 „[D]ans quelles dispositions, dans quel projet se trouve le spectateur? Dans quelle attente de quel émoi prend-il place dans la salle? [...] Quels fantasmes croise-t-il dans l'obscur de la salle, quel écho éveille-t-il, comment est-il pris?" (Cormann: Fantasme Malentendu, S. 37, Übers. E. H.).

251 „[C]ette prise n'est-elle pas chaque fois malentendu, entendu-pour-soi, dans la secrète certitude que c'est à moi et à moi seul que ça s'adresse" (ebd., Übers. E. H.).

252 Vgl. S. 125–126 dieser Arbeit.

das Theater geht es nämlich eher um Strategien der Ansprache, die unterschiedliche Arten der *prise*, um bei diesem Begriff zu bleiben, evozieren. Vor dem Hintergrund des Diskursbegriffs, der für das Theater relevant geworden ist,[253] wendet sich Finter den Fragen, von wem und für wen gesprochen wird, wenn im Theater die ‚Gefahr' der Interpellation besteht, jüngst wieder zu und reflektiert dabei auch Ideologisierungsprozesse.[254] Der intersubjektive Rapport im Sprechen muss Theater deshalb besonders interessieren, da, laut Finter, „Theater die Tatsache, dass wir sprechen, zum Gegenstand [hat]"[255]. Folglich reflektiert sie Arten des Sprechens im Theater und unterscheidet verschiedene ‚Ansprüche' gemäß ihrer Seherfahrungen. Die o.g. Interpellation bei Pavis fiele dabei in die Kategorie eines ebenfalls Althusser-geprägten „autoritären Anspruchs", der „die Ansprache zu einer Zusprache macht".[256] Für diese ist es nämlich

> notwendig [ ], dass ich als Hörer mich angesprochen fühle oder bereit bin, dieses Ansprechen als Zusprache zu akzeptieren: Durch die jeweilige Qualität der Stimme wie auch durch den gesprochenen Text, werde ich, im Sinne von Louis Althussers Ideologieverständnis, in meinem imaginären Bezug zur Welt aufgerufen, das heißt meine Weltsicht wird als wahrscheinlich angesprochen und vorausgesetzt, um transformiert zu werden.[257]

In der Zusprache ans präsonierende Subjekt entsprechen sich also Hinwendung an und Adressierung eine(r) Rede. Die so genannte *méprise* würde hier also bedeuten, dass sich die Hörenden als in ihrer Ordnung bestätigt und angesprochen auffassen, also ideologisiert hören und sich hinwenden, sich als Subjekte dieser Zusprache konstituieren – wobei eben eine präfigurierte Weltsicht angenommen wird.

In ihrer Produktion *All Ears*[258] macht sich Kate McIntosh diese Ansprachetechnik zunutze, um ihr Publikum ganz Ohr für ihre Regieanweisungen werden zu lassen und so einen Gehörsam im Theater zu erzielen. Das ganze Stück basiert auf direkter Zusprache zum Publikum. McIntosh befindet sich allein auf einer relativ leeren Bühne, die mit einigem sorgsam angeordneten Gerümpel bestückt ist. Stühle stehen am entfernten Ende der Bühne herum, eine metallene Kehrschaufel liegt auf dem Boden, an allen Objekten sind weiße Schnüre befestigt, die über einen Zug an der Decke des Saals verlaufen und deren Enden zusammengewickelt rechts vorne auf dem Bühnenboden liegen. Alles erweckt den Eindruck, für späteren – präfigurierten – Gebrauch vorbereitet zu sein. Bevor dies jedoch passiert, wendet sich McIntosh, leger gekleidet und vorne links an einem nicht sehr großen Tisch auf einem Hocker sitzend, mit allerlei Fragen ans Publikum. Sie beginnt direkt, nachdem alle Platz genommen haben, damit, den Anwesenden persönliche Fragen zu stellen, und bittet zunächst, per Handzeichen zu signalisieren, auf wen das Gesagte zuträfe (wer kann pfeifen; wer ist immer pünktlich;

253 Vgl. für den Diskurs um den Diskurs Andrzej Wirth: Vom Dialog zum Diskurs. In: *Theater heute*, 1/1980, S. 16–19; Lehmann: *Postdramatisches Theater*, S. 44–46.

254 Vgl. Finter: Nach dem Diskurs.

255 Ebd., S. 565.

256 Ebd., S. 561.

257 Ebd., S. 562.

258 Kate McIntosh: *All Ears*, UA: Pact Zollverein Essen, 24.05.2013.

wer nicht; wer hat in den letzten Tagen allein zu Abend gegessen; wer weiß, in welcher Richtung sich Süden befindet... etc.). Mit einem Bleistift scheint sie zu notieren, wie viele aus dem Publikum sich jeweils melden – oder husten, denn mit der Zeit sollen die Antworten aus dem Publikum nicht mehr per Handzeichen signalisiert werden. Nach einer weiteren Zeit sollen sie sogar nur noch gedacht werden.
Der Frageteil geht über in einen Aufforderungsteil ohne Fragen, der das Publikum dazu einlädt, Aufgaben zu erledigen, die letztlich für die Aufführung des Stücks sorgen. Unter den Sitzen befinden sich Tüten, in die geatmet werden soll, Schnur-Enden, die zur Bühne führen und an denen einige der Objekte befestigt sind. McIntosh verteilt weitere Schnurenden, die auf der Bühne liegen, und weitere Dinge, die alle mit Gebrauchsanweisungszetteln versehen sind. Schließlich vollführt das Publikum verschiedene Aktionen, die als Konzert klassifiziert werden könnten. Eines erfolgt direkt durch McIntosh angeleitet: Sie dirigiert das Publikum, gruppenweise Geräusche mit dem Körper zu machen (Händereiben, Schnipsen, auf die Oberschenkel schlagen etc.), die an einen sich steigernden Regen erinnern. Alle machen mit. Das andere besteht darin, an den Schnüren zu ziehen, dass das Mobiliar an deren Ende geräuschvoll über die Bühne schleift, polternd umfällt, lautstark an Wände scheppert (es fällt auf, dass an dem Mobiliar Mikrofone befestigt sind), die Objekte (Murmeln) zu einer durch die Zettel vorgegebenen Zeit auf die Bühne zu werfen, ein Stück Holz durchzusägen etc. Zu dieser Zeit hat McIntosh den Raum bereits verlassen, das Publikum funktioniert nun von allein.
Sie bringt später noch das Thema der Ton-Aufzeichnungen ins Spiel: Wenn sie wieder auftritt, inszeniert sie sich als Tonforscherin, die in einem lustig zusammengebastelten Ton-Dokumentierkostüm (großes Mikrofon mit Windschutz an langem Mikrophonständer, umständlich herumgetragen in Safari-Outfit mit lila Frack) auf der Bühne herumgeht und die Stille nach der Aktion aufzeichnet. Es erfolgt ein Monolog über das Hier und Jetzt im Theater, gegen Ende spielt sie dem Publikum im Dunkeln noch die selbst produzierten Möbel- und Regengeräusche vor – zumindest ist stark anzunehmen, dass es sich hier um keinen vorproduzierten Ton handelt, sondern um eine Aufzeichnung der zuvor erfolgten Aktionen.
Es soll hier nicht im Einzelnen auf den Ablauf und die Aufgaben und Materialien eingegangen werden. Vielmehr interessiert der Zusammenhang von McIntoshs Zusprache mit dem Aufgaben ausführenden Publikum. Erneut wird hier eine Fragetechnik eingesetzt, die Bernhard Siebert „sondage sur scène“[259], also eine Datenerhebung auf der Bühne nennt, die zu behaupten scheint, Publikum und Öffentlichkeit als Studienobjekt zu setzen. Er bringt ihre Methode auf den Punkt: „Sie nimmt demographische Mittel und macht diese zu choreographischen.“[260]

259 Bernhard Siebert: Sondages sur scène. A l'écoute du public avec All Ears de Kate McIntosh. Vortrag im Rahmen der journée d'étude zum Thema „Etre ensemble au théâtre“, Universität Paris 8 (Saint Denis), Januar 2015. Der Vortrag erscheint im Tagungsband zum auf den Studientag folgenden Kongress „Le développement de l'être-ensemble dans les arts performatifs contemporains“, Théâtre de la commune Paris, Dez. 2015.
260 „Elle prend les outils démographiques et les rend chorégraphiques.“ (Ebd., Übers. E. H.)

Die Fragen wären hier zunächst also wieder mit einer Wissen generierenden Geste eingesetzt, womit auch die Grundhaltung des Gegenübers als versteh-, erforsch- und vor allem auch zählbar, also die hermeneutische Ethik vorausgesetzt wäre. Da sich die Frage hier jedoch letztlich als Taktik erweist, ist McIntoshs Haltung umso mehr keine freischwebende Aufmerksamkeit für Daten, die da kommen mögen, sondern eine Technik, Einfluss auf das Publikum zu gewinnen. In *All Ears* geht es nämlich primär darum, ein Publikum nicht zu erforschen, sondern herzustellen, und zwar eines, das mitmacht. Hinter der anscheinend erforschenden Haltung tritt also deutlich die choreographierende Regiefunktion hervor, die anleitet und so das Ergebnis der behaupteten Erforschung selbst herstellt (also verfälscht). Die Fragetechnik erwirkt hier Folgendes:
Alle Fragen zielen auf persönliche Befindlichkeiten: Authentizität, Individualität und Subjektivität bei den Befragten werden vorausgesetzt und bestätigt. Die Ansprache stellt also vermeintliche Persönlichkeit her, spricht die Anwesenden innerhalb ihres vermeintlichen Horizontes an,[261] so dass keine abwegige theatrale Fiktionalisierung stattfindet, sondern eine instrumentelle Nutzung der Fiktionalisierung, die ohnehin bei der eigenen Subjekt-Kreation vorliegt. Über die Fragen wird zudem der Fokus vor allem auf das ‚Hier und Jetzt' der Situation gelenkt, es wird für die eigene Lage als Teil eines Publikums, also als Teil einer Gemeinschaft für den Moment aufmerksam gemacht. Sukzessive werden aber auch Fragen / Aufgaben gestellt, die die Mit-Anwesenden fokussieren (sind bekannte Leute anwesend, deren Namen ‚wir' vergessen haben, können ‚wir' den Geruch der vor uns sitzenden Person erschnuppern ...). Das englische You wird in der Verschiebung der Aufmerksamkeit von sich auf die anderen also immer deutlicher in der Doppelfunktion von ‚du' und ‚ihr' genutzt – bzw. das ‚ihr' verstärkt und diese vermeintliche Gemeinschaft so generiert. Durch diese Vorbereitung wird das Gefühl erzeugt, etwas gemeinsam zu erfahren und schließlich auch zu erschaffen.
Zusprache erfolgt also hier nicht nur an in ihrer Weltsicht bestätigend angesprochene Subjekte, sondern von Anfang an von der temporären ‚Weltsicht' von *All Ears* aus, das eine Konditionierung der Zugesprochenen benötigt, weil sein Gelingen auf funktionierenden Publikumssubjekten basiert. Siebert stellt die Wirksamkeit dieser Strategie der Publikumsbildung fest: „Wenngleich freilich Zuschauerinnen und Zuschauer immer unterschiedliche sind, scheint es doch so, als brauche es kein bestimmtes Publikum, damit diese Aufführung funktioniert, da sie jedes Mal mit jedem beliebigen Publikum funktioniert."[262] Es ist deshalb kein bestimmtes Publikum nötig, da es jeweils wieder neu erzeugt wird. Letztlich ist dies auf die Inszenierungsstrategien zurückzuführen, die auf Funktionen des *s.s.*s. aufbauen: Kate McIntosh etabliert sich erfolgreich als Erhörte.[263]

261 Ich danke Ivo Eichhorn für die klare Formulierung dieser Sachverhalte in einer Seminardiskussion. Für einen gegenteiligen Einsatz von Zusprachetechniken vgl. das klassische Beispiel überhaupt: Handkes Publikumsbeschimpfung und die Ausführungen Gerald Siegmunds in: Aggermann et al.: Theater als Dispositiv.

262 „Si évidemment des spectatrices et les spectateurs sont toujours différents, il semblerait néanmoins qu'il n'y a pas besoin d'un public spécifique pour que le spectacle fonctionne, puisqu'il fonctionne à chaque fois avec *n'importe quel* public." (Siebert: Sondage, Übers. E. H.)

263 Dabei spielen verschiedene Faktoren eine Rolle, sowohl auf Seiten der Darstellerin als auch auf Seiten des Publikums, die hier nicht ausführlicher analysiert werden sollen. Es sei nur kurz verwiesen auf Gesten

Zu fragen wäre, ob die Verschleierungstaktik dieses Abends eigentlich unbedingt nötig für sein Gelingen ist, warum Kate McIntosh ihre Strategie nicht offenlegt. Auf der Bühne zeigen die Dinge, im Gegensatz zur Darstellerin, doch nachvollziehbar an, dass und wie sie manipuliert werden können. Liegt hier wieder eine Angst vor dem Handlungspotential eines selbst-bewussten Publikums vor, wie sie im *Amt für Umbruchsbewältigung* durchscheint? Das auditive „Ad-hoc-Laboratorium“[264], wie *All Ears* auf Pact Zollverein angekündigt wird, ist jedenfalls nicht experimentell im Sinne Cages, sondern ein Experiment ohne offenen Ausgang. Neben der beispielhaften Subjektivierungstechnik wird so auch anschaulich, was häufig unter dem Stichwort Partizipation läuft: Aktivität, ohne dass sich die Machtverhältnisse als äquivalent erweisen würden.

Eine solche Interpellation wie bei McIntosh wäre dann auch eher als Abwehr einer Fremderfahrung zu charakterisieren, wie sie Schwab / Siegmund erläutern. In Finters psychoanalytisch fundierten Argumentationen theatraler Ansprachen erkennt sie diese Zu-Sprache einerseits in Funktion eines Über-Ichs, dem Glauben geschenkt wird, und andererseits als (akusmatische) Stimmen, die zu Objekten des Begehrens werden und auf das Unbewusste zielen. Der sprachliche Doppelsinn, von dem bei Schwab / Siegmund bereits die Rede war, wird hier noch einmal anders als Doppelanspruch gelesen, bietet aber durchaus die Möglichkeit zu einem Anschluss an Schwab und ihre Techniken der Ansprache ans Publikum auf bewusster sowie unbewusster Ebene. Finter gelangt ihrerseits zu einer Kategorie von Zusprache, die als „absolute Alterität vorgeführt“ wird und „zwischen Verführung und Machtausübung oszilliert“.[265] Beide verursachen jedoch keinen Bruch in der übertragenden Haltung hörender und schauender Subjekte, da diese eben einerseits eine „Hingabe an das Unbewusste“ leisten (agalmieren) und sich andererseits in ein „Einverständnis mit einem durch akusmatische Stimmen konstituierten Über-Ich, das [ihr] Imaginäres besetzt“, begeben.[266]

Um solchem autoritären Sprechen und eventuellen Gegensprachen auf die Spur zu kommen, nimmt Finter Jean-Luc Nancys Unterscheidung zwischen *addictio* und *adoratio* auf,[267] die im Grunde auch als eine Unterscheidung zwischen instrumenteller und experimenteller Ansprache gelten kann. Die *addictio* entspricht dabei der bereits erwähnten Zusprache,[268] sie ist ein ideologisch funktionierendes Sprechen, das in Abhängigkeit führt, indem Subjekte ihm hörig bleiben. Diese Abhängigkeit, die verdächtig auch nach der Abhängigkeit klingt, die mit der sprachlichen Interpellation

der freundlichen Autorität wie dauerndes Lächeln und selbstverständlichen Gestus in den Handlungen bei McIntosh, auf den Vertrauensvorschuss des ins Theater gegangenen Publikums, auf die Gewissheit, dass im Theater nichts ‚Schlimmes' passieren wird, auf Wunsch nach Gemeinschaft und Spaß an spielerischen Aktivitäten.

264 https://www.zollverein.de/angebote/kate-mcintosh-all-ears-2 (Zugriff am 04.04.2016).

265 Ebd.

266 Ebd.

267 Jean-Luc Nancy: *L'adoration (Déconstruction du christianisme 2)*. Paris: Galilée 2010.

268 „[A]d-dicere ist ein ‚zu-sagen', ein ‚zu-sprechen', ein ‚sprechen zu', das Unterwerfung impliziert.“ (Finter: Nach dem Diskurs, S. 567.)

von Subjekten einhergeht, vergleicht Finter mit der „Abhängigkeit von Drogen, Sex, Medien, Internet, von Gemeinschaften und Religionen."[269] Damit ruft sie Institutionen mit symbolischer Macht auf, an deren Wirkung geglaubt werden kann (sowohl auf physischer als auch auf psychischer Ebene), sprich, mit Wert besetzbare Instanzen, die das *blepein* instrumentalisieren können. Die Unterwerfung unter ihre Geltungsbereiche, indem der *addictio* gefolgt wird (denn die Zusprache muss ja erst einmal als solche an-erkannt werden und so zur Existenz gebracht), bezeichnet Finter als „das Aufgeben des eigenen Begehrens zugunsten der Unterwerfung unter das Begehren eines anderen; so bedeutet addictio auch der Tod des eigenen Begehrens"[270], was noch einmal näher betrachtet werden soll. Denn Lacan formuliert immer wieder: „das Begehren des Menschen ist das Begehren des Andern"[271] und schreibt es so strukturell in die intersubjektive Assujettierung[272] ein. Wäre Begehren damit aber nicht immer schon dem Begehren der Anderen unterworfen, wenn doch das Begehren gerade das Begehren begehrt? Was ist hier also unter Finters Tod des Begehrens zu verstehen? Wird das Begehren etwa zum Bedürfnis degradiert, das sich stillen lässt; tritt also eine Tilgung des für das Begehren wesentlich Überschüssigen ein? Oder hilft bei diesen Fragen vielleicht die Unterscheidung zwischen Vom-Anderen-begehrt-werden-wollen und Begehren-was-der-Andere-begehrt weiter[273] bzw. kann von einer instrumentalisierten Verschiebung des einen in das andere ausgegangen werden? Lacan formuliert für die Konstellierung von Liebe / Begehren und mutmaßlich wissenden Subjekten, denen sich andere unterwerfen, dass

> geschieht, was man in der allgemeinsten Form eine Übertragungswirkung nennt. Diese Wirkung ist die Liebe. Es ist klar, daß diese wie jede Liebe nur auf dem Feld des Narzißmus zu suchen ist, wie Freud zeigt. Lieben ist wesentlich geliebt sein wollen.[274]

Begehrt-werden-wollen führt, wie bereits ausgearbeitet wurde, zum Wurf in den Geltungsbereich des Agalmierten; wäre in einer Instrumentalisierung in Ideologie und Zusprache also denkbar, dass dieses Begehren umgelenkt, ersetzt wird, auf und durch das, was die Funktion *s.s.s.* in ihrem Geltungsbereich als begehrenswert vorstellt? Wäre dies also eine ‚Lenkung' des Begehrens, wie auch eine Lenkung der Übertragung angenommen wurde, die in ideologisierte Unterwerfung führt? Oder wird erneut ein Unterschied im Bezug auf das eigene Vermögen wichtig – denn in der Lacanschen Liebesbeziehung weiß der Geliebte nicht, was er hat; wäre ein ideologisierter Geliebter

269 Finter: Nach dem Diskurs, S. 567.

270 Ebd.

271 Z.B. Lacan: Grundbegriffe, S. 122, oder ders.: Die Ausrichtung der Kur und die Prinzipien ihrer Macht. In: Ders.: *Schriften I*, S. 171–236, hier S. 220.

272 Etre assujetti: unterworfen sein, vgl. Lacan: Ausrichtung der Kur, S. 220; Althusser: *Idéologie et appareils idéologiques d'Etat*, S. 11, 12, 31, 54–57.

273 In Blick und Schaulust entdeckt Lacan übrigens noch eine weitere Wendung, nämlich das „Begehren nach dem Andern ∫ désir à l'Autre […], an dessen Ende das Zu-sehen-Geben ∫ le donner-à-voir steht." (Lacan: *Vier Grundbegriffe*, S. 122.)

274 Ebd., S. 266.

also einer, der glaubt zu wissen, was er hat, da die Ideologie immer anstrebt, den leeren Raum zu füllen?
Finter spricht im Hinblick auf die Abhängigkeiten außer vom Tod des Begehrens auch vom Entzug der Sprache. Sie resümiert, dass Formen der Zusprache, *ad-dictio*, aus einer „Sprachskepsis" resultieren, „die dem Rezipienten eigenes Sprechen abspricht".[275] Dieses Absprechen wäre jedoch auch die Ersetzung des eigenen Sprechens durch das Sprechen „[of] his or her master's voice"[276], der dann nur noch gefolgt wird, anstatt selbst Artikulation zu be-anspruch-en. Sowohl Begehren als auch Sprechen werden also scheinbar in der *addictio* genutzt, um das begehrende Subjekt an seinen neuralgischen Punkten zum Schweigen zu bringen. Die autoritäre Struktur der Zusprache ist also durchaus auch als übertragungsbedingt zu denken.
Diesem Zusprechen hält Finter mit Nancy nun die Sprachform der *adoratio* entgegen, die „Rede an einen Abwesenden", die „Form des Sprechens, die das, was abwesend ist, zum Erscheinen zu bringen sucht."[277] In diesem Sinne wird auch von „magischer Handlung" gesprochen oder im symbolisch / profan-magischen Sinne von „Sprechakt".[278] Die Adressierung dieses Sprechens bleibt offen und auch etwas rätselhaft, wenn von der „Ansprache an ein Jenseits des theatralen Diskurses"[279] die Rede ist und gleichzeitig von Zaubersprüchen wie in den Praxen der „Verkündigung, Klage, Gebet und Lobpreis" als Urformen der *adoratio*. Im Gegensatz zur Zusprache ist hier nun von *An*sprache die Rede, und zwar an einen (abwesenden) Dritten: „Das Bühnenwort ist nicht allein an den Gesprächspartner der Bühne und an das Publikum gerichtet, sondern zugleich immer auch an den, der Sprechen und Sprache erst möglich macht bzw. legitimiert."[280] Damit kann aber im Grunde niemand konkret gemeint sein (‚der Andere existiert nicht'!?), aber durchaus die (subjektivierende?) Funktion des Theaters oder die Sprachstruktur und ihr Wirkungspotential, eine Art Anrufung der Sprache selbst, der symbolischen Ordnung als geheimen Souffleurs also? Im Aussetzen der klaren Adressierung einer Ansprache oder eben in der Adressierung der Adressierung liegt also ein Potential, autoritäres (belehrendes?), ideologisierendes Sprechen zu unterbrechen. Nicht nur konkrete Institutionalisierungskontexte können sich dort zeigen, sondern diese Ansprache ruft einen Potentialitätsraum auf, der stets *mehr* bleibt. Für Finter bleibt Theater daher

> nur dann kritisch, wenn es die adoratio ins Zentrum stellt: eine Ansprache, die als Figurenrede oder Rede an ein Publikum sich zugleich an einen abwesenden, unmöglichen Dritten richtet und damit Sprache und Sprechen selbst als vom Unmöglichen signiert thematisiert.[281]

275 Finter: Nach dem Diskurs, S. 562.
276 Ebd.
277 Ebd., S. 566.
278 Ebd.
279 Ebd., S. 567.
280 Ebd.
281 Ebd., S. 568.

Das Potential der Unmöglichkeit wäre paradoxerweise eine „Utopie der Sprache“[282] und demnach ein Mittel gegen Instrumentalisierung, in dem sowohl die Adressierung als auch die Sprachwirkung immer in Frage gestellt sind. Gleichzeitig kann diese Utopie der Sprache jedoch im Hinblick auf die Leerstelle als Raum der Potentialität, die gleichzeitig möglich und unmöglich ist, gerade auch als vom Möglichen signiert gedacht werden, ohne in addictionale Präfigurationen zurückzufallen. Da diese Ansprache nie vollends durch ein Subjekt signiert werden kann, bleibt die Leerstelle irreduzibel.

Doch welche Gestalt kann so ein Sprechen annehmen? Die bestätigenden Zusprachen sind für Finter auch von ihrer Form her eher solche, die den Sprachpraxen der Angesprochenen ähneln,[283] daher sucht sie *adoratio* demgegenüber in einer „poetischen Strukturierung“[284] von Sprache, auch in Verbindung mit Musik, Klang, Rhythmus, und vor allem in der Distanz des Sagens zum Gesagten. Eine Unähnlichkeit zur Weltsicht der Angesprochenen scheint, wie bereits angedeutet, die zentrale Forderung an diese Formen zu sein, denn

> so wird nicht mehr ein theatraler Diskurs an ein Publikum adressiert, das dessen Sagen-Wollen mit seinen eigenen kommunikativen Prämissen abgleicht. Vielmehr werden Zuschauer und Zuhörer mit einer audiovisuellen szenischen Schrift konfrontiert, die jeder einzelne vor dem Horizont seines singulären und kulturellen Gedächtnis mit Augen und Ohren zu lesen aufgefordert ist.[285]

Als Beispiel kommen etwa die Frauenchöre Susanne Zauns in Frage, die aus sprachlichem Alltagsmaterial bestehen, das dann rhythmisiert, wiederholt und mehrstimmig vorgetragen wird. So z. B. ein aufgezeichnetes Gespräch zwischen Freundinnen, die eine weitere Freundin beim Casting zu *Germany's Next Topmodel* beobachten und das Beobachtete kommentieren.[286]

Wie Pavis arbeitet Finter mit dem Begriff des Lesens, wobei sie ihn explizit nicht auf Text allein bezieht. So kommt Finter ihrerseits zurück auf den Doppelsinn der Sprache, den sie jedoch nicht wie Schwab / Siegmund auf Lacan stützt, sondern auf Roland Barthes' Unterscheidung zwischen Lust – *jouissance* – der Schrift und Vergnügen – *plaisir* – am Text,[287] und damit auch zu einer doppelten Rezeptionsebene von

282 Finter: Nach dem Diskurs, S. 569.

283 „[D]ie verschiedenen Varianten des autobiographischen und soziologischen Theaters stellen so Unterwerfungen unter narrative narzisstische Selbstinszenierungen aus, zeigen den Widerstreit von Generationen als Diskursdramatisierungen oder thematisieren das Einverständnis mit jeweiligen ideologischen Diskursen. Aus dem inszenierten Widerstreit können so die Unmöglichkeit eines eigenen Begehrens, die Melancholie einer Enteignung des Subjekts vom Sprechen, die Fraktur von Körper und Sprache deutlich werden. Dabei kann Sprechen als durch unsichtbare Instanzen souffliert verlauten, Sprache als parasitäre Rede, die das Begehren nur noch als Schrei nach Begehren hörbar macht. Selten ist die Sprache kunstvoll, Rhythmus und Melodik übernehmen Choreographie, Licht und Sound. Sprache selbst bleibt jedoch oft der Alltagssprache verhaftet, allein instrumental, manchmal in plattem Sinne kommunikativ.“ (Ebd., S. 568.)

284 Ebd.

285 Ebd., S. 569.

286 Vgl. Susanne Zaun / Marion Schneider: *Mit den Beinen im Bauch. Eine Nabelschau*, UA: Künstlerhaus Mousonturm Frankfurt am Main, 11.04.2014.

287 Ebd., mit Bezug auf Roland Barthes: *Le plaisir du texte.* Paris: Seuil 1973.

Begehren und Wissen, die sich der von Schwab annähert und dabei die zwei zentralen Übertragungstopoi impliziert:

> Während die Lust der Logik des Begehrens gehorcht, regiert das Vergnügen ein kulturelles und subjektives Wissen. So mag das Rauschen der Semiose auf ein Begehren treffen, dem der Zuschauer sich lustvoll hingibt oder aber das Vergnügen an der Polysemie überwiegen, deren Konstituenten de- und rekonstruiert werden.[288]

Ein Publikum solcher Ansprachen setzte sich dann entsprechend nicht aus Zu-schauenden sondern aus An-schauenden zusammen.

Begehren und Wissen sind nun aber genau die Begriffe, die auf die Wirkungsebenen von Übertragung verweisen; Phantasma und agalmatisches Sehen auf der einen und die Funktion des *s.s.s.* auf der anderen Seite erweisen sich als die Ebenen, auf denen Subjekte in Übertragung interpelliert werden können – ob nun instrumentell oder experimentell. Der charakteristische und qualitative Unterschied, den Finter in den beiden verschiedenen Adressierungsformen *addictio* und *adoratio* differenziert, ist offenbar das Verhältnis zu Arten von instrumentalisierender Lenkung und Unterwerfung; beiden Formen werden jedoch ihre jeweiligen Wirkungen zugestanden. Im Hinblick auf die Wirkung folgt Finter womöglich aber doch einer Schwab'schen Tendenz, in der die Wirkungen der *adoratio* schließlich auch analytische Folgen haben sollen, wenn sie resümiert: „Letztlich ist die Kunst theatraler Schrift eine erotische Kunst, denn es gilt, das Begehren des Zuschauers in einer Form anzusprechen, die nicht Unterwerfung, sondern die Analyse des eigenen Begehrens ermöglicht."[289] Dies wäre jedoch auch, wie Siegmund an Schwab kritisiert, eine Unterwerfung des Begehrens und der ästhetischen Erfahrung unter einen analytischen Zweck.

Wie schon zu vermuten war, wird vor dem Hintergrund der Übertragungstheorie also das *Wie* des jeweiligen Sprechens vom und zum übertragenden Subjekt im Theater zentral, da diese Perspektive insgesamt für Übertragungsphänomene, bei denen kein Analytiker am Horizont auftaucht, sensibel macht. Phantasmatisches bzw. krea(k)tives Sehen *in actu*, Wertbesetzung, Verkörperung und Plätze / Funktionen erweisen sich als Stichpunkte, auf die die Übertragungsstruktur immer wieder verweist, die aber nicht verallgemeinernd behauptet, sondern, gemäß dem Herz einer Erfahrung, als Phänomene immer nur für jeweilige Konstellationen beschrieben werden können. Auch das nun an verschiedenen Theorien herausgebildete Konzept einer Lenkung, von Strategien, die mit Übertragungsstrukturen experimentell oder instrumentell agieren, ergibt nur je und je Sinn, nicht als verallgemeinernde Setzung; das Verhältnis von Übertragung und Intention bietet sich nicht als ein fix definierbares an.

Relevant bleibt doch für intersubjektive Rapporte gerade im Theater die Frage nach einem „Netz gesellschaftlicher Vorannahmen", Übertragungen und ihres Ausagierens, da dort die Mittel denen des sozialen Interagierens anderer „Arenen"[290] so

288 Ebd., S. 569.

289 Ebd.

290 Vgl. die Vielzahl parallel existierender diskursiver Arenen in der politischen Theorie von Ernesto Laclau / Chantal Mouffe: *Hegemony and Socialist Strategy. Towards a Radical Democratic Politics*. London / New York: Verso 1985, bes. S. 131–134.

nahekommen. Theatrale Interpellation kann als Technik der Subjekt-Dekonstitution oder spielerischen Subjektkonstitution („Identität als Experiment"?) eingesetzt werden, gerade weil sie der Subjektkonstitution außerhalb der ästhetischen Erfahrung so ähnlich werden kann und daraus die Möglichkeit zur Verschiebung entnimmt. Übertragungsphänomenal sensibilisiert auf Phänomene zu schauen – und eben zu versuchen, dabei nicht nur zu übertragen – ist in dieser Hinsicht vielversprechend. Das *Mehr* der ästhetischen Erfahrung ist dabei irreduzibel und bildet den Punkt, an dem das Experimentelle beheimatet ist.

Von Pavis und Finter ausgehend liegt es nahe, besonders An- und Zusprache jeweils näher zu prüfen; im Hinblick auf das ‚hé vous, là-bas' drängen sich dabei die Formen theatralen Sprechens geradezu auf, die mit der direkten Wendung an das Publikum, mit einem (Game of) ‚you' arbeiten. So tun dies auch die bisher betrachteten Beispiele. Jedoch soll in Erinnerung bleiben, dass jedes Sprechen auf Bühnen vor dem Hintergrund eines Zuschauens geschieht. Gerade in den von Streisand herausgearbeiteten Theatertechniken der Intimität und Absorption (Fried), wenn das Publikum sich auf anscheinend paradoxe Weise aufgrund seines ‚ausgeschalteten Status' dem Geschehen nahe fühlt, ist indirekt eine Ansprache ans Publikum vorhanden. In ähnlicher Weise drängt sich dann auch das An-Blicken zwischen Publikum und Akteur_innen auf: sind Theatertechniken, die explizit mit der Theatron-Achse als Blickachse arbeiten, für eine übertragungsphänomenale Untersuchung prädestiniert?

Zudem regt sich der Verdacht, dass gerade auch in Formen der Finter'schen Zusprache Interpellationen versucht werden, die nicht autoritär bzw. ideologisch sind – zu denken wäre an das Theater René Polleschs (Ausstellung sozio-sprachlichen Repertoires), an andcompany&Co. (collagierte Zusprache, die die Vielheit interpellierender Positionen gleichzeitig aufruft) oder Skart (Überfülle an möglichen Subjektivierungen des Publikums und der Bühne gleichermaßen).

In der Ideologie kommen Anspruch und Hinwendung zur Deckung, funktionieren und gehen auf; in der theatralen Subjektivierung sind nun auch Konstellationen aus einem Hinwenden an einen Platz denkbar, von dem aus aber niemand antwortet (Sokrates antwortet nicht auf Alkibiades' Begehren), oder aus Sich-Angesprochen-Fühlen, obgleich eventuell gar niemand interpelliert hatte, etc. Das Experimentieren mit solchen Konstellationen erweist sich also gerade im Theater als naheliegend und quasi unerschöpflich, da es sich dabei um einen intersubjektiven Rapport handelt, bei dem sich – freiwillig – Subjekte in Funktionen begegnen.

## Fiktionalisierung des Publikums

Aufführungsanalysen, die von der Übertragungsperspektive aus operieren, überprüfen also das Ausagieren eines Netzes von Vorannahmen, die sich vor allem auch in der Funktionalisierung und Interpellation von Subjekten zeigt. Es sei dabei noch einmal an Gerald Siegmunds Aussage erinnert, dass das „Subjekt des Theaters wie das gesellschaftliche Subjekt durch sprachliche Anrufung und Unterwerfung [entsteht]"[291],

291 Siegmund: Cédric Andrieux, S. 52, vgl. S. 30 dieser Arbeit.

für die Übertragung als Grundlage dient. Diese Funktionalisierung steht in engem Zusammenhang mit einer – ebenfalls auszuagierenden, wenn sie wirksam sein soll – Fiktionalisierung, wie mit Althusser konstatiert werden kann: der ideologisierte und funktionalisierte *Polizist*, der ‚hé vous, là-bas' ruft, hat eine bestimmte Vorstellung vom gehorsamen (‚gehörsamen', da die Anrufung erhörenden) Subjekt, die sich mit der decken soll und muss, die das hinwendende Subjekt von sich selbst entwickelt hat. In der erfolgreichen Hinwendung, als *assujettierung*, überlagern sich beide. Ein Subjekt wird sich jedoch auf der Straße höchstwahrscheinlich anders hinwenden, als wenn der Polizist von einer Bühne ruft. Sowohl Polizist als auch angerufenes Subjekt sind im Kunst- / Theaterkontext in ihren Konstitutionen zu überprüfen.[292] Der Diskurs um die Anrufung in der ästhetischen Erfahrung und in der theatralen Subjektivierung bringt also zur Sprache, wie Individuen etwa als Zuschauende angesprochen und eben fiktionalisiert und funktionalisiert (subjektiviert) werden. Theatrale Subjekte können sich wiederum dazu verhalten, wenn diese Subjektkonstitution bewusst gemacht und damit die Differenz zu dem spürbar wird, wofür diese sich jeweils gerade selbst halten.
Fiktionalisierungen in intersubjektiven Rapporten finden, wie die Übertragungstheorien behaupten, immer statt; es ist eben die Frage, wie damit umgegangen wird, und hier kann Theater aufgrund seines temporären, örtlich und zeitlich beschränkten, verabredeten Vollzugscharakters eine eigene Stellung im Gegensatz z.B. zu Institutionen wie Schule, Psychoanalyse, Politik etc. behaupten. Die subjektivierende Interpellation des Theaters nutzt zwar die gleichen Mittel wie die außerhalb, gibt sich aber auch selbst den Rahmen ihrer Wirksamkeit, nämlich für den Ort und die Dauer der aktuellen Zusammenkunft. Zum Begriff der Fiktionalisierung führte Lacans Feststellung, dass Übertragung ein kreativer Akt sei, weshalb er besonders auch die Tätig keit des Fingierens hervorhebt. Zur Erinnerung – Lacan fragt: „Wie ist diese Fiktion beschaffen? Was ist ihr Objekt? Und wenn es um Fiktion geht, was ist das dann, was man fingiert? Und da es ums Fingieren geht, für wen?"[293] Auf diese Fragen gibt eben der Übertragungshorizont mögliche Antworten, wie etwa das Phantasmatische im *krea(k)tiven Sehen*, die Unterstellungsbewegung, das Motiv des leeren Gegenübers, das angefüllt behandelt wird etc.; besonders aber die letzten beiden Fragen können im Hinblick auf die Übertragung nicht getrennt voneinander betrachtet und sollen im Hinblick auf Theater daher noch einmal expliziter verhandelt werden. Lacan beantwortet die Frage, *für wen* im unbewussten Vorgang der Übertragung fingiert wird, indem er feststellt, dass das übertragende Subjekt für die fingiert, an die es sich wendet, ohne es jedoch zu ‚wissen':

> Si on ne répond pas tout de suite *pour la personne à qui on s'adresse*, c'est parce que l'on ne peut pas ajouter *le sachant*. C'est parce que l'on est d'ores et déjà très éloigné, par le phénomène, de toute hypothèse de ce que l'on peut appeler massivement par le nom de Simulation. Donc, ce n'est pas pour la personne à qui l'on s'adresse en tant qu'on le sait. Mais ce n'est pas parce que c'est le contraire, à savoir que c'est en tant qu'on ne le sait pas, qu'il faut croire que la personne qui l'on s'adresse est pour autant volatisée tout d'un coup, évanouie.[294]

292 Womöglich kann der Ausruf auch die Straße zur Bühne machen, aber das führt für den Moment zu weit.
293 Lacan: *Übertragung*, S. 220.
294 Lacan: *Transfert*, S. 212.

Wenn man nicht sogleich darauf antwortet *für die Person, an die man sich wendet* so deshalb, weil man nicht hinzufügen kann, *es wissend*. Weil man bereits jetzt durch das Phänomen von jeder Hypothese über das, was man in starkem Sinne mit dem Namen Simulation benennen kann, sehr entfernt ist. Also ist es nicht für die Person, an die man sich wendet, insofern man es weiß. Doch muß man nicht deshalb, weil das Gegenteil gilt, nämlich insofern man es nicht weiß, glauben, daß die Person, an die man sich wendet, deshalb auf einen Schlag verflüchtigt, verschwunden ist.[295]

Fingieren geschieht also für die Person, an die man sich wendet; und aus dieser Passage geht noch einmal hervor, dass Lacan das Fingieren in der Übertragung offenbar erst einmal als unbewusste Aktivität begreift. Doch war an anderer Stelle bei ihm die Formulierung „selbst wenn das Subjekt es nicht weiß"[296] aufgetreten, die zwischen einer bewussten und unbewussten agalmatischen Struktur (also Übertragung) unterscheiden lässt. Für ein bewusstes Fingieren scheint für ihn dann interessanterweise der Begriff der *Simulation* zu greifen.

Es ist dies eine weitere Stelle, die zeigt, wie die Übertragungsdiskurse immer wieder zwischen diesem Begriff und dem des *Spiels* hin und her pendeln, was für theatrale Praxen einen interessanten Unterschied im Hinblick auf instrumentelle und experimentelle Übertragungen im Theater aufzeigt, die weniger zwischen bewusstem und unbewusstem Fingieren unterscheiden, sondern unterschiedliche Ziele des Fingierens benennen. Interpellierende Fiktionalisierung theatraler Subjekte lässt sich im Spannungsfeld zwischen *Simulation* und *Spiel* der ideologischen Ansprache diskutieren, der Subjekte unterworfen sind und werden. Erstere würde sich der Wirksamkeit der Übertragung bedienen, letzteres brechend damit umgehen; beide sind wirksam, aber mit unterschiedlichen Ergebnissen. Auch Lehmann differenziert ja, wie in der Diskussion um das *Game of You* zu sehen war, zwischen verschiedenen Formen des Theaters (in diesem Fall im Umgang mit Medien), nämlich einer simulativen, die imitiert, und einer, die ihre theatrale Wirksamkeit gerade nicht aus einer Imitation außerästhetischer Bedingungen und Phänomene, sondern aus „dem Realen und der Reflexion"[297] bezieht, also aus den präsentischen Gegebenheiten[298] und ihrer Bewusstmachung ohne präfigurierte Beantwortung der möglichen, aufgeworfenen Fragen (Er*fahren* statt Ver*stehen*[299]). Die Frage, ob nun bewusst oder unbewusst fingiert wird, könnte damit in den Hintergrund treten und Lacans Fragen des ‚*Was* fingiert man?' bzw. ‚*Für* wen?' zusammenfügen in eine Frage nach dem ‚*Für was* wird fingiert?', für

295 Lacan: *Übertragung*, S. 220.

296 Ebd., S. 242, vgl. S. 160 dieser Arbeit.

297 Lehmann: *Postdramatisches Theater*, S. 409.

298 Der Begriff des Realen wird bei Lehmann in diesem Zusammenhang nicht weiter kontextualisiert und muss gerade im Hinblick auf Iser und Lacan geklärt werden. Im Kapitel „Einbruch des Realen" des *Postdramatischen Theaters* wird aber deutlich, dass Lehmann mit dem Begriff zwischen „Ebene der Inszenierung" als „systematisch zur ästhetischen Gegebenheit des Theaters" gehörend und der „Ebene des Realen" als nicht-inszenierter unterscheidet, und dies anhand einer Sprechpause erklärt: „Eine besonders lange Sprechpause kann ein ‚Hänger' sein (Ebene des Realen) oder beabsichtigt (Ebene der Inszenierung)." (Lehmann: *Postdramatisches Theater*, S. 171.) Eine weitere Verdeutlichung nimmt der Begriff des Bilder-Rahmens vor, der „das Bild nach innen zusammen- und nach außen abschließt." (Ebd.) Dieser Rahmen ermöglicht dann aber erst die Unterscheidung der Ebenen, ihre Überschreitung und das Spiel mit ihnen (beiseite sprechen, zum Publikum sprechen etc.).

299 Vgl. Lehmann: Über die Wünschbarkeit einer Kunst des Nichtverstehens, S. 429.

welches Ziel, vor welchem Hintergrund. Diese Fragen untersuchen, ob Theater jeweils auch eine eigene Ideologie verfolgt und ausagiert, ob sich seine Wirkung *als* Ideologie von einem Aufzeigen der Wirkung *von* Ideologie unterscheiden lassen kann. Dabei bleibt wohl zu untersuchen, ob es unbewusste Anteile des Fingierens gibt und auf welcher Position der Beteiligten – einmal abgesehen davon, dass, wenn Subjekte im Spiel sind, stets mit unbewussten Anteilen und Überschüssigem gerechnet werden muss. Jedoch scheint die wirksame Konstellation im MoMA z. B. doch eher darauf zu setzen, dass die Gegenüber nicht zu genau wissen, dass sie Abramović als *mutmaßlich wissendes Subjekt* annehmen, während das Amt für Umbruchsbewältigung seine ideologischen Einsätze gerade bewusst machen möchte.

Die Fragen ans Fingieren sind also auch ans Fingieren im Theater zu stellen, und zwar je und je neu, d. h. auch, sie an die ‚Theatermacher' zu richten, wie es Rancière tut. Die Entscheidung darüber, auf welchen Plätzen das Publikum angesprochen wird, ist dabei elementar, denn sie ist *eine* Antwort auf die Frage nach dem Fingieren für wen. In diesem Sinne problematisiert Rancière nämlich also eigentlich eine ideologisierende Fiktionalisierung des Publikums, nämlich die einer Übertragung als Setzung von der theatermachenden Position auf die zuschauende,[300] indem ästhetische und gesellschaftspolitische Fiktionen in der künstlerischen Praxis verkörpert werden (und andere gerade nicht). Die Fiktionalisierungen von Publikum und Theatermachenden können mannigfaltige Formen haben, finden aber aufgrund der Funktionsverteilung, die Theater seinem Wesen nach ausgibt, immer statt und bilden die Grundlage theatraler Wirksamkeit.

### *Forced Entertainments méprise: Interpellation III*

Besonders stark nutzen Forced Entertainment diesen Möglichkeitsraum der fiktionalisierenden Interpellation, wie sich auch in der Untersuchung des *Gorillas* schon gezeigt hat. Die Gruppe eignet sich zur Verhandlung von Theater ohnehin immer gut, da sie auf der Ebene der Darstellung die Ebene des Darstellens stets mit bespielen und die direkte Ansprache ans Publikum systematisch anwenden.

Für sie ist die Ausgangslage ein „fundamental contract", wie Tim Etchells die theatrale Grundkonstellation bezeichnet und damit die ko-präsentische Definition von Theater aufrechterhält: „We are here, you are there, and this is the moment we are engaged in together."[301] Aus dieser Lage heraus ergibt sich für Etchells überhaupt erst die Möglichkeit der Theaterarbeit, die für ihn gerade auch basal mit Fiktion zu tun hat, da sie von der Ko-Präsenz ausgehend diese als Status Quo der Gegenwärtigkeit benötigt, um Fiktion davon abzusetzen und als ‚anderes' entwerfen zu können: „I think we always have to start with the basics thought, this very simple notion of presentness. And then these processes of fictionalizing, flirting, lying, pretending what you speak of

300 Freilich muss auch umgekehrt die ‚Fiktionalisierung des Theaters' untersucht werden, doch dazu später, da diese Frage bei Rancière interessanterweise eigentlich nicht besprochen wird.

301 „Can you trust the people sitting next to you?" Interview mit Tim Etchells / Dagmar Walser. In: *Passages. The Cultural Magazine of Pro Helvetia* 57,3 (2011), S. 20–23, hier S. 20.

can take us on journeys away from the here and now."[302] Die Art und Weise der Arbeit mit der theatralen Grundkonstellation als gegenwärtigem intersubjektivem Rapport ist für Etchells zentral ein „treatment and portrayal of the audience"[303], welches freilich von Produktion zu Produktion neu ausgehandelt wird, denn in solch experimenteller Arbeit sind die Möglichkeiten und Konzepte fiktionalisierter *audience* unendlich. Ähnlich einer ideologischen Interpellation wird das Publikum als theatrale Subjekte auf bestimmten Plätzen fiktionalisiert und angesprochen, so z. B. in einer „conception of the audience as a tyrannical monster, terrifying and oppressive"[304], oder aber die Interpellation geht „pretty warm and generous with the audience"[305] um. D. h. die Anwesenden *als etwas* zu behandeln, ihnen eine Haltung entgegenzubringen, ein Netz von Vorannahmen über ihnen auszuwerfen, das einen Kontrast zur basalen (‚basic' nach Etchells; und ‚realen' nach Lehmann) Konstellation ‚Leute sind zusammen im Theater' etablieren kann. Forced Entertainment arbeiten daher kontinuierlich und bewusst mit verschiedenen Techniken solcher Fiktionalisierung, bei denen auch der Prozess der *méprise* wieder zur Sprache kommt:

> [...] we were talking quite a lot to the audience, and we were looking at them but often very emphatically misrecognising them or spinning them. So in the beginning of *Marina & Lee*, Cathy Naden delivers a strange physics lecture to the audience – as if that's what they're here to see. At other points in the same piece the audience are addressed as if they were present at a show-trial, or as if they were in some thriller movie, or at an opera. We talk about these as processes of misrecognition – and as a fictionalisation of the audience. Putting the audience in a fictional place by addressing them wrongly.[306]

Das Adressieren erweist sich also eben als Mittel der Verhandlung von Vorstellung und Wirklichkeit und zeigt auf, wie sehr solche Kategorien auch auf ausgehandelten Einverständnissen beruhen, wie es etwa auch für den *Gorilla* gilt. Das *addressing wrongly* als Spiel mit den Funktionen und Plätzen, mit der Hinwendung an sie und von ihnen aus, funktioniert bei Forced Entertainment im Grunde immer ausgehend von einem präfigurierten, gesetzten *addressing correctly*, das als präfiguriertes Einvernehmen dem Ist-Zustand der Theatersituation entsprechen soll, ähnlich wie auch die Übertragung immer im Abgleich zu einem nicht-übertragenden Zustand besprochen wird. Wie die Fiktionalisierung davon ausgehen kann, war z. B. schon in der Diskussion der Eingangssequenz von *Bloody Mess* zu sehen, wo die Darstellenden sich selbst in der fiktionalen Rezeption des Publikums entwerfen.[307] Beispielhaft hierfür ist auch die – bezeichnenderweise ebenfalls Eingangs- – Sequenz von *Showtime*,[308] in der Richard Lowdon zu Beginn der Show mit entblößtem Oberkörper, an dem eine gebastelte Bombe befestigt ist („Bomb Man: *Richard has a home-made bomb (dynamite and alarm clock) strapped*

302 „Can you trust the people sitting next to you?", S. 20. Das erweist sich auch als Grund, warum die Sitzung bei Marina Abramović vor den Anwesenden außerhalb des Klebebandfelds stattfinden muss: damit sie sich als der andere Zustand in Kontrast zum Außen absetzt.

303 Ebd., S. 21.

304 Ebd., S. 20.

305 Ebd., S. 21.

306 Tim Etchells im Interview mit Adrian Heathfield: „As If Things Got More Real. A Conversation with Tim Etchells". In: Helmer / Malzacher (Hrsg.): *Not even a game anymore*, S. 77–99, hier S. 83.

307 Vgl. Kap. „Gorilla", S. 130–137 dieser Arbeit.

308 Forced Entertainment: *Showtime*. UA 1996, Alsager Arts Centre, Stoke-on-Trent.

*to his chest. He appears nervous*“[309]), auf die Bühne tritt. Die Bombe und sein Verhalten kontrastieren seine Worte, die zunächst eine Bestandsaufnahme der Situation zu beschreiben scheinen: „Good evening. The first thirty seconds of any Performance are the most important because it's in this time that you have to establish a *rapport* with the audience, and to get them on your side.“[310] – der Wecker vor seinem Bauch erinnert daran, dass die Zeit läuft.

Eben um diesen Rapport muss es im Theater gehen. Klug beginnt dieser Monolog mit einer als Bestandsaufnahme vorgetragenen Aufzählung theatraler Fakten, d.h. Vorannahmen, aus der Perspektive eines Akteurs, der die Gunst des Publikums gewinnen möchte, und geht dann immer weiter über in eine Imaginierung dessen, was das Publikum wohl sehen will, mit dem zurecht berühmt gewordenen Satz: „There's a word for people like you, and that word is audience.“[311] Ein vermeintlicher Faktencheck führt über Vermutungen („An audience comes to the theatre perhaps to see something that ...“[312] etc.) hin zu einer *méprise* der Situation: „It's important to remember that there are more of you than there are of us. So, if it does come to a fight, you will undoubtedly win. Hopefully that won't be necessary.“[313] Das Publikum wird als feindlicher und potentiell gefährlicher Gegner angerufen; die ‚Bombe' erinnert dabei jedoch die ganze Zeit schon an eine wirk- und gewaltsame Praxis, die Einzelne meist einer Masse von Menschen antun, die sich in der Überzahl befindet. Alle Beteiligten und also auch der Rapport werden also als grundsätzlich gefährlich fingiert.

Dabei wird nun die ‚Skala' relevant, auf der gemessen werden kann, wie weit die ‚Ebenen der Inszenierung' und die ‚Ebenen des Realen' auseinanderliegen. Perfide wird es nämlich, und das spielt bei Forced Entertainment eine besondere Rolle in ihrer Verhandlung von Vorstellungen und Wirklichkeiten, wenn das Fingieren eine Vorstellung umsetzt, die dem als Wirklichkeit (real) Empfundenen nicht ausschließlich unangemessen, sondern zwar für den Moment vorgestellt, jedoch trotzdem möglich erscheint. Zu denken wäre an die Szene in *First Night*, in der einzelne Zuschauerinnen und Zuschauer von der Bühne aus direkt herausgedeutet und mit tödlichen Diagnosen bedacht werden.[314] So haben am Ende so gut wie alle ihre mehr oder weniger baldige Todesursache geweissagt bekommen. „Eine Mischung aus Wahrsagung und Drohung, eine Verwünschung vielleicht. In jedem Fall eine unangenehme Situation, die uns in unserem ‚echten' Leben zu bedrohen scheint“[315], schreibt Florian Malzacher

309 Forced Entertainment: *Showtime* performance text. Conceived and devised by the Company. Sheffield 1996, S. 7.

310 Ebd., Herv. E. H. Nebenbei bemerkt ist die Begrüßung als Zeichen der Zuwendung ein häufig genutztes Mittel bei Forced Entertainment. Auch in anderen Beispielen, die in dieser Arbeit angeführt werden, begrüßen Richard&Co ihr Publikum mit verschiedenen Vokabeln.

311 Ebd., S. 7. Vgl. auch Florian Malzacher: „There is a word for people like you: Audience“. In: Deck / Siegburg (Hrsg.): *Paradoxien des Zuschauens*, S. 41–54.

312 Forced Entertainment: *Showtime* performance text, S. 7.

313 Ebd.

314 „Und so stellt sich Cathy Naden vor uns hin und deutet uns einzeln heraus: ‚Du hast einen Knoten in der linken Brust'. ‚Autounfall'. ‚Krebs'. Und Du: ‚Nierenversagen'. ‚Selbstmord'. ‚Lungenentzündung'.“ (Malzacher: There is a word for people like you: Audience, S. 131.)

315 Ebd.

über diesen Moment. Diese *Zu*sprache deckt sich wohl wirklich mit der Weltsicht der Zugesprochenen, vor allem mit deren Furcht, und kann dann so auch weniger witzig und lustvoll als vielmehr ‚unangenehm' wirken. Zudem zitiert sie Zusprachen aus einem anderen Bereich der Interpellation, nämlich der Medizin; ist es dort doch gerade die Diagnose, die das Subjekt einem neuen Zustand unterwirft, es *assujettiert*, dem ab diesem Zeitpunkt kaum mehr zu entrinnen ist, wie Frank Max Müller hellsichtig in seinen Gedanken zu Christoph Schlingensief und dessen Krebsdiagnose zeigt. Sie ist zuvorderst ein „machtvoller performativer Sprechakt, der das Leben eines Menschen grundsätzlich zu verändern vermag."[316] Theatrale Interpellation schöpft ihre Wirkung so aus der Kontextverschiebung – statt Polizist auf der Straße oder Arzt in seiner Praxis ergehen die Worte von der gemäß Austin parasitären Bühne aus und werden so als kontextverschoben erkannt. Dabei erweist sich solch kontextverschobene Interpellation aber womöglich auch immer als beides, *zu-* und *an*sprechend im Sinne Helga Finters, indem sie ganz deutlich den „imaginären Bezug zur Welt" des Publikums aufruft und dessen „Weltsicht als wahrscheinlich" voraussetzt,[317] gleichzeitig aber ihre Wirkmacht, ihr performatives Potential über alle konkreten Adressierungen hinaus ausstellt. Diese übergeordnete Wirkmacht wird eben durch die Kontextverschiebung hindurch erkennbar, obgleich das Publikum ‚weiß', dass die Diagnose von der Bühne nicht die gleiche Wirklichkeit schafft wie eine Diagnose aus der Arztpraxis.

### *Don't look at me*

Gerade mit diesem Wissen um theatrale Bedingungen spielen Forced Entertainment, wie gesagt, eigentlich immer, da sie eben die vorangenommenen Funktionen jeweiliger Presentness stets thematisieren. Schon eine der Grundvoraussetzungen theatraler Subjektivierung z.B., nämlich das Publikum als zuschauendes anzunehmen, kann so verhandelt werden, wie in einer anderen Szene von *Bloody Mess*, in der Cathy sich das Publikum ‚vornimmt'. Die Produktion wechselt in ihrer Dramaturgie immer zwischen rockmusikalisch begleiteten, gemeinsamen Handlungs-, ja sogar eher Tanzmomenten ohne Sprache und fast klassisch zu nennenden Soli oder Duetten, in denen die einzelnen Figuren auf der Bühne ihre Momente bekommen (die alle freilich hart gegen die mitspielenden, vermeintlichen ‚Störfaktoren' zu erarbeiten sind). Cathy beginnt nun mit der zunächst wieder sehr komischen Verweigerung dessen, wozu sie eigentlich da ist, und verlangt ans Publikum gewendet: „Don't look at me!" Klare Vorannahme ist, sie weiß, dass wir wissen, dass sie weiß (etc.), dass sie zum Anschauen da vorne steht, und dass daher sowohl sie vom Publikum erwartet, angeschaut zu werden, wie auch das Publikum erwartet, hinzusehen und auch hinsehen zu sollen.

Cathy verweigert aber nicht einfach, sondern nutzt diesen Einstieg, um, ähnlich wie Claire als Gorilla, in einer Narration einen absolut funktionierenden, eingefühlten

316 Frank Max Müller: Mehr Leben! Christoph Schlingensiefs Kirche der Angst als theatrales Gegenszenario. Vortrag auf der Tagung der Gesellschaft für Theaterwissenschaft, Bochum 2014, unveröffentlichtes Vortragsmanuskript.

317 Finter: Nach dem Diskurs, S. 562.

Zuschau-Blick zu entwerfen, und zwar bis zu dem Punkt, an dem sich die erfolgreich hergestellte ‚Rapportierung' im Affekt des zuschauenden Subjekts äußert: im endlosen Weinen vor Rührung von der durch Cathy repräsentierten Endlichkeit des Seins, in Trauer um den verlässlich irgendwann kommenden Verlust des eigenen Lebens. Dies wäre geradezu das Klischee einer gelungenen Einfühlung, wenn Cathy sie nicht ins Maßlose weiterimaginieren und gleichzeitig ihre Wirkung erklärend voraussagen würde:

> Don't look at me. Don't look at me. Stop looking at me. Please, stop looking at me. I don't want you to look at me now.
> I want you to look at me when I lie down. In a moment, I'm going to lie down, and when I do, you're going to be overwhelmed.
> You're gonna start to cry. You're gonna start to cry and you won't be able to stop for the rest of the show. You're gonna cry right to the end. And you're gonna cry
> [Wendy: Go on Cath, it's really working!]
> You're gonna cry when you leave the theatre. You're gonna cry all the way home. You're gonna cry in bed tonight before you sleep and when you wake up tomorrow morning you'll still be crying. And wherever you go, whatever you do tomorrow, you'll be crying. You'll cry in the toilets of work, you'll cry in the aisles of the supermarket,
> [Wendy: push it, Cath!]
> You'll cry when you pick your kids up from school. And you're gonna start to get scared, that the crying is never going to stop, and it won't. You're gonna cry all of the weekend and during next week and every week until the end of this month and every month until the end of the year, and into next year, all of next year you'll cry. And the year after that
> [Wendy: yeah, push harder, Cath!]
> And the year after that, And the year after that the tears will fall, And the year after that, And the year after that, And the year after that. When I lie down you're gonna start to cry and you're never going to stop for the rest of your lives.
> And I'm gonna do that now
> [*she lies down, but not completely*]
> I just wanna make it clear, why this is sad. It's sad because of my frailty, because of my fragility. Because when I lie down, you'll see for the first time in your lives, just how frail a person is. You'll see my weakness, the weakness of this body, and in that you'll see your own weakness too. And that's what will start the flood of your tears.
> And for the rest of your lives you are going to look back on this moment, the moment that I'm about to do. You'll look back on it, and you'll say: that's when everything changed, when she lay down, when she
> [*sad music starts*]
> And you'll say: that's when everything changed. When she lay down, when she did that, something inside me broke and, I was changed forever.
> Because in the end this is you. This is all you are, because you are me. I'm dying, I'm slipping away, and you can see it, you're watching me slip away and you're slipping away too.
> When I lie down, you'll cry and cry and cry. And you are never going to stop for the rest of your lives.
> And now, you can look, if you dare!
> [*Cathy lies back ... comes up from her 'dead position' very rapidly, cursing and yelling*]
> Shit. Fucking shit. Shit. I'm really sorry, I completely fucked it up. Really sorry. My timing is just rubbish. It's not your fault, it's mine – Something is just not happening.
> [Wendy: keep going, Cath!][318]

318 *Bloody Mess* performance text, S. 22–23. Die hier abgedruckte Textversion wurde allerdings vom Video transkribiert.

Cathy startet also bei der gemeinsamen Presentness, um sich – anders als Claire, die sich in ihrer Narration einem glaubhaften Ist-Zustand eher schrittweise annähert – vom Ist-Zustand zu entfernen und dabei die einzelnen Mitglieder des Publikums als auch das ganze Potential der gegenwärtigen Theatersituation in eine Zukunft hinein zu erzählen, die alle verändert. Ihre Stimme ist dabei, wie bei Claire, ernst, etwas brüchig und klingt überzeugt von dem, was sie sagt.

Wie Claire und alle anderen hat sie an sich und um sich herum Attribute, die die Narration Forced Entertainment-typisch brechen: ermunternde Zwischenrufe, eine wenig suggestive, affektverstärkende Musikeinspielung, jemand hupt aus Versehen just während des bedeutsamen Moments des Hinlegens … Insbesondere sind auch wieder die Brüche zu erwähnen, die Cathy in ihrer Figur und Handlung selbst erzeugt. Das Kostüm besteht nur aus einer langen Bahn roten Samtstoffs, die sie pragmatisch-ballkleidartig um sich gewickelt hat, und die Schminke besteht aus viel zu dick und verschmiert aufgetragenen roten Farbflächen auf Lippen und Wangen: alles an ihr ist irgendwie nur das Zitat eines Kostüms und eines gelungenen Make-Ups, ebenfalls typisch für die Ausstattungen von Forced Entertainment.

Geradezu beispielhaft wird also eine von Repräsentations- und Einfühlungstheater oder -kunstpraxen erzielte Erfahrung imaginiert und gleichzeitig erläutert, jedoch eben ohne sie als solche darstellen zu wollen – von ihr zu erzählen, wird dem Erfahren entgegengestellt und mehr noch: zur Erfahrung im Erzählten. Techniken der Einfühlung und des Bruchs werden gleichermaßen vorgeführt. So fragt diese Szene aber gerade nach Wirkungen des Theaters; beschreibt doch die Narration einen Moment, der durch einen intersubjektiven Rapport hätte wirksam werden sollen, Senden und Empfangen wären bruchlos vonstattengegangen und dies hätte starke Gefühle ausgelöst, ja sogar übermäßige. Diese imaginierte Überhöhung einer lebensverändernden Erfahrung durch Kunst entwirft eine Zukunft gleich für die Gesamtheit des Publikums, in der jede_r Einzelne für den Rest seines / ihres Lebens aufgrund dieses so ergreifenden Theatermoments Tränen vergossen hätte. Was in der Rezeption der Begegnung mit Marina Abramović von gerührten Fans als im Kleinen durchlaufene Erfahrung angegeben wird, wird hier narrativ vorausgesetzt und so übertrieben perspektiviert, dass es ins Ironische kippen muss. Dies ist z. B. auch im Anfeuern zur theatralen Wirksamkeit durch Wendy (‚push it harder') der Fall, wodurch der erzielte Wirkvorgang und gleichzeitig die Darstellung ausgestellt werden. Erteilt Cathy solchen Wirkstrukturen, in der ein Subjekt ein anderes nachhaltig ‚affektiviert', also eine Absage, indem sie den Vorgang geradezu monstrositiviert, indem seine Wirkung ganz bis zum Ende der Leben derer, die ihn erfahren, in gleicher Intensität anhalten soll?

Es stellt sich die Frage: *Was* funktioniert in diesem Moment, wenn gerade nicht das, was Cathy beschreibt? Die Szene behandelt inhaltlich und darstellerisch theatrale Wirksamkeit und verhandelt dabei eine traditionsreiche Form, insofern Repräsentation und Einfühlung als Grundlage einer affektiven Reaktion benannt werden – eine Struktur, die sich durch Affekt verrät. Wäre mit Cathys Imagination Einfühlungstheater als Übertragungstheater zu untersuchen? Mit dieser Szene rückt das Verhältnis von

Abb. 13: Cathy in Forced Entertainment: *Bloody Mess*.

Übertragung und Einfühlung im Theater in den Fokus. Zunächst können die Hingabe eines Subjekts (im Publikum) an ein anderes (auf der Bühne) und an dessen Praxen für den Empfang einer Wirkung als Strukturen gelten, die auch für Übertragung beschrieben wurden. Allerdings zitiert Cathy den Moment einer klassischen Identifikation im Sinne einer Ersetzung: „Because in the end this is you. This is all you are, because you are me" – wäre dann Übertragung mit Identifikation gleichzusetzen?

Wie Freud mit seiner bekannten Formulierung des „teilnehmenden Zuschauens" schon hervorhebt, zielt die Identifikation mit den (psychopathischen?) Personen auf der Bühne auf ein „*Austoben* der eigenen Affekte",[319] eine Theorie, die der Theaterwissenschaft und der künstlerischen Praxis wohlbekannt ist und bei Forced Entertainment also auch als Bezugsgröße angenommen werden kann. Bei Freud haben die drei symptomatischen Äußerungen der Identifizierung, ob als solche, als Objektwahl oder psychische Infektion,[320] eine Grundstruktur gemeinsam: sie haben damit zu tun, dass der Person, mit der die Identifizierung erfolgt, ein hoher Wert zugeschrieben wird, weshalb sie zum Ideal genommen wird.[321] Es ließe sich also folgern, dass die Identifizierung immer auch mit einer Wertzuschreibung im intersubjektiven Rapport einhergeht, die auf die eigene Subjektivität wirkt, weshalb Übertragung auch hier als ermöglichende Grundstruktur aus dem Begehren heraus behauptet werden kann. Ohne Wertbelegung keine Identifikation; und daher ist es auch erneut die Funktion von ‚Objekt *agalma*', die Lacan im Seminar zur Übertragung auf einen Exkurs zur Identifizierung bringt: „Das macht das Gewicht aus, die Sache, um deretwillen es interessant ist zu wissen, wo es ist, dieses famose Objekt, welches seine Funktion ist, wo es sowohl in der Inter- als auch in der Intrasubjektivität operiert."[322] Er stellt fest, „daß, auf welchem Mißverständnis dies auch beruht, die Kraft der Dinge es macht, daß all das, was an Modernstem in der analytischen Dialektik gesagt wird, sich um die tiefsitzende Funktion des Objekts dreht."[323] Wie in den Überlegungen zum Spiegelstadium schon angedeutet, operiert Lacan dort auch mit der Identifizierung „mit etwas, das außerhalb des Subjektes liegt"[324], wie Evans es nennt, nämlich mit dem Spiegelbild (wo es dann zur Unterscheidung zwischen imaginärer und symbolischer Identifizierung kommt). Geprägt aber ist der Vorgang vom Begehren, vom Mangel und, mit Freud,

319 Freud: Psychopathische Personen auf der Bühne, S. 163.

320 Vgl. Freud: Massenpsychologie und Ich-Analyse. In: Ders.: *Studienausgabe*, Bd. IX, hrsg. v. Alexander Mitscherlich / Angela Richards / James Strachey. Frankfurt am Main: Fischer 1997, S. 61–143, Teil VII: Die Identifizierung, S. 98–103. Freud nimmt die folgenden drei Unterscheidungen vor: 1. So-sein-Wollen wie die idealisierte Person, auf die sich die Identifizierung richtet (Vorbild-lich), 2. Das gleiche Objekt begehren, wie die idealisierte Person (Objektwahl), 3. Identifizierung aufgrund des sich in dieselbe Lage versetzen Können oder Wollens wie eine Person, die nicht Objekt der Sexualtriebe ist, woraus Mitgefühl resultiert (Identifizierung mit dem Symptom, psychische Infektion).

321 Freud zeigt dies erwartungsgemäß an der Vater-Sohn-Relation: „Der kleine Knabe legt ein besonderes Interesse für seinen Vater an den Tag, er möchte so werden und so sein wie er, in allen Stücken an seine Stelle treten. Sagen wir ruhig: er nimmt den Vater zu seinem Ideal." (Freud: Massenpsychologie und Ich-Analyse, S. 98.)

322 Lacan: *Übertragung*, S. 188.

323 Ebd.

324 Evans: *Wörterbuch*, S. 144.

vom Wunschziel, „das eigene Ich ähnlich zu gestalten wie das andere, zum ‚Vorbild' genommene."[325] Letztlich geraten also kontinuierlich Subjektivierungsprozesse in den Blick, Identifikation ebenso wie Interpellation, die nicht Übertragung *sind*, sondern von ihr strukturiert werden.

Cathy imaginiert also, mit so viel Wert belegt zu werden, dass sie als Symbol für die Endlichkeit funktioniert, indem sich das imaginierte Publikum in ihr sieht, was also auch von Übertragungsbereitschaft begleitet würde. Jedoch kommt es dem Theater von Forced Entertainment gerade nicht auf einen solchen, ungebrochen funktionierenden Moment der Identifizierung an. Eher gibt sich die Szene als Abgesang auf diese theatrale Wirksamkeit – und bringt sie dadurch durch die Hintertür wieder ins Spiel, wie auch Rührung oder Trauer. Denn Freuds Übertragung fiktionalisiert einen Zuschauer, der vom Begehren nach Erlebnis geprägt schaut:

> Der Zuschauer erlebt zu wenig, er fühlt sich als ‚Misero, dem nichts Großes passieren kann', er hat seinen Ehrgeiz, als Ich im Mittelpunkt des Weltgetriebes zu stehen, längst dämpfen, besser verschieben müssen, er will fühlen, wirken, alles so gestalten, wie er möchte, kurz Held sein [...].[326]

Möglicherweise bildet sich daher gerade eine Trauer um den verlorenen, nie eintretenden, wirksamen Moment, der doch als so lebensverändernd perspektiviert und als solcher in seiner Perspektivierung erst denk-, vielleicht sogar wünschbar wurde. Damit verschaffen sich Forced Entertainment durchaus Zugang zu einer affektiven Wirkung. Eine Identifizierung ist zudem im Hinblick auf die Gesamtdramaturgie von *Bloody Mess* nicht von der Hand zu weisen: nicht weil das Publikum den eigenen Tod mit Cathys Figur verbindet, sondern weil es sich besonders auch im Bereich des Physischen wiedererkennen kann im Unheldenhaften, im ständigen und erschöpfenden Anarbeiten gegen die Widerstände zur Erfüllung eigener Ziele, im Scheitern an ihnen oder eben im Begehren nach etwas ‚Großem' nach Freud, etwas Übermäßigem, Lebensveränderndem. Diese große Dramaturgie des Abends, die eben nicht explizit ausgesagt und erklärt, sondern konsequent ausagiert wird – als wirksame Übertragung!? Einfühlungstheater wird damit als instrumenteller Umgang mit Übertragung und die sich aus ihr bildenden Affekte denkbar.

Es zeigt sich in Cathys Figur also auch eine exemplarische Verhandlung von Funktionen und Dispositiven des Theaters, indem diese ausgestellt und ihnen ständig lustvoll widersprochen wird. Sie stellt sich zu Beginn ja als die vor, die rätselhaft, deren Name ungewusst bleiben, die wie ein „dark horse lurking in the shadows"[327] zu sehen sein soll. Im Verlauf des Abends übernimmt sie dann aber wiederholt die Funktion einer intervenierenden und vermittelnden Moderatorin der gesamten Veranstaltung,[328] die sich etwa für schlechte Musikauswahl beim Publikum entschuldigt und betont, dass sie hier ihr Ziel, „to make something happen", zu erreichen versucht. Sie erklärt und

325 Freud: Massenpsychologie und Ich-Analyse, S. 99.

326 Freud: Psychopathische Personen auf der Bühne, S. 163.

327 *Bloody Mess* performance text, S. 11.

328 Arne Schirmel nannte in einem Referat zum Stück Cathys Funktion die einer *Concierge*, was ebenfalls sehr passend ist.

strukturiert also eher, anstatt zu verrätseln. Auch dies ist einer dieser wunderbaren Widersprüche, denn auch ihr imaginierter Theatermoment würde ja gerade davon gelebt haben, dass er adäquat verstanden und rezipiert worden wäre, und zwar nicht auf informativ-intellektueller, sondern vielmehr auf affektiv-verstehender Ebene. Sie präsentiert sich also in einer Funktion, unterstellt dem Publikum, dass es sie auch so sieht, und bringt damit immer wieder das Thema der Verantwortung für das Gesehene und für dessen Wirkung ins Spiel. Wer trägt die Schuld, wenn *es* sich einfach nicht herstellt? Letztlich antwortet sie am Ende verkörpernd darauf, denn der letzte Moment von *Bloody Mess* gehört ihr und ihren Worten

> What's important is that you're looking at me. The lights are going out. And soon, perhaps more suddenly than you had expected, it's over and I'm gone, gone forever and never coming back. This is the final moment. This is the last light.
>
> [*The last of the lights go out.*]

Auch hier hatte sie zuvor erläutert, was gerade passiert, dass sie unwiederbringlich verschwinden wird. Doch diesmal tritt es ein, der Moment geht vorbei, es wird dunkel, und Cathy wird so doch noch zu einer Verkörperung des Vergänglichen im Zusammenspiel zwischen Darstellung und Rezeption, im intersubjektiven Rapport.

Was bleibt, sind offene Fragen, wie die nach der Funktion der Performerin: ist sie eine Art Dienstleisterin für Kunstgenuss, ein Subjekt, das anderen Erfahrung ermöglichen, also für jemanden etwas ausführen soll? Ist somit das Publikum immer das Subjekt, das Wirkung erfahren soll, am besten lebensverändernde? Forced Entertainment arbeiten, wie bereits angedeutet, konsequent mit unterstellten Unterstellungen, d.h. fingieren Übertragungssituationen, mit denen sie die vermeintlich Übertragenden dann konfrontieren. Eine solche Interpellation des Theaters geht also von einem bereits dem Theater hingewendeten Subjekt aus und spielt mit ihm. Damit verhandelt es aber auch offensiv und lustvoll grundlegende Fragen nach theatraler Interpellation, welche sich z.B. auch institutionell niederschlägt, wie im Hinblick auf Architekturen. Besonders augenfällig wird dies in der Entwicklung von institutionalisierten Theaterräumen, wo sich Zeigen und Zuschauen in ihren Funktionen auch in räumlichen Anordnungen manifestieren – im Rahmen von Sitzen und damit Blicken, die fix auf das zu Sehende gerichtet sind, ist dieser Teil des Netzes von Vorannahmen sinnfällig; und kann schon durch eine einfache Stuhlreihe gegenüber, die in die entgegengesetzte Richtung ‚schaut', wie sie Forced Entertainment z.B. nicht nur in *Bloody Mess* errichten, diskursiviert werden.[329] Presentness dient dabei einerseits als eine Leere des Möglichkeitsraums, also Presentness, die es jeweils zu erschaffen und auszuagieren gilt, die aber gleichzeitig im Theater immer auch unter institutionalisierten Vorzeichen steht und die Plätze verteilt, die vor allem mit (Vor-)Wissen und Vorbereitung zu tun haben und damit,

329 Die Beispiele für solche Diskursivierungen sind freilich mannigfaltig, wie z.B. die von Aktionsraum umgebenen Drehstühle (*Insourcing des Zuhause*) oder der Spiegel an der Rückseite der Bühne (z.B. *Mädchen in Uniform*) bei René Pollesch, oder die Stuhlreihen für das Publikum an der Hinterwand der Bühne, die auf den riesigen, mit leeren Stuhlreihen angefüllten Raum des Gießener Audimax ausgerichtet sind bei der Produktion *Schlagzeug* von FUX (Stefan Dorn, Falk Rößler, Nele Stuhler).

wer wen einlädt. Wenn Rancière an den Anfang seiner Überlegungen das „Paradox des Zuschauers“ stellt, „[e]s gibt kein Theater ohne Zuschauer“[330], erkennt auch er die Funktionszuweisungen in der intersubjektiven Zusammenkunft erst einmal an. Erst in einem zweiten Schritt können dann die ‚Fiktionen‘, wie etwa bei Forced Entertainment, die sich über das Agieren und Zuschauen bilden (Aktivität / Passivität, (Un-)vermögen, (Un-)wissen ...), angegangen werden.

Bei Forced Entertainment werden die Zuschauenden also als Zuschauende fiktionalisiert. Malzacher erkennt diese Plätze, die den Zuschauenden in den Produktionen von Forced Entertainment zugeschrieben werden, als Funktionen: „immer sind wir anwesend, als Zuschauer, als Zeugen, als Voyeure.“[331] Obgleich diese Funktionen das Publikum also sub-jektivieren, empfindet Malzacher die Zuschauerpositionen eher erhöht, wenn er sie als „aktiviert und zum Herrscher ermächtigt“[332] bezeichnet. Seine zugespitzten Formulierungen klingen wie die Beschreibung eines in den Aufführungskontext versetzten *sujet supposé savoirs*, wohingegen diese Funktion in den besprochenen Beispielen der Momente von Claire und Cathy nicht so klar zuzuweisen wäre, da die Verschachtelungen der Unterstellung eher wie vielfach reflektierte Übertragungen erscheinen. Diese Vorgänge reflektieren aber, und das schwingt auch bei Malzacher mit, dass solche ermächtigten Positionen von einem jeweiligen Gegenüber zugeschrieben, unterstellt werden (müssen), was das ganze Geschehen zwischen den beteiligten Positionen beeinflusst, in Gang bringt, ins Leben ruft, kreiert. Wenn Malzacher von Publikumsfunktionen (und also auch -fiktionen) wie Zeugen, Voyeuren und ermächtigten Positionen schreibt, formuliert er einen Katalysator des Theaters. Dabei qualifiziert er solche Interpellationen des Publikums, und dies ist zentral, maßgeblich als kollektivierende, die also politisierende Attribute enthalten und die niemals vereinzelnd wirken, da die Anwesenden (selbst wenn nur eine Person als Publikum fungiert) immer unter einer Funktion versammelt werden, sich gemeinsam einer Ansprache zuwenden bzw. ihr zugewendet werden. Dabei steht der / die Einzelne in seiner Funktion im Verhältnis zur Gemeinschaft: „Wenn wir von Richard Lowdon in *Showtime* direkt darauf hingewiesen werden, aber auch, wenn in *First Night* Einzelne aus der Menge isoliert werden, dann werden wir als Zuschauer bewusst zu einem gesellschaftlichen Wesen.“[333]

Indem die Individuen zu Subjekten des Publikums werden, befinden sie sich, wie bereits erwähnt, in der Stellvertretung einer Öffentlichkeit,[334] was immer über private Einzelne hinausweist. Daher ist das theatrale ‚you‘ im Englischen immer die Schnittstelle von Singular und Plural, verweist über einzelne Hörende hinaus und vergemeinschaftet. Die theatrale Subjektkonstitution hat also immer auch mit der Gemeinschaft der

330 Rancière: *Der emanzipierte Zuschauer*, S. 12.

331 Malzacher: There is a word for people like you: Audience, S. 122.

332 Ebd., S. 123, mit Bezug auf Fischer-Lichtes „unumschränkte[n] Herrscher über alle möglichen Semiosen“ (Erika Fischer-Lichte: *Die Entdeckung des Zuschauers – Paradigmenwechsel auf dem Theater des 20. Jahrhunderts*. Tübingen: Francke 1997, S. 78).

333 Malzacher: „There is a word for people like you: Audience“, S. 132.

334 Vgl. S. 277 dieser Arbeit.

anderen zu tun. Aus diesem Abstand generiert sich theatrale Wirksamkeit, nämlich die Möglichkeit zur Bewusstwerdung der eigenen Hinwendung bzw. Unterstellung, indem sie nicht deckungsgleich mit der Ansprache oder der Anhörung der Anderen ist. Damit erweist sich Übertragung im Theater jedoch immer auch als kollektivierte, indem einzelne Strukturen begehrender Subjekte im gesellschaftlichen Ausagieren sinnfällig werden.

Wie also ein *Publikum* fiktionalisiert werden kann, ist eine Sache, zu der noch vieles gesagt werden müsste. Die hier vorgeschlagenen Ansätze zum Nachdenken darüber sollen nun jedoch auch darauf aufmerksam machen, dass mit der Übertragungsperspektive ebenso Techniken benannt werden, die die *Bühne* fiktionalisieren.

### Fiktionalisierung der Bühne

Der Ansatz zur Fiktionalisierung des Zuschauers mag Rancières Kritik an der Passivierung des Zuschauens eventuell zunächst rechtfertigen: In der Fiktionalisierung, die von der Bühne ausgeht, erscheint es so, als habe das Publikum keinen Einfluss auf das, was ihm da entgegengebracht und unterstellt wird, und könne nur *re*-agieren. Die Fiktionalisierung soll aber einerseits als gegenseitiger Prozess gedacht werden, dessen Wirkungen (die auch nicht auf nur eine einzige beschränkt werden können) auf beiden Anteilen des intersubjektiven Rapports von Bühne und Publikum beruhen, andererseits ist die Übertragung vom Publikum auf die Bühne davon nicht loszulösen. Gerade Rancière betont die aktiven Denkhandlungen, die ein Publikum auch sitzend und schauend vollzieht: Rancières Zuschauer „beobachtet, er wählt aus, er vergleicht, er interpretiert, verbindet das, was er sieht, mit vielen anderen Dingen, die er gesehen hat [...]. Er erstellt sein eigenes Gedicht mit den Elementen des Gedichts, das vor ihm ist.“[335] Daraus ergibt sich, dass auch die Zuschauenden fiktionalisieren – und das wohl schon ‚vor jeglicher Intervention‘, indem sie sich überhaupt dem Stück, der Kunst, zuwenden, sich hin(be)geben und dabei zu allermeist einen tatsächlichen Ortswechsel vollziehen, um sich als zuschauend zur Verfügung zu stellen.

Dieses Voraus soll kurz umrissen werden, da es eine weitere wichtige Verbindung zwischen persönlicher und institutionalisierter Übertragung darstellt. Auszugehen wäre dafür vielleicht doch zunächst vom Begriff der *Erwartung*, obgleich Lacan ihn im Hinblick auf Alkibiades-Sokrates als zu schwach verwirft, denn auch Erwartungen können eine Struktur erschaffen, die der der Übertragung gleicht. Ganz basal gedacht, geschieht eine Hinwendung ans Theater, in der ein Publikum sich als solches selbst subjektiviert, und dies ganz materiell schon in der Entscheidung, sich z.B. ins Theater zu begeben[336]: Unterstellen die, die ins Theater gehen, diesem Ort damit nicht schon

335 Rancière: *Der emanzipierte Zuschauer*, S. 23–24.

336 Vgl. Althusser, der die örtliche Hinwendung (Ortsveränderung) explizit in die Reihe materialisierter Glaubenspraxen des Subjekts einreiht: „die Existenz der Ideen seines Glaubens [ist] materiell, insofern seine Ideen seine materiellen Handlungen sind [...], die Materialität einer Ortsveränderung, um zur Messe zu gehen, eines Kniefalls, einer Geste der Bekreuzigung oder des mea culpa, eines Satzes, eines Gebetes, einer Reue, einer Buße, eines Blicks, eines Händedrucks, einer nach außen gerichteten Rede oder einer nach ‚innen‘ gerichteten Rede (das Gewissen)“ (Althusser: Ideologie und ideologische Staatsapparate, S. 139).

einen Wert, zu dem sich hinzuwenden lohnt? „Allein der Gedanke ‚Jetzt gehe ich ins Theater'", schreibt Benjamin Wihstutz, „ist für den Zuschauer bereits mit subjektiven Bildern verbunden, die sich auf die zukünftige Aufführung beziehen und von vielen Faktoren abhängig sind",[337] und verweist auf beide Kontexte, die diese Fiktionalisierung des Theaters, noch bevor es losgeht, beeinflussen: subjektive Bilder und Erinnerung sowie durchaus auch institutionelle Zugriffe. Wihstutz betont eine ständige Vermischung von Theaterbildern, da die im Theater angebotenen Wahrnehmungsgegenstände immer auf die Vorstellung treffen, die sich die einzelnen eines Publikums jeweils machen – und zwar ‚before we start'. Die Gegenwart des Theaters emergiert so aus den jeweiligen, von jeweiligen Vergangenheiten und Zukünften, Imaginationen beeinflussten Gegenwarten der Beteiligten:

> Bilder der Imagination gehen jedem Theaterbild voraus. [...] Im Theater existiert somit niemals allein eine Wahrnehmung *hic et nunc*. Erst das verkörperte Wissen über Vergangenes und Zukünftiges ermöglicht ein Wahrnehmen von Gegenwart. Als Kunst des ‚Erscheinenlassens' von Gegenwart ist das Theater auf die Imagination des Zuschauers angewiesen.[338]

Die Bühne also als einzig aktiven Part des Theaters sehen zu wollen, kann mittlerweile wohl, nicht nur aufgrund der Wihstutz'schen Erkenntnisse, getrost als widerlegt gelten – falls diese Annahme in der Form je existierte und sich nicht nur als strategische ‚Übertragung' in historisch zu betrachtenden Diskursen erweist.

Verschiedene Begriffe, die auch im bisherigen Verlauf dieser Arbeit eine maßgebliche Rolle spielten, tauchen in diesem Zusammenhang wieder auf. So *Imagination* bei Wihstutz und *Erfahrung* bei Max Schumacher, der in seinen Gedanken zum Voraus und Nachhinein des Theaters insbesondere nach dem Zeitpunkt fragt, zu dem sich solche ‚Bilder', die dem Theater unterstellt werden, formen. Daher schlägt Schumacher vor, die Zeitlichkeit des Theaters / der Performance über ihre Aufführungen hinaus auszudehnen. Mit seinen Begriffen der *pre-* und *post-performance*[339] bezeichnet er die Auswirkungen des Kunstereignisses in seine Vergangenheit und seine Zukunft – jedoch ganz pragmatisch gesehen, auf Vorankündigungen bzw. Werbung und Nachbesprechungen in Medien, PR und Marketing bezogen. Für Schumacher beginnt die Performance, „wenn wir zuerst ein Fragment ihrer Existenz wahrnehmen."[340] Diese Fragmente jedoch können durchaus als Maßnahmen symbolischer Mächte gelten, die von Institutionen ausgehen und Übertragungen lenken. Darin sieht auch Schumacher dezidiert eine Machtfrage, so dass er eine breite Einflussnahme Kunstschaffender auch auf diese Bereiche, eine *Over-All-Dramaturgy* fordert, da in den Diskursen der Medien die „Vorstellung von der Vorstellung vor der Vorstellung" stattfindet und einer

337 Benjamin Wihstutz: *Theater der Einbildung. Zur Wahrnehmung und Imagination des Zuschauers*. Berlin: Theater der Zeit 2007, S. 56.

338 Ebd., S. 61.

339 Vgl. Max Schumacher: Expect Expectation – Gestaltung der Erwartungshaltung als Teil einer ‚Over-All-Dramaturgy'. In: Deck / Sieburg (Hrsg.): *Paradoxien des Zuschauens*, S. 73–84.

340 Schumacher: Expect Expectation, S. 73.

„selbstverschuldeten Unmündigkeit [der Künstler, E.H.] in PR- und Marketingfragen" entgegengewirkt werden müsse.[341]

Seine sehr pragmatisch gedachte Gebrauchsanleitung zu einer solchen *Over-All-Dramaturgy* geht davon aus, dass auf die Vorstellungen des Publikums in dem Sinne Einfluss genommen werden kann, wie es die Kunstschaffenden vorsehen: „Er [der Zuschauer, E.H.] mag denken, was er will, aber es sollte schon das sein, was der Künstler vorgibt."[342] Also soll nicht einer Lenkung von Übertragung zugunsten einer Offenheit entgegengewirkt werden, sondern es sollen die ‚richtigen' Institutionen sein, die Einfluss nehmen, nämlich die Kunstschaffenden. Maßgeblich geht es also darum, Erwartungshaltungen zu generieren und diese dann zu verweigern oder einzulösen, und die Techniken dieser Einflussnahme gehen von der redlichen Information über das zu Erwartende bis hin zur Fehlinformation, also zum gezielten ‚Belügen' des Publikums,[343] um eine je und je gelagerte Erwartungshaltung vorzubereiten, auf die dann in der Aufführung künstlerisch zugegriffen werden kann. Das Spiel mit der Erwartung kann ja ohnehin mittlerweile als zentrales Mittel vieler Produktionen und Arbeitsweisen gelten, wobei gerade auch wieder das „Netz der Vorannahmen" ausgeworfen werden muss, um diese eben aushebeln zu können.

Gemeinsam ist jenen Ansätzen die Betonung, dass sowohl die Bühne als auch das Publikum sich vorher ‚ein Bild' machen, unterstellen – und dann gelte es, diese Bilder miteinander zu konfrontieren. Da jedoch nach Lacan Übertragung mehr als ‚nur' eine Erwartung ist, interessiert hier, das Verhältnis zwischen den ‚Vorstellungen' als Struktur zu denken: Die freiwillige Hinwendung ans Theater, die ein Publikum tatsächlich erst einmal leistet, geht die Bereitschaft ein, sich dem Fall in den Geltungsbereich der Gebote des Theaters erst einmal auszusetzen, und gleicht einem Vertrauensvorschuss. Ebenso gehen die ‚Theatermacher' schon vor der Aufführung von einem Publikum aus, das es wert ist, angesprochen zu werden. Beide Positionen starten von einer Wertunterstellung und entwerfen die andere dabei, indem sie sie fiktio- und funktionalisieren. Es ergibt sich also aus übertragungstheoretischer Perspektive ein Zusammenhang zwischen den Inhalten, die jeweiligen Erwartungen, Vorannahmen etc. attestiert werden können, und einer intersubjektiven Struktur, die sich daraus ergibt, sich *in actu* zeigt und in Subjektivierungsprozessen vollzieht.

Dies macht auch das Phänomen der Enttäuschung diskutierbar, das bei unzufriedenen Publikumssubjekten bekanntlich starke affektive Wahrnehmungen abgeben kann. Es setzt voraus, dass etwa das Gesehene nicht dem gesehenen *agalma* entspricht oder sich das Gesehene nicht auf den vor-gesehenen Platz versetzen lässt und sich in solchen Ent-Setzungen keine neue Wertzuschreibung bildet. Die präfigurierte Setzung erwiese sich so eben als Täuschung; wobei Sokrates im *Symposion* ja mit seinem ‚Schau-genau-hin' gerade für eine solche Ent-Setzung plädiert, nämlich als Chance für den Blick auf etwas anderes, Widerständiges, das nicht in die übertragenen Spielregeln eintritt. Hier deutet

341 Schumacher: Expect Expectation, S. 74.
342 Ebd., S. 83.
343 Ebd., S. 82–83.

sich also nochmals ein Plädoyer für Alterität statt Hermeneutik an,[344] also eine andere Art der Anerkennung, nicht der Adelung durch die Entsprechung des unterstellten *agalmas*, sondern durch den Wert des Anderen als absolut irreduzibles Anderes. Davon abgesehen soll nun also mehr die Fiktionalisierung der Bühne als ästhetische Technik in den Vordergrund rücken, ähnlich wie die des Publikums bei Forced Entertainment. Dabei arbeiten sie eben nicht nur an ihrer Wendung zum Publikum, sondern stellen sich auch als Instanzen zur Verfügung, an die sich gewendet werden soll, als Orte einer ‚fleischgewordenen Funktion' (*fonction incarnée*), und arbeiten daher auch an der Übertragung des Publikums auf das Theater. Relevant wird dabei weiterhin die strukturelle Aufteilung von Sprechen und Hören: Wer spricht, warum, und wem wird wie zugehört. Schumacher schlägt in seinen Praktiken zur *pre-* und *postperformance* ja gerade deshalb seine ‚Lüge' vor, damit sich symbolischer Reichtum umverteilt, kontextuelles Sprechen nicht sofort als Kontextverschiebung erweist, wie bei der medizinischen Diagnose Forced Entertainments. Wenn der Schauspieler Murat Belcant im Publikumsgespräch als Forensiker Mark Benecke vorgestellt wird,[345] ohne dass das Publikum diese Vorstellung überprüfen kann, wird ihm anders zugehört, wie Schumann behauptet.[346] Die Fiktionalisierung der Sprechenden erweist sich als zentrales Bühnenmittel.

### *Experten des Alltags (Experten II)*

Eine der zentralsten Figuren der Fiktionalisierung des Theaters und der Arbeit mit Etablierungen des *s.s.s.* auf dem Theater sind derzeit wohl die mittlerweile als ‚Experten des Alltags' kategorisierten Auftretenden bei Rimini Protokoll.[347] Im Hinblick auf sie und ihre Kategorisierung als mit Expertise behaftet entsteht die Möglichkeit, Fragen nach der Legitimierung des Sprechens auf Bühnen und seiner symbolischen Macht zu verhandeln und den Rahmen des Theaters als Plattform zu skizzieren, die zum wissenden Subjekt machen kann. Seit der Etablierung der Experten des Alltags nämlich haben solche Stimmen im Theater deutlich zugenommen, die eine Öffnung der Möglichkeiten zur Expertise implizieren. Während in anderen Medien, vorwiegend im TV, eine Expertenjury nach der anderen über ihnen vorgeführte Sub-jekte urteilt und sie ihrer Jury-sterei unterwirft, bisweilen auch Publikum über das Schicksal der Probanden (vermeintlich?) abstimmen darf, arbeiten diverse Produktionen im Theater derzeit gerade damit, dass grundsätzlich *alle* etwas zu sagen haben, das wert ist, gehört zu werden. Dabei wird der Begriff der Expertise erweitert: während Rimini Protokoll

344 Vgl. S. 118-119 dieser Arbeit.

345 Schumacher: Expect Expectation, S. 81.

346 Einmal abgesehen davon, dass ein Publikumsgespräch sich als anderer symbolischer Rahmen inszeniert als ein Theaterstück, wie Boris Nikitin herausarbeitet, indem er ein vermeintlich der Performance folgendes Publikumsgespräch im Nachhinein als Teil der Aufführung entlarvt (*Imitation of Life*, UA: Kaserne Basel, 10.09.2009), die nach dem Gespräch unerwartet weitergeht – auch ein Beispiel, das sich trefflich unter der Übertragungsperspektive diskutieren ließe.

347 Als solche sind diese Experten spätestens eine Kategorie seit der gleichnamigen Publikation: Dreysse / Malzacher (Hrsg.): *Experten des Alltags*.

ihre Shows mit Personen besetzen, die zum jeweiligen Überthema mehr Erfahrung im Leben sammeln konnten als andere, finden sich immer häufiger auch persönliche Erinnerungen, Erlebnisse und Aussagen von Familienmitgliedern der Theatermachenden, zufälligen Passanten oder ausgewählten Personen, von denen nicht gleich klar wird, was eigentlich ihr Auswahlkriterium war. Damit werden Praktiken des Castings und der Kuration in Frage gestellt und das Recht auf Sprechen, Sicht- und (Er?)Hörbarkeit auf Bühnen mitunter demokratisiert. Interviews und O-Ton[348], häufig in ‚dramatische' Textgrundlagen transkribiert oder mittlerweile auch häufig als Tonspuren über ‚Knöpfe in Ohren' direkt zu den Sprechenden eingespielt, sind Material für ein von Lehmann als neueres (Dokumentar-)Theater bezeichnetes Genre, das sich so mit der gesellschaftlichen (und medialen) Wirklichkeit auseinandersetzt[349] und also auch mit der Legitimierung von Sprechen als ‚Reichtum' und mit der sozialen und intersubjektiven Bedeutung von Expertise zusammengedacht werden muss. D. h. es ist zu fragen, ob ein Sprechen auf Bühnen prinzipiell mit symbolischer Macht ausgestattet sein muss, damit Subjekte sich hinwenden, ob der Theaterrahmen diese Legitimierung jeweils erteilen kann (wird jedes auftretende Subjekt zum *s.s.s.*? Für wen?), und wie dabei eben mit vordergründig nicht-institutionalisierten Sprechenden umgegangen werden kann.

Konstatiert werden muss wahrscheinlich, gerade auch von Rimini Protokoll ausgehend, dass es sich bei den Expert_innen des Alltags zunächst um ein Phänomen handelt, das aus einer Diskussion um theaterrelevante Fragen nach ‚Repräsentation' auf Bühnen hervorging, die eben auch in künstlerischer Praxis geführt werden muss. Dabei ging und geht es darum, ob und wozu ein Subjekt auf einer Bühne ein anderes verkörpern solle, und um mittlerweile eben durch solche neuen ‚Dokumentartechniken' aufgebrochene Qualitätsunterschiede zwischen professionellen[350] und sogenannten Laien-Darstellenden. Malzacher beschreibt diese Hintergründe der Entstehung von Rimini Protokoll informativ, heiter und eindrücklich und nutzt als Topos, gegen den es sich abzugrenzen gilt, die „Repräsentationsfalle"[351]. Formen wie die von Rimini Protokoll suchen zunächst einen anderen „Grund für ihre Anwesenheit auf der Bühne"[352], ohne jedoch das grundlegende Konzept einer Legitimierung des Auftritts aufzugeben,

348 Mittlerweile etablieren sich vielfältige Formen dieses neuen ‚Genres', wie z. B. das *O-Ton-Theater* der Berliner Gruppe HuRRa, das neben Formulierungen aus Interviews auch die Sprachmelodie von Schauspielerinnen und Schauspielern einstudieren und wiedergeben lässt; dabei entsteht auch eine Art neuklassisches Verfahren der psychisch motivierten Rollenbiographie (mit biographischem Hintergrund), wie in einem Publikumsgespräch in Marburg am 20.11.2014 zu erfahren war. Durch das genaue Nachahmen der Sprechgesten manifestierte sich bei den Schauspielerinnen und Schauspielern auch eine Vorstellung von der Person, die die Quelle des Materials gewesen sein könnte.

349 „[...] in einem gegenüber den 60er Jahren neuen Sinn." (Hans-Thies Lehmann: Vom Zuschauer. In: Deck / Sieburg (Hrsg.): *Paradoxien des Zuschauens*, S. 21–26, hier S. 22.)

350 Vgl. Jens Roselt: In Erscheinung treten. Zur Darstellungspraxis des Sich-Zeigens. In: Dreysse / Malzacher (Hrsg.): *Experten des Alltags*, S. 46–63, hier S. 48.

351 Florian Malzacher: Dramaturgien der Fürsorge und der Verunsicherung. Die Geschichte von Rimini Protokoll. In: Dreysse / Ders. (Hrsg.): *Experten des Alltags*, S. 14–43, hier S. 16.

352 Ebd., S. 23.

nämlich Expertise „für bestimmte Erfahrungen, Kenntnisse, Fähigkeiten."[353] Riminis Expert_innen treten also als begriffliche und künstlerische Reaktion auf ein tradiertes Wertesystem des Schauspieltheaters auf. Ihr anhaltender Erfolg gibt ihnen wohl Recht, dafür war es Zeit. Den Unterschied zwischen jenen Expert_innen und Laien bei Rimini Protokoll hebt auch Eva Behrendt erläuternd hervor:

> Theaterkritiker, die diese Menschen als Laien bezeichneten, wurden von Helgard Haug, Stefan Kaegi und Daniel Wetzel stets höflich darauf hingewiesen, dass die Bezeichnung Experten auf diese Akteure viel besser passt, und das nicht allein, weil der Laie Defizite gegenüber dem Profi, der Experte dagegen Kompetenz signalisiert. Sie verweist zudem auf das Konzept des Regieteams, anstelle fiktiver Stoffe und Plots Ausschnitte sozialer Wirklichkeit zu seinem Gegenstand zu machen – meist unter der Prämisse einer kultursoziologischen Fragestellung [...]. Mit dem dokumentarischen Besteck von Reportern und Wissenschaftlern suchen die Theatermacher nach Menschen, deren erlerntes oder erlebtes Wissen für das Thema aufschlussreich sein kann, und die ihre Zeugnisse, Erfahrungen und Wissensbeiträge durch ihre persönliche Anwesenheit auf der Bühne beglaubigen.[354]

Die Expert_innen werden also als Widerstand gegen eine negative Übertragung den ‚Laiendarstellern' gegenüber ins Feld geführt und repräsentieren einen Status mutmaßlich wissender Subjekte, um die herum Rimini Protokoll als Kunstschaffende quasi eine eigene institutionelle Legitimierung schaffen, symbolischen Reichtum verteilen. Daher sind diese Expert_innen je nach Produktion als Repräsentant_innen eines bestimmten Themas aufgerufen, sind eben nicht wahllos oder könnten durch alle erdenklichen anderen ausgetauscht werden, da sie doch jeweils etwas ganz Bestimmtes zum Thema zu sagen haben. Es wäre also zu fragen, ob und welche Übertragungen das Sprechen der Expert_innen legitimieren, denn Auserwählte sind sie ja nach wie vor und werden auch als solche in Erscheinung gebracht.

Nun geht es also auch darum, wie dieses Erscheinen als mit Expertise behaftet in der künstlerischen Praxis ‚fingiert wird'. Denn dass Expert_innen solche ‚sind', muss in den Aufführungen immer wieder neu etabliert werden. Der Begriff des Wissens (und der der Erfahrung) spielen hier erneut eine wichtige Rolle, da es um eine *Darstellung* und um eine *Verhandlung* von Wissen und Erfahrungswerten geht – das sich letztlich übertragen soll. Dabei werden besonders auch Bereiche der Glaubwürdigkeit – durch persönliche Anwesenheit – und der bereits erwähnten (symbolischen) Legitimierung des Sprechens zentral. Miriam Dreysse formuliert diese Expertenpraxen dezidiert als Akte des Fingierens:

> Die Auswahl der Experten und ihrer Berichte und die damit einhergehende Dekontextualisierung ebenso wie ihr dramaturgisches und szenisches Arrangement sind mithin Akte des Fingierens. Das Fiktive ermöglicht, das Imaginäre in eine konkrete Gestalt zu überführen sowie Realität umzuformulieren und neue Perspektiven auf sie zu eröffnen. In *Das Fiktive und das Imaginäre* erläutert Iser, dass es seine Fiktionalität entblößen und sich als Inszenierung zu erkennen geben muss, um alle ‚natürlichen Einstellungen zur Welt' zu suspendieren und die Realität zum ‚Gegenstand einer Betrachtung' zu machen.[355]

353 Ebd.

354 Eva Behrendt: Spezialisten des eigenen Lebens. Gespräche mit Riminis Experten. In: Dreysse/ Malzacher (Hrsg.): *Experten des Alltags*, S. 64–73, hier S. 65.

355 Dreysse: Die Aufführung beginnt jetzt, S. 85.

Diese Betrachtung wirkt jedoch auf der Grundlage, dass den Expert_innen Glauben geschenkt wird, und damit auf ihrer Legitimierung als Expert_innen.
Dass Übertragung und Glauben miteinander zu tun haben, wurde schon gezeigt, und so führt die Frage nach glaubwürdigem Fingieren, insofern es die Verbindung von Imagination und Wahrnehmbarem *in actu* ist, auch wieder zurück auf Platons *Symposion*, in welchem Apollodoros sich bereits in seinen allerersten Worten als kompetent Sprechender legitimiert: „Ich glaube, auf das, wonach ihr mich fragt, nicht unvorbereitet zu sein."[356] So widmet sich auch Wildberger den verschiedenen Techniken der Sprech-Legitimierung, die sie mit Michael Erler „Beglaubigungsapparat"[357] nennt. Sie zählt die „Häufung der Motive" auf, die in diesem Apparat wirken: Zunächst hat Apollodoros „die Erzählung geübt und so im Gedächtnis behalten", dann erwähnt sie Apollodoros' „Stemma seines Berichtes", wobei „zwischen unzuverlässigen Berichterstattern, die nichts Genaues (saphes), also keine Einzelheiten, zu sagen wissen, und der Kenntnis eines Augenzeugen unterschieden" wird, und zudem gibt Apollodoros seinen Bericht als von Sokrates bestätigt an.[358] In diesem Prozess von Kommunikation bekommt Glaubwürdigkeit auch etwas mit dem Medium zu tun: Apollodoros fungiert als Bote, als Medium transportiert er selbst die Glaubwürdigkeit, ist dazu aufgerufen, sich als ein *s.s.s.* zu verkörpern. Welchen Beglaubigungsapparat entwerfen nun Rimini Protokoll, um davon zu überzeugen, dass ihre Subjekte auf der Bühne mutmaßlich wissende sind?
Zunächst kann dies auf der Ebene der Darstellung und der Arbeitsweise beantwortet werden: Im Vordergrund steht die Auswahl, das Casting, von Personen, die für Rimini irgendeine Art von Expertise zum vorgegebenen Thema beitragen, so dass das Theater als „Medium", wie Malzacher sagt, genutzt wird, um „Leute ins Zentrum zu rücken, die sonst allenfalls Zuschauer, meist nicht einmal das sind. Solche Porträts fügen keine weitere narrative Ebene hinzu, sondern rahmen lediglich Vorhandenes."[359] Das Theater bringt also diese Experten ‚nur' zur Erscheinung, und dabei wenden Rimini Protokoll einige ‚authentifizierende' Methoden an, um weitere narrative Ebenen zu vermeiden. Ihre Castings veranstalten sie häufig auf Annoncen hin, so dass sie selbst einem großen Unsicherheitsfaktor dahingehend ausgesetzt sind, wer überhaupt für eine Auswahl zur Verfügung stehen wird. Das Sprachmaterial, aus dem das Regieteam einen Text für die Aufführung erstellt, bilden die transkribierten, jeweils in Gesprächen formulierten Aussagen und Sätze der Gecasteten, die von diesen dann auswendig (oder

356 Platon: *ΣΥΜΠΟΣΙΟΝ/Symposion*, S. 7.

357 Wildberger: Die komplexe Anlage von Vorgespräch und Rahmenhandlung, S. 24, mit Bezug auf Michael Erler: *Die Philosophie der Antike*, Bd. 2.2: Platon. Basel: Schwabe 2007, S. 70.

358 Wildberger: Die komplexe Anlage von Vorgespräch und Rahmenhandlung, S. 24–25. Vgl.: „‚Aber wer hat es dir erzählt, Sokrates selbst?' – ‚Nein, beim Zeus', erwiderte ich, ‚sondern der, der es dem Phoinix (erzählt hat). Es war ein gewisser Aristodemos aus Kydathenai, klein, immer barfuß. Er war bei dem Zusammensein dabei, weil er zu den hartnäckigsten damaligen Verehrern des Sokrates gehörte, wie mir scheint. Freilich habe ich auch Sokrates schon einige Male nach dem gefragt, was ich von jenem gehört hatte, und der bestätigte es mir, wie jener es erzählt hatte.'" (Platon: Platon: *ΣΥΜΠΟΣΙΟΝ/Symposion*, S. 9.)

359 Malzacher: Dramaturgien der Fürsorge, S. 25.

vom Teleprompter) immer wieder gleich aufgesagt werden sollen. Die Expert_innen erzählen also aus ihrem eigenen biographischen Erfahrungsschatz und stellen sich selbst dar, indem sie ihre eigenen Texte, ihre typischen Gesten und Requisiten aus ihrem Erfahrungshorizont zwar nutzen, aber wieder-holen, was für Jens Roselt einer Distanzierungstechnik gleichkommt.[360] Zentral ist ihr Sprechen vor allem auch wieder in der direkten Adressierung an das Publikum – weniger innerhalb der Expert_innengruppe ist also das Ausagieren symbolischen Reichtums relevant als vielmehr in Richtung derer, die den Expertenstatus legitimieren sollen. Die ausgeklügelte Technik des Aufsagens zwar ursprünglich eigener, aber jetzt geskripteter Texte zeigt je nach Person mehr oder weniger den Abstand zwischen das Thema betreffender Expertise und Mangel an Erfahrung, was das Auftreten und Sprechen im Theater betrifft, worin Malzacher eine der Authentifizierungstechniken erkennt:

> Gerade dass ihr Sprechen nicht spontan wirkt, sondern meist eher wie etwas unsichere Vorträge nicht sehr geschulter Redner, trägt paradoxerweise zum Anschein ihrer Aufrichtigkeit bei. Brechts Verfremdungseffekt, der Identifikation verhindern soll, ist in dieser Form längst zu einem vermeintlichen Garant von Authentizität geworden.[361]

Dabei ist die Kontextverschiebung wieder elementar, denn häufig sind auch geschulte, professionell Sprechende wie etwa Personen aus der Politik oder aus Forschung und Lehre in der Expert_innenrunde, die jedoch aus ihrem Kontext genommen zum Fremdkörper werden können.

Letztlich subjektivieren sie sich als sie selbst in der Funktion der Expertise zu diesem gegenwärtigen Thema; dabei ist ihre Motivation angeblich zumeist die Lust am Gehörtwerden: „Die eigentliche Motivation, sich als Experte an einer Rimini Produktion zu beteiligen, ist letztlich die gleiche in Westeuropa wie anderswo: […] seine Geschichte

360 „Dass den Darstellern durch den formalen Rahmen der Inszenierung immer wieder die Möglichkeit zur Selbstdistanzierung gegeben wird, zeichnet die Arbeit von Rimini Protokoll aus. Damit kann auch der entscheidende Unterschied markiert werden zur Arbeit mit nichtprofessionellen Darstellern, wie sie derzeit vor allem im Fernsehen Konjunktur hat. In Dokusoaps werden Laien beim Hauskauf, der Kindererziehung oder in der Schuldenfalle in Szene gesetzt. Doch diesen Darstellern wird durch den Inszenierungsrahmen, den eine kluge Bildregie zu kaschieren versteht, die Möglichkeit der Distanzierung gerade genommen. Sie werden auf einen Aspekt (Opfer, Täter, dumm, dreist, arm) reduziert, der quotenträchtig ausgeschlachtet werden kann. Diesen Menschen wird die Souveränität gerade vorenthalten. So energisch und lautstark sie sich auch geben mögen, scheinen sie sich als Persönlichkeiten vor uns aufzulösen." (Roselt: In Erscheinung treten, S. 61.)

361 Malzacher: Dramaturgien der Fürsorge, S. 40. Vgl. auch Dreysse: „In den Bühnenarbeiten von Rimini Protokoll wird die Realität bewusst gestaltet, sodass einerseits ihr Realitätsstatus herausgestrichen und zugleich Fiktionalisierungsprozesse initialisiert und neue Perspektiven auf scheinbar Altbekanntes eröffnet werden. Sowohl auf inhaltlicher wie auf szenischer Ebene wird dabei die Grenze zwischen Realität und Fiktion verunsichert. So werden etwa die biografischen Erzählungen und Berichte, indem sie von den Experten vorgetragen werden, als ‚echt' behauptet, zugleich aber haben sie fiktionalen Charakter, da sie für die Zuschauer keine ontologische Konsistenz besitzen, sondern im Moment der Aufführung sprachlich erzeugt werden. Zeichen für Authentizität wie beispielsweise Unsicherheiten, Sprechfehler u. ä., die den Eindruck der Unprofessionalität erzeugen, sind eng verquickt mit verfremdenden Mitteln die das Geschehen als Inszenierung kenntlich machen. […]. Die biografischen Berichte schwanken auf diese Weise beständig zwischen dem Eindruck der Authentizität, demjenigen einer bewusst erzeugten Version der eigenen Geschichte, des eigenen Lebens, und der Möglichkeit, dass vielleicht doch alles frei erfunden sein könnte." (Dreysse: Die Aufführung beginnt jetzt, S. 86.)

erzählen zu können."[362] Offenbar ist diese Versetzung auf einen mit Wert besetzten Platz doch häufig etwas Ungewöhnliches und Begehrtes, so dass die Verunsicherung über die eigene Legitimation für ihre Exponierung als Expert_innen, wie sie Malzacher mit Bezug auf Aussagen von Helgard Haug herausarbeitet, einen vollkommenen Zusammenfall mit der Funktion des / der Expert_in verhindert. Da die Arbeit von Rimini Protokoll Haug zufolge an etwas interessiert ist, das *fremd* erscheint,[363] ist dies also auch das primäre Auswahlkriterium: „gezeigt werden soll das, was wir nicht schon kennen, was uns nicht ohnehin schon nahe ist"[364]. Dafür muss das Fremde, Andere also auch in der Darstellung erhalten bleiben und dient Rimini gleichzeitig als Erklärung für ihre Expert_innen, „warum sie da sind. Denn sie suchen ja parallel auch nach ihrer Legitimation auf der Bühne. Und die liegt darin, dass sie sich diese Fremdheit erhalten und nicht alles recht machen."[365] Es schließt sich nun aber direkt die Frage an: fremd für wen? Wer entscheidet über diesen Status und wie? Dies ist doch immer auch eine Angelegenheit von Vorannahmen. Denn Fremdheit erweist sich in einer Aufführung doch immer schon als mehrfache: z.B. einem bestimmten Theater als Praxis fremd (z.B. keine Schauspieler auf der Bühne), fremd für die Erfahrungsfelder und / oder Weltsichten (nach Finter) des Publikums – beides ist mitunter nicht eindeutig feststell- und nicht verallgemeinerbar. Es geht also bei der Frage immer auch um das Verhältnis zum Theater, denn „[d]ie Präsenz der aus dem wirklichen Leben herkommenden Spezialisten zwar nicht des Theaters, jedoch eines anderen Alltags, ist der Kern der Arbeit von Rimini Protokoll."[366]

Der Maßstab, der zugrunde liegt, muss also auch erst einmal eine Weltsicht entwerfen, fingieren, übertragen, in dem alltägliche und fremde Positionen vorangenommen und so zur Existenz gebracht werden. Und dabei spielen auch Legitimationsfaktoren eine Rolle, die die Ebene der Institution und der Symbolischen Macht der Theater-Spiel-Leitenden betreffen, die sich immer mehr einen Namen machen und mittlerweile selbst als Garant fungieren können. Beglaubigung kann also auch durch die ‚Institution Rimini Protokoll' erteilt werden, durch ihre Performances ebenso wie *pre-* und *post-performances*. Dass dieser Beglaubigungsapparat auch im Hinblick auf institutionelle Vorannahmen Einfluss nimmt, zeigt der Eingang der Expert_innenargumentation auch in theoretische Diskurse; es kann eine Änderung der Übertragung auf Theater entstehen, die dann selbst legitimierend wird für solches Theater neuer, mutmaßlich wissender Subjekte, das

> wie das von Rimini Protokoll wissenswerte Realitäten, individuelle Personen, die ein bestimmtes Wissen zu vermitteln haben, Sachverhalte unterschiedlichster Art zur theatralen ‚Ausstellung' bringt. In der Tradition des Readymades können Rimini Protokoll nicht nur Gegenstände, sondern ebenso

362 Malzacher: Dramaturgien der Fürsorge, S. 27.

363 „Die Arbeit fängt eher aus einer Distanz heraus an, aus einem Interesse am Fremden". (Helgard Haug zit. n. Malzacher: Dramaturgien der Fürsorge, S. 33.)

364 Ebd.

365 Haug zit. n. ebd.

366 Lehmann: Theorie im Theater, S. 172.

> auch wirkliche Personen, Sachkenntnisse und also auch Theoretisches legitimerweise ins Theater aufnehmen. Wie man in Analogie zum *objet trouvé* von *acteurs trouvés*, gefundenen Personen, sprechen kann, so können Wissen und Text, Theorie und Wissenschaft in solcher postdramatischen Form ihre theatrale Präsenz behaupten, können als solche ausgestellt werden und brauchen nicht mit dramaturgischer List und Tücke als Moment einer dramatischen Fiktion und Situation gerechtfertigt zu werden.[367]

Das Ausagieren auf der Ebene der Kunst wirkt dann auch in andere Diskurse hinein. Hier zeigt sich, wie Vokabeln des Wissenswerten, des Wissen Vermittelnden, der Legitimation sich auf neue Ebenen der Kunstkategorien verschieben, jedoch ihre Wirksamkeit fast schon rechtfertigend weiterhin aus der Wertzuschreibung an Wissen beziehen; nur sehen die mutmaßlich wissenden Subjekte in der neuen Form eben anders aus. Dies zeigt aber auch, wie auf Übertragung, auch auf gesellschaftliche, Einfluss genommen werden kann.

Durch die Alltagsexpert_innen vollzieht sich auf den Bühnen der Theater einerseits eine Demokratisierung der Wahrnehmbarkeit, die andererseits jedoch eine traditionelle Rechtfertigung der Hör- und Sichtbarkeit durch besonderes Wissen und Können aufrechterhält; zwar besteht nun die Annahme, dass alle in ihrem jeweiligen Alltag eine Expertenposition innehaben, jedoch ist die Voraussetzung für den Auftritt auf der Bühne eben doch eine Expertise, durch etwas Wertvolles an-gemessen. Diese Expert_innen folgen der agalmatischen Sicht und Wertunterstellung, bestätigen unterstellten *Mehr*-Wert und werden so auch ökonomisch ratifizierbar. Das Recht auf Wahrnehmbarkeit erscheint weiterhin als verdient, nicht als gegeben. Sprechende haben in diesem Universum der *s.s.s.* mit Wert besetzte Positionen einzunehmen; aber Rimini Protokoll erweitern eben faktisch die Möglichkeiten zur Wertbesetzung. Handelt es sich also weniger um eine Subversion als, wie beim *maître ignorant*, um eine Frage der Methode?

Ein wichtiges Element bei solchen Reflektionen stellt letztlich wieder die Ebene des Körperlichen und des Verkörperns dar, auch als eine resistente Ebene, die nicht restlos z. B. zu einer glaubwürdigen Darstellung gezwungen werden kann. Diese Thematik kam auch während der Tagung „To Do As If"[368] auf, als es um eben diese Expert_innen von Rimini Protokoll ging und um die Frage, welchen Unterschied es denn mache, ob ein professioneller LKW-Fahrer oder ein Schauspieler als LKW-Fahrer spricht. Die Diskussionen bezogen sich auf die Produktion *Cargo Sofia*, da es dort um LKW-Fahrer geht, die eine individuelle, körperliche Präsenz nicht auf einer architektonisch installierten Theaterbühne ausagieren, sondern ihr Wissen im Umgang mit dem Fahrzeug im Fahrzeug beweisen (müssen). Die Repräsentation eines Wissens reicht hier nicht aus.

367 Ebd., S. 169.

368 Tagung „To do as if. Realitäten der Illusion im zeitgenössischen Theater", Gießen, 06.–07.07.2012.

*Cargo Sofia*

‚Die LKW-Fahrer' aus der Produktion *Cargo Sofia* von Rimini Protokoll bzw. Stefan Kaegi,[369] die häufig nur bei ihrer Funktion genannt werden – Miriam Dreysse ist eine der wenigen, die sie in ihrem Text Vento und Nedjalko nennt[370] – standen also in ihrem Status zur Debatte, doch warum eigentlich? In der o.g. Diskussion ging es darum, ob und welchen Unterschied es (für wen?) macht, dass der LKW in *Cargo Sofia* von Menschen gesteuert wird, die vor ihrer Inszenierung als LKW-Fahrer schon hauptberuflich LKW gefahren sind, oder nicht. Ob es also darauf ankommt, dass ‚wirkliche' Vento und Nedjalko, die bulgarischen Fernfahrer, mit übereinstimmenden biografischen und repräsentativen Faktoren am Steuer (und Mikrofon) sitzen. Oder ob es möglich wäre, für die gleiche Wirkung Schauspieler_innen einzusetzen, die behaupten, sie seien LKW-Fahrer_innen.

Es sei kurz daran erinnert, worum es in dieser Produktion geht: Stefan Kaegi ließ vor dem thematischen Hintergrund und Untertitel *Eine europäische LastKraftWagen-Fahrt* einen LKW umbauen, der nun in der Lage ist, im Laderaum etwa 40 Zuschauer_innen aufzunehmen, die in drei an den langen Seitenwänden ausgerichteten Sitzreihen Platz nehmen. Erst nach einer Weile wird aufgedeckt, dass die Wand, auf die sie schauen, einseitig verspiegelt ist, indem ein Rollo / eine Leinwand hochfährt: von innen kann nun hinausgeschaut werden, von außen jedoch nur hinein, wenn innen Licht brennt. So fahren zwei sich als professionelle, osteuropäische Fernfahrer vorstellende Männer ihre Fracht durch die jeweilige Stadt, in der die Aufführung stattfindet, jeweils mit Start- und Zielpunkt am veranstaltenden Theater. Dabei erzählen sie über Mikroport von ihrem beruflichen Alltag, ihrem persönlichen Leben, den Wegen, die sie in ihrem Arbeitsmittel zurücklegen. Auf jede Stadt wird die Tour, die einige Stationen eines Fernfahreralltags abfährt, neu zugeschnitten. Für LKW sowohl zugängliche als auch alltägliche Orte, also Stadträume wohl eher am Rande der Wahrnehmung derer, die nun auf der Ladefläche sitzen, werden mit dem Wagen aufgesucht, durchquert, erkundet, durch das in die Welt der LKW verlagerte Publikum besucht: Verladehäfen, Speditionshöfe, LKW-Waschanlagen, Verwertungsbetriebe und Straßen fern von Fußgängerzonen und Wohngebieten. Dabei werden im Inneren des LKW die durch die Scheibe betrachteten Außenräume mit auf die Rollo-Leinwand (oder direkt auf die Scheibe) projizierten Informationen überlagert, in denen es um Fernfahrerfakten geht, wie Zollgebühren und Speditionshintergründe etc. Zudem werden Livebilder aus dem Führerhaus eingespielt, so wie auch der Ton der beiden Fahrer in den Laderaum übertragen wird, so dass auch das Autoradio zu hören ist, sie Fotos ihrer Familienmitglieder zeigen, dazu erzählen und das Publikum über die Kamera adressieren können. Zudem wird die Narration aufrechterhalten, die gerade stattfindende Fahrt führe von Sofia in die jeweilige Stadt, in der sich der LKW momentan befindet.

Nikolaus Müller-Schöll weist in seiner sorgfältigen Protokollierung zu dieser Produktion darauf hin, dass sich hier sogar fünf Narrationsebenen überlagern, die alle mehr

369 *Cargo Sofia* hatte am 31.05.2006 Premiere in Basel.

370 Dreysse: Die Aufführung beginnt jetzt, S. 91.

Abb. 14: Der LKW mit Fracht in *Cargo Sofia* von Rimini Protokoll.

Abb. 15: Rimini Protokoll: *Truck Tracks* – der LKW ist wieder unterwegs im Rahmen der Ruhrtriennale 2016.

oder weniger klar Bezug auf diese LKW-,Wirklichkeit' nehmen: Die imaginäre Fahrt durch Osteuropa zum derzeitigen Ort (über Serbien, Ungarn, Österreich ...), die faktisch wirkenden Hintergründe der Fernfahrerei, das Privatleben, von dem die Fahrer erzählen, die gerade durchquerten Orte bzw. was durch die Scheibe zu sehen ist, und schließlich die *Inszenierung*, die „alle anderen Geschichten ins Zwielicht rückt"[371]. Pointiert betont Müller-Schöll nun, dass es dabei nur vordergründig darum ginge, „die interessante Begegnung mit einer fremd gewordenen Nachbarschaft" im Sinne einer „volkshochschulkompatiblen Heimatkunde"[372] im wahrsten Sinne des Wortes zu er*fahren*, d.h. Informationen über Tätigkeiten, Orte und Menschen zu erhalten, die sich außerhalb des Erfahrungshorizonts der Zuschauenden befinden und so eine Art Horizonterweiterung vollziehen. Vielmehr sieht Müller-Schöll in dieser Inszenierung, also fingierenden Arbeitsweise, die Imaginäres zur Bestimmtheit bringt, eine Verhandlungsmöglichkeit für die strukturellen Zusammenhänge von Illusion und Wirklichkeit. Es gelte primär, über „die *Bilder* der Wirklichkeit nachzudenken"[373] und daher auch anzuerkennen, dass Wirklichkeit nicht etwas Gegebenes ist, also die Umstände zu untersuchen, unter denen Wirklichkeit gegeben und wahrgenommen wird bzw. ihren Status als solche erst erhält. Wobei auch noch zwischen verschiedenen Wirklichkeiten und schließlich also auch deren Kategorisierungen unterschieden werden kann, so

> dass das Theatrale der Wirklichkeit, nimmt man es ernst, dazu führt, dass es keine Aussage über die Wirklichkeit gibt, die nicht schon kontaminiert wäre von deren Inszenierung. Am Ende wird so beides fragwürdig: Das Theater wie die Welt; weder nämlich ist es sicher, dass man Vorstellungen wie Cargo Sofia Zollverein zu Recht noch als ,Theater' bezeichnen kann, noch andererseits, dass man, was sie vorführen, noch als ,Wirklichkeit' betrachten sollte.[374]

Diese Wirklichkeiten geben also nicht einfach zu übermittelnde Fakten über sich einem Publikum preis, das sich auf einfühlender Studienreise in einem LKW befindet. Vielmehr erweisen sich sowohl Wirklichkeit als auch Illusion mitunter als Fragen des Glaubens an sie, vor allem dann, wenn es um ihre Verhandlung in ästhetischen Erfahrungen geht. Denn von vorn herein ist deutlich, dass es Kaegi hier und Rimini Protokoll mit ihren Expert_innen nicht um den Versuch einer ,Abbildung' der Wirklichkeit geht, sondern immer um ihre *Darstellung*, wie anhand der Expert_innen zuvor schon herauszuarbeiten versucht wurde, indem sie „die Grenze zwischen dem, was echt ist, und dem, was den Eindruck der Echtheit produziert, fließend werden"[375] lassen. Und so wird womöglich auch ein Denken der Dichotomie von Illusion und Wirklichkeit dazu eingeladen, plurale, verschiedene Wirklichkeiten (und Illusionen?) zu denken.

371 Nikolaus Müller-Schöll: (Un-)Glauben. Das Spiel mit der Illusion. In: *Forum Modernes Theater* 22,2 (2007), S. 141–151, hier S. 144.

372 Ebd.

373 Ebd.

374 Ebd., S. 145.

375 Ebd., S. 144.

Wenig suggestiv weisen auf die Gemachtheit die inszenierten Begegnungen in *Cargo Sofia* hin, wie etwa ein Termin in einer papierverarbeitenden Fabrik, wo ein Mitarbeiter von außen per Mikrofon erläutert, was gerade passiert, während der Publikums-LKW langsam durch die Halle navigiert,[376] besonders aber auch eine immer wieder plötzlich unterwegs auftauchende Performerin am Fahrbahnrand oder inmitten eines Kreisels, die osteuropäisch klingende Melodien in ein Mikrofon singt, die ebenfalls in den Laderaum übertragen werden. Überhaupt wird das zu durchquerende Internationale (Osteuropa) stark durch Musik repräsentiert, so ertönen ‚landestypische' Melodien im Inneren der Ladefläche, wenn von Grenzübergängen erzählt wird – ebenfalls ein wenig suggestiver Hinweis auf die Konstruktion der Bilder (und Töne) von Wirklichkeit. Das, was im LKW gesehen und gehört wird, ist also eine Collage von Wirklichkeiten und Fingierungen, die dem Publikum Verantwortung für die Verarbeitung übergibt. Denn einerseits zeigen sich die Wirklichkeiten als inszenierte und / oder gerahmte, andererseits ist mit ganz sachlich und reell erscheinenden, sozialen und ökonomischen Fakten umzugehen, die sich einer rein ästhetischen Stellungnahme letztlich entziehen und verlangen, auf politischer und auch ethischer Ebene rezipiert zu werden. Denn „everything is transformed here by the act of seeing."[377]
Besonders sind nun die Fingierungstechniken *in actu* dabei zu erwähnen; während Claire und Cathy ihre bewegten Blickwechsel dem Publikum zu einem großen Teil narrativ-sprachlich anbieten, arbeitet *Cargo Sofia* mit tatsächlich bewegten Publikumskörpern und Perspektivbewegung in Kombination mit den narrativ erschlossenen Räumen. Dreysse beschreibt, wie dadurch die Wahrnehmung das Wahrgenommene stark verändert, da der „mobile Guckkasten"[378] mit Scheibe das Außen eben in Bilder transformiere, gleichzeitig aber auch den subjektiven Assoziationsapparat in Gang bringe:

> Die Straßenzüge der Stadt, die vor der Glasscheibe an einem vorbeiziehen, wirken wie die Kulissen eines Films, irrealisiert durch die Bewegung, die Erwartungshaltung des Theaterzuschauers und durch die Montage mit Texten und anderen filmischen Bildern. Das Fahren und die vorbeiziehenden Bilder eröffnen vielzählige Erinnerungs-, Assoziations- und Fiktionsräume, gerade auch in den Phasen, in denen nicht gesprochen und keine Projektionen gezeigt werden. Durch die Dauer und Inszenierung des Fahrens rückt dieses selbst als Bewegungs-, Wahrnehmungs- und Zeiterfahrungsform in den Vordergrund, die Nähe zur filmischen Wahrnehmung wird deutlich. Das ‚Draußen' verändert seinen Realitäts-Status durch diese modifizierte Wahrnehmungsdisposition grundlegend.[379]

376 So geschehen während der Tour von *Cargo Sofia – Frankfurt*; bei Müller-Schöll (*Cargo Sofia – Essen*) sind es übrigens verabredete Begegnungen mit *Polizisten*!

377 Piotr Dobrowolski: Framing Reality: Recycled World as a Performance in Stefan Kaegi's Theatre, unveröffentlichtes Vortragsmanuskript für die Tagung „Recycling in Contemporary Theatre", Jagiellonen-Universität Kraków, November 2009. Dieser Hinweis und die folgenden Überlegungen basieren auf meinem Vortrag / Aufsatz Eingriffe in den Möglichkeitsraum? Stadtprojekte als neues Genre des Theaters. In: Doreen Hartmann / Inga Lemke / Jessica Nitsche (Hrsg.): *Interventionen. Grenzüberschreitungen in Ästhetik, Politik und Ökonomie*. München: Fink 2012, S. 113–125.

378 Vgl. Projektbeschreibung von *Cargo Sofia*: http://rimini-protokoll.de/website/de/project_108.html (Zugriff am 24.02.2015).

379 Dreysse: Die Aufführung beginnt jetzt, S. 93–94. Eine schöne Erinnerung an Leon Battista Albertis *finestra aperta*, das im Rahmen zum Bild Werden als zur Wirklichkeit Werden im Auge der Betrachtenden.

Der produktive und krea(k)tive Vorgang von Wahrnehmen und Erscheinen eines ‚Draußen' (einer Wirklichkeit?) ist es, der Müller-Schöll dazu veranlasst, dem dokumentarischen und sogenannten „Wirklichkeitstheater" zu attestieren, die „unauflösbare Ambivalenz des Glaubens an die Illusion wiederentdeckt"[380] zu haben. Doch in welcher Funktion steht der Illusionsbegriff in diesem Fall? Müller-Schöll rekurriert dafür kurz auf das Illusionstheater, eine Idee des 17. Jahrhunderts und perfektioniert, bis Brecht Alternativen vorschlug, das an einer Anschauung der Welt arbeite, die die Techniken des Anschauen-Machens, d.h. den Rahmen, in dem sie anschaulich gemacht wird und also erscheint, vergessen mache.[381] D.h. eine ungebrochene Illusionswelt solle die Wirklichkeit vergessen machen, ja selbst für wirklich angenommen werden. Demgegenüber stärkt er ein „heutiges" Verständnis von Illusion, das sie als paradoxen Zugang zur Wirklichkeit begreift und nicht zufällig auch auf die Psychoanalyse zurückführt:

> Illusion kann paradox als ‚notwendiger' oder ‚objektiver Schein' begriffen werden, als Verkennung der Wirklichkeit, die zugleich den einzig möglichen Zugang zu ihr darstellt. Sie gleicht dem, was der junge Marx unter dem Begriff der Ideologie, die Psychoanalyse unter dem des Phantasmas beschrieb. Als notwendige Täuschung behält die Illusion insofern ein Recht, als sie selbst eine Realität ist, auch wenn das Illudierte keiner Realität entspricht, ja qua Definition das Reale verfehlt.[382]

Müller-Schöll legt also nahe, dass die das Subjekt umgebende, immer schon als ‚Draußen' klassifizierbare Wirklichkeit eine illudierte ist. Damit rückt dieser Begriff der Illusion jedoch auch in die Nähe übertragenden Sehens als ‚Bild von der Wirklichkeit'. Das Verfehlen des Realen durch das hier behauptete produktiv-verkennende Phantasma, übertragendes Sehen also, wird mit der starken Vokabel der Notwendigkeit zusammengebracht, die den krea(k)tiven Vorgang als Zugang des Subjekts zu einer Welt begreift, zu dem es erst einmal keine Alternative zu geben scheint, um sich der Erscheinung der Welt anzunähern – das natürliche Modell von Übertragung also als Grundlage subjektiven Weltbezugs.

Das ermöglicht experimenteller künstlerischer Praxis, eben genau dort anzusetzen, das Anschaulich-Machen mit zu reflektieren und also auch in die Nähe des Fingierens zu rücken, indem „Realität bewusst gestaltet" wird, „sodass einerseits ihr Realitätsstatus herausgestrichen und zugleich Fiktionalisierungsprozesse initialisiert und neue Perspektiven auf scheinbar Altbekanntes eröffnet werden."[383] Das erinnert nicht zufällig auch an Brechts V-Effekt. Es sei vor diesem Hintergrund noch einmal nach dem Blicken gefragt, denn „eine verfremdende Abbildung ist eine solche, die den Gegenstand zwar erkennen, ihn aber doch zugleich fremd erscheinen läßt"[384], beschreibt Brecht im

380 Müller-Schöll: (Un-)Glauben, S. 141.

381 Ebd.

382 Ebd., S. 147.

383 Dreysse: Die Aufführung beginnt jetzt, S. 86.

384 Bertolt Brecht: Kleines Organon für das Theater. In: Ders.: *Werke. Große kommentierte Berliner und Frankfurter Ausgabe*, Bd. 23: Schriften 3. Berlin / Frankfurt am Main: Aufbau / Suhrkamp 1993, S. 65–97, hier S. 81.

*Kleinen Organon* eine Auswirkung der V-Methoden. Damit ruft er eine Wirkung auf das Sehen auf, denn eine veränderte Erscheinung hängt direkt mit einem veränderten Sehen zusammen, verbindet also Schauen und Zeigen. Wenn also von der Möglichkeit zur Eröffnung neuer Perspektiven die Rede ist, fragt sich, ob Übertragung und V-Effekt nicht auch miteinander zu tun bekommen. Walter Benjamin resümiert in seinen Lesarten des epischen Theaters ebenfalls im Sinne der Eröffnung neuer Perspektiven. Er formuliert nach Brecht als Ziel der Verfremdungstechniken die „Entdeckung (Verfremdung) von Zuständen“[385] zugunsten eines „Staunens über die Verhältnisse“, in denen das Publikum „sich bewegt“.[386] Bekanntermaßen geht es hier um ein Staunen, das dem Einfühlungstheater entgegengesetzt wird und statt emotionalen Mitfieberns ein „entspanntes Interesse“[387] auslösen will. Ein Ansatzpunkt in der Benjamin'schen Liste Brecht'scher Theaterarbeit[388] ist dabei der (zitierbare) *Gestus*, auf den hier kurz genauer geschaut werden soll.

Der Brecht'sche Gestus ist der „Komplex einzelner Gesten“, der „die Beziehungen von Menschen zueinander [zeichnet].“[389] Es handelt sich also immer um sozial relevante, „gesellschaftliche Beziehung[en]“[390] und nicht um private Haltungen Einzelner, wobei sich in Brechts zahlreichen Schriften und Notizen durchaus Widersprüchliches dazu findet, wie zu vielen seiner Modelle und Begriffe.[391] *Gestus* wird jedoch an mehreren Stellen eben als „gesellschaftlicher Gestus [...], der auf die Gesellschaft Schlüsse zuläßt“[392], hervorgehoben. Diesen Gestus formuliert Benjamin nun als zitierbar; er geht also von einem sprachlichen Vermögen aus, was dann auch bei Derrida zentral wird, jedoch liegt bei Benjamins Zitierbarkeit der Fokus auf ihrer

385 Walter Benjamin: Was ist das epische Theater? (2. Fssg.). In: Ders.: *Gesammelte Schriften*, Bd. II.2, hrsg. v. Rolf Tiedemann / Hermann Schweppenhäuser. Frankfurt am Main: Suhrkamp 1991, S. 532–539, hier S. 535.

386 Ebd.

387 Ebd.

388 Diese ‚Liste‘ ergibt sich aus den einzelnen Kapitelüberschriften: Das entspannte Publikum, Die Fabel, Der untragische Held, Die Unterbrechung, Der zitierbare Gestus, Das Lehrstück, Der Schauspieler, Das Theater auf dem Podium.

389 Bertolt Brecht: Gestik. In: Ders.: *Werke*, Bd. 23: Schriften 3, S. 187–188, hier S. 188.

390 Ebd.

391 Darauf weist z. B. Hans Martin Ritter in seiner Studie hin, vgl. ders.: *Das Gestische Prinzip bei Bertolt Brecht*. Köln: Prometh 1986, S. 16–17, und nicht zuletzt auch Hans-Thies Lehmann in seinen Texten zum „anderen Brecht“, vgl. ders.: *Das Politische Schreiben*, S. 207–283, bes. 207–218.

392 Bertolt Brecht: Über gestische Musik. In: Ders.: *Werke*, Bd. 22.1: Schriften 2, S. 329–331, hier S. 330. Umgekehrt, schlussfolgert Hans Martin Ritter, „läßt das Prinzip des Gestischen immer ein Theater entstehen, das Gegenstände des menschlichen Zusammenlebens reflektiert und mit der sozialen Wirklichkeit in einem wechselseitigen Spannungs- und Austauschverhältnis steht. Mit der Entwicklung des ‚gestischen Prinzips‘ hat Brecht so ein Instrumentarium geschaffen, das in unterschiedlichsten Richtungen verwendet werden kann: Es kann gesellschaftliche Sachverhalte komplex erfassen, zugleich in ihren einzelnen, möglicherweise widersprüchlichen Details voneinander absondern und kann die Abstraktion von Oberflächenerscheinungen leisten, d. h. die Struktur sozialer Beziehungen erfassen. Es kann auf der anderen Seite durch Neuordnung und besondere Akzentuierung der Details eine aus der Erkenntnis der Wirklichkeit gewonnene Darstellung dieser gesellschaftlichen Sachverhalte produzieren helfen, die zugleich diese Erkenntnis ästhetisch erfahrbar macht, und es gibt schließlich dem Darsteller Mittel in die Hand, seine Haltung – im szenischen Vorgang selbst oder in Opposition zu ihm – zu definieren.“ (Ritter: *Das Gestische Prinzip*, S. 17–18.)

Möglichkeit zur Unterbrechung: „Einen Text zitieren, schließt ein: seinen Zusammenhang unterbrechen."[393] Die Zitierbarkeit, und also das Unterbrechen, bilden für ihn „eines der fundamentalen Verfahren aller Formgebung" und erweisen sich als auch auf Gesten anwendbar: „‚Gesten zitierbar zu machen' ist eine der wesentlichen Leistungen des epischen Theaters."[394] Dabei schwenkt er unvermittelt um vom Gestus als Gestenkomplex auf die Herausarbeitung einzelner Gesten – diesen Widerspruch löst Hans Martin Ritter, indem er dem Gestus sowohl eine synthetische als auch eine analytische Qualität zuschreibt:

> Der Gestus-Begriff hat demnach einmal eine *synthetische* Qualität: erfaßt mehrere Erscheinungen des menschlichen Verhaltens, die konkret wahrnehmbar sind, zusammen zu einem Komplex und ordnet ihm eine bestimmte Bedeutung zu. [...] Der Gestus-Begriff hat weiter zugleich *analytische* Qualität. Er löst aus einer komplexen Erscheinung zwischenmenschlichen Handelns einzelne Phasen und Züge heraus, Einzel- und Teilvorgänge, Gesten, mimische Äußerungen, Sätze, Tonfälle usw., und schreibt ihnen eine spezifische Bedeutung innerhalb eines umfassenden Handlungszusammenhanges zu. Der Gestus-Begriff findet seine eigentliche Funktion in der Neuverknüpfung dieser abgesonderten Einheiten zur Komposition des Theatervorgangs: hier entfaltet der Begriff seine konstruktive Qualität.[395]

Ähnlich denkt es wohl auch Benjamin, um dann ein Theater nachzuskizzieren, das eben diese Gesten erzeugt, nämlich als ein Theater der Unterbrechung, denn „Gesten erhalten wir umso mehr, je häufiger wir einen Handelnden unterbrechen."[396] Davon lassen sich auch zeitgenössische Theatermachende inspirieren, wie z. B. andcompany&Co., die über „‚Verhältnisse' als Pluralisierung von ‚Verhalten'" schreiben, „[u]nd in ‚Verhalten' hallt der Befehl ‚Halt!' nach."[397] Sie formulieren daraus den Traum (des Theaters) „von einem Publikum, das ‚Halt!' ruft. Je öfter wir die Handlung unterbrechen, desto reicher werden wir – an Gesten."[398] Das Gezeigte soll also angehalten und unterbrochen werden, damit die Geste getrennt von ihrem Vorher und Nachher zur Geltung kommt[399] und eben also in einem Blick überhaupt als Geste (an-)erkannt wird. Diese Erkenntnis wäre also die Leistung eines erkennenwollenden, Halt!-rufenden Publikums im Zusammenspiel mit dem Gezeigten, zu dem Brecht an vielfältigen Stellen schreibt, wie dies schauspielkünstlerisch (und eben auch

393 Benjamin: Was ist das epische Theater, S. 536.

394 Ebd.

395 Ritter: *Das Gestische Prinzip*, S. 16.

396 Benjamin: Was ist das epische Theater, S. 536.

397 Alexander Karschnia / Nicola Nord & Co.: Brechtbeatz. In: Patrick Primavesi / Olaf A. Schmitt (Hrsg.): *AufBrüche. Theaterarbeit zwischen Text und Situation*. Berlin: Theater der Zeit 2004, S. 208–214, hier S. 210.

398 Ebd.

399 Bezeichnenderweise reflektiert Brecht die Ausdrucksvielfalt der Gesten über das filmische Montageprinzip bzw. dessen Zerlegung: „Der Augsburger nahm einen Film von der Weigel beim Schminken. Er zerschnitt ihn, und jedes einzelne Bildchen zeigte einen vollendeten Ausdruck, in sich abgeschlossen und mit eigener Bedeutung. ‚Man sieht, was für eine Schauspielerin sie ist', sagte er bewundernd. ‚Jede Geste kann in beliebig viel Gesten zerlegt werden, die alle für sich vollkommen sind [...].'" (Bertolt Brecht: Der Messingkauf. In: Ders.: *Werke. Große kommentierte Berliner und Frankfurter Ausgabe*, Bd. 22.2: Schriften 2. Berlin / Frankfurt am Main: Aufbau / Suhrkamp 1993, S. 695–869, hier B146, S. 811.)

zuschaukünstlerisch) zu erreichen sei. Gesten entstehen also in Prozessen des Einhaltens, Unterbrechens, Einfrierens und als solche Rahmens, d.h. in isolierter Form und vor allem im Blick eines sogenannten Fremden, dessen ‚Eintreten' das Geschehen zu einem momentanen *Zustand* macht und unter dessen Blick die Gesten erscheinen. Benjamin veranschaulicht dies an einer

> Familienszene. […] Die Frau war gerade im Begriff, eine Bronze zu ergreifen, um sie nach der Tochter zu schleudern; der Vater im Begriff das Fenster zu öffnen, um nach einem Schutzmann zu rufen. In diesem Augenblick erscheint in der Tür der Fremde. ‚Tableau' – wie man um 1900 zu sagen pflegte. Das heißt: der Fremde wird mit dem Zustande konfrontiert; verstörte Mienen, offenes Fenster, verwüstetes Mobiliar.[400]

Interessanterweise dient nun gerade die privat anmutende Szene für den sozial relevanten Gestus, was eben keinen Widerspruch darstellt; so wird der Eintritt des Fremden in ein von Gesten durchzogenes Interieur jedenfalls umso deutlicher. Auf was fällt nun sein Blick? Auf einen, nach Benjamin, *entdeckten Zustand*, wenn das ‚gestische Prinzip'[401] erfolgreich sowohl gezeigt als auch gesehen wurde. Es eröffnet sich dem Blick also eine neue Sicht, die als wertvoll eingestuft wird.

Das Vorgehen der Unterbrechung in der analytischen Qualität des Gestus isoliert also die Geste und stellt sie aus, so dass etwas Neues, anderes gesehen wird, nämlich etwas Zustandhaftes (Äußerung, der Geste unterstellt wird?). Dies erinnert, und diese Volte sei einer Übertragungsperspektive erlaubt, an die Funktion des *Objekt a*, seinerseits doch häufig auch als isoliertes „Partialobjekt" bezeichnet, das als solches „vom Rest des Körpers ablösbar imaginiert"[402] und dem Bedeutung zugemessen wird – das Überbewertete. Zu seiner neuen Erscheinung verhilft ihm eine Bereitschaft im und zum (begehrenden) Sehen. Ist nun in der Wirkung des gestischen Prinzips ein ebensolches begehrendes Sehen (nach Gesten, nach Zuständen) als Einverständnis zwischen Zeigen und Schauen als Basis anzunehmen? Inwiefern kann die Geste als imaginär und symbolisch eingebettet diskutiert werden, indem sie Objekt des Begehrens ist, um das sich eine Einfühlung ins Ausfühlen bewegt?

Sie ist hier, wie Ritter betont, zuvorderst als Phänomen epischen Theaters zu betrachten, also als eine Geste der Bühne, die erst einmal mehr über den Bühnenzusammenhang und seine Wirksamkeit verrät als über ein Verhältnis zu einer anderen Wirklichkeit. Wäre sie damit nicht also weniger etwas Unterbrechendes als vielmehr eine funktionierende Stütze eines neuen, theatralen, agalmatischen Sehens und Subjektivierens, das daher zunächst über den Einsatz des *blepein* funktioniert? Die Bedeutungszuschreibung, von der Ritter spricht, entspricht dem Funktionieren, das dem Phantasma der Agalmatophilen zukommt; die Geste fingiert etwas, aber eben mit einer anderen Intention als Theaterformen, gegen die sie sich wendet. Der Bühnenvorgang der Unterbrechung, des Zeigens wird strukturell also von dieser isolierten Geste genauso getragen und erzeugt,

400 Benjamin: Was ist das epische Theater, S. 535.

401 Den Begriff des gestischen Prinzips prägt Brecht selbst, vgl. z.B. „Das mimische Prinzip wird sozusagen vom gestischen Prinzip abgelöst." (Bertolt Brecht: Über die Verwendung von Musik für ein episches Theater. In: Ders.: *Werke*, Bd. 22.1: Schriften 2, S. 155–164, hier S. 158.)

402 Evans: *Wörterbuch*, S. 205.

wie das Objekt *a* für den begehrenden Blick tragfähig ist. Somit kann die Geste als das Objekt *a* des epischen Theaters behauptet werden. Es handelt sich doch um eine, in Brechts Kontext theatergeschichtliche und -ästhetische Um- und Neubesetzung theatraler Zeichen mit Wert; der V-Effekt erzeugt als neues Dispositiv des Theaters auch seine neuen Subjekte und *agalmata*.

Es bleibt jedoch im Zusammenhang mit Rimini Protokoll zu fragen, ob hier das gestische Prinzip im Sinne einer Isolierung von Gesten so zutreffend ist. *Cargo Sofia* erweckt doch mehr den Eindruck einer umgekehrten Arbeitsweise – gerade auch durch das kontinuierliche Rollen und Bewegt-Werden, das Vorbeiziehen der Bilder vor der Glasscheibe, wie Dreysse es betont, wird das Montageprinzip der Wahrnehmung mehr genutzt als das Potential einer Unterbrechung. Durchaus als isoliert bezeichenbare Gesten ohne direkten gemeinsamen Kontext werden offensiv zusammengefügt und das Publikum mit seiner Wahrnehmung kontinuierlich im Fluss gehalten, in einer Art fingierter Konsekutivität. Irgendetwas schließt immer an: Fahren, Video, Ton, jedoch sind diese Anschlüsse immer fingierte und fabelhaft in dem Sinne, dass sie einer Fabel im und um den LKW herum folgen. Frei nach Béla Balázs kann also hier vom ‚dichtenden LKW'[403] gesprochen werden, der keinen Kontext unterbricht und diesen dadurch entdeckt, sondern einen erschafft.

So rekurriert auch Müller-Schöll auf Brechts Techniken zur Veranschaulichung der Anschauung von Wirklichkeit, indem er den „epistemologischen Zweifel" betont und eben die Notwendigkeit der Fingierung, da

> eine ‚einfache Wiedergabe der Realität' weniger denn je ‚etwas über die Realität aussagt. Eine Photographie der Kruppwerke oder der AEG ergibt beinahe nichts über diese Institute'. Woraufhin er [Brecht, E. H.], der oben angedeuteten Logik folgend, festhält: ‚Es ist also tatsächlich ‚etwas aufzubauen', etwas ‚Künstliches', ‚Gestelltes'.[404]

Es ist anzunehmen, dass der Fotografie und auch anderen medialen Abbildungsformen eigentlich auch eigene Formen epistemologischen Zweifelns oder verfremdender Darstellungstechniken zugestanden werden müssten – was wäre eine einfache Wiedergabe der Realität? –, aber davon einmal abgesehen würdigt Müller-Schöll in diesem Zusammenhang Kaegis brechtianische Erkenntnis, dass „die Annäherung an die Wirklichkeit über die bloße Abbildung hinaus auch das Abbilden selbst zum Thema erheben muss"[405]. So lassen sich die Fingierungstechniken von Kaegi & Co in der ehrwürdigen Tradition Brechts situieren. Neben der notwendigen Täuschung als natürlichem Modell können sich also dem Blick auch andere Bilder der Wirklichkeit eröffnen; es entsteht folglich umgekehrt die „Notwendigkeit, alles vorgegebene Wissen kritisch in Frage zu stellen"[406], wie Lehmann im Zuge seiner Untersuchung von Rimini

403 Vgl. Béla Balázs' „dichtende Schere" in Der Geist des Films. In: Ders.: *Schriften zum Film*, Bd. 2. Berlin: Henschel 1984, S. 49–205, hier S. 83.

404 Müller-Schöll: (Un-)Glauben, S. 145, mit Bezug auf Bertolt Brecht: Der Dreigroschenprozess. In: Ders.: *Werke. Große kommentierte Berliner und Frankfurter Ausgabe*, Bd. 21: Schriften 1. Berlin / Frankfurt am Main: Aufbau / Suhrkamp 1992, 448–514, hier S. 469. Interessanterweise geht es Brecht in diesem Fall um das Verhältnis von Kunst und Medien (Film).

405 Müller-Schöll: (Un-)Glauben, S. 145.

406 Lehmann: Theorie im Theater, S. 169.

Protokoll formuliert. Es gilt gleichzeitig, sich den notwendigen Phantasmen der subjektiven Wirklichkeitskonstruktionen bewusst zu widmen, wenn über experimentelle ‚Kanäle' gewirkt werden soll, was eben auch hieße, sich mit jeweiligen subjektiven und kollektiven Übertragungen vertraut zu machen. Bisweilen klingt in diesen Denkrichtungen auch Sokrates' Tipp bzw. Aufforderung wieder an, es sei genau hinzusehen, wobei vor dem Hintergrund des Fingierens vielleicht eher die Aufforderung zum Perspektivwechsel im Schauen *und* Zeigen ergeht, der sich von einer instrumentalisierenden Perspektive eben darin unterschiede, nicht das Bedienen des Phantasmas, sondern dessen Unterbrechung zu fokussieren. Hierfür muss aber überhaupt erst einmal ein Phantasma entstehen, das gebrochen, reflektiert werden könnte, und dies scheint nach Müller-Schöll auch übertragungstheoretisch argumentierbar, indem der Zugriff auf die Welt notwendig phantasmatisch erfolgt und darin die Möglichkeit zur Arbeit mit dem Netz der (phantasmatischen) Vorannahmen besteht.

Wird so der sich öffnende Rollo, der plötzlich den Blick aus der Ladefläche heraus freigibt, zur Metapher für die Frage nach dem Ort, von wo aus man sich zu seinen Phantasmen und Wirklichkeiten hinwendet, und in diesem Fall auch und gerade in einem ganz körperlich materialisiertem Perspektivwechsel? Denn in diesem ganz materiell-verkörperten Perspektivwechsel wird tatsächlich der gesamte Publikumskörper (und -leib) bewegt, an einen Platz versetzt, den einer Fracht. Der Unterschied zwischen Ver*stehen* und Er*fahren* nach Lehmann macht sich hier am eigenen Leib be-merkbar. Die Fahrer bewegen in ihrer Funktion als Vertreter ihrer Geschichte(n) und Wirklichkeiten nämlich ihr Publikum im wahrsten Sinne des Wortes. Vor diesem Hintergrund kann auch Roselts Unterscheidung zwischen „Berichtsszenen und Handlungsszenen"[407] bei Rimini Protokoll noch einmal zugespitzt werden, indem bei den Expert_innen zwischen sprachlichem Darstellen, sprachlich vermitteltem Wissen und Körper- / Handlungswissen unterschieden wird. Die Expertise der LKW-Fahrer wird an ihnen als *fahrende Fahrer* noch einmal anders deutlich, da sie sie direkt ausagieren und nicht verbal davon berichten. Konnten Experimentalphysiker oder Modellbahnspezialisten ihr ‚Werkzeug' noch auf Bühnen in institutionalisierten Theatern unterbringen,[408] muss sich das Theater folgerichtig für diese Art von Expertise in Bewegung setzen. Die Vorannahmen von Rimini Protokoll bleiben damit selbst beweglich. Nun bringen nicht mehr die Expert_innen des Alltags das ‚Fremde' auf die Theaterbühne, sondern das ganze Publikum wird zum Fremdkörper. Es müssen sich nicht mehr laienhafte Spieler im Netz der Vorannahmen von Theater beweisen, sondern laienhafte Waren werden in ihrer Unkenntnis mit dem professionellen Universum fernfahrerischer Stationen konfrontiert und damit, dass sie unter Umständen nicht einmal für alles dort zu Sehende ein passendes Phantasma entwickeln, um zu diesen Wirklichkeiten, falls sie welche sind, einen Zugriff zu finden.

Damit wären Räume und Kontexte, die mit Vorannahmen kollidieren, wieder aufgerufen: ruft der Polizist auf der Straße oder von der Bühne (oder von der Straße, der

407 Roselt: In Erscheinung treten, S. 56.

408 Vgl. Rimini Protokoll: *Physik* (2002) und *Mnemopark* (2005).

Kaegi Bühne unterstellt?), von wo erhält er seine Legitimation und seine symbolische Macht, wer ist bereit, sie ihm zuzugestehen, wann wird er als ‚wirkliche' Autorität erhört? Künstlerische Rahmungen und Inszenierungen im Stadtraum sind freilich selbst ein weites Untersuchungsfeld und immer dazu geeignet, Netze von Vorannahmen auf die Probe zu stellen, da die Kraft des Zufalls viel stärker als Kompositionseinfluss wirken kann und Handlungen, die nicht den Vorannahmen entsprechen, schnell auffallen. Zumeist gibt es zufällig Anwesende, die durch die Verlagerung von der Bühne in ihren Anwesenheitsraum zu Zuschauenden gemacht oder dem Blick eines Publikums ausgesetzt werden. Das, was der Stadtraum von sich aus beiträgt,[409] formt „die Ränder, an denen sich solche Aufführungen verselbstständigen"[410], vor allem auch, weil hier die Bedingungen von Wirklichkeit nicht nur deswegen nicht klar sind, weil zu viele Phantasmen sie eventuell überlagern; im Stadtraum als Möglichkeitsraum[411] finden sich unter Umständen Leerstellen, die jeweils be-setzt werden können und eben gar keine ‚fixen Wirklichkeiten darstellen'; solche Wirklichkeiten der Orte, der Narration und nicht zuletzt auch der Fahrer sind Wirklichkeiten, die davon abhängen, ob ihnen Wirklichkeit unterstellt wird.

In der Reflektion der Wirklichkeiten gibt es aber gleichzeitig eine andere, geradezu sozialpolitische Komponente, nämlich, wenn sich auf die als solche erzählte Wirklichkeit eingelassen wird, die dann sehr schnell, wie bereits angedeutet, aus dem ästhetischen Wahrnehmungsbereich herausführen muss. Diese wäre etwa mit Rancières *Aufteilung des Sinnlichen* anzugehen, wenn Müller-Schöll in seiner Analyse von *Cargo Sofia* nämlich auch schreibt, dass sich dort „eine der überzeugendsten Antworten auf die Frage" formuliert,

> wie man etwas über die heutigen ökonomischen Vorgänge erzählen, wie man deren namenlose Akteure in Szene setzen, wie ihre letztlich nicht ganz erschließbaren Gesetze beleuchten kann – und zwar ohne ihre Komplexität zu reduzieren, aber auch ohne sie als gänzlich unbekannte zu dämonisieren und in untätige Kontemplation zu verfallen.[412]

So kann also gerade eine brisante soziale Wirklichkeit in ästhetischer Fingierung zur Sprache kommen.

> Kaegi zeigt in Cargo die Stadt als ökonomischen und gesellschaftlichen Macht- und zugleich subjektiven Erfahrungsraum. So blicken wir aus dem warmen Lastwagen auf einen zugigen Parkplatz und Vento erzählt, dass er vor einigen Jahren als ausländischer Arbeiter in Deutschland in solchen Containern gelebt habe: ‚Immer zwei Personen in einem Container, ein anderer Container für Dusche und WC.' Es wird ein Infragestellen der eigenen Haltung, des weitgehend passiven Betrachtens der Realität ‚da draußen' nahegelegt, eine Hinterfragung nicht nur der Position als Zuschauer in diesem konkreten Moment, sondern auch des eigenen Verhältnisses zur Realität anderer Menschen im Alltag, des eigenen Bezuges zur Wirklichkeit.[413]

409 Vgl. Eva Holling: *Ist alles gespielt? Blicke auf den Stadtraum im Neuen Theater*. Marburg: Tectum 2007.

410 Von ferngesteuerten Zuschauern und einem mobilen Guckkasten, S. 71.

411 Vgl. Hans-Thies Lehmann: Theater als Möglichkeitsraum. In: Paolo Bianchi (Hrsg.): *Crossover Theater & Kunst. „...der körpererfüllte Raum fort und fort"*. Linz: Landestheater Linz 2001, S. 8–15 (dt./engl.).

412 Müller-Schöll: (Un-)Glauben, S. 143.

413 Dreysse: Die Aufführung beginnt jetzt, S. 95.

Eben dieser Moment der Infragestellung, der ja durchaus als bekanntes Argument für die Wirksamkeit experimenteller Kunst gelten kann, hat den ‚Vorteil', dass er nicht schließende Information übermittelt, sondern durch Reflektion und Fingierung die Welt mit Brecht als veränderbare zeigt, wofür er nun gerade das Theater als prädestiniert sieht. Seine „heutige Welt" kann „auch auf dem Theater wiedergegeben werden [...], aber nur, wenn sie als veränderbar aufgefaßt wird."[414] Vielleicht hat das dann auch damit zu tun, dass sich Theater als intersubjektiver Rapport erweist und sich darin eben schlechter ein starres, ‚zugreifendes' und verrechnendes Subjekt-Objekt-Verständnis etabliert?

Es ist zu konstatieren, dass in den Projekten, in denen biographisch motivierte Personen auftreten, eine besondere Wirkung auch darin liegt, dass ihr Auftreten sich von Techniken des Schauspiels unterscheidet, dadurch aber auch ein Begehren nach dieser Unterscheidung evoziert, ein Begehren nach Wirklichkeit und sogenannter Authentizität, was immer diese wäre. Mit Rimini Protokoll kann also auch der Wunsch nach Demokratisierung und Ermächtigung von Personen entstehen, die sonst ‚nicht einmal zu den Zuschauern' der Institution Theater gehören würden, nach dem sogenannten ‚Fremden'. Dieser Wunsch, dieses Begehren nach Wirklichkeit begünstigt, wie es auch Müller-Schöll diskutiert, einen Glauben an bestimmte Wirklichkeiten. Daher macht es evtl. ‚objektiv' gesehen keinen Unterschied, ob Schauspieler_innen so tun, als wären sie Vento und Nedjalko, aber für die Konstitution eines ‚Draußen', den intersubjektiven Rapport, insofern als dass an ihn geglaubt wird,[415] verändert sich die Sachlage. Nicht eine Verhandlung *von* Wirklichkeit sondern eine der Wirklichkeit *als* Wirklichkeit steht zur Diskussion: Wenn den Experten Vento und Nedjalko Glauben geschenkt wird, erhält deren Wirklichkeit Gültigkeit für an sie glaubende Subjekte.

414 Bertolt Brecht: Kann die heutige Welt durch Theater wiedergegeben werden? In: Ders.: *Werke*, Bd. 23: Schriften 3, S. 340–341, hier S. 341.

415 Vgl. auch Erving Goffman, der das Spiel sozialer Rollen ja maßgeblich an ihre Glaubwürdigkeit bindet: *The Presentation of Self in Everyday Life*.

# Ausleitung

Für einen Einstieg in die Zusammenfassung der wichtigsten erarbeiteten Thesen ist es vielleicht sinnvoll, am Schluss dieser Untersuchung noch einmal kurz resümierend von den Fotografien Marco Anellis auszugehen. Die Bilder zeigen die (weinenden) Besucherinnen und Besucher der Performance *The Artist is Present* von Marina Abramović – und schließlich kann nun bestätigt werden, dass sich am so dokumentierten Affekt eine aktive Übertragung verrät, die ein kollektives *s.s.s.*, das sich in Funktion für viele befindet, etabliert und *agalmatisches Sehen* auf Seiten der Übertragenden beinhaltet. Die Weinenden attestieren sich ihre konstruktive und wirksame *méprise* nach Cormann, während sich Marina Abramović, einer Analytikerin ähnelnd, dem übertragenden Sehen und seinen Fiktionen als Leerstelle zur Verfügung stellt. Diese Diagnose mag engführend erscheinen und gerade nicht einer irreduziblen Offenheit oder Unverrechenbarkeit von Kunst entsprechen – jedoch ist sie eben auch dem Umgang mit Übertragung in diesem Beispiel zu verdanken, letztere wird institutionell bestätigt und gefördert, wie zu sehen war.

Die Übertragungsperspektive, die auf solche wirksamen intersubjektive Rapporte schaut, fragt also nach den jeweiligen Funktionen und Plätzen, von denen aus auf Affekte von Subjekten eingewirkt wird, untersucht, ‚welche' Subjekte sich konstellieren und wie und auch wer diese Konstellationen evtl. initiiert, vornimmt, nutzt, welche Interpellationen im Spiel sind und von wo aus sich symbolische Macht generieren kann. Dies bedeutet auch, nach präfigurierten, sozialen / gesellschaftlichen Wertesystemen zu fragen, nach den Ideen, die für die Verbindung zwischen imaginierter Lebensführung und tatsächlicher Lebensrealität sorgen – Übertragungstheorie schaut so also immer auch auf evtl. vorherrschende ideologische Konzepte. Von der Psychoanalyse ausgehend, die ja nach den Bedingungen subjektiver Handlungen fragt, kann das Konzept also zu einem Modell für alle Bereiche werden, in denen Intersubjektivität eine Rolle spielt.

Zwar wurde Übertragung von Freud aus zunächst als elementares Werkzeug der Psychoanalyse erkannt, das einerseits dem Widerstand gegen die Analyse zuarbeitet, andererseits jedoch in ihrem Sinne eingesetzt werden kann und muss, von Freuds starker Konnotation als Wiederholungszwang gelangt die Übertragung dann jedoch vor allem mit Lacan zum Status einer ganz gegenwärtigen, intersubjektiven Struktur. Interessanterweise ist es Lacan in seiner Funktion als Analytiker, der diese Struktur auch für Rapporte außerhalb der Psychoanalyse bestätigt, als natürliches Phänomen der Intersubjektivität, das von Wertunterstellung geprägt ist. Die Übertragung benennt prinzipielle Funktionen und Fiktionen, die das begehrende Subjekt seinem Gegenüber gegenüber ausagiert – und in Übertragung ist die intersubjektive Gegenwart immer in gegenseitigen Unterstellungen verschoben und missverstanden, gleichermaßen aber wirksam und konstitutiv. Übertragung ist also nicht Affekt sondern Struktur, löst aber Affekte aus – und kann daher als Grund für die Tränen bei Abramović gelten.

Die Strukturen der *méconnaissance*, die für Lacan wesentlich beteiligt sind an der Subjektkonstitution (vgl. Spiegelstadium), werden von ihm für Übertragung und Begehren vornehmlich als potentielle Machtstruktur gedacht und stehen daher unter dem Begriff der Unäquivalenz. In seinen Begriffen des *agalma* und des *sujet supposé savoir* fasst er dieses Phänomen und seine Auswirkungen genauer, indem er zwischen Subjekten fingierten Reichtum vom Begehren des Subjekts als Mangelwesen aus denkt. Die Perspektive der Bereicherung (als Ansteckung) am *agalma* der Anderen führt nach Lacan zum Fall in den Geltungsbereich der Gebote der im übertragenden Sehen überbewerteten Anderen, von denen sich diese ‚fallenden Subjekte' angesprochen fühlen, ja nach diesem Anspruch auch verlangen.

Ausgehend von Lacans Prämisse des Erfahrungsraums als Raum für Phänomene der Übertragung sind Übertragungen stets *in actu* zu betrachten; d.h. in ihrer Verkörperung, die Wahrnehmung abgibt: wie etwa das sich Hinwenden in Form des räumlichen *Ortswechsels*, des tatsächlichen Sich-Hinbegebens an den wertvollen Ort, nicht zuletzt freilich die geweinten Tränen als starkes Zeichen von übertragendem Sehen, das sich hier aus den Augen ausschüttet. Gerade die physische Komponente ausgetragener Übertragungen lässt ihre Untersuchung für das Theater zu, namentlich die Verkörperung der Funktion des *s.s.s.* in jemandem für jemanden. Gleichzeitig ist gerade das Theater als Raum denkbar, der die dort beteiligten Subjekte jeweils in Funktionen konstelliert und fiktionalisiert, die sich im Spannungsfeld zwischen den Grundfunktionen des Theaters, nämlich *Publikum* und *Bühne*, bewegen. Damit ist das Theater immer auch ein dispositivischer Raum, der Subjekte des Theaters für die räumliche und zeitliche Ausdehnung seines Geltungsbereichs hervorbringt (interpelliert). Insofern ist es auch elementar, dass dieser Raum stets einen Anteil des Öffentlichen mit sich bringt und damit als Verhandlung von Gesellschaftsraum und seiner „Netze von Vorannahmen"[1] gelten muss. Solche kollektiv geteilten Netze, also grob: Fragen nach der Konstitution von Gemeinschaft, sind Theater als Thema strukturell eingebettet und machen Publikum zu einer Stellvertretung des Öffentlichen, die sich mit diesen Netzen konfrontiert sieht.

Wie sich besonders auch anhand der Beispiele zeigen lässt, ist Übertragung maßgeblich beteiligt an den Wirkarten auf Subjekte, wobei hier vorgeschlagen wurde, zwischen

1 Rancière: *Der emanzipierte Zuschauer*, S. 17.

einem instrumentellen und einem experimentellen Umgang mit ihr und mit übertragenden Subjekten zu unterscheiden. Zwar ist bei Übertragung wohl immer in irgendeiner Art von einer Intention auszugehen, ein heikler Punkt, der eigentlich noch weiter diskutiert werden müsste, da ja gerade auch Nicht-Intentionales für das unverrechenbare (ästhetische) *Mehr* wesentlich ist, jedoch soll dies eben durch die Behauptung einer öffnenden, also experimentellen Intention eingelöst werden. Hier wäre auch der Unterschied zu finden, den Brecht zwischen Staunen und Einfühlen einführt, ein fruchtbarer Ansatz, mit dem die Tränen bei Abramović dann als ein Zeichen von affektiver Eingenommenheit und Einfühlung in etwas, das eigentlich nur imaginiert wird, gelesen werden können. Ein Staunen jedoch über die Verhältnisse von Abramovićs Auftreten und die Wahrnehmung der Begegnung mit ihr als entdeckter Zustand nach Benjamin wird durch die ungebrochene (Selbst-)Inszenierung verunmöglicht. Ein instrumentalisierender Einsatz von Übertragung, so also der Vorschlag, profitiert ungebrochen von ihr und ihrer Wirksamkeit und macht mitunter „blind [...] für das, was es an Macht auf Seiten des Lehrers und der Institution gibt“[2]. Experimentelle Ansätze hingegen agieren unterbrechend, spielen öffnend mit dem Übertragungspotential, seinen letztlichen Einsatz nie bis ins letzte wissend und also nicht engführen wollen könnend, also immer Platz für Übertrag lassend. Ein solches Theater entspräche der Definition von Theatralität nach Juliane Rebentisch, sie wäre nämlich

> weniger der Name für die Einrichtung eines hierarchischen Subjekt-Objekt-Verhältnisses als vielmehr die Bezeichnung für einen offenen Möglichkeitsraum – man könnte ihn auch Raum der ästhetischen Erfahrung nennen –, in dem das Subjekt ein experimentelles, jedenfalls: gerade nicht verfügendes Verhältnis zum Objekt unterhält.[3]

Und das müsste dann eben auch für intersubjektive Rapporte gelten, wo niemand zum Objekt ‚degradiert‘ wird.

Die Beispiele zeigen also die diskutierbaren Unterschiede im Umgang mit Übertragung wie etwa in Bildern, Klängen, An- / Zusprachen, Körperkonstellationen und Choreographien, ob das Netz der Vorannahmen und Weltbezüge von Subjekten als gültige und Übertragung als ihnen folgsam eingesetzt oder ob ein unterbrechender Umgang mit Übertragung, wo vielleicht etwas nicht aufgeht, nicht funktioniert, nicht bestätigend agiert, als Möglichkeit zum Aufzeigen oder auch als Raum der Wahl angeboten wird. Möglicherweise beginnt diese Unterscheidung dann schon bei der Geste, ob die Bedingungen des Spiels Angebot oder Oktroyierung sind – ganz banal: muss ich mein Telefon an der Tür abgeben oder meine Schuhe und Tasche ablegen, nur weil es jemand sagt, oder kann ich über die Notwendigkeit dafür selbst entscheiden? „Le *transfert en acte*“[4] ist letztlich also ein Akt des Politischen im Sinne Rancière'scher „Verteilung von

2 Wimmer: Übertragung – pädagogisch?, S. 260.

3 Rebentisch: *Ästhetik der Installation*, S. 56–57.

4 Eva Holling: sujet supposé spectateur: le transfert comme source de fiction théâtrale. Beitrag zur Journée d'Etude „Quel être-ensemble au théâtre aujourd'hui?“, 23.01.2015, Universität Paris 8, Département Etudes Théâtrales, erscheint als Online-Publikation.

Positionen und von Fähigkeiten und Unfähigkeiten, die an diese Positionen geknüpft sind"[5]; und damit liest sich eben auch Hans-Thies Lehmanns Forderung, Politisches als Unterbrechung des Politischen[6] zu denken, nämlich als Unterbrechung seiner Übertragungen und Interpellationen. Eine Entscheidung über Übertragung ist eine über das Politische des Ästhetischen.

Ausgehend von Lacans natürlichem Modell der Übertragung, das in der Psychoanalyse als einem darauf ausgerichteten Setting genutzt wird, geht es also darum, weitere experimentelle Settings zu finden, die sich mit Übertragungsstrukturen auseinandersetzen, sie thematisieren und nutzen. Besonders in Formen darstellender künstlerischer Praxis mit der Ko-Präsenz als Definitionsbasis lassen sich Beispiele finden, die explizit mit Unterstellungsmechanismen arbeiten, sowohl was die Produktion als auch was die Rezeption betrifft. Dabei muss dieses Arbeiten gar nicht immer explizit so benannt sein, die Übertragungsperspektive kann auch im Nachhinein als Analysewerkzeug dienen – allerdings kann es auch ratsam sein, die von ihr aufgeworfenen Fragestellungen im künstlerischen Schaffensprozess und in der Publikumsfunktion, also in der ästhetischen Produktions- *und* Rezeptionserfahrung zu reflektieren, besonders wenn es um politisch Relevantes gehen soll.

Es fällt auf, dass die Übertragungsperspektive als Fokus auf eine intersubjektiv wirksame Struktur und letztlich auch als Behauptung eines subjektiven, phantasmatisch-illusionären Weltbezugs eine ganze Reihe zentraler Begriffe und Fragestellungen aufwirft, die selbst grundlegende Diskurse um sich versammeln, welche hier nicht ihrer Breite und Tiefe angemessen wiedergegeben werden können. Daher bieten sich an zahlreichen Stellen Anschlussmöglichkeiten zur Weiterführung und Differenzierung. Übertragung erscheint grundsätzlich diskutierbar für Strukturen von Illusion / Fiktion / Phantasma, von Spiel und Simulation, von Verkörperung / *incarnation*, von Liebe und Begehren, von Wissen, von Funktion, von Wahrheit, von Ideologie, von Situation, von Performativität und von Identifikation, um einige wichtige zu nennen. Daran zeigt sich aber noch einmal die ‚Verwässerungsgefahr' des Begriffs bzw. wohl auch eine Gefahr der Überbewertung des Konzepts. Es ist nichts gewonnen, wenn alles Übertragung genannt werden kann.

*

Somit wären in aller Kürze die zentralen Fragestellungen und Argumentationen der Arbeit nachvollzogen, ohne noch einmal alles zu wiederholen. Was kann darüber hinaus aber im Nachhinein über ihre Positionierung in eventuellen Diskursen gesagt werden?

Zum ersten handelt es sich wohl um eine Studie zwischen Öffnung und Schließung, zwischen fokussierendem Definieren und freigelegten Effekten, mit denen offen gespielt werden soll. Bei aller unterschwelligen Kritik an instrumentalisierenden

5 Rancière: *Der emanzipierte Zuschauer*, S. 22–23.

6 Vgl. Lehmann: Wie politisch ist postdramatisches Theater?

Konzepten soll also deren Wirksamkeit nicht per se diskreditiert werden, ist doch gerade in medizinischer Hinsicht ein Wohlergehen des Hilfesuchenden elementar und zu erreichendes *telos*. Jedoch ist sich die Arbeit der Gefahr der eigenen Übertragung und damit der Instrumentalisierung der Beispiele durchaus bewusst. Es sei also noch einmal betont, dass die vorliegenden Ansätze nie die einzige Lesart und nie den einzigen Aspekt an den besprochenen Gegenständen darstellen sollen. Allerdings muss eine Untersuchung im Rahmen einer Institutionalisierung (wie z. B. Promotion) auch bestimmte Funktionen erfüllen und Vorannahmen gerecht werden, und Postulierung ist eine von ihnen.

Zum zweiten stellt sich heraus, dass die hier umrissene Übertragungsperspektive sich besonders auch als interdisziplinäres Arbeitsmittel eignet – die vorliegende Studie ist also letztlich keine zwingend rein theaterwissenschaftliche Arbeit und will es auch nicht sein. Sie widmet sich daher in erster Linie den Theorien und Politiken intersubjektiver Rapporte, untersucht diese im Theater, hofft aber die Anschlussmöglichkeiten an andere Disziplinen immer wieder zu verdeutlichen, um auf die mögliche breite Relevanz der Übertragungsstruktur für verschiedene Horizonte hinzuweisen. Daher bietet die explizite Praxis der Re-Lektüren teilweise kanonischer, aber eben nicht rein theaterwissenschaftlicher (oder etwa psychoanalytischer) Quellen an, verschiedene von Lacan in Aussicht gestellte Horizonte ohne Analytiker aufzuzeigen und die Übertragungsperspektive auch als neue Blickweise auf vermeintlich Altbekanntes einzunehmen. Vor diesem Hintergrund erfolgte die Suche nach Theorien, die von der Wirksamkeit der Übertragung sprechen, ohne sie so zu benennen. Bourdieus *pouvoir symbolique*, Althussers *interpellation*, Rancières *maitre ignorant*, alle diese Topoi benötigen Übertragung, um zu wirken: Ohren, die den Reichtum eines Sprechens bezeugen; Körper, die sich hinwenden; Bereitschaft, Anweisungen zu befolgen. Die Lektüren aus dem Herzen der Erfahrung der darstellenden Kunst zeigen dabei, welche Lesarten sich aus einem übertragungsgeschärften Sehen ergeben und bringen ihrerseits die Übertragungstheorie wieder voran, weil ohne diese Lektüren bestimmte, konkrete Erkenntnisse nicht entstünden. Die Beschäftigung mit Kunst als Umgang mit intersubjektiven Rapporten erhellt die Übertragungstheorie, und letztlich können Kunst / Theater strukturell vor dem Übertragungshintergrund analysiert werden.

Dies fügt, um nun doch spezifisch theatertheoretisch zu argumentieren, klassischen Methoden der Inszenierungs- und Aufführungsanalyse (wie etwa der semiotischen oder der phänomenologischen) eine Perspektive hinzu, die etwa die Trennung zwischen Inszenierungs- und Aufführungsanalyse oder eine zwischen Intellekt und Affekt nicht sinnvoll erscheinen lässt. Die Arbeit kann also als herleitende Vorbereitung für Analyseperspektiven dienen, die nun bei Bedarf angewandt werden können, ohne den Übertragungsbegriff erneut inflationär ausweiten zu wollen. Eben daher wurde die intersubjektive Struktur, die hier mit *Übertragung* bezeichnet wird, möglichst ausführlich dargestellt.

Zum dritten sei noch einmal ein inhaltliches Fazit als Plädoyer für die Übertragungstheorie erlaubt. Mit ihr müsste für die bekannte Titulierung Wolfgang Kemps,

„Der Betrachter ist im Bild“[7], eine Änderung in ‚Der Betrachter *wird* im Bild‘ postuliert werden. Denn als Interpellation des ästhetischen Phänomens sind stets beide Seiten (Bühne und Publikum) involviert in Politiken der Plätze, auf die Subjekte versetzt werden, in eine Lust daran und damit schließlich in eine performative Angelegenheit, denn das

> Performative eines Kunstwerks ist die Realität, die es kraft seiner Existenz an einem Ort, in einer Situation, kraft seines Produziertseins, Rezipiertwerdens und Überdauerns – hervorzubringen vermag. ‚Performativ‘ bezeichnet eine Setzungsmacht, die Macht, Realität zu schaffen. Aus dieser Setzungsmacht [...] ergeben sich Möglichkeiten (und Grenzen) des Handelns [...].[8]

Übertragung mit ihrer Ermöglichung von Glauben und konstitutivem Missverstehen erweist sich jedoch auch als Voraussetzung für eine Performativität, die auch in Ideologie umschlagen kann. Letztlich führen diese Hinweise stets auch auf das Lacansche Register des Symbolischen und seine mächtige Wirksamkeit. „Besteht“ also, so Wimmer,

> nicht leicht die Gefahr, mit dem Rekurs auf das – nach Lacan – struktural-anthropologisch unvermeidbare Gesetz des Symbolischen empirisch-kontingente Macht- und Herrschaftsverhältnisse zu legitimieren? Wo endet die Übertragung und wo beginnt die Identifikation mit dem Aggressor?[9]

Kann die Übertragungsperspektive, die für Strukturen intersubjektiver Konstellationen sensibilisiert, also zur Interpellation widerständiger Subjekte beitragen, indem sie Ideologiekompetenz schafft?

7 Wolfgang Kemp (Hrsg.): *Der Betrachter ist im Bild. Kunstwissenschaft und Rezeptionsästhetik*. Berlin: Reimer 1992.

8 Dorothea von Hantelmann: *How to do things with art?* Zürich / Berlin: Diaphanes 2007, S. 11.

9 Wimmer: Übertragung – pädagogisch?, S. 260.

Abb. 16: Symbolisierte Übertragung im Alltag III.

# Literaturverzeichnis


Adorno, Theodor W.: *Ästhetische Theorie.* Frankfurt am Main: Suhrkamp 1970.

Agamben, Giorgio: *Was ist ein Dispositiv?*, aus d. Ital. v. Andreas Hiepko. Zürich / Berlin: Diaphanes 2008.

Aggermann, Lorenz: *Der offene Mund. Über ein zentrales Phänomen des Pathischen.* Berlin: Theater der Zeit 2013.

Aggermann, Lorenz / Georg Döcker / Eva Holling / Gerald Siegmund: Theater als Dispositiv. Erscheint im Tagungsband des 12. Kongresses der Gesellschaft für Theaterwissenschaft: *Episteme des Theaters*, vorauss. 2017.

Althusser, Louis: *Idéologie et appareils idéologiques d'Etat.* Paris: Editions Sociales 1976.

—: Ideologie und ideologische Staatsapparate. In: Ders.: *Ideologie und ideologische Staatsapparate. Aufsätze zur marxistischen Theorie.* Hamburg / Berlin: VSA 1977, S. 108–153.

Apelt, Otto / Kurt Hildebrandt / Constantin Ritter / Gustav Schneider (Hrsg.): *Platon. Sämtliche Dialoge.* Leipzig: Meiner 1926.

Appignanesi, Lisa / John Forrester: *Die Frauen Sigmund Freuds.* München / Leipzig: List 1994.

Arendt, Hannah: *Vita Activa oder vom tätigen Leben.* München / Zürich: Piper 1999.

Aristoteles: *Poetik*, griech./dt., übers. u. hrsg. v. Manfred Fuhrmann. Stuttgart: Reclam 1982.

Artaud, Antonin: Briefe über die Sprache. In: Ders.: *Das Theater und sein Double.* München: Matthes & Seitz 1996, S. 113–130.

Auslander, Philip: *Liveness. Performance in a Mediatized Culture.* London / New York: Routledge 1999.

Austin, John Langshaw: *Zur Theorie der Sprechakte* [*How to do things with words*], deutsche Bearb. v. Eike von Savigny. Stuttgart: Reclam 2002.

Bahr, Hermann: Die neue Psychologie. In: Ders.: *Zur Überwindung des Naturalismus. Theoretische Schriften 1887–1904*, ausgew., eingel. u. erl. v. Gotthart Wunberg. Stuttgart: Kohlhammer 1968.

Barthes, Roland: *Le plaisir du texte.* Paris: Seuil 1973.

—: *Die helle Kammer.* Frankfurt: Suhrkamp 1985.

—: Der Tod des Autors. In: Fotis Jannidis (Hrsg.): *Texte zur Theorie der Autorschaft.* Stuttgart: Reclam 2000, S. 185–193.

Beaufils, Eliane: Quel être-ensemble au théâtre? Konzept zur gleichnamigen Journée d'étude 23.01.2015, Université Paris 08 (St. Denis).

Bedorf, Thomas: *Dimensionen des Dritten. Sozialphilosophische Modelle zwischen Ethischem und Politischem.* München: Fink 2003.

Behrendt, Eva: Spezialisten des eigenen Lebens. Gespräche mit Riminis Experten. In: Miriam Dreysse / Florian Malzacher (Hrsg.): *Experten des Alltags. Das Theater von Rimini Protokoll.* Berlin: Alexander 2007, S. 64–73.

Benjamin, Walter: Über einige Motive bei Baudelaire. In: Ders.: *Gesammelte Schriften*, Bd. I.2, hrsg. v. Rolf Tiedemann / Hermann Schweppenhäuser. Frankfurt am Main: Suhrkamp 1991, S. 605–653.

—: Was ist das epische Theater? (2. Fssg.). In: Ders.: *Gesammelte Schriften*, Bd. II.2, hrsg. v. Rolf Tiedemann / Hermann Schweppenhäuser. Frankfurt am Main: Suhrkamp 1991, S. 532–539.

Bergler, Edmund / Ludwig Jekels: Übertragung und Liebe. In: *Imago. Zeitschrift für psychoanalytische Psychologie, ihre Grenzgebiete und Anwendungen* XX,1 (1934), S. 5–31.

Beron, Michael: „Bist du ein Funpreneur?" Der fröhliche Roboter als Subjektmodell der neuen kapitalistischen Universität. In: *Nebulosa. Figuren des Sozialen* 6 (2014), S. 49–61.

Bloesch, Hansjörg: *Agalma. Kleinod, Weihgeschenk, Götterbild. Ein Beitrag zur frühgriechischen Kultur- und Religionsgeschichte.* Bern: Benteli 1943.

Blümle, Claudia / Anne von der Heiden (Hrsg.): *Blickzähmung und Augentäuschung. Zu Lacans Bildtheorie.* Zürich / Berlin: Diaphanes 2009, darin: Einleitung, S. 7–42.

Bourdieu, Pierre: *Langage et pouvoir symbolique*. Paris: Seuil 2001.

Braidt, Andrea B. / Klemens Gruber / Monika Meister: Vorwort. In: *Maske und Kothurn* 52 (2006): Mit Freud. Zur Psychoanalyse in Theater-, Film- und Medienwissenschaft, S. 7–9.

Brecht, Bertolt: Der Dreigroschenprozess. In: Ders.: *Werke. Große kommentierte Berliner und Frankfurter Ausgabe*, Bd. 21: Schriften 1, hrsg. v. Werner Hecht / Jan Knopf / Werner Mittenzwei / Klaus-Detlef Müller. Berlin / Frankfurt am Main: Aufbau / Suhrkamp 1992, S. 448–514.

—: Messingkauf. In: Ders.: *Werke. Große kommentierte Berliner und Frankfurter Ausgabe*, Bd. 22.2: Schriften 2. Berlin / Frankfurt am Main: Aufbau / Suhrkamp 1993, S. 695–869, B146.

—: Gestik. In: Ders.: *Werke. Große kommentierte Berliner und Frankfurter Ausgabe*, Bd. 23: Schriften 3. Berlin / Frankfurt am Main: Aufbau / Suhrkamp 1993, S. 187–188.

—: Kann die heutige Welt durch Theater wiedergegeben werden? In: Ders.: *Werke*, Bd. 23: Schriften 3, S. 340–341.

—: Kleines Organon für das Theater. In: Ders.: *Werke*, Bd. 23: Schriften 3, S. 65–97.

—: Die Straßenszene. Grundmodell einer Szene des epischen Theaters. In: Ders.: *Werke. Große kommentierte Berliner und Frankfurter Ausgabe*, Bd. 22.1: Schriften 2. Berlin / Frankfurt am Main: Aufbau / Suhrkamp 1993, S. 370–381.

—: Über die Verwendung vom Musik für ein episches Theater. In: Ders.: *Werke*, Bd. 22.1: Schriften 2, S. 155–164.

—: Über gestische Musik, in: Ders.: *Werke*, Bd. 22.1: Schriften 2, S. 329–331.

—: Fatzer. In: Ders.: *Werke. Große kommentierte Berliner und Frankfurter Ausgabe*, Bd. 10.1: Stücke 10. Berlin / Frankfurt am Main: Aufbau / Suhrkamp 1997, S. 387–529.

Bröcker, Walter: *Platos Gespräche*. Frankfurt am Main: Klostermann 1999.

Brook, Peter: *The Empty Space*. New York: Touchstone 1996.

Bublitz, Hannelore: Sehen und Gesehenwerden – Auf dem Laufsteg der Gesellschaft. Sozial- und Selbsttechnologien des Körpers. In: Robert Gugutzer (Hrsg.): *body turn. Perspektiven der Soziologie des Körpers und des Sports*. Bielefeld: Transcript 2006, S. 341–361.

—: Vermessung und Modi der Sichtbarmachung des Subjekts in Medien-/Datenlandschaften. In: *Nebulosa. Figuren des Sozialen* 4 (2013), S. 21–32.

Butler, Judith: *Psyche der Macht. Das Subjekt der Unterwerfung*. Frankfurt am Main: Suhrkamp 1997.

—: *Haß spricht. Zur Politik des Performativen*. Frankfurt am Main: Suhrkamp 2006.

Cage, John: *Silence: Lectures and Writings*. Middletown: Wesleyan UP 1961.

—: Experimental Music: Doctrine. In: Ders.: *Silence*, S. 13–17.

Chomsky, Noam: *Aspects of the Theory of Syntax*. Cambridge: MIT Press 1965.

Chomsky, Noam / Morris Halle: *Principes de phonologie generative*. Paris: Seuil 1973.

Cormann, Enzo: Fantasme Malentendu. In: Ders.: *À quoi sert le théâtre?* Besançon: Les Soutaires Intempestifs 2003, S. 33–37.

Crommelin, Adrienne / Torsten Meyer / Manuel Zahn (Hrsg.): *Sujet Supposé Savoir. Zum Moment der Übertragung in Kunst, Pädagogik, Psychoanalyse*. Berlin: Kadmos 2010.

Deck, Jan / Stefan Kaegi: Von ferngesteuerten Zuschauern und einem mobilen Guckkasten. Interview von Jan Deck mit Stefan Kaegi. In: Jan Deck / Angelika Sieburg (Hrsg.): *Paradoxien des Zuschauens. Die Rolle des Publikums im zeitgenössischen Theater*. Bielefeld: Transcript 2008, S. 63–72.

Deck, Jan / Angelika Sieburg (Hrsg.): *Paradoxien des Zuschauens. Die Rolle des Publikums im zeitgenössischen Theater*. Bielefeld: Transcript 2008.

Deleuze, Gilles / Félix Guattari: *Anti-Ödipus. Kapitalismus und Schizophrenie I*. Frankfurt am Main: Suhrkamp 1974.

Derrida, Jacques: Die soufflierte Rede. In: Ders.: *Die Schrift und die Differenz*. Frankfurt am Main: Suhrkamp 1972, S. 259–301.

—: Guter Wille zur Macht (I): Drei Fragen an Hans-Georg Gadamer. In: Philippe Forget (Hrsg.): *Text und Interpretation*. München: Fink 1984, S. 56–58.

—: Signatur, Ereignis, Kontext. In: Ders.: *Die Différance. Ausgewählte Texte*, hrsg. v. Peter Engelmann. Stuttgart: Reclam 2004, S. 68–109.

—: *Marx' Gespenster. Der Staat der Schuld, die Trauerarbeit und die neue Internationale*. Berlin: Suhrkamp 2014.

Destrée, Pierre: The Speech of Alcibiades. In: Christoph Horn (Hrsg.): *Platon. Symposion*. Berlin: Akademie 2012, S. 191–205.

Diels, Hermann (Hrsg.): *Die Fragmente der Vorsokratiker*. Griechisch/Deutsch, Bd. 1. Berlin: Weidmannsche Buchhandlung 1906.

Dobrowolski, Piotr: Framing Reality: Recycled World as a Performance in Stefan Kaegi's Theatre. Unveröffentlichtes Vortragsmanuskript für die Tagung „Recycling in Contemporary Theatre", Jagiellonen Universität Krakau, November 2009.

Dolar, Mladen: Jenseits der Anrufung. In: Slavoj Žižek (Hrsg.): *Gestalten der Autorität. Seminar der Laibacher Lacan-Schule*. Wien: Hora 1991, S. 9–25.

Doll, Martin: *Fälschung und Fake. Zur diskurskritischen Dimension des Täuschens*. Berlin: Kadmos 2012.

Dreysse, Miriam: Die Aufführung beginnt jetzt. Zum Verhältnis von Realität und Fiktion. In: Dies. / Florian Malzacher (Hrsg.): *Experten des Alltags. Das Theater von Rimini Protokoll*. Berlin: Alexander 2007, S. 76–97.

Dreysse, Miriam / Florian Malzacher (Hrsg.): *Experten des Alltags. Das Theater von Rimini Protokoll*. Berlin: Alexander 2007.

Eiermann, André: *Postspektakuläres Theater. Die Alterität der Aufführung und die Entgrenzung der Künste*. Bielefeld: Transcript 2009.

Ende, Michael: *Die Unendliche Geschichte*. Stuttgart: Thienemann 1979.

Erler, Michael: *Die Philosophie der Antike*, Bd. 2.2: Platon. Basel: Schwabe 2007.

Etchells, Tim / Adrian Heathfield: „As If Things Got More Real. A Conversation with Tim Etchells". In: Judith Helmer / Florian Malzacher (Hrsg.): *Not even a game anymore. Das Theater von Forced Entertainment*. Berlin: Alexander 2004, S. 77–99.

Etchells, Tim / Dagmar Walser: „Can you trust the people sitting next to you?" Interview. In: *Passages. The Cultural Magazine of Pro Helvetia* 57,3 (2011), S. 20–23.

Evans, Dylan: *Wörterbuch der Lacanschen Psychoanalyse*. Wien / Berlin: Turia + Kant 2002.

Ferenczi, Sandor: Introjektion und Übertragung. In: Ders.: *Bausteine zur Psychoanalyse*, Bd. I. Leipzig: Internationaler Psychoanalytischer Verlag 1927.

Findlay, Heather: Queer Dora. Hysteria, Sexual Politics and Lacans „Intervention on Transference". In: *GLQ: A Journal of Lesbian and Gay Studies* 1,3 (1994), S. 323–347.

Fink, Bruce: *Das Lacan'sche Subjekt. Zwischen Sprache und Juissance* [!]. Wien / Berlin: Turia + Kant 2011.

Finter, Helga: Disclosure(s) of Re-Presentation: Performance hic et nunc. In: *REAL – Yearbook of Research in English and American Literature* 10 (1994): Aesthetics and Contemporary Discourse, S. 153–167.

—: *Der subjektive Raum*, Bd 1: Die Theaterutopien Stephane Mallarmés, Alfred Jarrys und Raymond Roussels: Sprachräume des Imaginären. Tübingen: Narr 1990.

—: Nach dem Diskurs. Zur Ansprache im aktuellen Theater. In: Dies.: *Die soufflierte Stimme: Text, Theater, Medien. Aufsätze 1979–2012*. Frankfurt am Main: Lang 2014, S. 559–573.

Fischer-Lichte, Erika: *Semiotik des Theaters. Eine Einführung*, Bd. 1: Das System der theatralischen Zeichen. Tübingen: Narr 1983.

—: *Die Entdeckung des Zuschauers – Paradigmenwechsel auf dem Theater des 20. Jahrhunderts*. Tübingen: Francke 1997.

—: *Ästhetik des Performativen*. Frankfurt am Main: Suhrkamp 2004.

Forced Entertainment: *Showtime* performance text, conceived and devised by the Company, Sheffield 1996.

—: *Bloody Mess* performance text, conceived and devised by the Company, Sheffield 2004.

Foucault, Michel: *Überwachen und Strafen. Die Geburt des Gefängnisses.* Frankfurt am Main: Suhrkamp 1976.

—: *Der Wille zum Wissen. Sexualität und Wahrheit I.* Frankfurt: Suhrkamp 1977.

—: *Dispositive der Macht. Über Sexualität, Wissen und Wahrheit.* Berlin: Merve 1978.

Freud, Sigmund: *Die Traumdeutung. Studienausgabe,* Bd. II, hrsg. v. Alexander Mitscherlich / Angela Richards / James Strachey. Frankfurt am Main: Fischer 1996.

—: Bemerkungen über die Übertragungsliebe. Weitere Ratschläge zur Technik der Psychoanalyse III (1915 [1914]). In: Ders.: *Studienausgabe,* Ergänzungsband: Schriften zur Behandlungstechnik, hrsg. v. Alexander Mitscherlich / Angela Richards / James Strachey, Mitherausgeberin des Ergänzungsbandes: Ilse Grubrich-Simitis. Frankfurt am Main: Fischer 1997, S. 217–230.

—: Bruchstück einer Hysterie-Analyse. In: Ders.: *Studienausgabe,* Bd. VI: Hysterie und Angst, hrsg. v. Alexander Mitscherlich / Angela Richards / James Strachey. Frankfurt am Main: Fischer 1997, S. 83–186.

—: Die endliche und die unendliche Analyse. In: Ders.: *Studienausgabe,* Ergänzungsband: Schriften zur Behandlungstechnik, S. 351–392.

—: Erinnern Wiederholen Durcharbeiten. In: Ders.: *Studienausgabe,* Ergänzungsband: Schriften zur Behandlungstechnik, S. 205–216.

—: Jenseits des Lustprinzips. In: Ders.: *Studienausgabe,* Bd. III: Psychologie des Unbewussten, hrsg. v. Alexander Mitscherlich / Angela Richards / James Strachey. Frankfurt am Main: Fischer 1997, S. 213–272.

—: Massenpsychologie und Ich-Analyse. In: Ders.: *Studienausgabe,* Bd. IX: Fragen der Gesellschaft / Ursprünge der Religion, hrsg. v. Alexander Mitscherlich / Angela Richards / James Strachey. Frankfurt am Main: SFischer 1997, S. 61–143.

—: Der Moses des Michelangelo. In. Ders.: *Studienausgabe,* Bd. X: Bildende Kunst und Literatur, hrsg. v. Alexander Mitscherlich / Angela Richards / James Strachey. Frankfurt am Main: Fischer 1997, S. 195–222.

—: Psychopathische Personen auf der Bühne. In: Ders.: *Studienausgabe,* Bd. X: Bildende Kunst und Literatur, hrsg. v. Alexander Mitscherlich / Angela Richards / James Strachey. Frankfurt am Main: Fischer 1997, S. 161–168.

—: Vorlesung zur Einführung in die Psychoanalyse: Die Übertragung. In: Ders.: *Studienausgabe,* Bd. 1: Vorlesungen, hrsg. v. Alexander Mitscherlich / Angela Richards / James Strachey. Frankfurt am Main: Fischer 1997, S. 415–430.

—: Zur Einleitung der Behandlung. Weitere Ratschläge zur Technik der Psychoanalyse I. In: Ders.: *Studienausgabe,* Ergänzungsband: Schriften zur Behandlungstechnik, S. 181–203.

Freud, Sigmund / Breuer, Josef: Zur Psychotherapie der Hysterie. In: Sigmund Freud: *Studienausgabe,* Ergänzungsband: Schriften zur Behandlungstechnik, S. 37–97.

Fried, Michael: *Absorption and Theatricality: Painting and Beholder in the Age of Diderot.* Chicago: University of Chicago Press 1980.

Funken, Christiane: Über die Wiederkehr des Körpers in der elektronischen Kommunikation. In: Sybille Krämer (Hrsg.): *Performativität und Medialität.* München: Fink 2004, S. 307–322.

Gadamer, Hans-Georg: Ästhetik und Hermeneutik. In: Ders.: *Gesammelte Werke,* Bd. 8: Ästhetik und Poetik I. Tübingen: Mohr Siebeck 1999, S. 1–8.

—: *Wahrheit und Methode. Grundzüge einer philosophischen Hermeneutik. Gesammelte Werke,* Bd. 1. Tübingen: Mohr Siebeck 1999.

Gawlas, Christine: *Nachrichten – heißer Draht zwischen Lebenswelten: Kulturtransfer im internationalen Pressewesen.* Frankfurt am Main: Lang 2004.

Gay, Peter: *Freud. Eine Biographie für unsere Zeit.* Frankfurt am Main: Fischer 1987.

Guderian, Claudia: *Die Couch in der Psychoanalyse. Geschichte und Gegenwart von Setting und Raum.* Stuttgart: Kohlhammer 2004 .

—: *Magie der Couch. Bilder und Gespräche über Raum und Setting in der Psychoanalyse.* Stuttgart: Kohlhammer 2004.

Goebbels, Heiner: Der Raum als Einladung. Der Zuschauer als Ort der Kunst. In: Ders.: *Ästhetik der Abwesenheit. Texte zum Theater.* Berlin: Theater der Zeit 2012, S. 78–87.

Goehr, Lydia: Explosive Experimente und die Fragilität des Experimentellen. Adorno, Bacon und Cage. In: Helmar Schramm / Ludger Schwarte / Jan Lazardzig (Hrsg.): *Spektakuläre Experimente. Praktiken der Evidenzproduktion im 17. Jahrhundert.* Berlin / New York: de Gruyter 2006, S. 477–506.

Goffman, Erving: *The Presentation of Self in Everyday Life.* New York: Anchor 1959.

Gondek, Hans-Dieter: Übertragung – Gegenübertragung – „Begehren des Analytikers". In: Erika Fischer-Lichte / Mirjam Schaub / Nicola Suthor (Hrsg.): *Ansteckung. Zur Körperlichkeit eines ästhetischen Prinzips.* München: Fink 2005, S. 201–210.

Gondek, Hans-Dieter / Roger Hofmann / Hans-Martin Lohmann (Hrsg.): *Jacques Lacan – Wege zu seinem Werk.* Stuttgart: Klett-Cotta 2001.

Guattari, Félix: Die Couch des Armen. In: *Maske und Kothurn* 52 (2006): Mit Freud. Zur Psychoanalyse in Theater-, Film- und Medienwissenschaft, S. 55–64.

Haas, Norbert / Vreni Haas / Hans-Joachim Metzger / Hans Naumann: Restorfer Gespräch über die Lacan-Edition, Herbst 1992. In: *Der Wunderblock. Zeitschrift für Psychoanalyse* 20/21 (1994), S. 73–144.

Hegel, Georg Wilhelm Friedrich: *Vorlesungen über die Ästhetik III.* Frankfurt: Suhrkamp 1970.

Helmer, Judith / Florian Malzacher: *Not even a game anymore. Das Theater von Forced Entertainment.* Berlin: Alexander 2004.

Hilbrand, Carola: *Saubere Folter. Auf den Spuren unsichtbarer Gewalt.* Bielefeld: Transcript 2015.

Hölscher, Stefan: *Vermögende Körper. Zeitgenössischer Tanz zwischen Ästhetik und Biopolitik.* Bielefeld: Transcript 2015.

Holling, Eva: LOG-Buch. In: Dies. / Malda Denana / Julia Hillgärtner / Annika Metzger / Matthias Naumann / Jessica Nitsche / Lars Schmid / Silke C. Schuck (Hrsg.): *Blick.Spiel.Feld.* Würzburg: Königshausen & Neumann 2008, S. 369–376.

—: Eingriffe in den Möglichkeitsraum? Stadtprojekte als *neues Genre* des Theaters. In: Doreen Hartmann / Inga Lemke / Jessica Nitsche (Hrsg.): *Interventionen. Grenzüberschreitungen in Ästhetik, Politik und Ökonomie.* München: Fink 2012, S. 113–125.

—: sujet supposé spectateur. In: Friedemann Kreuder / Michael Bachmann / Julia Pfahl / Dorothea Volz (Hrsg.): *Theater und Subjektkonstitution. Theatrale Praktiken zwischen Affirmation und Subversion.* Bielefeld: Transcript 2012, S. 351–362.

—: sujet supposé spectateur: le transfert comme source de fiction théâtrale. Beitrag zur Journée d'Etude „Quel être-ensemble au théâtre aujourd'hui?", 23.01.2015 Universität Paris 8, Département Etudes Théâtrales. Erscheint im Tagungsband zum auf den Studientag folgenden Kongress „Le développement de l'être-ensemble dans les arts performatifs contemporains", Théâtre de la commune Paris, Dezember 2015.

—: They're here! In: Lorenz Aggermann / Ralph Fischer / Eva Holling / Philipp Schulte / Gerald Siegmund (Hrsg.): *„Lernen, mit den Gespenstern zu leben." Das Gespenst als Figur, Metapher und Wahrnehmungsdispositiv.* Berlin: Neofelis 2015, S. 291–301.

Horn, Christoph (Hrsg.): *Platon. Symposion.* Berlin: Akademie 2012.

Huizinga: *Homo Ludens. Vom Ursprung der Kultur im Spiel.* Reinbek: Rowohlt 1987.

Iser, Wolfgang: *Die Appellstruktur der Texte. Unbestimmtheit als Wirkungsbedingung literarischer Prosa.* Konstanz: UVK 1970.

—: Der Lesevorgang. In: Rainer Warning (Hrsg.): *Rezeptionsästhetik.* München: Fink 1972, S. 253–276.

—: *Der Akt des Lesens.* München: Fink 1976.

—: *Das Fiktive und das Imaginäre. Perspektiven literarischer Anthropologie.* Frankfurt am Main: Suhrkamp 1991.

Kapp, Ernst: *Grundlinien einer Philosophie der Technik. Zur Entstehungsgeschichte der Cultur aus neuen Gesichtspunkten.* Braunschweig: Westermann 1877.

Karschnia, Alexander / Nord Nicola & Co.: Brechtbeatz. In: Patrick Primavesi / Olaf A. Schmitt (Hrsg.): *AufBrüche. Theaterarbeit zwischen Text und Situation.* Berlin: Theater der Zeit 2004, S. 208–214.

Koch, Eginhard: Verstehen. In: Franz Resch / Renate Sannwald / Michael Schulte-Markwort (Hrsg.): *Psychotherapeutische Fertigkeiten*. Göttingen: Vandenhoeck & Ruprecht 2013, S. 23–36.

Kemp, Wolfgang (Hrsg.): *Der Betrachter ist im Bild. Kunstwissenschaft und Rezeptionsästhetik*. Berlin: Reimer 1992.

Kolesch, Doris / Annette Jael Lehmann: Zwischen Szene und Schauraum. Bildinszenierungen als Orte performativer Wirklichkeitskonstitution. In: Uwe Wirth (Hrsg.): *Performanz: Zwischen Sprachphilosophie und Kulturwissenschaften*. Frankfurt am Main: Suhrkamp 2002, S. 347–365.

Kirchhoff, Christine: *Das psychoanalytische Konzept der ‚Nachträglichkeit'. Zeit, Bedeutung und die Anfänge des Psychischen*. Gießen: Psychosozial 2009.

Krämer, Sybille: *Medium, Bote, Übertragung. Kleine Metaphysik der Medialität*. Frankfurt am Main: Suhrkamp 2008.

Kremberg, Juliane: *Video in Performance / Video als Performance – Virtuelle und Reale Bilderpräsenz in zeitgenössischen Performances*. Diplomarbeit, Institut für Angewandte Theaterwissenschaft, Justus-Liebig-Universität Gießen, 2012.

Lacan, Jacques: Intervention sur le transfert. 14[ème] conférence des psychanalystes de langue française/romane (1951). Zuerst in: *Revue française de psychanalyse* 1/2 (1952), S. 154–163; hier in: Ders.: *Écrits I*. Paris: Seuil 1966, S. 215–226.

—: L'instance de la lettre dans l'inconscient. In: Ders.: *Ecrits I*, S. 490–526.

—: La signification du phallus. In: Ders.: *Ecrits I*, S. 685–696.

—: Subversion du sujet et dialectique du désir. In: Ders.: *Ecrits II*. Paris: Seuil 1966, S. 273–308.

—: *Le Séminaire XI: Les quatre concepts fondamentaux de la psychanalyse*, texte établi par Jacques-Alain Miller. Paris: Seuil 1973.

—: *Das Seminar II: Das Ich in der Theorie Freuds und in der Technik der Psychoanalyse*, aus d. Frz. v. Hans-Joachim Metzger. Olten / Freiburg: Walter 1980.

—: Das Drängen des Buchstabens im Unbewussten oder die Vernunft seit Freud. In: Ders.: *Schriften II*, ausg. u. hrsg. v. Norbert Haas. Freiburg / Olten: Quadriga 1986, S. 15–55.

—: Subversion des Subjekts und Dialektik des Begehrens im Freudschen Unbewußten. In: Ders.: *Schriften II*, S. 165–204

—: Funktion und Feld des Sprechens und der Sprache in der Psychoanalyse. In: Ders.: *Schriften I*, aus d. Frz. v. Rodolphe Gasché / Norbert Haas / Klaus Laermann / Peter Stehlin unter Mitwirk. v. Chantal Creusot, ausgew. u. hrsg. v. Norbert Haas. Weinheim / Berlin: Quadriga 1987, S. 71–169.

—: Das Spiegelstadium als Bildner der Ichfunktion. In: Ders.: *Schriften I*, S. 61–70.

—: *Das Seminar XI: Die vier Grundbegriffe der Psychoanalyse*, aus d. Frz. v. Norbert Haas, hrsg. v. Norbert Haas / Hans-Joachim Metzger. Weinheim / Berlin: Quadriga 1987.

—: *Le Séminaire XVII: L'envers de la psychanalyse*. Paris: Seuil 1991.

—: Fonction et champ de la parole et du langage en psychanalyse. In: Ders.: *Ecrits I (Ed. poche)*. Paris: Seuil 1999, S. 235–321.

—: Le stade miroir comme formateur de la fonction du Je. In: Ders.: *Ecrits I (Ed. poche)*, S. 92–99.

—: Remarque sur le rapport de Daniel Lagache: Psychanalyse et structure de la personnalité. In: Ders.: *Ecrits 2 (Ed. poche)*. Paris: Seuil 1999, S. 124–162.

—: *Le Séminaire VIII: Le Transfert*, texte établi par Jacques-Alain Miller. Paris: Seuil 2001.

—: Der Triumph der Religion. In: Ders.: *Der Triumph der Religion welchem vorausgeht Der Diskurs an die Katholiken*. Wien: Turia + Kant 2006, S. 61–90.

—: *Meine Lehre*. Wien: Turia + Kant 2008.

—: *Seminar VIII: Die Übertragung*, aus d. Frz. v. Hans-Dieter Gondek, hrsg. v. Peter Engelmann. Wien: Passagen 2008.

—: *Das Seminar X: Die Angst*. Wien: Turia + Kant 2010.

Laclau, Ernesto / Chantal Mouffe: *Hegemony and Socialist Strategy. Towards a Radical Democratic Politics*. London / New York: Verso 1985.

Lange, Katrin: *Theater im Fernsehen: Probleme der medialen Übertragung von Theateraufführungen.* Dissertation, Humboldt-Universität Berlin, 1983.

Laplanche, Jean / Jean-Bertrand Pontalis: *Das Vokabular der Psychoanalyse.* Frankfurt am Main: Suhrkamp 1973.

Lefort, Claude: Die Frage der Demokratie. In: Ulrich Rödel (Hrsg.): *Autonome Gesellschaft und libertäre Demokratie.* Frankfurt am Main: Suhrkamp 1990, S. 281–297.

Lehmann, Hans-Thies: Die Inszenierung: Probleme ihrer Analyse. In: *Zeitschrift für Semiotik* 11,1 (1989), S. 29–49.

—: *Theater und Mythos. Die Konstitution des Subjekts im Diskurs der antiken Tragödie.* Stuttgart: Metzler 1991.

—: Ästhetik. Eine Kolumne: Über die Wünschbarkeit einer Kunst des Nichtverstehens. In: *Merkur* 5 (1994), S. 426–431.

—: *Postdramatisches Theater.* Frankfurt am Main: Verlag der Autoren 1999.

—: Theater als Möglichkeitsraum. In: Paolo Bianchi (Hrsg.): *Crossover Theater & Kunst. „...der körpererfüllte Raum fort und fort“.* Linz: Landestheater Linz 2001, S. 8–15 (dt./engl.).

—: Das Erhabene ist das Unheimliche. Zur Theorie einer Kunst des Ereignisses. In: Ders.: *Das Politische Schreiben.* Berlin: Theater der Zeit 2002, S. 59–74.

—: Wie politisch ist postdramatisches Theater? Warum das Politische im Theater nur die Unterbrechung des Politischen sein kann. In: Ders.: *Das Politische Schreiben,* S. 11–21.

—: Shakespeare's Grin. In: Judith Helmer / Florian Malzacher (Hrsg.): *Not even a game anymore. Das Theater von Forced Entertainment.* Berlin: Alexander 2004, S. 103–117.

—: Theorie im Theater? Anmerkungen zu einer alten Frage. In: Miriam Dreysse / Florian Malzacher (Hrsg.): *Experten des Alltags. Das Theater von Rimini Protokoll.* Berlin: Alexander 2007, S. 164–179.

—: Vom Zuschauer. In: Jan Deck / Angelika Sieburg (Hrsg.): *Paradoxien des Zuschauens. Die Rolle des Publikums im zeitgenössischen Theater.* Bielefeld: Transcript 2008, S. 21–26.

—: *Tragödie und dramatisches Theater.* Berlin: Alexander 2013.

Lévi-Strauss, Claude: Die Wirksamkeit der Symbole. In: Ders.: *Strukturale Anthropologie.* Frankfurt am Main: Suhrkamp 1967, S. 204–225.

—: Einleitung in das Werk von Marcel Mauss. In: Marcel Mauss: *Soziologie und Anthropologie,* Bd. 1. Frankfurt am Main: Ullstein 1978, S. 7–41.

Levinas, Emmanuel: *Die Spur des Anderen. Untersuchungen zur Phänomenologie und Sozialphilosophie,* aus d. Frz., hrsg. u. eingel. v. Wolfgang Nikolaus Krewani. Freiburg / München: Alber 1987.

—: *Ethik und Unendliches: Gespräche mit Philippe Nemo.* Wien: Passagen 1996.

—: *Jenseits des Seins oder anders als Sein geschieht,* aus d. Frz. v. Thomas Wiemer. Freiburg / München: Alber 1998.

Lorenzer, Alfred: Tiefenhermeneutische Kulturanalyse. In: Ders. / Annelinde Eggert / Hans-Dieter König / Heinz Lüdde / Søren Nagbøl / Ulrike Prokop / Gunzelin Schmid Noerr (Hrsg.): *Kultur-Analysen.* Frankfurt am Main: Fischer 1986, S. 11–98.

—: *Intimität und soziales Leid: Archäologie der Psychoanalyse.* Frankfurt am Main: Fischer 1993.

Luhe, Dagmar: Wem nützt die Redekur? Freuds Weiblichkeitsbild am Fall ‚Katharina'. In: *Rundbrief: Frauen in der Literaturwissenschaft* 38/39 (1993): Psychoanalyse, S. 7–11.

Luhmann, Niklas: *Die Gesellschaft der Gesellschaft.* Frankfurt am Main: Suhrkamp 1997.

Malzacher, Florian: Dramaturgien der Fürsorge und der Verunsicherung. Die Geschichte von Rimini Protokoll. In: Ders. / Miriam Dreysse (Hrsg.): *Experten des Alltags. Das Theater von Rimini Protokoll.* Berlin: Alexander 2007, S. 14–43.

—: „There is a word for people like you: Audience“. In: Jan Deck / Angelika Sieburg (Hrsg.): *Paradoxien des Zuschauens. Die Rolle des Publikums im zeitgenössischen Theater.* Bielefeld: Transcript 2008, S. 41–54.

Mannoni, Octave: L'illusion comique ou le théâtre du point de vue de l'imaginaire. In: Ders.: *Clefs pour l'imaginaire ou l'autre scène*. Paris: Seuil 1969, S. 161–183.

—: Je sais bien, mais quand même... In: Ders.: *Clefs pour l'imaginaire ou l'autre scène*. Paris: Seuil 1969, S. 9–33.

—: Das Spiel der Illusionen oder das Theater aus der Sicht des Imaginären, aus d. Frz. v. Michael Wiesmüller. In: *Maske und Kothurn* 52 (2006): Mit Freud. Zur Psychoanalyse in Theater-, Film- und Medienwissenschaft, S. 17–36.

Marina Abramović über Erkenntnis. Interview mit Kristin Rübesamen. In: *Süddeutsche Zeitung*, 01./02.12.2012, S. V2/8.

*Maske und Kothurn* 52 (2006): Mit Freud. Zur Psychoanalyse in Theater-, Film- und Medienwissenschaft.

Matzke, Annemarie: Performing Games. In: Judith Helmer / Florian Malzacher (Hrsg.): *Not even a game anymore. Das Theater von Forced Entertainment*. Berlin: Alexander 2004, S. 169–181.

McKenzie, John*: Perform or Else: From Discipline to Performance*. New York: Routledge 2001.

Mersch, Dieter: Gibt es Verstehen? In: Juerg Albrecht / Jörg Huber / Kornelia Imesch / Karl Jost / Philipp Stoellger (Hrsg.): *Kultur Nicht Verstehen*. Zürich: Springer 2005, S. 169–185.

Michels, André: Übersetzen – Übertragen – Überliefern. In: Michael Schmid (Hrsg.): Zur Frage der Transmission (in) der Psychoanalyse. Zürich: Riss 1995, S. 99–111.

Miller, Jacques-Alain: Notice. In: Jacques Lacan: *Le Séminaire XI: Les quatre concepts fondamentaux de la psychanalyse*, texte établi par Jacques-Alain Miller. Paris: Seuil 1973, S. 307.

Mitchell, Juliet / Jacqueline Rose (Hrsg.): *Feminine Sexuality: Jacques Lacan and the école freudienne*. London: Macmillan 1982.

Müller, Frank Max: Mehr Leben! Christoph Schlingensiefs Kirche der Angst als theatrales Gegenszenario. Vortrag auf der Tagung der Gesellschaft für Theaterwissenschaft, Bochum 2014, unveröffentlichtes Vortragsmanuskript.

Müller, Heiner: Bildbeschreibung. In: Ders: *Material. Texte und Kommentare*, hrsg. v. Frank Hörnigk. Göttingen: Steidl 1989, S. 8–14.

Müller-Schöll, Nikolaus: (Un-)Glauben. Das Spiel mit der Illusion. In: *Forum Modernes Theater* 22,2 (2007), S. 141–151.

—: Die post-performative Wende. In: *Theater der Zeit*, 12/2012, S. 42–45.

Nancy, Jean-Luc: *L'adoration (Déconstruction du christianisme 2)*. Paris: Galilée 2010.

Netto, Monica Costa / Jacques Rancière: Politik der Schrift. In: Jacques Rancière: *Und die Müden haben Pech gehabt! Interviews 1976–1999*. Wien: Passagen 2012, S. 67–82.

Neyraut, Michel: *Le transfert. Etude psychanalytique*. Paris: PUF 1974.

Nussbaum, Martha C.: *The Fragility of Goodness. Luck and Ethics in Greek Tragedy and Philosophy*. Cambridge: Cambridge UP 1986.

Oevermann, Ulrich: Die objektive Hermeneutik als unverzichtbare methodologische Grundlage für die Analyse von Subjektivität. Zugleich eine Kritik der Tiefenhermeneutik. In: Thomas Jung / Stefan Müller-Doohm (Hrsg.): *‚Wirklichkeit' im Deutungsprozess*. Frankfurt am Main: Suhrkamp 1993, S. 106–189.

Paquet, Léonce: *Platon. La médiation du regard. Essai d'interprétation*. Leiden: Brill 1973.

Pavis, Patrice: *Das französische Theater der Gegenwart. Textanalysen von Koltès bis Reza*. München: Epodium 2002.

Pfaller, Robert: Die Komödie der Psychoanalyse. In: *Maske und Kothurn* 52 (2006): Mit Freud. Zur Psychoanalyse in Theater-, Film- und Medienwissenschaft, S. 37–52.

Platon: Symposion. In: Ders.: *Sämtliche Werke*, aus d. Griech. v. Friedrich Schleiermacher. Reinbek: Rowohlt 1964, S. 206–250.

—: *ΣΥΜΠΟΣΙΟΝ / Symposion*, Griechisch / Deutsch, übers. u. hrsg. v. Thomas Paulsen / Rudolf Rehn. Stuttgart: Reclam 2006.

—: *Das Gastmahl* [Originaltitel: ΣΥΜΠΟΣΙΟΝ], aus d. Griech. u. hrsg. v. Thomas Paulsen. Stuttgart: Reclam 2008.

Pollesch, René: Phantomschmerz einer fehlenden Gemeinschaft. Der Autor und Regisseur René Pollesch im Gespräch mit Sebastian Kirsch. In: *Theater der Zeit*, 3/2012, S. 48.

Porath, Erik: Über Trug und Übertrag. Die Übertragung der Psychoanalyse und die Übertragung überhaupt. In: Hannelore Pfeil / Hans-Peter Jäck (Hrsg.): *Politiken des Anderen*, Bd. 1: Eingriffe im Zeitalter der Medien. Rostock / Bornheim-Roisdorf: Hanseatischer Fachverlag für Wirtschaft 1995, S. 55–90.

Rancière, Jacques: *Die Aufteilung des Sinnlichen. Die Politik der Kunst und ihre Paradoxien*. Berlin: b_books 2008.

—: *Le spectateur émancipé*. Paris: La fabrique 2008.

—: *Der emanzipierte Zuschauer*. Wien: Passagen 2008.

—: *Und die Müden haben Pech gehabt! – Interviews 1976–1999*. Wien: Passagen 2012.

Rapp, Uri: *Handeln und Zuschauen*. Darmstadt / Neuwied: Luchterhand 1973.

Rebentisch, Juliane: *Ästhetik der Installation*. Frankfurt am Main: Suhrkamp 2003.

Reckwitz, Andreas: *Unscharfe Grenzen. Perspektiven der Kultursoziologie*. Bielefeld: Transcript 2008.

Reiche, Reimut: Psychoanalytische Kunsttheorie nach Freud. In: Tilman Habermas / Rolf Haubl (Hrsg.): *Freud neu entdecken. Ausgewählte Lektüren*. Göttingen: Vandenhoeck & Ruprecht 2008, S. 65–89.

Reik, Theodor: *Der überraschte Psychologe. Über Erraten und Verstehen unbewußter Vorgänge*. Leiden: Sijthoff 1935.

Riepe, Manfred / Gerhard Schmitz / Georg Christoph Tholen (Hrsg.): *Übertragung – Übersetzung – Überlieferung. Episteme und Sprache in der Psychoanalyse Lacans*. Bielefeld: Transcript 2001.

Ritter, Hans Martin: *Das Gestische Prinzip bei Bertolt Brecht*. Köln: Prometh 1986.

Rowe, Christopher: *Plato. Symposium*. Warminster: Aris & Phillips 1998.

Roselt, Jens: In Erscheinung treten. Zur Darstellungspraxis des Sich-Zeigens. In: Miriam Dreysse / Florian Malzacher (Hrsg.): *Experten des Alltags. Das Theater von Rimini Protokoll*. Berlin: Alexander 2007, S. 46–63.

Roudinesco, Elisabeth: Jacques Lacan oder die ausgelöschte Geschichte. In: Hans-Dieter Gondek / Roger Hofmann / Hans-Martin Lohmann (Hrsg.): *Jacques Lacan – Wege zu seinem Werk*. Stuttgart: Klett-Cotta 2001, S. 259–272.

Safouan, Moustafa: *Die Übertragung und das Begehren des Analytikers*, aus d. Frz. u. hrsg. v. Geerd Schnedermann. Würzburg: Königshausen & Neumann 1997.

Sartre, Jean-Paul: *Gesammelte Werke in Einzelausgaben. Philosophische Schriften*, Bd. 3: Das Sein und das Nichts. Versuch einer phänomenologischen Ontologie, hrsg. v. Traugott König. Reinbek: Rowohlt 2007.

Schmid, Michael (Hrsg.): *Zur Frage der Transmission (in) der Psychoanalyse*. Zürich: Riss 1995.

Schmidt, Ulf: *Platons Schauspiel der Ideen. Das „geistige Auge" im Medien-Streit zwischen Schrift und Theater*. Bielefeld: Transcript 2006.

Schmitz, Gerhard: Das Seminar von Jacques Lacan. Aspekte seiner Geschichte. In: Hans-Dieter Gondek / Roger Hofmann / Hans-Martin Lohmann (Hrsg.): *Jacques Lacan – Wege zu seinem Werk*. Stuttgart: Klett-Cotta 2001, S. 236–258.

Schütt, Mariana: *Anrufung und Unterwerfung. Althusser, Lacan, Butler und Žižek*. Wien / Berlin: Turia + Kant 2015.

Schulte, Philipp: *Identität als Experiment. Ich-Performanzen auf der Gegenwartsbühne*. Frankfurt am Main: Lang 2011.

Schumacher, Max: Expect Expectation – Gestaltung der Erwartungshaltung als Teil einer ‚Over-All-Dramaturgy'. In: Jan Deck / Angelika Sieburg (Hrsg.): *Paradoxien des Zuschauens. Die Rolle des Publikums im zeitgenössischen Theater*. Bielefeld: Transcript 2008, S. 73–84.

Schwab, Gabriele: *Samuel Becketts Endspiel mit der Subjektivität: Entwurf einer Psychoästhetik des modernen Theaters*. Stuttgart: Metzler 1981.

Shakespeare, William: *Hamlet*. Englisch/Deutsch, übers., hrsg. u. komm. v. Holger M. Klein. Stuttgart: Reclam 1984.

Siebert, Bernhard: Sondages sur scène. A l'écoute du public avec All Ears de Kate McIntosh. Vortrag im Rahmen der journée d'étude zum Thema „Etre ensemble au théâtre", Universität Paris 8 (Saint Denis), Januar 2015. Erscheint im Tagungsband zum auf den Studientag erfolgenden Kongress „Le développement de l'être-ensemble dans les arts performatifs contemporains", Théâtre de la commune Paris, Dezember 2015.

Siegmund, Gerald: *Theater als Gedächtnis. Semiotische und psychoanalytische Untersuchung zur Funktion des Dramas.* Tübingen: Narr 1996.

—: *Abwesenheit. Eine performative Ästhetik des Tanzes. William Forsythe, Jerôme Bel, Xavier Le Roy, Meg Stuart.* Bielefeld: Transcript 2006.

—: Experiences in a space where I am not. In: *Discourses in Dance* 4,1 (2007), S. 77–95.

—: Cédric Andrieux von Jérôme Bel. Choreographische Strategien der Subjektwerdung. In: Michael Bachmann / Friedemann Kreuder / Julia Pfahl / Dorothea Volz (Hrsg.): *Theater und Subjektkonstitution. Theatrale Praktiken zwischen Affirmation und Subversion.* Bielefeld: Transcript 2012, S. 41–54.

—: Gespenster-Ethik, oder warum Gespenster das Theater lieben. In: *Nebulosa* 4 (2013), S. 140–150.

Simmel, Georg: Die Gross-Städte und das Geistesleben. In: Ders.: *Das Individuum und die Freiheit. Essais.* Frankfurt: Fischer 1993, S. 192–204.

Spitz, René Arpad: Übertragung und Gegenübertragung. Die psychoanalytische Behandlungssituation – eine genetische Untersuchung ihres Kräftespiels. In: *Psyche* 10 (1956/57), S. 63–81.

Steiner, Deborah Tarn: *Images in Mind. Statues in Archaic and Classical Greek Literature and Thought.* Princeton / Oxford: Princeton UP 2001.

Stephan, Inge: *Die Gründerinnen der Psychoanalyse. Eine Entmythologisierung Freuds in zwölf Frauenporträts.* Stuttgart: Kreuz 1992.

Strauss, Leo: *On Plato's Symposium*, hrsg. v. Seth Bernadete. Chicago / London: University of Chicago Press 2001.

Streisand, Marianne: *Intimität. Begriffsgeschichte und Entdeckung der „Intimität" auf dem Theater um 1900.* München: Fink 2001.

Strindberg, August: Vorwort zu „Fräulein Julie". In: Ders.: *Fräulein Julie.* Stuttgart: Reclam 1983, S. 57–72.

Szondi, Peter: *Theorie des modernen Dramas.* Frankfurt am Main: Suhrkamp 1956.

Theweleit, Klaus: *absolute(ly) Sigmund Freud. Songbook.* Freiburg: Orange 2006.

Van Eikels, Kai: *Die Kunst des Kollektiven. Performance zwischen Theater, Politik und Sozio-Ökonomie.* München: Fink 2013.

Von Hantelmann, Dorothea: *How to do things with art?* Zürich / Berlin: Diaphanes 2007.

Waldenfels, Bernhard: *Bruchlinien der Erfahrung. Phänomenologie – Psychoanalyse – Phänomenotechnik.* Frankfurt am Main: Suhrkamp 2002.

Warstat, Matthias: *Krise und Heilung. Wirkungsästhetiken des Theaters.* München: Fink 2011.

Weber, Samuel: Das abgeschirmte Bild: Kritische Nachbemerkungen zum Thema Psychoanalyse und Individuum. In: Manfred Frank / Anselm Haverkamp (Hrsg.): *Individualität. Poetik und Hermeneutik XIII.* München: Fink 1988, S. 228–233.

—: *Rückkehr zu Freud. Jacques Lacans Entstellung der Psychoanalyse.* Wien: Passagen 2000.

Wegener, Mai: *Neuronen und Neurosen. Der psychische Apparat bei Freud und Lacan. Ein historisch-theoretischer Versuch zu Freuds* Entwurf *von 1895.* München: Fink 2004.

Weiß, Heinz: *Der Andere in der Übertragung. Untersuchungen über die analytische Situation und die Intersubjektivität in der Psychoanalyse.* Stuttgart: Frommann-Holzboog 1988.

Wesemann, Arnd: *IMMER FESTE TANZEN. ein feierabend!* Bielefeld: Transcript 2008.

Widmer, Peter: *Subversion des Begehrens. Eine Einführung in Jacques Lacans Werk.* Wien: Turia + Kant 1997.

Wihstutz, Benjamin: *Theater der Einbildung. Zur Wahrnehmung und Imagination des Zuschauers.* Berlin: Theater der Zeit 2007.

Wildberger, Julia: Die komplexe Anlage von Vorgespräch und Rahmenhandlung und andere literarisch-formale Aspekte des *Symposion*. In: Christoph Horn (Hrsg.): *Platon. Symposion*. Berlin: Akademie 2012, S. 17–34.

Wimmer, Michael: Übertragung – pädagogisch? In: Adrienne Crommelin / Torsten Meyer / Manuel Zahn (Hrsg.): *Sujet Supposé Savoir. Zum Moment der Übertragung in Kunst, Pädagogik, Psychoanalyse*. Berlin: Kadmos 2010, S. 257–261.

Wirth, Andrzej: Vom Dialog zum Diskurs. In: *Theater heute*, 1/1980, S. 16–19.

Žižek, Slavoj: *Mehr-Genießen. Lacan in der Populärkultur*. Wien: Turia + Kant 1992.

—: *Der erhabenste aller Hysteriker. Psychoanalyse und die Philosophie des deutschen Idealismus*. Wien: Turia + Kant 1992.

—: *Die politische Suspension des Ethischen*. Frankfurt am Main: Suhrkamp 2005.

—: *Lacan. Eine Einführung*. Frankfurt am Main: Fischer 2008.

**Internet**

Althusser, Louis: *Idéologie et appareils idéologiques d'Etat*. http://classiques.uqac.ca/contemporains/althusser_louis/ideologie_et_AIE/ideologie_et_AIE.pdf (Zugriff am 29.12.2014).

Amts-Erfinder. http://www.frankfurt.de/sixcms/detail.php?id=2855&_ffmpar%5B_id_inhalt%5D=8894353 (Zugriff am 08.02.2015).

Baradaran, Amir: www.amirbaradaran.com (Zugriff am 01.02.2014).

—: *The Other Artist is Present. A Sohbat / Conversations with MA's The Artist is Present*. http://vimeo.com/channels/122142 (Zugriff am 21.12.2014).

Bodin, Claudia: Die Göttliche Marina. In: *Art Magazin*, 03.06.2010. www.art-magazin.de/kunst/30232/marina_Abramović_moma_new_york (Zugriff am 29.08.2014).

—: „Feminismus kann ich nicht ausstehen." Interview mit Marina Abramović. In: *Art Magazin*, 22.03.2010. http://www.art-magazin.de/kunst/27796/marina_Abramović_moma_new_york (Zugriff am 29.08.2014).

Boldt, Esther: Die Show findet nicht statt. http://www.nachtkritik.de/index.php?option=com_content&view=article&id=1378:spectacular-eine-neue-metashow-von-forced-entertainment&catid=257&Itemid=100060 (Zugriff am 03.04.2016).

Brown, Harry: A Game of You. http://www.irishtheatremagazine.ie/Reviews/Ulster-Bank-Dublin-Theatre-Festival--10/A-Game-of-You.aspx (Zugriff am 13.11.2012).

Burt, Ramsay: Felix Ruckert's Intimate Theatre of Seduction. http://www.felixruckert.de/_Seduction.html (Zugriff am 27.11.2012).

Cage, John: *Silence: Lectures and Writings*. Middletown: Wesleyan UP 1961. http://academic.evergreen.edu/a/arunc/compmusic/cage3/cage3.pdf (Zugriff am 01.08.2014).

—: Experimental Music: Doctrine. In: Ders.: *Silence*, S. 13–17. http://www.zakros.com/mica/soundart/s04/cage_text.html (Zugriff am 01.08.2014).

—: History of Experimental Music in the United States. In: Ders.: *Silence*, S. 67–75. http://academic.evergreen.edu/a/arunc/compmusic/cage3/cage3.pdf (Zugriff am 01.08.2014).

Etchells, Tim: *Spectacular* Program Note. http://www.forcedentertainment.com/notebook-entry/spectacular-programme-note-by-tim-etchells/ (Zugriff am 04.04.2016).

Forced Entertainment: *Bloody Mess*. http://www.forcedentertainment.com/project/bloody-mess (Zugriff am 01.02.2015).

*Forschungs- und Le[ ]rstelle für Kunst – Pädagogik – Psychoanalyse* (FuL). http://kunst.erzwiss.uni-hamburg.de/ful-home/blog/ (Zugriff am 10.12.2010).

Gardner, Lyn: A Game of You. In: *The Guardian*, 18.07.2010. http://www.guardian.co.uk/culture/2010/jul/18/a-game-of-you-review (Zugriff am 13.11.2012).

Hackentrick: Amt für Umbruchsbewältigung. https://hackentrick.wordpress.com/tag/amt-fur-umbruchs bewaltigung (Zugriff am 31.08.2014).

Hart, David: Analyzing Abramović. http://www.moma.org/explore/inside_out/2010/06/11/analyzing-Abramović (Zugriff am 05.09.2014).

Herakleitos: Über die Natur. http://www.zeno.org/Philosophie/M/Heraklit+aus+Ephesus/Fragmente/Aus%3A+%C3%9Cber+die+Natur (Zugriff am 11.03.2016).

Khoury, Elias: Programme Note. http://forcedentertainment.com/page/145/Quizoola/97#-readmore (Zugriff am 16.03.2013).

Klingler, Nino: Die Ausweitung der Affirmationszone. http://www.critic.de/film/marina-Abramović-the-artist-is-present-3661 (Zugriff am 29.08.2014).

Kieser, Klaus: schwelle 7. Interview mit Felix Ruckert. In: *Tanz* 4 (2010), S. 62–63. http://www.kultiversum.de/Tanz-tanz/Felix-Ruckert-Gespraech-schwelle-7.html (Zugriff am 01.04.2016).

Kraft, Alexander: Ein Amt für drei Tage. In: *Frankfurter Rundschau*, 20.01.2012. http://www.fr-online.de/campus/frankfurter-kunstverein-ein-amt-fuer-drei-tage,4491992,11479844.html (Zugriff am 08.02.2015).

Kriechbaum, Reinhard: A Game of You – Beim Young Directors Project der Salzburger Festspiele ist mit dem Kollektiv Ontroerend Goed der Blick aufs Ich fällig. Kleine Schwester statt Big Brother. http://www.nachtkritik.de/index.php?option=com_content&view=article&id=5972:a-game-of-you-beim-young-directors-project-der-salzburger-festspiele-ist-mit-dem-kollektiv-ontroerend-goed-der-blick-aufs-ich-faellig&catid=38:die-nachtkritik&Itemid=40 (Zugriff am 13.11.2012).

Lacan, Jacques: Anmerkung zu Daniel Lagaches Vortrag „Psychoanalyse und Persönlichkeitsstruktur". http://lacan-entziffern.de/?p=6167 (Zugriff am 01.08.2013).

—: *Seminaire IX: L'identification*. 15 novembre 1961. http://gaogoa.free.fr/Seminaires_HTML/09-ID/ID15111961.htm (Zugriff am 01.02.2015).

Lacan-Archiv, psychoanalytische Bibliothek Bregenz. http://www.bregenznet.at/Lacan-Archiv/Werkverzeichnis%20Lacan.pdf (Zugriff am 07.10.2008).

Lieb, Wolfgang: Umbruchsbewältigung – Soziologie: eine Wissenschaft (be-)sucht die Gesellschaft. In: *NachDenkSeiten*, 16.02.2012. http://www.nachdenkseiten.de/?p=12244 (Zugriff am 07.02.2015).

Nemitz, Rolf: Das Unbewusste ist strukturiert wie eine Sprache. http://lacan-entziffern.de/unbewusstes/das-unbewusste-ist-strukturiert-wie-eine-sprache/#back_ajs-fn-id_3-1924 (Zugriff am 06.07.2014).

—: Lacan Entziffern. http://lacan-entziffern.de/ (Zugriff am 06.07.2014).

Nguyen, Dan: Marina Abramović's Top 50 Time Hogs; (Women Sit Around a Lot). http://danwin.com/2010/06/marina-Abramovićs-time-hogs/ (Zugriff am 05.09.2014).

—: The Most Viewed Portraits. Marina Abramović: The Artist is Present, the MOMA. http://danwin.com/2010/06/most-views-marina-abramovic-the-artist-is-present/ (Zugriff am 05.09.2014).

Peter: Kommentar vom 20. August 2011, 11:00 Uhr. http://www.nachtkritik.de/index.php?option=com_content&view=article&id=5972:a-game-of-you-beim-young-directors-project-der-salzburger-festspiele-ist-mit-dem-kollektiv-ontroerend-goed-der-blick-aufs-ich-faellig&catid=38:die-nachtkritik&Itemid=40 (Zugriff am 22.09.2012).

Platon: *Politeia*, Buch 10. http://gutenberg.spiegel.de/buch/7314/12 (Zugriff am 19.02.2016).

Pressemitteilung der Goethe-Universität Frankfurt. http://www.muk.uni-frankfurt.de/38890881/296 (Zugriff am 08.02.2015).

Rimini Protokoll: *Cargo Sofia*. http://rimini-protokoll.de/website/de/project_108.html (Zugriff am 24.02.2015).

Roselt, Jens: Das Publikum auf der Bühne. http://www.nachtkritik.de/index.php?option=com_content&view=article&id=10785:2-mannheimer-buergerbuehnenfestival-ueberlegungen-zur-buergerbuehne-von-jens-roselt&catid=101&Itemid=84 (Zugriff am 01.02.2016).

Sander, Daniel: Doku-Film über Marina Abramović: Diese Frau kriegt alle rum. In: *Der Spiegel*, 29.11.2012. http://www.spiegel.de/kultur/kino/dokumentation-marina-Abramović-the-artist-is-present-a-869812.html (Zugriff am 29.08.2014).

Trueman, Matt: Review: A Game of You. One on One Festival at BAC. http://carouseloffantasies.blogspot.de/2010/07/review-game-of-you-one-on-one-festival.html (Zugriff am 13.11.2012).

www.auawirleben.ch/agameofyou.html (Zugriff am 13.11.2012).

http://www.benaki.gr/index.asp?lang=en&id=202010001&sid=1911 oder http://neon.org.gr/en/ (Zugriff am 14.03.2016).

http://calvinandhobbes.wikia.com/wiki/Calvinball (Zugriff am 10.02.2105).

www.flickr.com/photos/themuseumofmodernart/sets/72157623741486824/ (Zugriff am 30.08.2014).

http://marinaAbramovićmademecry.tumblr.com (Zugriff am 10.02.2015).

www.moma.org/interactives/exhibitions/2010/marinaAbramović (Zugriff am 21.08.2014).

www.ontroerendgoed.be/projectdetail.php?id=42 (Zugriff am 12.02.2012).

http://www.ontroerendgoed.be/en/projecten/a-game-of-you/ (Zugriff am 01.07.2015).

www.schwelle7.de/FrankT1.html (Zugriff am 15.02.2105).

http://www.serpentinegalleries.org/exhibitions-events/marina-abramovic-512-hours (Zugriff am 14.03.2016).

http://de.wikipedia.org/wiki/%C3%9Cbertragung_%28Psychoanalyse%29 (Zugriff am 28.12.2014).

http://de.wikipedia.org/wiki/Zeigarnik-Effekt (Zugriff am 03.08.2008).

http://de.wikipedia.org/wiki/Bljuma_Wulfowna_Seigarnik (Zugriff am 03.08.2008).

https://www.zollverein.de/angebote/kate-mcintosh-all-ears-2 (Zugriff am 04.04.2016).

## Abbildungsverzeichnis